Schriftenreihe der TMF – Technologie- und Methodenplattform
für die vernetzte medizinische Forschung e. V.

Band 12

Medizinisch Wissenschaftliche Verlagsgesellschaft

Schriftenreihe der TMF – Technologie- und Methodenplattform
für die vernetzte medizinische Forschung e. V.

Band 12

Uwe K. Schneider

Sekundärnutzung klinischer Daten – Rechtliche Rahmenbedingungen

mit einem Beitrag von
Alexander Roßnagel und Gerrit Hornung

 Medizinisch Wissenschaftliche Verlagsgesellschaft

Der Autor

Dr. Uwe K. Schneider
Vogel & Partner Rechtsanwälte mbB
Emmy-Noether-Straße 17
76131 Karlsruhe

Mit einem Beitrag von

Prof. Dr. Gerrit Hornung, LL.M.
Universität Passau
Juristische Fakultät
Lehrstuhl für Öffentliches Recht, IT-Recht und
Rechtsinformatik
Innstraße 39
94032 Passau

Prof. Dr. Alexander Roßnagel
Universität Kassel
Fachbereich Wirtschaftswissenschaften
Institut für Wirtschaftsrecht
Nora-Platiel-Straße 5
34127 Kassel

MWV Medizinisch Wissenschaftliche Verlagsgesellschaft mbH & Co. KG
Zimmerstr. 11
10969 Berlin
www.mwv-berlin.de

ISBN 978-3-95466-142-8

Bibliografische Information der Deutschen Nationalbibliothek
Die Deutsche Nationalbibliothek verzeichnet diese Publikation in der Deutschen Nationalbibliografie;
detaillierte bibliografische Informationen sind im Internet über http://dnb.d-nb.de abrufbar.

© MWV Medizinisch Wissenschaftliche Verlagsgesellschaft Berlin, 2015

Dieses Werk ist einschließlich aller seiner Teile urheberrechtlich geschützt. Die dadurch begründeten Rechte, insbesondere die der Übersetzung, des Nachdrucks, des Vortrags, der Entnahme von Abbildungen und Tabellen, der Funksendung, der Mikroverfilmung oder der Vervielfältigung auf anderen Wegen und der Speicherung in Datenverarbeitungsanlagen, bleiben, auch bei nur auszugsweiser Verwertung, vorbehalten.

Die Wiedergabe von Gebrauchsnamen, Handelsnamen, Warenbezeichnungen usw. in diesem Werk berechtigt auch ohne besondere Kennzeichnung nicht zu der Annahme, dass solche Namen im Sinne der Warenzeichen- und Markenschutz-Gesetzgebung als frei zu betrachten wären und daher von jedermann benutzt werden dürften.

Die Verfasser haben große Mühe darauf verwandt, die fachlichen Inhalte auf den Stand der Wissenschaft bei Drucklegung zu bringen. Dennoch sind Irrtümer oder Druckfehler nie auszuschließen. Daher kann der Verlag für Angaben zum diagnostischen oder therapeutischen Vorgehen (zum Beispiel Dosierungsanweisungen oder Applikationsformen) keine Gewähr übernehmen. Derartige Angaben müssen vom Leser im Einzelfall anhand der Produktinformation der jeweiligen Hersteller und anderer Literaturstellen auf ihre Richtigkeit überprüft werden. Eventuelle Errata zum Download finden Sie jederzeit aktuell auf der Verlags-Website.

Produkt-/Projektmanagement: Frauke Budig, Berlin
Lektorat: Monika Laut-Zimmermann, Berlin
Layout & Satz: eScriptum GmbH & Co KG – Publishing Services, Berlin
Druck: druckhaus köthen GmbH & Co. KG, Köthen

Zuschriften und Kritik an:
MWV Medizinisch Wissenschaftliche Verlagsgesellschaft mbH & Co. KG, Zimmerstr. 11, 10969 Berlin, lektorat@mwv-berlin.de

Editorial der TMF

Die medizinische Forschung steht derzeit vor dem Dilemma, dass auf der einen Seite immer mehr Forschungsoutput generiert und immer mehr Geld – auch der öffentlichen Hand – in medizinische Forschung investiert wird, andererseits aber die Zahl neuer Medikamente, die in den Markt gelangen und im Markt verbleiben, rückläufig ist. Diese Diskrepanz deutet darauf hin, dass das Ziel einer Verbesserung der Patientenversorgung durch medizinische Forschung offenbar nicht immer erreicht wird. Dieser Zwiespalt zwischen Einsatz und Ergebnis hat in den letzten Jahren auch in Deutschland den Ruf nach einer Versorgungsforschung lauter werden lassen, die die Versorgungsrealität systematisch untersucht und somit eine empirische Grundlage für Ansätze zur Therapieoptimierung schafft. Ein ganz wichtiger Baustein für den Erfolg dieser Entwicklung wird zweifelsohne die Nutzung vorhandener Primärdaten aus der Patientenversorgung sein.

Primäre Versorgungsdaten liegen zunehmend in strukturierter, elektronischer und somit direkt wissenschaftlich auswertbarer Form vor. Wesentliche Teile sind jedoch nach wie vor unstrukturiert und weisen eine Freitextform auf. Dessen ungeachtet führte die flächendeckende Einführung datenbankgestützter Dokumentationssysteme in Kliniken, Arztpraxen und Apotheken in den vergangenen zwei Dekaden dazu, dass heute große Datenmengen zum Versorgungsalltag von Patienten vorliegen – „Wissensschätze", die es nach allgemeiner Einschätzung auch über die Versorgungsforschung hinaus zu heben gilt. Gerade unter dem Schlagwort „Big Data" werden aktuell große Hoffnungen geweckt, dass sich die großen Datenmengen aus der medizinischen Versorgung für die Bearbeitung einer Vielzahl wissenschaftlicher Fragestellungen nutzen lassen werden.

Die hier geschilderte Entwicklung wirft eine Reihe von Fragen auf: Welche wissenschaftlichen Aussagen lassen sich eigentlich auf der Basis von Daten treffen, die im Rahmen der Versorgung und für deren Abrechnung erhoben wurden? Welche Qualität haben solche Daten? Welche Datenkörper stehen überhaupt zur Verfügung und wie groß sind diese (beides Aspekte, deren besondere Relevanz sich nicht zuletzt aus der in Deutschland stark ausgeprägten Segmentierung der Patientenversorgung in stationäre, ambulante und Reha-Behandlung ergibt)? Im Zentrum steht aber die Frage: Wer darf welche Daten zu welchem Zweck überhaupt nutzen, und welche datenschutzrechtlichen Erwägungen sind dabei zu beachten?

Bei der letzten Frage setzt das vorliegende Buch an. Der Text enthält in seinem Hauptteil ein detailliertes Rechtsgutachten, das aus dem Förderprojekt „cloud4health" des Bundeswirtschaftsministeriums hervorging (Dezember 2011 – Februar 2015, FKZ 01MD11008, finanziert im Rahmen der „Trusted Cloud"-Förderlinie). In diesem Konsortialprojekt befassten sich Vertreter des Instituts für Medizinische Informatik der Friedrich-Alexander Universität Erlangen-Nürnberg (Prof. Dr. Hans-Ulrich Prokosch), des Fraunhofer-Instituts für Algorithmen und Wissenschaftliches Rechnen SCAI – Abteilung Bioinformatik (Prof. Dr. Martin Hofmann-Apitius), der Rhön Klinikum AG – Leitung IT (Prof. Dr. Kurt Marquardt) und der TMF e.V. unter Konsortialführung der Averbis GmbH, Freiburg (Dr. Philipp Daumke) mit der Etablierung und Nutzung von Cloud-Diensten für die weitere Verwendung medizinischer Routinedaten in Wirtschaft und Forschung. Anhand unterschiedlicher Anwendungsfälle (Qualitätsmonitoring medizinischer Produkte durch retrospektive Register im Bereich der Medizintechnik, Wirtschaftlichkeitsprüfung medizinischer Behandlungen durch Plausibilitätsprüfungen von Verordnungen, Pharmakovigilanzstudien) wurden die technischen Möglichkeiten des Cloud Computing für Big-Data-Analysen in der Medizin untersucht, entsprechende Werkzeuge und Plattformen aufgebaut und dabei insbesondere Textmining-Verfahren zur Freitext-Erschließung elektronischer Dokumente aus den beteiligten Kliniken etabliert.

Im Teilvorhaben „Datenschutz und Rechtssicherheit", das von der TMF verantwortet wurde, ging es um die datenschutzgerechte Nutzung und Cloud-basierte Verarbeitung von Daten. Hierzu wurde ein umfassendes Rechtsgutachten eingeholt, das die Fragestellungen des „cloud4health"-Projekts unter Bezugnahme auf die Anwendungsszenarien und die im Projekt vorgesehenen Architekturmodelle (siehe Anhang zu Teil I) beleuchtete. Ergebnis waren gutachterliche Einschätzungen, wie das Datenschutzkonzept für „cloud4health" aus rechtlicher Sicht umzusetzen sei. Darüber hinaus wurden im Pflichtenheft zum Rechtsgutachten (siehe Anhang zu Teil I) viele grundlegende Fragen gestellt und vom Rechtsgutachter Dr. Uwe K. Schneider (Kanzlei Vogel & Partner, Karlsruhe) detailliert beantwortet. Die hohe allgemeine Relevanz der dabei gewonnenen Informationen verleiht dem Gutachten eine weit über das Projekt hinausgehende Bedeutung. Besonders hervorzuheben ist die systematische Übersicht über die datenschutzrechtlichen Grundlagen der Forschung an Behandlungsdaten ohne Einwilligung. Diese Thematik wurde für unterschiedliche Krankenhausformen (öffentlich, privat, in kirchlicher Trägerschaft) durchdekliniert und für jedes einzelne Bundesland hinsichtlich einschlägiger Regelungen u.a. in den Landesdatenschutz- und Landeskrankhausgesetzen eingehend betrachtet. Wesentliche Aspekte des Datenschutzrechts für die Sekundärnutzung klinischer Daten (Datenverarbeitung im Auftrag, Pseudonymisierung, Datenübermittlung, Einbeziehung von Ethikkommissionen, Aufsichtsstrukturen, Aspekte nicht nur des Patienten, sondern auch des Beschäftigtendatenschutzes) wurden grundlegend und rechtssystematisch beleuchtet.

Das Gutachten wurde im Juni 2014 nach externem Review vorgelegt und Ende Oktober 2014 im Rahmen eines von der TMF veranstalteten Fachworkshops erstmals der Öffentlichkeit vorgestellt. Anlässlich eines Abstimmungsworkshops mit den Datenschutzbeauftragten der Arbeitskreise Wissenschaft, Gesundheit und Technik der Konferenz der Datenschutzbeauftragten des Bundes und der Länder fand das Gutachten bereits Ende Oktober 2014 Eingang in die Diskussion mit den Datenschutzaufsichtsbehörden. Die TMF freut sich, diesen wichtigen Beitrag zur Klärung der rechtlichen Rahmenbedingungen der medizinischen Forschung an Behandlungsdaten nunmehr zeitnah und vollständig (auf aktualisiertem Literaturstand von März 2015) in ihrer Schriftenreihe der Öffentlichkeit zugänglich machen zu können.

Zu großem Dank ist die TMF dem Rechtgutachter Dr. Schneider und seinen im Vorwort genannten Mitarbeitern für ihre sehr sorgfältige, umfassende und systematische Arbeit verpflichtet, die das Gutachten zu einem wertvollen Nachschlagewerk hat werden lassen. Den Partnern im „cloud4health"-Projekt sowie den Mitarbeitern der TMF-Geschäftsstelle gebührt Dank für das zugrunde liegende Pflichtenheft, das auch in der Arbeitsgruppe Datenschutz der TMF zur Diskussion gestellt wurde. Ein ganz wichtiger Beitrag war das externe Review der Entwurfsfassung des Gutachtens, das von RA Prof. Dr. Jürgen W. Goebel (Kanzlei Goebel & Scheller, Bad Homburg) sowie von Mitarbeitern der TMF-Geschäftsstelle (Dr. Astros Chatziastros, Irene Schlünder,

Dr. Krister Helbing und insbesondere Dr. Johannes Drepper) durchgeführt wurde. Daneben fielen umfangreiche Arbeiten für Lektorat und redaktionelle Korrekturen der Satzfahne an, für welche außer den bereits genannten Personen einer Reihe weiterer Mitarbeiter der TMF-Geschäftsstelle (Antje Schütt, Sophie Haderer, Claudia Kunze, Stephanie Hampel) zu danken ist.

Für die TMF ist das Rechtsgutachten ein neuerlicher Beitrag zur besseren Verzahnung von Forschung und Versorgung. Inhaltlich knüpft es an frühere Arbeiten zur Nutzung von Daten und Infrastrukturen der Patientenversorgung für medizinische Forschung an. Hierzu gehören insbesondere die von der TMF in den Jahren 2005 bis 2007 durchgeführten und finanzierten Projekte „Anforderungsanalyse an die Health Professional Card (HPC) aus Sicht der medizinischen Forschung" (V025-01; Projektleitung: Prof. Dr. Otto Rienhoff, Universität Göttingen), „Spezifikation und Evaluierung von Schnittstellen zwischen Dokumentationssystemen in Praxen und Kliniken und den Registern der medizinischen Kompetenznetze – Formale Beschreibung der Lösungen" (V022-02; Projektleitung: Prof. Dr. Wolfgang Gaebel, Universität Düsseldorf, und Prof. Dr. Wolfgang Oertel, Universität Marburg) sowie „Revision der generischen Datenschutzkonzepte der TMF" (V039-03; Projektleitung: Prof. Dr. Klaus Pommerening, Universität Mainz). Alle drei Vorhaben befassten sich in Teilprojekten – und teilweise parallel – mit verschiedenen rechtlichen Hürden der patientenorientierten medizinischen Forschung. Diese Aktivitäten zielten schon früh auf die Beantwortung der beiden zentralen Fragen ab, unter welchen rechtlichen Rahmenbedingungen primäre Behandlungsdaten für Forschungsprojekte genutzt werden können und ob die Krankenversichertenkarte bzw. die neue elektronische Gesundheitskarte (eGK) als Mittel zur Identifikation und Pseudonymisierung sowie als Speicher- und Transportmedium für Forschungsdaten verwendet werden dürfen.

Anfang 2007 wurde die Vergabe von Rechtsgutachten zu Fragen aus diesen Projekten sowie aus weiteren Vorhaben, den Projekten „Gutachten Pseudonymisierung – Rechtsberatung der Forschungsnetze zu neuen Vorgaben hinsichtlich der Pseudonymisierungspflicht von Forschungsdaten auch bei fortdauerndem Behandlungsbezug durch das neue AMG" (V026-01), „Anforderungskatalog für einen elektronischen Datentreuhänderdienst" (V052-01) und „Elektronische Archivierung von klinischen Studien (eArchivierung)" (V042-01), durch die TMF thematisch gebündelt. Um inhaltliche Gemeinsamkeiten und mögliche Widersprüche herauszuarbeiten, hat ein Team der TMF-Geschäftsstelle (Mathias Freudigmann, Dr. Carina Hohloch, Dr. Johannes Drepper, Sebastian Claudius Semler) in Abstimmung mit den jeweiligen Projektgruppen die Gutachten-Anforderungen aus den verschiedenen Projekten in einem Sammelpflichtenheft zusammengefasst und daraus abgeleitete Arbeitspakete nach einer Ausschreibung im Sommer 2007 an führende juristische Experten vergeben. Zusätzlich wurde zu jedem Gutachten eine juristische Zweitmeinung in Form eines Reviews eingeholt und die Ergebnisse nach Diskussion mit dem Erstgutachter in das jeweilige Gutachten aufgenommen.

Zum Abschluss des Review-Prozesses haben sich im Dezember 2007 alle Gutachter in Berlin zu einem von der TMF organisierten Workshop mit den Projektleitern getroffen und die Ergebnisse gemeinsam diskutiert. Auf diese Weise konnte ein breiter Konsens erzielt werden, in den neben der Expertise juristischer Lehrstühle auch die Erfahrung erfahrener Kanzleien einging. Danach erfolgte eine abschließende Überarbeitung der Gutachtentexte. Das Gutachten zu Verwertungsrechten in der vernetzten medizinischen Forschung wurde 2008 als Band 7 der TMF-Schriftenreihe in Buchform veröffentlicht. Alle anderen Gutachten stehen in ihrer primären Fassung auf der Webseite der TMF zum freien Download zur Verfügung.

Eins der vier online publizierten Gutachten befasste sich mit unterschiedlichen Aspekten des Datenschutzes in der medizinischen Forschung.* Hierzu gehörte auch ein Teilgutachten „Datenschutzrechtliche Fragen bei der Nutzung von Versorgungsdaten und der elektronischen Gesundheitskarte für Forschungszwecke", in welchem die Gutachter Prof. Dr. Alexander Roßnagel, Dr. Silke Jandt (beide Universität Kassel) und Prof. Dr. Gerrit Hornung (mittlerweile Universität Passau) einige der eingangs skizzierten Fragen systematisch anhand des Sammelpflichtenheftes bearbeiteten. Im Ergebnis schlugen sie unter anderem eine Änderung des § 291a SGB V vor, die eine Nutzung der eGK für Forschungszwecke ermöglichen würde. Dieser Vorschlag und die damit verbundenen Fragen wurden 2007 von der TMF in den Beirat der Gematik mbH eingebracht und später in einem Förderprojekt des Bundesgesundheitsministeriums („FuE-Projekt zur elektronischen Patientenakte gemäß § 291a SGB V", 2010–2012) näher untersucht. Die TMF ist Prof. Dr. Hornung und Prof. Dr. Roßnagel sehr dankbar für ihre Bereitschaft, wesentliche Auszüge ihres Gutachtens einer Aktualisierung zu unterziehen und für eine Buchveröffentlichung (Teil II des vorliegenden Bandes) zur Verfügung zu stellen.

Derzeit wird intensiv über die Auswirkungen der kommenden EU-Datenschutzgrundverordnung auf die medizinische Forschung mit und ohne Einwilligung diskutiert. Im nationalen Rahmen steht aktuell auch der Entwurf eines E-Health-Gesetzes im Raum, in dem erstmals die Forschung als zu unterstützender Bereich einer sozialgesetzlich verankerten Telematikinfrastruktur im Gesundheitswesen genannt wird. Die Thematik des vorliegenden Bandes bleibt also in Bewegung, und die TMF wird sich ihr auch weiterhin intensiv widmen. Alle Leser sind herzlich eingeladen, etwaige Kritik am Buch, offene Fragen und weitergehende Anregungen an die TMF und ihre Arbeitsgruppen zu übermitteln. Wir werden uns nach Kräften bemühen, diese Beiträge in die künftige Arbeit der TMF und in den Dialog mit Gesetzgebern und Aufsichtsbehörden einfließen zu lassen.

Sebastian Claudius Semler   *Prof. Dr. Michael Krawczak*
(Wissenschaftlicher Geschäftsführer)   (Vorstandsvorsitzender)

---

* An anderen Teilen dieses Gutachtens waren weiterhin RA Prof. Dr. Dr. Christian Dierks (Kanzlei Dierks & Bohle, Berlin) sowie als Reviewer RA Claus Burghardt (Kanzlei Sträter, Bonn) beteiligt.

Inhalt

I Sekundärnutzung medizinischer Behandlungsdaten   1
Uwe K. Schneider

1	Vorwort	9
2	Personenbezug bei Pseudonymisierung und Anonymisierung	11
3	Abgrenzung der Verarbeitungszwecke „Qualitätssicherung" und „Behandlung"	25
4	Zweckändernde automatisierte Auswertung personenbezogener Daten mit anonymen Ergebnissen	31
5	Spezialgesetzliche Einschränkungen der Sekundärnutzung	53
6	Anwendbares Datenschutzrecht für die Sekundärnutzung klinischer Daten unter Berücksichtigung des Landesrechts	75
7	Verwendung von Behandlungsdaten für interne Qualitätssicherung und Eigenforschung	239
8	Datenverarbeitung im Auftrag für Zwecke der Forschung oder Qualitätssicherung	259
9	Übermittlung pseudonymer Daten im Wege der Funktionsübertragung für Forschung oder Qualitätssicherung	283
10	Einrichtungsübergreifende Pseudonymisierung im Forschungsverbund	289
11	Einbeziehung von Ethikkommissionen bei Forschung mit personenbezogenen oder pseudonymen Daten	295
12	Für die Sekundärnutzung relevante Unterschiede hinsichtlich Forschungszweck und Art der Durchführung eines Forschungsvorhabens	307
13	Landesspezifische und für die Sekundärnutzung relevante Unterschiede in den Forschungsklauseln	309
14	Datenschutzbeauftragte und Aufsichtsstrukturen	315
15	Beschäftigtendatenschutz bei der Sekundärnutzung von Behandlungsdaten	321
16	Zivil- und strafrechtliche Folgen fahrlässiger Datenschutzverstöße	335
17	Rechtspolitisches Schlusswort	343
18	Anhang Teil 1	347

II Die Nutzung der elektronischen Gesundheitskarte
und der Krankenversichertennummer im Forschungskontext _____ 367
Gerrit Hornung und Alexander Roßnagel

1 Einleitung _____ 371
2 Die Nutzung der auf oder mittels der elektronischen Gesundheitskarte
  gespeicherten medizinischen Daten _____ 373
3 Die Nutzung der Krankenversichertennummer im Forschungskontext ___ 395
4 Anhang Teil 2 _____ 405

Sekundärnutzung medizinischer Behandlungsdaten

Uwe K. Schneider[1]

---

[1] Der Autor dankt Dr. Manuel Klar für seine Mitarbeit an den Kapiteln I.2, I.3, I.4 und I.16 sowie Johannes Bernhardt für seine Mitarbeit an den Kapiteln I.5 und I.11.

Inhalt Teil I

1	Vorwort	9
2	Personenbezug bei Pseudonymisierung und Anonymisierung	11
	2.1 Relativität des Personenbezugs in subjektiver Hinsicht	12
	2.1.1 Überblick	12
	2.1.2 Stellungnahme	14
	2.2 Relativität des Personenbezugs in objektiver Hinsicht	17
	2.2.1 Datenschutzrechtliche Anforderungen an eine faktische Anonymisierung	17
	2.2.2 Methoden der Anonymisierung	20
	2.2.3 Empfehlungen zur Risikovorsorge	23
	2.3 Ergebnis	24
3	Abgrenzung der Verarbeitungszwecke „Qualitätssicherung" und „Behandlung"	25
	3.1 Typische Behandlungszwecke	26
	3.2 Typische Zwecke der Qualitätssicherung	27
	3.3 Abgleich der Zwecke: komplementärer Anwendungsbereich oder Überschneidungsbereiche?	27
	3.4 Ergebnis	28
4	Zweckändernde automatisierte Auswertung personenbezogener Daten mit anonymen Ergebnissen	31
	4.1 Bewertung aus Sicht des Datenschutzrechts im engeren Sinne	32
	4.1.1 Umgang mit „personenbezogenen Daten" trotz anonymen Outputs?	32
	4.1.2 Hilfsweise: Bedeutung einer Zweckänderung im Datenschutzrecht	41
	4.2 Vereinbarkeit mit der Schweigepflicht der Heilberufe	47
	4.2.1 Verletzung von Privatgeheimnissen (§ 203 StGB)	47
	4.2.2 Berufsrechtliche Verschwiegenheitspflicht (§ 9 Abs. 1 MBO-Ä)	51
	4.3 Ergebnis	51
5	Spezialgesetzliche Einschränkungen der Sekundärnutzung	53
	5.1 Bundeseinheitliche Regelungen	53
	5.1.1 Gendiagnostikgesetz (GenDG)	53
	5.1.2 Transplantationsgesetz (TPG)	60
	5.1.3 Medizinproduktegesetz (MPG)	61
	5.1.4 Transfusionsgesetz (TFG)	62
	5.1.5 Arzneimittelgesetz (AMG)	64
	5.2 Länderspezifische Regelungen bei Unterbringung psychisch Kranker	69
	5.2.1 Länder ohne spezifische Regeln	70
	5.2.2 Sonderregeln zum Datenschutz	70
	5.2.3 Sonderregelungen zur Forschung mit personenbezogenen Daten	72

Inhalt Teil I

6 Anwendbares Datenschutzrecht für die Sekundärnutzung klinischer Daten unter Berücksichtigung des Landesrechts — 75

- 6.1 Verhältnis von Datenschutz und Schweigepflicht — 75
  - 6.1.1 Unabhängigkeit von Datenschutz und Schweigepflicht (Zwei-Schranken-Theorie) — 76
  - 6.1.2 Besondere Zweckbindung nach Übermittlung aufgrund der Schweigepflicht — 77
- 6.2 Eingeschränkte Sonderregeln für Religionsgemeinschaften — 80
- 6.3 Übersicht 1: Auf Krankenhäuser anwendbares Datenschutzrecht und Datenschutzaufsicht — 81
- 6.4 Übersicht 2: Gesetzliche Erlaubnisse zur Sekundärnutzung von Behandlungsdaten — 87
- 6.5 Bundesdatenschutzgesetz — 90
  - 6.5.1 Anwendungsbereich — 90
  - 6.5.2 Forschungsklausel (§ 28 Abs. 6 Nr. 4 BDSG) — 93
  - 6.5.3 Qualitätssicherung — 108
  - 6.5.4 Einwilligung — 110
- 6.6 Für Kliniken relevante Datenschutzvorschriften der Bundesländer — 123
  - 6.6.1 Baden-Württemberg — 123
  - 6.6.2 Bayern — 135
  - 6.6.3 Berlin — 143
  - 6.6.4 Brandenburg — 151
  - 6.6.5 Bremen — 156
  - 6.6.6 Hamburg — 162
  - 6.6.7 Hessen — 167
  - 6.6.8 Mecklenburg-Vorpommern — 172
  - 6.6.9 Niedersachsen — 178
  - 6.6.10 Nordrhein-Westfalen — 183
  - 6.6.11 Rheinland-Pfalz — 188
  - 6.6.12 Saarland — 195
  - 6.6.13 Sachsen — 206
  - 6.6.14 Sachsen-Anhalt — 213
  - 6.6.15 Schleswig-Holstein — 217
  - 6.6.16 Thüringen — 221
- 6.7 Für Kliniken relevante Datenschutzvorschriften der Kirchen — 229
  - 6.7.1 Evangelische Kirche — 229
  - 6.7.2 Katholische Kirche — 233

7 Verwendung von Behandlungsdaten für interne Qualitätssicherung und Eigenforschung — 239

- 7.1 Verwendung von Behandlungsdaten in unveränderter Form durch den Behandler — 239
  - 7.1.1 Zweckänderung hin zur Forschung — 240
  - 7.1.2 Zweckänderung hin zur Qualitätssicherung — 246

7.2 Verwendung von Behandlungsdaten in pseudonymisierter Form durch den Behandler ... 249
7.2.1 Verwendung pseudonymer Daten durch den Behandler ... 249
7.2.2 Vorgang der Pseudonymisierung ... 250
7.3 Verwendung von Behandlungsdaten in anonymisierter Form durch den Behandler ... 251
7.3.1 Verwendung anonymer Daten durch den Behandler ... 251
7.3.2 Vorgang der Anonymisierung ... 251
7.4 Verwendung von Behandlungsdaten in pseudonymisierter Form durch nicht behandelndes Personal in der gleichen Fachabteilung ... 253
7.4.1 Personenbezogene Datenverwendung der Behandlungseinrichtung ... 253
7.4.2 Kein besonders rechtfertigungsbedürftiges Übermitteln, aber rechtfertigungsbedürftige sonstige Verwendung ... 254
7.5 Verwendung von Behandlungsdaten in pseudonymisierter Form durch Personal anderer Fachabteilungen ... 255
7.5.1 Personenbezogene Datenverwendung der Behandlungseinrichtung ... 255
7.5.2 Teils besonders rechtfertigungsbedürftiges Übermitteln, teils rechtfertigungsbedürftige sonstige Verwendung ... 255

8 Datenverarbeitung im Auftrag für Zwecke der Forschung oder Qualitätssicherung ... 259
8.1 Allgemeine Einordnung der Auftragsdatenverarbeitung im Kontext der Sekundärnutzung ... 259
8.1.1 Zulässigkeit der Forschung oder Qualitätssicherung durch die Behandlungseinrichtung ... 259
8.1.2 Personenbezug für den Auftragnehmer? ... 260
8.1.3 Offenbaren im Sinne der Schweigepflicht (§ 203 StGB) ... 262
8.1.4 Allgemeine Charakteristika der Auftragsdatenverarbeitung ... 264
8.1.5 Fehlender Personenbezug: Entbehrlichkeit einer besonderen Erlaubnis, Sinnhaftigkeit vertraglicher Absicherungen ... 265
8.2 Gesundheitsspezifische Regelungen zur Auftragsdatenverarbeitung ... 266
8.2.1 Keine gesundheitsspezifische Auftragsdatenverarbeitung im BDSG ... 267
8.2.2 Landeskrankenhaus- oder vergleichbare Gesetze ... 267
8.3 Zusammenfassende Bewertung ... 280

9 Übermittlung pseudonymer Daten im Wege der Funktionsübertragung für Forschung oder Qualitätssicherung ... 283
9.1 (Kein) Personenbezug für die externe Einrichtung ... 283
9.2 Zulässigkeit der „Übermittlung" sowie von interner Vor- und Nachbereitung ... 284
9.2.1 Keine Übermittlung mangels Personenbezug für die externe Einrichtung ... 284
9.2.2 Übermittlung bei angenommenem Personenbezug für die externe Einrichtung ... 284
9.3 Übersicht 5: Explizite gesetzliche Anforderungen an Übermittlungsempfänger ... 286

10 Einrichtungsübergreifende Pseudonymisierung im Forschungsverbund — 289

    10.1 Identitätsdaten als personenbezogene Gesundheitsdaten bzw. Patientengeheimnisse — 289

    10.2 Funktionsübertragung und Eigenverantwortlichkeit des Datentreuhänders — 290

    10.3 Zulässigkeit — 291

        10.3.1 Regelungen ohne Offenbarungsbefugnis — 291

        10.3.2 Vorhabenbezogene Erlaubnisnormen für die Datenübermittlung — 292

        10.3.3 Einrichtungsübergreifende Pseudonymisierung aufgrund Einwilligung — 292

    10.4 Vertragliche Ausgestaltung — 293

11 Einbeziehung von Ethikkommissionen bei Forschung mit personenbezogenen oder pseudonymen Daten — 295

    11.1 Einbeziehung von Ethikkommissionen nach § 15 MBO-Ä — 295

        11.1.1 Pflicht zur Einbeziehung einer Ethikkommission — 295

        11.1.2 Zusammensetzung der Ethikkommission — 296

        11.1.3 Zuständigkeit und Verfahren — 296

        11.1.4 Rechtliche Einordnung der Bewertung — 298

    11.2 Zum Begriff des Personenbezugs in § 15 MBO-Ä — 298

        11.2.1 Vorüberlegungen — 298

        11.2.2 Begriff des Personenbezugs in § 15 MBO-Ä — 299

        11.2.3 Ergebnis: Grundsätzlich gleiche Bedeutung des Personenbezugs in § 3 Abs. 1 BDSG und § 15 Abs. 1 MBO-Ä — 303

    11.3 Abgleich mit den Berufsordnungen der Landesärztekammern — 304

        11.3.1 Landesärztekammern ohne eine Neufassung des § 15 BO — 304

        11.3.2 Landesärztekammern mit einer Neufassung des § 15 der Berufsordnung — 305

12 Für die Sekundärnutzung relevante Unterschiede hinsichtlich Forschungszweck und Art der Durchführung eines Forschungsvorhabens — 307

13 Landesspezifische und für die Sekundärnutzung relevante Unterschiede in den Forschungsklauseln — 309

    13.1 Grundlegende Unterschiede — 309

    13.2 Übersicht 6: Unterschiede zwischen den Forschungsklauseln im Einzelnen — 310

14 Datenschutzbeauftragte und Aufsichtsstrukturen — 315

    14.1 Zuständigkeiten der lokalen Datenschutzbeauftragten — 315

    14.2 Zuständigkeiten der Beauftragten für den Datenschutz des Bundes und der Länder sowie der Aufsichtsbehörden auf Landesebene — 316

        14.2.1 Datenschutzbeauftragte des Bundes und der Länder — 317

        14.2.2 Aufsichtsbehörden der Länder nach § 38 BDSG — 318

    14.3 Zuständigkeiten bei Verbundforschung — 319

15 Beschäftigtendatenschutz bei der Sekundärnutzung von Behandlungsdaten — 321

- 15.1 Übersicht 7: Auf Beschäftigungsverhältnisse in Kliniken vorrangig anwendbares Datenschutzrecht — 323
- 15.2 Anwendungsbereich des BDSG — 324
  - 15.2.1 Datenschutzrechtliche Erlaubnis — 324
  - 15.2.2 Exkurs: Mitbestimmung bei möglicher Leistungs- oder Verhaltenskontrolle — 329
- 15.3 Anwendungsbereich der Landesdatenschutzgesetze — 330
- 15.4 Anwendungsbereich der kirchlichen Datenschutzgesetze — 331
  - 15.4.1 Kliniken der evangelischen Kirche — 331
  - 15.4.2 Kliniken der katholischen Kirche — 332

16 Zivil- und strafrechtliche Folgen fahrlässiger Datenschutzverstöße — 335

- 16.1 Zivilrechtliche Folgen — 336
  - 16.1.1 § 7 BDSG – Verschuldensabhängige Haftung — 336
  - 16.1.2 § 8 BDSG – Gefährdungshaftung für öffentliche Stellen — 337
  - 16.1.3 § 823 Abs. 1 und 2 BGB – Verschuldensabhängige Haftung — 338
  - 16.1.4 § 280 Abs. 1 in Verbindung mit § 241 Abs. 2 BGB – Vertragliche Haftung — 338
  - 16.1.5 Sonstige Haftungsnormen — 339
- 16.2 Strafrechtliche Folgen — 339
  - 16.2.1 Abgrenzung: Bedingter Vorsatz und bewusste Fahrlässigkeit — 339
  - 16.2.2 Abgrenzung: Normativer Verbotsirrtum und faktische Fahrlässigkeit — 339
- 16.3 Ergebnis — 340

17 Rechtspolitisches Schlusswort — 343

18 Anhang Teil 1 — 347

- 18.1 Pflichtenheft (Auszug) — 347
  - 18.1.1 Einleitung — 347
  - 18.1.2 Sekundärnutzung medizinischer Daten im Projekt cloud4health — 348
  - 18.1.3 Ziele — 352
  - 18.1.4 Anforderungen an das Gutachten — 352
- 18.2 Abkürzungsverzeichnis — 356
- 18.3 Verzeichnis der Abkürzungen der Bundesländer — 360
- 18.4 Literaturverzeichnis — 361

1 Vorwort

Medizinische Daten können auch über den primären Behandlungskontext, in dem sie erhoben wurden, hinaus erheblichen Nutzen stiften. So kann ihre Auswertung zeigen, ob und inwieweit bestehende Qualitätsstandards in einer Behandlungseinrichtung oder im Gesundheitswesen allgemein beachtet werden, was deren Einhaltung längerfristig sichert. Zudem können auf dieser Datenbasis Hypothesen generiert und überprüft werden, was die Erforschung neuer Behandlungsmethoden unterstützt.

Je größer die analysierten Datenmengen, desto valider sind in der Regel die dabei gewonnenen Erkenntnisse. Mit dem Text- und Data-Mining stehen grundsätzlich Methoden zur Verfügung, um der inhaltlichen Komplexität einer solchen „Big Data"-Analyse gerecht zu werden. Durch das Text-Mining können dabei un- oder schwach strukturierte Dokumente (z.B. Freitext-Arztbriefe) semantisch analysiert und geordnet werden. So strukturierte Daten können mittels des Data-Mining weiter ausgewertet werden. Die Anwendung dieser Methoden auf große Datenmengen ist zwar rechenintensiv, mit der Cloud-Technologie existiert jedoch eine Möglichkeit zur effizienten Nutzung gegebenenfalls auch weit verteilter IT-Ressourcen.

Diesem Nutzenpotential stehen aber auch Risiken gegenüber, wenn Behandlungsdaten aus der Vertrauensbeziehung zwischen Arzt und Patient, die dem Zweck der Behandlung dient, herausgelöst und für die sekundären Zwecke der Qualitätssicherung oder Forschung gegebenenfalls in weit verteilten Strukturen verwendet werden. Die Kontrolle der tatsächlichen Einhaltung des vorgegebenen Zweckrahmens wird durch eine entsprechende Datenverteilung erschwert. Dies kann zudem dazu führen, dass die betroffenen Patienten unter Umständen innerhalb des Gesundheitswesens nicht mehr mit einer unbefangenen Zweitmeinung rechnen können. Bei einem „Datenleck" müssen die Patienten auch Nachteile am Arbeitsplatz, für ihren Versicherungsstatus oder ihr gesellschaftliches Ansehen befürchten. Es droht eine Diffusion von Daten, Verantwortung und Vertrauen im Netz. Diesen Risiken versucht das Datenschutzrecht zu begegnen, das allerdings seinerseits auf eine Vielzahl von einzelnen Regelungen in Bund, Ländern und Kirchen verteilt ist.

Vor diesem Hintergrund wurde das vorliegende Rechtsgutachten auf Basis des in wesentlichen Auszügen im Anhang dieses Teils wiedergegeben Pflichtenheftes beauftragt. Das Gutachten wurde zwischen Februar und Mai 2014 erstellt. Der Autor dankt Dr. iur. Manuel Klar, Johannes Bernhardt, LL.B., Rechtsassessor Frank Schoblik, Sarah Biehl, Joachim Rußig, B.Sc., und Dr. iur. Oliver Meyer-van Raay für ihre Unterstützung, ohne welche die Erstellung des Gutachtens in dieser kurzen Zeit nicht möglich gewesen wäre.

Im April 2014 wurde die Erstversion des Gutachtens einem Review unterzogen, dessen Ergebnisse in der vorliegenden Fassung berücksichtigt wurden. Der Autor ist Dr. Johannes Drepper, Dr. Astros Chatziastros, Irene Schlünder und Dr. Krister Helbing von der TMF-Geschäftsstelle sowie Prof. Dr. Jürgen W. Goebel für ihre wertvollen Hinweise im Rahmen dieses Reviews zu Dank verpflichtet.

Das Gutachten befindet sich auf dem Rechtsstand von Mai 2014. Die weitere Entwicklung, insbesondere der Rechtsprechung, konnte darüber hinaus an ausgewählten Stellen noch bis zur Drucklegung im März 2015 berücksichtigt werden.

2 Personenbezug bei Pseudonymisierung und Anonymisierung

> *Können pseudonymisierte Daten aus Sicht eines Empfängers als anonym gelten, wenn der Sender den Schlüssel für die Pseudonymisierung verwahrt und dieser für den Empfänger nicht zugänglich ist? Geben Sie an, welche Gründe in Literatur und Rechtsprechung für oder gegen die Annahme des Konzepts des relativen Personenbezugs sprechen.*

Ein Personenbezug ist das entscheidende Kriterium für die Anwendung des Datenschutzrechts. Ohne einen Personenbezug würden sich die nachfolgend untersuchten datenschutzrechtlichen Herausforderungen überhaupt nicht stellen. Daher soll hier zunächst auf die Frage nach dem Personenbezug, insbesondere bei Pseudonymisierung und Anonymisierung, eingegangen werden.

„Anonymisieren ist das Verändern personenbezogener Daten derart, dass die Einzelangaben über persönliche oder sachliche Verhältnisse nicht mehr oder nur mit einem unverhältnismäßig großen Aufwand an Zeit, Kosten und Arbeitskraft einer bestimmten oder bestimmbaren natürlichen Person zugeordnet werden können" (§ 3 Abs. 6 BDSG). Pseudonymisieren ist dagegen „das Ersetzen des Namens und anderer Identifikationsmerkmale durch ein Kennzeichen zu dem Zweck, die Bestimmung des Betroffenen auszuschließen oder wesentlich zu erschweren" (§ 3 Abs. 6a BDSG).

Pseudonymisierte Daten weisen vor diesem Hintergrund nach einhelliger Auffassung in der juristischen Literatur für die Stelle, welche über die Zuordnung des

Pseudonyms zu der dahinter stehenden Person verfügt, einen Personenbezug im Sinne des Datenschutzrechts auf.[2] Gibt diese Stelle die pseudonymen Daten an einen Empfänger weiter, sind die Daten für diese Entität dann als anonym anzusehen, wenn sie nicht mehr oder nicht mehr mit verhältnismäßigem Aufwand einer natürlichen Person zugeordnet werden können. Auf welche Perspektive (verantwortliche Stelle oder Empfänger) bei der Beurteilung dieser Frage abzustellen ist (dazu sogleich: Relativität des Personenbezugs in subjektiver Hinsicht), ist gleichermaßen umstritten wie die Anforderungen, die an eine hinreichende Anonymität eines Datums zu stellen sind (dazu unten: Relativität des Personenbezugs in objektiver Hinsicht).[3]

Eine Differenzierung nach dem Ort der Niederlassung und der Art der jeweils verantwortlichen Stelle ist hier nicht vorzunehmen und erscheint für die Beantwortung dieser Frage auch nicht erforderlich, denn die Begriffe „personenbezogene Daten", „Pseudonymisierung" und „Anonymisierung" sind nach dem Bundesdatenschutzgesetz (BDSG), den Landesdatenschutzgesetzen sowie den auf Kliniken anwendbaren Datenschutzvorschriften der Länder auch vor europarechtlichem Hintergrund letztlich gleich zu verstehen.[4]

2.1 Relativität des Personenbezugs in subjektiver Hinsicht

2.1.1 Überblick

Die Frage, ob ein Personenbezug vorliegt, kann zum einen, bei einer relativen Betrachtungsweise, aus der Perspektive der jeweils datenverarbeitenden Stelle vorgenommen werden (relatives Verständnis). Möglich erscheint jedoch auch, bei der Frage der Bestimmbarkeit der Person das Wissen Dritter mit einzubeziehen (absoluter Personenbezug). Der Wortlaut der Definition des Personenbezugs im Datenschutzrecht ist insoweit offen und lässt beide Ansichten zu.

In der jüngeren Vergangenheit ist die Problematik des Personenbezugs vor allem anhand der Frage kontrovers diskutiert worden, ob IP-Adressen einen Personenbezug aufweisen können.[5] Ob ein relatives oder absolutes Verständnis zugrunde zu legen ist, wird seitens der Gerichte und der Literatur aber nicht einheitlich beurteilt. In der instanzgerichtlichen Rechtsprechung wird tendenziell eine eher relative Sichtweise zugrunde gelegt.[6] Abschließende höchstrichterliche Stellungnahmen zur Frage, ob bei der Beurteilung des Personenbezugs auf die verarbeitende Stelle oder auch

---

2 Vgl. nur Buchner, in: Taeger/Gabel, BDSG, § 3 Rdnr. 50; Gola/Schomerus, BDSG, § 3 Rdnr. 46; Plath/Schreiber, in: Plath, BDSG, § 3 Rdnr. 61ff.; Schaffland/Wiltfang, BDSG, § 3 Rdnr. 13; Scholz, in: Simitis (Hg.), BDSG, § 3 Rdnr. 215f.
3 Vgl. zur folgenden Problematik des Personenbezug und der Anonymität von Daten Kühling/Klar, NJW 2013, 3611ff.
4 Vgl. Richtlinie 95/46/EG des Europäischen Parlaments und des Rates vom 24. Oktober 1995 zum Schutz natürlicher Personen bei der Verarbeitung personenbezogener Daten und zum freien Datenverkehr, ABl. EG 1995 Nr. L 281 S. 31. Der Begriff der „personenbezogenen Daten" ist in Art. 2 Buchst. a dieser Richtlinie definiert, welche von Bund und Ländern in nationales Recht umgesetzt werden musste. Vor allem der Begriff der Anonymität, weitgehend aber auch derjenige der Pseudonymität, leitet sich hiervon ab.
5 Dazu etwa Gerlach, CR 2013, 478ff.; Krüger/Maucher, MMR 2011, 433ff.; Meyerdierks, MMR 2009, 9ff.; Pahlen-Brandt, K&R 2008, 288ff.
6 OLG Hamburg, CR 2011, 126; LG Wuppertal, MMR 2011, 65, 66; LG Bamberg, ZD 2013, 628 m. Anm. Arning/Moos; LG Berlin, CR 2013, 471; AG München, ZUM-RD 2009, 413, 414; a.a. wohl AG Berlin-Mitte, K&R 2007, 600, 601; VG Wiesbaden, MMR 2009, 428, 432.

auf Dritte abzustellen ist, liegen dagegen nicht vor.[7] Dies gilt auch mit Blick auf die Rechtsprechung des EuGH, der bislang ebenfalls keine verlässlichen Aussagen zu entnehmen sind.[8] Erst jüngst wurde beim EuGH auf Vorlage des Bundesgerichtshofs ein noch laufendes Verfahren zur Entscheidung über den absoluten oder relativen Ansatz des Personenbezugs in Gang gesetzt.[9] In der behördlichen Aufsichtspraxis zeichnet sich derzeit auch noch keine konsistente Linie ab.

Trotz einer vergleichsweise langen Datenschutztradition in Deutschland ist damit zu konstatieren, dass der Begriff des Personenbezugs bislang noch keiner abschließenden Konturierung zugeführt worden ist. Dies ist umso misslicher, als das Vorliegen eines Personenbezugs in der Praxis von entscheidender Bedeutung ist, da dieser wesentlich für die Anwendbarkeit des Datenschutzrechts ist.

2.1.1.1 Absolutes Verständnis

Nach einem absoluten Verständnis ist von einem Personenbezug bereits dann auszugehen, wenn lediglich für Dritte, die nicht notwendigerweise (potenzielle) Datenempfänger sind, die Möglichkeit der Zuordnung zu einer Person besteht. Eine solch weite Sichtweise wird vor allem von einigen deutschen Datenschutzbehörden sowie wohl auch dem *Düsseldorfer Kreis*[10] dieser Behörden vertreten, welche die Anwendungsvoraussetzungen des Datenschutzrechts in der Regel weniger restriktiv auslegen.[11] Mit dem Argument eines optimalen Schutzes der Betroffenenrechte haben sich aber auch vereinzelte Stimmen in der datenschutzrechtlichen Literatur[12] dieser weiten Ansicht angeschlossen. Was die Position der *Artikel-29-Datenschutzgruppe* der Aufsichtsbehörden der EU-Mitgliedstaaten anbelangt, so ist diese nicht eindeutig. Die Ausführungen in deren Stellungnahme 4/2007 zum Begriff „personenbezogene Daten"[13] lassen sich nicht klar dem absoluten oder dem relativen Konzept zuordnen.[14]

---

7 Auch dem Urteil des BGH v. 13.01.2011 (III ZR 146/10, MMR 2011, 341) zum Umgang mit dynamischen IP-Adressen bei einem Access-Provider (insoweit hat der BGH unproblematisch einen Personenbezug unterstellt) kann keine eindeutige Positionierung im Hinblick auf den absoluten oder relativen Ansatz entnommen werden (Lorenz, jurisPR-ITR 15/2011 Anm. 2; a.A. Krüger/Maucher, MMR 2011, 433, 436); vgl. Klar, Datenschutzrecht und die Visualisierung des öffentlichen Raums, 2012, S. 144f. Allerdings hat der BGH mit Beschluss v. 28.10.2014 (VI ZR 135/13, CR 2015, 109) dem EuGH die Frage vorgelegt, ob die Definition der personenbezogenen Daten in Art. 2 Buchstabe a der Datenschutz-Richtlinie 95/46/EG dahin auszulegen ist, dass die IP-Adresse, die ein Websitebetreiber beim Zugriff auf seine Internetseite speichert, für diesen schon dann ein personenbezogenes Datum darstellt, wenn ein Dritter (wie der Access-Provider) über das zur Identifizierung der betroffenen Person erforderliche Zusatzwissen verfügt. Letztlich wird der EuGH also um Vorabentscheidung darüber ersucht, ob vor europarechtlichem Hintergrund der Personenbezug absolut oder relativ zu verstehen ist.
8 Der EuGH, Urt. v. 24.11.2011, Rs. C-70/10, Rdnr. 51 – Scarlet Extended, hat die Frage im Zusammenhang mit IP-Adressen lediglich gestreift; kritisch dazu Klar, DÖV 2013, 103, 112.
9 Das beim EuGH unter dem Az. C-582/14 geführte Verfahren wurde auf das in der obigen Fn. 7 angeführte Vorabentscheidungsersuchen des BGH vom 28.10.2014 (Az. VI ZR 135/13) hin eingeleitet.
10 Düsseldorfer Kreis, Beschluss der obersten Aufsichtsbehörden für den Datenschutz im nicht-öffentlichen Bereich am 26./27.11.2009 in Stralsund, S. 1, in Bezug auf IP-Adressen.
11 So etwa der ehemalige Bundesbeauftragte für den Datenschutz und die Informationsfreiheit Schaar, Datenschutz im Internet, 2002, Kap. 3 Rdnr. 175; die Datenschutzbeauftragte der Freien Universität Berlin Pahlen-Brandt, K&R 2008, 288; dies., DuD 2008, 34; der Datenschutzbeauftragte des Landes Schleswig-Holstein Weichert, in: Däubler/Klebe/Wedde/Weichert, BDSG, 3. Aufl. 2010, § 3 Rdnr. 13; vgl. auch die Argumentation des Unabhängigen Landeszentrums für Datenschutz Schleswig-Holstein (ULD), abrufbar unter https://www.datenschutzzentrum.de/artikel/575-IP-Adressen-und-andere-Nutzungsdaten-Haeufig-gestellte-Fragen.html; ebenso wohl auch der europäische Datenschutzbeauftragte Hustinx, EDPS comments on selected issues that arise from the IMCO report on the review of Directive 2002/22/EC (Universal Service) & Directive 2002/58/EC (ePrivacy), 2008, S. 2ff.; relativierend in Bezug auf IP-Adressen jedoch Hustinx, Protection of Personal Data On-Line: The Issue of IP Adresses, 2009, S. 7.
12 Scheja/Haag, in: Leupold/Glossner (Hrsg.), Münchener Anwaltshandbuch IT-Recht, Teil 4. E. Rdnr. 40.
13 Artikel-29-Datenschutzgruppe, Stellungnahme 4/2007 zum Begriff „personenbezogene Daten", S. 19ff. Siehe ferner Artikel-29-Datenschutzgruppe, Stellungnahme 1/2008 zu Datenschutzfragen im Zusammenhang mit Suchmaschinen, S. 9.
14 Näher dazu Kühling/Klar, NJW 2013, 3611, 3614.

Folge der Annahme eines absoluten Verständnisses wäre, dass das in der Fragestellung angedachten Pseudonymisierungsverfahren nicht zur Anonymität für den Empfänger der pseudonymen Daten führen würden, selbst wenn dieser nicht im Besitz der Vorschrift für die Zuordnung des Pseudonyms zur dahinter stehenden Person ist. Bereits für die Übertragung solcher Daten an diese Empfänger wäre dann eine datenschutzrechtliche Erlaubnis und eine – das Arzt-Patienten-Verhältnis einbeziehende – Befugnis nach § 203 StGB erforderlich.

2.1.1.2 Relativer Personenbezug

In der datenschutzrechtlichen Literatur wird dagegen überwiegend – allerdings meist ebenfalls ohne tiefgreifende Auseinandersetzung – eine restriktive Auffassung vertreten, wonach der Personenbezug relativ zu verstehen sei und eine Beurteilung aus der Sicht der datenverarbeitenden Stelle heraus vorgenommen werden solle.[15]

Bei Zugrundelegung dieses relativen Konzepts könnte für die Behandlungseinrichtung der Personenbezug durch Pseudonymisierung erhalten bleiben, dieser für den externen Dienstleister, der nicht im Besitz der Zuordnungsvorschrift ist, jedoch grundsätzlich ausgeschlossen werden, weil die Daten für ihn dann als anonymisiert gelten könnten.[16]

2.1.2 Stellungnahme

Das Konzept des relativen Personenbezugs ist gegenüber dem absoluten Verständnis vorzugswürdig, denn Letzteres führt dazu, dass nahezu jeder Datenumgang an den Vorschriften des Datenschutzrechts zu messen wäre. So wird man nämlich nur in den seltensten Fällen ausschließen können, dass eine Person für einen beliebigen Dritten bestimmbar ist, zumal diese Auffassung sogar dann Geltung beansprucht, wenn der Dritte unter Umständen niemals Einsicht in den Datensatz erlangt.

Bei isolierter Betrachtung eines effektiven Schutzes des Grundrechts auf informationelle Selbstbestimmung aus Art. 2 Abs. 1 in Verbindung mit Art. 1 Abs. 1 GG mag das absolute Verständnis zwar zielführend erscheinen. Ein derart umfassendes Schutzverständnis würde allerdings auch im Rahmen des notwendigen Ausgleichs der sich gegenüberstehenden Interessen zu einer fragwürdig einseitigen Privilegierung der Position der Betroffenen führen, zumal gerade mit Blick auf private Stellen gilt, dass deren Datenumgang ebenfalls grundrechtlichen Schutz genießt. Er unterfällt zumindest der allgemeinen Handlungsfreiheit des Art. 2 Abs. 1 GG, ggf. aber auch der Berufsfreiheit aus Art. 12 Abs. 1 GG oder der Wissenschaftsfreiheit des Art. 5 Abs. 3 GG, wobei letztere prinzipiell auch für öffentliche Stellen (wie Universitäten oder

---

15 Arning/Forgó/Krügel, DuD 2006, 700; Bergmann/Möhrle/Herb, BDSG, § 3 Rdnr. 32; Braun, in: Geppert/Schütz, BeckOK TKG, § 91 Rdnr. 15; Buchner, in: Taeger/Gabel, BDSG, § 3 Rdnr. 13; Casper, DÖV 2009, 965, 966; Dammann, in: Simitis (Hg.), BDSG, § 3 Rdnr. 32ff.; Gola/Schomerus, BDSG, § 3 Rdnr. 10; Kroschwald, ZD 2014, 75, 76; Krüger/Maucher, MMR 2011, 433, 436; Meyerdierks, MMR 2013, 705, 706; Moos, K&R 2008, 137, 139; Plath/Schreiber, in: Plath, BDSG, § 3 Rdnr. 15; Polenz, in: Kilian/Heussen (Hg.), Computerrecht, Rechtsquellen und Grundbegriffe des allgemeinen Datenschutzes, Teil 13. Rdnr. 68; Rammos, ZD 2013, 599, 601; Redeker, IT-Recht, Rdnr. 935; Roßnagel/Scholz, MMR 2000, 722, 723f.; Schaffland/Wiltfang, BDSG, § 3 Rdnr. 17; Scholz, in: Simitis (Hg.), BDSG, § 3 Rdnr. 217f.; Spindler/Nink, in: Spindler/Schuster (Hg.), Recht der elektronischen Medien, § 11 TMG Rdnr. 5a; Tinnefeld, in: Roßnagel (Hg.), Handbuch Datenschutzrecht, Kap. 4.1 Rdnr. 20f.; Voigt, Datenschutz bei Google, MMR 2009, 377, 379; zu einem Mittelweg zwischen objektiver und relativer Theorie tendierend Specht/Müller-Riemenschneider, ZD 2014, 71, 74.

16 Zu den weiteren Voraussetzungen an die Annahme einer Anonymisierung für den Außenstehenden durch effektive Pseudonymisierung s.u. S. 17ff.

2 Personenbezug bei Pseudonymisierung und Anonymisierung

sonstige Forschungseinrichtungen) gilt. Ohne relevante Gefährdungen der Persönlichkeitsrechte der Betroffenen wäre eine Regulierung daher als bedenklich anzusehen.[17] Ohnehin ist die Konzeption des einfachgesetzlichen Datenschutzrechts insoweit kritisch, als dass die Erlaubnisnormen materiell oft nur unscharfe Konturen aufweisen und im Ergebnis häufig zu einer nur schwer prognosefähigen und damit für den Rechtsanwender mit erheblichen Haftungs- und Bußgeldrisiken verbundenen Abwägungsentscheidung führen. Hinzu kommt, dass auch ein Ausweichen auf das Instrument der Einwilligung nicht immer zielführend erscheint, da das Einwilligungskonzept zum Beispiel im Arbeitsrecht,[18] zum Teil aber auch im Gesundheitsrecht an seine Grenzen stößt.[19] Die praktische Umsetzbarkeit des Datenschutzrechts würde daher reduziert, wenn nun neben den vergleichsweise unbestimmten Zulässigkeitstatbeständen auch noch der Personenbezug als die maßgebliche Anwendungsvoraussetzung extensiv verstanden würde. Vor diesem Hintergrund ist eine moderat antizipierte Abwägung, wie sie das Verständnis des relativen Personenbezugs bereits im Rahmen der Definition des Personenbezugs vornimmt, als sachgerecht anzusehen.

Das Konzept eines relativen Personenbezugs ist auch deshalb vorzugswürdig, weil die Persönlichkeitsrechte der Betroffenen nicht ein solch weitgehendes Verständnis des Personenbezugs gebieten, wie es die Vertreter eines absoluten Konzeptes proklamieren. Denn eine Verletzung bzw. eine Bedrohung des allgemeinen Persönlichkeitsrechts ist fernliegend, wenn nur Dritte, nicht aber die verantwortliche Stelle einen Personenbezug herstellen können.[20] Auch in dieser Hinsicht erscheint das relative Konzept daher zielführender, indem es – gekennzeichnet von einer Sphärenbetrachtung – im Wege einer Abschätzung der Risiken für das Recht auf informationelle Selbstbestimmung nicht-persönlichkeitssensible Verarbeitungsvorgänge von vornherein aus dem Anwendungsbereich des Datenschutzrechts auszuscheiden vermag. Diese relative Sichtweise führt bei konsequenter Anwendung aber auch dazu, dass eine datenschutzrechtlich relevante Übermittlung anzunehmen ist, wenn die Daten zwar nicht aus Sicht der übermittelnden Stelle, wohl aber für den Empfänger einen Personenbezug aufweisen können.[21]

Hinzu kommt, dass das Datenschutzrecht nicht nur den Zentralbegriff der personenbezogenen Daten kennt,[22] der das Schutzobjekt definiert, sondern mit der verantwortlichen Stelle auch eine Zentralfigur einführt,[23] die primär dem Schutz dieser Daten verpflichtet ist. Dies deutet darauf hin, dass auch bei der Frage, auf wessen Möglichkeiten es bei der Zuordenbarkeit eines Datums zu einer bestimmten oder bestimmbaren natürlichen Person ankommen soll, auf die jeweils betrachtete (verantwortliche) Stelle abzustellen ist.

Dies gilt nicht nur für die verantwortliche Stelle, sondern auch für den Auftragsdatenverarbeiter, welcher seine Berechtigung zum Datenumgang letztlich immer von einer

---

17 Ebenfalls den grundrechtlichen Schutz privater Daten verarbeitender Stellen hervorhebend Masing, NJW 2012, 2305, 2307; ähnlich Härting, NJW 2013, 2065, 2070; siehe mit Blick auf Gesundheitsdaten auch Kühling/Seidel, GesR 2010, S. 231, 231ff.
18 Vgl. dazu unten in Kap I.15, S. 328.
19 Vgl. näher zum Gesundheitsbereich etwa Kühling/Klar, DuD 2013, 791, 794f., und vor allem im Hinblick auf die Freiwilligkeit unten S. 113ff.
20 Ausführlich dazu Klar, Datenschutzrecht und die Visualisierung des öffentlichen Raums, 2012, S. 144f.
21 Zutreffend Gola/Schomerus, BDSG, § 3 Rdnr. 10 und 44a.
22 Definiert z.B. in § 3 Abs. 1 BDSG oder Art. 2 Buchst. a Datenschutzrichtlinie 95/46/EG.
23 Definiert z.B. in § 3 Abs. 7 BDSG oder (aussagekräftiger) in Art. 2 Buchst. d Datenschutzrichtlinie 95/46/EG.

verantwortlichen Stelle ableitet. Und jede Stelle, die mit personenbezogenen Daten umgeht, ist entweder verantwortliche Stelle oder Auftragsdatenverarbeiter.[24] Dies entspricht nicht nur dem Zweck eines möglichst umfassenden Datenschutzes (vgl. § 1 Abs. 1 BDSG), sondern auch den klaren Regeln zum Anwendungsbereich in § 1 Abs. 2 BDSG, die insbesondere für private Stellen nur Tätigkeiten für ausschließlich persönliche oder familiäre Zwecke ausnehmen. Die Unterteilung der Stellen, welche das Datenschutzrecht beachten müssen, in vollumfänglich (eigen-)verantwortliche Stellen einerseits (§ 3 Abs. 7 BDSG) und weisungsgebundene Auftragsdatenverarbeiter mit eingeschränkter Verantwortung andererseits (§ 11 BDSG) dient lediglich der Abgrenzung der Pflichtenkreise im Einzelnen, nicht aber der Klärung der Frage nach der grundsätzlichen Anwendbarkeit des Datenschutzrechts. Verantwortlich ist somit auch jede Stelle, welche faktisch die Verfügungsgewalt über personenbezogene Daten innehat, ohne im Sinne der Auftragsdatenverarbeitung an Weisungen eines Dritten gebunden zu sein, unabhängig davon, zu welchen Zwecken (ausgenommen ausschließlich persönliche oder familiäre), mit welchen Mitteln und ob mit oder ohne Erlaubnis diese Verfügungsmacht ausgeübt wird. Entscheidend ist allein, dass für diese Stelle ein Personenbezug besteht.

Die Bestimmung und Abgrenzung der Pflichten je nach betrachteter Stelle legt es daher nahe, dass es auch für die vorgelagerte Frage, ob überhaupt ein Personenbezug vorliegt, auf die Möglichkeiten genau dieser Stelle ankommt.

Der hier vertretenen Auffassung steht schließlich auch nicht die europäische Datenschutzrichtlinie entgegen, die nach Ansicht des EuGH eine prinzipiell vollharmonisierende Wirkung entfaltet.[25] Zwar wird in Erwägungsgrund 26 der Richtlinie hinsichtlich des Vorliegens eines Personenbezugs angedeutet, dass „alle Mittel berücksichtigt werden [sollten], die vernünftigerweise entweder von dem Verantwortlichen für die Verarbeitung oder von einem Dritten eingesetzt werden könnten". Entgegen der nicht selten vertretenen Auffassung[26] stellt dies aber nicht zwingend eine Entscheidung zugunsten der absoluten Theorie dar.[27] Denn der Erwägungsgrund zwingt nicht dazu, alle bei einem Dritten vorhandenen Mittel zu berücksichtigen, sondern

---

24 Dementgegen nimmt Dierks, Rechtsgutachten zur elektronischen Datentreuhänderschaft, S. 63, an, dass es Stellen geben könne, die weder verantwortliche Stelle noch Auftragsdatenverarbeiter sind und daher nicht dem Datenschutzrecht unterlägen, so beispielsweise zu einem Datentreuhänder, da dieser weder wie die verantwortliche Stelle Daten für sich selbst noch wie der Auftragsdatenverarbeiter Daten nach Weisung Dritter verarbeite, sondern Daten für Dritte, aber nicht in Weisungsabhängigkeit von diesen, also auch nicht als Auftragnehmer im Sinne des Datenschutzrechts, verarbeite. Dies würde eine nach hier vertretener Auffassung in keiner Weise zu vertretende Regelungslücke darstellen – und zwar nicht nur vor dem Hintergrund grundrechtlicher Schutzpflichten und Drittwirkungen, sondern auch in einfachrechtlicher Hinsicht. Denn § 29 BDSG zeigt, dass auch Stellen in den Anwendungsbereich des Datenschutzrechts fallen, die Daten zwar nicht für eigene Geschäftszwecke, sondern zum Zweck der Übermittlung (an Dritte) in eigener Verantwortung verarbeiten. Auch solche Stellen erheben, verarbeiten oder nutzen personenbezogene Daten also auch für sich selbst, wie es u.a. § 3 Abs. 7 BDSG für die verantwortliche Stelle verlangt. Dabei wird der Datenumgang einschließlich der Übermittlung selbst zum Geschäftszweck der verantwortlichen Stelle und dient nicht wie § 28 BDSG es verlangt, anderen (eigenen) Geschäftszwecken, wobei die Übermittlung nach § 29 BDSG auch den (außerhalb des reinen Datenumgang liegenden) Geschäftszwecken Dritter dient. Außerdem ist vor dem europarechtlichem Hintergrund jede Stelle, die über die Zwecke und wesentlichen Mittel des Datenumgangs bestimmen darf oder faktisch bestimmt, verantwortlich für den Datenschutz (Art. 29-Datenschutzgruppe, Stellungnahme 1/2010 zu den Begriffen „für die Verarbeitung Verantwortlicher" und „Auftragsverarbeiter", S. 10ff.).
25 Vgl. EuGH, Urt. v. 24.11.2011 – C-468/10 u.a. (ASNEF), Rdnr. 30 und 52; ausführlich dazu Kühling/Seidel, GesR 2012, 402ff., die allerdings nicht darauf eingehen, dass der EuGH, a.a.O., Rdnr. 48, ausdrücklich einen Vorbehalt gegenüber der Vollharmonisierung in Bezug auf besonders sensible Daten (darunter Gesundheitsdaten) nach Art. 8 Richtlinie formuliert hat. Dieser Vorbehalt erstreckt sich allerdings nicht auf die vorgelagerte Frage nach dem Personenbezug, sondern nur auf den Umfang des Verbotes bzw. der Erlaubnisse, sensible personenbezogene Daten zu verarbeiten. Zum letzten Punkt s.a. unten Fn. 780.
26 Vgl. z.B. Forgó/Krügel/Müllenbach/Schütze, Gutachten Google StreetView, S. 37f.; Pahlen-Brandt, DuD 2008, 34, 37f.
27 So nun auch BGH, Beschluss v. 28.10.2014 – VI ZR 135/13, CR 2015, 109, Rdnr. 28. Dazu ausführlich Klar, Datenschutzrecht und die Visualisierung des öffentlichen Raums, 2012, S. 145.

2 Personenbezug bei Pseudonymisierung und Anonymisierung

nur diejenigen, die „vernünftigerweise" eingesetzt werden könnten. Und die vernünftigerweise durch den Dritten einsetzbaren Mittel sind seitens der verantwortlichen Stelle auch im Rahmen eines relativen Verständnisses grundsätzlich zu berücksichtigen, nämlich dann, wenn die Daten an den Dritten übermittelt werden.[28]

2.2 Relativität des Personenbezugs in objektiver Hinsicht

Kommt es damit hinsichtlich der Frage, ob ein Personenbezug vorliegt, nach zutreffender Auffassung auf die jeweilige datenverarbeitende Stelle an, ist daran anknüpfend zu klären, welche Anforderungen in objektiver Hinsicht an den Personenbezug zu stellen sind, d.h. auf welche Möglichkeiten der Re-Identifizierung es in sachlicher Hinsicht ankommt, um einen Personenbezug annehmen bzw. ablehnen zu können. Nach dem in § 3 Abs. 6 BDSG zum Ausdruck gebrachten Willen des Gesetzgebers soll es für eine Anonymisierung ausreichen, wenn Angaben nicht mehr (absolute Anonymisierung) oder jedenfalls nur mit unverhältnismäßig großem Aufwand an Zeit, Kosten und Arbeitskraft einer Person zugeordnet werden können (faktische Anonymisierung).

In der Kommentarliteratur wird zu den Anforderungen an eine hinreichende Anonymisierung überwiegend vertreten, dass diese dann vorliegen soll, wenn die Herstellung des Personenbezugs überhaupt nicht mehr möglich ist oder eine Deanonymisierung zumindest unter normalen Bedingungen ausscheidet.[29] Als Folge hiervon wird angenommen, dass nach § 3 Abs. 6 BDSG anonymisierte Daten auch keine personenbezogenen Daten im Sinne von Abs. 1 dieser Vorschrift mehr darstellen und damit aus dem Anwendungsbereich des Datenschutzrechts ausscheiden.[30] Dies entspricht auch dem natürlichen Wortverständnis, das anonyme Daten nicht als personenbezogen ansieht.[31]

2.2.1 Datenschutzrechtliche Anforderungen an eine faktische Anonymisierung

Hinsichtlich der Frage, ab wann der für eine Re-Identifizierung nötige Aufwand als unverhältnismäßig anzusehen ist, enthält die Vorschrift des § 3 Abs. 6 BDSG keine näheren Anhaltspunkte und überantwortet eine weitere Interpretation dieses unbestimmten Rechtsbegriffs dem Rechtsanwender.[32]

---

28 In diese Richtung geht auch BGH, Beschluss v. 28.10.2014 – VI ZR 135/13, CR 2015, 109, Rdnr. 28. Vgl. oben Fn. 21. Gleiches gilt, wenn die „Mittel" des Dritten (wie eine einschlägige Vorschrift zur Pseudonym-Personen-Zuordnung) an die betrachtete Stelle übertragen werden.
29 Vgl. nur Gola/Schomerus, BDSG, § 3 Rdnr. 44.
30 Bergmann/Möhrle/Herb, BDSG, § 3 Rdnr. 18 und 130; Dammann, in: Simitis (Hg.), BDSG, § 3 Rdnr. 23 (anders noch in der 6. Auflage von 2006); Gola/Schomerus, BDSG, § 3 Rdnr. 44; Polenz, in: Kilian/Heussen (Hg.), Computerrecht, Rechtsquellen und Grundbegriffe des allgemeinen Datenschutzes, Teil 13 Rdnr. 77; Roßnagel/Scholz, MMR 2000, 721; Scheja/Haag, in: Leupold/Glossner (Hg.), Münchener Anwaltshandbuch IT-Recht, 2. Aufl. 2011, Teil 4. E Rdnr. 40; Wuermeling, Scoring von Kreditrisiken, NJW 2002, 3508, 3509.
31 Auch wenn dies nach dem Verhältnis der juristischen Definitionen des Personenbezugs in § 3 Abs. 1 und der Anonymisierung in § 3 Abs. 6 BDSG nicht ganz eindeutig ist.
32 Auch insoweit existiert leider nicht immer eine einheitliche Aufsichtspraxis. Exemplarisch seien hier die auseinandergehenden Positionen zur Anonymisierung von Rezeptdaten durch Apothekenrechenzentren genannt: Hier legt beispielsweise das Unabhängigen Landeszentrum für Datenschutz in Schleswig-Holstein strengere Maßstäbe an (https://www.datenschutzzentrum.de/medizin/gkv/20131028-weichert-rezeptdaten.html) als das Landesamt für Datenschutzaufsicht in Bayern (http://www.lda.bayern.de/lda/datenschutzaufsicht/ p_archiv/2013/pm005.html).

Davon ausgehend wird man im Einzelnen bei der Prüfung der (Un-)Verhältnismäßigkeit des Referenzierungsaufwands zutreffenderweise eine Wahrscheinlichkeitsbetrachtung vornehmen müssen,[33] die eine individuelle Risikoanalyse voraussetzt.[34] Eine absolute Sicherheit dahingehend, dass der Personenbezug nicht (wieder) hergestellt werden kann, ist nicht zu verlangen, da dann eine absolute Anonymisierung vorläge. Als ausreichender Maßstab wird hier vielmehr jedenfalls das allgemeine (prozessuale) Beweismaß anzusehen sein, d.h. üblicherweise die an Sicherheit grenzende Wahrscheinlichkeit, welche auch sonst der Rechtsordnung genügt.[35] Somit wäre von einem Personenbezug auszugehen, wenn die praktische Vernunft entsprechenden Zweifeln nicht Schweigen gebietet.[36]

Ob eine Deanonymisierung voraussichtlich erfolgen wird, hat sich auch daran zu messen, ob die datenhaltende Stelle ein hinreichendes Deanonymisierungsinteresse hat. Dabei ist insbesondere zu berücksichtigen, inwiefern sich hieraus ein wirtschaftlicher Nutzen für sie ergeben kann, der auch einen hohen finanziellen Aufwand als gerechtfertigt erscheinen lässt.[37] Bloß theoretische, ganz entfernt liegende Möglichkeiten sind indes nicht zu berücksichtigen.

Dies spricht dagegen, eine Möglichkeit der Re-Identifizierung nur unter Verstoß gegen ein Gesetz als beachtenswert anzusehen.[38] Allerdings wird man hier die tatsächlichen Sanktionsrisiken nicht ganz außer Acht lassen können.[39] Je üblicher das inkriminierte Handeln, je geringer die Entdeckungswahrscheinlichkeit und je weniger scharf die drohende Sanktion ist, desto eher wird man auch solche Möglichkeiten berücksichtigen müssen.[40]

Dabei spielt es im Grundsatz keine Rolle, wenn bloß nicht ausgeschlossen werden kann, dass eine Deanonymisierung irgendwann zu einem späteren, nicht exakt vorhersehbaren Zeitpunkt möglich sein wird, da andernfalls die eigene datenschutzrechtliche Kategorie der faktischen Anonymisierung praktisch überflüssig würde.[41] Ein Personenbezug ist folglich erst dann anzunehmen, wenn eine Deanonymisierung (wieder) mit verhältnismäßigen Mitteln erreicht werden kann.

Eine andere Auslegung würde kaum Anreize für eine Anonymisierung von Daten erzeugen, was auch rechtspolitisch nicht wünschenswert erschiene.[42] Ferner gilt, dass ein derart restriktives Verständnis auch mit Blick auf einen wirksamen Schutz des

---

33 Vgl. Roßnagel, NZV 2006, 281, 282; ähnlich auch ders./Scholz, MMR 2000, 721, 724; vgl. dazu auch Dammann, in: Simitis (Hg.), BDSG, § 3 Rdnr. 23; ferner Klar, Datenschutzrecht und die Visualisierung des öffentlichen Raums, S. 151.
34 Dammann, in: Simitis (Hrsg.), BDSG, § 3 Rdnr. 23.
35 Vgl. Nell, Wahrscheinlichkeitsurteile in juristischen Entscheidungen, S. 93ff. m.w.N.
36 Vgl. insoweit auch Erwägungsgrund 26 der Datenschutzrichtlinie 95/46/EG, der vorsieht, dass „alle Mittel berücksichtigt werden [sollten], die vernünftigerweise entweder von dem Verantwortlichen für die Verarbeitung oder von einem Dritten eingesetzt werden könnten, um die betreffende Person zu bestimmen". S.a. oben S. 16.
37 Gola/Schomerus, BDSG, § 3 Rdnr. 44; a.A. Weichert, in: Däubler/Klebe/Wedde/Weichert, BDSG, 3. Aufl. 2010, § 3 Rdnr. 47; Pahlen-Brandt, DuD 2008, 34, welche die „Relativität" des Personenbezugs ablehnen.
38 Scholz, in: Simitis (Hg.), BDSG, § 3 Rdnr. 217a, der nur „jeweils (legal) verfügbares Zusatzwissen" berücksichtigt.
39 Differenzierter auch: Dammann, in: Simitis (Hg.), BDSG, § 3 Rdnr. 28.
40 So wird man kaum mit einem Verbrechen (Freiheitsstrafe im Mindestmaß ein Jahr, § 12 Abs. 1 StGB) wie einem Raub (§ 249 StGB) rechnen müssen, mit einem einfacheren Vergehen wie dem Diebstahl (§ 242 StGB) aber schon eher, jedenfalls wenn man es dem Dieb durch Herumliegenlassen von Schlüsseln etc. leicht macht; s. dazu auch unten S. 49 zur Frage des Offenbarens von Patientengeheimnissen durch Unterlassen von Sicherheitsvorkehrungen.
41 Ebenso Meyerdierks, MMR 2009, 9, 11; a.A. Weichert, in: Däubler/Klebe/Wedde/Weichert, BDSG, § 3 Rdnr. 15; Pahlen-Brandt, K&R 2008, 288, 290. Dies könnte auch für den Fall der Verschlüsselung gelten, die ähnlich wie die Pseudonymisierung auf Umkehrbarkeit, wenn auch nur für Eingeweihte, angelegt ist; s. dazu aber auch den differenzierenden Ansatz von Hermeler, Rechtliche Rahmenbedingungen der Telemedizin, S. 152ff., und unten S. 260ff., vor allem Fn. 772.
42 Zu diesem Anliegen zuletzt eingehend Härting, NJW 2013, 2065ff.

2 Personenbezug bei Pseudonymisierung und Anonymisierung

Persönlichkeitsrechts im Regelfall nicht zwingend geboten erscheint. Denn in dem Moment, in dem die zuvor anonymen Daten wieder einer Person zuordenbar sind, findet das Datenschutzrecht ohnehin wieder Anwendung, sodass im Regelfall keine dogmatische Lücke im System des Datenschutzes entstehen würde.[43] Hinzuweisen ist auch darauf, dass die Datenbestände mit fortschreitendem Zeitablauf in der Regel ohnehin entsprechend an Aktualität verlieren, d.h. die persönlichkeitsrechtliche Relevanz selbst im Fall einer künftigen Deanonymisierung deutlich reduziert sein dürfte.

Im Rahmen der antizipierten Abwägung, welche – wie oben ausgeführt – u.a. für die Relativität des Personenbezugs in subjektiver Hinsicht spricht,[44] wird allerdings in objektiver Hinsicht zu berücksichtigen sein, dass im speziellen Fall der Verarbeitung von Gesundheitsdaten etwas strengere Anforderungen an die Annahme einer (faktischen) Anonymisierung (d.h. der Unverhältnismäßigkeit der Re-Identifizierung) zu stellen sein dürften. Denn das BDSG stellt besondere Arten personenbezogener Daten im Sinne von § 3 Abs. 9 BDSG, darunter Gesundheitsdaten, in Umsetzung von Art. 8 der Datenschutzrichtlinie 95/46/EG unter besonderen Schutz. Gleiches gilt für die anderen anwendbaren deutschen Rechtsgrundlagen, also die Datenschutzvorschriften der Bundesländer und der Kirchen. Insoweit dürfte auch bei der Frage des Personenbezugs bzw. im Rahmen der Prüfung der Verhältnismäßigkeit des Deanonymisierungsaufwands ein etwas schärferer Maßstab gelten. Bereits nach allgemeinen Grundsätzen sind für die Annahme eines Personenbezugs an die Wahrscheinlichkeit einer Deanonymisierung umso geringere Anforderungen zu stellen, je gravierender das Ausmaß einer tatsächlichen Re-Identifikation und damit eines „Schadens" an den Rechtsgütern des Betroffenen wäre. Gerade bei Daten zu chronischen Krankheiten mit ihrer im Zweifel lebenslangen Gültigkeit und insbesondere bei Gendaten mit ihrer definitiv lebenslangen Gültigkeit[45] sollten daher die im Bewertungszeitpunkt schon konkreter absehbaren Entwicklungen bzw. Re-Identifizierungsmöglichkeiten der näheren Zukunft Berücksichtigung finden.

Ob ein Zuordnungsschlüssel wie bei der Pseudonymisierung vorhanden ist oder nicht, ist damit nicht allein maßgeblich für die Einschätzung, ob faktische oder absolute Anonymität vorliegt.[46] Es ist auch die Möglichkeit der Re-Identifizierung ohne einen solchen Schlüssel durch einen Vergleich mit dem Zusatzwissen, welches für die datenhaltende bzw. datenempfangende Stelle verfügbar ist, in Betracht zu ziehen.[47]

---

43 Möglicherweise kann es aber zu einer pragmatischen Schutzlücke kommen, denn wenn zuvor die – dann noch als anonym, also nicht personenbezogenen anzusehenden – Daten frei zirkulieren dürfen, haben der Betroffene und die ursprünglich verantwortliche Stelle unter Umständen keine Kontrolle mehr, wo sich „ihre Daten" in dem Moment befinden, in dem der Personenbezug (wieder) herstellbar ist. Auch dieser Aspekt spricht für eine gewisse Risikovorsorge für den Fall, dass doch eine Re-Identifizierung wieder mit vertretbarem Aufwand möglich wird.
44 S. oben S. 15.
45 Gendaten verfügen zudem über einen Aussagewert zu Blutsverwandten, insbesondere den Nachkommen, auch über das eigene Leben hinaus. Diese Daten lassen sich ohnehin nur schwer anonymisieren. Bei genetischen Proben, Daten der vollständig sequenzierten DNS oder auch nur der Nukleotid-Sequenz eines längeren DNS-Abschnittes wird dies überhaupt nicht möglich sein. Letzteres gilt insbesondere, wenn dort nicht-codierende bzw. exprimierende Sequenzen, mit ihrer mangels biologischen Selektionsdrucks hohen Varianz und Identifizierungswirkung, und codierende/exprimierende, also Merkmale des Individuums festlegende Gene gemeinsam auftreten. Gleiches gilt für das Genom oder längere Zusammenstellungen individueller genetischer Ausprägungen (auch abstrakt-funktional, also unabhängig von den Nukleotidsequenzen als materielle Träger). Zum Gendatenschutz s.a. unten S. 53ff.
46 Bei Vorhandensein eines Zuordnungsschlüssels besteht aber sicher Personenbezug für die Stelle, welche Zugriff auf diesen hat. Im Übrigen ist die angesprochene Risikobewertung vorzunehmen, wobei das Risiko im Allgemeinen bei Nichtvorhandensein eines solchen Schlüssels, also wenn eine Re-Identifizierung nur über Mustervergleich möglich wäre und nicht über Kompromittierung des Schlüssels, geringer einzustufen ist, wenn auch nicht von vornherein komplett ausgeschlossen werden kann.
47 Beispielsweise über Quasi-Identifikatoren, s. dazu sogleich unten S. 20ff.

2.2.2 Methoden der Anonymisierung

Eine Anonymisierung, sowohl eine faktische, aber auch – erst recht – eine absolute, setzt zunächst die Entfernung unmittelbarer Identifikationsmerkmale wie Namen und Anschriften aus einem Datensatz voraus.[48]

Auf die Identität des Betroffenen kann jedoch nicht selten auch mittelbar über andere Merkmale eines Datensatzes (sogenannte Quasi-Identifikatoren) geschlossen werden. Ist ein solcher Schluss noch mit verhältnismäßigem Aufwand möglich, liegt – wie gesehen – noch Bestimmbarkeit und damit ein Personenbezug vor. Eine Anonymisierung muss also gewährleisten, dass ein entsprechender Rückschluss nicht mehr oder nicht mehr mit verhältnismäßigem Aufwand möglich ist. Hierfür ist an den Quasi-Identifikatoren anzusetzen und diese sind entweder zu aggregieren (generalisieren), zu rekombinieren (data swapping) oder auszudünnen (zu eliminieren); daneben können auch in kontrollierter Weise Zufallsfehler in einen Datenbestand eingebracht werden.[49]

Exemplarisch sei zu den möglichen Faktoren und Methoden der Anonymisierung Folgendes ausgeführt:

2.2.2.1 Quasi-Identifikator

Ein Quasi-Identifikator ist ein Merkmal (z.B. Alter, Geschlecht oder PLZ), welches selbst eine Person nicht eindeutig identifizieren kann, aber mit dieser Person so in Beziehung steht, dass dieses Merkmal in Kombination mit anderen Quasi-Identifikatoren diese Person eindeutig identifizieren kann. Dies soll anhand Tabelle 1 veranschaulicht werden.

Tab. 1 Beispiel Quasi-Identifikatoren

Name	Alter	Geschlecht	PLZ
Hans Albers	45	M	12345
Eva Fleck	28	W	67890
Max Bräutigam	45	M	67890
Berta Roos	28	W	12345

In dieser Tabelle ist nur das Merkmal „Name" ein echter Identifikator. Bei den Merkmalen „Alter", „Geschlecht" und „PLZ" handelt es sich um Quasi-Identifikatoren, da es nach Entfernen des Merkmals „Namen" möglich ist, zumindest eine Person in der Tabelle anhand der Merkmale „Alter", „Geschlecht" und „PLZ" eindeutig zu identifizieren.

Soweit eine (Behandlungs-)Einrichtung bereits über personenbezogene Gesundheitsdaten als Vergleichsbasis bzw. sogenanntes Zusatzwissen verfügt, das für einen Mustervergleich mit einem überlassenen mehr oder weniger anonymisierten Daten-

---

[48] Allgemein zu diesen Methoden: Dammann, in: Simitis (Hg.), BDSG, § 3 Rdnr. 205ff. m.w.N. Zur datenschutzrechtlichen Bewertung des Vorgangs des Anonymisierens im Übrigen (also der Frage nach dem Erlaubnisvorbehalt) s.u. S. 251f.
[49] S.a. Hauf, K-Anonymity, l-Diversity and T-Closeness, S. 14: Dataswapping, Ading Noise (Fehlinformation), Generalisierung oder Suppression durch Elimination.

bestand anderer Einrichtungen in Betracht kommt, können auch die medizinischen Daten als Quasi-Identifikatoren herangezogen werden.

2.2.2.2 *k*-Anonymität und *k*-Anonymisierung

Ein mögliches Maß zur Messung der Re-Identifizierbarkeit anhand von Quasi-Identifikatoren ist die *k*-Anonymität. Ein Datentableau ist k-anonym, wenn jeder Datensatz in der entsprechenden Tabelle von mindestens k-1 anderen Datensätzen in Bezug auf die Quasi-Identifikatoren nicht zu unterscheiden ist.[50] Dies soll anhand Tabelle 2 veranschaulicht werden.

Tab. 2   Beispiel für eine 2-anonyme Tabelle[51]

	PLZ	Alter	Geschlecht	Diagnose
1	130**	< 30	*	Hepatitis
2	130**	< 30	*	Pneumonie
3	148**	≥ 40	*	Krebs
4	148**	≥ 40	*	Pneumonie
5	130**	3*	*	Krebs
6	130**	3*	*	Krebs

Diese Tabelle ist bezüglich der Quasi-Identifikatoren „PLZ", „Alter" und „Geschlecht" 2-anonym. Es ist also nicht mehr möglich, eine Person anhand dieser drei Merkmale eindeutig zu identifizieren; die jeweils genannte Diagnose könnte auch auf mindestens eine andere aufgeführte Person zutreffen.

Die *k*-Anonymisierung ist ein Verfahren zur Herstellung einer bestimmten *k*-Anonymität einer Datensammlung. In einer *k*-anonymisierten Datensammlung kommt jede Merkmalskombination, die zur Re-Identifizierung eines Betroffenen genutzt werden kann, in mindestens *k* Datensätzen vor.[52] Ein Beispiel für eine solche Merkmalskombination sind die Merkmale Geschlecht, Geburtsdatum und Postleitzahl. Für sich genommen kann keiner dieser Quasi-Identifikatoren genutzt werden, um eine Person eindeutig zu identifizieren. Werden diese Merkmale allerdings miteinander kombiniert, können Personen unter Umständen mit einer recht hohen Wahrscheinlichkeit identifiziert werden. So wird zum Beispiel angeführt, dass etwa 87% der US-Amerikaner anhand dieser Merkmalskombination eindeutig identifiziert werden können.[53]

---

[50] Eder/Ciglic/Koncilia, ANON: Ein Tool zur Anonymisierung medizinischer Daten. Vortrag auf dem TMF-Jahreskongress 2013, Folie. 5.
[51] In Anlehnung an Eder/Ciglic/Koncilia, ANON: Ein Tool zur Anonymisierung medizinischer Daten. Vortrag auf dem TMF-Jahreskongress 2013, Folie 5.
[52] TMF, TMF Jahresbericht 2013, S. 113.
[53] Sweeney, Simple Demographics Often Identify People Unique; wo allerdings der in den USA sehr einfache Rückgriff auf die Listen registrierter Wähler zugrunde gelegt wurde (S. 2), welche die entsprechenden Vergleichsdaten zu den quasi-identifizierenden Merkmalen enthalten. In der BRD sind die entsprechenden Daten in den Melderegistern enthalten, auf welche nicht ohne Weiteres massenhaft zugegriffen werden kann; im Einzelfall bekommt man aber auch hier Auskunft, wenn man ein berechtigtes Interesse darlegt; z.B. die politischen Parteien können zudem auch hier vollständige Listen mit den Daten wahlberechtigter Bürger anfordern, wenn diese dem nicht widersprochen haben. Somit dürfte die Identifizierungswahrscheinlichkeit in der BRD zwar geringer, eine Re-Identifizierung aber auch hier keineswegs ausgeschlossen sein. Jedenfalls solange Parteien oder Meldeämter nicht Empfänger der mehr oder weniger anonymisierten Daten sind und diese auch nicht veröffentlicht werden, muss diese Re-Identifizierungsmöglichkeit jedoch nicht zwingend in die Betrachtung einbezogen werden und keinesfalls zwingend zur Annahme eines Personenbezugs führen. Im Gesundheitswesen wird man aber die Möglichkeit zum Abgleich mit den in den verschiedenen beteiligten Einrichtungen vorhandenen Stammdaten der Patienten in Betracht ziehen müssen.

2.2.2.3 *l*-Diversität, Zufallsfehler und Restrisiken

Auch wenn eine Datensammlung k-anonym ist, kann es möglich sein, auf ein bestimmtes Merkmal zu schließen. Dies gilt auch für sensitive Merkmale einer Person, etwa wenn alle Personen in einer Gruppe mit den gleichen Quasi-Identifikatoren an der gleichen Krankheit leiden. So kann beispielsweise in Tabelle 2 darauf geschlossen werden, dass die gesuchte Person an Krebs leidet, wenn bekannt ist, dass diese erkrankt ist, zwischen 30 und 39 Jahren alt ist und im PLZ-Bereich 130** wohnt.

Doch selbst wenn dies nicht der Fall ist, da die Datensammlung auch l-divers ist, also jede Personengruppe für jedes sensitive Merkmal mindestens l wohldefinierte Werte (z.B. unterschiedliche Krankheiten) beinhaltet,[54] kann es möglich sein, bestimmte Aussagen über eine Person zu treffen, etwa dass diese an irgendeiner (schweren) Krankheit leidet, wenn auch ohne weitere Details.[55] Beispielsweise ist in Tabelle 2 bei einem Alter unter 30 zwar kein Rückschluss auf die genaue Erkrankung möglich, es kann aber zumindest die Aussage getroffen werden, dass die Person an einer nicht ganz leichten Krankheit (Hepatitis oder Pneumonie) leidet.

Dieses Risiko kann verringert werden, indem eine Kontrollgruppe mit gesunden Personen der Datensammlung hinzugefügt wird (Zufallsfehler).[56] Soweit jedoch noch überwiegend kranke Personen in ihr enthalten sind, können aus der Feststellung der bloßen Zugehörigkeit einer Person zur untersuchten Population, deren Daten gesammelt wurden, mit gewisser (überwiegender) Wahrscheinlichkeit Rückschlüsse darauf gezogen werden, dass diese Person erkrankt ist.[57]

Trotz k-Anonymität und l-Diversität ist daher mit entscheidend, dass es möglichst unwahrscheinlich ist, dass von den Quasi-Identifikatoren mittels Zusatzwissen überhaupt auf tatsächliche Identifikatoren und damit auf eine Person oder überschaubare Gruppe von Personen geschlossen werden kann. Als solches Zusatzwissen könnten z.B. bei einem Datenempfänger aus dem medizinischen Bereich (wie einer forschenden Klinik) die dort vorhandenen Patientenstammdaten fungieren.

Allerdings kann durch eine Kombination der Ausdünnung von Quasi-Identifikatoren mit k-Anonymität, l-Diversität und Zufallsfehlern ein sehr hoher Schutz gegenüber der Re-Identifizierung von Daten erreicht werden.[58] Entscheidend für die Anonymität ist es, k, l und die Anzahl der Zufallsfehler möglichst groß zu wählen, um die

---

54 Eder/Ciglic/Koncilia, ANON: Ein Tool zur Anonymisierung medizinischer Daten. Vortrag auf dem TMF-Jahreskongress 2013, S. 5.
55 Wenn man das Attribut „schwer krank" oder auch nur „krank" einer bestimmten Person zuordnen könnte, läge schon ein personenbezogenes Gesundheitsdatum vor; auf medizinische Details kommt es dafür nicht an. Zur Problematik der entspr. semantischen Ähnlichkeit verschiedener (l-diverser) Attributwerte auch knapp Hauf, K-Anonymity, l-Diversity and T-Closeness, S. 16.
56 Eder, k-Anonymität und l-Diversität bieten sicheren Schutz vor dem Ausspionieren personenbezogener Daten.
57 In § 28b BDSG werden Wahrscheinlichkeitswerte im Rahmen des Scoring explizit als personenbezogene Daten anerkannt. Entspr. im Umfeld des Data Mining: Dammann, in: Simitis (Hg.), BDSG, § 3 Rdnr. 72 m.w.N. Auch Aussagen, die auf statistischen Durchschnittswerten beruhen, sind personenbezogene Daten, wenn sie auf die Einzelperson durchschlagen, Gola/Schomerus, § 3 Rdnr. 3 u.a. unter Bezug auf BAG, Urt. v. 26.07.1994 – 1 ABR 6/94, RDV 1995, 29. Zu restriktiv dagegen Saeltzer, DuD 2004, 218, 225f., der am Beispiel der Videoüberwachung, aber mit Anspruch auf Verallgemeinerung, noch bei einer Identifizierungswahrscheinlichkeit kleiner oder gleich 50% von fehlendem Personenbezug ausgeht. Trotz der von Saeltzer dargestellten interessanten informationstheoretischen Ansätze ist diese starre und recht hohe Grenze nicht haltbar (krit. gegenüber Saeltzer auch Hornung, DuD 2004, 429; allg. krit. gegenüber fixen Grenzwerten Nell, Wahrscheinlichkeitsurteile in juristischen Entscheidungen, S. 109ff.). Dies wird schon dadurch deutlich, dass beispielsweise ein Privatversicherer auch bei „nur" 25% Wahrscheinlichkeit für eine schwere Erkrankung beim Antragsteller bzw. der 25%-igen Wahrscheinlichkeit, dass dieser zu einer Gruppe von schwer erkrankten Personen gehört, in aller Regel für die private Lebens- oder Berufsunfähigkeitsversicherung nennenswerte Beitragsaufschläge verlangen, Risikoausschlüsse vereinbaren oder die Deckung ablehnen würde.
58 Eder, k-Anonymität und l-Diversität bieten sicheren Schutz vor dem Ausspionieren personenbezogener Daten.

Wahrscheinlichkeit einer validen Eigenschaftszuschreibung an eine re-identifizierte Person aus der untersuchten Population möglichst gering zu halten. Hierbei besteht jedoch ein gewisses Spannungsverhältnis zur Erhaltung einer validen Datenbasis für (wissenschaftliche) Auswertungen.

Letztlich wird man jedenfalls bei komplexeren Datenstrukturen und Erhaltung eines Einzelfallbezugs, also ohne weitreichende Aggregierung, trotz k-Anonymität, l-Diversität und Zufallsfehlern eher selten absolute Anonymität, sondern in den meisten Fällen nur, aber immerhin faktische Anonymität erreichen können.

2.2.3 Empfehlungen zur Risikovorsorge

Bei lediglich faktischer Anonymisierung bleibt somit die Möglichkeit der Re-Identifizierung erhalten, wenn auch nach derzeitiger Einschätzung nur mit unverhältnismäßigen Mitteln. Die zur Verfügung stehenden Mittel können sich jedoch mit der Zeit ändern, z.B. aufgrund erschwinglicherer Kapazitäten von Großrechnern oder einer erleichterten Zusammenschaltung von (Grid-)Rechnern, sodass ein ursprünglich unverhältnismäßiger Aufwand verhältnismäßig werden kann. Ab diesem Zeitpunkt läge dann wieder ein Personenbezug vor mit der Folge, dass die über die Daten verfügende Stelle wieder verantwortliche Stelle im Sinne des Datenschutzrechts würde und sich, wenn keine entsprechende Erlaubnis vorliegt, Sanktionsrisiken ausgesetzt sähe.

Gegenüber diesen Restrisiken einer Re-Identifizierung bei faktisch anonymen Daten empfiehlt sich daher eine gewisse Vorsorge.[59] So könnten beispielsweise bestimmte technisch-organisatorische Sicherheitsmaßnahmen getroffen werden, vor allem gegen einen Datenzugriff von außen.[60] Ein Verbot mit Erlaubnisvorbehalt besteht für den Umgang mit faktisch anonymen Daten jedoch nicht.

Bei Übertragung faktisch anonymer Daten an andere Stellen sollten allerdings das bei diesen möglicherweise vorhandene Zusatzwissen oder sonstige Re-Identifizierungsmöglichkeiten eingeschätzt werden. Denn diese könnten zu einer Re-Identifizierbarkeit mit verhältnismäßigem Aufwand und damit zum Wiederaufleben des Personenbezugs sowie letztlich zum Vorliegen einer rechtfertigungsbedürftigen Übermittlung führen.[61] Eine entsprechende Einschätzung sollte auch die empfangende Stelle vornehmen, damit sich aus einer möglichen Zusammenführung mit bei ihr bereits vorhandenen Datenbeständen kein doch wieder personenbezogener Datenumgang ergibt. Die übertragende Stelle könnte sich durch vertragliche Verpflichtungen des Datenempfängers weiter absichern, welche Re-Identifizierungsverbote und gewisse technisch-organisatorische Schutzmaßnahmen einschließen.[62] Beim Outsourcing des Datenumgangs auf technische Dienstleister bietet sich der Abschluss von Vereinbarungen mit diesen analog zu den Regeln der Auftragsdatenverarbeitung an.

---

59 S.a. unten S. 265.
60 Auch wenn diese Sicherheitsmaßnahmen keineswegs so umfassend sein müssen wie diejenigen nach den für personenbezogene Daten einschlägigen Datenschutzgesetzen (z.B. § 9 BDSG), welche für faktisch anonyme Daten nicht gelten. Eine gewisse Orientierung an den entsprechenden Regelungen bietet sich gleichwohl an.
61 Dammann, in: Simitis (Hg.), BDSG, § 3 Rdnr. 211; Gola/Schomerus, BDSG, § 3 Rdnr. 44a. Dammann entwickelt, a.a.O., § 3 Rdnr. 36, zudem die weitergehende Idee einer Kategorie von potenziell personenbezogenen Daten und präventiven Schutzpflichten; kritisch demgegenüber Härting, NJW 2013, 2065, 2066.
62 Denkbar, wenn auch weniger wichtig, wäre eine interne Selbstbindung hinsichtlich der Verwendungszwecke (z.B. für die wissenschaftliche Forschung im Allgemeinen), welche auch auf den Datenempfänger erstreckt werden könnte.

2.3 Ergebnis

Damit ist im Ergebnis festzuhalten, dass der Beurteilung des Personenbezugs nach zutreffender Ansicht ein relatives Verständnis zugrunde zu legen ist. Werden von einer verantwortlichen Stelle pseudonymisierte Daten ohne Mitteilung der Zuordnungsliste an einen Dritten weitergegeben, so bedeutet dies in der Konsequenz, dass diese Daten für den Empfänger grundsätzlich als anonym anzusehen sind, sofern *dieser* die Daten nicht mit verhältnismäßigem Aufwand einer natürlichen Person zuordnen kann. Die Datenweitergabe durch die verantwortliche Stelle an den Empfänger stellt dann keine „Übermittlung" im Sinne des Datenschutzrechts dar, sodass die verantwortliche Stelle auch keinen die Datenweitergabe legitimierenden Erlaubnistatbestand benötigt. Allerdings muss bei der Weitergabe der Daten die Entschlüsselungsfähigkeit des Empfängers evaluiert werden. Ist mit dieser zu rechnen, d.h. kann dieser mit verhältnismäßigem Aufwand eine Re-Identifizierung vornehmen, unterliegt sowohl der Übermittlungsvorgang als auch jeglicher Datenumgang durch den Empfänger dem Datenschutzrecht. Dabei ist zu berücksichtigen, dass die Anforderungen an die Wahrscheinlichkeit einer Deanonymisierung durch den Datenempfänger speziell im Bereich von Gesundheitsdaten mit langer Gültigkeit niedriger sind, also die Effektivität der eingesetzten Anonymisierungs- bzw. Pseudonymisierungsverfahren besonders hoch sein muss. Zudem kann es sich im Sinne einer Vorsorge gegenüber der Realisierung verbleibender Restrisiken der Re-Identifizierung empfehlen, zusätzliche technische und organisatorische Sicherungsvorkehrungen zu treffen sowie Datenschutzklauseln in Verträge mit den Datenempfängern aufzunehmen.

3 Abgrenzung der Verarbeitungszwecke „Qualitätssicherung" und „Behandlung"

> *Nach welchen Kriterien kann bei der Verwendung von Behandlungsdaten zwischen den Zwecken der Qualitätssicherung und Behandlung getrennt werden? Ab wann und unter welchen Bedingungen wäre die Nutzung zur Qualitätssicherung nicht mehr von der sich aus dem Behandlungsverhältnis ergebenden ursprünglichen Zweckbestimmung umfasst?*

Durch qualitätssichernde Maßnahmen lässt sich sowohl die medizinische Leistungserbringung insgesamt optimieren als auch in der Folge die individuelle Behandlung der Patienten verbessern. Mehrere sozialgesetzliche Tatbestände sehen für verschiedene Leistungserbringer eine explizite datenschutzrechtliche Erlaubnis für die Verarbeitung von personenbezogenen Daten zu Zwecken der Qualitätssicherung vor, so etwa § 299 SGB V. Dagegen ist hinsichtlich eines Datenumgangs zu Behandlungszwecken überwiegend auf die bereichsspezifischen sozial- und gesundheitsrechtlichen Generalklauseln bzw. auf die allgemeinen Datenschutzgesetze zu rekurrieren.

Für die Begriffe der „Qualitätssicherung" und „Behandlung" finden sich in den einschlägigen gesetzlichen Bestimmungen allerdings keine Legaldefinitionen. Das macht aus Sicht des Rechtsanwenders eine Interpretation auf Grundlage der allgemeinen Auslegungsregeln erforderlich. Dabei wird im Folgenden zunächst der natürliche Wortsinn zugrunde gelegt, daneben werden aber auch Anleihen bei der sozialrechtlichen Begriffsbildung genommen. Da eine Konkretisierung durch den Gesetzgeber nicht explizit angelegt ist, kann eine Differenzierung zwischen verschiedenen Bundesländern oder Behandlungseinrichtungen unterbleiben und eine Begriffsklärung vielmehr auf übergeordneter Ebene ansetzen.

3.1 Typische Behandlungszwecke

Von einer Erhebung, Verarbeitung oder Nutzung von personenbezogenen Daten zu „Behandlungszwecken" wird man dann sprechen können, wenn der Datenumgang mit einer medizinischen Maßnahme zur Versorgung eines Patienten im Zusammenhang steht, die einen eindeutigen und unmittelbaren Krankheitsbezug aufweist.[63] Nach der Rechtsprechung soll eine Krankheit in jedem regelwidrigen Körper- oder Geisteszustand zu sehen sein, der vom Leitbild eines gesunden Menschen abweicht und daher ärztlicher Behandlung bedarf oder den Betroffenen arbeitsunfähig macht.[64] Als medizinische Maßnahme, die der Bekämpfung von Krankheiten in diesem Sinne dient, kann jede Handlung der ambulanten oder stationären Versorgung der Patienten in Form einer Sach- oder Dienstleistung angesehen werden, die darauf ausgerichtet ist, eine Krankheit gezielt zu bekämpfen. In praktischer Hinsicht können hierunter Maßnahmen wie etwa Beratungen, Untersuchungen, Bestrahlungen oder Operationen fallen.[65]

In Abgrenzung zu Tätigkeiten, die nicht als „Behandlung" anzusehen sind, ist in Anlehnung an die Vorschrift des § 27 Abs. 1 S. 1 SGB V, die Versicherten einen Anspruch auf eine „Krankenbehandlung" einräumt, zu fordern, dass eine entsprechende medizinische Maßnahme das Ziel verfolgen muss, eine Krankheit zu erkennen, zu heilen, ihre Verschlimmerung zu verhüten oder Krankheitsbeschwerden zu lindern.[66] Das Erkennen einer Krankheit umfasst dabei die Gesamtheit aller diagnostischen Maßnahmen, also das Feststellen der Krankheitsursache und ihrer Erscheinungsform,[67] während eine Maßnahme der Heilung einer Krankheit dient, wenn sie auf eine Wiederherstellung der Gesundheit abzielt, was auch eine bloße Besserung einschließt.[68] Verschlimmerungen werden verhütet, wenn weitere Ausprägungen vorhandener Funktionsstörungen reduziert oder Folge- oder Begleiterkrankungen verhindert werden. Auch lebensverlängernde Maßnahmen zählen hierzu.[69]

Verfolgt eine medizinische Maßnahme damit oben genannte Ziele in Bezug auf einen Patienten, so ist von einer „Behandlung" zu sprechen. Der objektiv damit korrespondierende Datenumgang wird in der Konsequenz zu Behandlungszwecken erfolgen. Dies gilt auch bei einer Qualitätssicherung in dem Sinne, dass in einem ersten Schritt ermittelte allgemeine Qualitätsstandards im Einzelfall sodann auf die individuelle

---

63 Ähnlich zur „Krankenbehandlung" im Sinne von 27 SGB V Nebendahl, in: Spickhoff, Medizinrecht, 2011, § 27 SGB V Rdnr. 33.
64 St. Rechtsprechung des BSG, vgl. aus der jüngeren Vergangenheit BSG, Urt. v. 28.9.2010 – B 1 KR 5/10 R, NJW 2011, 1899, 1900.
65 Vgl. Lang, in: Becker/Kingreen, SGB V, § 28 Rdnr. 3; Nolte, in: Leitherer, Kasseler Kommentar zum Sozialversicherungsrecht, 79. EL 2013, § 27 SGB V, Rdnr. 55.
66 Dazu auch Nolte, in: Leitherer, Kasseler Kommentar zum Sozialversicherungsrecht, § 27 SGB V, Rdnr. 48.
67 Vgl. Knispel, in: Rolfs/Giesen/Kreikebohm/Udsching, Beck'scher Online-Kommentar Sozialrecht, Stand: 1.12.2013, § 27 SGB V Rdnr. 24; Nolte, in: Leitherer, Kasseler Kommentar zum Sozialversicherungsrecht, § 27 SGB V, Rdnr. 49.
68 Nolte, in: Leitherer, Kasseler Kommentar zum Sozialversicherungsrecht, § 27 SGB V, Rdnr. 50.
69 Vgl. Nolte, in: Leitherer, Kasseler Kommentar zum Sozialversicherungsrecht, § 27 SGB V, Rdnr. 51.

Behandlung eines Patienten angewandt werden („individuelle", „individualisierende" oder „Downstream-QS").

3.2 Typische Zwecke der Qualitätssicherung

Maßnahmen der Qualitätssicherung verfolgen in der Regel das Ziel, Defizite in der medizinischen Versorgung zu identifizieren und diese insbesondere durch eine effektivere Koordination verschiedener medizinischer Behandlungsprozesse zu beheben.[70] Im Allgemeinen wird die Qualitätssicherung daher auf eine komplette Einrichtung, Abteilung oder sonstige Organisationseinheit oder eine generelle Art von medizinischer Behandlung (Maßnahme, Verfahren), letztlich also auf eine Vielzahl oder zumindest Mehrzahl von individuellen Behandlungen bezogen und damit überindividuell bzw. generalisierend verstanden.[71] Qualitätssicherung in diesem Sinne strebt zwar generelle Aussagen zum Qualitätsniveau innerhalb einer nicht patienten-individuellen Kategorie (Organisationseinheit, Art von Organisationseinheiten, Art von medizinischen Maßnahmen) an. Sie ist dabei aber zunächst auf patientenindividuelle Ausgangsdaten angewiesen, jedoch nur als Input für generalisierende Auswertungen („generelle", „generalisierende" oder „Upstream-QS"). Im Gegensatz zur Forschung, bei der es um die Gewinnung neuer Qualitätsstandards geht, verfolgt die Qualitätssicherung das Ziel der Gewinnung von allgemeinerem Wissen (Mittelwerte, Aggregate, beispielhafte, aber nicht personenbezogene Verläufe) über die Einhaltung von Qualitätsstandards in einer größeren Einheit oder Behandlungskategorie, um so einen Schutz der Patienten bei der medizinischen Behandlung, bei den Versorgungsabläufen sowie bei den Behandlungsergebnissen gewährleisten zu können.

Diese generalisierende Qualitätssicherung kann nicht mehr zu den (individuellen) Behandlungszwecken gezählt werden. Denn sie dient gerade nicht der konkreten Bekämpfung der Krankheit eines individuellen Patienten, sondern soll ein bestimmtes Niveau der Beschaffenheit der erbrachten Leistungen durch Optimierungsprozesse abstrakt gewährleisten. Dies muss gerade dann gelten, wenn – wie insbesondere in datenschutzrechtlichem Kontext – die Zwecke der Behandlung von denen der Qualitätssicherung abgegrenzt werden.

3.3 Abgleich der Zwecke: komplementärer Anwendungsbereich oder Überschneidungsbereiche?

Eine Überschneidung von Behandlung und Qualitätssicherung liegt bei individualisierender Qualitätssicherung vor, die zwar zur Qualitätssicherung im weiteren Sinne gezählt werden kann, aber nicht dem üblicherweise verwandten, engeren Qualitätssicherungsbegriff im Gesundheitsdatenschutz entspricht, wo es gerade um die Abgrenzung zur individuellen Behandlung geht.

---

70 Becker, in: Becker/Kingreen, SGB V, § 137a Rdnr. 5.
71 Näher zur Unterscheidung einer einrichtungsinternen und -übergreifenden Vergleichsbasis Roters, in: Leitherer, Kasseler Kommentar zum Sozialversicherungsrecht, § 299 SGB V Rdnr. 17.

Eine Auswertung von Daten, welche ursprünglich zur Behandlung erhoben wurden, zur generalisierenden Qualitätssicherung ist nach dem im Datenschutzrecht geltenden Zweckbindungsgrundsatz,[72] der im Bereich des Schutzes sensibler Gesundheitsdaten tendenziell streng zu interpretieren ist, damit als Zweckänderung zu verstehen und nur auf Grundlage einer hierfür bestehenden Erlaubnis, d.h. einer Rechtsvorschrift oder einer Einwilligung, zulässig. Es erscheint aber vertretbar, diesen Grundsatz für bestimmte eingrenzbare Fallkonstellationen nicht überzustrapazieren. So wird etwa in Konstellationen, in denen eine valide Aussage zur krebsverursachten Sterblichkeit lediglich durch eine Abfrage dezentraler Krebsregister der Bundesländer möglich ist, vertreten, dass eine Zusammenführung dieser Daten mit den zur Qualitätssicherung erhobenen Daten nicht daran scheitern soll, dass die rechtlichen Grundlagen für die Erhebung der Registerdaten nicht ausdrücklich auch die Qualitätssicherung als Zweck festlegen.[73]

Darüber hinaus wäre zu erwägen, ob personenbezogene Daten, die im Rahmen eines Datenumgangs zur generalisierenden Qualitätssicherung regelmäßig pseudonymisiert werden, auch zur Re-Identifizierung von medizinischen Rückmeldungen aus der Qualitätssicherung wie z.B. dem Verdacht einer Fehlbehandlung verwendet werden dürfen.[74] Dies könnte man zwar mit dem Argument ablehnen, dass eine generalisierende Qualitätssicherung grundsätzlich keine patientenbezogene Beratung beinhalten sollte. Allerdings stünde in derartigen Fällen einem großen Mehrwert auf Seiten des Patienten eine lediglich geringe Beeinträchtigung der informationellen Selbstbestimmung gegenüber, sodass die entsprechende Datenauswertung innerhalb der behandelnden Einrichtung ausnahmsweise als zulässige Zweckänderung anzusehen sein dürfte, jedenfalls soweit § 28 Abs. 6 Nr. 1 BDSG (Umgang mit sensiblen Daten zum Schutz lebenswichtiger Interessen des Betroffenen oder eines Dritten) für eine solche Sichtweise streitet.

3.4 Ergebnis

Zusammenfassend kann damit festgehalten werden, dass ein Datenumgang dann zu Behandlungszwecken erfolgt, wenn er mit einer konkreten medizinischen Maßnahme zur Versorgung eines Patienten im Zusammenhang steht, die einen klaren Krankheitsbezug aufweist. Dagegen erfolgt ein Datenumgang zu Qualitätszwecken, wenn losgelöst von einer konkreten Behandlungssituation und generalisierend ein bestimmtes Niveau der Beschaffenheit der erbrachten Leistungen festgestellt und optimiert werden soll.

Eine Nutzung von personenbezogenen Daten zur Qualitätssicherung wäre folglich dann nicht mehr von der sich aus dem Behandlungsverhältnis ergebenden ursprünglichen Zweckbestimmung umfasst, wenn sie nicht mehr dem unmittelbaren und individuellen Wohl eines bestimmten Patienten in einer konkreten Behandlungssituation dient, also zur Bekämpfung seiner Krankheit nicht erforderlich ist. Dies

---

72 Grundlegend BVerfGE 65, 1, 45ff.
73 Roters, in: Leitherer, Kasseler Kommentar zum Sozialversicherungsrecht, § 299 SGB V Rdnr. 17.
74 Vgl. hierzu und zu den folgenden Erwägungen U. Schneider, in: Krauskopf, Soziale Krankenversicherung, Pflegeversicherung, § 299 SGB V Rdnr. 16.

3 Abgrenzung der Verarbeitungszwecke „Qualitätssicherung" und „Behandlung"

trifft auf die generalisierende Qualitätssicherung zu, weshalb diese als gesondert rechtfertigungsbedürftige Zweckänderung anzusehen ist.

4 Zweckändernde automatisierte Auswertung personenbezogener Daten mit anonymen Ergebnissen

> *Wie sieht die datenschutzrechtliche Bewertung eines Vorgangs aus, in dem personenbezogene Daten von einem automatisierten Prozess zu einem anderen Zweck als dem der Behandlung verarbeitet werden und im Ergebnis keine personenbezogenen Daten offenbart werden? Beispielsweise könnte ein solcher Prozess Behandlungsdaten nach passenden Patienten für neue Studien durchsuchen und eine anonyme Fallzahl zurückgeben, anhand der die Machbarkeit einer Studie mit solchen Patienten abgeschätzt werden könnte. Wäre für eine solche Verarbeitung eine eigene datenschutzrechtliche Rechtsgrundlage erforderlich?*

Vorliegend ist ein automatisierter Prozess zu untersuchen, in den personenbezogene Daten zu einem anderen Zweck als dem der Behandlung eingestellt werden, der aber lediglich anonyme Ergebnisse an die den Prozess anstoßenden Bediener des entsprechenden Computersystems zurückgibt (diesen „offenbart").[75] Bewertungsmaßstab ist hierbei einerseits das Datenschutzrecht im engeren Sinne, also die Datenschutzgesetze von Bund und Ländern (dazu sogleich Kapitel I.4.1), und andererseits sonstige Regeln des Datenschutzrechts im weiteren Sinne, worunter insbesondere die nach § 203 StGB sanktionierte ärztliche Schweigepflicht fällt (dazu unten Kapitel I.4.2).

---

[75] Unter „Offenbaren" wird im Kontext dieser Frage zunächst also auch die einrichtungsinterne Kenntnisnahme erfasst und nicht – wie im Rahmen von § 203 StGB – lediglich die Datenübertragung oder ggf. auch die Zugriffsgewährung an einen Dritten, wobei es sich bei den anonymen Ergebnisdaten ohnehin nicht um personenbezogene Daten oder Patientengeheimnisse handelt. Ob bei einem Outsourcing des automatisierten Prozesses und noch personenbezogenen Input-Daten ein Offenbaren im Sinne von § 203 StGB vorliegt, wird in Kapitel I.4.2 der nachfolgenden Antwort untersucht (S. 47ff.).

Die vorliegende Frage zielt auf eine rein anonyme Rückgabe von Fallzahlen oder anderen absolut anonymisierten Daten ab, ohne dass die Ergebnisse der automatisierten Auswertung in irgendeiner Weise personenbezogen verwendet werden können. Der beispielhafte Anwendungsfall der Machbarkeitsabschätzung macht dies deutlich. In diesem Anwendungsfall geht es um eine möglichst realistische Schätzung der Anzahl der Patienten, die voraussichtlich in der Laufzeit einer geplanten Studie aufgrund passender Ein- und Ausschlusskriterien potenziell rekrutierbar sein werden. Hierfür werden die Daten bereits behandelter Patienten aus der Vergangenheit genutzt, da dies die beste Schätzungsgrundlage für das kommende „Patientengut" liefert. Somit werden im Regelfall auch die Patienten, deren Daten für die Machbarkeitsabschätzung herangezogen wurden, nicht für die Rekrutierung in der später laufenden Studie angesprochen. Deshalb ist die absolute Anonymisierung der Daten (hier durch bloße Fallzahlen) eine immanente Selbstbeschränkung des Anwendungsfalls und keine Einschränkung des intendierten Nutzenpotenzials.

Somit ist der hier im Fokus stehende Anwendungsfall der Machbarkeitsabschätzung (englisch: feasibility study) von der Rekrutierungsunterstützung zu unterscheiden. Im letzteren Fall möchte man tatsächlich genau die Patienten ansprechen, deren Datensätze man in einem Suchlauf als potenziell rekrutierungsrelevant identifiziert hat.

4.1 Bewertung aus Sicht des Datenschutzrechts im engeren Sinne

4.1.1 Umgang mit „personenbezogenen Daten" trotz anonymen Outputs?

Der Vorgang des Einstellens von Daten in einen automatisierten Prozess wäre nur dann an datenschutzrechtlichen Maßstäben zu messen, wenn „personenbezogene Daten" Gegenstand dieses Verfahrens wären. Für diese vorgelagerte Frage ist wiederum das zwar in unterschiedlichen Normen verankerte, letztlich aber vom Wortlaut der jeweiligen Legaldefinition her bundeseinheitliche Kriterium des Personenbezugs maßgeblich.[76]

4.1.1.1 Grundlegende Unterscheidung nach personenbezogenen oder anonymen Input-Daten

Nach Maßgabe der hierzu aufgestellten Kriterien[77] wird man eine personenbezogene Verwendung nur bejahen können, wenn Einzelangaben über persönliche oder sachliche Verhältnisse einer bestimmten oder bestimmbaren natürlichen Person Gegenstand bzw. Input-Daten des automatisierten Prozesses sind. Falls der Prozess dagegen lediglich an bereits anonymisierten Daten ansetzt,[78] greift schon von vornherein kein datenschutzrechtlicher Erlaubnisvorbehalt.

---

76 Wobei es (aus dem Blickwinkel der Rechtssicherheit: leider) in der Auslegung und auch der Anwendung durch die Aufsichtsbehörden Unterschiede geben kann, auf welche in Kap. I.2 eingegangen wurde, s.o. S. 11ff.
77 Vgl. ausführlich oben S. 11ff.
78 Dabei genügt nach herrschender Meinung eine faktische Anonymisierung, wobei allerdings – wegen der Möglichkeit der Re-Identifizierung durch Mustervergleich – innerhalb einer Einrichtung, welche weiterhin über den personenbezogenen Ausgangsdatenbestand verfügt, bei Erhaltung eines Einzelfallbezugs im Rahmen einer angestrebten Anonymisierung hohe Anforderungen an die Annahme faktischer Anonymität zu stellen sind.

Selbst bei personenbezogenen Input-Daten stellt sich allerdings die Frage, ob angesichts des anonymen Outputs der hier betrachteten Auswertungen nach Sinn und Zweck des Datenschutzrechts ein Erlaubnisvorbehalt, also das Erfordernis einer spezifischen datenschutzrechtlichen Grundlage, sei es eine Einwilligung oder eine Rechtsvorschrift, entbehrlich ist. Dabei geht es um die Frage, ob und ggf. unter welchen Voraussetzungen der rein „statistische" Zweck bzw. die Zielsetzung einer bloß anonymen Ausgabe (z.B. von Fallzahlen) eine automatisierte Verarbeitung personenbezogener Daten aus dem Anwendungsbereich des Datenschutzrechts ausnimmt. In der Regel sind die Zwecke des Datenumgangs für die vorgreifliche Frage des Personenbezugs zwar nicht maßgeblich, sondern erst im Rahmen der Anwendung von datenschutzrechtlichen Erlaubnissen zur berücksichtigen. Soweit es sich um nicht personenbezogene, also rein statistische Zwecke handelt, könnte dies aber anders zu beurteilen sein.

Im Folgenden soll daher zunächst untersucht werden, ob und inwieweit in die hier betrachteten Auswertungsprozesse noch personenbezogene Daten eingestellt werden (sogleich Kap. I.4.1.1.2), bevor auf die Frage eingegangen wird, ob selbst bei technischer Verarbeitung von personenbezogenen Daten angesichts der anonymen Ergebnisse noch eine personenbezogene Datenverwendung im Sinne des Datenschutzrechts vorliegt (unten Kap. I.4.1.1.3).

4.1.1.2 Personenbezogener oder anonymer Input bei Datenbank-Auswertungen

Die zu bewertende automatisierte Auswertung setzt zunächst an den ohnehin zu Behandlungszwecken gespeicherten personenbezogenen Daten an, wenn auch die Ergebnisse nur anonym zur Verfügung gestellt werden. Diese oder Teile von diesen werden durch die intendierte Auswertung für andere Zwecke im technischen Sinne weiterverarbeitet, also zumindest in den Arbeitsspeicher des Computersystems geladen und typischerweise mit vorgegebenen Kriterien oder Mustern abgeglichen.

Dabei stellt sich zuerst die Frage, ob die in den Auswertungsprozess bzw. den Arbeitsspeicher zu Auswertungszwecken eingestellten Daten überhaupt personenbezogen sind, also identifizierende Teile enthalten. Dies wäre eindeutig der Fall, wenn ein Datensatz eingestellt würde, der einer bestimmten Person zugeordnet ist, also mit unmittelbaren Identifizierungsmerkmalen wie dem Namen versehen ist. Üblicherweise werden die betrachteten Daten jedoch in Datenbanksystemen nicht in einem einheitlichen Datensatz pro Betroffenem, sondern in verschiedenen Tabellen vorgehalten. Dabei werden die unmittelbar identifizierenden Stammdaten wie Name und Adresse i.d.R. in einer eigenen Tabelle gespeichert und einem Datenbank-internen Schlüssel, dem sogenannten Primärschlüssel, zugeordnet. Die eigentlichen Merkmale der betroffenen Person, im vorliegenden Kontext also deren Behandlungsdaten, werden in eigenen Tabellen ebenfalls diesem Primärschlüssel und über diesen nur mittelbar dem Betroffenen zugeordnet, welcher dann lediglich über Zwischenschritte bestimmbar ist. Für im Ergebnis anonyme Auswertungen wird i.d.R. der Zugriff auf nur mittelbar personenbezogene Datensätze aus solchen Tabellen genügen. Betrachtet man nur die auf dieser Basis in den Prozess eingestellten Daten ohne die außerhalb liegende Zuordnung des Primärschlüssels zum Betroffenen, dann könnte für sich betrachtet der Prozess selbst schon als anonym angesehen werden, also nicht nur dessen Ergebnis. Zieht man hingegen das gesamte im Computer- bzw. Datenbanksystem repräsentierte Wissen in Betracht, ist der Auswertungsprozess gleichwohl personenbezogen. Diese Sichtweise liegt zunächst nahe, da das genannte Wissen der verantwortlichen Stelle grundsätzlich zur Verfügung steht, auch wenn sie sich in der Programmierung des Prozesses, was die Ergebnisausgabe angeht, selbst beschränkt. Dies gilt auch bei Zwischenschaltung weiterer Schlüssel oder Pseudonyme.

Lediglich eine vorgeschaltete Anonymisierung des Inputs für den Auswertungsprozess würde zu einer anderen Bewertung schon im Ansatz führen. Eine solche Anonymisierung erscheint zwar nicht ausgeschlossen, jedoch umso schwieriger, je differenzierter (wenn auch nicht personenbezogen) die Auswertung im Ergebnis und damit erst recht in der Ausgangsbasis sein soll. Denn je differenzierter die im Prozess auszuwertende Datenbasis ist, desto leichter lässt sich der Personenbezug durch Mustervergleich mit dem Gesamtdatenbestand erschließen.[79] Vor diesem Hintergrund bestehen hier auch an die Annahme faktischer Anonymität hohe Anforderungen.

Diese Herausforderung würde sich ebenfalls bei der Bewertung des Outputs stellen, sofern hier noch ein Einzelfallbezug erhalten bleiben soll. Bei Ausgabe absolut anonymer Ergebnisse wie bei bloßen Fallzahlen liegt jedoch unproblematisch Anonymität vor.

4.1.1.3 Personenbezug der Datenverwendung?

Selbst bei der technischen Verarbeitung personenbezogener Daten innerhalb des Auswertungsprozesses ist jedoch angesichts der nicht personenbezogenen Ergebnisse fraglich, ob es sich auch um eine Verwendung im datenschutzrechtlichen Sinn handelt. Unter einer Datenverwendung in diesem Sinn versteht man ein Verarbeiten oder ein Nutzen.

Datenverarbeitung

Eine Verarbeitung ist im Speichern, Verändern, Übermitteln, Sperren oder Löschen personenbezogener Daten zu sehen (§ 3 Abs. 4 BDSG).[80]

Speichern in diesem Sinn ist „das Erfassen, Aufnehmen oder Aufbewahren personenbezogener Daten auf einem Datenträger zum Zweck ihrer weiteren Verarbeitung oder Nutzung" (§ 3 Abs. 4 Nr. 1 BDSG). Zwar findet wie bereits ausgeführt zumindest eine Speicherung im Arbeitsspeicher des Computersystems statt. Doch muss dies gemäß dem Schlussteil der Legaldefinition dem „Zweck ihrer weiteren Verarbeitung oder Nutzung" dienen, was naheliegenderweise so zu interpretieren ist, dass auch die nachgelagerte Verwendung noch personenbezogen sein, die dem neuen Zweck dienende Speicherung personenbezogener Daten also eine gewisse Dauer haben muss. Das bloß temporäre Selektieren bzw. selektive Laden von Datensätzen oder Teilen von diesen stellt damit kein eigenständiges und gesondert zu rechtfertigendes Speichern dar. Etwas anderes könnte nur gelten, wenn zumindest einer bestimmbaren Person (z.B. über einen Primärschlüssel) zuordenbare (Zwischen-)Ergebnisse nicht (wie im

---

79 Zudem wird nicht immer einfach zu erschließen sein, welche Daten überhaupt in den Arbeitsspeicher geladen werden, denn das physische Datenbankschema kann gerade bei moderneren relationalen Datenbanksystemen im Gegensatz zu älteren satzbasierten Systemen vom satzorientierten logischen Schema abweichen, so dass u.U. im Hintergrund auch Daten geladen werden, auf welche nicht gezielt zugegriffen wird.

80 Die Terminologie der Datenschutzrichtlinie 95/46/EG sowie vieler LDSG weicht hiervon ab und fasst jeglichen Umgang mit personenbezogenen Daten, also auch die hier nicht aufgezählten Phasen der vorgelagerten Erhebung und der nachgelagerten Nutzung unter dem Begriff der Verarbeitung zusammen, was aber letztlich zu keiner anderen Bewertung führt.

Arbeitsspeicher) nur flüchtig, sondern persistent (also den laufenden Prozess überdauernd) beispielsweise in eigenen Tabellen in der Datenbank gespeichert würden. Dies kann durch eine entsprechende Ausgestaltung der vorliegend untersuchten automatisierten Prozesse ausgeschlossen werden, insbesondere durch einen Verzicht auf die Generierung möglicherweise personenbezogener Zwischenergebnisse oder deren sofortige Löschung.[81]

Allerdings muss die originäre Speicherung der auszuwertenden und noch personenbezogenen Daten zulässig sein, sonst dürfte die daran anknüpfende Auswertung ebenfalls als unzulässig gelten. Bezüglich der Behandlungsdaten bestehen zumindest einrichtungsintern aber für die Dauer der Behandlung und der daran anschließenden Aufbewahrungspflichten entsprechende Zulässigkeitstatbestände.[82]

Übermitteln ist „das Bekanntgeben gespeicherter oder durch Datenverarbeitung gewonnener personenbezogener Daten an einen Dritten in der Weise, dass a) die Daten an den Dritten weitergegeben werden oder b) der Dritte zur Einsicht oder zum Abruf bereitgehaltene Daten einsieht oder abruft" (§ 3 Abs. 4 Nr. 3 BDSG). Eine solche Übermittlung läge vor, wenn an einen eigenverantwortlichen Dritten (nicht bloß einen weisungsgebundenen Auftragsdatenverarbeiter) personenbezogene Daten übertragen würden oder er die Verarbeitungsergebnisse auf andere Weise einer Person zuordnen könnte.[83] Soweit der Dritte jedoch keinen Zugang zum Gesamtsystem, insbesondere also der Zuordnung der Datensatz-Primärschlüssel zu den jeweils Betroffenen hat, und für ihn auch keine sonstigen Möglichkeiten zur Identifizierung durch Mustervergleich bestehen, kann dies ausgeschlossen werden. Um eine (Re-)Identifizierung durch Mustervergleich hinreichend auszuschließen, müssten die Daten für den empfangenden Dritten zumindest faktisch anonym sein, was zu einer Entfernung der unmittelbaren Identifikatoren zwingt sowie eine Ausdünnung der Quasi-Identifikatoren und, wenn der Patient auch bei dem Dritten behandelt wurde oder wird, auch der medizinischen Daten nahelegt.

Verändern ist „das inhaltliche Umgestalten gespeicherter personenbezogener Daten" (§ 3 Abs. 4 Nr. 2 BDSG). Dies liegt vor, wenn der Informationsgehalt (die Semantik) der Daten geändert wird.[84] Nicht ausreichend sind bloß syntaktische Änderungen, also beispielsweise die Selektion bestimmter Datensätze oder Datenfelder oder auch die Anlage neuer Tabellen in einer Datenbank, selbst wenn dadurch der bisher schon vorhandene Informationsgehalt leichter erkennbar sein mag. Denn nach einer Ver-

---

81 Dammann, in: Simitis (Hg.), BDSG, § 3 Rdnr. 124 (zur kurzzeitigen Zwischenspeicherung im Verlauf automatisierter Verarbeitungs- oder Kommunikationsprozesse, wenn die Löschung in direktem zeitlichem Zusammenhang automatisch gesichert ist), Rdnr. 191, 195 (zu rein rechnerinternen Prozessen, die bei „alsbaldiger" Löschung evtl. personenbezogener interner Zwischenergebnisse kein Nutzen personenbezogener Daten darstellen).
82 Vgl. die Ausführungen zu Frage 5 aus dem Pflichtenheft (s. Anhang S. 353) unten in Kap. I.6, wo es zwar um Qualitätssicherung und Forschung geht, zur Abgrenzung aber auch die Vorschriften zur Datenverarbeitung zu Behandlungszwecken gestreift werden. Soweit die Auswertung nach Maßgabe der folgenden Ausführungen nicht personenbezogen ist, steht ihr auch eine Sperrung der Daten nach Abschluss der Behandlung für die Dauer der jeweiligen Aufbewahrungsfristen (vgl. § 35 Abs. 2 S. 2 Nr. 3, Abs. 3 BDSG) nicht entgegen.
83 Unter den genannten Bedingungen besteht aber auch ein Rechtfertigungsbedarf für die Einschaltung eines Auftragsdatenverarbeiters, denn dann läge mit einer technischen Übertragung zwar keine Übermittlung im rechtlichen Sinne, aber doch eine Form des Nutzens vor (s.u. S. 37ff.), welche über die Einhaltung der entsprechenden Regelungen (wie § 11 BDSG oder den Sondervorschriften der LKHG) zu rechtfertigen ist. Außerdem läge ein Offenbaren von Patientengeheimnissen vor, wenn der Auftragnehmer oder der Dritte nicht nur kontrollierten Zugang im Rahmen der Fernwartung zu einem Datenbestand in der Behandlungseinrichtung erhält, sondern der Datenbestand in dessen eigenen Machtbereich übertragen wird, falls die (hinreichende) Möglichkeit der Kenntnisnahme des Personenbezugs besteht, selbst wenn tatsächlich keine Kenntnis hiervon genommen wird (jedenfalls bei persistenter Datenübertragung, s. dazu unten S. 47ff.).
84 Dammann, in: Simitis (Hg.), BDSG, § 3 Rdnr. 129.

änderung im hier verlangten Sinn muss eine andere Information als zuvor vorliegen.[85] Daher genügt der bloße Vergleich gespeicherter Werte nicht; wenn aber das Ergebnis des Vergleichs fixiert wird, liegt ein Speichern vor.[86] Dies gilt auch für den Abgleich mit vorgegebenen Werten (wie Ein- und Ausschlusskriterien für Studien); ein festgehaltenes Ergebnis führt hier zur Speicherung eines neuen Datums und nicht zur inhaltlichen Umgestaltung vorhandener Daten, wobei es für die Anwendung des Datenschutzrechtes darauf ankommt, ob für das gespeicherte Datum ein Personenbezug herstellbar ist. Diese Voraussetzung ist beim Festhalten anonymer Fallzahlen nicht gegeben.

Auch wenn § 3 Abs. 6 BDSG das Anonymisieren seinem Wortlaut nach als Sonderform des Veränderns personenbezogener Daten sieht, liegt doch keine Veränderung im Sinne der entsprechenden Legaldefinition (§ 3 Abs. 4 Nr. 2 BDSG) vor, weil es sich bei der Anonymisierung lediglich um eine Reduktion, nicht aber eine Substitution vorhandener Informationen handelt.[87] Dies trifft auch auf das Anonymisieren der Ergebnisse der vorliegend zu bewertenden automatisierten Auswertung zu. Die Anonymisierung erfolgt i.d.R. über das Löschen von (möglicherweise) die Betroffenen identifizierenden Merkmalen, soweit überhaupt solche vorab verarbeitet wurden.

Löschen ist „das Unkenntlichmachen gespeicherter personenbezogener Daten" (§ 3 Abs. 4 Nr. 5 BDSG). In vorliegendem Kontext könnte man damit auf den ersten Blick ein Löschen eventueller Identifikationsmerkmale bei Generierung der anonymen Ergebnisse als rechtfertigungsbedürftigen Vorgang in Betracht ziehen. Jedoch führt das Löschen des Personenbezugs gerade aus dem Anwendungsbereich des Datenschutzrechts heraus, weshalb es nach dessen Sinn und Zweck, jedenfalls im vorliegenden Kontext, vertretbar ist, diesen Vorgang keiner besonderen datenschutzrechtlichen Rechtfertigungspflicht zu unterwerfen, da der den primären (Behandlungs-) Zwecken dienende personenbezogene Ausgangsdatenbestand – entsprechend der hierfür geltenden Aufbewahrungspflichten – erhalten bleibt und nur eventuell noch personenbezogene Zwischenergebnisse der anderen Zwecken dienenden Auswertung gelöscht werden.[88] Letztlich bestimmt auch § 35 Abs. 2 S. 1 BDSG, dass nicht-öffent-

---

85 Dammann, in: Simitis (Hg.), BDSG, § 3 Rdnr. 129.
86 Dammann, in: Simitis (Hg.), BDSG, § 3 Rdnr. 129.
87 Dammann, in: Simitis (Hg.), BDSG, § 3 Rdnr. 129; Gola/Schomerus, BDSG, § 3 Rdnr. 31.
88 So schließt Dammann, in: Simitis (Hg.), BDSG, § 3 Rdnr. 124, ein Speichern im Sinne des BDSG aus, wenn lediglich kurzzeitig zwischengespeicherte personenbezogene Daten sofort wieder gelöscht werden; gleiches gilt für den Ausschluss eines rechtfertigungsbedürftigen Nutzens zum Zweck statistischer (nicht personenbezogener) Auswertungen, welche nicht personenbezogene Zwischenergebnisse nur rechnerintern erstellen und sogleich wieder löschen (Dammann, a.a.O., § 3 Rdnr. 191, 195). Dies würde sich nicht damit vertragen, in den genannten Fällen einen besonderen Rechtfertigungsbedarf für das Löschen anzunehmen. Damit dürfte die Annahme eines grundsätzlichen datenschutzrechtlichen Löschungsverbots durch Dammann, a.a.O., § 3 Rdnr. 172ff., nicht für die eingangs erwähnten Sonderfälle der bloßen Löschung von zwischengespeicherten Daten gelten. In diesen Fällen könnte man sogar von impliziten Löschungspflichten (zur Vermeidung des Personenbezugs) ausgehen, die neben die von Dammann, a.a.O., § 3 Rdnr. 172ff., explizit genannten Löschungsgebote (§§ 20, 35 BDSG) treten. Ein im Übrigen von Dammann, a.a.O., § 3 Rdnr. 172ff. angenommenes Löschungsverbot ist mit dem Wortlaut des § 4 Abs. 1 BDSG zwar vereinbar (die dort unter Erlaubnisvorbehalt gestellte Verarbeitung erfasst grundsätzlich auch das Löschen). Nach Sinn und Zweck des Datenschutzrechts erscheint es aber nicht zwingend und könnte außerdem zu Verwerfungen gegenüber der recht ausgeklügelten Systematik geschäftlicher und medizinischer Aufbewahrungspflichten mit ihren jeweils eigenständigen Rechtsgrundlagen führen (wobei im Anwendungsbereich des BDSG jedenfalls die Löschungsregelung des § 35 Abs. 2 S. 1 diese Gefahr beseitigt). Diese besonderen Aufbewahrungspflichten sind freilich um eine spezifisch datenschutzrechtliche Protokollierung im Rahmen der Datensicherheit zu ergänzen, wie nötig sind, um insbes. kontrollieren zu können, ob nur Berechtigte Zugriff auf personenbezogene Daten und Zugang zu den entspr. IT-Systemen erhalten haben, wie es die Anlage zu § 9 BDSG fordert (vgl. Dammann, a.a.O., § 3 Rdnr. 184ff.). Bei diesen Protokollierungspflichten handelt es sich aber nicht um (originäre) Pflichten zur vollständigen Aufbewahrung personenbezogener Daten, sondern um derivative Pflichten zur Aufbewahrung von Zugriffslogfiles oder Ähnlichem, welche an einen vorgelagerten Umgang mit personenbezogenen Daten anknüpfen.

4 Zweckändernde automatisierte Auswertung personenbezogener Daten mit anonymen Ergebnissen

liche Stellen ihre Daten jederzeit löschen können, sofern das Gesetz nicht aufgrund von Aufbewahrungsfristen oder schutzwürdigen Interessen des Betroffenen eine Sperrung der Daten vorsieht.[89]

Etwas anderes könnte bei der Löschung nur bestimmter personenbezogener Merkmale, nicht aber des gesamten Personenbezugs gelten, wobei in Ersterem auch eine inhaltliche Umgestaltung im Sinne des Veränderns liegen kann, wenn ein gelöschtes Datenfeld einen eigenen Aussagegehalt hat („Fehlanzeige").[90]

Dies ist bei den vorliegend zu untersuchenden Prozessen jedoch nicht der Fall. Damit greift auch für das Anonymisieren von ursprünglich personenbezogenen Daten dann im Ergebnis kein datenschutzrechtlicher Erlaubnisvorbehalt, wenn hierdurch Aufbewahrungspflichten oder schutzwürdige Belange des Betroffenen nicht verletzt werden.[91] Davon ist auszugehen, wenn der Ausgangsdatenbestand erhalten bleibt und nur ein anonymisierter Abzug für Zwecke der Sekundärnutzung erstellt werden soll.

Datennutzung

Vom Wortlaut her käme aber zumindest der Auffangtatbestand des Nutzens personenbezogener Daten in Betracht. Denn das „Nutzen ist jede Verwendung personenbezogener Daten, soweit es sich nicht um Verarbeitung handelt" (§ 3 Abs. 5 BDSG).[92] Hiervon wird jeder Gebrauch der Daten erfasst, der zu bestimmten Wirkungen führt.[93] Beispielsweise ist die Kenntnisnahme personenbezogener Daten eine Form der Nutzung, wobei das Nutzen die Kenntnisnahme nicht zwingend voraussetzt.[94] Wenn eine Kenntnisnahme der personenbezogenen Daten oder sonstige Folgen für den Betroffenen aber praktisch ausgeschlossen werden können, dann erstreckt sich das Nutzen der Daten nicht auf den Personenbezug und bedarf keiner datenschutzrechtlichen Grundlage.[95]

Dies ist vor dem Hintergrund zu sehen, dass der Wortlaut des Gesetzes zwar von jeder „Verwendung personenbezogener Daten" spricht (§ 3 Abs. 5 BDSG), was im technischen Sinne i.d.R. auch bei den hier untersuchten automatisierten Auswertungen ohne personenbezogenes Ergebnis der Fall ist. Allerdings wird der Zweck des Datenschutzrechts, nämlich „den Einzelnen davor zu schützen, dass er durch den Umgang mit seinen personenbezogenen Daten in seinem Persönlichkeitsrecht beeinträchtigt wird" (§ 1 Abs. 1 BDSG),[96] durch eine rein anonyme Auswertung nicht tangiert. Und

---

[89] Wobei hier dahingestellt bleiben kann, ob es sich hierbei um eine konstitutive Erlaubnis und damit eine implizite Bestätigung eines Erlaubnisvorbehaltes oder nur um eine Klarstellung handelt.
[90] Beispielsweise ergibt sich aus dem Melderegister nach Löschung der Angabe „evangelisch", dass der Betroffene nicht (mehr) Mitglied einer Religionsgemeinschaft mit Berechtigung zum Einzug von Kirchensteuer ist; Dammann, in: Simitis (Hg.), BDSG, § 3 Rdnr. 129; Gola/Schomerus, BDSG, § 3 Rdnr. 31.
[91] So nicht nur zur nachfolgenden Verwendung anonymisierter Daten, sondern auch – konsistent zu dem vorliegend zur Löschung gefundenen Ergebnis – zum Vorgang des Anonymisierens: Gola/Schomerus, BDSG, § 3 Rdnr. 43. Anderer Ansicht (allerdings ohne nähere Begründung) Metschke/Wellbrock, Datenschutz in Wissenschaft und Forschung, Abschnitt 3.3, S. 20: „Die Erzeugung anonymisierter Daten aus personenbezogenen Einzelangaben unterliegt aber noch den Datenschutzvorschriften."
[92] Zur Qualifikation als Auffangtatbestand: Gola/Schomerus, BDSG, § 3 Rdnr. 42.
[93] Gola/Schomerus, BDSG, § 3 Rdnr. 42. Eine unmittelbare menschliche Interaktion ist aber nicht erforderlich. Es genügt, wenn ein Computersystem programmgemäß, also automatisiert, bestimmte Prozeduren auslöst, welche letztlich Wirkungen auf eine natürliche Person haben, so beispielsweise bei automatischen Defibrillatoren in Herzschrittmachern.
[94] Dammann, in: Simitis (Hg.), BDSG, § 3 Rdnr. 189.
[95] Zum Erfordernis der Erstreckung der Verwendung auf den Personenbezug: Dammann, in: Simitis (Hg.), BDSG, § 3 Rdnr. 191.
[96] Dieser prototypische Gesetzeszweck des BDSG lässt sich auch auf andere datenschutzrechtliche Vorschriften übertragen.

die Vorschriften des Datenschutzrechts sind gemäß diesem Zweck (dem „telos" der entsprechenden Gesetze, also teleologisch) auszulegen. So muss nicht immer der vom Wortlaut her naheliegende Wortsinn das richtige Auslegungsergebnis darstellen, sondern es sind im Rahmen des noch möglichen Wortsinns auch andere, dem Gesetzeszweck eher entsprechende Ergebnisse denkbar. Im Extremfall kann höchst ausnahmsweise der Wortlaut aus diesen Gründen auch teleologisch reduziert, d.h. ein Ergebnis vertreten werden, das nicht mehr vom noch möglichen Wortsinn gedeckt ist.[97] Das vorliegend gefundene Ergebnis dürfte aber noch im Rahmen teleologischer Auslegung des Wortlautes ohne teleologische Reduktion begründet werden können.

So werden auch bei rein statistischen Auswertungen rechnerintern zwar in der Regel die Datensätze bestimmter oder bestimmbarer Betroffener angesprochen,[98] was jedoch vernachlässigt werden kann, wenn das Ergebnis anonym ist und eventuell innerhalb des automatisierten Prozesses generierte personenbezogene Zwischendateien unverzüglich ohne reguläre Möglichkeit der Kenntnisnahme gelöscht werden.[99] Solche Auswertungen stellen also keine personenbezogene Nutzung dar, die im Hinblick auf den Datenschutz rechtfertigungsbedürftig wäre.[100] Dies gilt jedenfalls dann, wenn der automatisierte Prozess nicht nur innerhalb eines Computersystems abläuft, sondern sich dieses auch innerhalb der verantwortlichen Stelle befindet.

Wenn personenbezogene Daten allerdings persistent an eine außerhalb der Behandlungseinrichtung stehende Person oder Stelle weitergegeben werden, also physisch für gewisse Dauer in deren Verfügungsbereich gelangen, liegt in jedem Fall ein datenschutzrechtlich rechtfertigungsbedürftiger Vorgang vor, bei dem es nicht auf personenbezogene Ergebnisse oder die tatsächliche Kenntnisnahme (auch der Input-Daten) durch den Außenstehenden ankommt. Wenn die außenstehende Stelle ein eigenverantwortlicher Dritter ist, liegt (wie bereits ausgeführt) eine Übermittlung personenbezogener Daten vor.[101] Falls der Außenstehende ein weisungsgebundener Auftragsdatenverarbeiter ist, liegt in der technischen Datenübertragung an diesen wohl eine Sonderform der Nutzung personenbezogener Daten.[102]

Fraglich ist, ob dies auch gilt, wenn personenbezogene Input-Daten lediglich für die kurze Laufzeit eines automatisierten Prozesses extern im technischen Sinn verarbeitet (dem Wortlaut des Datenschutzrechts nach also wohl genutzt), anschließend aber sofort und ebenfalls automatisch gelöscht werden. Die Legaldefinition des Übermittelns, welche insoweit auch für potentielle Auftragsdatenverarbeiter analog herangezogen werden kann, spricht von der Weitergabe „gespeicherter oder durch Datenverarbeitung gewonnener personenbezogener Daten" (§ 3 Abs. 3 Nr. 3 Buchst. a BDSG). Die Referenz an die Speicherung deutet darauf hin, auch hier ein gewisses über die

---

97 Einen entsprechenden Schritt hat der BGH, Urt. v. 23.06.2009 – VI ZR 196/08 (spickmich), BGHZ 181, 328, juris Rdnr. 42, im entschiedenen Fall in Bezug auf den Verzicht auf das in § 29 Abs. 2 S. 1 Nr. 1 BDSG an sich vorgesehene Erfordernis der glaubhaften Darlegung eines berechtigten Interesses vorgenommen, wobei das Gericht dies selbst noch als „verfassungskonforme Auslegung" bezeichnet.
98 S. oben S. 33f.
99 Dammann, in: Simitis (Hg.), BDSG, § 3 Rdnr. 191, 195.
100 Gola/Schomerus, BDSG, § 3 Rdnr. 42a.
101 S. oben Abschnitt Datenverarbeitung in Kap. I.4.1.1.3, S. 34ff..
102 Dammann, in: Simitis (Hg.), BDSG, § 3 Rdnr. 195 (Übersendung zur Auftragsdatenverarbeitung); s.a. oben Abschnitt Datenverarbeitung in Kap. I.4.1.1.3, insbes. Fn. 83, S. 35.

4 Zweckändernde automatisierte Auswertung personenbezogener Daten mit anonymen Ergebnissen

Laufzeit eines kurzen Prozesses hinausgehendes Persistenzerfordernis anzunehmen.[103] Und die durch Datenverarbeitung gewonnenen Ergebnisse sollen letztlich nicht mehr personenbezogen sein, so dass es vertretbar erscheint, auch insoweit von keinem Erlaubnisvorbehalt auszugehen, jedenfalls solange die Abschottung des Prozesses von der Behandlungseinrichtung als originär verantwortlicher Stelle kontrolliert wird, diese also auch die Programmierung des automatisierten Prozesses verantwortet, wobei auch hierfür Auftragnehmer eingeschaltet werden können, welche allerdings im Sinne informationeller Gewaltenteilung idealerweise von denjenigen Auftragnehmern getrennt sein sollten, deren Rechnerkapazitäten genutzt werden. Auf diese Weise dürften sich die Risiken der Herstellung des Personenbezugs durch externe Stellen ausreichend reduzieren lassen. Der sicherste Weg bei Einschaltung externer Stellen wäre jedoch die Berufung auf eine Erlaubnisnorm oder die (faktische) Anonymisierung vor (sei es auch nur temporärer) Weitergabe.

Kein Erlaubnisvorbehalt bei abgeschotteten Prozessen mit rein anonymer Datenausgabe

Auch im vorliegend zu untersuchenden Machbarkeits-Szenario werden zwar möglicherweise personenbezogene Daten im technischen Sinne von einem automatisierten Prozess temporär (zu anderen Zwecken als denen der Behandlung) verarbeitet oder zumindest genutzt. Dies hat aber nicht den Zweck, der verantwortlichen Stelle personenbezogene Erkenntnisse über die Betroffenen zu vermitteln oder für diese sonstige Konsequenzen mit sich zu bringen, weshalb letztlich keine unter Erlaubnisvorbehalt stehende personenbezogene Verwendung im datenschutzrechtlichen Sinn vorliegt.[104]

Wenn die auszuwertende Datenbasis oder zumindest die in den Auswertungsprozess eingestellten Daten nicht bereits anonym sind, dürfte die bloße Zielsetzung und reguläre Programmierung, keine personenbezogenen Ergebnisse auszugeben, jedoch unter Umständen nicht genügen. Hier sind zusätzliche technische und organisatorische Sicherheitsmaßnahmen in Betracht zu ziehen, die tatsächlich verhindern, dass doch personenbezogene Ergebnisse geliefert oder noch personenbezogene, wenn auch an sich rechnerinterne Zwischenergebnisse z. B. von Administratoren des Computersystems „abgefangen" werden. In jedem Fall sind – wie bereits ausgeführt – eventuell personenbezogene Zwischenergebnisse unverzüglich zu löschen, denn nur unter dieser Bedingung können rechnerinterne Vorgänge vernachlässigt werden.[105] Das notwendige Maß der Sicherheitsvorkehrungen bzw. der Abkapselung des Prozesses richtet sich nach dem Schutzbedarf der betroffenen Daten und der Auswertung.

Einen vergleichbaren Ansatz verfolgt letztlich auch Art. 2 Abs. 3 LDSG BY, der explizit bestimmt, dass für „personenbezogene Daten in automatisierten Dateien, die aus-

---

103 S. oben zur Speicherung S. 35. Dammann, in: Simitis (Hg.), BDSG, § 3 Rdnr. 124, nennt mit der kurzzeitigen Zwischenspeicherung auf einem Internetknoten im Verlauf automatisierter Verarbeitungs- oder Kommunikationsprozesse, wenn die Löschung in direktem zeitlichem Zusammenhang ebenfalls automatisch gesichert ist, ein Beispiel, das eine „Externalisierung" dieser Laufzeit-Argumentation andeutet, also deren Übertragbarkeit auf derart flüchtige Datenweitergaben.
104 So geht auch das BVerfG, Urt. v. 11.03.2008 – 1 BvR 2074/05 u.a. (Kennzeichenerfassung), BVerfGE 120, 378, juris Rdnr. 68, „in den Fällen der elektronischen Kennzeichenerfassung" davon aus, dass es nicht zu „einem Eingriff in den Schutzbereich des Rechts auf informationelle Selbstbestimmung kommt [...], wenn der Abgleich mit dem Fahndungsbestand unverzüglich vorgenommen wird und negativ ausfällt (sogenannter Nichttrefferfall) sowie zusätzlich rechtlich und technisch gesichert ist, dass die Daten anonym bleiben und sofort spurenlos und ohne die Möglichkeit, einen Personenbezug herzustellen, gelöscht werden"; diese Voraussetzungen sah es in dem zu entscheidenden Fall allerdings als nicht gegeben an.
105 Dammann, in: Simitis (Hg.), BDSG, § 3 Rdnr. 191, 195.

schließlich aus verarbeitungstechnischen Gründen vorübergehend erstellt und nach ihrer verarbeitungstechnischen Nutzung automatisch gelöscht werden", nur bestimmte Vorschriften dieses Gesetzes gelten, insbesondere das Datengeheimnis (Art. 5) sowie die Verpflichtung zu technischen und organisatorischen Sicherheitsvorkehrungen gemäß Art. 7, nicht aber das Verbot mit Erlaubnisvorbehalt in Art. 15 Abs. 1.[106] Aufgrund dieser ausdrücklichen Regelung bedarf es im Anwendungsbereich des bayerischen LDSG keiner besonderen teleologischen Auslegung bzw. Reduktion der Verwendung personenbezogener Daten. Eine entsprechende Anwendung des Rechts ist jedoch aufgrund dieser Methoden auch im Anwendungsbereich anderer Datenschutzgesetze nicht ausgeschlossen.[107]

Beim bloßen Aufsummieren der Zahl von Patienten, welche bestimmte Bedingungen erfüllen, wird man aber keine besonderen Schutzvorkehrungen über die normale Programmierung einer lediglich anonymen Ausgabe (wie die einer Fallzahl) sowie die ohnehin angezeigten Sicherheitsmaßnahmen[108] hinaus treffen müssen. Denn hierbei handelt es sich um eine relativ einfache Auswertung und selbst rechnerintern würden allenfalls personenbezogene Zwischenergebnisse generiert („erfüllt Patient die Ein- bzw. Ausschlusskriterien"), deren Aussagegehalt sich auch durch einen Blick in die Datenbank bzw. einen manuellen Zugriff unschwer erschließen ließe.

Einen höheren Schutzbedarf dürften komplexere Verfahren, wie sie beim Data-Mining zum Einsatz kommen, aufweisen. Letztlich kann auch Data-Mining keine Zusammenhänge erkennen, welche nicht schon im Ausgangsdatenbestand angelegt waren. Allerdings sind die Zusammenhänge, welche durch entsprechend komplexe Verfahren zum Vorschein gebracht werden, doch eher verborgen und nicht ohne weiteres, falls überhaupt, durch einen Blick in die Datenbank oder manuelle Zugriffe zu erkennen. Hier sind daher besondere Vorkehrungen zu treffen, die sicherstellen, dass der automatisierte Auswertungsprozess nicht manipuliert wird und personenbezogene Zwischenergebnisse mit entsprechend hohem Erkenntniswert doch ausgegeben werden. Das wissenschaftliche Nutzenpotenzial solcher Verfahren kann zwar höher sein als der einfacher Auswertungen, dies gilt aus Sicht des Persönlichkeitsschutzes zunächst aber eben auch für das „Schadenspotential", so dass auch eine geringere Wahrscheinlichkeit der personenbezogenen Kompromittierung des an sich auf Anonymität angelegten Auswertungsprozesses im Rahmen einer Risikoanalyse relevant werden kann.

Des Weiteren besteht ein erhöhter Schutzbedarf im Hinblick auf technisch-organisatorische Maßnahmen auch bei nur temporärer Weiterleitung noch personenbezogener Input-Daten an externe Stellen, damit diese die Programmierung des automatisierten Prozesses nicht ohne Weiteres ändern können und von der Kenntnisnahme der Dateninhalte abgehalten werden. Eine persistente, über die befristete Laufzeit

---

106 Daneben gelten aus dem LDSG BY auch Art. 17 Abs. 4 (besondere Zweckbindung, hier auf ausschließlich verarbeitungstechnische Zwecke), Art. 25 (Sicherstellung des Datenschutzes, behördlicher Datenschutzbeauftragter), aus dem Bereich der Datenschutzaufsicht durch den LfD Art. 29–31, Art. 32 Abs. 1–3 (ohne Abs. 4 zum Verfahrensverzeichnis nach Art. 27) und Art. 33 sowie die Sanktionsnorm des Art. 37 (Ordnungswidrigkeiten, Strafvorschriften).

107 Ein Umkehrschluss dahingehend, dass im Anwendungsbereich anderer Datenschutzgesetze, welche keine entsprechende Regelung enthalten, auch automatisierte Prozesse ohne personenbezogenes Ergebnis erlaubnispflichtig wären, ist keineswegs zwingend, gerade wenn diese Gesetze von anderen Hoheitsträgern (Bund, andere Bundesländer) erlassen wurden, da man insoweit nicht von einer vollständig einheitlichen Rechtsordnung und damit einer gezielten Abweichung ausgehen kann. Insofern liegt eine Art Analogie im Rahmen teleologischer Rechtsanwendung näher, denn immerhin die Zwecke der entsprechenden Gesetze sind mit dem Schutz von Persönlichkeitsrechten beim Umgang mit personenbezogenen Daten die gleichen.

108 Insbesondere die Abschottung des Krankenhausnetzes nach außen, abgeschwächt auch zwischen Fachabteilungen.

des jeweiligen Prozesses hinausgehende Speicherung personenbezogener Daten bei externen Stellen würde allerdings in jedem Fall unter den Erlaubnisvorbehalt fallen.

4.1.2 Hilfsweise: Bedeutung einer Zweckänderung im Datenschutzrecht

Für den Fall, dass in den angesprochenen im Ergebnis anonymen Auswertungsprozessen (z.B. im Machbarkeitsszenario) doch ein personenbezogenes Verwenden zu sehen wäre,[109] soll im Folgenden hilfsweise darauf eingegangen werden, welche Konsequenzen sich aus Sicht des Datenschutzrechts aus einer solchen Zweckänderung ergeben. Denn angesichts des Umstands, dass die Daten ursprünglich zu Behandlungszwecken erhoben wurden, die Einstellung in den Suchlauf aber nicht hierzu, sondern zu Zwecken der Forschung erfolgt, liegt eine Zweckänderung vor. Die hierbei gewonnenen Erkenntnisse können auch bei der Bewertung des hier nicht im Mittelpunkt stehenden klar personenbezogenen Rekrutierungsszenarios helfen.

4.1.2.1 Herleitung und inhaltliche Reichweite des Zweckbindungsgrundsatzes

Als wesentliches Leitprinzip gilt im Datenschutzrecht der Zweckbindungsgrundsatz. Er wurde durch das Bundesverfassungsgericht im Volkszählungsurteil aus dem Recht auf informationelle Selbstbestimmung hergeleitet, wodurch ihm Verfassungsrang zukommt.[110] Eine Entsprechung findet sich auch in Art. 6 Abs. 1 Buchst. b der europäischen Datenschutzrichtlinie 95/46/EG.[111] Auf Grund seiner Ausprägung als allgemeines Prinzip lässt sich der Zweckbindungsgrundsatz allen Datenschutzgesetzen gleichsam vor „die Klammer" ziehen.[112]

Inhaltlich folgt aus dem Zweckbindungsgrundsatz, dass jeder Datenumgang nur zu einem vorab festzulegenden und hinreichend bestimmten Zweck erfolgen darf.[113] Grundsätzlich kann danach keine Vorratsdatenspeicherung zulässig sein, bei der die Zwecke erst im Moment des Zugriffs auf die Daten definiert werden.[114] Daraus folgt zugleich, dass jeder Datenumgang, der zu einem anderen als dem ursprünglichen Zweck erfolgt, qualitativ als neuer Abschnitt der Datenverarbeitung anzusehen ist, welcher für sich genommen ein eigenes Rechtfertigungsbedürfnis hervorruft. Denn ändern sich die Zwecke einer Datenverarbeitung, sind unter Umständen gänzlich neue Belange in die regelmäßig erforderliche Abwägung der widerstreitenden Interessen einzustellen.

---

109 Sei es, weil eine abweichende Rechtsmeinung vertreten wird, oder weil Sicherungsvorkehrungen unterlassen oder umgangen werden und doch ein personenbezogenes Ergebnis ausgegeben wird.
110 Grundlegend BVerfGE 65, 1, 45ff.
111 Näher zur Zweckbindung auf europäischer Ebene Dammann, in: Simitis, BDSG, § 14 Rdnr. 37.
112 Vgl. Helfrich, in: Hoeren/Sieber/Holznagel, Multimediarecht, Teil 16.1 IV Rdnr. 79.
113 Helfrich, in: Hoeren/Sieber/Holznagel, Multimediarecht, Teil 16.1 IV Rdnr. 81.
114 Für den Bereich öffentlicher Stellen vgl. BVerfG, NJW 2010, 833, 838; grundlegend BVerfGE 65, 1 (46). Dies schließt jedoch eine Vorratsdatenspeicherung nicht generell aus, sondern stellt sie unter besonderen Rechtfertigungsbedarf und macht sie von begleitenden Sicherungen abhängig, wozu zumindest auch die (möglichst konkrete) Vorab-Festlegung der grundsätzlich zulässigen Zugriffszwecke gehört, auch wenn erst im Nachhinein entschieden werden kann, ob im Einzelfall ein Zugriff für diese Zwecke erforderlich ist.

4.1.2.2 Notwendigkeit eigener Rechtsgrundlage für zweckändernde Verarbeitungen

Der Befund, dass eine Datenverarbeitung zu neuen Zwecken gleichzeitig auch eine neue rechtfertigungsbedürftige Datenverarbeitungsphase darstellt, führt aber noch nicht zwangsläufig dazu, hierfür auch eine eigenständige, gerade an die zweckändernde Verarbeitung anknüpfende Rechtsgrundlage als erforderlich anzusehen.

Denkbar erschiene es nämlich grundsätzlich, zur Rechtfertigung der neuen zweckändernden Datenverarbeitungsphase – wie sonst auch – auf einen allgemeinen Erlaubnistatbestand zu rekurrieren. In diesem Fall würde indes unberücksichtigt bleiben, dass eine Datenverarbeitung zu geänderten Zwecken unter (horizontal) gänzlich neuen „Vorzeichen" steht, während die einzelnen Datenverarbeitungen eines zu den ursprünglichen Zwecken erfolgenden Datenumgangs lediglich (vertikal) in die Tiefe gehen, dabei aber immer vor dem selben Hintergrund – der Verfolgung eines einheitlichen Zwecks – erfolgen. Mit gleichsam in Reihe geschalteten Zwecken geht in aller Regel aber auch eine stärkere Beeinträchtigung der Interessen der Betroffenen einher. Wenn nämlich ein und dasselbe Datum unter Aufgabe der ursprünglichen Intention und gleichzeitiger Berufung auf einen neuen Zweck erneut verarbeitet bzw. genutzt wird, ist regelmäßig auch der Verwendungszusammenhang ein völlig neuer.

Angesichts des Grundrechts auf informationelle Selbstbestimmung erscheint es daher nicht fernliegend, für jede Zweckänderung auch ein eigenständiges Regelungsbedürfnis im Sinne einer eigenen Rechtsgrundlage zu fordern, zumal die genannten Erwägungen mit Blick auf die potenziell größere Gefahr für die Persönlichkeitsrechte der Betroffenen ausreichend abstrahierbar und generalisierbar erscheinen. Eine solche eigene Rechtsgrundlage sehen konsequenterweise die Datenschutzgesetze auch vor.[115] Fehlte eine solche, wäre die Zweckänderung insoweit nicht über die allgemeinen Zulässigkeitstatbestände legitimierbar und damit unzulässig, da jene nur einen Datenumgang zu dem jeweils originären Zweck rechtfertigen können.

4.1.2.3 Erfordernis bereichsspezifischer Rechtsgrundlage für Forschungszwecke

Weitergehend ist dann aber zu klären, ob für den vorliegenden Fall der Verarbeitung zu Zwecken der Anfertigung von Studien u.ä. insoweit sogar eine bereichsspezifische Rechtsgrundlage erforderlich ist. Dies muss sich nach den allgemeinen Grundsätzen richten, die Aussagen über die Notwendigkeit einer Rechtsgrundlage treffen, im öffentlichen Bereich also z.B. nach dem Grundsatz des Vorbehalts des Gesetzes. Ein eigenes Regelungsbedürfnis ist danach immer dann anzunehmen, wenn hinreichend generalisierbare grundrechtsbeeinträchtigende Sachverhalte einheitlichen Wertungen bzw. Beurteilungsmaßstäben unterstellt werden können. Für die Notwendigkeit einer spezifischen Rechtsgrundlage in den vorliegenden Konstellationen spricht die Rechtsprechung des Bundesverfassungsgerichts zur hinreichenden Bestimmtheit und Bereichstypik von datenschutzrechtlichen Erlaubnistatbeständen.[116] Eine solche ist erst recht dann zu fordern, wenn sich – wie hier – klar identifizierbare jeweils grundrechtlich geschützte Rechtspositionen gegenüberstehen und der Gesetzgeber die Abwägungsentscheidung bereits durch eine entsprechende Ausgestaltung der Tatbestände antizipieren kann.

---

115 Vgl. auf Bundesebene § 14 Abs. 2 und § 28 Abs. 2 BDSG.
116 BVerfGE 65, 1, 46.

Vorliegend ist nämlich zu berücksichtigen, dass der Zweck der Anfertigung von Studien dem Schutzbereich der Wissenschaftsfreiheit aus Art. 5 Abs. 3 GG unterfällt, da es sich hierbei um Forschung, d.h. um geistige Tätigkeiten handelt, die das Ziel verfolgen, in methodischer, systematischer und nachprüfbarer Weise neue Erkenntnisse zu gewinnen.[117] Der verfassungsrechtliche Begriff der Forschung ist damit denkbar weit gehalten, sodass Einschränkungen (z.B. in Bezug auf den tatsächlichen Mehrwert eines bestimmten Forschungsvorhabens) erst auf Ebene der Abwägung vorzunehmen sind. Spiegelbildliche Erwägungen finden sich auch in der datenschutzrechtlichen Literatur zum einfachgesetzlichen § 40 BDSG, die sich ausführlich mit der Frage beschäftigt, was unter „wissenschaftlicher Forschung" zu verstehen ist. Einigkeit besteht hier jedenfalls darin, dass hierunter nur eine unabhängige Forschung fallen soll,[118] was bei privater Forschungstätigkeit problematisch sein kann, aber nicht generell ausgeschlossen ist. Einen Datenumgang zum Zweck der wissenschaftlichen Forschung wird man dann ablehnen müssen, wenn die wissenschaftliche Tätigkeit gegenüber rein wirtschaftlichen Motiven von lediglich untergeordneter Bedeutung ist.[119] Andererseits wird man eine unabhängige Forschung nicht schon in Fällen ablehnen müssen, in denen zwar eine Beauftragung und die Mittelbereitstellung durch einen Dritten erfolgt, dieser aber keinen bestimmungsgemäßen Einfluss auf den Forschungsprozess und insbesondere das -ergebnis nehmen kann.[120] Grundsätzlich könnte daher auch eine aus rein wirtschaftlichen Motiven heraus erfolgende Forschung durch Unternehmen der Pharmaindustrie unabhängig strukturiert sein.[121] Die Forschung muss also nicht bloßer Selbstzweck sein.[122]

Festzuhalten ist damit, dass der vorliegend vorgenommene Datenumgang zu Forschungszwecken erfolgt, sodass im Rahmen der Beurteilung der Zulässigkeit der Zweckänderung eine Abwägung zwischen dem Recht auf informationelle Selbstbestimmung und der Wissenschaftsfreiheit vorzunehmen ist. Für die Wissenschaftsfreiheit fällt dabei ins Gewicht, dass diese nicht unter einem Gesetzesvorbehalt steht. Eine Einschränkung dieser Freiheit kann somit nicht aufgrund irgendwelcher Gemeinwohlaspekte oder sonst als schutzwürdig angesehener Interessen erfolgen, wobei diese Belange grundsätzlich im Ermessen des Gesetzgebers stehen, sondern muss auf Rechtsgüter gestützt werden, die sich unmittelbar aus der Verfassung ergeben. Zu diesen verfassungsimmanenten Gütern gehört jedoch das Grundrecht auf informationelle Selbstbestimmung. Zudem folgt aus der Wissenschaftsfreiheit kein Anspruch auf unmittelbaren Zugang zu personenbezogenen Daten.[123] Daraus leiten der Bundesgesetzgeber und viele Landesgesetzgeber ab, dass die Wissenschaftsfreiheit in einer abstrakten Abwägung gegenüber den Interessen der Patienten tendenziell eine schwächere Position einnimmt. Dies spiegelt sich in den Formulierungen von Erlaubnisnormen wider, die ein erhebliches Überwiegen des wissenschaftlichen Forschungsinteresses gegenüber dem Interesse des Patienten am Ausschluss des Datenumgangs bezogen auf ein konkretes Forschungsvorhaben verlangen.[124] Dies gilt vor

---

[117] Grundlegend BVerfGE 35, 79 = NJW 1973, 1176, 1176.
[118] Vgl. nur Gola/Schomerus, BDSG, § 40 Rdnr. 7ff.; Wedde, in: Däubler/Klebe/Wedde/Weichert, BDSG, § 40 Rdnr. 5.
[119] Gola/Schomerus, BDSG, § 40 Rdnr. 8.
[120] Vgl. Gola/Schomerus, BDSG, § 40 Rdnr. 8.
[121] Vgl. Gola/Schomerus, BDSG, § 40 Rdnr. 8.
[122] Gola/Schomerus, BDSG, § 40 Rdnr. 10.
[123] Kempen, in: Epping/Hillgruber, BeckOK GG, 2009, Art. 5 Rdnr. 182.
[124] So in § 28 Abs. 8, 6 Nr. 4 BDSG und den meisten LDSG und LKHG, s.u. Kap. I.6, S. 75ff.

allem auch mit Blick auf den Umstand, dass für die Anfertigung von Studien nicht immer personenbezogene Daten erforderlich sind. Diese Abwägungsgesichtspunkte sind für den Gesetzgeber vorhersehbar, sodass es sich insoweit anbietet, eine eigene bereichsspezifische Rechtsgrundlage für Zweckänderungen zu Forschungszwecken zu schaffen. Dem ist der Gesetzgeber im Datenschutzrecht gefolgt.[125] Bei der Anwendung der entsprechenden Regelungen kann jedoch als ein Aspekt, der die Zulässigkeit der Sekundärnutzung durch die behandelnde Einrichtung selbst begünstigt, angeführt werden, dass hierbei kein originärer Anspruch auf Zugang zu personenbezogenen Daten realisiert wird, sondern lediglich eine Freiheit zur Verwendung der ohnehin bereits vorliegenden Patientendaten zu Zwecken der wissenschaftlichen Forschung ausgeübt wird.

4.1.2.4 Bestimmtheit der Rechtsgrundlagen und Vorhabensbezug

Problematisch ist dennoch, ob die vorliegend in Rede stehende Verwendung, wäre sie denn personenbezogen, durch die vorhandenen forschungsspezifischen Regelungen zu zweckändernden Verarbeitungen sensibler Daten überhaupt legitimierbar wäre. Denn der Gesetzgeber – des Bundes und der meisten Bundesländer – gibt im Rahmen der entsprechenden Tatbestände regelmäßig einen strengen Maßstab vor und verlagert die Rechtfertigungslast der Zweckänderung deutlich auf die Seite der verantwortlichen Stelle. So muss die Zweckänderung gerade *erforderlich* sein, um die wissenschaftliche Forschung betreiben zu können.[126] Darüber hinaus darf der Forschungszweck nicht auch auf andere Weise oder überhaupt nicht bzw. nur mit *unverhältnismäßig hohem Aufwand* erreicht werden können. Ferner muss das wissenschaftliche Interesse an der Forschung das Interesse des Betroffenen am Unterlassen einer zweckändernden Verarbeitung *erheblich* überwiegen.

Damit werden nicht unerhebliche Hürden aufgestellt, aus denen sich zugleich ergibt, dass die Zulässigkeit einer zweckändernden Verarbeitung auch zu Forschungszwecken auf rein gesetzlicher Grundlage einen Ausnahmefall darstellt.[127] Folglich müssten regelmäßig besondere Umstände angeführt werden können, weshalb das Forschungsvorhaben gerade mit Blick auf eine Verwendung personenbezogener Daten als gerechtfertigt anzusehen sein soll. In der Regel darf der Betroffene also nicht ungefragt zum Forschungsobjekt werden.[128]

Um eine entsprechende Abwägungsentscheidung überhaupt treffen zu können, sind die Umstände des konkreten Vorhabens (Zahl der Kenntnis erlangenden Personen, nicht auszuschließende Eventualitäten, Belastung für den Betroffenen) sorgfältig zu identifizieren.[129] Gelingt dies nicht, kann streng genommen eine Abwägung überhaupt nicht erfolgen. Für die Zweckänderung bedeutete dies aber dann zugleich, dass diese als unzulässig anzusehen wäre.

---

125 Vgl. auf Bundesebene § 14 Abs. 5 und § 28 Abs. 8 BDSG. Die landesrechtlichen Regelungen sehen überwiegend vergleichbare Vorschriften vor, vgl. auch Heckmann, in: Taeger/Gabel, BDSG, § 14 Rdnr. 125.
126 Vgl. hierzu und zu den folgenden Voraussetzungen exemplarisch auf Bundesebene § 14 Abs. 5 und § 28 Abs. 8 BDSG. Die Landesdatenschutz- bzw. Landeskrankenhausgesetze enthalten überwiegend ähnlich strenge Vorgaben. Im Einzelnen dazu unten zu Frage 5 aus dem Pflichtenheft, Kap. I.6, S. 75ff.
127 Ähnlich Heckmann, in: Taeger/Gabel, BDSG, § 14 Rdnr. 118
128 Vgl. Gola/Schomerus, BDSG, § 40 Rdnr. 5.
129 Dammann, in: Simitis (Hg.), BDSG, § 14 Rdnr. 92.

Bedenken gegen ein Rekurrieren auf diese Rechtsvorschriften könnten deshalb im vorliegenden Gesamtkontext bestehen, da diese Zweckänderungen lediglich für konkrete eigene Forschungsvorhaben der verantwortlichen Stelle zulassen. Nicht rechtfertigen können diese Normen i.d.R. die Verwendung personenbezogener Daten zu unbestimmten Forschungszwecken bzw. zum Aufbau von abstrakten Datenpools, auf die später zwar für konkrete Vorhaben zurückgegriffen werden soll, welche aber im Zeitpunkt der Einspeicherung gerade noch nicht feststehen, sei es was das Studienziel angeht oder auch die beteiligten Einrichtungen.[130]

Diese Bedenken beträfen aber vor allem solche Studienportale, die für prinzipiell jegliche Form von Forschung offene sind, soweit die Behandlungsdaten dort noch personenbezogen wären.[131] Bei einer bereits einrichtungsintern durchgeführten Anonymisierung stellen sich jedoch auch solche Portale insoweit als unproblematisch dar, da die entsprechenden Verarbeitungsvorgänge dann keinem datenschutzrechtlichen Erlaubnisvorbehalt unterliegen.[132] In Modellen, die einem entsprechenden Vorbehalt unterliegen, wie beispielsweise solche mit einer einrichtungsübergreifenden Pseudonymisierung durch einen Datentreuhänder, steht mit der Einwilligung grundsätzlich eine datenschutzrechtliche Erlaubnis eigener Art zur Verfügung.[133] Von den vorliegenden Bedenken könnten aber insbesondere Forschungsmodelle betroffen sein, die lediglich auf einer einrichtungsinternen Pseudonymisierung ohne Einwilligung beruhen, soweit hierdurch eine, sei es auch ausschließlich einrichtungsintern vorgehaltene und verwendbare, nur pseudonyme, also noch personenbezogene Datenbank für allgemeine Forschungszwecke entsteht.[134] Hierauf soll abschließend erst nach Klärung weiterer Aspekte näher eingegangen werden.[135]

4.1.2.5 Exkurs: Personenbezogene Suchläufe zur Rekrutierung von Probanden

Vorliegend soll ergänzend zur eigentlichen Fragestellung nach dem Personenbezug der im Ergebnis anonymen Auswertungen, also dem Szenario der Machbarkeitsuntersuchung, in Bezug auf die eben angerissenen Zulässigkeitsfragen lediglich kurz auf das Szenario der Probandenrekrutierung durch personenbezogene Suchläufe eingegangen werden.

Auch die zuletzt genannten Auswertungen setzen entsprechende Ein- und Ausschlusskriterien für die Suche nach geeigneten Probanden im Patientenbestand voraus. Insoweit müssen die Studienvorhaben also schon ein Mindestmaß an Konkretisierung aufweisen, denn andernfalls lägen noch keine solchen Kriterien vor.

Solange nur einfache Suchläufe bzw. Selektionen nach sich bereits unmittelbar aus den Behandlungsdaten ergebenden Kriterien durchgeführt werden, dürfte dies für ein bestimmtes Forschungsvorhaben im Sinne der gesetzlichen Forschungsklauseln ausreichen. Denn das notwendige Maß an Bestimmtheit richtet sich auch nach der Schwere des Eingriffes in das informationelle Selbstbestimmungsrecht und damit

---

130 Vgl. Heckmann, in: Taeger/Gabel, BDSG, § 14 Rdnr. 89; Wedde, in: Däubler/Klebe/Wedde/Weichert, BDSG, § 28 Rdnr. 177; wohl ein weniger enges Verständnis zugrunde legend Dammann, in: Simitis (Hg.), BDSG, § 14 Rdnr. 91.
131 Was im Rahmen des cloud4health-Projektes jedoch ausgeschlossen werden soll.
132 So im Architekturmodell 1 des cloud4health-Projektes (vgl. die Darstellung im Pflichtenheft im Anhang).
133 So im Architekturmodell 3 des cloud4health-Projekts. Zu den Herausforderungen der Informiertheit und Bestimmtheit der Einwilligung s.u. zu Frage 5 aus dem Pflichtenheft, insbes. S. 117ff.
134 So im Architekturmodell 2 des cloud4health-Projekts.
135 S. unten Kap. I.6, S. 75ff.

nach dem Ausmaß der Datenverwendung, welches bei den genannten einfachen Suchläufern eher gering ist.

Gerade wenn ein automatisierter Suchlauf zur Identifizierung geeigneter Probanden in den Behandlungsdaten dazu dienen soll, von den betroffenen Patienten die Einwilligung in eine Studienteilnahme einzuholen, dürfte diese Suche und Ansprache auch im Rahmen der Abwägung nach den üblichen Forschungsklauseln regelmäßig zulässig sein, jedenfalls wenn es um ein nicht ganz untergeordnetes Forschungsinteresse geht und nicht von vornherein ausgeschlossen ist, dass eine hinreichende Zahl von so identifizierten Patienten im Ergebnis tatsächlich einwilligt. Dies erscheint selbst bei einer recht strengen Forschungsklausel wie der in § 28 Abs. 6 Nr. 4 BDSG vertretbar, welche u.a. ein erhebliches Überwiegen der Forschungs- gegenüber den Betroffeneninteressen sowie die praktische Alternativlosigkeit dieses Vorgehens fordert.[136]

Eine umfassendere Abwägung mit offenem Ausgang wird aber nötig sein, wenn die Auswertung nicht in der einfachen Selektion nach unmittelbar vorhandenen Datenwerten besteht, sondern selbst bereits ein komplexes Verfahren zur Aufdeckung bisher nicht ohne Weiteres erkennbarer Zusammenhänge im vorhandenen Datenbestand darstellt, welche dann als Zwischenergebnisse für die weitere Selektion dienen. Gleiches gilt, wenn Auswertungen, auch einfachere, durch eine externe Stelle und nicht die Behandlungseinrichtung selbst vorgenommen werden sollen.

Eine Unzulässigkeit auf Basis der üblichen Forschungsklauseln kann sich zudem dann ergeben, wenn der Patient vorab einen begründeten Widerspruch gegen eine solche Heranziehung seiner Daten eingelegt hat, was insbesondere bei besonders stigmatisierten oder persönlich auch in der Retrospektive belastenden Erkrankungen der Fall sein könnte.

Zwar wäre grundsätzlich denkbar, von allen behandelten Patienten vorab die Einwilligung für einen Probandensuchlauf einzuholen bzw. zu erbitten.[137] Falls dies aber erst geschehen soll, wenn Selektionskriterien für ein konkretes Vorhaben feststehen, müsste die Behandlungseinrichtung an bereits entlassene Patienten noch einmal herantreten, so diese denn überhaupt noch erreichbar sind. Für die bloße Durchführung eines Probandensuchlaufes dürfte dies in der Regel einen unangemessenen Aufwand darstellen, so dass die für die konkrete Studie erforderliche Vor-Selektion tauglicher Probanden auf Grundlage gesetzlicher Forschungsklauseln als praktisch alternativlos und damit regelmäßig als zulässig angesehen werden kann.

Gegenüber einer allgemeinen Einwilligung in solche Suchläufe, die unabhängig von konkreten Vorhaben und Selektionskriterien schon mit Patientenaufnahme eingeholt werden soll, könnten Bedenken im Hinblick auf ihre Bestimmtheit bestehen. Zwar können bei geringfügigeren Eingriffen in das informationelle Selbstbestimmungsrecht auch geringere Anforderungen an die Bestimmtheit der Einwilligung angelegt werden. Bedenken im Hinblick auf die Wirksamkeit einer solchen allgemeinen Einwilligung lassen sich gleichwohl nicht ohne weiteres ausräumen. Freilich

---

[136] Ein Outsourcing dieses Suchlaufes auf von anderen Stellen betriebene Rechenzentren könnte rein datenschutzrechtlich als Auftragsdatenverarbeitung privilegiert zulässig sein (z.B. nach § 11 BDSG). Allerdings dürfte dann auch ein Offenbaren im Sinne von § 203 StGB vorliegen, welches nach ganz herrschender Meinung nicht über § 11 BDSG (der nicht einmal einen Gesundheitsbezug aufweist) und nach herrschender Meinung auch nicht über § 28 Abs. 6 BDSG gerechtfertigt werden kann, da das BDSG den Schutz durch die Schweigepflicht nicht verringern soll. In Betracht kämen aber spezifische Vorschriften zur Patientendatenverarbeitung im Auftrag nach den LKHG. S. zum Ganzen unten S. 47ff.

[137] Sozusagen eine Einwilligung zur Schaffung der Voraussetzung für die Einholung einer weiteren Einwilligung.

sollte eine Klinik, welche allgemein solche Suchläufe plant, in ihren Datenschutzhinweisen zumindest kurz darauf eingehen, auch wenn dieses Vorgehen auf eine gesetzliche Erlaubnis gestützt wird.

4.1.2.6 Rückfallargument: Machbarkeitsabschätzungen auf Basis von Forschungsklauseln zulässig

Diese zur Rekrutierungsunterstützung gefundenen Ergebnisse bzw. deren regelmäßige Zulässigkeit auf Basis der üblichen Forschungsklauseln dürften erst recht auf im Ergebnis anonyme Auswertungen, jedenfalls solche einfacher Art, im Szenario der Machbarkeitsabschätzung übertragen werden können, sollte man diese – entgegen der oben in Kap. 4.1.1 getroffenen Annahme[138] – doch als personenbezogenes Verwenden ansehen. Hier würde sich der Umstand der lediglich anonymisierten Ergebnisausgabe in der Abwägung regelmäßig zu Gunsten der Zulässigkeit auswirken, wenn der Prozess nur einrichtungsintern abläuft. Bei einem Outsourcing der Abschätzung müsste jedoch, soweit hierbei ein Zugriff auf personenbezogene (Input-) Daten nicht ausgeschlossen ist, eine umfassendere Abwägung mit offenerem Ergebnis durchgeführt werden.

4.2 Vereinbarkeit mit der Schweigepflicht der Heilberufe

Zum Datenschutz im weiteren Sinn zählt auch die ärztliche Schweigepflicht, wie sie sich in den Berufsordnungen (vgl. § 9 MBO-Ä) und insbesondere in § 203 StGB findet.

4.2.1 Verletzung von Privatgeheimnissen (§ 203 StGB)

Im Hinblick auf § 203 StGB ist festzustellen, dass für eine Verletzung der Schweigepflicht in diesem Sinne nach dem Gesetzeswortlaut ein „Offenbaren" fremder Geheimnisse (wie Patientendaten) nötig ist. Dabei ist allerdings umstritten, ob hierfür die tatsächliche Kenntnisnahme durch einen Außenstehenden erfolgen muss oder das bloße Eröffnen der Möglichkeit der Kenntnisnahme genügt.[139]

4.2.1.1 Kein Bruch der Schweigepflicht durch interne Kenntnisnahme oder anonyme Weitergabe

Die ausschließlich einrichtungsinterne Kenntnisnahme durch behandelndes Personal und jedenfalls auch das Personal der gleichen Fachabteilung sowie die „Gehilfen der Ärzte" aus der internen IT-Administration wären damit jedenfalls schon nicht tatbestandsmäßig.

Werden lediglich anonyme Fallzahlen weitergegeben, wodurch nur die Machbarkeit einer Studie abschätzbar wird, liegt zudem bereits kein „fremdes Geheimnis", geschweige denn ein „Offenbaren" vor.[140] Eine Strafbarkeit scheidet damit insoweit

---

138 S. oben S. 32ff.
139 Für das Erfordernis der Einräumung einer Verfügungsgewalt über die Daten Paul/Gendelev, ZD 2012, 315, 319. Näher dazu sogleich S. 48ff. und unten S. 262.
140 Fischer, StGB, § 203 Rdnr. 30.

grundsätzlich aus, könnte aber in Betracht kommen, wenn später eine Deanonymisierung durch den externen Datenempfänger ermöglicht würde, was bei anonymen Fallzahlen aber als ausgeschlossen angesehen werden kann.

4.2.1.2 Offenbaren beim Outsourcing: Kenntnisnahme oder Möglichkeit der Kenntnisnahme?

Soweit der automatisierte Prozess jedoch mit noch personenbezogenen Input-Daten arbeitet und (zum Teil) auf einen externen Dienstleister bzw. in eine „Cloud" ausgelagert wird, stellt sich die Frage, ob nicht doch ein Offenbaren im Sinne von § 203 StGB vorliegt. Dies hängt nicht unwesentlich davon ab, ob für eine solche Tathandlung die tatsächliche Kenntnisnahme durch Außenstehende gefordert wird oder die Möglichkeit der Kenntnisnahme ausreicht.

In der strafrechtlichen Kommentarliteratur wird zwar im Ansatz meist ausgeführt, dass ein Geheimnis offenbart wird, wenn es „in irgendeiner Weise an einen anderen gelangt" ist.[141] Letztlich wird aber doch nach der Art der (potenziellen) Mitteilung eines Geheimnisses differenziert. Bei mündlichen Mitteilungen, also flüchtiger Sprache, ist die tatsächliche Kenntnisnahme erforderlich, während bei verkörperten Geheimnissen das Verschaffen des Gewahrsams wie durch Zugang eines Schriftstücks mit der Möglichkeit der Kenntnisnahme genügt.[142]

Persistente Datenweitergabe

Somit reicht bei personenbezogenen Daten, jedenfalls wenn diese wie üblich in Dateiform verkörpert sind, grundsätzlich die bloße Möglichkeit der Kenntnisnahme aus. Demzufolge liegt jedenfalls ein Offenbaren vor, wenn gespeicherte Geheimnisse, etwa auf Datenträger oder durch Datenfernübertragung, weitergegeben werden und persistent, also für eine für den Versender unbestimmte bzw. vom Empfänger bestimmte Dauer, in den Gewahrsam bzw. die faktische Verfügungsgewalt des Letzteren gelangen.[143]

Gewährung von Zugang zum eigenen Computersystem

Das die bloße Möglichkeit der Kenntnisnahme weiter konturierende Erfordernis der Gewahrsamsverschaffung ist allerdings bei der bloßen Gewährung von Zugriffsrechten auf das eigene Computersystem problematisch, solange kein tatsächlicher Zugriff auf personenbezogene Daten durch Außenstehende erfolgt, ein solcher aber möglich ist.

Teils wird argumentiert, dass dem Herumliegenlassen von Patientenakten in eigenen Räumen in der analogen Welt entsprechend die bloße Möglichkeit der Kenntnisnahme digitaler Daten nicht ausreiche, sondern eine tatsächliche Kenntniserlangung oder Gewahrsamsverschaffung durch einen gesonderten Zugriff für ein Offenbaren

---

141 Lenckner/Eisele, in: Schönke/Schröder, StGB, § 203 Rdnr. 19; Cierniak, in: Joecks/Miebach (Hg.), Münchner Kommentar, StGB, § 203 Rdnr. 52.

142 Lenckner/Eisele, in: Schönke/Schröder, StGB, § 203 Rdnr. 19; Schünemann, in: Leipziger Kommentar, StGB, § 203 Rdnr. 41; Cierniak, in: Joecks/Miebach (Hg.), Münchner Kommentar, StGB, § 203 Rdnr. 52; hierfür spricht auch das Urt. des Reichsgerichts v. 09.07.1917 (V 54/17, RGSt 51, 184, 189) zum Verrat von Geschäftsgeheimnissen nach § 17 UWG, wo deren Übersendung als ausreichend angesehen wurde.

143 Lenckner/Eisele, in: Schönke/Schröder, StGB, § 203 Rdnr. 20 m.w.N.

vorausgesetzt wird. Der Schweigeverpflichtete soll sich auch in dieser Konstellation nur dann strafbar machen, wenn er die erforderlichen Sicherheitsvorkehrungen außer Acht gelassen hat, denn nur dann stehe das Unterlassen der Verhinderung des Zugriffs dem aktiven Offenbaren gleich.[144] Wenn ein Zugriff folglich nur durch objektiv nicht absehbares bzw. nicht mit zumutbaren Mitteln vermeidbares „Hacking" erfolgt, dann liegt nach dieser Ansicht Straffreiheit vor. Falls mit der bewussten Gewährung des Zugangs zum eigenen Computersystem aber bereits technische Zugriffsrechte auf personenbezogene Daten eingeräumt werden, liegt kein solches Hacking vor; hier wird man in der Regel eine Pflicht zur Sicherung vor solchen Zugriffen durch (Live-)Beobachtung oder zumindest Protokollierung der fremden Aktivitäten im eigenen Computersystem annehmen müssen.[145]

Anderen Teilen der rechtswissenschaftlichen Literatur genügt in der analogen wie der digitalen Welt grundsätzlich das Verschaffen der Möglichkeit der Kenntnisnahme für eine Offenbarung – im digitalen Bereich etwa durch Gewährung von Zugriffsrechten für externes Servicepersonal auf die gesamte EDV-Anlage.[146]

Letztlich überzeugen die Argumente der ersten Auffassung für Aufträge zur reinen (Fern-)Wartung von Computersystemen eher. Für diese restriktivere Auslegung spricht auch, dass das in § 203 StGB vorausgesetzte „Offenbaren" eine gewisse Offenkundigkeit des Personenbezugs für den Empfänger nahelegt.[147] Allerdings sollten die technischen Zugriffsrechte auf personenbezogene Daten hierbei auf das absolut notwendige Mindestmaß beschränkt und allgemein Zugriffe überdies so weit wie möglich protokolliert werden. Ein tatsächlicher Zugriff auf personenbezogene Daten verbunden mit deren persönlicher (menschlicher) Kenntnisnahme oder einer Gewahrsamserlangung stellt aber auch hier, wenn er im Rahmen der eingeräumten technischen Rechte und ohne deren Erweiterung durch Hacking erfolgte, ein grundsätzlich strafbares Offenbaren dar, welches nur durch Schweigepflichtentbindung oder gesetzliche Befugnis gerechtfertigt werden kann.[148]

Flüchtige Datenweitergabe

Eine flüchtige Datenweitergabe erfolgt in Konstellationen, in denen personenbezogene Informationen, die Patientendaten oder sonstige durch § 203 StGB geschützte

---

144 Lenckner/Eisele, in: Schönke/Schröder, StGB, § 203 Rdnr. 20; in der Tendenz auch Schünemann, in: Leipziger Kommentar, StGB § 203 Rdnr. 41; entsprechend zur analogen Welt (bloßes Herumliegenlassen genügt noch nicht): Cierniak, in: Joecks/Miebach (Hg.), Münchner Kommentar, StGB, § 203 Rdnr. 52. Der Schwerpunkt der Vorwerfbarkeit wird dabei nicht im aktiven und bewussten Einräumen von Zugriffsrechten gesehen, sondern in der unterlassenen Verhinderung des tatsächlichen Zugriffs.

145 Vgl. zur Vermeidung von Verletzungen der Privatsphäre nach Art. 8 EMRK in Klinikinformationssystemen durch proaktive Zugriffsrestriktionen oder zumindest retrospektive Zugriffskontrolle über Protokolle: EGMR, Urt. v. 17.07.2008 – Individualbeschwerde Nr. 20511/03, I../. Finnland. Dabei ist allerdings zu berücksichtigen, dass die Gewährung des administrativen Zugangs für Außenstehende die Integrität der Logfiles (Protokolle) gefährdet, da diese mit Administrationsrechten i.d.R. geändert oder gelöscht werden können.

146 Fischer, StGB, § 203 Rdnr. 30a, wenn auch mit der Einschränkung, dass man bei einem allgemeinen Zugang zu sehr „großen Datenbeständen nicht schon eine konkrete Zugriffsmöglichkeit auf jedes einzelne Geheimnis annehmen" könne, wobei dies in Rdnr. 30b gleich wieder mit folgenden Worten relativiert wird: „Wer aus Bequemlichkeit darauf verzichtet, seinen Schreibtisch aufzuräumen oder seinen PC vor Zugriffen zu schützen und die Kenntniserlangung Dritter in Kauf nimmt, offenbart durch Unterlassen". Ehmann, CR 1991, 293, lässt bei Fernwartung von Software uneingeschränkt die bloße Zugriffsmöglichkeit genügen. Entspr. zur analogen Welt (Ermöglichung der Kenntnisnahme seitens unbefugter durch unverschlossenes Liegenlassen von Patientenakten): Lackner/Kühl, StGB, § 203 Rdnr. 17; Ulsenheimer, in: Laufs/Kern (Hg.); Handbuch des Arztrechts, § 66 Rdnr. 9.

147 S. dazu und zum strafrechtlichen Bestimmtheitsgebot auch unten S. 262.

148 Was die IT-Wartung aber auch deutlich erschweren kann, da eine Fehleranalyse nicht selten am effizientesten an gezielten Zugriffen auf konkrete (fehlerhaftete und z.T. eben personenbezogene) Datensätze ansetzt.

Geheimnisse enthalten, lediglich flüchtig extern technisch verarbeitet werden, nach Ende der Laufzeit des entsprechenden Prozesses aber im externen System (wie einer Cloud) sofort wieder gelöscht werden.[149] Zunächst einmal liegt auch hier im technischen Sinne eine Weitergabe gespeicherter Daten vor, weshalb man von einem Offenbaren ohne tatsächliche Kenntnisnahme ausgehen könnte. Allerdings erfolgt die externe Speicherung oder sonstige Verwendung nur kurzzeitig, also flüchtig, weswegen in Analogie zur mündlichen Mitteilung eine tatsächliche Kenntnisnahme verlangt werden könnte.

Wenn während der Laufzeit des entsprechenden Prozesses Patientengeheimnisse gegen die Kenntnisnahme durch den externen Dienstleister abgeschottet sowie bei Ende der Laufzeit sofort und automatisch gelöscht werden, wobei dieser Prozess vom Schweigeverpflichteten bzw. dessen (internen) Gehilfen beherrscht wird und für den Dienstleister nicht ohne Weiteres manipulierbar ist, erscheint es daher vertretbar, ein Offenbaren zu verneinen. Dies würde auch der oben als vertretbar befundenen datenschutzrechtlichen Bewertung entsprechen, welche eine Datenübermittlung oder sonst rechtfertigungspflichtige Form der Datenweitergabe (insbes. an Auftragsdatenverarbeiter) unter den genannten Bedingungen ablehnt.[150]

Das faktische und damit auch rechtliche Risikopotential erscheint gegenüber der entsprechenden Auffassung bei der Gewährung von Wartungszugriffen jedoch höher, da nicht nur Dienste, sondern auch Daten, wenn auch nur auf kurze Zeit angelegt, „outgesourct" werden und diese eben doch mehr verkörpert sind als das gesprochene Wort. Dies erleichtert eine (sei es auch durch Hacking) angemaßte Kenntnis- oder (persistente) Gewahrsamserlangung durch den Outsourcingnehmer (Auftragsdatenverarbeiter).

Pseudonymisierung/Anonymisierung oder Offenbarungsbefugnisse

Im Sinne der Rechtssicherheit wäre es daher, vor (sei es auch nur kurzeitiger) Auslagerung der Behandlungsdaten auch in dieser Konstellation eine faktische Anonymisierung[151] vorzunehmen oder zulässigerweise auf eine Offenbarungsbefugnis (Einwilligung bzw. Schweigepflichtentbindung oder eine das Behandlungsverhältnis einbeziehende Weitergabeerlaubnis) zu rekurrieren.

Dabei ist jedoch zu beachten, dass eine allgemeine Erlaubnis zur Auftragsdatenverarbeitung wie § 11 BDSG keine gesetzliche Offenbarungsbefugnis darstellt, da das BDSG nach seinem § 1 Abs. 3 S. 2 spezielle Berufsgeheimnisse wie die ärztliche Schweigepflicht unberührt lässt, deren Schutz also nicht verringern, sondern ihn nur ergänzen soll.[152] Demnach ist für das Offenbaren von Patientengeheimnissen neben einer datenschutzrechtlichen Erlaubnis auch eine gesondert zu prüfende Befugnis

---

149 Als Alternative zur Löschung kommt eine rein Client-basierte Verschlüsselung im externen System in Betracht, also eine solche mit Schlüssel – außerhalb der Laufzeit jedenfalls – ausschließlich in der Hand des Kunden/Schweigeverpflichteten. Problematisch ist hier das Risiko des Abfangens des Schlüssels oder entschlüsselter Daten durch den externen Dienstleister, welches aufgrund der persistenten, wenn auch verschlüsselten externen Speicherung größerer Datenmengen als wohl höher als im Szenario der sofortigen Löschung nach Ende der Laufzeit im externen System eingestuft werden muss.
150 S. oben S. 35, 38f.
151 Zumindest für den Outsourcingnehmer, ggf. durch effektive interne Pseudonymisierung.
152 ULD, Patientendatenverarbeitung im Auftrag, Abschnitt 1. Allg. zu diesem Begründungszusammenhang: Dix, in: Simitis (Hg.), BDSG, § 1 Rdnr. 175ff.

im Sinne des § 203 StGB für die Rechtmäßigkeit einer Datenweitergabe[153] erforderlich (sogenannte Zwei-Schranken-Theorie),[154] welche nicht in den Normen des BDSG gesehen werden kann.[155] Wenn allerdings Erlaubnisnormen anderer Gesetze auch die Weitergabe von Daten aus der durch § 203 Abs. 1 Nr. 1 StGB geschützten Vertrauensbeziehung zwischen Arzt und Patient mit erfassen, dann stellt die datenschutzrechtliche Erlaubnis gleichzeitig eine Offenbarungsbefugnis dar. Letzteres ist unter anderem der Fall bei den speziellen Regelungen zur Auftragsdatenverarbeitung in den Landeskrankenhausgesetzen, worauf später eingegangen wird.[156]

4.2.2 Berufsrechtliche Verschwiegenheitspflicht (§ 9 Abs. 1 MBO-Ä)

Die gleichen Maßstäbe wie zur strafrechtlich sanktionierten Schweigepflicht sind auch an die Verschwiegenheitspflicht entsprechend § 9 Abs. 1 MBO-Ä anzulegen.

4.3 Ergebnis

Automatisierte Auswertungen mit rein anonymen Ergebnissen stellen keine personenbezogene Datenverwendung dar, selbst wenn in den entsprechenden Prozess noch personenbezogene Daten eingestellt werden, dieser aber so abgeschottet abläuft, dass es zu keiner personenbezogenen Datenausgabe kommt. Somit unterliegt dieser Vorgang keinem datenschutzrechtlichen Erlaubnisvorbehalt.

Hilfsweise könnte insbesondere auch im Rahmen der auf eine Einzelfallabwägung abstellenden üblichen Forschungsklauseln argumentiert werden, dass eine zweckändernde Datenverwendung („Sekundärnutzung") durch solche Auswertungen jedenfalls zulässig ist, da die Betroffeneninteressen hier praktisch kaum berührt werden und die Abschätzung der Machbarkeit einer über Ein- und Ausschlusskriterien bereits konkretisierten Studie ein wichtiger Aspekt effizienter wissenschaftlicher Forschung ist.

Für ein Offenbaren im Sinne der ärztlichen Schweigepflicht ist die Kenntnisnahme oder zumindest die Möglichkeit der Kenntnisnahme eines Patientengeheimnisses durch einen einrichtungsfremden Dritten erforderlich. Eine Verletzung der Schweigepflicht scheidet daher von vornherein aus, wenn der automatisierte Prozess lediglich innerhalb der Behandlungseinrichtung abläuft, selbst dann, wenn es zu einer

---

153 Darunter ist eine Übertragung im technischen Sinn, nicht zwingend auch eine Übermittlung im datenschutzrechtlichen Sinn (an einen eigenverantwortlichen Dritten) zu verstehen.
154 BGH, Urt. v. 11.12.1991 – VIII ZR 4/91, BGHZ 116, 268, = NJW 1992, 737, Rdnr. 26–28; Dix, in: Simitis (Hg.), BDSG, § 1 Rdnr. 175ff., 186f.; Cierniak, in Joecks/Miebach (Hg.), Münchner Kommentar, StGB, § 203 Rdnr. 51; Hermeler, Rechtliche Rahmenbedingungen der Telemedizin, S. 84ff. Nur einen von mehreren normativen Ansätzen (wenn auch wohl den wichtigsten) stellt dabei § 1 Abs. 3 S. 2 BDSG dar. Eine ausführliche dogmatische Begründung liefert Beyerle, Rechtsfragen medizinischer Qualitätskontrolle, S. 121ff.
155 Nach herrschender Meinung gilt dies auch für die explizit Gesundheitsdaten nach § 3 Abs. 9 BDSG einbeziehenden (Übermittlungs-)Erlaubnisse nach § 28 BDSG (in diese Richtung jeweils in Simitis (Hg.), BDSG: Dix, § 1 Rdnr. 181; Simitis, § 28 Rdnr. 295f.), wovon Abs. 7 sich sogar explizit auf die medizinische Versorgung bezieht, wobei im zuletzt genannten Fall aber auch die datenschutzrechtliche Erlaubnis explizit unter den Vorbehalt der ärztlichen Schweigepflicht gestellt wird (Simitis, a.a.O., § 28 Rdnr. 313ff.). Unter den Datenschutzaufsichtsbehörden eindeutig dieser Auffassung: LfD ST, VIII. Tätigkeitsbericht 2005–2007, Abschnitt 9.2. A.A. (ohne nähere Begründung) Kazemi, VersR 2012, 1492, nach welchem § 28 Abs. 8 BDSG i.d.R. eine gesetzliche Offenbarungsbefugnis nach § 203 StGB darstellt.
156 S. unten S. 259ff.

personenbezogenen Datenausgabe kommen würde, zumindest soweit letztere den Bereich der in die Behandlung involvierten Fachabteilungen nicht überschreitet.[157]

Beim Outsourcing des automatisierten Prozesses auf von anderen Stellen betriebene Rechenzentren muss dieser so abgeschottet sein, dass regelmäßig kein Zugriff dieser Stellen auf personenbezogene Daten möglich ist, sofern solche Daten überhaupt in den Prozess eingestellt werden, damit weder eine rechtfertigungspflichtige Datenübertragung noch ein Offenbaren im Sinne der Schweigepflicht vorliegt. Abschottung bedeutet hier von der Behandlungseinrichtung zu verantwortende programmtechnische Absicherungen gegen einen Zugriff des externen Betreibers auf personenbezogene Input-Daten und/oder Zwischenergebnisse sowie deren sofortige Löschung in den Systemen des Betreibers nach Ablauf des zeitlich begrenzten Prozesses. Rechtssicherer wird es in dieser Konstellation aber sein, sich entweder zulässigerweise auf eine Schweigepflicht-spezifische Offenbarungsbefugnis zu berufen oder aber die Input-Daten vor Weitergabe an den Dritten zu anonymisieren. Die genannte Offenbarungsbefugnis kann sich aufgrund Gesetz, insbesondere bereichsspezifischer Regelungen in den Landeskrankenhausgesetzen, oder aus einer Schweigepflichtentbindung ergeben, wobei beide Befugnisformen regelmäßig auch eine datenschutzrechtliche Erlaubnis darstellen.[158]

---

[157] Weiter als diese Fachabteilungsgrenze, welche nur ausnahmsweise auch für die datenschutzrechtlichen Übermittlungsschranken maßgeblich ist (s.u. S. 255f.), dürfte auch eine eventuelle innerorganisatorische Schweigepflicht nicht gehen.

[158] Umgekehrt stellt aber nicht jede datenschutzrechtliche Erlaubnis eine Offenbarungsbefugnis dar. Näheres hierzu oben Abschnitt „Pseudonymisierung/Anonymisierung oder Offenbarungsbefugnisse" in Kap. I.4.2.1.2, S. 50f., und unten zu Frage 5 aus dem Pflichtenheft, s. Kap. I.6, S. 75ff. Die Schweigepflichtentbindung kann zwar grundsätzlich formlos erteilt werden, während die datenschutzrechtliche Einwilligung i.d.R. der Schriftform bedarf. Soweit eine Schweigepflichtentbindung aber wirksam schriftlich erteilt wird, genügt sie üblicherweise auch den Anforderungen an die Einwilligung nach Datenschutzrecht.

5 Spezialgesetzliche Einschränkungen der Sekundärnutzung

> *Gibt es spezielle Behandlungsdaten, die aufgrund spezialgesetzlicher Regelungen hinsichtlich ihrer Sekundärnutzung eingeschränkt oder für die besondere Rahmenbedingungen zu berücksichtigen sind? Welche Regelungen sind das und welches sind die zu berücksichtigenden Rahmenbedingungen?*

5.1 Bundeseinheitliche Regelungen

5.1.1 Gendiagnostikgesetz (GenDG)

Genetische Informationen weisen im Vergleich zu konventionellen medizinischen Daten eine Reihe von Besonderheiten auf. Durch genetische Untersuchungen können auch zukünftige Krankheiten erkannt werden, die noch nicht ausgebrochen sind, was zu weitreichenden Konsequenzen für die Betroffenen führen kann. Außerdem ist anhand genetischer Daten nicht nur eine Aussage über die untersuchte Person selbst, sondern eventuell auch über Dritte (Blutsverwandte) möglich. Um diesen verschiedenen Aspekten Rechnung zu tragen, regelt das Gendiagnostikgesetz den Umgang mit genetischen Informationen in spezieller Weise.[159] § 1 S. 1 GenDG erklärt den Schutz der Menschenwürde und insbesondere des Rechts auf informationelle Selbstbestimmung zum Hauptziel dieses Gesetzes.

---

[159] Vgl. Bundestags-Drucksache 16/10532, S. 1ff.

Eine weitere Besonderheit genetischer Daten ist, dass durch sie ein genetischer Fingerabdruck einer Person erstellt werden kann, wodurch diese auch über weitere Verarbeitungsschritte hin eindeutig identifizierbar bleibt.[160] Die genetischen Merkmale des Betroffen lassen sich somit kaum von dessen Identität trennen, was eine echte Anonymisierung ausschließt oder zumindest erheblich erschwert.[161]

Für die Ergebnisse einer genetischen Untersuchung soll deshalb ein besonders hoher Geheimnisschutz gelten und nur die betroffene Person soll bestimmen dürfen, was mit den entsprechenden Daten geschieht.[162] Daher schützt das Gendiagnostikgesetz genetische Daten in einem stärkeren Maße als sonstige personenbezogene Daten, selbst Gesundheitsdaten, durch andere Datenschutzvorschriften geschützt werden.[163]

Da die Vorschriften des Gendiagnostikgesetzes diesen erhöhten Schutz umsetzen sollen, genießen sie Vorrang vor anderen Datenschutznormen.[164] Das BDSG oder andere allgemeine Vorschriften über den Datenschutz finden insofern nur subsidiär Anwendung, also nachrangig bzw. zur Lückenfüllung, sofern das GenDG keine speziellen Regelungen enthält (vgl. § 1 Abs. 3 S. 1 BDSG).[165] Würde beispielsweise eine Erlaubnisklausel des BDSG oder eines Landeskrankenhausgesetzes die Forschung mit Gendaten an sich erlauben, das GenDG diese aber von der Einwilligung des Patienten abhängig machen, so würde sich das Einwilligungserfordernis des GenDG durchsetzen.[166]

5.1.1.1 Anwendung des Gendiagnostikgesetzes bei der Sekundärnutzung von Patientendaten zu Forschungszwecken

Ob die speziellen Vorschriften des Gendiagnostikgesetzes bei der Sekundärnutzung von Patientendaten zu beachten sind, hängt zunächst davon ab, ob das Gendiagnostikgesetz für solche Sachverhaltskonstellationen Anwendung findet. Gemäß § 2 Abs. 1 GenDG gilt das Gendiagnostikgesetz für genetische Untersuchungen und im Rahmen genetischer Analysen bei geborenen Menschen sowie bei Embryonen und Föten während der Schwangerschaft und den Umgang mit dabei gewonnenen genetischen Proben und genetischen Daten bei genetischen Untersuchungen zu medizinischen Zwecken, zur Klärung der Abstammung sowie im Versicherungsbereich und im Arbeitsleben.

Genetische Daten werden in § 3 Nr. 11 GenDG legaldefiniert als die durch eine genetische Untersuchung oder die im Rahmen einer genetischen Untersuchung durchgeführten genetischen Analyse gewonnenen Daten über genetische Eigenschaften. Genetische Daten sind somit Daten, die zu medizinischen Zwecken, in der Regel zur Untersuchung eines bestehenden oder vermuteten veränderten Gesundheitszustandes, erhoben werden.[167] Unter Umgang mit genetischen Daten ist jede Erhebung, Verarbeitung und Nutzung genetischer Daten zu verstehen,[168] insbesondere aber eine

---

[160] Vossenkuhl, Der Schutz genetischer Daten unter besonderer Berücksichtigung des Gendiagnostikgesetzes, S. 97.
[161] Zur Frage, wie weit dieser Ansatz reicht, s.u. S. 57f.
[162] Schillhorn/Heidemann, GenDG, § 11 Rdnr. 8.
[163] Vossenkuhl, Der Schutz genetischer Daten unter besonderer Berücksichtigung des Gendiagnostikgesetzes, S. 95.
[164] Schillhorn/Heidemann, GenDG, § 11 Rdnr. 9.
[165] Insofern besteht auch ein Vorrang des GenDG vor den Landeskrankenhaus- oder anderen Landesgesetzen.
[166] Zur vorgelagerten Frage, ob und ggf. inwieweit das GenDG überhaupt für die Forschung mit Gendaten gilt und damit ein entsprechendes Einwilligungserfordernis etablieren kann, s. sogleich S. 54f.
[167] Schillhorn/Heidemann, GenDG, § 2 Rdnr. 11.
[168] In Anlehnung an die Terminologie des BDSG (dort v.a. § 1 Abs. 1 in Verbindung mit § 3 Abs. 3, 4, 5).

5 Spezialgesetzliche Einschränkungen der Sekundärnutzung

Verwendung dieser Daten zu anderen Zwecken, als zu denen sie ursprünglich erhoben wurden.[169] Werden die Daten zunächst beispielsweise zur Diagnose oder Behandlung einer Erbkrankheit erhoben und anschließend sekundär für Forschungszwecke genutzt, liegt ein Umgang mit genetischen Daten vor.

Fraglich ist jedoch, ob das Gendiagnostikgesetz überhaupt bei der Sekundärnutzung der Daten zu Forschungszwecken Anwendung findet, denn für die Forschung soll das Gendiagnostikgesetz nach § 2 Abs. 2 Nr. 1 GenDG nicht gelten. Hier soll es bei der Anwendung der allgemeinen gesetzlichen Regelungen, insbesondere des AMG und MPG bleiben.[170] Der Ausschluss der Anwendung bei genetischen Daten zu Forschungszwecken wird vielfach kritisiert.[171] Unter Forschung versteht man im Rahmen der Ausnahme in § 2 Abs. 2 Nr. 1 GenDG nicht nur Grundlagenforschung, sondern auch angewandte Forschung im Sinne eines weiten Forschungsbegriffs.[172] Der Umgang mit genetischen Proben und Daten zu Forschungszwecken sollte nach dem ursprünglichen Willen des Gesetzgebers ausdrücklich ausgeklammert sein, da die Einzelheiten hierzu im noch zu schaffenden Biobankengesetz geregelt werden sollten.[173]

Von der Ausnahme sind jedoch nur solche genetischen Daten erfasst, die ausschließlich zu Forschungszwecken gewonnen werden.[174] Zwischen medizinischen Zwecken und Forschungszwecken kann es in der Praxis zu Überschneidungen kommen, wenn primär für medizinische Zwecke gewonnene genetische Daten später für Forschungszwecke genutzt werden.[175] Das Gendiagnostikgesetz findet auch für den umgekehrten Fall Anwendung, wenn genetische Untersuchungen ursprünglich zur Forschung durchgeführt worden sind, sich aber in deren Verlauf zeigt, dass die Daten auch medizinische Relevanz für die Behandlung des betroffenen Probanden bzw. Patienten haben.[176] Wenn von vornherein sowohl medizinische als auch forschende Zwecke mit der genetischen Untersuchung verfolgt werden, überwiegt der medizinische Aspekt, sodass die Vorschriften des Gendiagnostikgesetzes beachtet werden müssen.[177] Auch auf eine spätere Sekundärnutzung von Gendaten, die ursprünglich im Rahmen einer Untersuchung für medizinische Zwecke gewonnen wurden, zu Forschungszwecken findet das Gendiagnostikgesetz Anwendung.[178] Dies gilt sowohl für die ursprüngliche medizinische Verwendung als auch für die anschließende Verwendung zu Forschungszwecken.[179]

Für rein zu genetischen Forschungszwecken gewonnenen Daten bleibt es bei der Anwendung der allgemeinen gesetzlichen Bestimmungen des Datenschutzrechts nach dem BDSG bzw. den bereichsspezifischen Datenschutzbestimmungen der Länder.[180]

---

169 Kern, in: Kern (Hg.), GenDG, § 2 Rdnr. 4.
170 Kern, in: Kern (Hg.), GenDG, § 2 Rdnr. 10.
171 Vossenkuhl, Der Schutz genetischer Daten unter besonderer Berücksichtigung des Gendiagnostikgesetzes, S. 111f.; Kern, in: Kern (Hg.), GenDG, § 2 Rdnr. 12.
172 Sosnitza/Op den Camp, MedR 2011, 401, 402.
173 Fenger, in: Spickhoff (Hg.), Medizinrecht, GenDG, § 2 Rdnr. 1. Nachdem das GenDG in der 16. Legislaturperiode unter einer Großen Koalition beschlossen wurde, wurden in der 17. Legislaturperiode entsprechende Vorstöße in Richtung eines Biobankengesetzes jedoch von einer schwarz-gelben Koalition im Bundestag abgelehnt, Drucksache 17/8873 v. 06.03.2012.
174 Schillhorn/Heidemann, GenDG, § 2 Rdnr. 17.
175 Schillhorn/Heidemann, GenDG, § 2 Rdnr. 9.
176 Schillhorn/Heidemann, GenDG, § 2 Rdnr. 19.
177 Schillhorn/Heidemann, GenDG, § 2 Rdnr. 20.
178 Kern, in: Kern (Hg.), GenDG, § 2 Rdnr. 4.
179 Dies gilt nach hier vertretener Auffassung gerade auch dann, wenn die spätere Forschungsnutzung nicht von vornherein intendiert war.
180 Bundestags-Drucksache 16/10532, S. 20.

5.1.1.2 Vorgaben des Gendiagnostikgesetzes für den Umgang mit genetischen Daten

Da das Gendiagnostikgesetz bei der Sekundärnutzung von Behandlungsdaten Anwendung findet, müssen die speziellen Vorgaben des Gendiagnostikgesetzes beim Umgang mit den genetischen Daten beachtet werden.

Aufklärungserfordernis

§ 9 Abs. 2 Nr. 3 GenDG schreibt vor, dass der Patient vor der Erteilung seiner Einwilligung insbesondere auch über die vorgesehene Verwendung der genetischen Probe sowie der Untersuchungs- oder der Analyseergebnisse umfassend aufzuklären ist. In diesem Zusammenhang muss der Betroffene auch über die Möglichkeit einer weiteren Verwendung der Daten zu Zwecken wissenschaftlicher Forschung aufgeklärt werden.[181] Eine eventuelle später beabsichtigte Nutzung der Daten zu Forschungszwecken muss dem Patienten somit vorab mitgeteilt werden, um dem Aufklärungserfordernis zu entsprechen.[182]

Nach dieser Aufklärung ist die ausdrückliche und schriftliche Einwilligung der betroffenen Person über den Umfang der genetischen Untersuchung als auch darüber, ob und inwieweit das Untersuchungsergebnis zur Kenntnis zu geben oder zu vernichten ist (§ 8 Abs. 1 S. 2 GenDG), einzuholen.

Grundsatz der Zweckbindung

Für genetische Daten gilt der Grundsatz der Zweckbindung, wonach die Ergebnisse der genetischen Untersuchung grundsätzlich nur für den Zweck verwendet werden dürfen, für den sie ursprünglich gedacht waren. Gemäß § 13 Abs. 1 S. 1 GenDG darf eine genetische Probe nur für die Zwecke verwendet werden, für die sie gewonnen worden ist. § 11 Abs. 3 GenDG stellt die Weitergabe des Ergebnisses einer genetischen Untersuchung unter den ausdrücklichen Einwilligungsvorbehalt des Betroffenen, sodass diese Vorschrift als Parallelnorm zu § 13 Abs. 1 S. 1 gleichfalls eine Bindung der genetischen Daten vorschreibt.[183] Somit dürfen genetische Daten, die zu medizinischen Zwecken erhoben wurden, nur mit Einwilligung des Betroffenen für Forschungszwecke verwendet werden (§ 13 Abs. 2 GenDG).

Grundsatz: Keine Weitergabe der Ergebnisse an Dritte ohne Einwilligung

Nach § 11 Abs. 1 GenDG darf das Ergebnis der genetischen Untersuchung nur der betroffenen Person mitgeteilt werden. § 11 GenDG dient dem Schutz des informationellen Selbstbestimmungsrechts des Patienten.[184] Eine mit der genetischen Analyse beauftragte Person oder Einrichtung darf das Ergebnis der genetischen Analyse nur der ärztlichen Person mitteilen, die sie mit der genetischen Analyse beauftragt hat, § 11 Abs. 2 GenDG. Für Krankenhäuser soll dies der ärztliche Dienst des Krankenhauses sein, wobei die Kliniken intern festlegen können, dass Ergebnisse beispielsweise nur an das behandelnde Ärzteteam mitzuteilen sind.[185] Auch hierdurch sollen der Daten-

---

[181] Bundestags-Drucksache 16/10532, S. 27.
[182] Sollte sich ein Forschungsinteresse erst später ergeben, dann wäre hierfür eine erneute Einwilligung einzuholen.
[183] Vossenkuhl, Der Schutz genetischer Daten unter besonderer Berücksichtigung des Gendiagnostikgesetzes, S. 90.
[184] Genger, NJW 2010, 113, 115.
[185] Schillhorn/Heidemann, GenDG, § 11 Rdnr. 5f. Eine solche Beschränkung der Mitteilung auf das behandelnde Ärzteteam sollte aus allgemeinen Erwägungen von Datenschutz und Schweigepflicht heraus auch tatsächlich erfolgen.

schutz und das informationelle Selbstbestimmungsrecht des Patienten vollständig gesichert werden.[186]

Das Ergebnis der genetischen Analyse darf jedoch anderen Personen von der verantwortlichen ärztlichen Person mitgeteilt werden, wenn die ausdrückliche und schriftliche Einwilligung der betroffenen Person vorliegt (§ 11 Abs. 3 GenDG). Die Sekundärnutzung der (personenbezogenen) genetischen Daten seitens Dritter ist somit (nur) mit einer ausdrücklichen und schriftlichen Einwilligung des Patienten möglich, der dadurch der Verwendung für Forschungszwecke zustimmt (§ 11 Abs. 3, § 13 Abs. 2 GenDG).

Dieses durch das GenDG statuierte Einwilligungserfordernis ist als spezielles Bundesrecht vorrangig gegenüber allgemeinen Forschungserlaubnissen des Bundesrechts wie der in § 28 Abs. 6 Nr. 4 BDSG oder auch spezifischen Forschungsklauseln in den Landeskrankenhausgesetzen, welche unter bestimmten Voraussetzungen die Forschung ohne Einwilligung zulassen.[187] Der Rückgriff auf solche Erlaubnisnormen kommt bezüglich der Sekundärnutzung personenbezogener Gendaten nicht in Betracht. Allerdings sind die allgemein für die Verarbeitung personenbezogener Daten in diesen allgemeineren Gesetzen geregelten Rahmenbedingungen, wie beispielsweise zu weitergehenden Rechten des Betroffenen auf Auskunft und Berichtigung sowie die Datenschutzkontrolle, auch auf Gendaten anzuwenden, da das GenDG insoweit keine speziellen Regelungen enthält.[188]

Ausnahme: Isolierte Weitergabe des Befundergebnisses

Nach § 11 Abs. 3 GenDG darf die verantwortliche ärztliche Person das Ergebnis der genetischen Untersuchung oder Analyse, wie gesehen, anderen nur mit ausdrücklicher und schriftlicher Einwilligung der betroffenen Person mitteilen. Wie bereits erwähnt, ist eine vollständige Anonymisierung genetischer Daten aufgrund ihrer Besonderheit (genetischer Fingerabdruck) in der Regel nicht möglich. Deshalb sind genetische Daten durch das Gendiagnostikgesetz geschützt und dürfen ohne Einwilligung des Betroffenen nicht an Dritte weitergegeben werden.

Fraglich ist jedoch, was für Gendaten im weiteren Sinne, die nicht den genetischen Fingerabdruck des Betroffenen beinhalten, sondern letztlich nur einzelne Ergebnisbefunde (z.B. das Vorliegen einer bestimmten Genmutation) aus der genetischen Untersuchung darstellen, gelten soll.

Konkret geht es um die Frage, ob grundsätzlich alle Daten, die im Rahmen einer genetischen Untersuchung gewonnen werden, dem speziellen Schutz des Gendiagnostikgesetzes unterfallen. Dies richtet sich danach, ob man von einer generellen Exzeptionalität genetischer Informationen ausgeht.

Der Ansatz der genetischen Exzeptionalität geht davon aus, dass sich genetische Informationen „qualitativ und grundsätzlich von anderen medizinischen Informationen unterscheiden".[189]

---

186 Schillhorn/Heidemann, GenDG, § 11 Rdnr. 4.
187 Zwar sind die genannten Regelungen auch nach der Gesetzesbegründung (Bundestags-Drucksache 16/10532, S. 16) weiterhin auch auf Gendaten anwendbar, allerdings nur soweit das GenDG keine Regelungen trifft, also beispielsweise bezüglich der in der Begründung hervorgehobenen „Schadenersatz-, Auskunfts- und Berichtigungsansprüche der betroffenen Personen" sowie der „Vorschriften über die Datenschutzkontrolle".
188 So auch die Gesetzesbegründung, s. soeben Fn. 187.
189 Vgl. Damm/König, MedR 2008, 62ff.

I Sekundärnutzung medizinischer Behandlungsdaten

Eine Meinung in der Literatur[190] befürwortet diesen Ansatz einer uneingeschränkten Exzeptionalität genetischer Informationen. Demnach sollen auch die Ergebnisse von genetischen Untersuchungen von der genetischen Exzeptionalität umfasst sein. Eine Weitergabe der Befunderergebnisse, selbst in anonymisierter Form, ist demnach insbesondere für polygene Erkrankungen, also einer Mutation mehrerer Gene, ausgeschlossen. Begründet wird dies damit, dass selbst bei einzelnen DNA-Teilstücken die Individualität des untersuchten Genoms noch so stark sei, dass eine Identifizierung des Betroffenen möglich ist[191]. Dies führt dazu, dass unter Umständen sogar nur auf Grundlage von Ergebnisdaten ein Rückschluss auf eine bestimmte Person möglich sein kann.[192] Nach dem vom Gendiagnostikgesetz angestrebten weitreichenden Schutz des informationellen Selbstbestimmungsrechts des Betroffenen verbietet sich dieser Meinung folgend die isolierte Weitergabe aus genetischen Untersuchungen gewonnener Befunde ohne die Einwilligung des Betroffenen nach § 11 Abs. 3 GenDG.

Die Gegenmeinung lehnt die uneingeschränkte Exzeptionalität genetischer Daten ab. Für Befunde von genetischen Untersuchungen wird deshalb die Ansicht vertreten, dass sie sich nicht von anderen Behandlungsdaten unterscheiden.[193] Dies legt insbesondere auch ein Vergleich mit anderen prädiktiven Gesundheitsdaten nahe, die nicht durch genetische Untersuchungen gewonnen wurden.[194] Denn für diese gilt das Gendiagnostikgesetz nicht, sodass es bei den allgemeinen datenschutzrechtlichen Grundsätzen bleibt. Dadurch kann dasselbe Untersuchungsergebnis, sofern es durch konventionelle prädiktive Untersuchungsmethoden[195] (z.B. Stammbaumanalysen) und nicht durch eine genetische Untersuchung erzielt wurde, auch in anonymisierter Form an Dritte weitergegeben werden, da es nicht dem Anwendungsbereich des Gendiagnostikgesetzes unterfällt. Die anonymisierte Information, die an Dritte weitergegeben wird (das Vorliegen einer Erbkrankheit bei einer nicht identifizierbaren Person), ist in beiden Fällen, ob Befund einer genetischen oder konventionellen Untersuchung, dieselbe. Somit erscheint eine Unterscheidung der inhaltlich identischen Information gestützt lediglich auf die Unterschiedlichkeit der Diagnosemethode[196] nicht gerechtfertigt.

Der zuletzt ausgeführten Ansicht ist zuzustimmen, sofern es sich bei den Ergebnissen nicht um individuelle DNS-Sequenzen oder nennenswerte Teile des Genoms handelt, sondern lediglich um isolierte genetische Befunde (z.B. das Vorliegen einer Chorea Huntington Mutation) als Interpretation einzelner DNS-Sequenzen.[197] In diesen Fällen ist die Weitergabe des Befunderergebnisses losgelöst vom „genetischen Fingerabdruck" einer individuellen Person in anonymisierter Form an Dritte nicht durch § 11 Abs. 3 GenDG ausgeschlossen.

Aufbewahrungsfristen und Vernichtungspflicht

Nach § 12 Abs. 1 S. 1 GenDG sind die Ergebnisse genetischer Untersuchungen und Analysen zehn Jahre in den Untersuchungsunterlagen aufzubewahren. Nach Ablauf

---

190 Vossenkuhl, Der Schutz genetischer Daten unter besonderer Berücksichtigung des Gendiagnostikgesetzes, S. 97
191 Vgl. Menzel, in: Sokol (Hg.), Der gläserne Mensch – DNA-Analysen, eine Herausforderung an den Datenschutz, S. 6.
192 Vossenkuhl, Der Schutz genetischer Daten unter besonderer Berücksichtigung des Gendiagnostikgesetzes, S. 97
193 Taupitz, in: Honnefelder/Propping (Hg.), Was wissen wir, wenn wir das menschliche Genom kennen?, S. 268f.
194 Taupitz, in: Honnefelder/Propping (Hg.), Was wissen wir, wenn wir das menschliche Genom kennen?, S. 267f.
195 Vgl. Damm/König, MedR 2008, 62, 65f.
196 Vossenkuhl, Der Schutz genetischer Daten unter besonderer Berücksichtigung des Gendiagnostikgesetzes, S. 95.
197 Zur Fragen der Anonymität in diesem Zusammenhang s.a. oben S. 19, Fn. 45.

der Aufbewahrungsfrist sind die Daten in der Regel nach § 12 Abs. 1 S. 2 Nr. 1 GenDG zu vernichten. Wenn Grund zur Annahme besteht, dass durch eine Vernichtung schutzwürdige Interessen der betroffenen Person beeinträchtigt würden oder wenn die betroffene Person eine längere Aufbewahrung schriftlich verlangt, sind die Daten zu sperren statt zu vernichten (§ 12 Abs. 1 S. 3 GenDG).

Dies entspricht im Wesentlichen der aus dem allgemeinen Datenschutzrecht bekannten Löschungsregelung (vgl. § 35 Abs. 2, 3 BDSG). Für eine eher medizinrechtliche Regelung ist dies aber ungewöhnlich, da ansonsten im Medizinrecht zwar vielfach Aufbewahrungspflichten statuiert werden,[198] sich eine Pflicht zur Löschung nach Ablauf der Aufbewahrungsfristen aber nur aus dem allgemeinen Datenschutzrecht ergibt. Vor diesem Hintergrund hebt die explizite Regelung in § 12 Abs. 1 S. 2 GenDG die besondere Sensibilität genetischer Daten hervor.[199]

Gemäß § 12 Abs. 1 S. 2 Nr. 2 GenDG hat der verantwortliche Arzt des Weiteren die Ergebnisse genetischer Untersuchungen und Analysen unverzüglich in den Untersuchungsunterlagen über die betroffene Person zu vernichten, wenn die Person sich dazu entschieden hat, dass die Ergebnisse zu vernichten sind. Dies wird auch nochmals durch § 12 Abs. 2 GenDG deutlich, wonach die Verpflichtung zur Aufbewahrung, Vernichtung und Sperrung des Ergebnisses nach § 12 Abs. 1 GenDG auch für die beauftragte Person oder Einrichtung gilt, die die genetischen Analysen durchführt.

Die Vernichtung muss nach den datenschutzrechtlichen Anforderungen an die Vernichtung sensibler Daten erfolgen. Es muss garantiert sein, dass die Ergebnisse der genetischen Untersuchung oder Analysen irreversibel vernichtet werden.[200] Die im Ausnahmefall an die Stelle der Vernichtung tretende Sperrung der Ergebnisse entspricht § 3 Abs. 4 Nr. 4 BDSG und somit dem Kennzeichnen gespeicherter personenbezogener Daten, um ihre weitere Verarbeitung oder Nutzung einzuschränken.[201] Die Frage, ob für solche gesperrten genetischen Daten auch die Ausnahme des § 35 Abs. 8 Nr. 1 BDSG Anwendung findet, wonach gesperrte Daten unter Umständen für wissenschaftliche Zwecke ohne Einwilligung des Betroffenen übermittelt oder genutzt werden dürfen, wird wegen der speziellen Eigenart genetischer Daten verneint.[202]

Somit muss die Vernichtungspflicht ohne gesonderte Einwilligung auch bei der Sekundärnutzung der genetischen Daten zu Forschungszwecken beachtet werden und durch das jeweilige System gewährleistet sein.

5.1.1.3 Fazit

Das Gendiagnostikgesetz findet bei der Sekundärnutzung im Behandlungszusammenhang gewonnener genetischer Daten zu Forschungszwecken Anwendung. Deshalb sind die spezialgesetzlichen Bestimmungen und Anforderungen des Gendiagnostikgesetzes bei der Sekundärnutzung zu beachten und umzusetzen.

---

198 Neben der Aufbewahrung aufgrund einer Rechtsvorschrift (wie § 28 Abs. 3 Röntgenverordnung, § 14 Abs. 3 TFG oder den § 10 MBO-Ä entsprechende Regelungen der Landesärztekammern) dürfte eine solche für die Dauer der zivilrechtlichen Verjährung eventueller Haftungsansprüche wegen Behandlungsfehlern zulässig sein. Den zuletzt genannten Aspekt dürfte man unter die in § 35 Abs. 2 S. 2 Nr. 3, Abs. 3 Nr. 1 BDSG ebenfalls erwähnten vertraglichen Aufbewahrungsfristen subsumieren können.
199 Schillhorn/Heidemann: GenDG, § 12 Rdnr. 6.
200 Schillhorn/Heidemann, GenDG, § 12 Rdnr. 16.
201 Fenger, in: Spickhoff (Hg.), Medizinrecht, GenDG, § 12 Rdnr. 2.
202 Kern, in Kern (Hg.), GenDG, § 12 Rdnr. 9.

5.1.2 Transplantationsgesetz (TPG)

Das Transplantationsgesetz findet gemäß § 1 Abs. 2 TPG Anwendung auf Fälle der Spende und der Entnahme von menschlichen Organen oder Geweben zum Zweck der Übertragung sowie auf die eigentliche Übertragung der Organe oder der Gewebe einschließlich der Vorbereitung dieser Maßnahmen. Die Transplantation künstlicher Transplantate, z.B. von Hautersatzstoffen, sowie von Medizinprodukten im Sinne des § 3 MPG sind vom Anwendungsbereich nicht umfasst.[203] Weiterhin fallen nach § 1 Abs. 3 Nr. 1 TPG autologe Transplantationen, also Transplantationen, bei denen Gewebe, das innerhalb ein und desselben chirurgischen Eingriffs einer Person entnommen wird, um auf diese rückübertragen zu werden, nicht in den Anwendungsbereich des Transplantationsgesetzes. Außerdem gilt das Gesetz nach § 1 Abs. 3 Nr. 2 TPG nicht für Blut und Blutbestandteile, wofür das Transfusionsgesetz (TFG) Anwendung findet.[204] Um die Bereitschaft zur Organspende in Deutschland zu fördern, so das Gesetzesziel nach § 1 Abs. 1 TPG, ist es unter anderem Aufgabe dieses Gesetzes, die Anonymität des Organ- bzw. Gewebespenders weitestgehend zu garantieren.

5.1.2.1 Grundsatz der Zweckgebundenheit

Als Sonderregelung zu §§ 4, 4a BDSG regelt § 7 Abs. 1 TPG die Zulässigkeit der Datenerhebung für bestimmte Zwecke.[205] Demnach ist die Erhebung und Verwendung personenbezogener Daten eines möglichen Organ- oder Gewebespenders, eines Angehörigen oder einer nahestehenden Person und die Übermittlung dieser Daten an die nach § 7 Abs. 3 S. 1 TPG auskunftsberechtigten Personen zulässig, soweit dies erforderlich ist

1. zur Klärung, ob eine Organ- oder Gewebeentnahme nach § 3 Abs. 1 und 2, § 4 Abs. 1 bis 3 sowie § 9 Abs. 3 S. 2 TPG zulässig ist und ob ihr medizinische Gründe entgegenstehen,
2. zur Unterrichtung der nächsten Angehörigen nach § 3 Abs. 3 S. 1 TPG,
3. zur Organ- und Spendercharakterisierung nach § 10a TPG,
4. zur Rückverfolgung nach § 13 Abs. 1 TPG oder
5. zur Meldung schwerwiegender Zwischenfälle und schwerwiegender unerwünschter Reaktionen auf der Grundlage der Rechtsverordnung nach § 13 Abs. 4 TPG.

Grundsätzlich ist die Erhebung und Verwendung personenbezogener Daten im Rahmen des TPG somit zweckgebunden. Dies stellt auch § 14 Abs. 2 S. 3 TPG klar, der vorschreibt, dass die im Rahmen dieses Gesetzes erhobenen personenbezogenen Daten nicht für andere als in diesem Gesetz genannte Zwecke verwendet werden dürfen. Nach § 14 Abs. 2 S. 1 und S. 2 TPG dürfen personenbezogene Daten der Spender und der Empfänger nicht offenbart werden. Ein Verstoß hiergegen ist nach § 19 Abs. 3 TPG strafbar.

---

203 Walter, in: Spickhoff (Hg.), Medizinrecht, TPG, § 1 Rdnr. 1.
204 Zum TFG siehe unten S. 62f.
205 Walter, in: Spickhoff (Hg.), Medizinrecht, TPG, § 7 Rdnr. 1.

5.1.2.2 Forschungsklausel

§ 14 Abs. 2a TPG macht jedoch vom Grundsatz der Zweckgebundenheit der Daten eine Ausnahme. Demnach dürfen Ärzte und anderes wissenschaftliches Personal des Entnahmekrankenhauses, des Transplantationszentrums, der Koordinierungsstelle nach § 11 TPG und der Vermittlungsstelle nach § 12 TPG personenbezogene Daten, die im Rahmen der Organ- und Spendercharakterisierung beim Organ- oder Gewebespender oder im Rahmen der Organ- oder Gewebeübertragung beim Organ- oder Gewebeempfänger erhoben worden sind, abweichend von § 14 Abs. 2 S. 3 TPG für eigene wissenschaftliche Forschungsvorhaben verwenden. Diese Daten dürfen für ein bestimmtes Forschungsvorhaben an Dritte und andere als die in S. 1 genannten Personen übermittelt und von diesen verwendet werden, wenn 1. die Daten der betroffenen Person nicht mehr zugeordnet werden können, 2. im Falle, dass der Forschungszweck die Möglichkeit der Zuordnung erfordert, die betroffene Person eingewilligt hat oder 3. im Falle, dass weder auf die Zuordnungsmöglichkeit verzichtet noch die Einwilligung mit verhältnismäßigem Aufwand eingeholt werden kann, das öffentliche Interesse an der Durchführung des Forschungsvorhabens die schützenswerten Interessen der betroffenen Person überwiegt und der Forschungszweck nicht auf andere Weise zu erreichen ist.

Die personenbezogenen Daten sind, soweit dies nach dem Forschungszweck möglich ist und keinen im Verhältnis zu dem angestrebten Schutzzweck unverhältnismäßigen Aufwand erfordert, zu anonymisieren oder, solange eine Anonymisierung noch nicht möglich ist, zu pseudonymisieren (§ 14 Abs. 2a S. 3 TPG).

5.1.2.3 Fazit

Unter den Voraussetzungen des § 14 Abs. 2a TPG ist die Sekundärnutzung von personenbezogenen Daten zu Forschungszwecken im Anwendungsbereich des TPG zulässig.[206]

5.1.3 Medizinproduktegesetz (MPG)

Das Medizinproduktegesetz hat nach § 1 MPG das Ziel, den Verkehr mit Medizinprodukten zu regeln und dadurch für die Sicherheit, Eignung und Leistung der Medizinprodukte sowie die Gesundheit und den erforderlichen Schutz der Patienten, Anwender und Dritter zu sorgen. Der weitgefasste Begriff Medizinprodukte beschreibt nach § 3 Nr. 1 MPG grundsätzlich Instrumente, Apparate, Vorrichtungen, Software, aber auch Stoffe und Zubereitungen aus Stoffen zur Anwendung für Menschen, die zu diagnostischen oder therapeutischen Zwecken eingesetzt werden.

5.1.3.1 Verhältnis von MPG und allgemeinem Datenschutzrecht

§ 2 Abs. 4 MPG regelt die parallele Anwendbarkeit anderer Rechtsvorschriften neben dem MPG. Demnach bleiben die Rechtsvorschriften über Geheimhaltung und Datenschutz von den Vorschriften des MPG unberührt. Durch diese explizite Regelung soll

---

[206] In diesem Anwendungsbereich hat diese Forschungserlaubnis auch Vorrang vor den Erlaubnissen des BDSG oder der LKHG.

„verdeutlicht werden, dass das Vertraulichkeitsgebot des Bundesdatenschutzgesetzes und der Landesdatenschutzgesetze im privaten und im behördlichen Umgang mit entsprechend personenbezogenen Daten nicht durch die Regelungen im MPG (hier insbesondere im fünften Abschnitt, Überwachung und Schutz vor Risiken) ausgeschlossen werden sollte". [207] Trotz dieses Grundsatzes enthält das MPG vereinzelt Bestimmungen, die auch eine personenbezogene Datenverarbeitung erlauben:

So regelt § 29 MPG die zentrale Erfassung und Bewertung von Risiken bei Medizinprodukten, welche als Sonderfall der einrichtungsübergreifenden Qualitätssicherung angesehen werden kann. § 29 Abs. 2 MPG stellt hierbei besondere Anforderungen an die Datenübermittlung: Soweit es zur Erfüllung der in § 29 Abs. 1 MPG aufgeführten Aufgaben erforderlich ist, dürfen an die danach zuständigen Behörden auch Name, Anschrift und Geburtsdatum von Patienten, Anwendern oder Dritten übermittelt werden (§ 29 Abs. 2 S. 1 MPG). Die nach § 29 Abs. 1 MPG zuständige Behörde darf die nach Landesrecht zuständige Behörde auf Ersuchen über die von ihr gemeldeten Fälle und die festgestellten Erkenntnisse in Bezug auf personenbezogene Daten unterrichten (§ 29 Abs. 2 S. 2 MPG).

Bei der Zusammenarbeit zwischen Bundesinstitut für Arzneimittel und Medizinprodukte bzw. des Paul-Ehrlich-Instituts und den in § 29 Abs. 3 MPG genannten anderen Stellen dürfen jedoch keine personenbezogenen Daten von Patienten übermittelt werden, § 29 Abs. 2 S. 3 MPG. Die Übermittlung von personenbezogenen Daten ist hierbei in jedem Fall unzulässig.[208]

5.1.3.2 Fazit

Der Umgang mit personenbezogenen Daten ist im Rahmen des MPG somit lediglich zum Zwecke der zentralen Erfassung und Bewertung von Risiken bei Medizinprodukten geregelt, welche nur unter Beachtung der recht engen Restriktionen des § 29 MPG zulässig ist. Im Übrigen, also für sonstige Maßnahmen der Qualitätssicherung oder die Forschung zu Medizinprodukten, bleibt es bei der Anwendung der jeweils gültigen allgemeinen datenschutzrechtlichen Normen, die nach Sitz und Art der verantwortlichen Stelle zu bestimmen sind.[209]

5.1.4 Transfusionsgesetz (TFG)

Das Transfusionsgesetz regelt die Gewinnung und den Umgang mit Blut und Blutbestandteilen, insbesondere also den Bereich der Blutspende und Spenderimmunisierung. Zweck des Transfusionsgesetzes ist es nach § 1 TFG insbesondere, für eine sichere Gewinnung von Blut und Blutbestandteilen und für eine gesicherte und sichere Versorgung der Bevölkerung mit Blutprodukten zu sorgen und die Selbstversorgung mit Blut und Plasma auf der Basis der freiwilligen und unentgeltlichen Blutspende zu fördern. Auch die im Rahmen von Blutspenden oder Spenderimmunisierungen gesammelten Daten können für eine Sekundärnutzung von Interesse sein.

---

207 Lücker, in: Spickhoff (Hg.), Medizinrecht, MPG, § 2 Rdnr. 9.
208 Lücker, in: Spickhoff (Hg.), Medizinrecht, MPG, § 29 Rdnr. 3.
209 S. dazu unten Kap. I.6, S. 75ff.

5.1.4.1 Modifizierung des allgemeinen Datenschutzrechts

Nach § 11 Abs. 2 TFG dürfen die Spendeeinrichtungen personenbezogene Daten der spendewilligen und spendenden Personen im Rahmen der Gewinnung von Blut und Blutbestandteilen erheben, verarbeiten und nutzen, soweit das für die in § 11 Abs. 1 TFG genannten Zwecke erforderlich ist. Als erforderliche Zwecke nennt § 11 Abs. 1 S. 1 TFG neben dem Zweck der Erfüllung der ärztlichen Dokumentationspflichten auch die im Transfusionsgesetz geregelten Zwecke, die Dokumentation für Zwecke der ärztlichen Behandlung der spendenden Person und für Zwecke der Risikoerfassung nach dem Arzneimittelgesetz (vgl. §§ 62ff. AMG).

Für die Aufzeichnungen nach § 11 Abs. 1 S. 1 TFG gelten spezielle Aufbewahrungspflichten. Im Regelfall sind die Aufzeichnungen mindestens 15 Jahre, im Fall der Hyperimmunisierung nach §§ 8 und 9 Abs. 1 TFG mindestens 20 Jahre aufzubewahren. Für Angaben, die für die Rückverfolgung benötigt werden, gilt eine Aufbewahrungspflicht von mindestens 30 Jahren (§ 11 Abs. 1 S. 2 TFG). Die Aufbewahrungsfristen stehen unter der Bedingung, dass die Aufbewahrung erforderlich sein muss. Ist dies nicht mehr der Fall, sind die Aufzeichnungen zu vernichten oder zu löschen. Dies ist beispielsweise nach dem Tod des Patienten der Fall, falls die Akten dann nicht mehr benötigt werden, jedoch kann es aus wissenschaftlichen Gründen auch bei der normalen Aufbewahrungsfrist bleiben.[210] Werden die Aufzeichnungen länger als dreißig Jahre nach der letzten bei der Spendeeinrichtung dokumentierten Spende desselben Spenders aufbewahrt, sind sie zu anonymisieren, § 11 Abs. 1 S. 4 TFG. Die Dokumentation der Aufzeichnungen muss gemäß § 11 Abs. 1 S. 3 TFG so geordnet sein, dass ein unverzüglicher Zugriff möglich ist, womit hier ein sofortiger Zugriff[211] gemeint ist.

Die Spendeeinrichtungen nach § 11 Abs. 2 TFG übermitteln die protokollierten Daten den zuständigen Behörden und der zuständigen Bundesoberbehörde (das Paul-Ehrlich-Institut, vgl. § 27 Abs. 1 TFG, § 77 Abs. 2 AMG), soweit dies zur Erfüllung der Überwachungsaufgaben nach dem Arzneimittelgesetz oder zur Verfolgung von Straftaten oder Ordnungswidrigkeiten, die im engen Zusammenhang mit der Spendeentnahme stehen, erforderlich ist. Zur Risikoerfassung nach dem Arzneimittelgesetz sind das Geburtsdatum und das Geschlecht der zu behandelnden Person anzugeben, § 11 Abs. 2 S. 3 TFG.

Eine dem § 11 TFG vergleichbare Regelung findet sich in § 14 TFG, der die Dokumentation bei der Anwendung von Blutprodukten und von gentechnisch hergestellten Plasmaproteinen zur Behandlung von Hämostasestörungen regelt.

Auch im Rahmen von § 14 TFG besteht die ärztliche Dokumentationspflicht für die im Transfusionsgesetz geregelten Zwecke, für Zwecke der ärztlichen Behandlung der von der Anwendung betroffenen Personen und für Zwecke der Risikoerfassung nach dem Arzneimittelgesetz. Zusätzlich schreibt § 14 Abs. 1 S. 2 TFG vor, dass die Dokumentation die Aufklärung und die Einwilligungserklärungen, das Ergebnis der Blutgruppenbestimmung, soweit die Blutprodukte blutgruppenspezifisch angewendet werden, die durchgeführten Untersuchungen sowie die Darstellung von Wirkungen und unerwünschten Ereignissen zu umfassen hat.

---

210 Deutsch, in: Spickhoff (Hg.), Medizinrecht, TFG, § 11 Rdnr. 3.
211 Deutsch, in: Spickhoff (Hg.), Medizinrecht, TFG, § 11 Rdnr. 4.

Für die Aufbewahrungspflicht schreibt § 14 Abs. 3 TFG vor, dass die Aufzeichnungen, einschließlich der EDV-erfassten Daten, mindestens 15 Jahre lang aufbewahrt werden müssen. Für die Daten nach § 14 Abs. 2 TFG (Patientenidentifikationsnummer, Chargenbezeichnung, Pharmazentralnummer, Datum und Uhrzeit der Anwendung) ist eine Aufbewahrungsflicht von mindestens 30 Jahren vorgeschrieben. Wie auch in § 11 Abs. 1 TFG steht die Aufbewahrungspflicht unter der Bedingung, dass die Aufbewahrung weiterhin erforderlich ist und dass die Daten andernfalls zu vernichten oder zu löschen sind. Nach § 14 Abs. 3 S. 3 TFG müssen die Aufzeichnungen zu Zwecken der Rückverfolgung unverzüglich (sofort[212]) verfügbar sein. Werden die Aufzeichnungen länger als dreißig Jahre aufbewahrt, sind sie zu anonymisieren, § 14 Abs. 3 S. 4 TFG.

Gemäß § 14 Abs. 4 TFG dürfen die Einrichtungen der Krankenversorgung personenbezogene Daten der zu behandelnden Personen erheben, verarbeiten und nutzen, soweit das für die in § 14 Abs. 1 TFG genannten Zwecke erforderlich ist. Außerdem übermitteln sie nach § 14 Abs. 4 S. 2 TFG die dokumentierten Daten den zuständigen Behörden, soweit dies zur Verfolgung von Straftaten, die im engen Zusammenhang mit der Anwendung von Blutprodukten stehen, erforderlich ist. Zur Risikoerfassung nach dem Arzneimittelgesetz sind das Geburtsdatum und das Geschlecht der zu behandelnden Person anzugeben, § 14 Abs. 4 S. 3 TFG.

Sowohl § 11 Abs. 2 als auch § 14 Abs. 4 TFG stellen somit darauf ab, dass das Erheben, Verarbeiten und Nutzen personenbezogener Daten durch die Spendeeinrichtungen bzw. die Einrichtungen der Krankenversorge zulässig ist, soweit es im Rahmen der Dokumentationspflicht zu den in § 11 Abs. 1 und § 14 Abs. 2 TFG genannten Zwecken erforderlich ist. Auch die Übermittlung an die zuständigen Behörden und die Bundesoberbehörde (§ 27 Abs. 1 TFG) ist zweckbestimmt und dient deren Überwachungsaufgaben nach dem AMG (§§ 62ff. AMG).

5.1.4.2 Fazit

Datenschutzrechtliche Anforderungen werden durch diese Normen modifiziert, um die Rückverfolgung zum Spender für die im TFG genannten Zwecke zu ermöglichen.[213] Bei diesen Zwecken handelt es sich aber lediglich um solche, die der Sicherheit der Spender und Empfänger dienen, was dem primären Behandlungszweck entspricht. Ergänzt wird dieser Zweck durch besondere Vorschriften zur Qualitätssicherung, insbesondere die Risikoerfassung nach dem Arzneimittelgesetz.

Die Sekundärnutzung der angefallenen Daten für sonstige Formen der Qualitätssicherung oder die Forschung ist im TFG dagegen nicht geregelt. Insoweit kann auf die im Übrigen jeweils anwendbaren Vorschriften wie das BDSG oder die Landeskrankenhausgesetze zurückgegriffen werden.

5.1.5 Arzneimittelgesetz (AMG)

Zweck des Arzneimittelgesetzes ist es nach § 1 AMG, im Interesse einer ordnungsgemäßen Arzneimittelversorgung von Mensch und Tier für die Sicherheit im Verkehr

---

212 Deutsch, in: Spickhoff (Hg.), Medizinrecht, TFG, § 14 Rdnr. 4.
213 Vgl. Deutsch, in: Spickhoff (Hg.), Medizinrecht, TFG, § 11 Rdnr. 1.

mit Arzneimitteln, insbesondere für die Qualität, Wirksamkeit und Unbedenklichkeit der Arzneimittel, zu sorgen. Zu diesem Zwecke regelt das Arzneimittelgesetz unter anderem die Anforderungen an Arzneimittel, die Herstellung von Arzneimitteln sowie die Zulassung von Arzneimitteln und den Schutz des Menschen bei klinischen Prüfungen. Insbesondere die im Rahmen von klinischen Studien gewonnenen Daten könnten für eine Sekundärnutzung interessant sein.

In Bezug auf die Sekundärnutzung von Behandlungsdaten stellt sich zum einen die Frage, ob die im Rahmen von klinischen Studien für primäre Forschungszwecke und daneben möglicherweise auch für die Behandlung (bei kranken Probanden) gewonnenen Daten auch für sekundäre Forschungszwecke und solche der Qualitätssicherung verwendet werden dürfen. Zum anderen ist fraglich, ob und ggf. unter welchen Voraussetzungen die Vorschriften des AMG für die Sekundärnutzung von Arzneimitteltherapiedaten unabhängig von klinischen Studien Anwendung finden.

5.1.5.1 Klinische Prüfung und nichtinterventionelle Prüfung

Entscheidend für die Anwendung der Vorschriften des Arzneimittelgesetzes ist die Frage, ob es sich bei einer Studie um eine klinische Prüfung handelt.

Klinische Prüfung

§ 4 Abs. 23 AMG definiert den für das Arzneimittelgesetz zentralen Begriff der klinischen Prüfung bei Menschen. Dies ist jede am Menschen durchgeführte Untersuchung, die dazu bestimmt ist, klinische oder pharmakologische Wirkungen von Arzneimitteln zu erforschen oder nachzuweisen oder Nebenwirkungen festzustellen oder die Resorption, die Verteilung, den Stoffwechsel oder die Ausscheidung zu untersuchen, mit dem Ziel, sich von der Unbedenklichkeit oder Wirksamkeit der Arzneimittel zu überzeugen.

Die klinische Prüfung muss nicht zwangsläufig in einer Klinik durchgeführt werden. Sie kann auch bei einem niedergelassenen Arzt erfolgen, wenn Zweck der Prüfung ist, über die Behandlung des Einzelfalles hinaus wissenschaftliche Erkenntnisse in Bezug auf die in § 4 Abs. 23 AMG genannten Eigenschaften des Arzneimittels zu gewinnen.[214]

Auf solche klinischen Prüfungen finden vor allem zum Schutz der Probanden die §§ 40ff. des AMG Anwendung, welche unter anderem Sonderregeln auch zum Datenschutz enthalten.[215]

Nichtinterventionelle Prüfung

Keine klinischen Prüfungen im eben ausgeführten Sinn sind jedoch nichtinterventionelle Untersuchungen (§ 4 Abs. 23 S. 2 AMG). Solche nichtinterventionellen Prüfungen sind Untersuchungen, in deren Rahmen Daten aus der Beobachtung des Verlaufs einer Standardtherapie ohne studienspezifische Intervention analysiert werden. So sollen Erkenntnisse aus der Behandlung von Personen mit Arzneimitteln anhand epidemiologischer Methoden gewonnen werden; dabei folgt die Behandlung ein-

---

[214] Rehmann, in: Rehmann, AMG, Vorbemerkung zu § 40–42a Rdnr. 3.
[215] Näheres siehe unten S. 68f.

schließlich der Diagnose und Überwachung nicht einem vorab festgelegten Prüfplan, sondern ausschließlich der ärztlichen Praxis; soweit ein zulassungs- oder genehmigungspflichtiges Arzneimittel eingesetzt wird, erfolgt dies ferner gemäß den in der Zulassung oder der Genehmigung festgelegten Angaben für seine Anwendung (§ 23 Abs. 23 S. 3 AMG). Im Rahmen von nichtinterventionellen Studien werden folglich nur Daten analysiert und kein unmittelbarer Einfluss auf die Therapie genommen.

Auf solche nichtinterventionellen Prüfungen finden die Vorschriften des AMG weitgehend keine Anwendung. Insbesondere gelten die §§ 40ff. AMG nicht.[216] Die Notwendigkeit einer Aufklärung und Einwilligung des Patienten für die Teilnahme an solchen Studien sowie gegebenenfalls die Anforderungen an solche Erklärungen richten sich damit nicht nach dem AMG,[217] sondern nach den jeweils anwendbaren allgemeinen Vorschriften (wie dem BDSG oder den LKHG).

Typischer Fall von nichtinterventionellen Studien sind Anwendungsbeobachtungen nach § 67 Abs. 6 AMG.[218] § 67 Abs. 6 S. 1 AMG schreibt lediglich eine Anzeigepflicht für denjenigen vor, der Anwendungsbeobachtungen durchführt. Welche Rahmenbedingungen für die Durchführung von Anwendungsbeobachtungen (wie etwa eine datenschutzrechtliche Aufklärung des Patienten) einzuhalten sind, ist dagegen im AMG nicht geregelt.[219] Bei einer vollständigen Anonymisierung der im Rahmen einer Anwendungsbeobachtung erhobenen Patienten- bzw. Gesundheitsdaten ist die Einwilligung des Patienten nicht notwendig.[220]

Die Sekundärnutzung von Behandlungsdaten aus nichtinterventionellen Studien bzw. im Rahmen solcher Studien wird somit nicht durch das Arzneimittelgesetz eingeschränkt.

Einordnung von Phase-IV-Studien

Einen Sonderfall stellen sogenannte Phase-IV-Studien dar. Dies sind Studien mit Arzneimitteln nach deren Zulassung. Sie dienen der weiteren Bewertung des Verhältnisses von Risiko und Nutzen in der breiten Anwendungspraxis, also an größeren Patientengruppen, und/oder an speziellen Patientenkollektiven.

In Bezug auf die eigentliche Arzneimitteltherapie sind diese Studien zwar nichtinterventionell, denn es wird lediglich ein bereits zugelassenes Medikament nach Maßgabe seiner Zulassung verabreicht.[221] Im Unterschied zu bloßen Anwendungsbeobachtungen werden allerdings bei Phase-IV-Studien in aller Regel Diagnose- bzw. Überwachungsverfahren eingesetzt, die über das Maß der normalen ärztlichen Praxis hinausgehen.[222] Insoweit kann von einer diagnostischen Intervention gesprochen werden, weshalb Phase-IV-Studien als klinische Prüfungen angesehen werden, auf die das AMG vollständig Anwendung findet. Auch hierbei zu erhebende Daten und deren Nutzung unterliegen daher den Vorschriften des Arzneimittelgesetzes.

---

216 Zum Sonderfall der Phase-IV-Studien siehe sogleich S. 66.
217 Vgl. Sander, AMG, § 40 Rdnr. 4b.
218 Wachenhausen, in: Kügel/Müller/Hofmann (Hg.): AMG, § 4 Rdnr. 160.
219 Wachenhausen, in: Kügel/Müller/Hofmann (Hg.), AMG, § 4 Rdnr. 161f.
220 Wachenhausen, in: Kügel/Müller/Hofmann (Hg.), AMG, § 4 Rdnr. 162. Anders im Fall der bloßen Pseudonymisierung, beispielsweise zur Nachverfolgung der Probanden/Patienten über einen längeren Zeitraum in Longitudinalstudien, wo sich durchaus ein Einwilligungserfordernis ergeben kann, soweit nicht gesetzliche Forschungserlaubnisse greifen.
221 Vgl. Listl, in: Spickhoff (Hg.), Medizinrecht, AMG, § 40 Rdnr. 4.
222 Diener/Klümper, PharmR 2010, 433, 434 m.w.N.

5.1.5.2 Keine Anwendung auf reine Heilversuche

Auch Heilversuche sind von klinischen Prüfungen abzugrenzen. Gegenstand des Heilversuches ist es, bei der individuellen Behandlung eines Patienten, bei dem eine herkömmliche Standardbehandlung keine Wirkung zeigt, neuartige therapeutische oder diagnostische Maßnahmen anzuwenden.[223] Denklogisch können Heilversuche nur dann vorliegen, wenn es sich um einen kranken Patienten handelt, da sonst nicht die Heilung der Zweck sein kann.[224] Bei einem Heilversuch wird somit mit einer Therapie primär ein konkreter Therapieerfolg und nicht wie bei einer klinischen Studie wissenschaftlicher Erkenntnisgewinn angestrebt. Da es sich bei einem reinen Heilversuch nicht um eine klinische Studie handelt, und um Patienten den Zugang zum konkreten Heilversuch nicht zu erschweren, finden die §§ 40ff. AMG keine Anwendung.[225]

Die Abgrenzung zwischen reinem Heilversuch und klinischer Studie ist jedoch nicht in jedem Fall einfach.[226] Abgrenzungskriterium ist dabei allein der Zweck der durchgeführten Behandlung[227] und nicht etwa die Anzahl der Patienten, an denen der Heilversuch unternommen wird.[228]

Werden wissenschaftlicher Erkenntnisgewinn und Heilversuch kombiniert, soll also bei einer volljährigen Person, die an einer Krankheit leidet, zu deren Behandlung das zu prüfende Arzneimittel angewendet werden soll, eine klinische Prüfung durchgeführt werden (sogenannter therapeutischer Versuch), findet § 41 AMG zusätzlich zu § 40 AMG Anwendung.

Die Nichtanwendbarkeit des §§ 40ff. AMG gilt somit nur für reine Heilversuche.

5.1.5.3 Keine Anwendung auf Arzneimitteltherapiedaten bei Standardbehandlungen bzw. Pharmakovigilanzdaten

Da die §§ 40ff. AMG grundsätzlich nur bei klinischen Prüfungen und nicht bei Heilversuchen Anwendung finden, sind folglich erst recht auch Arzneimitteldaten, die im Rahmen von Standardbehandlungen anfallen, von der Anwendung der §§ 40ff. AMG ausgenommen. Standardbehandlungen sind in Abgrenzung von Heilversuchen[229] Behandlungen mit etablierten Therapiemethoden und zugelassenen Arzneimitteln innerhalb ihres Indikationsgebiets. Für solche „normalen" Behandlungen finden die §§ 40ff. AMG keine Anwendung.

Auch für Arzneimitteltherapiedaten aus dem Bereich der Pharmakovigilanz kommt es durch das Arzneimittelgesetz zu keiner Modifizierung in Bezug auf die Sekundärnutzung der Behandlungsdaten.

Der Begriff Pharmakovigilanz bezeichnet die Nachmarktkontrolle von Arzneimitteln in Form der Dauerüberwachung zur Gewährleistung der Arzneimittelsicherheit als Ergänzung des Zulassungsverfahrens.[230] Eine solche Beobachtung von Arzneimitteln nach deren Markteinführung ist insbesondere deshalb geboten, da trotz der Unbe-

---

223 Helle/Frölich/Haindl, NJW 2002, 857, 860.
224 Bender, MedR 2005, 511, 512.
225 Listl, in: Spickhoff (Hg.): Medizinrecht, AMG, § 40 Rdnr. 5.
226 Helle/Frölich/Haindl, NJW 2002, 857, 860.
227 Rehmann, in Rehmann: AMG, Vorbemerkung zu § 40–42a Rdnr. 3.
228 Bender, MedR 2005, 511, 512.
229 Helle/Frölich/Haindl, NJW 2002, 857, 860.
230 Schickert, in: Kügel/Müller/Hofmann (Hg.), AMG, Vorbemerkungen zu § 62 Rdnr. 1.

denklichkeitsprüfung im Zulassungs- und Registrierungsverfahren nicht schon sämtliche Risiken des Arzneimittels (z.B. Nebenwirkungen, Wechselwirkungen mit anderen Arzneimitteln oder unerwünschte Wirkungen bei länger andauernder Einnahme, vgl. § 4 Abs. 13 und Abs. 27 AMG) festgestellt werden können.[231] Zu diesem Zwecke sieht das Arzneimittelgesetz ein System für die Überwachung von Arzneimittelrisiken vor (§§ 62 bis 63j AMG).

Nach §§ 63bff. AMG treffen den Inhaber der Zulassung des Arzneimittels vielfältige Dokumentations- und Meldepflichten von Arzneimittelrisiken. Die §§ 62ff. AMG verpflichten jedoch nur den Inhaber der Zulassung zur Dokumentation und Meldung von Arzneimittelrisiken. Für Ärzte gibt es keine gesetzliche Pflicht, Arzneimittelrisiken zu melden. Allerdings ergibt sich für sie eine solche Pflicht aus den jeweiligen Berufsordnungen (vgl. § 6 MBO-Ä).[232]

Für Arzneimitteltherapiedaten, die im Rahmen einer ärztlichen Behandlung außerhalb einer klinischen Studie anfallen, werden somit die allgemeinen datenschutzrechtlichen Vorgaben in Bezug auf Behandlungsdaten nicht modifiziert. Insbesondere ergeben sich aus den §§ 62 bis 63j AMG keine speziellen datenschutzrechtlichen Vorgaben.[233]

5.1.5.4 Datenschutzrechtliche Einwilligung bei klinischer Prüfung

Für den Fall der klinischen Prüfung sind die §§ 40ff. AMG zu beachten. Nach § 40 Abs. 1 Nr. 3 Buchstabe c AMG darf eine klinische Prüfung eines Arzneimittels bei Menschen nur durchgeführt werden, wenn und solange die betroffene Person nach § 40 Abs. 2a S. 1 und 2 AMG informiert worden ist und schriftlich eingewilligt hat. Die Einwilligung muss sich dabei ausdrücklich auch auf die Erhebung und Verarbeitung von Angaben über die Gesundheit beziehen. Eine gesonderte datenschutzrechtliche Einwilligung der betroffenen Person erscheint im Kontext der klinischen Prüfung von Arzneimitteln deshalb geboten, da sensible Gesundheitsdaten an Dritte (Sponsor, Behörden) notwendigerweise weitergegeben werden müssen.[234] Die Informationspflicht nach § 40 Abs. 2a S. 1 AMG beinhaltet eine umfangreiche Information der betroffenen Person über Zweck und Umfang der Erhebung und Verwendung personenbezogener Daten, insbesondere von Gesundheitsdaten. Gemäß § 40 Abs. 2a S. 2 AMG ist die betroffene Person insbesondere darüber zu informieren, dass (1) die erhobenen Daten soweit erforderlich (a) zur Einsichtnahme durch die Überwachungsbehörde oder Beauftragte des Sponsors zur Überprüfung der ordnungsgemäßen Durchführung der klinischen Prüfung bereitgehalten werden, (b) pseudonymisiert an den Sponsor oder eine von diesem beauftragte Stelle zum Zwecke der wissenschaftlichen Auswertung weitergegeben werden, (c) im Falle eines Antrags auf Zulassung pseudonymisiert an den Antragsteller und die für die Zulassung zuständige Behörde weitergegeben werden, (d) im Falle unerwünschter Ereignisse des zu prüfenden Arzneimittels pseudonymisiert an den Sponsor und die zuständige Bundesoberbehörde sowie von dieser an die Europäische Datenbank weitergegeben werden, (2) die Einwilligung in den Datenumgang (nach Abs. 1 S. 3 Nr. 3 Buchstabe c) unwiderruflich ist, (3) im Falle eines Widerrufs der (nach Abs. 1 S. 3 Nr. 3 Buchstabe b) erklärten Ein-

---

231 Heßhaus, in: Spickhoff (Hg.), Medizinrecht, AMG, § 62 Rdnr. 1.
232 Schickert, in: Kügel/Müller/Hofmann (Hg.), AMG, Vorbemerkungen zu § 62 Rdnr. 5.
233 Meldungen im Rahmen der Pharmakovigilanz haben damit in Bezug auf die Patienten grundsätzlich anonym zu erfolgen, soweit nicht deren Einwilligung vorliegt.
234 Wachenhausen, in: Kügel/Müller/Hofmann (Hg.), AMG, § 40 Rdnr. 85.

willigung in die Studienteilnahme die gespeicherten Daten weiterhin verwendet werden dürfen, soweit dies erforderlich ist, um (a) Wirkungen des zu prüfenden Arzneimittels festzustellen, (b) sicherzustellen, dass schutzwürdige Interessen der betroffenen Person nicht beeinträchtigt werden, (c) der Pflicht zur Vorlage vollständiger Zulassungsunterlagen zu genügen, (4) die Daten bei den genannten Stellen für die auf Grund des § 42 Abs. 3 AMG bestimmten Fristen gespeichert werden.

Widerruft der Betroffene seine Einwilligung nach § 40 Abs. 1 S. 3 Nr. 3 Buchstabe b AMG, haben die verantwortlichen Stellen unverzüglich zu prüfen, inwieweit die gespeicherten Daten für die in § 40 Abs. 2a S. 2 Nr. 3 AMG genannten Zwecke noch erforderlich sein können. Nicht mehr benötigte Daten sind unverzüglich zu löschen. Im Übrigen sind die erhobenen personenbezogenen Daten nach Ablauf der auf Grund des § 42 Abs. 3 AMG bestimmten Fristen zu löschen, soweit nicht weitere gesetzliche, satzungsmäßige oder vertragliche Aufbewahrungsfristen entgegenstehen.

5.1.5.5 Datenschutzrechtliche Vorgaben bei der Veröffentlichung der Ergebnisse klinischer Studien

§ 42b Abs. 3 S. 4 AMG regelt, dass bei der Veröffentlichung der Ergebnisse klinischer Prüfungen mit Ausnahme des Namens und der Anschrift des pharmazeutischen Unternehmers oder des Sponsors sowie der Angabe des Namens und der Anschrift von nach § 4a BDSG einwilligenden Prüfärzten die Berichte des pharmazeutischen Unternehmers keine personenbezogenen, insbesondere patientenbezogenen Daten enthalten dürfen.

5.1.5.6 Fazit

Die datenschutzrechtlichen Regelungen in den §§ 40ff. AMG dürften auch für die Sekundärnutzung der bei klinischen Prüfungen im Sinne des Arzneimittelgesetzes gewonnenen personenbezogenen Daten gelten. Für die Sekundärnutzung von Arzneimitteltherapiedaten aus anderen Kontexten, seien es reine Heilversuche oder reguläre Behandlungen, werden durch das AMG jedoch keine besonderen Regelungen getroffen, weshalb es insoweit bei den im Übrigen anwendbaren Regeln bleibt, insbesondere also dem BDSG oder den Landeskrankenhausgesetzen sowie der ärztlichen Schweigepflicht.

5.2 Länderspezifische Regelungen bei Unterbringung psychisch Kranker

Jedes Bundesland verfügt über ein Gesetz, das die sogenannte öffentlich-rechtliche Unterbringung psychisch Kranker ermöglicht, wenn diese für sich oder andere eine nicht unerhebliche Gefahr darstellen.[235] Neben der zwangsweisen Unterbrin-

---

235 Diese öffentlich-rechtliche bzw. (genauer) verwaltungsrechtliche Unterbringung ist von einer solchen auf strafrechtlicher Grundlage, dem sogenannten Maßregelvollzug, zu unterscheiden. Die Voraussetzungen für die Anordnung des Maßregelvollzugs durch Strafurteil (verkürzt: eingeschränkte oder fehlende Schuldfähigkeit) finden sich im StGB (s.u. S. 195, Fn. 619). Die Rahmenbedingungen der Durchführung des Maßregelvollzugs werden jedoch von den Bundesländern festgelegt. Teilweise finden deren Gesetze, welche die originär verwaltungsrechtliche Unterbringung regeln, entsprechend auch auf den Maßregelvollzug Anwendung (so nach § 15 Abs. 1 UBG BW); im Übrigen bestehen eigene Gesetze für den Maßregelvollzug (so in Hamburg und im Saarland), welche aber inhaltlich den Unterbringungsgesetzen sehr ähneln.

gung können diese Gesetze unter engen Voraussetzungen auch eine Zwangsbehandlung erlauben. Dies ist der Fall, wenn der Untergebrachte krankheitsbedingt zur Einsicht in den Behandlungsbedarf oder zum Handeln entsprechend dieser Einsicht nicht fähig ist, die Maßnahmen als letztes Mittel Besserung der Krankheit erfolgversprechend und für den Betroffenen nicht mit Belastungen verbunden sind, die außer Verhältnis zum zu erwartenden Nutzen stehen; außerdem sind besondere verfahrensmäßige Sicherungen zum Grundrechtsschutz geboten.[236] Auch für eine freiwillige Behandlung im Rahmen einer zwangsweisen Unterbringung sind einschlägige Regelungen zum Datenumgang in den jeweiligen Gesetzen zu beachten.

Bezeichnet werden diese Gesetze entweder als Psychisch-Kranken-Gesetze (PsychKG), Freiheitsentziehungsgesetze (FreihEntzG) oder Unterbringungsgesetze (UBG).[237] In manchen Bundesländern finden sich im jeweiligen Gesetz ausdrückliche Regelungen zum Datenschutz oder sogar Forschungsklauseln. In anderen Landesgesetzen fehlen solche Regelungen.

5.2.1 Länder ohne spezifische Regeln

Die Gesetze von Baden-Württemberg (UBG BW), Bayern (UnterbrG BY), Berlin (PsychKG BE), Hessen (FreihEntzG HE), Nordrhein-Westfalen (PsychKG NW), Saarland (UBG SL), Sachsen (PsychKG SN) und Sachsen-Anhalt (PsychKG ST) enthalten keine Regelungen zum Datenschutz, sodass es in Bezug auf den Umgang mit personenbezogenen Daten von psychisch Kranken in öffentlich-rechtlicher Unterbringung bei der Anwendung der allgemeinen datenschutzrechtlichen Normen bzw. – soweit anwendbar[238] – der jeweiligen Normen der Landeskrankenhausgesetze bleibt.

5.2.2 Sonderregeln zum Datenschutz

Die Bundesländer Brandenburg (PsychKG BB), Bremen (PsychKG HB), Mecklenburg-Vorpommern (PsychKG MV), Niedersachsen (PsychKG NI), Schleswig-Holstein (PsychKG SH) und Thüringen (PsychKG TH) haben in ihre Unterbringungsgesetze eigene Regelungen zum Datenschutz aufgenommen.

Grundsätzlich ordnen diese Landesunterbringungsgesetze die Geltung der jeweiligen Landesdatenschutzgesetze oder Landeskrankenhausgesetze an, soweit nichts Abweichendes im Unterbringungsgesetz geregelt wird.[239] Für die mögliche Sekundärnutzung von Behandlungsdaten, die im Rahmen der öffentlich-rechtlichen Unterbringung psychisch Kranker generiert werden, sind folgende gesetzliche Maßgaben zu beachten:

---

236 BVerfG, Beschl. v. 12.10.2011 – 2 BvR 633/11, NJW 2011, 3571, zum UBG BW, welches in der damaligen Fassung diese Voraussetzungen nicht erfüllte, daher z.T. verfassungswidrig war und nur eine Zwangsunterbringung rechtfertigen konnte; entsprechend bereits BVerfG, Beschl. v. 23.03.2011 – 2 BvR 882/09, NJW 2011, 2113, zum damaligen Maßregelvollzugsgesetz RP. Die Zwangsunterbringung schließt für sich genommen die Freiwilligkeit einer ggf. erfolgten Behandlung nicht aus, wobei jedoch an die Feststellung der Freiwilligkeit hier besonders hohe Anforderungen zu stellen sind (vgl. BVerfG, Beschl. v. 23.03.2011, Rdnr. 41).
237 Vgl. Huster/Kaltenborn, Krankenhausrecht, § 16 F Rdnr. 72.
238 Die psychiatrischen Unterbringungskliniken nehmen hier möglicherweise z.T. wie Maßregelvollzugskliniken eine Sonderstellung ein. So schließt z.B. das Saarland die Anwendung des LKHG SL auf die dortige Maßregelvollzugsklinik explizit aus (s.u. S. 195).
239 Vgl. § 54 PsychKG BB, § 46 PsychKG HB, § 43 PsychKG MV, § 32 PsychKG NI, § 27 PsychKG SH und § 36 PsychKG TH.

5.2.2.1 Brandenburg

Nach § 56 Abs. 3 PsychKG BB dürfen personenbezogene Daten an Dritte nur übermittelt werden, wenn die betroffene Person eingewilligt hat, die Daten zur rechtmäßigen Aufgabenerfüllung dieser Stellen zwingend erforderlich sind und die Übermittlung zur Erfüllung von in diesem Gesetz, insbesondere in den §§ 5, 6, 12, 13, 17, 18, 52 oder § 53 PsychKG BB, genannten Zwecken erfolgt oder die Übermittlung durch andere Rechtsvorschriften ausdrücklich zugelassen ist.

Hierbei ist nach § 59 Abs. 2 PsychKG BB zu beachten, dass dem Betroffenen die Übermittlung personenbezogener Daten mitzuteilen ist, sofern nicht schwerwiegende Gründe dafür sprechen, dass aufgrund dieser Mitteilung eine gegenwärtige erhebliche Gefahr für seine Gesundheit oder für die öffentliche Sicherheit entsteht.

5.2.2.2 Bremen

§ 47 Abs. 1 PsychKG HB schränkt die Ausnahmen in Bezug auf die Zweckbindung der Daten nach § 32 Abs. 2 des Bremer Gesundheitsdienstgesetzes insoweit ein, als dass eine Verarbeitung oder Übermittlung personenbezogener Daten nur dann zulässig ist, wenn (1) der oder die Betroffene eingewilligt hat oder (2) wenn eine gegenwärtige Gefahr für Leib oder Leben der betroffenen Person oder Dritter nicht anders abgewendet werden kann.

5.2.2.3 Mecklenburg-Vorpommern

§§ 43 PsychKG MV enthält zwar Regelungen zum Datenschutz, allerdings keine Sondervorschriften in Bezug auf die Sekundärnutzung von Behandlungsdaten, so dass insoweit Landeskrankenhaus bzw. Landesdatenschutzgesetz gelten (§ 43 Abs. 1 PsychKG MV).[240]

5.2.2.4 Niedersachsen

§ 33 Abs. 1 PsychKG NI ordnet an, dass personenbezogene Daten, die einem Berufs- oder besonderen Amtsgeheimnis unterfallen, für andere Zwecke als die, für die die Daten erhoben oder erstmals nach § 10 Abs. 1 S. 2 LDSG NI gespeichert worden sind, nur gespeichert, verändert, übermittelt oder sonst genutzt werden dürfen, wenn (1) die betroffene Person eingewilligt hat, (2) ein Gesetz dies vorschreibt oder (3) eine Lebensgefahr oder eine Gefahr für die körperliche Unversehrtheit nicht anders abgewendet werden kann. Werden Daten übermittelt, so hat der Empfänger diese Daten gegen unbefugte Kenntnisnahme zu sichern, worauf der Empfänger hinzuweisen ist, § 33 Abs. 2 PsychKG NI.

Besonders schutzwürdige Daten, solche, die einem Berufs- oder besonderen Amtsgeheimnis unterfallen (§ 33 Abs. 1 S. 1 PsychKG NI), dürfen nur gespeichert werden, soweit dies für die Erfüllung der in diesem Gesetz vorgesehenen Aufgaben oder für die Dokumentation von diagnostischen oder therapeutischen Maßnahmen erforderlich ist, § 35 Abs. 1 PsychKG NI.

---

240 Zur Abgrenzung von LKHG MV zu LDSG MV s.u. S. 172ff., wobei zu beachten ist, dass die Unterbringungskliniken öffentliche Stellen sind oder aufgrund hoheitlicher Beleihung zumindest als solche gelten. Auch kann man aufgrund der zwangsweisen Unterbringung nicht von einer Teilnahme am Wettbewerb um Patienten ausgehen.

5.2.2.5 Schleswig-Holstein

Die §§ 28 und 30 PsychKG SH treffen eine inhaltlich nahezu identische Regelung wie die der §§ 33 und 35 PsychKG NI.

5.2.2.6 Thüringen

§§ 36 bis 38 PsychKG TH enthalten zwar Regelungen zum Datenschutz, allerdings keine Sondervorschriften in Bezug auf die Sekundärnutzung von Behandlungsdaten, so dass insoweit Landeskrankenhaus bzw. Landesdatenschutzgesetz gelten (§ 36 Abs. 1 PsychKG TH).

5.2.3 Sonderregelungen zur Forschung mit personenbezogenen Daten

Hamburg und Rheinland-Pfalz haben in ihren Unterbringungsgesetzen explizite Regelungen im Hinblick auf den Umgang mit personenbezogenen Daten zu Forschungszwecken.

5.2.3.1 Hamburg

§ 31 PsychKG HH regelt die Forschung mit personenbezogenen Daten. Demnach gilt für die Verarbeitung der nach § 27 PsychKG HH erhobenen und der nach § 28 PsychKG HH gespeicherten personenbezogenen Daten für Forschungszwecke § 27 LDSG HH mit folgenden Maßgaben: Eine Übermittlung an nicht-öffentliche Stellen ist nur zulässig, wenn der Betroffene eingewilligt hat oder die Daten vor der Übermittlung so verändert werden, dass ein Bezug auf eine bestimmte natürliche Person nicht mehr erkennbar ist. Über die Übermittlung entscheidet die für das Gesundheitswesen zuständige Behörde.

5.2.3.2 Rheinland-Pfalz

§ 35 PsychKG RP modifiziert den Datenschutz bei Forschungsvorhaben. So dürfen die mit der Durchführung von Hilfen, Schutzmaßnahmen und Unterbringungen befassten Ärzte die bei ihnen in diesem Zusammenhang anfallenden personenbezogenen Daten für eigene wissenschaftliche Forschungsvorhaben speichern und nutzen. Dies gilt entsprechend für sonstiges wissenschaftliches Personal, soweit es der Geheimhaltungspflicht des § 203 des Strafgesetzbuches unterliegt (§ 35 Abs. 1 S. 1 und 2 PsychKG RP). Zu Zwecken der wissenschaftlichen Forschung ist die Übermittlung von personenbezogenen Daten, die im Zusammenhang mit der Durchführung von Hilfen, Schutzmaßnahmen und Unterbringungen anfallen, an Dritte und die Speicherung und Nutzung durch sie zulässig, wenn die betroffene Person eingewilligt hat (§ 35 Abs. 2 PsychKG RP). Hierbei gelten § 34 Abs. 2 Sätze 2 bis 4 PsychKG RP, in denen die Anforderungen an die Einwilligung statuiert werden, entsprechend. Nach § 35 Abs. 3 PsychKG RP sind die personenbezogenen Daten zu anonymisieren, sobald dies nach dem Forschungszweck möglich ist. Solange dies nicht möglich ist, sind die Merkmale, mit deren Hilfe ein Personenbezug hergestellt werden kann, gesondert zu speichern, sobald es der Forschungszweck erlaubt; die Merkmale sind zu löschen, sobald der Forschungszweck erreicht ist. An Personen und Stellen, auf die die Bestimmungen dieses Gesetzes keine Anwendung finden, dürfen nach § 35 Abs. 4

5 Spezialgesetzliche Einschränkungen der Sekundärnutzung

PsychKG RP personenbezogene Daten nur übermittelt werden, wenn sie sich verpflichten, (a) die Daten nur für das von ihnen genannte Forschungsvorhaben zu verwenden, (b) die Bestimmungen des Abs. 3 einzuhalten und (c) dem Landesbeauftragten für den Datenschutz und die Informationsfreiheit auf Verlangen Einsicht und Auskunft zu gewähren, sowie wenn sie nachweisen, dass bei ihnen die technischen und organisatorischen Voraussetzungen vorliegen, um die Verpflichtung nach Buchst. b zu erfüllen.

6 Anwendbares Datenschutzrecht für die Sekundärnutzung klinischer Daten unter Berücksichtigung des Landesrechts

> *Bitte nehmen Sie zur Zulässigkeit der Verwendung von Behandlungsdaten für Zwecke der Forschung oder Qualitätssicherung unter Berücksichtigung vier verschiedener Einrichtungsarten (Krankenhäuser in öffentlicher, privater und kirchlicher Trägerschaft sowie für Arztpraxen) und der in den 16 Bundesländern geltenden spezifischen gesetzlichen Rahmenbedingungen Stellung. Stellen Sie den jeweils anzuwendenden Rechtsrahmen dar. Nehmen Sie jeweils dazu Stellung, ob eine datenschutzrechtliche Einwilligung möglich, nötig oder entbehrlich und ob zusätzlich eine Entbindung von der ärztlichen Schweigepflicht erforderlich ist.*

Zunächst soll in Abhängigkeit von Art und Sitz der jeweiligen Behandlungseinrichtung geklärt werden, welche Datenschutzgesetze auf diese Anwendung finden. Sodann sollen die jeweiligen Gesetze auf Erlaubnisnormen für Zwecke der Qualitätssicherung und Forschung hin untersucht werden. Soweit entsprechende gesetzliche Erlaubnisse vorhanden sind, wird auch auf deren Auslegung und allgemeine Bedeutung eingegangen. Daneben werden die jeweiligen Rahmenbedingungen für eine möglicherweise erforderliche Einwilligung dargestellt.

6.1 Verhältnis von Datenschutz und Schweigepflicht

Die strafrechtlich nach § 203 Abs. 1 Nr. 1 StGB sanktionierte ärztliche Schweigepflicht gilt dabei bundeseinheitlich für alle Arten von Behandlungseinrichtungen. Der hierdurch bedingte Vertraulichkeitsschutz kann zum Datenschutz im weiteren Sinne gezählt werden. Die Schweigepflicht schützt allerdings nur vor dem Offenbaren der Patientengeheimnisse, also deren Weitergabe an Außenstehende, nicht jedoch vor dem internen Datenumgang durch die behandelnde Einrichtung,[241] gleich zu welchen Zwecken dieser erfolgt.

6.1.1 Unabhängigkeit von Datenschutz und Schweigepflicht (Zwei-Schranken-Theorie)

Die Schweigepflicht stellt eine eigene Schranke für das Offenbaren von Patientengeheimnissen dar, welche sich nicht mit den Datenschutzgesetzen im engeren Sinn decken muss (sogenannte Zwei-Schranken-Theorie).[242] Dies hat zur Folge, dass die datenschutzrechtliche Erlaubnis für eine Datenweitergabe nur dann als Befugnis zum Offenbaren im Sinne von § 203 StGB gewertet werden kann, wenn sich die Erlaubnis auch auf Behandlungsdaten bezieht. Eine allgemeine Erlaubnis zur Erhebung, Verarbeitung und Nutzung personenbezogener Daten genügt hierfür nicht.

6.1.1.1 Patientenspezifische Übermittlungserlaubnisse als Offenbarungsbefugnisse

Grundsätzlich ausreichend sind jedoch Erlaubnisnormen, welche die Weitergabe gerade von Patientendaten gestatten. Vor diesem Hintergrund stellen insbesondere die datenschutzrechtlichen Regelungen der Landeskrankenhausgesetze (LKHG) zur Übermittlung oder Auftragsdatenverarbeitung von Patientendaten auch Offenbarungsbefugnisse nach § 203 StGB dar.

6.1.1.2 Keine Offenbarungsbefugnis aufgrund von Normen des BDSG

Auf den ersten Blick könnte auch in solchen Erlaubnisnormen eine Offenbarungsbefugnis gesehen werden, welche den Umgang mit besonderen Arten personenbezogener Daten (besonders sensiblen Daten) gestatten, zu denen auch Gesundheitsdaten gezählt werden.[243] Zu denken ist hierbei vor allem an die Regelungen des § 28 Abs. 6–8 BDSG, wobei § 28 Abs. 6 Nr. 4 BDSG eine Forschungsklausel enthält sowie Abs. 8 eine entsprechende Zweckänderung gestattet, was grundsätzlich auch eine Sekundärnutzung von Gesundheitsdaten erlauben kann. Dagegen sprechen aus dem Behandlungskontext heraus jedoch zwei Aspekte:

---

241 Zumindest wenn sich diese auf die jeweiligen Behandler oder die jeweilige Fachabteilung beschränkt. Näher dazu unten ab Kap. I.7.4, S. 253ff.
242 BGH, Urt. v. 11.12.1991 – VIII ZR 4/91, BGHZ 116, 268, = NJW 1992, 737, Rdnr. 26–28; Dix, in: Simitis (Hg.), BDSG, § 1 Rdnr. 175ff., 186f.; Cierniak, in Joecks/Miebach (Hg.), Münchner Kommentar, StGB, § 203 Rdnr. 51; Hermeler, Rechtliche Rahmenbedingungen der Telemedizin, S. 84ff. Nur einen von mehreren normativen Ansätzen (wenn auch wohl den wichtigsten) stellt dabei § 1 Abs. 3 S. 2 BDSG dar. Eine ausführliche dogmatische Begründung liefert Beyerle, Rechtsfragen medizinischer Qualitätskontrolle, S. 121ff. S. hierzu auch oben bereits in Kap. I.4, S. 50f.
243 Solche Regeln sind aufgrund von Art. 8 Datenschutzrichtlinie 95/46/EG ins deutsche Recht umzusetzen gewesen. Die darauf aufbauende, Gesundheitsdaten einschließende Definition besonders sensibler Daten (teils auch sensitive Daten genannt) findet sich beispielsweise in § 3 Abs. 9 BDSG. Inwieweit die Mitgliedstaaten der EU jedoch das in Art. 8 Abs. 1 der Datenschutzrichtlinie enthaltene strikte Verbot des Umgangs mit solchen Daten lockern, liegt gerade im Kontext der Gesundheitsversorgung und dem hier nach den einzelstaatlichen Vorschriften geltenden Berufsgeheimnisse gemäß Abs. 3 in ihrem Ermessen. Gleiches gilt auch für Ausnahmen aufgrund wichtiger öffentlicher Interessen (Art. 8 Abs. 4) oder – soweit überhaupt auf sensible Daten anwendbar – der wissenschaftlichen Forschung allgemein (Art. 11 Abs. 2, Art. 13 Abs. 2). So spricht auch Erwägungsgrund 34 der Richtlinie davon, dass die Mitgliedstaaten aus einem wichtigen öffentlichen Interesse heraus, Ausnahmen vom Verbot der Verarbeitung sensibler Daten insbesondere hinsichtlich der wissenschaftlichen Forschung vorsehen können, woraus sich aber keine entspr. europäische Rechtspflicht zur Schaffung solcher Ausnahmen ergibt. Zu diesen europarechtlichen Fragen s.a. hinten S. 263, Fn. 780.

Zum einen stellt sich die Frage, ob der bloße Bezug auf Gesundheitsdaten in einer Weitergabeerlaubnis ausreicht, um von einer hinreichenden Einbeziehung des Vertrauensverhältnisses zwischen Patient und Arzt oder anderem Heilberufler auszugehen. Dies wäre Voraussetzung einer Offenbarungsbefugnis im Kontext der Schweigepflicht. Diese Frage könnte man unter Umständen noch bejahen, weil Gesundheitsdaten typischerweise im Medizinbetrieb von Ärzten oder anderen Angehörigen eines Heilberufes verarbeitet werden. Zudem legen manche der angesprochenen Erlaubnisse eine Einbeziehung dieses Verhältnisses nahe, wie beispielsweise der in § 28 Abs. 6 Nr. 1 BDSG genannte Schutz lebenswichtiger Interessen des Betroffenen, sofern dieser außerstande ist, seine Einwilligung zu geben.[244] Während diese Regelung deutlich auf die Situation einer Notfallbehandlung gemünzt ist, finden sich in der Forschungsklausel nach Nr. 4 aber keine ähnlich zwingenden Bezüge zum Behandlungsverhältnis.[245]

Zum anderen und vor allem ist jedoch das Konkurrenzverhältnis zwischen den verschiedenen Anwendung beanspruchenden Rechtsvorschriften zu beachten. Das BDSG lässt besondere Geheimhaltungspflichten wie solche der Heilberufe ausdrücklich unberührt (§ 1 Abs. 3 S. 2 BDSG), weshalb diese insoweit generell eine zweite Schranke darstellen. Nach herrschender Meinung können insofern keine Vorschriften aus dem BDSG als Offenbarungsbefugnis gelten.[246] Dies muss dann auch für die Vorschriften des § 28 Abs. 6-8 BDSG gelten, die an sich den Umgang mit und damit auch die Übermittlung von sensiblen Daten, einschließlich Gesundheitsdaten, erlauben.[247]

Ähnliche Hinweise auf den Vorrang beruflicher Geheimhaltungspflichten finden sich auch in vielen Landesdatenschutzgesetzen,[248] in dieser Allgemeinheit jedoch nicht in den Landeskrankenhausgesetzen. In Letzteren wird teils aber gefordert, dass dem Datenempfänger eine § 203 StGB entsprechende Schweigepflicht auferlegt wird.[249]

6.1.2 Besondere Zweckbindung nach Übermittlung aufgrund der Schweigepflicht

6.1.2.1 Bundesdatenschutzgesetz

Wie im vorigen Abschnitt ausgeführt, bleiben Berufsgeheimnisse, darunter die Schweigepflicht der Heilberufe, vom BDSG zwar nach dessen § 1 Abs. 3 S. 2 „unberührt", d.h. sie stellen eine eigenständig neben dem Datenschutz zu prüfende zweite Schranke dar. Insofern hat der Datenschutz, wie er im BDSG geregelt ist, keine

---

244 Ganz eindeutig ist dies auch bei dem auf die med. Versorgung i.w.S. gemünzten § 28 Abs. 7 BDSG, der aber in seinem S. 2 explizit bestimmt, dass sich die Datenverwendung nach den heilberuflichen Geheimhaltungspflichten richtet und insoweit also wieder auf die Schweigepflicht zurückverweist; s. Simitis, in Simitis (Hg.), BDSG, § 28 Rdnr. 313ff.
245 Zur Forschungsklausel klar ablehnend, mit der im folgenden Absatz gegebenen Begründung: LfD ST, VIII. Tätigkeitsbericht 2005-2007, Abschnitt 9.2.
246 Dix, in: Simitis (Hg.), BDSG, § 1 Rdnr. 175ff. So soll sich beispielsweise nach Auffassung des KG, Beschl. v. 20.08.2010 – 1 Ws (B) 51/07 – 2 Ss 23/07, NJW 2011, 324, ein Anwalt gegenüber einer von der Aufsichtsbehörde nach § 38 BDSG verlangten Auskunft auf seine Schweigepflicht nach § 203 StGB berufen können; wobei die anwaltliche Schweigepflicht über die strafrechtliche Sanktionsnorm hinaus zusätzlich noch im der BRAO als Bundesgesetz und nicht lediglich wie bei den Ärzten in Satzungen der Landesärztekammern materiell konturiert wird, weshalb man die Rechtslage insoweit in Bezug auf die Auskunft auch anders sehen könnte. Jedenfalls gilt materiell das BDSG neben der Schweigepflicht sowohl für Anwälte als auch für Ärzte und die Literatur nimmt jedenfalls Kontrollbefugnisse der Aufsichtsbehörde im Hinblick auf die grundlegenden Verfahrensweisen und auf Beschwerde (mit konkludenter Einwilligung) des Betroffenen hin auch bezüglich personenbezogener Daten an, Dix, a.a.O., § 1 Rdnr. 186f., 190.
247 In diese Richtung jeweils in Simitis (Hg.), BDSG: Dix, § 1 Rdnr. 181; Simitis, § 28 Rdnr. 295f. A.A. (ohne Begründung) Kazemi, VersR 2012, 1492, nach welchem § 28 Abs. 8 BDSG i.d.R. eine gesetzliche Offenbarungsbefugnis nach § 203 StGB darstellt.
248 S. nur § 3 Abs. 3 S. 2 LDSG ST.
249 Beispielsweise in § 48 Abs. 2 Nr. 2 LKHG BW. Näher zu den entspr. Landesregelungen unten S. 267ff. und S. 286ff.

unmittelbare Auswirkung auf die Schweigepflicht. Insbesondere stellen daher allgemeine wie wohl selbst gesundheitsbezogene Erlaubnistatbestände des BDSG – anders als Übermittlungserlaubnisse in den LKHG – keine Offenbarungsbefugnisse im Sinne von § 203 StGB dar.

Allerdings können solche Berufsgeheimnisse unter bestimmten Umständen umgekehrt auf das Datenschutzrecht einwirken bzw. dort Folgewirkungen zeitigen. So ordnet § 39 BDSG daran anknüpfend eine besondere Zweckbindung an. Abs. 1 S. 1 dieser Vorschrift bestimmt, dass personenbezogene „Daten, die einem Berufs- oder besonderen Amtsgeheimnis unterliegen und die von der zur Verschwiegenheit verpflichteten Stelle in Ausübung ihrer Berufs- oder Amtspflicht zur Verfügung gestellt worden sind, […] von der verantwortlichen Stelle nur für den Zweck verarbeitet oder genutzt werden [dürfen], für den sie sie erhalten hat".

Ob die Zurverfügungstellung durch die schweigeverpflichtete Stelle an den der besonderen Zweckbindung unterworfenen Dritten ausnahmsweise zulässig ist, bemisst sich nicht nach § 39 BDSG, sondern ist gemäß der speziellen Regeln der jeweiligen außerdatenschutzrechtlichen Geheimhaltungspflicht zu prüfen.[250]

Die besondere Zweckbindung nach § 39 BDSG soll daran anschließend vermeiden, dass der gesteigerte Schutz durch die angesprochenen Berufsgeheimnisse komplett verlorengeht, wenn die zur Verschwiegenheit verpflichtete Stelle entsprechende Daten an eine andere verantwortliche Stelle, die der entsprechenden Geheimhaltungspflicht nicht unterliegt, übermittelt.[251] Zu diesen Berufsgeheimnissen gehört auch die Schweigepflicht der Heilberufe, wie sie in § 203 Abs. 1 Nr. 1 StGB strafrechtlich sanktioniert ist.[252]

Dabei wird das Berufsgeheimnis nicht vollständig auf die empfangende Stelle übertragen, sondern über die besondere datenschutzrechtliche Zweckbindung nach § 39 BDSG nur ein funktionelles Teil-Äquivalent geschaffen.[253] Die empfangenden Dritten unterliegen also nicht gemäß § 39 BDSG der Schweigeverpflichtung des Datenlieferanten, sie dürfen die Daten aber nur für die Zwecke verwenden, zu denen sie diese (rechtmäßigerweise) erhalten haben (Abs. 1 S. 1). In eine Weiter-Übermittlung an eine nichtöffentliche Stelle muss zudem die zur Verschwiegenheit verpflichtete Stelle, letztlich also der Datenlieferant, der verantwortlichen Stelle gegenüber einwilligen (§ 39 Abs. 1 S. 2 BDSG). Für einen anderen Zweck dürfen die Daten zudem nur verwendet werden, wenn die Änderung des Zwecks durch besonderes Gesetz zugelassen ist (§ 39 Abs. 2 BDSG). Ein besonderes Gesetz muss hierbei nicht alle Voraussetzungen für eine Zweckänderung im Rahmen der ursprünglichen Geheimhaltungspflicht erfüllen; in ihm muss aber doch zumindest implizit zum Ausdruck kommen, dass der in § 39 BDSG statuierte „verlängerte" Geheimnisschutz durchbrochen werden soll.[254] Allgemeine Erlaubnistatbestände wie auch die im BDSG enthaltenen Zweckänderungsvorschriften für besonders sensible Daten, darunter § 28 Abs. 8 BDSG, sollen hierfür nicht genügen.[255]

---

250 Gola/Schomerus, BDSG, § 39 Rdnr. 1.
251 Dammann, in: Simitis (Hg.), BDSG, § 39 Rdnr. 1.
252 Dammann, in: Simitis (Hg.), BDSG, § 39 Rdnr. 1, 8f.
253 Dammann, in: Simitis (Hg.), BDSG, § 39 Rdnr. 5.
254 Dammann, in: Simitis (Hg.), BDSG, § 39 Rdnr. 36.
255 Dammann, in: Simitis (Hg.), BDSG, § 39 Rdnr. 35. So in Bezug auf die für den öffentlichen Bereich geltenden § 14 Abs. 2, § 15 Abs. 3 BDSG: Bergmann/Möhrle/Herb, BDSG, § 39 Rdnr. 24. Ohne klare Aussage hierzu, insgesamt aber eine schwächere Form der verstärkten Zweckbindung andeutend: Gola/Schomerus, BDSG, § 39 Rdnr. 7.

Übertragen auf die „Sekundärnutzung" medizinischer Behandlungsdaten würde dies bedeuten, dass selbst die rein interne Verwendung der von vorbehandelnden Stelle übertragenen Daten durch die nachbehandelnde Einrichtung für andere als Behandlungszwecke, also auch für Qualitätssicherung und Forschung, allein auf der Grundlage des BDSG nicht gestattet wäre. Auf das Vorliegen der Voraussetzungen der in § 28 Abs. 6 Nr. 4 BDSG formulierten Forschungsklausel käme es insoweit nicht mehr an.

Dies würde dann nicht nur einen verlängerten Geheimnisschutzes beim Datenempfänger mit sich bringen, sondern sogar eine Verschärfung gegenüber der ursprünglich einschlägigen Schweigepflicht nach § 203 StGB bedeuten. Diese regelt den rein internen Datenumgang und dessen Zwecke gerade nicht, sondern verbietet nur ein Offenbaren an außerhalb der vertrauensbegründenden Sonderbeziehung (hier dem Behandlungsverhältnis) stehende Personen und Stellen bzw. stellt dies unter Strafe.

Fraglich ist aber, ob diese verstärkte Zweckbindung auch dann greifen soll, wenn der Empfänger (die „verantwortliche Stelle") demselben Berufsgeheimnis unterliegt wie der Datenlieferant (die „zur Verschwiegenheit verpflichtete Stelle").

Bejaht wird diese Frage von Dammann, der davon ausgeht, dass der Gesetzgeber anders als beim Sozialdatenschutz (in § 78 Abs. 1 SGB X) im BDSG davon abgesehen habe, „die Stellen, die ohnehin einem (oder demselben) Berufsgeheimnis unterliegen, ausdrücklich von der Verpflichtung zur Achtung der verstärkten Zweckbindung auszunehmen".[256] Die praktische Bedeutung dieser Bindung läge darin, die weitere Datenverwendung auf den konkreten Zweck der Zurverfügungstellung zu beschränken. Zu einer parallelen Anwendung von Berufsgeheimnis und § 39 BDSG käme es allerdings nur, wenn § 39 nicht durch vorrangige Spezialregeln nach § 1 Abs. 3 BDSG verdrängt würde.[257] Dies ist jedoch bei der ärztlichen Schweigepflicht als Berufsgeheimnis nach § 1 Abs. 3 S. 2 BDSG nicht der Fall, da sie keine vorrangig datenschutzrechtliche Spezialregel nach § 1 Abs. 3 S. 1 BDSG, sondern eine Schranke eigener Art darstellt.[258] Eine verstärkte Zweckbindung zusätzlich zum Berufsgeheimnis der verantwortlichen Stelle sei demnach etwa anzunehmen, „wenn Patientendaten an einen mitbehandelnden oder einen Laborarzt weitergegeben [...] worden sind".[259]

Aus dem Befund, dass der Gesetzgeber es versäumt hat, die verantwortlichen (datenempfangenden) Stellen, die demselben Berufsgeheimnis wie die (datenliefernden) zur Verschwiegenheit verpflichteten Stellen unterliegen, ausdrücklich von der strengen Zweckbindung nach § 39 BDSG auszunehmen, kann jedoch nicht zwingend abgeleitet werden, dass sich eine solche Ausnahme nicht implizit aus Zweck und Systematik des § 39 BDSG ergibt. So Wortlaut in Bezug auf den Datenlieferanten von der zur „Verschwiegenheit verpflichteten Stelle" gesprochen, wohingegen der Datenempfänger nur als „verantwortliche Stelle" bezeichnet wird.[260] Dies deutet eher an, dass der Gesetzgeber davon ausging, dass der Datenempfänger keiner besonderen Verschwiegenheitsverpflichtung unterliegt und es sich insoweit (nur) um eine „nor-

---

256 Dammann, in: Simitis (Hg.), BDSG, § 39 Rdnr. 39.
257 Dammann, in: Simitis (Hg.), BDSG, § 39 Rdnr. 39.
258 Dieser Aussage findet sich nicht explizit bei Dammann, in: Simitis (Hg.), BDSG, § 39 Rdnr. 39; man muss jedoch aus dem Kontext heraus auch von einer entsprechenden – (nur) insoweit auch zutreffenden – Annahme von Dammann ausgehen.
259 Dammann, in: Simitis (Hg.), BDSG, § 39 Rdnr. 39.
260 So führen auch Gola/Schomerus, BDSG, § 39 Rdnr. 1, aus, dass Adressat des § 39 BDSG nicht die Stelle sei, die dem Berufsgeheimnis verpflichtet ist, wenn sie dies wohl auch mehr mit Blick auf die Erst-Übermittlung und weniger auf die Folgeverwendung tun.

male" verantwortliche Stelle im Sinne des Datenschutzrechts handelt. Jedenfalls nach Sinn und Zweck ist diese Vorschrift nur eingeschränkt anwendbar, wenn der Datenempfänger dem gleichen Berufsgeheimnis wie der Datenlieferant unterliegt, denn dann kommt es überhaupt nicht zur eingangs erwähnten Schutzreduktion, die § 39 BDSG (abgeschwächt bzw. datenschutzrechtlich modifiziert) ausgleichen soll.

Selbst wenn man mit Dammann anderer als der hier vertretenen Auffassung wäre, müsste doch statuiert werden, dass die strikte Zweckbindung des § 39 BDSG in keinem Fall für die von der Behandlungseinrichtung selbst beim Patienten oder nicht schweigeverpflichteten Dritten (wie Angehörigen im Rahmen – zulässiger – Fremdanamnese) erhobenen Daten gelten würde.

Zudem könnte selbst eine strikte Zweckbindung für die von anderen medizinischen Einrichtungen eigentlich zur Behandlung zur Verfügung gestellten Daten mit Einwilligung des betroffenen Patienten durchbrochen werden.[261] In diesem Fall bedarf es auch keiner Zustimmung der ursprünglich datenliefernden Stelle nach § 39 Abs. 1 S. 2 BDSG.[262]

6.1.2.2 Landesrecht

Einige Landesdatenschutzgesetze enthalten Regelungen, die § 39 BDSG entsprechen: Art. 22 LDSG BY, § 34 LDSG BW, § 13 Abs. 7 LDSG RP, § 26 Abs. 2 LDSG ST und § 24 LDSG TH. Eine immer noch besondere, aber weniger strikte Zweckbindung enthalten § 11 LDSG BE, § 13 Abs. 2 S. 2 LDSG BB, § 13 Abs. 2 S. 2 LDSG HH, § 10 Abs. 2 S. 2 LDSG NI und § 13 Abs. 2 S. 2 LDSG NW. Die anderen Bundesländer begnügen sich auch insoweit mit den allgemeinen Regeln, die eine Zweckänderung leichter erlauben.

Im Krankenhausbereich kommen aber ohnehin überwiegend vorrangig die jeweiligen Landeskrankenhausgesetze zur Anwendung,[263] die zwar überwiegend auch eine Art der Zweckbindung nach Übermittlung[264] vorsehen bzw. eine entsprechende vertragliche Verpflichtung vorschreiben, wenn der Empfänger nicht in den Anwendungsbereich des jeweiligen LKHG fällt (z.B. Krankenhäuser in anderen Bundesländern). Allerdings wird hier üblicherweise nicht auf den konkreten Übermittlungszweck abgestellt, sondern lediglich auf die nach dem jeweiligen LKHG erlaubten Zwecke, indem festgeschrieben wird, dass der Empfänger die Patientendaten nur unter den gleichen Voraussetzungen wie das übermittelnde Krankenhaus verwenden darf.[265]

6.2 Eingeschränkte Sonderregeln für Religionsgemeinschaften

Für die Religionsgemeinschaften wird angenommen, dass diese, zumindest in gewissem Umfang und wenn sie öffentlich-rechtlich organisiert sind, eigene Datenschutzregelungen erlassen dürfen. Diese Auffassung beruht auf dem verfassungs-

---

261 Dammann, in: Simitis (Hg.), BDSG, § 39 Rdnr. 38.
262 Dammann, in: Simitis (Hg.), BDSG, § 39 Rdnr. 34. Durch diese Zustimmung könnten ohnehin nicht die Schranken der Geheimhaltungspflicht durchbrochen werden (Dammann, a.a.O., Rdnr. 32 m.w.N.).
263 Zur Anwendbarkeit dieser Gesetze s. die Übersicht auf S. 81ff.
264 Wie auch (klarstellend) bei der Auftragsdatenverarbeitung, welche durch § 39 BDSG nicht erfasst wird, da hier ohnehin ausschließlich der Auftraggeber die Zwecke bestimmt (Dammann, in: Simitis (Hg.), BDSG, § 39 Rdnr. 41).
265 S. unten Kap. I.9.3, S. 286ff.

rechtlich verbürgten Selbstbestimmungsrecht der Kirchen. Demnach ordnet und verwaltet jede „Religionsgesellschaft [...] ihre Angelegenheiten selbständig innerhalb der Schranken des für alle geltenden Gesetzes".[266] Man kann allerdings stark anzweifeln, ob der Umgang mit Patientendaten in kirchlichen Krankenhäusern – im Gegensatz zur Verwaltung der Daten der Kirchenmitglieder und möglicherweise auch der Kirchenmitarbeiter – noch eine eigene oder gar innere Angelegenheit der Religionsgemeinschaften darstellt. Daher werden insoweit die kirchlichen Datenschutzregeln nur zugrunde gelegt, wenn sie sich spezifisch auf Patientendaten beziehen und zudem im jeweiligen LKHG eine Öffnungsklausel zu Gunsten der kirchlichen Regeln existiert. Eine solche Klausel gestattet es den Religionsgemeinschaften, vom jeweiligen LKHG abweichende Regelungen zu treffen, wenn auch meist nur unter bestimmten Bedingungen. Ohnehin sind die Kirchen nicht von der Einhaltung des vom Grundgesetz und der Datenschutzrichtlinie 95/46/EG vorgegebenen Minimums an Datenschutz entbunden.[267]

Im Hinblick auf die Schweigepflicht nach § 203 StGB als für alle Heilberufe geltendes Gesetz ist zudem davon auszugehen, dass diese nur über staatliches Recht durchbrochen werden kann, also Erlaubnisnormen im kirchlichen Datenschutzrecht kein Offenbaren rechtfertigen können.[268] Eine Erlaubnis für die Übermittlung oder Auftragsdatenverarbeitung von Patientendaten im kirchlichen Datenschutzrecht hilft daher im Ergebnis nicht weiter. Insoweit sind auch für die Kirchen die staatlichen Befugnisnormen maßgeblich. Allenfalls ein interner Datenumgang innerhalb eines kirchlichen Krankenhauses kann folglich über kirchliche Datenschutzregeln gerechtfertigt werden.

Die kirchlichen Datenschutzregeln werden hier dementsprechend nur eingeschränkt untersucht, also soweit Spezialregeln zum Patientendatenschutz vorliegen, diese den internen Datenumgang rechtfertigen und die LKHG über Öffnungsklauseln verfügen.[269]

6.3 Übersicht 1: Auf Krankenhäuser anwendbares Datenschutzrecht und Datenschutzaufsicht

Auf den folgenden Seiten findet sich eine tabellarische Übersicht (s. Tab. 3) zum jeweils auf Krankenhäuser anwendbaren Datenschutzrecht in Abhängigkeit von Sitz und Trägerschaft, welche das gezielte Auffinden der jeweils einschlägigen Regelungen erleichtern soll.[270]

---

266 So Art. 137 Abs. 3 S. 1 der Weimarer Reichsverfassung, welche insoweit nach Art. 140 GG auch in der BRD fortgilt.
267 Zur Anwendung der Datenschutzrichtlinie 95/46/EG auf kirchliche Einrichtungen, in diesem Fall sogar unabhängig von wirtschaftlicher Betätigung: EuGH, Urt. v. 06.11.2003 – C-101/01 (Lindqvist), Slg. 2003, I-12971 = RDV 2004, 16. Die Datenschutzrichtlinie führt zwar im Grundsatz zur Voll- und nicht nur zur Mindestharmonisierung. Jedoch haben die Mitgliedstaaten im Rahmen von Art. 8 der Richtlinie bei Gesundheitsdaten einen weiten Spielraum, so dass man auch insoweit von einem durch die Richtlinie vorgegebenen „Mindestmaß" an Datenschutz sprechen kann.
268 Beyerle, Rechtsfragen medizinischer Qualitätskontrolle, S. 132f., 103ff. m.w.N.
269 Siehe auch unten die exemplarischen Ausführungen auf S. 229ff.
270 Dabei wurde jedoch der komplexen Rechtswirklichkeit entsprechend differenzierter vorgegangen als in der Übersicht bei Hauser/Haag, Datenschutz im Krankenhaus, S. 21. Insbesondere wurde hier versucht die dortigen pauschalen Hinweise auf sogenannte „Konkurrenzregelungen" bei paralleler (einschließlich vorrangiger/nachrangiger) Geltung von LKHG und anderen Datenschutzregeln konkreter aufzulösen.

I   Sekundärnutzung medizinischer Behandlungsdaten

Tab. 3   Übersicht 1: Auf Krankenhäuser anwendbares Datenschutzrecht und Datenschutzaufsicht

Trägerschaft und Art der Klinik / Sitz der Klinik	Öffentliche Träger			Private Träger		Kirchliche Träger	
	Bund *oder diesem zugeordnete Anstalten, Körperschaften, Stiftungen*	**Land** *oder diesem zugeordnete Anstalten, Körperschaften, Stiftungen*		**Plankrankenhaus** *(in den jeweiligen Krankenhausplan aufgenommen)*	**Reine Privatklinik** *(§ 5 Nr. 2 KHG: 40%-Grenze bei Abrechnung zu GKV-Sätzen nach § 67 AO nicht erreicht)*	**Evangelisch** *Kirchliche Erlaubnisse (DSG-EKD, DSVO) bzgl. Patienten nur für interne DV, Übermittlung wie Landeskliniken*	**Katholisch** *Kirchliche Erlaubnisse (KDO, PatDSO) bzgl. Patienten nur für interne DV, Übermittlung wie Landeskliniken*
		Mit eigener Rechtspersönlichkeit (unabh. v. Rechtsform):	Eigen-/Regiebetriebe (keine eigene Rechtspersönlichkeit):				
Baden-Württemberg	■ BDSG (Vorschriften für nicht-öffentliche Stellen) ■ Aufsicht: BfDI	■ vorrangig LKHG ■ nachrangig BDSG (nicht-öffentl. Stellen) ■ Aufsicht: LfD (§ 38 BDSG)	■ vorrangig LKHG ■ nachrangig LDSG ■ Aufsicht: LfD (LDSG)	■ vorrangig LKHG ■ nachrangig BDSG (nicht-öffentl. Stellen) ■ Aufsicht: LfD (§ 38 BDSG)	■ vorrangig LKHG ■ nachrangig BDSG (nicht-öffentl. Stellen) ■ Aufsicht: LfD (§ 38 BDSG)	■ vorrangig LKHG ■ nachrangig DSG-EKD ■ Aufsicht: DSB der jeweiligen Landeskirche	■ vorrangig LKHG ■ nachrangig KDO ■ Aufsicht: DSB des jeweiligen Bistums
Bayern	■ BDSG (Vorschriften für nicht-öffentliche Stellen) ■ Aufsicht: BfDI	■ vorrangig LKHG ■ nachrangig v.a. BDSG (nicht-öffentl. Stellen), z.T. LDSG (Datenschutz-Organisation, behördl. DSB, Aufsicht d. LfD) ■ Aufsicht: LfD (LDSG)		■ vorrangig LKHG ■ nachrangig BDSG (nicht-öffentl. Stellen) ■ Aufsicht: Bay. Landesamt f. DS-Aufsicht (§ 38 BDSG)	■ BDSG (nicht-öffentl. Stellen) ■ Aufsicht: Bay. Landesamt f. DS-Aufsicht (§ 38 BDSG)	■ vorrangig LKHG ■ nachrangig DSG-EKD ■ Aufsicht: DSB der jeweiligen Landeskirche	■ vorrangig LKHG ■ nachrangig KDO ■ Aufsicht: DSB des jeweiligen Bistums
Berlin	■ BDSG (Vorschriften für nicht-öffentliche Stellen) ■ Aufsicht: BfDI	■ vorrangig LKHG ■ nachrangig v.a. BDSG (nicht-öffentl. Stellen), z.T. LDSG (Datenschutz-Organisation, behördl. DSB, Aufsicht d. LfD) ■ Aufsicht: LfD (LDSG)		■ vorrangig LKHG ■ nachrangig BDSG (nicht-öffentl. Stellen) ■ Aufsicht: LfD (§ 38 BDSG)	■ vorrangig LKHG ■ nachrangig BDSG (nicht-öffentl. Stellen) ■ Aufsicht: LfD (§ 38 BDSG)	■ vorrangig LKHG ■ nachrangig DSG-EKD ■ Aufsicht: DSB der jeweiligen Landeskirche	■ vorrangig LKHG ■ nachrangig KDO ■ Aufsicht: DSB des jeweiligen Bistums

6 Anwendbares Datenschutzrecht für die Sekundärnutzung klinischer Daten unter Berücksichtigung des Landesrechts

Trägerschaft und Art der Klinik / Sitz der Klinik	Öffentliche Träger		Private Träger		Kirchliche Träger	
	Bund *oder diesem zugeordnete Anstalten, Körperschaften, Stiftungen*	Land *oder diesem zugeordnete Anstalten, Körperschaften, Stiftungen*	Plankrankenhaus *(in den jeweiligen Krankenhausplan aufgenommen)*	Reine Privatklinik *(§ 5 Nr. 2 KHG: 40%-Grenze bei Abrechnung zu GKV-Sätzen nach § 67 AO nicht erreicht)*	Evangelisch *Kirchliche Erlaubnisse (DSG-EKD, DSVO) bzgl. Patienten nur für interne DV, Übermittlung wie Landeskliniken*	Katholisch *Kirchliche Erlaubnisse (KDO, PatDSO) bzgl. Patienten nur für interne DV, Übermittlung wie Landeskliniken*
Brandenburg	■ BDSG (Vorschriften für nicht-öffentliche Stellen) ■ Aufsicht: BfDI	■ vorrangig KHEG BB ■ nachrangig LDSG (Ausnahme: einzelne Vorschriften wie § 7a [behördl. DSB] u. § 9 [Gemeinsame Verfahren, automatisierte Abrufverf. u. regelmäßige Datenübermittlungen]) ■ Aufsicht: LfD (LDSG)	■ vorrangig KHEG BB ■ nachrangig LDSG (Ausnahme: einzelne Vorschriften wie § 7a [behördl. DSB] u. § 9 [Gemeinsame Verfahren, automatisierte Abrufverf. u. regelmäßige Datenübermittlungen]) ■ Aufsicht: LfD (LDSG)	■ vorrangig KHEG BB ■ nachrangig LDSG (Ausnahme: einzelne Vorschriften wie § 7a [behördl. DSB] u. § 9 [Gemeinsame Verfahren, automatisierte Abrufverf. u. regelmäßige Datenübermittlungen]) ■ Aufsicht: LfD (LDSG)	■ vorrangig LKHG ■ nachrangig DSG-EKD ■ Aufsicht: DSB der jeweiligen Landeskirche	■ vorrangig LKHG ■ nachrangig KDO ■ Aufsicht: DSB des jeweiligen Bistums
Bremen	■ BDSG (Vorschriften für nicht-öffentliche Stellen) ■ Aufsicht: BfDI	■ vorrangig KHDSG ■ nachrangig 1.–4. Abschnitt LDSG (Ausnahme: BDSG-Verweis in § 1 Abs. 5) ■ Aufsicht: LfD (LDSG)	■ vorrangig KHDSG ■ nachrangig 1.–3. Abschnitt LDSG (Ausnahme: BDSG-Verweis in § 1 Abs. 5) ■ Aufsicht: LfD (§ 38 BDSG)	■ vorrangig KHDSG ■ nachrangig 1.–3. Abschnitt LDSG (Ausnahme: BDSG-Verweis in § 1 Abs. 5) ■ Aufsicht: LfD (§ 38 BDSG)	■ vorrangig DSVO ■ nachrangig DSG-EKD ■ Aufsicht: DSB der jeweiligen Landeskirche	■ vorrangig: PatDSO ■ nachrangig: KDO ■ Aufsicht: DSB des jeweiligen Bistums (Bremen: Bistum Osnabrück; Bremerhaven: Bistum Hildesheim)
Hamburg	■ BDSG (Vorschriften für nicht-öffentliche Stellen) ■ Aufsicht: BfDI	■ vorrangig LKHG Private Rechtsform: ■ nachrangig BDSG (nicht-öffentl. Stellen) ■ Aufsicht: LfD (§ 38 BDSG) Öffentl. Rechtsform: ■ nachrangig v.a. BDSG (nicht-öffentl. Stellen), z.T. LDSG ■ Aufsicht: LfD (LDSG)	■ vorrangig LKHG ■ nachrangig BDSG (nicht-öffentl. Stellen) ■ Aufsicht: LfD (§ 38 BDSG)	■ BDSG (nicht-öffentl. Stellen) ■ Aufsicht: LfD (§ 38 BDSG)	■ vorrangig DSVO ■ nachrangig DSG-EKD ■ Aufsicht: DSB der jeweiligen Landeskirche	■ vorrangig: PatDSO ■ nachrangig: KDO ■ Aufsicht: DSB des jeweiligen Bistums (Bistum Hamburg)

I Sekundärnutzung medizinischer Behandlungsdaten

Trägerschaft und Art der Klinik / Sitz der Klinik	Öffentliche Träger		Private Träger		Kirchliche Träger	
	Bund oder diesem zugeordnete Anstalten, Körperschaften, Stiftungen	**Land** oder diesem zugeordnete Anstalten, Körperschaften, Stiftungen	**Plankrankenhaus** (in den jeweiligen Krankenhausplan aufgenommen)	**Reine Privatklinik** (§ 5 Nr. 2 KHG: 40%-Grenze bei Abrechnung zu GKV-Sätzen nach § 67 AO nicht erreicht)	**Evangelisch** Kirchliche Erlaubnisse (DSG-EKD, DSVO) bzgl. Patienten nur für interne DV, Übermittlung wie Landeskliniken	**Katholisch** Kirchliche Erlaubnisse (KDO, PatDSO) bzgl. Patienten nur für interne DV, Übermittlung wie Landeskliniken
Hessen	■ BDSG (Vorschriften für nicht-öffentliche Stellen) ■ Aufsicht: BfDI	■ vorrangig LKHG ■ nachrangig LDSG ■ Aufsicht: LfD (LDSG)	■ vorrangig LKHG ■ nachrangig LDSG ■ Aufsicht: LfD (LDSG)	■ BDSG (nicht-öffentl. Stellen) ■ Aufsicht: LfD (§ 38 BDSG)	■ vorrangig DSVO ■ nachrangig DSG-EKD ■ Aufsicht: DSB der jeweiligen Landeskirche	■ vorrangig: PatDSO ■ nachrangig: KDO ■ Aufsicht: DSB des jeweiligen Bistums (Fulda, Limburg, Mainz, Paderborn)
Mecklenburg-Vorpommern	■ BDSG (Vorschriften für nicht-öffentliche Stellen) ■ Aufsicht: BfDI	■ vorrangig LKHG ■ nachrangig LDSG (§ 32 Abs. 2 LKHG) ■ Aufsicht: LfD (LDSG)	■ vorrangig LKHG ■ nachrangig LDSG (§ 32 Abs. 2 LKHG) ■ Aufsicht: LfD (LDSG)	Soweit akut-stationär: ■ vorrangig LKHG ■ nachrangig LDSG (§ 32 Abs. 2 LKHG) ■ Aufsicht: LfD (LDSG) Im Übrigen: ■ BDSG (nicht-öffentliche Stellen) ■ Aufsicht: LfD (BDSG)	■ vorrangig LKHG ■ nachrangig DSG-EKD ■ Aufsicht: DSB der jeweiligen Landeskirche	■ vorrangig LKHG ■ nachrangig: KDO ■ Aufsicht: DSB des jeweiligen Bistums
Niedersachsen	■ BDSG (Vorschriften für nicht-öffentliche Stellen) ■ Aufsicht: BfDI	■ v.a. BDSG (nicht-öffentl. Stellen), z.T. LDSG (§ 2 Abs. 3) ■ Aufsicht: LfD (LDSG)	■ BDSG (nicht-öffentl. Stellen) ■ Aufsicht: LfD (§ 38 BDSG)	■ BDSG (nicht-öffentl. Stellen) ■ Aufsicht: LfD (§ 38 BDSG)	■ vorrangig DSVO ■ nachrangig DSG-EKD ■ Aufsicht: DSB der jeweiligen Landeskirche	■ vorrangig: PatDSO ■ nachrangig: KDO ■ Aufsicht: DSB des jeweiligen Bistums (Hildesheim, Münster, Osnabrück)
Nordrhein-Westfalen	■ BDSG (Vorschriften für nicht-öffentliche Stellen) ■ Aufsicht: BfDI	■ vorrangig GDSG ■ nachrangig LDSG ■ Aufsicht: LfD (LDSG)	■ vorrangig GDSG ■ nachrangig LDSG ■ Aufsicht: LfD (§ 38 BDSG)	■ BDSG (nicht-öffentl. Stellen) ■ Aufsicht: LfD (§ 38 BDSG)	■ vorrangig DSVO ■ nachrangig DSG-EKD ■ Aufsicht: DSB der jeweiligen Landeskirche	■ vorrangig: PatDSO ■ nachrangig: KDO ■ Aufsicht: DSB des jeweiligen Bistums (Aachen, Essen, Köln, Münster, Paderborn)

6 Anwendbares Datenschutzrecht für die Sekundärnutzung klinischer Daten unter Berücksichtigung des Landesrechts

Trägerschaft und Art der Klinik / Sitz der Klinik	Öffentliche Träger		Private Träger		Kirchliche Träger	
	Bund oder diesem zugeordnete Anstalten, Körperschaften, Stiftungen	**Land** oder diesem zugeordnete Anstalten, Körperschaften, Stiftungen	**Plankrankenhaus** (in den jeweiligen Krankenhausplan aufgenommen)	**Reine Privatklinik** (§ 5 Nr. 2 KHG: 40%-Grenze bei Abrechnung zu GKV-Sätzen nach § 67 AO nicht erreicht)	**Evangelisch** Kirchliche Erlaubnisse (DSG-EKD, DSVO) bzgl. Patienten nur für interne DV, Übermittlung wie Landeskliniken	**Katholisch** Kirchliche Erlaubnisse (KDO, PatDSO) bzgl. Patienten nur für interne DV, Übermittlung wie Landeskliniken
Rheinland-Pfalz	■ BDSG (Vorschriften für nicht-öffentliche Stellen) ■ Aufsicht: BfDI	■ vorrangig ■ nachrangig v.a. BDSG (nicht-öffentl. Stellen), z.T. LDSG (Aufsicht u. Beschäftigung) ■ Aufsicht: LfD (LDSG, ohne Meldepfl. [§ 27])	■ vorrangig LKHG ■ nachrangig BDSG (nicht-öffentl. Stellen) ■ Aufsicht: LfD (§ 38 BDSG)	■ BDSG (nicht-öffentl. Stellen) ■ Aufsicht: LfD (§ 38 BDSG)	■ vorrangig DSVO ■ nachrangig DSG-EKD ■ Aufsicht: DSB der jeweiligen Landeskirche	■ vorrangig: PatDSO ■ nachrangig: KDO ■ Aufsicht DSB des jeweiligen Bistums (Köln, Limburg, Mainz, Speyer, Trier)
Saarland	■ BDSG (Vorschriften für nicht-öffentliche Stellen) ■ Aufsicht: BfDI	■ vorrangig ■ nachrangig v.a. BDSG (nicht-öffentl. Stellen), z.T. LDSG (u.a. § 30 Forschung, § 31 Beschäftigung) ■ Aufsicht: LfD (LDSG)	■ vorrangig LKHG ■ nachrangig BDSG (nicht-öffentl. Stellen) ■ Aufsicht: LfD (§ 38 BDSG)	■ vorrangig ■ nachrangig BDSG (nicht-öffentl. Stellen) ■ Aufsicht: LfD (§ 38 BDSG)	■ vorrangig DSVO ■ nachrangig DSG-EKD ■ Aufsicht: DSB der jeweiligen Landeskirche	■ vorrangig: PatDSO ■ nachrangig: KDO ■ Aufsicht DSB des jeweiligen Bistums (Speyer, Trier)
Sachsen	■ BDSG (Vorschriften für nicht-öffentliche Stellen) ■ Aufsicht: BfDI	■ vorrangig LKHG Mit eigener Rechtspersönlichkeit (unabh. v. Rechtsform): ■ nachrangig BDSG (nicht-öffentl. Stellen) ■ Aufsicht: LfD (§ 38 BDSG) Eigen-/Regiebetriebe (keine eigene Rechtspersönlichkeit): ■ nachrangig LDSG ■ Aufsicht: LfD (LDSG)	■ vorrangig LKHG ■ nachrangig BDSG (nicht-öffentl. Stellen) ■ Aufsicht: LfD (§ 38 BDSG)	■ BDSG (nicht-öffentl. Stellen) ■ Aufsicht: LfD (§ 38 BDSG)	■ vorrangig DSVO ■ nachrangig DSG-EKD ■ Aufsicht: DSB der jeweiligen Landeskirche	■ vorrangig: PatDSO ■ nachrangig: KDO ■ Aufsicht DSB des jeweiligen Bistums (Dresden-Meißen, Görlitz, Magdeburg)

I Sekundärnutzung medizinischer Behandlungsdaten

Trägerschaft und Art der Klinik / Sitz der Klinik	Öffentliche Träger		Private Träger		Kirchliche Träger	
	Bund *oder diesem zugeordnete Anstalten, Körperschaften, Stiftungen*	Land *oder diesem zugeordnete Anstalten, Körperschaften, Stiftungen*	Plankrankenhaus *(in den jeweiligen Krankenhausplan aufgenommen)*	Reine Privatklinik *(§ 5 Nr. 2 KHG: 40%-Grenze bei Abrechnung zu GKV-Sätzen nach § 67 AO nicht erreicht)*	Evangelisch *Kirchliche Erlaubnisse (DSG-EKD, DSVO) bzgl. Patienten nur für interne DV, Übermittlung wie Landeskliniken*	Katholisch *Kirchliche Erlaubnisse (KDO, PatDSO) bzgl. Patienten nur für interne DV, Übermittlung wie Landeskliniken*
Sachsen-Anhalt	■ BDSG (Vorschriften für nicht-öffentliche Stellen) ■ Aufsicht: BfDI	■ v.a. BDSG (ohne Meldepfl., betriebl. DSB, Aufsicht) ■ z.T. LDSG (vgl. § 3 Abs. 2 Nr. 1: u.a. behördl. DSB, Aufsicht, Beschäftigung) ■ Aufsicht: LfD (LDSG)	■ BDSG (nicht-öffentl. Stellen) ■ Aufsicht: LfD (§ 38 BDSG)	■ BDSG (nicht-öffentl. Stellen) ■ Aufsicht: LfD (§ 38 BDSG)	■ vorrangig DSVO ■ nachrangig DSG-EKD ■ Aufsicht: DSB der jeweiligen Landeskirche	■ vorrangig: PatDSO ■ nachrangig: KDO ■ Aufsicht DSB des jeweiligen Bistums (Magdeburg)
Schleswig-Holstein	■ BDSG (Vorschriften für nicht-öffentliche Stellen) ■ Aufsicht: BfDI	Öffentl. Rechtsformen: ■ v.a. BDSG (nicht-öffentl. Stellen) ■ z.T. LDSG (Aufsicht u. Beschäftigung) ■ Aufsicht: LfD (LDSG) Private Rechtsformen: ■ BDSG (nicht-öffentl. Stellen) ■ Aufsicht: LfD (§ 38 BDSG)	■ BDSG (nicht-öffentl. Stellen) ■ Aufsicht: LfD (§ 38 BDSG)	■ BDSG (nicht-öffentl. Stellen) ■ Aufsicht: LfD (§ 38 BDSG)	■ vorrangig DSVO ■ nachrangig DSG-EKD ■ Aufsicht: DSB der jeweiligen Landeskirche	■ vorrangig: PatDSO ■ nachrangig: KDO ■ Aufsicht DSB des jeweiligen Bistums (Hamburg)
Thüringen	■ BDSG (Vorschriften für nicht-öffentliche Stellen) ■ Aufsicht: BfDI	■ vorrangig LKHG ■ nachrangig v.a. BDSG (nicht-öffentl. Stellen), z.T. LDSG (Datenschutzüberwachung) ■ Aufsicht: LfD (LDSG)	■ vorrangig LKHG ■ nachrangig BDSG (nicht-öffentl. Stellen) ■ Aufsicht: LfD (§ 38 BDSG)	■ vorrangig LKHG ■ nachrangig BDSG (nicht-öffentl. Stellen) ■ Aufsicht: LfD (§ 38 BDSG)	■ vorrangig LKHG ■ nachrangig DSG-EKD ■ Aufsicht: DSB der jeweiligen Landeskirche	■ vorrangig LKHG ■ nachrangig KDO ■ Aufsicht: DSB des jeweiligen Bistums

6.4 Übersicht 2: Gesetzliche Erlaubnisse zur Sekundärnutzung von Behandlungsdaten

In nachstehender Tabelle (s. Tab. 4) folgt eine Übersicht zur grundsätzlichen Zulässigkeit der Sekundärnutzung von Behandlungsdaten aufgrund gesetzlicher Erlaubnis ohne Einwilligung, wenn auch unter bestimmten Bedingungen (wie der Erforderlichkeit und ggf. weiteren Voraussetzungen). Auch diese Übersicht soll das gezielte Auffinden der jeweils einschlägigen Regelungen erleichtern.[271]

Tab. 4   Übersicht 2: Gesetzliche Erlaubnisse zur Sekundärnutzung von Behandlungsdaten

für Zwecke der Anwendungsbereich des	Qualitätssicherung *Intern: Verwendung innerhalb Einrichtung (bzw. beschränkt auf Fachabteilung, wo erwähnt).* *Extern: schließt Übermittlung ein.*	Forschung *Intern: Verwendung innerhalb Einrichtung (bzw. beschränkt auf Fachabteilung, wo erwähnt).* *Extern: schließt Übermittlung ein.*
BDSG	Nein (bzw. nur bei Serienschäden, § 28 Abs. 6 Nr. 1 BDSG, dann ggf. über mutmaßliche Einwilligung bzw. rechtfertigenden Notstand auch extern).	Nur intern, da § 28 Abs. 6 Nr. 4 BDSG keine Offenbarungsbefugnis.
LKHG Baden-Württemberg	Ja. Intern: § 45 Abs. 3 Nr. 1 LKHG BW. Extern: § 46 Abs. 1 S. 1 Nr. 2 LKHG BW, wenn Empfänger Arzt/ärztl. geleitete Stelle.	Ja. Intern, je nach subsidiärer Anwendbarkeit: § 28 Abs. 6 Nr. 4 BDSG (Vorhaben), § 15 Abs. 3 LDSG BW (nicht vorhabenbezogen). Extern: § 46 Abs. 1 S. 1 Nr. 2a LKHG BW (vorhabenbezogen).
LKHG Bayern	**Allenfalls intern**: Art. 27 Abs. 2 S. 1 Fall 1 LKHG BY i.V.m. Art. 21 Abs. 1 S. 1 Nr. 1 LKHG BY. Extern: Nein.	Intern: Ja (Art. 27 Abs. 4 S. 1 LKHG BY). Extern: nur Fernzugriff (Art. 27 Abs. 4 S. 2 Hs. 2 LKHG BY). (jeweils ohne Vorhabensbezug)
LKHG Berlin	Ja. Intern: § 24 Abs. 4 S. 1 Nr. 3 LKHG BE. Extern: § 24 Abs. 5 Nr. 7 LKHG BE, an Arzt oder ärztlich geleitete Stelle.	Ja. Intern: § 25 Abs. 1 S. 2 LKHG BE (vorhabenbezogen). Extern: § 25 Abs. 3 LKHG BE (nur pseudonymisiert od. aufgrund besonderer Rechtsvorschrift).
KHEG Brandenburg	Nur intern: § 28 Abs. 2 S. 1 Nr. 1 KHEG BB. Extern: Nein.	Ja, sowohl intern als auch extern: § 31 Abs. 1 KHEG BB (Eigenforschung der Fachabteilung); § 31 Abs. 2 KHEG BB (Drittforschung u. Hinzuspeicherung von Daten); jeweils vorhabenbezogen. § 33 KHEG BB: Klinische Register für bestimmte Krankheiten.

---

271 Auf Arztpraxen ist dabei immer das BDSG anwendbar. Welches Gesetz jeweils (vorrangig) auf Krankenhäuser Anwendung findet, kann der vorhergehenden Übersicht 1 entnommen werden.

Anwendungsbereich des \ für Zwecke der	Qualitätssicherung *Intern: Verwendung innerhalb Einrichtung (bzw. beschränkt auf Fachabteilung, wo erwähnt).* *Extern: schließt Übermittlung ein.*	Forschung *Intern: Verwendung innerhalb Einrichtung (bzw. beschränkt auf Fachabteilung, wo erwähnt).* *Extern: schließt Übermittlung ein.*
KHDSG Bremen	Ja. Intern: § 2 Abs. 5 Nr. 1 KHDSG HB. Extern: § 4 Abs. 1 Nr. 13 KHDSG HB, gilt entspr. zwischen Fachabteilungen (§ 3 Abs. 2 S. 1 KHDSG HB).	Ja. Intern: § 7 Abs. 1, 2 (vorhabenbezogen), § 8 (interne med. Forschungsdatei) KHDSG HB. Extern: § 4 Abs. 1 Nr. 6 i.V.m. § 7 KHDSG HB, gilt entspr. zwischen Fachabteilungen (§ 3 Abs. 2 S. 1 KHDSG HB).
LKHG Hamburg	Nur intern: § 10 Abs. 1 Nr. 7 LKHG HH. Extern: Nein.	Ja. Vorhabenbezogen § 12 LKHG HH: Abs. 1 (intern); Abs. 2 (extern), gilt auch für Übermittlung zwischen Fachabteilungen. Sammlung auf Vorrat nur nach Anonymisierung: § 12a Abs. 1 S. 3 LKHG HH (ansonsten mit Einwilligung, S. 1, 2).
LKHG Hessen	Ja. Extern: § 12 Abs. 2 Nr. 7 LKHG HE, wenn Empfänger Arzt/ärztlich geleitete Stelle; gilt auch zwischen Fachabteilungen (§ 12 Abs. 3). Intern (innerhalb einer Fachabteilung): keine explizite Erlaubnis, aber erst recht, zumindest unter Bedingungen wie extern.	Ja (jeweils vorhabenbezogen). Intern: § 12 Abs. 1 LKHG HE i.V.m. § 33 Abs. 1 LDSG HE. Extern: § 12 Abs. 1 LKHG HE i.V.m. § 33 Abs. 1 LDSG HE, gilt entspr. zwischen den Fachabteilungen (§ 12 Abs. 3 LKHG HE).
LKHG Mecklenburg-Vorpommern	Ja. Extern: § 35 Abs. 1 Nr. 12 LKHG MV; gilt auch zwischen Fachabteilungen (§ 34 Abs. 3 LKHG MV). Intern (innerhalb einer Fachabteilung): keine explizite Erlaubnis, aber erst recht, zumindest unter Bedingungen wie extern.	Ja. Vorhabenbezogen: Intern: § 34 Abs. 1 S. 1 Nr. 4 i.V.m. § 38 Abs. 2 LKHG MV. Extern: § 35 Abs. 1 Nr. 6 i.V.m. § 38 Abs. 2 LKHG MV, gilt entspr. zwischen den Fachabteilungen (§ 34 Abs. 3). Nicht vorhabenbezogen und intern: § 38 Abs. 6 LKHG MV (med. Forschungsdatei).
LDSG Niedersachsen	Verweist auch insoweit auf das BDSG (s. oben).	Verweist auch insoweit auf das BDSG (s. oben).
GDSG Nordrhein-Westfalen	Ja, intern. § 11 Abs. 2 GDSG NW: Krankenhaus-intern, wenn auch Fachabteilungs-übergreifend, obgleich Weitergabe zwischen Fachabteilungen als Übermittlung gilt (§ 5 Abs. 1 S. 2 GDSG NW). Extern: nein.	Ja. Interne Nutzung ohne Vorhabensbezug: § 6 Abs. 2 S. 1 GDSG NW Verarbeitung mit Vorhabensbezug (intern u. extern): § 6 Abs. 2 S. 2 GDSG NW; Weitergabe zwischen Fachabteilungen gilt als Übermittlung (§ 5 Abs. 1 S. 2 GDSG NW).

6 Anwendbares Datenschutzrecht für die Sekundärnutzung klinischer Daten unter Berücksichtigung des Landesrechts

An-wendungs-bereich des \ für Zwecke der	Qualitätssicherung *Intern: Verwendung innerhalb Einrichtung (bzw. beschränkt auf Fachabteilung, wo erwähnt).* *Extern: schließt Übermittlung ein.*	Forschung *Intern: Verwendung innerhalb Einrichtung (bzw. beschränkt auf Fachabteilung, wo erwähnt).* *Extern: schließt Übermittlung ein.*
LKHG Rheinland-Pfalz	Ja. Intern: § 36 Abs. 2 Nr. 2 LKHG RP. Extern: § 36 Abs. 3 Nr. 4 LKHG RP.	Ja, jeweils vorhabenbezogen. Intern: § 37 Abs. 1 S. 2 Nr. 1–3 (im Krankenhaus), Abs. 2 (privilegiert in Fachabteilung, aber nur Nutzung i.e.S.) LKHG RP; Extern: § 37 Abs. 3 S. 2 i.V.m. Abs. 1 S. 2 Nr. 1, 2 LKHG RP.
LKHG Saarland	Ja. Intern: § 13 Abs. 1 i.V.m. § 9 LKHG SL, wg. Abs. 3 S. 1 nur innerhalb Fachabteilung; Extern: § 13 Abs. 4 S. 1 Nr. 10 LKHG SL, wenn Empfänger Arzt/ärztl. geleit. Stelle; gilt gem. § 13 Abs. 3 S. 1 LKHG SL auch zwischen Fachabteilungen entspr.	Ja. Intern (innerhalb Fachabteilung, bezogen auf Vorhaben): § 14 Abs. 1 LKHG SL; Extern (Weitergabe an andere Stellen, auch Fachabteilungen, bezogen auf bestimmte Vorhaben): § 14 Abs. 2 S. 2 LKHG SL; Klinische Krankheitsregister (zu bestimmter Krankheit, intern u. extern): § 14 Abs. 3–6 LKHG SL.
LKHG Sachsen	Ja. Extern: § 33 Abs. 3 S. 1 Nr. 4 LKHG SN. Intern: keine explizite Erlaubnis, aber erst recht unter Bedingungen wie extern.	Ja, vorhabenbezogen: Intern (Eigenforschung einer Fachabteilung): § 34 Abs. 1 LKHG SN; Extern: § 34 Abs. 3 LKHG SN.
LDSG Sachsen-Anhalt	Verweist auch insoweit auf das BDSG (s. oben).	Verweist auch insoweit auf das BDSG (s. oben).
LDSG Schleswig-Holstein	Verweist auch insoweit auf das BDSG (s. oben).	Verweist auch insoweit auf das BDSG (s. oben).
LKHG Thüringen	Ja. Intern: § 27 Abs. 3 Nr. 1 Var. 1 i.V.m. § 23 S. 1 LKHG TH (zumindest unter Bedingungen wie extern, eher weniger strikt). Extern: § 27 Abs. 6 S. 1 Nr. 4 LKHG TH.	Ja. Intern: § 27 Abs. 4 S. 1 LKHG TH (durch Krankenhausärzte); externes Personal im Krankenhaus: § 27 Abs. 4 S. 3 LKHG TH; jeweils ohne Vorhabensbezug. Extern: § 27a Abs. 2 LKHG TH; Feststellung des überwiegenden öffentlichen Interesses durch die Aufsichtsbehörde vorhabenbezogen notwendig

6.5 Bundesdatenschutzgesetz

6.5.1 Anwendungsbereich

Das Bundesdatenschutzgesetz (BDSG), genauer gesagt dessen für nicht-öffentliche Stellen geltender Regelungsgehalt, findet unmittelbar auf (private) Arztpraxen sowie Krankenhäuser des Bundes Anwendung. Auch auf die Krankenhäuser des Bundes werden dabei, da sie im Wettbewerb stehen, die Vorschriften des BDSG für nicht-öffentliche Stellen angewendet (mit Ausnahme bei der Aufsicht).[272]

Soweit die Länder keine Spezialregelungen zum Datenschutz in ihren Landeskrankenhaus- oder vergleichbaren Gesetzen (LKHG) getroffen haben, findet das BDSG auch auf Krankenhäuser privater Träger Anwendung. Teilweise wird von den LKHG auf für Krankenhäuser öffentlicher Träger auf die ergänzende oder nachrangige (subsidiäre) Geltung des BDSG verwiesen. Im Hinblick auf Forschung und Qualitätssicherung dominieren allerdings insoweit vorrangige Regelungen der LKHG.

6.5.1.1 Arztpraxen

Arztpraxen stellen nicht-öffentliche Stellen nach § 2 Abs. 4 S. 1 BDSG dar. Auf sie findet daher das BDSG gemäß § 1 Abs. 2 Nr. 3 BDSG Anwendung. Nach § 27 Abs. 1 S. 1 Nr. 1 BDSG gelten die Vorschriften für nicht-öffentliche Stellen (§§ 28ff. BDSG), soweit es sich um zumindest teil-automatisierte Datenverarbeitung handelt (§ 27 Abs. 2 BDSG), was im Rahmen der vorliegenden Fragestellungen zur IT-gestützten Sekundärdatennutzung zu Zwecken der Qualitätssicherung und Forschung eindeutig zu bejahen ist.

Sie unterliegen der Datenschutzaufsicht der für ihr (Sitz-)Bundesland zuständigen Behörde nach § 38 BDSG, welche üblicherweise (mit Ausnahme von Bayern) beim jeweiligen Landesbeauftragten für den Datenschutz (LfD) angesiedelt ist.

6.5.1.2 Krankenhäuser des Bundes

Die Bundesebene der Bundesrepublik Deutschland spielt zahlenmäßig unter den Krankenhausträgern zwar eine untergeordnete Rolle. Allerdings tritt der Bund durchaus als Krankenhausträger in Erscheinung, beispielsweise bei den Bundeswehrkrankenhäusern. Auch (Rehabilitations-)Krankenhäuser bundesunmittelbarer Sozialversicherungsträger, wie der Ersatzkassen, gelten als Krankenhäuser des Bundes.[273]

Tritt der Bund, sei es unmittelbar (wie bei den Bundeswehrkrankenhäusern) oder mittelbar (wie bei den Krankenhäusern bundesunmittelbarer Sozialversicherungsträger) als Träger eines Krankenhauses auf, so handelt es sich bei diesem um eine öffentliche Stelle des Bundes gemäß § 1 Abs. 2 Nr. 1 BDSG, für welche das BDSG Geltung beansprucht. Dies dürfte auch für die als Eigeneinrichtungen von bundesunmittelbaren Sozialversicherungsträgern betriebenen (Rehabilitations-)Krankenhäuser gelten, denn insoweit handelt es sich um keine spezifische Tätigkeit als Sozialversicherungsträger, für welche das SGB grundsätzlich auch im Hinblick auf den

---

272 Näher zum Wettbewerbsaspekt siehe sogleich S. 91f.
273 Daneben ist außerhalb des Klinikbereiches an spezielle Forschungsorganisationen des Bundes wie die Max-Planck- oder die Fraunhofer-Gesellschaft zu denken.

Datenschutz abschließende Regelungen trifft, sondern um Behandlungsmaßnahmen, wie sie andere Leistungserbringer auch anbieten.[274]

Öffentlich-rechtliche Wettbewerbsunternehmen

Fraglich ist allerdings, ob und inwieweit die Kliniken in der Trägerschaft des Bundes als öffentlich-rechtliche Unternehmen am Wettbewerb teilnehmen und daher gemäß § 27 Abs. 1 S. 1 Nr. 2 Buchst. a BDSG die (materiellen) Vorschiften des BDSG über nicht-öffentliche Stellen anstelle jener für öffentliche Stellen zur Anwendung kommen. Dies wird zu Recht überwiegend mit der Begründung bejaht, dass öffentliche Kliniken mit anderen Krankenhäusern, auch solchen privater Träger, um den Abschluss von Behandlungsverträgen konkurrieren.[275] Dies gilt auch für Bundeswehrkrankenhäuser, jedenfalls soweit dort – was nicht unüblich ist – auch Zivilisten behandelt werden oder im Rahmen der truppendienstlichen Versorgung für die Soldaten Wahlfreiheit besteht.[276]

Allerdings gilt der Verweis auf die Vorschiften zu den nicht-öffentlichen Stellen für öffentliche Stellen nur „soweit" sie als öffentlich-rechtliche Unternehmen am Wettbewerb teilnehmen. Dies legt im Ansatz eine funktionelle Differenzierung nach verschiedenen Tätigkeiten einer Stelle nahe und spricht gegen eine einheitliche institutionelle Betrachtung,[277] welche sich nach dem Schwerpunkt der Tätigkeiten richten müsste. Dieser differenzierende Ansatz ändert vorliegend im Ergebnis jedoch regelmäßig nichts an der Anwendbarkeit der Vorschriften für nicht-öffentliche Stellen auf Kliniken des Bundes auch hinsichtlich der Sekundärnutzung.

Das genannte Wettbewerbsverhältnis findet sich nicht nur im Bereich der Primärnutzung der Patientendaten zu Behandlungszwecken, sondern grundsätzlich auch bei der Sekundärnutzung zur Forschung, denn hier besteht in der Regel ebenfalls Wettbewerb verschiedener Einrichtungen um höhere Mittelzuweisungen und validere Ergebnisse.[278] Zudem lässt sich die Sekundärnutzung zu Forschungszwecken kaum unabhängig von der Primärnutzung zu Behandlungszwecken bewerten. Teils besteht schon ein sehr enger faktischer Zusammenhang, vor allem wenn es eine un-

---

274 A.A. Simitis, in: Simitis (Hg.), BDSG, § 27 Rdnr. 16, der bezüglich GKV-Patienten auch insoweit die (kaum auf Behandlungs-, sondern auf Versicherungs- oder sonstige Sozialleistungsverhältnisse gemünzten) §§ 67ff. SGB X und nur bezüglich Privatpatienten in diesen Einrichtungen §§ 28ff. BDSG anwenden möchte.

275 Simitis, in: Simitis (Hg.), BDSG, § 27 Rdnr. 39; Pöttgen, Medizinische Forschung und Datenschutz, S. 65 m.w.N. Auch nach dem sogenannten Almunia-Paket der Europäischen Kommission sind Krankenhäuser in Gesundheitssystemen wie dem der BRD (kein rein staatlicher Gesundheitsdienst) unabhängig von ihrer Rechtsform oder Trägerschaft Unternehmen, deren Finanzierung beihilferechtskonform sein muss und grundsätzlich den (grenzüberschreitenden) Wettbewerb nicht verzerren darf (Art. 107 AEUV); vgl. Mitteilung der Kommission über die Anwendung der Beihilfevorschriften der EU auf Ausgleichsleistungen für die Erbringung von Dienstleistungen von allgemeinem wirtschaftlichem Interesse, ABl. EU 2012 C8, S. 4ff., insbes. S. 7, Nr. 24; auch § 27 Abs. 1 S. 1 Nr. 2 BDSG dient der Vermeidung von Wettbewerbsverzerrungen (Simitis, in: Simitis (Hg.), BDSG, § 27 Rdnr. 7), so dass die Übertragung des Ansatzes aus dem Beihilferecht nicht fern liegt. Selbst im Rahmen der Notfallversorgung konkurrieren die Kliniken, jedenfalls in Ballungsräumen, zwar weniger um die Gunst der Patienten, aber um jene der Rettungsdienste, was für die geforderte Teilnahme am Wettbewerb ausreichen dürfte.

276 Vgl. Pöttgen, Medizinische Forschung und Datenschutz, S. 65, insbes. Fn. 258.

277 So i. E. auch Bizer, Forschungsfreiheit und informationelle Selbstbestimmung, S. 353. Anderer Ansicht ist Pöttgen, Medizinische Forschung und Datenschutz, S. 66, wobei deren Argument, dass es nicht darauf ankomme für welche Tätigkeit die Datenverarbeitung erfolge, sondern nur darauf, ob sie von einem Wettbewerbsunternehmen ausgeübt werde, mit dem Gesetzeswortlaut kaum zu vereinbaren ist.

278 Etwas anderes könnte für spezielle wehrmedizinische Forschungsvorhaben gelten, soweit die Bundeswehr diese bevorzugt oder ausschließlich in ihren eigenen Krankenhäusern durchführt. Bereits bei der Primärnutzung dürfte beim Sanitätsdienst der Bundeswehr im Einsatz kein Wettbewerbsverhältnis vorliegen, da es für die Soldaten an der hierfür grundsätzlich notwenigen Auswahl zwischen verschiedenen Anbietern fehlt; von diesem Einsatzfall wird aber keineswegs jegliche medizinische Versorgung der Soldaten und auch nicht jede Versorgung in einem Bundeswehrkrankenhaus erfasst.

mittelbare Rückkoppelung aus dem Forschungsbereich in die Behandlung hinein geben soll, was bei klinischen Studien und klinischen Registern häufiger, bei epidemiologischen Forschungsprojekten hingegen eher seltener der Fall sein dürfte. Jedenfalls besteht aber ein rechtlicher Zusammenhang, denn die Zweckänderung hin zur Forschung muss sich vor dem Hintergrund des ursprünglichen Behandlungszwecks und der hierfür anwendbaren Regelungen rechtfertigen lassen, was zumindest für die Sekundärnutzung von Behandlungsdaten zu Forschungszwecken zur Anwendbarkeit der Regelungen des BDSG für nicht-öffentliche Stellen führt.[279] Ob dies anders zu bewerten wäre, wenn Gesundheitsdaten von „Patienten", in diesem Zusammenhang besser „Probanden" genannt, in Krankenhäusern des Bundes primär zu Forschungszwecken erhoben werden, kann im Rahmen des vorliegenden Gutachtens zur Sekundärnutzung medizinischer Behandlungsdaten offen bleiben, dürfte aber zu eher verneinen sein, da auch insoweit in aller Regel Wettbewerb besteht.[280]

Für die Sekundärnutzung zur Qualitätssicherung gelten die Ausführungen zur Sekundärnutzung für Forschungszwecke erst recht, denn die Qualitätssicherung steht dem ursprünglichem Regelungskomplex der Behandlung und dem dafür anwendbaren Datenschutzrecht noch näher als die daran anknüpfende Forschung.[281]

Im Allgemeinen wird die Durchführung von Qualitätssicherung und Forschung zudem die Attraktivität des Behandlungsangebotes erhöhen. Diese ist damit auch ein Faktor im Wettbewerb auf dem „primären Markt" um die Gewinnung von Patienten zu Behandlungszwecken. So wird eine gute Qualität in der Regel zu mehr Patienten führen, schlechtere Qualität, wenn auch sie – wie weitgehend vorgeschrieben – in Transparenzberichten publik gemacht wird, zu weniger Patienten. In der Tendenz wird man auch davon ausgehen können, dass ein positives Renommee einer Klinik als Forschungsstandort der Reputation der dortigen Patientenversorgung ebenfalls zugutekommt, wenn auch dieser Aspekt vor allem auf Universitätsklinika oder andere Kliniken der Maximalversorgung als (auch auswertende) Forschungszentren zutrifft und weniger auf Kliniken, die im Wesentlichen nur Daten zuliefern.

In der Gesamtschau der Argumente führt der nach konkreten Tätigkeiten bzw. Zwecken des Datenumgangs differenzierende Ansatz letztlich doch zu einer einheitlichen Anwendung der Vorschriften für nicht-öffentliche Stellen auf Kliniken des Bundes hinsichtlich der beschriebenen Primär- und Sekundärnutzung, da alle diese Bereiche von einem hinreichenden Wettbewerb geprägt sind.[282]

Keine Anwendung der Datenschutzvorschriften der Länder

Die Datenschutzgesetze der Länder, auch deren bereichsspezifische Regelungen zum Datenschutz im Krankenhaus, finden auf die Krankenhäuser des Bundes keine Anwen-

---

[279] So i.E. auch Simitis, in: Simitis (Hg.), BDSG, § 27 Rdnr. 39; Kilian, MedR 1986, 7, 11; Pöttgen, Medizinische Forschung und Datenschutz, S. 66 (wenn auch mit nach hier vertretener Auffassung falschem dogmatischem Ansatz, s. soeben Fn. 277).

[280] Eine Ausnahme könnte jedoch die soeben (Fn. 278) angerissene spezielle wehrmedizinische Forschung darstellen. Wohl generell a.A. Bizer, Forschungsfreiheit und informationelle Selbstbestimmung, S. 353, der davon ausgeht, dass für den Umgang mit Daten, die bereits zu Forschungszwecken erhoben wurden, andere Vorschriften gelten (bei öffentlichen Stellen des Bundes, diejenigen für öffentliche Stellen aus dem BDSG) als für den Umgang mit Patientendaten, die zu Behandlungszwecken erhoben und dann zur Forschung verwendet werden (Vorschriften des BDSG für nicht-öffentliche Stellen).

[281] Die insoweit bestehende größere Nähe des neuen (sekundären) Zwecks (Qualitätssicherung) zum früheren (primären) Zweck (Behandlung) kann allerdings auch dazu führen, dass sich die Zweckänderung leichter rechtfertigen lässt.

[282] Für die Forschung auch bei der Sekundärnutzung von Behandlungsdaten anderer Ansicht aber beispielsweise der LfD NI, der insoweit die Vorschriften des LDSG NI für öffentliche Stellen anwendet. Siehe auch unten S. 180.

dung.²⁸³ Teils wird die Anwendung des Landesrechts auf diese öffentlichen Stellen des Bundes schon von den Landesgesetzen (klarstellend) explizit ausgeschlossen. Zudem ist insoweit die Anwendbarkeit des BDSG auf öffentliche Stellen des Bundes nach § 1 Abs. 2 Nr. 1 BDSG vorrangig zu beachten; speziellere Vorschriften genießen nur insoweit Vorrang, als sie ebenfalls Rechtsvorschriften des Bundes sind (§ 1 Abs. 3 S. 1 BDSG).²⁸⁴

Die Länder dürften aber auch keine Gesetzgebungskompetenz zur Regelung des Datenschutzes bei öffentlichen Stellen des Bundes haben.²⁸⁵ Der Datenschutz fällt zwar grundsätzlich als sogenannte Annexkompetenz bzw. Kompetenz kraft Sachzusammenhang unter die Kompetenz zur jeweiligen Sachmaterie. Und der Bund verfügt im Krankenhausbereich nach dem Wortlaut des Grundgesetzes lediglich über die konkurrierende Gesetzgebungskompetenz für „die wirtschaftliche Sicherung der Krankenhäuser und die Regelung der Krankenhauspflegesätze" (Art. 74 Abs. 1 Nr. 19a GG), so dass die Regelungskompetenz für den Krankenhaus-spezifischen Datenschutz grundsätzlich bei den Ländern verbleibt (sogenannte Residualkompetenz). Dies dürfte allerdings nicht so weit gehen, dass sich diese Kompetenz auch auf Krankenhäuser des Bundes und damit eines anderen Hoheitsträgers erstreckt, selbst wenn diese nicht hoheitlich, sondern nur im Rahmen der Leistungsverwaltung und zudem als öffentlich-rechtliche Wettbewerbsunternehmen tätig werden. Insoweit dürfte die Organisationsgewalt des Bundes bezüglich eigener Stellen vorrangig sein (vgl. Art. 86 GG).²⁸⁶

Datenschutzkontrolle

Von der Organisationsgewalt des Bundes wird jedenfalls die Datenschutzkontrolle über seine öffentlichen Stellen umfasst.²⁸⁷ Insoweit hat der Bund in § 27 Abs. 1 S. 3 BDSG bestimmt, dass für öffentlich-rechtliche Wettbewerbsunternehmen (und damit auch für Kliniken) des Bundes der Bundesbeauftragte für den Datenschutz und die Informationsfreiheit (BfDI) die Datenschutzkontrolle nach den Vorschriften für den öffentlichen Bereich (§§ 18, 21, 24–26 BDSG) übernimmt und nicht die jeweilige (von den Ländern für ihren Bereich bestimmte) Aufsichtsbehörde nach § 38 BDSG zuständig ist, obgleich materiell die Vorschriften für nicht-öffentliche Stellen gelten (§ 27 Abs. 1 S. 1 Nr. 2 Buchst. a BDSG).²⁸⁸

6.5.2 Forschungsklausel (§ 28 Abs. 6 Nr. 4 BDSG)

§ 28 Abs. 6 BDSG sieht vor, dass besondere Arten personenbezogener Daten (§ 3 Abs. 9 BDSG), darunter Gesundheitsdaten, zu denen auch die hier in Rede stehenden Be-

---

283 Pöttgen, Medizinische Forschung und Datenschutz, S. 66 m.w.N. A. A. Hermeler, Rechtliche Rahmenbedingungen der Telemedizin, S. 70f., nach der die Öffnungsklausel in § 1 Abs. 2 Nr. 2 und § 27 Abs. 1 Nr. 2 Buchst. b BDSG greifen sollen, so dass es nicht auf die Lösung des verfassungsrechtlichen Kompetenzkonflikte ankomme; dabei wird offensichtlich übersehen, dass diese Öffnungsklauseln nur für öffentliche Stellen der Länder und nicht für solche des Bundes gelten.
284 Nach Art. 31 GG bricht Bundesrecht Landesrecht, was freilich wirksames und damit kompetenzkonformes Bundesrecht voraussetzt.
285 So i. E. Pöttgen, Medizinische Forschung und Datenschutz, S. 66 m.w.N.; in diese Richtung argumentiert auch Schneider, VSSR 2009, 381, 389ff.; a.A. Meier, Der rechtliche Schutz patientenbezogener Gesundheitsdaten, S. 19.
286 Zurückhaltender dagegen Simitis, in: Simitis (Hg.), BDSG, § 1 Rdnr. 11, der in den Bundeskompetenzen zur Regelung des Verwaltungsverfahrens bei der Ausführung von Bundesrecht nach Art. 84–86 GG keine Grundlage für die Schaffung materiellen Datenschutzrechts durch den Bund sieht, welches sich lediglich auf Art. 73–75 GG stützen könne (Simitis, a.a.O., Rdnr. 13).
287 Simitis, in: Simitis (Hg.), BDSG, § 1 Rdnr. 15.
288 Damit ist in jedem Fall eine einheitliche Datenschutzkontrolle sichergestellt, selbst wenn man entgegen der oben (S. 91f.) vertretenen Auffassung aufgrund des differenzierenden Wettbewerbsansatzes (§ 27 Abs. 1 S. 1 Nr. 2 Buchst. a BDSG) zur Anwendung unterschiedlichen materiellen Rechts innerhalb einer Klinik käme (z.B. Behandlung nach den Regeln für nicht-öffentliche Stellen, Forschung hingegen nach jenen für öffentliche Stellen).

handlungsdaten zählen, im Grundsatz nur mit Einwilligung des Betroffenen erhoben, verarbeitet oder genutzt werden dürfen. Allerdings werden von diesem Grundsatz vier Ausnahmen für außergewöhnliche Situationen gemacht,[289] von denen im vorliegenden Kontext die aus § 28 Abs. 6 Nr. 4 BDSG zur wissenschaftlichen Forschung in Betracht kommt. Demnach ist der Umgang mit Gesundheitsdaten für eigene Geschäftszwecke auch ohne Einwilligung des Betroffenen zulässig, wenn „dies zur Durchführung wissenschaftlicher Forschung erforderlich ist, das wissenschaftliche Interesse an der Durchführung des Forschungsvorhabens das Interesse des Betroffenen an dem Ausschluss der Erhebung, Verarbeitung und Nutzung erheblich überwiegt und der Zweck der Forschung auf andere Weise nicht oder nur mit unverhältnismäßigem Aufwand erreicht werden kann". Daraus ergibt sich ein Prüfungsschema mit folgenden Voraussetzungen für den Datenumgang zu Forschungszwecken:

- Eigenforschung (zu selbst – sei es auch im Verbund – [mit-]bestimmten Zwecken)
- (Bestimmtes) Vorhaben der wissenschaftlichen Forschung
- Erforderlichkeit des Umgangs mit den gewünschten personenbezogenen Daten
- Angemessenheit des Datenumgangs (erhebliches Überwiegen des wissenschaftlichen Interesses)
- Praktische Alternativlosigkeit für die Erreichung des Forschungszwecks

Im Folgenden wird auf diese Voraussetzungen einzeln eingegangen.

6.5.2.1 Eigenforschung

Seinem Wortlaut nach kann über § 28 Abs. 6 Nr. 4 BDSG zunächst nur die Eigenforschung der verantwortlichen Stelle gerechtfertigt werden, nicht jedoch Drittforschung,[290] da der einleitende Teilsatz in § 28 Abs. 6 BDSG lediglich auf den Umgang mit sensiblen Daten „für eigene Geschäftszwecke" Bezug nimmt.[291] Eigenforschung in diesem Sinn bedeutet, dass die Behandlungseinrichtung als verantwortliche Stelle die Zwecke und die wesentlichen Mittel einschließlich des wesentlichen Ablaufs der Forschung selbst bestimmt.[292]

Datenschutzrechtliche Übermittlungserlaubnis und Eigenforschung im Verbund

Jedoch erlaubt § 28 Abs. 6 explizit auch die Übermittlung, ohne insoweit eine Ausnahme für die in Nr. 4 geregelte Forschung zu machen.[293] Bei einer solchen Übermitt-

---

289   Zu diesem Regel-Ausnahme-Verhältnis: Simitis, in: Simitis (Hg.), BDSG, § 28 Rdnr. 294, 298; Bergmann/Möhrle/Herb, BDSG, § 28 Rdnr. 507.
290   Simitis, in: Simitis (Hg.), BDSG, § 28 Rdnr. 309.
291   Der juristische Begründungszusammenhang wird bei Bergmann/Möhrle/Herb, BDSG, § 28 Rdnr. 507ff. (Abschnitt 30: „DV sensibler Daten für eigene Geschäftszwecke"), Rdnr. 522, deutlicher.
292   Zur Erstreckung der Verantwortung auf die wesentlichen Mittel vgl. Art. 2 Buchst. d Datenschutzrichtlinie 95/46/EG und basierend hierauf: Art. 29-Datenschutzgruppe, Stellungnahme 1/2010 zu den Begriffen „für die Verarbeitung Verantwortlicher" und „Auftragsverarbeiter", Working Paper 169, 264/10/DE. Simitis, in: Simitis (Hg.), BDSG, § 28 Rdnr. 201, geht davon aus, dass „Forschungszweck und Forschungsablauf bei der Drittforschung nicht von der Stelle bestimmt [werden], bei der sich die Daten zunächst befinden", woraus sich im Umkehrschluss ergibt, dass bei Eigenforschung diese Stelle die entsprechenden Punkte bestimmen muss.
293   Die nach dem Wortlaut klar mögliche Zulässigkeit der Übermittlung sieht auch Simitis, in: Simitis (Hg.), BDSG, § 28 Rdnr. 202, 293ff., wobei er insoweit die Beschränkung des Qualifikationstatbestandes für sensible Daten nach § 28 Abs. 6 Nr. 4 BDSG auf Eigenforschung nicht angezweifelt. Dagegen stellen Bergmann/Möhrle/Herb, BDSG, § 28 Rdnr. 298, und Gola/Schomerus, BDSG, § 28 Rdnr. 73, die Übermittlung als Komplement oder Kontrast neben die Eigenforschung, wobei Bergmann/Möhrle/Herb dies nur in Bezug auf den Grundtatbestand nach Abs. 2 Nr. 3 tun und Gola/Schomerus in ihrer Kommentierung insoweit nicht zwischen Grund- und Qualifikationstatbestand unterscheiden.

lung handelt es sich in der Regel nicht um die bloße Auslagerung von Hilfstätigkeiten, z.B. des Hostings oder auch des Text-Minings nach vorgegebenen Mustern auf ein Rechenzentrum.[294] Denn die zuletzt genannten Hilfstätigkeiten würden lediglich, soweit personenbezogene Daten berührt werden, eine Form der Auftragsdatenverarbeitung und – bei Auftragnehmern innerhalb des EWR – keine Übermittlung darstellen (§ 3 Abs. 4 Nr. 3, Abs. 8 S. 3 BDSG). Mit der Übermittlung wird folglich die Weitergabe der Daten an andere, eigenständig verantwortliche Stellen erfasst, wenn auch die Beschränkung auf eigene Geschäftszwecke dadurch nicht aufgehoben wird.[295]

Insoweit muss die ursprünglich verantwortliche Stelle auch bei und nach Übermittlung die „Geschäftszwecke", hier also letztlich die Forschungszwecke zumindest mitbestimmen, damit diese ihr noch als eigene Zwecke zugerechnet werden können und dementsprechend noch Eigenforschung vorliegt, wenn auch eine besondere Form, bei der nicht eine Stelle isoliert alles Wesentliche alleine festlegt. Diese Bedingung kann gerade auch bei Verbundforschungsprojekten erfüllt werden, so dass § 28 Abs. 6 Nr. 4 BDSG nicht nur bei isolierter, sondern auch bei kooperativer Eigenforschung im Verbund greifen kann.

Reine Drittforschung, bei welcher ausschließlich Dritte alle wesentlichen Freiräume der Forschung ausfüllen und die ursprünglich verantwortliche Stelle (hier: die Behandlungseinrichtung) lediglich als Datenlieferant fungiert, dürfte hingegen nicht von der gesetzlichen Forschungsklausel in § 28 Abs. 6 Nr. 4 BDSG erfasst sein. Die Lieferung personenbezogener Behandlungsdaten an einen Treuhänder zur einrichtungsübergreifenden Pseudonymisierung oder an ein Studienportal als allgemeines Forschungsregister dürfte daher, wenn daran anschließend grundsätzlich Zugriff für beliebige, nicht konkret von der Behandlungseinrichtung mitbestimmte Forschungszwecke besteht, nicht von diesem Erlaubnistatbestand erfasst sein.[296] Je konkreter allerdings die Vorgaben für ein solches Studienportal formuliert und je mehr diese in gemeinschaftlich von allen beteiligten Behandlungseinrichtungen konsentierten Nutzungsbedingungen niedergelegt sind, desto eher wäre ein solcher Anwendungsfall ggf. wieder der Eigenforschung zuzurechnen. Der Zweck der möglichst umfassenden Sekundärnutzung einer solchen Datenbasis würde dadurch allerdings eher konterkariert.

An dieser Beschränkung auf die Eigenforschung dürfte auch § 28 Abs. 8 S. 1 BDSG nichts ändern, der zwar explizit die Übermittlung und Nutzung für andere Zwecke auch beim Umgang mit Gesundheitsdaten erlaubt, allerdings wieder nur unter den Bedingungen von Abs. 6 Nr. 1–4 und Abs. 7 S. 1.[297] Man könnte zwar anführen, dass der Verweis auf die einzelnen Nummern in § 28 Abs. 6 BDSG die Einschränkung auf die eigenen Geschäftszwecke im einleitenden Satz ausnimmt und daher insoweit

---

294 Die Ausnahme von der Regel ist die Übermittlung an Stellen in Drittstaaten außerhalb des EWR (und über bilaterale Assoziierungsabkommen die Schweiz), welche auch dann gegeben ist, wenn der Sache nach aufgrund bloßer Hilfstätigkeit Auftragsdatenverarbeitung vorliegt.
295 Zu den allerdings bestehenden Abgrenzungsschwierigkeiten zwischen Eigen- und Drittforschung, wobei sich der Gesetzgeber jedoch bei sensitiven Daten einschließlich solcher zur Gesundheit für die ausschließliche Zulassung der Eigenforschung durch den Qualifikationstatbestand nach § 28 Abs. 6 Nr. 4 BDSG im Gegensatz zum Grundtatbestand für „normale" Daten nach Abs. 2 Nr. 3 mit seiner Begrenzung auf Drittforschung entschieden hätte: Simitis in: Simitis (Hg.), BDSG, § 28 Rdnr. 200.
296 Nach Simitis, in: Simitis (Hg.), BDSG, § 28 Rdnr. 201, läge insoweit wohl eindeutig ein Fall der Drittforschung vor, da „Forschungszweck und Forschungsablauf […] nicht von der Stelle bestimmt [werden], bei der sich die Daten zunächst befinden" und diese sich darauf „beschränkt […] die Angaben an eine selbständige wie unabhängige Forschungseinrichtung zu übermitteln".
297 Kritisch zu dieser gewissen Zirkularität bzw. Redundanz: Simitis, in: Simitis (Hg.), BDSG, § 28 Rdnr. 320.

auch reine Drittforschung ermöglicht wird. Zwingend ist dieser Schluss jedoch nicht.[298] Und von der Kommentarliteratur wird nicht ganz zu Unrecht angeführt, dass angesichts der Sensibilität der betroffenen Daten und der Unbestimmtheit der Zwecke jedenfalls eine restriktive Auslegung angezeigt ist[299] oder insoweit gar nur die Anwendungsgrenzen der vorigen beiden Absätze noch einmal klargestellt werden.[300] So dürfen Gesundheitsdaten beispielsweise auf dieser Grundlage keineswegs zu Werbezwecken von Dritten verwendet werden.[301] Wissenschaftliche Forschung ist zwar gegenüber der Werbung privilegiert, so dass man diese restriktiven Ansätze nicht unbedingt auf die Forschung übertragen müsste. Allerdings wäre eine abweichende Praxis weniger rechtssicher, zumal von den Kommentatoren immer wieder, wenn auch unter Bezug auf § 28 Abs. 6 Nr. 4 und nicht auf Abs. 8, die Beschränkung der wissenschaftlichen Verwendung sensibler Daten wie solchen über die Gesundheit auf Eigenforschung betont wird.[302] Vor diesem Hintergrund wird man von dem Verweis in § 28 Abs. 8 BDSG auf Abs. 6 Nr. 1–4 auch die Einschränkung auf eigene Geschäftszwecke erfasst sehen müssen, weshalb die genannte Grenze der Eigenforschung bestehen bleibt.[303]

Letztlich wird man in § 28 Abs. 8 S. 1 BDSG aber eine Bestätigung dafür sehen können, dass nicht nur ein Umgang mit Gesundheitsdaten zur wissenschaftlichen (Eigen-) Forschung erlaubt sein kann, wenn die Daten primär zu diesem Zweck erhoben wurden, sondern auch dann, wenn es sich insoweit um eine Sekundärnutzung ursprünglich zu Behandlungszwecken erhobener Daten handelt.[304]

Am Rande sei angemerkt, dass umgekehrt der für „normale", nicht besonders sensible Daten geltende Grundtatbestand für die Forschung nach § 28 Abs. 2 Nr. 3 BDSG nicht nur Drittforschung im Interesse einer Forschungseinrichtung umfasst, sondern auch die Eigenforschung. Voraussetzung hierfür ist, dass die ursprünglich verantwortliche Stelle selbst eine Forschungseinrichtung unterhält. Eine solche muss aber nicht zwingend formaljuristisch, gesellschaftsrechtlich selbständig sein, wenn die Unabhängigkeit der wissenschaftlichen Tätigkeit auch auf andere Weise verbindlich organisatorisch abgesichert wird.[305] Dies könnte bei der Bewertung der Zulässigkeit im Hinblick auf bei Forschungsvorhaben mitverarbeitete Beschäftigtendaten relevant werden.

---

298 Vgl. Simitis, in: Simitis (Hg.), BDSG, § 28 Rdnr. 320, der § 28 Abs. 8 BDSG als „kaum verständliche, vor allem aber widersprüchliche Bestimmung" bezeichnet. Auch Bergmann/Möhrle/Herb, BDSG, § 28 Rdnr. 531, bezeichnen sie als problematisch.
299 Bergmann/Möhrle/Herb, BDSG, § 28 Rdnr. 531 m.w.N.
300 Zu letzterem: Simitis in Simitis (Hg.); BDSG, § 28 Rdnr. 321.
301 Simitis in Simitis (Hg.); BDSG, § 28 Rdnr. 321 (zur eingeschränkten Verwendungsrahmen für Gesundheitsdaten s.a. Rdnr. 320); Bergmann/Möhrle/Herb, BDSG, § 28 Rdnr. 533.
302 Vgl. Simitis in Simitis (Hg.); BDSG, § 28 Rdnr. 309 m.w.N.: sensitive Daten sind „für die ‚Drittforschung' unzugänglich"; Bergmann/Möhrle/Herb, BDSG, § 28 Rdnr. 522.
303 Eine Umgehung dieser Grenze dürfte auch über § 29 Abs. 5 BDSG nicht ohne weiteres möglich sein. Danach gelten die § 28 Abs. 6–9 BDSG zwar für den geschäftsmäßigen Datenumgang zum Zweck der Übermittlung „nur" entsprechend, was einen gewissen Spielraum lassen könnte (dagegen Simitis in Simitis (Hg.); BDSG, § 28 Rdnr. 293: „gilt aber nichts anderes"). § 29 BDSG dürfte jedoch für die Behandlungseinrichtung, welche die Patientendaten ursprünglich für eigene Geschäftszwecke (nämlich die Behandlung) erhoben hat, nicht gelten.
304 Wobei die Sekundärnutzung hier im weiteren Sinn verstanden werden soll und nicht nur das Nutzen von Daten im Sinne des Auffangtatbestandes des § 3 Abs. 5 BDSG umfasst, sondern auch die Verarbeitung, letztlich also die gesamte weitere Verwendung. Soweit wird man jedenfalls im Hinblick auf die privilegierte wissenschaftliche Forschung § 28 Abs. 8 S. 1 in Verbindung mit Abs. 6 Nr. 4 BDSG auslegen können.
305 Bergmann/Möhrle/Herb, BDSG, § 28 Rdnr. 298; Gola/Schomerus, BDSG, § 28 Rdnr. 73; a. A. Simitis, in: Simitis (Hg.), BDSG, § 28 Rdnr. 201. S.a. oben Fn. 293.

Keine Offenbarungsbefugnis im Sinne von § 203 StGB

Trotz Vorliegens einer datenschutzrechtlichen Übermittlungserlaubnis, welche die kooperative Eigenforschung im Verbund mit personenbezogenen Daten auf gesetzlicher Grundlage ermöglichen würde, müsste für die Weitergabe patientenbezogener Behandlungsdaten eine gesonderte Offenbarungsbefugnis im Sinne der Schweigepflicht nach § 203 StGB vorliegen, welche nach herrschender Meinung nicht in § 28 Abs. 6 Nr. 4 BDSG gesehen werden kann, da das BDSG insoweit das Schutzniveau nicht absenken möchte.[306] Mangels bereichsspezifischer Sondervorschriften (wie beispielsweise der Landeskrankenhausgesetze) wird daher eine Weitergabe solcher Daten nur mit Schweigepflichtentbindung durch die Patienten gerechtfertigt sein, was die Möglichkeiten patientenbezogener Verbundforschung letztlich doch wieder nennenswert einschränkt.

6.5.2.2 (Bestimmtes) Vorhaben der wissenschaftlichen Forschung

Wissenschaftliche Forschung

Zudem muss die Erhebung, Verarbeitung oder Nutzung personenbezogener Daten der Durchführung wissenschaftlicher Forschung dienen. Bei der Auslegung des Begriffs der „wissenschaftlichen Forschung" kann man sich an der durch Art. 5 Abs. 3 GG verbürgten Wissenschaftsfreiheit orientieren, welche (neben der Lehre) vor allem die Forschung umfasst.[307] Für das Bundesverfassungsgericht schützt dieses Grundrecht mit der wissenschaftlichen Tätigkeit alles, „was nach Inhalt und Form als ernsthafter Versuch zur Ermittlung der Wahrheit anzusehen ist".[308] Forschung ist vor diesem Hintergrund „die planmäßige und zielgerichtete Suche nach neuen Erkenntnissen".[309]

Mit diesen weiten Umschreibungen scheint zwar wenig gewonnen zu sein.[310] Jedoch darf der Begriff der wissenschaftlichen Forschung nicht zu eng gefasst werden, denn „Art. 5 Abs. 3 GG [will] nicht eine bestimmte Auffassung von der Wissenschaft oder eine bestimmte Wissenschaftstheorie schützen", sondern „jede wissenschaftliche Tätigkeit".[311] Eine gewisse Weite der Definition ist somit angesichts der Vielfalt der Wissenschaften und der „Unabgeschlossenheit jeglichen wissenschaftlichen Bemühens"[312] kaum zu vermeiden.

Allerdings wird man für Forschung, die durch das Prädikat „wissenschaftlich" qualifiziert wird und daher klar unter den Schutz der Wissenschaftsfreiheit gestellt werden soll, die Freiheit von sachfremden Erwägungen fordern müssen.[313] Hierunter ist die Unabhängigkeit der Forschung in inhaltlicher Hinsicht zu verstehen. Jedenfalls im Rahmen der allgemeinen Gesetze muss die wissenschaftliche Forschung ihre Methoden selbst so wählen dürfen, dass sie der „Wahrheit" möglichst nahe kommt,

---

306 S. oben S. 75f.
307 Bergmann/Möhrle/Herb, BDSG, § 28 Rdnr. 303.
308 BVerfG, Beschl. v. 01.03.1978 – 1 BvR 333/75 u.a. (Hess. Universitätsgesetz), BVerfGE 47, 327, 367, juris Rdnr. 151.
309 Bergmann/Möhrle/Herb, BDSG, § 28 Rdnr. 303 m.w.N.
310 Simitis, in Simitis (Hg.), BDSG, § 40 Rdnr. 35, der daher weitere Präzisierung fordert. Bedenken im Hinblick auf die verfassungsrechtliche Bestimmtheit des Rechtsbegriffs der „wissenschaftlichen Forschung" äußern auch Gola/Schomerus, BDSG, § 40 Rdnr. 7a, die u.a. deshalb auch das Kriterium der Unabhängigkeit und die weitere Einschränkung auf „bestimmte Forschungsvorhaben" fordern.
311 BVerfG, o. Fn. 308 (Hess. Universitätsgesetz), BVerfGE 47, 327, 367, juris Rdnr. 151.
312 BVerfG, o. Fn. 308 (Hess. Universitätsgesetz), BVerfGE 47, 327, 367, juris Rdnr. 151.
313 Insoweit kann dem Wunsch von Simitis, in Simitis (Hg.), BDSG, § 40 Rdnr. 35, nach weiterer Präzisierung zugestimmt werden, wobei dessen Kritik, dass das BDSG auf ein „die Forschung qualifizierendes Beiwort" verzichtet, immerhin insoweit nicht zutrifft, als dass das Prädikat „wissenschaftlich" aufgenommen wurde.

in den Erfahrungswissenschaften also die tatsächlichen Zusammenhänge so gut wie möglich erfasst. Eine scheinwissenschaftliche Begründung vorgegebener Ergebnisse scheidet damit aus dem Bereich der wissenschaftlichen Forschung aus. Insoweit nicht schädlich ist dagegen, wenn von einem Sponsor die Gegenstände, welche die Forschung näher erkunden soll, vorgegeben werden, ohne auf den wissenschaftlichen Erkenntnisprozess selbst Einfluss zu nehmen. Daher scheidet auch Industrieforschung, z.B. im Pharmabereich, nicht generell aus diesem Bereich aus.[314]

Zu den Charakteristika der wissenschaftlichen Forschung gehört aber auch die Veröffentlichung (anonymisierter) Erkenntnisse,[315] damit die „scientific community" diese überprüfen kann. Eine entsprechende Veröffentlichungsabsicht muss von Anfang an bestehen.[316] Sollen die Ergebnisse der Forschung, unabhängig von ihrer wissenschaftlichen Qualität, ggf. aber abhängig von ihrem Inhalt,[317] langfristig geheim gehalten werden, so fällt die entsprechende Tätigkeit daher nicht in den Schutzbereich der Wissenschaft. Da „die Suche nach der Wahrheit aber grundsätzlich nie abgeschlossen" ist, zum Beispiel im Hinblick auf verschiedene Evidenzgrade, wird man den Wissenschaftlern jedoch einen weiten Spielraum bei der Entscheidung über den Zeitpunkt der Veröffentlichung eines bestimmten Forschungsergebnisses einräumen müssen.[318] Auch einem eventuellen Sponsor der Forschung wird man einen gewissen Spielraum zugestehen können, gerade wenn dies für die vorherige Erlangung von Patentschutz für eine Erfindung notwendig ist. Die teils bei vergleichenden Arzneimittelstudien vorgefundene Praxis, diese nicht zu veröffentlichen, wenn kein Zusatznutzen für das Präparat des Pharmasponsors festgestellt wird,[319] führt allerdings dazu, dass diese Art von Forschung die Privilegien der Wissenschaft nicht für sich in Anspruch nehmen kann.

(Bestimmtes) Forschungsvorhaben

Des Weiteren knüpft der Wortlaut von § 28 Abs. 6 Nr. 4 BDSG den Datenumgang im Gegensatz zu mehreren LDSG und LKHG nicht ausdrücklich an ein bestimmtes Forschungsvorhaben, sondern spricht zunächst nur von Durchführung wissenschaftlicher Forschung.[320] Allerdings wird in der Folge auch eine Abwägung des wissenschaftlichen Interesses „an der Durchführung des Forschungsvorhabens" mit den entgegenstehenden Interessen des Betroffenen verlangt. Unter anderem hieraus wird ganz überwiegend geschlossen, dass letztlich auch für die Anwendung von § 28 Abs. 6 Nr. 4 BDSG

---

314 Gola/Schomerus, BDSG, § 40 Rdnr. 8, es sei denn, die wissenschaftliche Tätigkeit ist wirtschaftlichen oder sonstigen anderweitigen Interessen eindeutig untergeordnet.
315 Nach BVerfG, o. Fn. 308 (Hess. Universitätsgesetz), BVerfGE 47, 327, juris Rdnr. 181, ist „die Forschung letztlich auf Kommunikation und Publikation ausgerichtet". An (öffentlichen) Universitäten gehört sie zu den Dienstpflichten der Professoren; dort ist überdies eine interne Berichterstattung zur Rechtfertigung der Mittelverteilung angezeigt (BVerfG, a.a.O., Rdnr. 176).
316 Für Weichert, Aktuelle Herausforderungen des Datenschutzes im Bereich der medizinischen Forschung, Abschnitt IV am Ende, zählt die Veröffentlichungsabsicht gerade auch im Kontext des Datenschutzrechts zur Wissenschaftlichkeit eines Forschungsprojektes.
317 Damit ist die inhaltliche Aussage an sich, nicht die Aussagekraft gemeint. Ist die Aussagekraft, also das Evidenzniveau, sehr gering, wird man keine Veröffentlichung fordern können. Umkehrt wird man aber auch keine höchste Evidenz für eine Veröffentlichungspflicht fordern könne, denn auch die Wissenschaft ist in der Regel ein iterativer, arbeitsteiliger Prozess. Es geht letztlich um die Vermeidung von am Inhalt der Forschungsergebnisse ansetzenden selektiven Veröffentlichungsrestriktionen.
318 BVerfG, o. Fn. 308 (Hess. Universitätsgesetz), BVerfGE 47, 327, juris Rdnr. 191
319 Vgl. zum möglichen (sachfremden) Einfluss auf die Studienergebnisse: Schott u.a., Finanzierung von Arzneimittelstudien durch pharmazeutische Unternehmen und die Folgen, Teil 1: Qualitative systematische Literaturübersicht zum Einfluss auf Studienergebnisse, -protokoll und -qualität, DÄ Int. 2010, S. 279–285, Teil 2: Qualitative systematische Literaturübersicht zum Einfluss auf Autorschaft, Zugang zu Studiendaten sowie auf Studienregistrierung und Publikation, DÄ Int. 2010, S. 295–301.
320 Simitis, in: Simitis (Hg.), BDSG, § 28 Rdnr. 202 m.w.N. zu den im Wortlaut abweichenden LDSG.

ein konkretes Forschungsvorhaben Voraussetzung ist.[321] Auch gibt es Indizien in der Gesetzesbegründung dahingehend, dass mit der Forschungsklausel nicht auf jegliche Konkretisierung des Forschungsvorhabens verzichtet werden sollte.[322] Ohne eine solche Konkretisierung würden vor allem auch Anhaltspunkte für die weitere Prüfung der Erforderlichkeit der herangezogenen Daten, der Angemessenheit einer Heranziehung der gesetzlichen Erlaubnis (erhebliches Überwiegen des Forschungsinteresses) sowie deren Alternativlosigkeit (Zweck auf andere Weise praktisch nicht erreichbar) fehlen.[323]

Kriterien zur Konkretisierung des Forschungsvorhabens

Vor diesem Hintergrund stellt sich die Frage, wie konkret ein Forschungsvorhaben beschrieben und begrenzt sein muss, um als „bestimmt" im genannten Sinne zu gelten. Hierzu wird in der Literatur ausgeführt, dass der Umgang mit personenbezogenen Daten so lange unterbleiben müsse „wie es an einem konkreten Forschungsdesign fehlt, das Anlass, Ziel, Aufbau und Verlauf des Projektes genau beschreibt"; allgemeine Aussagen „über die Forschungsziele oder die beabsichtigten Untersuchungen" sollen deshalb genauso wenig ausreichen „wie Hinweise auf frühere vergleichbare Arbeiten".[324]

Dabei wird zwar zu berücksichtigen sein, dass sich der Verlauf eines Forschungsprojektes wie auch dessen Ergebnisse aufgrund der geforderten Offenheit für neue Einsichten nicht exakt vorherbestimmen lassen. Allerdings wird man zumindest die beteiligten Stellen genau benennen und den Forschungsgegenstand möglichst weit eingrenzen sowie grundlegende Aussagen zur angewandten Methodik machen müssen.[325] Sollten dann im Verlauf eines Forschungsprojektes aufgrund unerwarteter Zwischenergebnisse diese wesentlichen Determinanten geändert werden, so läge ggf. ein bestimmtes neues Vorhaben vor, das erneut – zumindest bezüglich der Änderungen – geprüft werden müsste.

Kein allgemeines Forschungsregister auf Basis der allgemeinen Forschungsklausel

Damit ist auf Basis dieser Forschungsklausel keine Datensammlung auf Vorrat erlaubt.[326] Eine solche Datensammlung auf Vorrat wurde vom Bundesverfassungsge-

---

321 Simitis, in: Simitis (Hg.), BDSG, § 28 Rdnr. 310 (knapp zum für Gesundheitsdaten einschlägigen Abs. 6 Nr. 4, deren Verwendung aber grundsätzlich den auch sonst für Forschungszwecke geltenden Bedingungen nach Abs. 2 Nr. 3 steht), Rdnr. 202ff. (ausführlicher zum insoweit gleichlautenden Abs. 2 Nr. 3). Bergmann/Möhrle/Herb, BDSG, § 28 Rdnr. 302, sprechen zwar nicht von einem bestimmten, aber doch von einem Forschungsprojekt, zu dem Angaben wie Ziel und Verlauf gemacht werden müssen, damit die verantwortliche Stelle die Voraussetzungen v. Abs. 2 Nr. 3 im Einzelfall prüfen kann, was sie auch muss (was auf Abs. 6 Nr. 4 zu übertragen ist, vgl. Rdnr. 522).
322 Simitis, in: Simitis (Hg.), BDSG, § 28 Rdnr. 202, wenn auch der § 36 des Regierungsentwurfes zum BDSG 1990, Bundestags-Drucksache 11/4306, S. 19, 54, auf den er sich bezieht, in dieser Formulierung letztlich nicht Gesetz wurde.
323 Vgl. OLG Hamm, Beschluss v. 28.11.1995, NJW 1996, 940, 941 = RDV 1996, 189: Es kommt „entscheidend darauf an, ob das Forschungsvorhaben einen engen Bezug zu einem konkreten und bedeutenden Allgemeininteresse hat. [...] Die wissenschaftliche Bedeutung des Forschungsvorhabens für die Allgemeinheit ist aber in jedem Einzelfall festzustellen, um danach eine Abwägung gegenüber den schutzwürdigen Belangen der Betroffenen vornehmen zu können." Diese zu § 28 Abs. 2 LDSG NW in der damaligen Fassung ergangene Entscheidung zu Recht auf die Forschungsklauseln in § 28 Abs. 2 Nr. 3, Abs. 6 Nr. 4 BDSG übertragend: Bergmann/Möhrle/Herb, BDSG, § 28 Rdnr. 305, 307. So i.E. auch Simitis, in: Simitis (Hg.), BDSG, § 28 Rdnr. 202f.; Bizer, Forschungsfreiheit und informationelle Selbstbestimmung, S. 251. Einschränkend Taeger, in: Taeger/Gabel, BDSG, § 28 Rdnr. 148.
324 Simitis, in: Simitis (Hg.), BDSG, § 28 Rdnr. 204 m.w.N.
325 Auch Bergmann/Möhrle/Herb, BDSG, § 28 Rdnr. 302, fordern, dass die „Forschungseinrichtung der verantwortlichen Stelle Angaben zum Forschungsprojekt wie z. B. Forschungsziel und -ablauf zur Verfügung" zur Prüfung im Einzelfall bereitstellt.
326 Simitis, in: Simitis (Hg.), BDSG, § 28 Rdnr. 204; Bergmann/Möhrle/Herb, BDSG, § 28 Rdnr. 304; Bizer, Forschungsfreiheit und informationelle Selbstbestimmung, S. 176ff. Dagegen vertritt Dammann, in: Simitis (Hg.), BDSG, § 14 Rdnr. 91, zum fast wortgleichen § 14 Abs. 2 Nr. 9 BDSG, der für öffentliche Stellen des Bundes gilt, in der Tendenz eine weniger strenge, aber im Ergebnis nicht eindeutige Auffassung: Der Begriff des Forschungsvorhabens ist demnach „nicht zu eng auszulegen"; er soll „neben zeitlich und thematisch genau festgelegten Projekten auch auf die wissenschaftliche Infrastruktur gerichtete und damit längerfristig wirksame Vorhaben, wie etwa den Aufbau wissenschaftlicher Datenbanken" umfassen; allerdings sei dann „bei der Abwägung auch ein etwaiges langfristiges Missbrauchsrisiko zu veranschlagen"; und schließlich soll in „jedem Falle [...] die Abwägung nur möglich [sein], wenn Ziel, Aufbau und Verlauf des Vorhabens klar definiert sind", was Datenbanken zu allgemeinen Forschungszwecken auf dieser Basis wieder fraglich erscheinen lässt.

richt (BVerfG) auch im für den Datenschutz grundlegenden Volkszählungsurteil grundsätzlich abgelehnt, um die Überschaubarkeit und Kontrollierbarkeit des Datenumgangs zu gewährleisten.[327]

Eine Erhebung und Verwendung von Daten auf Vorrat wurde vom BVerfG lediglich in eng umgrenzten Ausnahmefällen wie insbesondere für statistische Zwecke unter einer Reihe von Bedingungen hingenommen.[328] Solche statistischen Zwecke und Forschungszwecke ähneln sich zwar und die genannten Bedingungen könnten wohl auch im Forschungsbereich grundsätzlich in entsprechender Weise erfüllt werden. Soweit der Gesetzgeber allerdings keine normenklare, einfachgesetzliche Grundlage geschaffen hat, kann auf diese verfassungsrechtliche Möglichkeit der Rechtfertigung eines Eingriffes in die informationelle Selbstbestimmung der Patienten nicht zurückgegriffen werden.

Grundlage und Grenze der Erlaubnistatbestände für die Forschung im BDSG ist damit die Erforderlichkeit von personenbezogenen Daten für ein bestimmtes Vorhaben.[329] Daher können Forschungsregister, die sich nicht auf bestimmte Vorhaben beschränken, ohne spezifische Rechtsgrundlage nicht errichtet werden.[330]

Eine gewisse Datensammlung auf Vorrat wurde bislang durch Registergesetze für bestimmte Krankheiten ermöglicht.[331] Dabei wurden Abstriche im Hinblick auf die Bestimmtheit durch den Verzicht auf konkrete Vorhaben für die Datensammlung gemacht, wobei die Begrenzung auf eine bestimmte Krankheit nach wie vor immerhin eine gewisse Schranke darstellt. Solche indikationsspezifischen Registergesetze sollen vorliegend nicht weiter betrachtet werden.

Eine gesetzliche Erlaubnisnorm für ein allgemeines – krankheitsübergreifendes – medizinisches Forschungsregister existiert bislang nicht. Die verfassungsrechtliche Frage, ob eine solche allgemeine Erlaubnis überhaupt zulässigerweise vom Gesetzgeber geschaffen werden könnte, soll hier ebenfalls offen gelassen werden.

Verbot der Verwendung für nichtwissenschaftliche Zwecke (§ 40 BDSG)

Zwar sieht das geltende Recht in § 40 Abs. 1 BDSG vor, dass für „Zwecke der wissenschaftlichen Forschung erhobene oder gespeicherte personenbezogene Daten [...] nur für Zwecke der wissenschaftlichen Forschung verarbeitet oder genutzt werden" dürfen. Darin ist zunächst eine strikte Bindung der einmal der wissenschaftlichen For-

---

327 BVerfG, Urt. v. 15.12.1983 – 1 BvR 209/83 u.a. (Volkszählung), BVerfGE 65, 1, juris Rdnr. 155ff.; Simitis, in: Simitis (Hg.), BDSG, § 40 Rdnr. 53.
328 BVerfG, o. Fn. 327 (Volkszählung), BVerfGE 65, 1, juris Rdnr. 158ff. (Notwendigkeit für die Erfüllung allgemeiner öffentlicher Aufgaben, aber Abschottung gegenüber dem Verwaltungsvollzug, Zweckbindung, Statistikgeheimnis, möglichst weitgehende Anonymisierung); Simitis, in: Simitis (Hg.), BDSG, § 40 Rdnr. 54. Auch BVerfG, Urt. v. 02.03.2010 – 1 BvR 256/08 u.a. (Vorratsdatenspeicherung), BVerfGE 125, 260, hält die Vorratsdatenspeicherung von Telekommunikationsverkehrsdaten nur in sehr begrenztem Rahmen für zulässig: zeitliche Beschränkung auf sechs Monate (juris Rdnr. 208), besondere Anforderungen an Datensicherheit, Datenverwendung, Transparenz und Rechtsschutz (Rdnr. 220ff.).
329 Simitis, in: Simitis (Hg.), BDSG, § 40 Rdnr. 55, § 14 Rdnr. 88ff. (öffentliche Stellen), § 28 Rdnr. 197ff., 309f. (nicht-öffentliche Stellen). S. auch LfD BW, 2. Tätigkeitsbericht, 1981, S. 11ff., der das Kumulative Psychiatrische Fallregister des Mannheimer Zentralinstituts für Seelische Gesundheit wegen eines Verstoßes gegen den damaligen § 20 LDSG, der nur das Speichern für bestimmte Forschungsvorhaben erlaubte, als unzulässig beanstandete, da Einspeicherung in dieses Register für gegenständlich begrenzte, sondern auch für künftige, noch gar nicht feststehende Forschungsvorhaben erfolgen sollte; s. dazu auch Simitis, a.a.O., Rdnr. 49.
330 Simitis, in: Simitis (Hg.), BDSG, § 40 Rdnr. 55; LfD NW, 17. Datenschutz- u. Informationsfreiheitsbericht, 2005, S. 128f.; wobei in beiden Fundstellen nicht nur eine spezifische Rechtsgrundlage, sondern genauer bzw. weitergehend eine spezielle gesetzliche Grundlage gefordert wird und der LfD NW explizit die Einwilligung als Rechtsgrundlage ausschließt, da Bedeutung und Tragweite für den Betroffenen mangels Bestimmtheit nicht ersichtlich werden können.
331 Simitis, in: Simitis (Hg.), BDSG, § 40 Rdnr. 23, 64.

schung zugeführten Daten an die entsprechenden Zwecke zu sehen, also ein Zweckentfremdungsverbot.[332]

Flexibilisierung innerhalb des Zweckrahmens der wissenschaftlichen Forschung

Allerdings verzichtet § 40 Abs. 1 BDSG auf einen Vorhabensbezug innerhalb des Zweckrahmens der wissenschaftlichen Forschung und erweitert damit auch die Handlungsmöglichkeiten von Forschungseinrichtungen, an welche sich die Norm ausweislich ihrer amtlichen Überschrift richtet.[333] § 40 BDSG stellt jedoch keine Erlaubnisnorm dar.[334] Insoweit muss für Gesundheitsdaten im nicht-öffentlichen Bereich nach wie vor auf § 28 Abs. 6 Nr. 4 BDSG zurückgegriffen werden.

§ 40 Abs. 1 BDSG führt jedoch dazu, dass die Weiterverwendung einmal für ein bestimmtes Forschungsvorhaben erhobener Daten auch für bestimmte andere Forschungsvorhaben nicht ausgeschlossen ist,[335] wenn die jeweiligen Erlaubnistatbestände vorliegen, wobei für die Zulässigkeit der „Zweitverwertung" das neue Vorhaben maßgeblich ist.[336] Es kommt also darauf an, ob dieses neue Vorhaben bestimmt genug ist, um Erforderlichkeit, Angemessenheit und praktische Alternativlosigkeit zu prüfen, und es letztlich auch so ausgestaltet ist, dass diese Punkte bejaht werden können. Die bloße Änderung des Vorhabens innerhalb des Zweckrahmens der wissenschaftlichen Forschung stellt dabei angesichts § 40 Abs. 1 BDSG kein Negativ- oder gar Ausschlusskriterium dar.[337] Die Einhaltung dieses Zweckrahmens begründet allein aber auch noch keineswegs die Zulässigkeit des Datenumgangs für das neue Vorhaben. Grundlage und Grenze der Datenverwendung für Forschungszwecke bleibt damit die Relevanz für ein konkretes Projekt. Dies gilt auch beim späteren Zugriff auf vorhandene Daten für ein neues Projekt.[338]

Pflicht zur Anonymisierung, sobald möglich; hilfsweise Pseudonymisierung

Die Frage nach der Zulässigkeit der Datenverwendung für ein anderes Forschungsprojekt stellt sich freilich nur, wenn die Daten aus dem Ausgangsprojekt noch personenbezogen vorhanden sind. Nach § 40 Abs. 2 BDSG sind personenbezogene Daten zwar zu anonymisieren, sobald dies nach dem Forschungszweck möglich ist. Doch kann dies gerade bei Längsschnittstudien durchaus über längere Zeit nicht der Fall sein.[339]

---

332 Simitis, in: Simitis (Hg.), BDSG, § 40 Rdnr. 43ff. Als Ausnahmen werden nur die Einwilligung oder spezifische Erlaubnisse, nicht aber allgemeine Normen des BDSG zugelassen, Simitis, a.a.O., Rdnr. 44. Mangels strafprozessual abgesichertem Forschungsgeheimnis soll auch eine Beschlagnahme nach § 94ff. StPO und die Einführung der entsprechenden Erkenntnisse ins Strafverfahren erlaubt sein, Simitis, a.a.O., Rdnr. 45. Im Medizinbetrieb, auch soweit er sich an der Forschung beteiligt, wäre aber in jedem Fall ein Beschlagnahmeverbot in Bezug auf die Unterlagen der Berufsgeheimnisträger (Ärzte) nach § 97 StPO zu prüfen.
333 Simitis, in: Simitis (Hg.), BDSG, § 40 Rdnr. 56: „das ‚Urprojekt' ist nicht mehr verbindliche Vorgabe, sondern nur noch Informationsquelle".
334 Simitis, in: Simitis (Hg.), BDSG, § 40 Rdnr. 55; Bergmann/Möhrle/Herb, BDSG, § 40 Rdnr. 4, 7 (§ 28 BDSG für nicht-öffentliche Stellen).
335 Wobei zur weiteren Verwendung auch eine Übermittlung an eine andere Forschungseinrichtung zählen kann: Simitis, in: Simitis (Hg.), BDSG, § 40 Rdnr. 56, 57 (besondere Schutzvorkehrungen bei Übermittlungen erforderlich); Bergmann/Möhrle/Herb, BDSG, § 40 Rdnr. 13, 14; Gola/Schomerus, BDSG, § 40 Rdnr. 11.
336 Bergmann/Möhrle/Herb, BDSG, § 40 Rdnr. 15.
337 Simitis, in: Simitis (Hg.), BDSG, § 40 Rdnr. 56, allein zur Rechtfertigung der Zweckänderung soll keine besondere gesetzliche Grundlage oder eine Einwilligung erforderlich sein.
338 S. oben Fn. 329.
339 Bergmann/Möhrle/Herb, BDSG, § 40 Rdnr. 23; Gola/Schomerus, BDSG, § 40 Rdnr. 14.

Teils wird vertreten, dass es für die Frage, ob eine Anonymisierung nach dem Forschungszweck möglich ist, nicht auf das ursprüngliche Vorhaben ankommt, sondern angesichts der in § 40 Abs. 1 BDSG akzeptierten „Variabilität der Forschungszwecke" auf den spezifischen Aufgabenbereich der Forschungseinrichtung.[340] Hierfür wird angeführt, dass andernfalls für eine zweckändernde Verwendung in personenbezogener Form kein Raum mehr wäre und § 40 Abs. 1 BDSG gegenstandslos würde.[341] Dies trifft angesichts der Möglichkeit des Rückgriffs auf notwendigerweise noch personenbezogene Daten von Langzeitstudien, die zu bestimmten anderen Zwecken durchgeführt werden, in diesem Extrem aber nicht zu.[342] Zudem ist fraglich, ob und inwieweit sich der spezifische Aufgabenbereich einer Forschungseinrichtung hinreichend bestimmt eingrenzen lässt. Daher wäre der „spezifische Aufgabenbereich", will man dieser umstrittenen Meinung folgen, jedenfalls nicht zu weit zu fassen.

Unmittelbare Geltung für wissenschaftliche Forschungseinrichtungen, Erstreckung von Restriktionen

Nach seiner amtlichen Überschrift gilt § 40 BDSG nur für wissenschaftliche Forschungseinrichtungen.[343]

Teils wird hierin im Ansatz keine weitere Einschränkung gegenüber dem Begriff der wissenschaftlichen Forschung und der diesem immanenten inhaltlichen Unabhängigkeit gesehen: Öffentliche und private Institute wie auch Abteilungen in Unternehmen könnten demnach als wissenschaftliche Forschungseinrichtung gelten, solange die Forschungsarbeit unabhängig erfolgt.[344] Für die privatwirtschaftliche Forschung im Unternehmen oder Konzern gilt dies allerdings auch nach dieser Auffassung nicht mehr, „wenn sich aus der Organisation der Forschungseinrichtung ergibt, dass sie wirtschaftlichen oder sonstigen anderweitigen Interessen untergeordnet wird", was jedoch nicht ausschließt, dass die Forschung auch aus wirtschaftliche Überlegungen heraus erfolgt, solange diese keine Einfluss auf den Erkenntnisprozess haben.[345]

Nach gegenteiliger Auffassung muss es sich bei der Forschungseinrichtung gemäß § 40 BDSG aber in jedem Fall um eine eigenständige juristische Person oder Vereinigung handeln, die keine anderen als Forschungsaufgaben hat.[346]

Eine vermittelnde Meinung fordert zwar auch ein gewisses Maß an institutioneller Unabhängigkeit, welche die ohnehin notwendige inhaltliche Unabhängigkeit absichert.[347] Allerdings genügt nach auch vorliegend vertretener Ansicht eine organisatorische Absicherung der inhaltlichen Unabhängigkeit, die innerhalb von Unternehmen oder verantwortlichen Stellen mit umfassenderen Aufgaben ebenfalls mög-

---

340 Simitis, in: Simitis (Hg.), BDSG, § 40 Rdnr. 72f. A.A. Bergmann/Möhrle/Herb, BDSG, § 40 Rdnr. 23, Gola/Schomerus, BDSG, § 40 Rdnr. 14, die jeweils auf ein Vorhaben abstellen.
341 Simitis, in: Simitis (Hg.), BDSG, § 40 Rdnr. 72.
342 Diese Möglichkeit sieht an anderer Stelle auch Simitis, in: Simitis (Hg.), BDSG, § 40 Rdnr. 49.
343 Simitis, in: Simitis (Hg.), BDSG, § 40 Rdnr. 30; Gola/Schomerus, BDSG, § 40 Rdnr. 7.
344 Bergmann/Möhrle/Herb, BDSG, § 40 Rdnr. 2, 17f.
345 Bergmann/Möhrle/Herb, BDSG, § 40 Rdnr. 17f.
346 Simitis, in: Simitis (Hg.), BDSG, § 40 Rdnr. 41, der juristische und organisatorische Selbständigkeit fordert.
347 Gola/Schomerus, BDSG, § 40 Rdnr. 7, nach denen das „Kriterium der Unabhängigkeit dem Begriff wissenschaftlicher Forschung [bereits] immanent ist" (s.a. Rdnr. 7a), darüber hinaus aber – aufgrund der amtlichen Überschrift – doch eine weitere Absicherung nötig ist.

lich ist.[348] Hierzu zählen beispielsweise verbindliche Regeln, die dem Leiter einer Forschungsabteilung fachliche Unabhängigkeit und Weisungsfreiheit im Hinblick auf die Nutzung vorhandener Ressourcen bei der Durchführung von Forschungsvorhaben zusichern.[349]

Schon begrifflich sollen jedoch Einzelforscher nicht unter die Regelung des § 40 BDSG fallen.[350] Jede andere Auslegung wäre in der Tat eine Strapazierung des Wortlautes der „Forschungseinrichtung". Ob der Gesetzeswortlaut insoweit Sinn macht, sei hier dahingestellt. Einerseits könnte man Einzelforscher als per se unabhängiger im Vergleich zu bei Einrichtungen angestellten Forschern ansehen. Andererseits dürften Einzelforscher, jedenfalls wenn sie von ihrer Forschungstätigkeit leben müssen, abhängiger von einzelnen Forschungsaufträgen sein. Zudem verfügt ein Einzelforscher seltener über die Ressourcen, um möglichst effizient forschen und gleichzeitig die datenschutzrechtlichen Pflichten, wie diejenigen zur Anonymisierung oder Datei-Trennung, erfüllen zu können. Eine an persönlichen Zugriffsrechten ansetzende informationelle Gewaltenteilung wie bei einem Vier-Augen-Prinzip ist bei einem Einzelforscher jedenfalls nicht möglich (es sei denn, über externe Kooperationen).

Vor diesem Hintergrund erscheint die Herausnahme der Einzelforscher wie auch fachlich nicht unabhängiger Industrieforscher aus dem Anwendungsbereich des § 40 BDSG nachvollziehbar, wenn man davon ausgeht, dass dieser die Datenverwendung zu Forschungszwecken aufgrund der besonderen Gewährleistungen innerhalb einer Forschungseinrichtung privilegiert. Allerdings enthält § 40 BDSG nicht nur Privilegierungen, nämlich die Flexibilisierung innerhalb des Zweckrahmens wissenschaftlicher Forschung (Abs. 1), sondern vor allem auch Restriktionen wie das Zweckentfremdungsverbot (ebenfalls Abs. 1), die Pflicht zur Anonymisierung, hilfsweise Pseudonymisierung (Abs. 2), sowie die strengen Restriktionen hinsichtlich der (personenbezogenen) Veröffentlichung von Ergebnissen (Abs. 3). Nichtprivilegierte Stellen, also solche, die nicht unter den Begriff der Forschungseinrichtung fallen, von diesen Restriktionen bei Forschungstätigkeit auszunehmen, erscheint wenig sinnvoll. Jedoch dürften insoweit die allgemeinen datenschutzrechtlichen Grundsätze – wie derjenige der Datenvermeidung und -sparsamkeit (§ 3a BDSG) – analog zu den Restriktionen aus § 40 BDSG auszulegen sein.[351]

Die Durchführung in einer Forschungseinrichtung ist aber nicht unbedingt datenschutzrechtliche Voraussetzung für die wissenschaftliche Forschung, sondern zunächst einmal nur für die Flexibilisierung innerhalb des entsprechenden Zweckrahmens nach § 40 Abs. 1 BDSG.[352] Insbesondere schreibt § 28 Abs. 6 Nr. 4 BDSG nicht vor, dass die wissenschaftliche Forschung mit Gesundheitsdaten nur durch Forschungseinrichtungen im Sinne von § 40 BDSG erfolgen darf. Dies steht in Gegensatz zur Forschungsklausel für „normale" Daten in § 28 Abs. 2 Nr. 3 BDSG, wo die Übermittlung

---

348 Gola/Schomerus, BDSG, § 40 Rdnr. 7, die insoweit von einer Abschottung sprechen, als dass die Forschungsabteilung ausschließlich wissenschaftlich tätig werden darf (s.a. Rdnr. 8).
349 Wofür sich nicht nur, aber insbesondere bereits der Anstellungsvertrag des fachlichen Leiters bzw. leitenden Forschers anbietet.
350 Gola/Schomerus, BDSG, § 40 Rdnr. 7.
351 So ist die Zweckbindung ein Grundsatz, der sich in allen datenschutzrechtlichen Erlaubnisnormen zeigt. Eine Anonymisierungs- oder Pseudonymisierungspflicht ergibt sich soweit möglich und zumutbar auch aus den Geboten von Datenvermeidung und -sparsamkeit nach § 3a BDSG, auch wenn diese durch § 40 Abs. 2 BDSG verstärkt (so Simitis, in: Simitis (Hg.), BDSG, § 40 Rdnr. 65, 71ff.) oder zumindest forschungsspezifisch präzisiert werden. Auch die Veröffentlichung von personenbezogenen Daten ist als Sonderfalls der Datenübermittlung allgemein besonderen Restriktionen unterworfen.
352 Uneindeutig insoweit Simitis, in: Simitis (Hg.), BDSG, § 40 Rdnr. 41.

oder Nutzung „im Interesse einer Forschungseinrichtung" erforderlich sein muss. Es überzeugt kaum, bei weniger sensiblen Daten strengere Anforderungen aufzustellen als bei sensibleren Gesundheitsdaten. Doch liegt dieser Umkehrschluss näher am Wortlaut, so dass nicht ohne Weiteres das „Interesse einer Forschungseinrichtung" in einem Erst-recht-Schluss auf § 28 Abs. 6 Nr. 4 BDSG übertragen werden kann.[353]

6.5.2.3 Erforderlichkeit des Umgangs mit personenbezogenen Daten

Des Weiteren müssen die personenbezogenen Daten sowie deren Erhebung, Verarbeitung und Nutzung „zur Durchführung wissenschaftlicher Forschung erforderlich" sein, wie Nr. 4 von § 28 Abs. 6 BDSG eingangs feststellt. Letztlich wird man nach dem zuvor Ausgeführten auch hier auf die Erforderlichkeit für ein bestimmtes Forschungsvorhaben abstellen müssen.[354] Die Frage, welche Daten und welche daran anknüpfenden Verwendungen für ein solches Vorhaben erforderlich sind, wird man angesichts der Wissenschaftsfreiheit allerdings flexibel beantworten und dem Forscher insoweit einen Spielraum einräumen können.[355] Es liegt in der Natur der wissenschaftlichen Forschung begründet, dass nicht immer im Voraus gesagt werden kann, ob bestimmte Faktoren einen Einfluss auf die untersuchten Größen haben.[356] Die Erforderlichkeit ist daher zu bejahen, wenn die Verwendung der gewünschten Angaben für das Forschungsprojekt plausibel erscheint[357] und auch tatsächlich hierfür erfolgt, selbst wenn sich später herausstellen sollte, dass die angenommenen Zusammenhänge so nicht vorhanden sind.

Je weiter der Forschungszweck gezogen wird, desto schwieriger wird es allerdings, in der Erforderlichkeit einen aus Gründen des verfassungsrechtlichen Bestimmtheitsgebotes hinreichend konturierten Rechtsbegriff zu sehen.[358] Auch daher ist im Rahmen von § 28 Abs. 6 Nr. 4 BDSG die Beschränkung auf ein bestimmtes Forschungsvorhaben zu beachten.

Am Rande sei angemerkt, dass die Erforderlichkeit von Daten für ein allgemeines Forschungsregister kaum eingrenzbar wäre, so dass sich hier die Vorgabe eines möglichst klaren Datenschemas durch ein spezielles Gesetz oder die Einwilligung anbieten dürfte.

6.5.2.4 Angemessenheit: Erhebliches Überwiegen des Forschungs- gegenüber dem Betroffeneninteresse

Zudem muss nach § 28 Abs. 6 Nr. 4 BDSG das „wissenschaftliche Interesse an der Durchführung des Forschungsvorhabens das Interesse des Betroffenen an dem Ausschluss der Erhebung, Verarbeitung und Nutzung erheblich überwiegen". Es müssen

---

353 § 28 Abs. 6 Nr. 4 BDSG kann damit grundsätzlich auch die wissenschaftliche Forschung außerhalb von Forschungseinrichtungen bzw. nicht in deren Interesse sowie die Übermittlung an andere Empfänger als Forschungseinrichtungen rechtfertigen, was bei weniger sensiblen Daten nach § 28 Abs. 2 Nr. 3 BDSG so nicht der Fall ist. Zu § 28 Abs. 2 Nr. 3 BDSG siehe auch oben S. 96 und unten S. 326f.
354 Simitis, in: Simitis (Hg.), BDSG, § 28 Rdnr. 204.
355 Simitis, in: Simitis (Hg.), BDSG, § 28 Rdnr. 204; Bergmann/Möhrle/Herb, BDSG, § 28 Rdnr. 302.
356 Vgl. Simitis, in: Simitis (Hg.), BDSG, § 28 Rdnr. 205.
357 Simitis, in: Simitis (Hg.), BDSG, § 28 Rdnr. 205.
358 Zu verfassungsrechtlichen Bedenken im Hinblick auf die Bestimmtheit des Begriffs der „wissenschaftlichen Forschung" vgl. Gola/Schomerus, BDSG, § 40 Rdnr. 7a.

zunächst also sowohl das konkrete wissenschaftliche Forschungsinteresse sowie das Ausschlussinteresse des Betroffenen bewertet und sodann zueinander ins Verhältnis gesetzt werden. Das wissenschaftliche Interesse an einem Forschungsvorhaben genügt angesichts des Grundsatzes der Zweckbindung[359] für sich genommen also „noch nicht, um die berechtigte und im Normalfall verbindliche Erwartung der Betroffenen zu verdrängen, dass der ursprüngliche Verwendungszweck Richtschnur und Grenze des Umgangs mit ihren Daten" bleibt.[360]

Das BDSG spricht außerdem nicht davon, dass das Forschungsinteresse die typischen Interessen eines durchschnittlichen Betroffenen bzw. der Gesamtheit der Betroffenen erheblich überwiegen muss, sondern stellt insoweit auf „das Interesse des Betroffenen" ab, woraus sich grundsätzlich das Erfordernis einer einzelfallbezogenen Abwägung ergibt und zwar an sich nicht nur auf das einzelne Forschungsvorhaben, sondern auch auf den (jeden) einzelnen Betroffenen bezogen.[361] Eine gewisse vorhabenbezogene Typisierung wird gleichwohl in der Regel möglich sein, so dass – kommt man insoweit zu einem erheblichen Überwiegen – „nur" noch geprüft werden müsste, ob bestimmte Betroffene oder Teilgruppen der Probandengesamtheit aufgrund erkennbar abweichender Charakteristika abweichende Interessen haben dürften. Dabei wird ein allgemeines Ausschlussinteresse des Betroffenen aufgrund des Übergehens seiner informationellen Selbstbestimmung mangels Einholung einer Einwilligung immer zu berücksichtigen und gerade bei Gesundheitsdaten nicht zu gering zu achten sein. Soweit beispielsweise Krankheiten betroffen sind, welche in der gesellschaftlichen Realität, sei es auch unberechtigterweise, mit einem gewissen Stigma versehen sind, wie eine HIV-Infektion oder psychische Störungen, wird man darüber hinaus ein höher gewichtetes spezifisches Ausschlussinteresse zu beachten haben.

Zu beachten sind dabei allerdings auch, die nach § 33 BDSG grundsätzlich bestehende Pflicht des Empfängers zur Benachrichtigung der Betroffenen im Fall der Ersterhebung ohne deren Kenntnis oder der Übermittlung[362] sowie deren Recht dem Datenumgang entsprechend § 35 Abs. 5 S. 1 BDSG zu widersprechen. Der Widerspruch ist dabei für den Betroffenen eine Möglichkeit, bislang für die verantwortliche Stelle nicht ersichtliche oder jedenfalls nicht beachtete Interessen mit in die Abwägung einfließen zu lassen, wobei abweichend von § 35 Abs. 5 S. 1 BDSG im Rahmen von § 28 Abs. 6 Nr. 4 BDSG eine weitere Verwendung nicht erst dann zu unterbleiben hat, wenn die Ausschlussinteressen des Betroffenen überwiegen, sondern wenn die mit dem Widerspruch geltend gemachten Interessen ergeben, dass die Forschungsinteressen nicht mehr erheblich überwiegen. Verzichtet die verantwortliche Stelle ge-

---

359 Zur allg. Forschungsklauseln in § 28 Abs. 2 Nr. 3 BDSG: Simitis, in: Simitis (Hg.), BDSG, § 28 Rdnr. 207.
360 Wörtlich: Simitis, in: Simitis (Hg.), BDSG, § 28 Rdnr. 310.
361 Simitis, in: Simitis (Hg.), BDSG, § 28 Rdnr. 207, verlangt „eine am Einzelfall orientierte Auseinandersetzung mit den Folgen für den Betroffenen" und schließt sich deshalb Bizer (Forschungsfreiheit und informationelle Selbstbestimmung, S. 177) dahingehend an, dass summarische Prüfungen nicht ausreichen. Auch Bergmann/Möhrle/Herb, BDSG, § 28 Rdnr. 302, 305, 307, verlangen eine Einzelfallprüfung durch die verantwortliche Stelle, wobei in Rdnr. 307 unter Bezug auf OLG Hamm, Beschluss v. 28.11.1995, NJW 1996, 940, 941 = RDV 1996, 189 (Entscheidung zu § 28 LDSG NW), etwas abgeschwächter (im Hinblick auf die Betroffenen anders als das BDSG im Plural) dahingehend formuliert wird, dass die „wissenschaftliche Bedeutung des Forschungsvorhabens für die Allgemeinheit […] in jedem Einzelfall festzustellen [ist]", um danach eine Abwägung gegenüber den schutzwürdigen Belangen der Betroffenen vornehmen zu können".
362 Simitis, in: Simitis (Hg.), BDSG, § 40 Rdnr. 8, 58ff.

stützt auf einen Ausnahmetatbestand nach § 33 Abs. 2 BDSG auf eine Benachrichtigung, wird sie die proaktive Abwägung dafür umso genauer durchführen müssen.[363]

Auch ist zu beachten, dass die Übermittlung personenbezogener Daten in der Regel besonders rechtfertigungsbedürftig ist. Daher sind auch in vorliegendem Kontext die Interessen des Betroffenen an einem Ausschluss der Übermittlung stärker zu gewichten als solche an einem Ausschluss der rein internen Datenverwendung.[364]

Das wissenschaftliche Interesse an der Durchführung des Forschungsvorhabens muss diese Ausschlussinteressen des Betroffenen letztlich nicht nur überwiegen, sondern erheblich überwiegen, was eine nicht zu unterschätzende Hürde darstellt.[365] Das BDSG verlangt an dieser Stelle, im Gegensatz zu einigen Landesdatenschutz- und Landeskrankenhausgesetzen, nicht ausdrücklich, dass die Forschung im Interesse der Allgemeinheit durchgeführt werden muss.[366] Gleichwohl wird ein solcher, möglichst konkreter Allgemeinwohlbezug auch im Anwendungsbereich des BDSG zu einer höheren Gewichtung des Forschungsinteresses führen.[367] So wird die Forschung zur Entwicklung von Medikamenten gegen eine bislang nicht bzw. nur palliativ therapierbare Krankheit einen höheren Stellenwert einnehmen als die Entwicklung eines Me-Too-Präparates ohne oder ohne nennenswerten medizinischen Zusatznutzen gegenüber dem bestehenden Therapiestandard.

6.5.2.5 Praktische Alternativlosigkeit

Zuletzt muss der personenbezogene Datenumgang aufgrund § 28 Abs. 6 Nr. 4 BDSG für die Forschung praktisch alternativlos sein, d.h. der Forschungszweck darf auf andere Weise nicht oder nur mit unverhältnismäßigem Aufwand erreicht werden können. Als Alternativen sind insbesondere in Betracht zu ziehen:

- die bloße Verwendung pseudonymisierter bzw. anonymisierter Daten oder
- die Einholung einer Einwilligung des Betroffenen.[368]

Mit diesen Alternativen ist allerdings in der Regel ein höherer Aufwand verbunden. Bergmann/Möhrle/Herb stufen diesen bei größeren Forschungsvorhaben als unverhältnismäßig ein, wenn der Aufwand für die datenschutzkonforme Ausgestaltung (z.B. durch Anonymisierungstechniken oder die Einholung von Einwilligungen) mehr als 10% der Gesamtforschungskosten ausmacht, wobei bei kleineren Vorhaben

---

363 Geeignete Garantien zum Ausgleich des Verzichts auf eine Benachrichtigung fordert auch Simitis, in: Simitis (Hg.), BDSG, § 40 Rdnr. 63, unter Bezug auf Art. 11 Abs. 2 S. 2 Datenschutzrichtlinie 95/46/EG.
364 Vgl. Simitis, in: Simitis (Hg.), BDSG, § 28 Rdnr. 311, dort zur Differenzierung bei der Alternativlosigkeit des Rückgriffs auf die Forschungsklausel zum personenbezogenen Datenumgang, welche sich nach hier vertretener Auffassung auch schon auf die Angemessenheit übertragen lässt.
365 Vgl. Simitis, in: Simitis (Hg.), BDSG, § 28 Rdnr. 207: eine deutliche Ausprägung des wissenschaftlichen Interesses genügt nicht, es muss erheblich überwiegen.
366 Auf ein öffentliches Interesse nehmen beispielsweise § 30 LDSG BE und § 33 LDSG HE Bezug, vgl. Metschke/Wellbrock, Datenschutz in Wissenschaft und Forschung, Abschnitt 5.2, S. 29f.
367 Bergmann/Möhrle/Herb, BDSG, § 28 Rdnr. 305, nehmen auch für das BDSG die Entscheidung des OLG Hamm, Beschluss v. 28.11.1995, NJW 1996, 940, zu § 28 LDSG NW a.F. in Bezug: danach kommt es „entscheidend darauf an, ob das Forschungsvorhaben einen engen Bezug zu einem konkreten und bedeutenden Allgemeininteresse hat".
368 Simitis in Simitis (Hg.), BDSG, § 28 Rdnr. 208; zur Einwilligung auch Bergmann/Möhrle/Herb, BDSG, § 28 Rdnr. 308. Zur insoweit entspr. Lage gemäß § 30 LDSG BE und § 33 LDSG HE: Metschke/Wellbrock, Datenschutz in Wissenschaft und Forschung, Abschnitt 5.2.5, S. 30, die zu Recht auch Kombinationsformen des Datenumgangs wie die Treuhänderschaft als Alternative nennen, die aber auch als Sonderfall der Pseudonymisierung/Anonymisierung eingeordnet werden kann.

auch ein höherer Kostenanteil für den Datenschutz noch verhältnismäßig sein könne.[369]

Simitis fordert demgegenüber eine „strikt objektive Betrachtungsweise" unabhängig von der (Budget-)Situation der einzelnen verantwortlichen Stelle.[370] Vor diesem Hintergrund lehnt er eine Anknüpfung an von vornherein festgelegte Prozentsätze des Gesamtaufwandes ab und fordert eine Berücksichtigung der Umstände des Einzelfalls, wobei aber beispielsweise der Aufwand für die Einholung von Einwilligungen einer großen Zahl von an unterschiedlichen Orten lebenden Betroffenen auch berücksichtigt werden darf.[371]

In Anlehnung an Metschke/Wellbrock wird man davon ausgehen können, dass der Verzicht auf die Einholung einer Einwilligung der Betroffenen jedenfalls bei Gesundheitsdaten in der Regel nur unter folgenden Bedingungen in Betracht kommt:[372]

- Der Aufenthalt des Betroffenen ist unbekannt oder andere Umstände schließen es aus, mit ihm Verbindung aufzunehmen (projektgefährdender Zeitverzug, z.B. wenn nicht erneut entnehmbares Biomaterial [z.B. Gewebe eines bereits vollständig entnommenen Tumors] unwiederbringlich zu verderben droht).[373]
- Die Einholung der Einwilligung ist für den Betroffenen unzumutbar. Das ist der Fall, wenn die entsprechende Anfrage den Betroffenen subjektiv in unerträglicher Weise belasten würde. Unzumutbar können Ersuchen sein, wenn durch die Einholung der Einwilligung dem Betroffenen Erkenntnisse offenbart werden müssten, mit denen er sehr wahrscheinlich nicht (u.U. schwere Erkrankung ohne Heilungsmöglichkeit, genetische Disposition) oder nicht mehr konfrontiert werden will (z.B. Schwangerschaftsabbrüche).
- Durch das Einholen der Einwilligung würde der Forschungszweck eindeutig gefährdet. Bei Einholung der Einwilligung müsste sehr oft mit einer Verweigerung gerechnet werden, wenn dem Betroffenen die Ergebnisse der Forschung unangenehm sein werden, weil sie möglicherweise Hinweise auf eine eigenverantwortliche Mitverursachung einer Krankheit geben (z.B. Einfluss des Ernährungs- und Bewegungsverhaltens auf Diabetes mellitus Typ 2).[374]
- Das Forschungsziel kann nur durch eine Vollerhebung bzw. -auswertung erreicht werden, was insbesondere bei der Untersuchung besonders seltener Krankheiten vorkommt.[375]

---

369 Bergmann/Möhrle/Herb, BDSG, § 28 Rdnr. 308.
370 Simitis, in: Simitis (Hg.), BDSG, § 28 Rdnr. 209.
371 Simitis, in: Simitis (Hg.), BDSG, § 28 Rdnr. 210.
372 Metschke/Wellbrock, Datenschutz in Wissenschaft und Forschung, Abschnitt 5.2.5, S. 30f.
373 Das Beispiel dient der Exemplifizierung, auch wenn es keinen Anwendungsfall der vorliegend untersuchten, rein datengestützten epidemiologischen Forschung darstellt.
374 In diesem Fall müsste allerdings zunächst versucht werden, eine hinreichende Anzahl von Einwilligungen zu erhalten. Nur wenn dies nicht gelingt, könnte auf die gesetzliche Erlaubnis zurückgegriffen werden.
375 Auch hier gelten die Ausführungen zum Vorrang der Einwilligung wie soeben in Fn. 374.

6.5.3 Qualitätssicherung

6.5.3.1 Fehlen spezieller Erlaubnisnormen im BDSG

Das BDSG enthält im Gegensatz zu vielen Landeskrankenhausgesetzen oder dem SGB V keine spezielle Erlaubnisnorm für die Qualitätssicherung.

Soweit diese zuletzt genannten bereichsspezifischen Vorschriften allerdings neben dem BDSG anwendbar sind, können sie auch Erlaubnisnormen im Sinne von § 4 Abs. 1 BDSG darstellen. Dies betrifft insbesondere private Leistungserbringer in der GKV wie Vertragsärzte, auf welche zwar grundsätzlich das BDSG Anwendung findet, jedoch nur, soweit im SGB V keine vorrangigen Regelungen getroffen werden. Mit § 299 SGB V besteht aber gerade eine solche vorrangige, bereichsspezifische Erlaubnisnorm für die Qualitätssicherung in der GKV, welche durch Richtlinien des Gemeinsamen Bundesausschusses näher konkretisiert wird.[376] Auf diese verpflichtende Qualitätssicherung auf Grundlage des SGB V soll im Folgenden jedoch nicht näher eingegangen werden. Die entsprechenden Erlaubnisnormen der Landeskrankenhausgesetze werden im Abschnitt zum jeweiligen Bundesland erörtert.

Die allgemeinen Erlaubnisnormen des BDSG gestatten in aller Regel keinen Umgang mit patientenbezogenen Behandlungsdaten zu Zwecken der Qualitätssicherung, so dass insoweit (außerhalb des Anwendungsbereichs spezifischer Normen) eine Einwilligung nötig ist.[377]

Denn die zweckändernde, generalisierende Qualitätssicherung ist zur Erfüllung des individuellen Behandlungsvertrages nicht erforderlich,[378] weder zur medizinischen Versorgung noch zu deren administrativen Abwicklung, so dass auch die gesetzliche Erlaubnis des § 28 Abs. 7 BDSG insoweit nicht greift.[379] Überdies richtet sich der Datenumgang zu diesen Zwecken nach den für Heilberufe geltenden Geheimhaltungsvorschriften (§ 28 Abs. 7 S. 3 BDSG), letztlich also der Schweigepflicht, wie sie auch durch § 203 StGB statuiert und sanktioniert wird. Die Schweigepflicht schränkt mit ihrem grundsätzlichen Offenbarungsverbot damit auch den Übermittlungsspielraum ein.[380] Ohne spezifische Befugnis, welche nicht in § 28 Abs. 7 BDSG gesehen werden kann,[381] ist demnach keine Übermittlung zulässig, auch nicht zu Zwecken der Qualitätssicherung, wollte man diese überhaupt als von der Norm erfasst ansehen. Auch im

---

376 Die datenschutzrechtliche Erlaubnis nach § 299 SGB V korrespondiert dabei den §§ 135ff. SGB V aus dem Leistungserbringungsrecht, welche die Zuständigkeiten, Verfahrensweisen und Inhalte der Qualitätssicherung in der GKV näher regeln, s. U. Schneider, in: Krauskopf, SGB V, § 299, Rdnr. 2. Kritisch gegenüber der Normkonkretisierungsbefugnis des GBA: Weichert, Datenschutzrechtliche Probleme in der sektorenübergreifenden Qualitätssicherung, Abschnitt IV.
377 So im Ergebnis auch Beyerle, Rechtsfragen medizinischer Qualitätskontrolle, S. 98f.
378 Zum Begriff und zu den Abgrenzungen siehe oben S. 27f.
379 § 28 Abs. 7 BDSG gestattet zwar den Datenumgang zur präventiven, diagnostischen, therapeutischen und nachsorgenden Behandlung einschließlich der Verwaltung entsprechender Gesundheitsdienste. Diese Erlaubnis beschränkt sich aber wie üblich auf das hierfür Erforderliche, weshalb keiner der bekannten Kommentatoren die Qualitätssicherung hierzu rechnet; vgl. Simitis in Simitis (Hg.), BDSG, § 28 Rdnr. 313ff.; Bergmann/Möhrle/Herb, BDSG, § 28 Rdnr. 524ff. Selbst im Kontext „normaler" Daten wird eine Qualitätssicherung auf Basis der Zweckbestimmung eines üblichen Vertragsverhältnisses (§ 28 Abs. 1 S. Nr. 1 BDSG) abgelehnt, da diese zur Erfüllung des Vertrages nicht erforderlich ist; allenfalls kommen hier berechtigte Interessen nach § 28 Abs. 1 S. 1 Nr. 2, Abs. 2 Nr. 2 BDSG für die Rechtfertigung aufgrund einer Abwägung in Betracht; Voigt, Gesprächsaufzeichnung im Servicecallcenter, DuD 2008, 780, 782. Bei Gesundheitsdaten kommt insoweit aber nur der sehr viel striktere Tatbestand nach § 28 Abs. 6 Nr. 1 BDSG (lebenswichtige Interessen) in Frage.
380 Simitis, in: Simitis (Hg.), BDSG, § 28 Rdnr. 316.
381 Eine andere Auffassung wäre zirkulär, denn § 28 Abs. 7 S. 3 BDSG verweist insoweit auf den Rahmen der Schweigepflicht und kann daher keine Befugnis zum Bruch der Schweigepflicht darstellen.

zuletzt genannten Fall könnte allenfalls eine interne, aber keine einrichtungsübergreifende Qualitätssicherung mit Personenbezug gerechtfertigt werden.

Allenfalls kommt § 28 Abs. 6 Nr. 1 BDSG als gesetzliche Erlaubnis für die Qualitätssicherung in einem Sonderfall in Betracht, nämlich wenn „dies zum Schutz lebenswichtiger Interessen des Betroffenen oder eines Dritten erforderlich ist, sofern der Betroffene aus physischen oder rechtlichen Gründen außerstande ist, seine Einwilligung zu geben". Wenn nun nicht allgemein eine hohe Qualität der Gesundheitsleistungen gesichert werden soll, sondern in einer oder mehreren verbundenen Behandlungseinrichtung Serienschäden auftreten, z.B. schwerwiegende (Nosokomial-) Infektionen aufgrund seltener Keime, dann kann „eine konkrete Gefahr für Leben und Gesundheit anderer Patienten" bestehen.[382] In diesem Fall kann dann die Qualitätssicherung in Form einer „Einzelfallanalyse zur Aufklärung eines medizinischen Serienschadens" gesetzlich gerechtfertigt sein, sofern die Betroffenen nicht einwilligen können, weil sei beispielsweise bewusstlos oder nicht rechtzeitig erreichbar sind.[383]

6.5.3.2 Offenbarungsbefugnis für die externe Qualitätssicherung: bereichsspezifische Regeln oder Ausnahmefälle

Neben der über § 28 Abs. 6 Nr. 1 BDSG nur sehr eingeschränkt vorliegenden datenschutzrechtlichen Erlaubnis ist ohnehin bei Datenweitergabe an Außenstehende (externe Qualitätssicherung) zusätzlich eine spezifische Offenbarungsbefugnis außerhalb des BDSG notwendig.[384] Diese kann, abgesehen von bereichsspezifischen Normen wie solchen aus den Landeskrankenhausgesetzen oder dem SGB V, nur in der mutmaßlichen Einwilligung des betroffenen Patienten oder dem rechtfertigenden Notstand gemäß § 34 StGB gesehen werden.

Die Voraussetzungen der mutmaßlichen Einwilligung dürften sich mit denen nach § 28 Abs. 6 Nr. 1 BDSG decken, wobei hier die Annahme, dass der Betroffene einwilligen würde, wenn er könnte, zwingender ist als nach dem BDSG.[385] Der rechtfertigende Notstand nach § 34 StGB dürfte eine noch weiter konkretisierte Gefahr als bei Serienschäden im Sinne von § 28 Abs. 6 Nr. 1 BDSG verlangen.

6.5.3.3 Zusammenfassung

Eine generelle, von Einzelfällen abstrahierende (generalisierende) Qualitätssicherung ist damit allein aufgrund bereichsspezifischer Regelungen (LKHG, SGB) oder mit tatsächlicher Einwilligung bzw. Schweigepflichtentbindung des Patienten zulässig.

---

382 Beyerle, Rechtsfragen medizinischer Qualitätskontrolle, S. 98.
383 Beyerle, Rechtsfragen medizinischer Qualitätskontrolle, S. 99, mit der Maßgabe, dass zusätzlich – im Anschluss an Dammann/Simitis, EG-Datenschutzrichtlinie, Art. 8 Rdnr. 11 – von einer mutmaßlichen Einwilligung auszugehen sein muss, also der Annahme, dass der Betroffene also einwilligen würde, wenn er könnte.
384 Zur Begründung (Zwei-Schranken-Theorie und Unberührtheit der Schweigepflicht vom BDSG) s. oben S. 75f.
385 S. soeben Fn. 383.

6.5.4 Einwilligung

Nach § 4 Abs. 1 BDSG ist ein Umgang mit personenbezogenen Daten nicht nur dann zulässig, wenn eine Rechtsvorschrift dies erlaubt oder anordnet (Erlaubnisnorm), sondern auch, wenn der Betroffene eingewilligt hat.

6.5.4.1 Verhältnis der Einwilligung zu den Erlaubnisnormen

Rückgriff auf die Einwilligung in Zweifelsfällen

Teils wird angezweifelt, ob eine verantwortliche Stelle eine Einwilligung einholen darf, wenn bereits eine gesetzliche Erlaubnis vorliegt, da der Betroffene dann über die Reichweite seiner Willensentscheidung getäuscht würde, weil auch bei Verweigerung der Einwilligung ein entsprechender Datenumgang auf gesetzlicher Basis stattfinden könne.[386] Im Sinne der Rechtssicherheit wird man aber zumindest in den Konstellationen, in denen das Vorliegen einer gesetzlichen Erlaubnis zweifelhaft ist, die Einholung einer Einwilligung als zulässig ansehen müssen. Im Falle einer Verweigerung ist diese dann allerdings auch zu respektieren und nicht hilfsweise auf die möglicherweise gegebene gesetzliche Erlaubnis zurückzugreifen.[387]

Keine abschließende Regelung durch das SGB V

Wenn allerdings das Gesetz einen Bereich, gerade im öffentlichen Recht oder einem besonders regulierten Gebiet, abschließend regelt, kann nicht auf die Einwilligung zurückgegriffen werden. Dies wird gerade auch in Bezug auf Krankenhäuser, die vorrangig dem jeweilgen Landeskrankenhausgesetz unterliegen, zu berücksichtigen sein.[388]

Auch können öffentliche Stellen durch eine Einwilligung des Betroffenen zwar grundsätzlich ihre Datenverarbeitungsbefugnisse erweitern, jedoch nicht über die Grenze der ihnen zugewiesenen Aufgaben hinaus.[389] Soweit aber unter anderem auch die Forschung nach dem Gesetz, dem Errichtungsakt wie der Satzung (dem Gesellschaftsvertrag) oder zumindest dem Beschluss der Trägerversammlung zu den Aufgaben der Krankenhäuser in öffentlicher Trägerschaft gezählt wird, stellt die zuletzt genannte Bedingung keine Einschränkung der Forschungstätigkeit dar. Die (generalisierende) Qualitätssicherung ist zwar für die Erfüllung des Behandlungsauftrages nicht absolut zwingend erforderlich und daher vor dem Hintergrund datenschutzrechtlicher Befugnisse als Zweckänderung zu bewerten. Gleichwohl steht sie dem Behandlungszweck so nah, dass sie als impliziter Bestandteil der Behandlungsaufgabe bzw. des Versorgungsauftrages angesehen werden kann, so dass grundsätzlich jedenfalls über eine Einwilligung eine entsprechende Befugniserweiterung möglich ist.

---

386 Simitis, in: Simitis (Hg.), BDSG, § 4 Rdnr. 6f.
387 Bei einer solchen Selbstbindung ist die Einholung einer Einwilligung auch mit den von Simitis, in: Simitis (Hg.), BDSG, § 4 Rdnr. 6, getroffenen Maßgaben zu vereinbaren.
388 Das BDSG selbst enthält keine solchen, die Einwilligung generell ausschließenden Regelungen – mit Ausnahme des vorliegend nicht relevanten Einwilligungsverbotes nach § 28a Abs. 2 S. 3 BDSG (bestimmte Datenübermittlungen an Auskunfteien dürfen nicht auf eine Einwilligung gestützt werden). § 28 Abs. 3b BDSG enthält nur ein abgeschwächtes Verbot, das die Koppelung eines Vertragsschlusses an eine Werbeeinwilligung unter bestimmten Umständen für unwirksam erklärt.
389 Vgl. Berger, jurisPR-ITR 10/2009 Anm. 5, die jedoch übersieht, dass nicht jede Befugniserweiterung durch Einwilligung auch zu einer Aufgabenerweiterung führt, da Aufgaben i.d.R. weiter gefasst sind als gesetzliche Datenverarbeitungsbefugnisse, so Schneider, VSSR 2009, 381, 396, U. Schneider, in Krauskopf, SGB V, § 284 Rdnr. 36.

Das Bundessozialgericht (BSG) hat in einem Urteil von Ende 2008 allerdings aufgrund des von ihm angenommenen abschließenden Charakters der datenschutzrechtlichen Regelungen des SGB V entsprechende Beschränkungen bei Leistungserbringern in der GKV und damit dem Großteil der Ärzteschaft und der Krankenhäuser angenommen.[390] Insoweit soll ein Rückgriff auf das BDSG und eine Erweiterung der Datenverarbeitungsbefugnisse durch Einwilligung nur zulässig sein, wenn das SGB V dies ausdrücklich gestattet.[391] Eine solche explizite Gestattung liegt aber für Forschung und Qualitätssicherung außerhalb besonders regulierter Modellvorhaben (§ 63 Abs. 3a S. 2 SGB V) nicht vor.

Dem BSG ist zwar in Bezug auf den entschiedenen Fall im Ergebnis zuzustimmen, da hier im Rahmen von Notfallbehandlungen eine Einwilligung eingeholt wurde, die mangels Freiwilligkeit kaum wirksam sein konnte.[392] Die generelle Reduktion der Berechtigung der Leistungserbringer zur Einholung einer Einwilligung auf die explizit im SGB V genannten Fälle wurde jedoch in der Literatur zu Recht stark kritisiert und ist letztlich abzulehnen.[393] Denn das SGB V regelt zwar die Abrechnung der Leistungserbringer zu Lasten der GKV und damit die Übermittlung von Leistungsdaten durch diese an die Krankenkassen abschließend – wenn auch teils unter Zwischenschaltung von Kassenärztlichen Vereinigungen oder, soweit explizit erlaubt, Managementgesellschaften, Gemeinschaften von Leistungserbringern oder externen Abrechnungsstellen bzw. Rechenzentren.[394] Insoweit kann man der Begründung des Urteils des BSG noch folgen, denn dort ging es um die Abrechnung ambulanter Notfälle im Krankenhaus gegenüber der Kassenärztlichen Vereinigung unter Zwischenschaltung einer – im Zeitraum, über den zu entscheiden war – nicht zugelassenen externen Abrechnungsstelle. Nicht abschließend geregelt ist im SGB V jedoch der Datenumgang durch Leistungserbringer zu anderen Zwecken,[395] zu denen auch Qualitätssicherung und Forschung gehören. Insoweit können die jeweils im Übrigen geltenden Rechtsvorschriften und damit auch das BDSG herangezogen werden, welches in seinem (insoweit ergänzenden) Anwendungsbereich die Einwilligung grundsätzlich zulässt (§ 4 Abs. 1 BDSG).

Zwar regeln die §§ 135ff., 299 SGB V in Verbindung mit den Richtlinien des Gemeinsamen Bundesausschusses relativ ausführlich die Qualitätssicherung für in der GKV zugelassene Leistungserbringer. Soweit diese Regeln den Leistungserbringern die Qualitätssicherung erlauben oder diese sogar dazu verpflichten, liegen Erlaubnis-

---

[390] BSG, Urt. v. 10.12.2008 – B 6 KA 37/07 R, BSGE 102, 134 = GesR 2009, 305.
[391] BSG, o. Fn. 391, GesR 2009, 305, juris Rdnr. 34f. Wörtlich heißt es in Rdnr. 35: „Somit kommt insbesondere ein Rückgriff auf die nach den allgemeinen Regelungen des BDSG für eine Datenverarbeitung in privaten Unternehmen (§§ 4 Abs. 1, 4a [in Verbindung mit] § 28 Abs. 6 BDSG) mögliche Einwilligung als Ermächtigungsgrundlage für eine Datenverarbeitung und Datenweitergabe nicht in Betracht."
[392] BSG, o. Fn. 391, GesR 2009, 305, juris Rdnr. 36f.
[393] S. nur die schon bald nach Veröffentlichung der Urteilsbegründung erschienene Literatur: Brisch/Laue, CR 2009, 465, 466; Schlegel, Der Kassenarzt, 2009, Nr. 12, S. 36f.; Schneider, VSSR 2009, 381, 386ff.; U. Schneider, in: Krauskopf, SGB V, § 284 Rdnr. 36, 68 (selbst für Krankenkassen ist die Auffassung des BSG zu eng), § 295a Rdnr. 2ff. (erst recht für Leistungserbringer); das BSG selbst zitiert die abweichende Meinung von Mrozynski, SGB I, § 35 Rdnr. 3, 22; a.A. (also die Ansicht des BSG teilend): Hauser, Das Krankenhaus, 2009, 466, 467.
[394] Ähnlich meinen Bergmann/Möhrle/Herb, BDSG, § 28 Rdnr. 526, dass eine Einwilligungslösung bei § 28 Abs. 7, also im Bereich der medizinischen Versorgung, anders als bei Abs. 6 (sonstige Zwecke wie insbes. auch der Forschung) nicht möglich sei. Dies könnte dazu führen, dass auch die Qualitätssicherung der med. Versorgung nicht durch Einwilligung gerechtfertigt werden könnte, was aber i. E. genauso wie der Ansatz von Bergmann/Möhrle/Herb, a.a.O., abzulehnen ist. Fragwürdig ist schon die Anführung des BSG, o. Fn. 391, GesR 2009, 305, von Bergmann/Möhrle/Herb, a.a.O., für ihre Meinung, obgleich das BSG den Leistungserbringern überhaupt keinen Rückgriff auf das BDSG ermöglichen möchte.
[395] Schneider, VSSR 2009, 381, 391ff.

normen vor. Ziel der Regelungen in der GKV ist ein möglichst hoher Qualitätsstandard, wenn auch unter Wahrung des informationellen Selbstbestimmungsrechts der Versicherten. Vor diesem Hintergrund wäre es widersinnig anzunehmen, diese Regelungen seinen abschließend und würden weitergehende freiwillige Qualitätssicherungsmaßnahmen ausschließen, wenn der Patient hierin einwilligt.

Zur Forschung enthält das SGB V mit § 287 lediglich eine Erlaubnisnorm für Krankenkassen und Kassenärztliche Vereinigungen, nicht aber für Leistungserbringer. Dies schließt die Forschung durch Leistungserbringer aber keineswegs aus, da diese durch das SGB überhaupt nicht reguliert wird – außer in Bezug auf die sogenannten Leistungsdaten, die primär der Abrechnung und Wirtschaftlichkeitskontrolle oder auch der gesetzlich vorgeschriebenen Qualitätssicherung dienen. Ausgenommen von dieser Regulierung durch das SGB sind aber die regulären – und in der Regel aussagekräftigeren, wenn auch zunächst oft weniger strukturierten – Behandlungsdaten.[396]

In diesem Zusammenhang sei abschließend angemerkt, dass der Bundesgerichtshof (BGH) in zwei Parallelentscheidungen im Jahr 2010 eine im SGB V nicht explizit zugelassene Einwilligung in die Herausgabe der Pflegedokumentation an Krankenkassen zur Geltendmachung von Schadensersatzansprüchen wegen Pflegefehlern aus übergegangenem Recht (§ 116 SGB X) akzeptiert hat.[397] Dabei ging es augenscheinlich zwar nicht um Forschung oder Qualitätssicherung durch Leistungserbringer, aber um den Datenumgang durch Krankenkassen zu Zwecken, für welche im SGB V ebenfalls keine explizite Datenverarbeitungsbefugnis[398] bzw. Berechtigung zur Einholung einer Einwilligung vorgesehen ist. Dies zeigt, dass die hier insoweit kritisierte Entscheidung des BSG aus dem Jahr 2008 auch im Kreis der obersten Bundesgerichte keine uneingeschränkte Zustimmung findet.

6.5.4.2 Übersicht zu den Anforderungen an die Einwilligung

Um wirksam zu sein, muss die Einwilligung den Voraussetzungen des § 4a BDSG entsprechen, welche sich wie folgt zusammenfassen lassen: Der Patient muss vor der Einwilligung über deren Bedeutung aufgeklärt werden (§ 4a Abs. 1 S. 2 BDSG). Die Einwilligung hat freiwillig zu erfolgen (§ 4a Abs. 1 S. 1 BDSG). Sie muss in der Regel schriftlich erteilt werden (§ 4a Abs. 1 S. 3 BDSG). Eine Ausnahme vom Regelschriftformerfordernis ist zwar grundsätzlich möglich, gerade im Bereich der wissenschaftlichen Forschung, wenn durch die Schriftform der Forschungszweck erheblich beeinträchtigt würde (§ 4a Abs. 2 BDSG). Hiervon kann bei vor Ort behandelten Patienten aber kaum ausgegangen werden, da eine bloße (geringfügige) Erhöhung des Verwaltungsaufwandes hierfür nicht ausreichen dürfte. Wird die Einwilligung zusammen mit anderen Erklärungen (wie einem Krankenhausaufnahmeantrag) abgegeben, ist sie besonders hervorzuheben (§ 4a Abs. 1 S. 4 BDSG). Sie muss sich ausdrücklich auf die Gesundheitsdaten des Patienten beziehen (§ 4a Abs. 3 BDSG).

---

396 Zur Unterscheidung zwischen Leistungsdaten und regulärer medizinischer Dokumentation trotz aller Ähnlichkeiten und Überschneidungen: U. Schneider, in: Krauskopf, SGB V, § 294 Rdnr. 4 (Stand der 84. Ergänzungslieferung, im Erscheinen).
397 BGH, Urt. v. 23.03.2010 – VI ZR 249/08, BGHZ 185, 74, juris Rdnr. 10ff.; nahezu gleichlautend: BGH, Urt. v. 23.03.2010 – VI ZR 327/08, MedR 2010, 854.
398 § 294a SGB V hilft in solchen Konstellationen nach Ansicht des BSG nur eingeschränkt weiter: vgl. U. Schneider, in: Krauskopf, SGB V, § 294 Rdnr. 5f., 14, mit Bezug auf Äußerungen des BSG in der mündlichen Verhandlung zum Az. 3 KR 16/09 R, nach denen § 294a SGB V angeblich nur Regresse bezüglich der GKV-Vergütung, aber keine Geltendmachung von weitergehendem Schadensersatz ermöglichen soll, woraufhin die entspr. auf § 294a SGB V gestützte Revision zurückgenommen wurde.

6.5.4.3 Freiwilligkeit der Einwilligung

Zuvörderst muss die Einwilligung auf der freien Entscheidung des Betroffenen beruhen (§ 4a Abs. 1 S. 1 BDSG). Die schließt nicht generell aus, dass der Betroffene Nachteile erleiden kann, wenn er die Einwilligung verweigert. Dies zeigt § 4a Abs. 1 S. 2 am Ende, da dort vorgeschrieben wird, dass der Betroffene auf die Folgen der Verweigerung der Einwilligung hinzuweisen ist, soweit dies nach den Umständen des Einzelfalls erforderlich ist oder vom Betroffenen verlangt wird. Allerdings dürfen für den Betroffenen aus der Verweigerung der Einwilligung keine unzumutbaren Nachteile entstehen, da ansonsten nicht mehr von einer freiwilligen Erklärung ausgegangen werden kann.

Daher steht die Freiwilligkeit einer Einwilligung in Frage, wenn deren Verweigerung durch den betroffenen „Patienten" (in spe) zu einer Verweigerung der Behandlung führen würde.[399] Im Bereich der „normalen" (elektiven) Behandlung wird man daher unter dieser Voraussetzung möglicherweise nicht mehr von Freiwilligkeit ausgehen können, wenn es für den Patienten keine zumutbaren Ausweichmöglichkeiten auf andere Behandlungseinrichtungen mit vergleichbarem Leistungsangebot gibt, weil alle diese Einrichtungen im Ergebnis gleiche Einwilligungsklauseln verwenden, insbesondere, aber nicht ausschließlich, wenn dies auf Grundlage einer gegenseitigen Abstimmung geschieht.[400] Jedenfalls wird man eine Einwilligung, die vor oder bei (und nicht klar nach) einer Notfallbehandlung erteilt wurde, kaum als freiwillig ansehen können, zumindest wenn nicht klar auf die Freiwilligkeit und darauf hingewiesen wird, dass die Notfallbehandlung auch im Fall der Verweigerung der Einwilligung erfolgt.[401]

6.5.4.4 AGB-Kontrolle bei formularmäßigen Einwilligungen

Bei formularmäßigen Einwilligungen ist zudem auch im Rahmen von Behandlungsverträgen das AGB-Recht zu beachten.[402] Allgemeine Geschäftsbedingungen (AGB) sind alle für eine Vielzahl von Verträgen vorformulierten Vertragsbedingungen, die eine Vertragspartei (Verwender) der anderen Vertragspartei bei Abschluss eines Vertrags stellt (§ 305 Abs. 1 S. 1 BGB).[403] Auch für eine Vielzahl von Patienten gedachte Einwilligungsklauseln, die im Zusammenhang mit dem Behandlungsvertrag unterzeichnet werden, sind daher AGB und müssen den entsprechenden Vorschriften (§§ 305ff. BGB) genügen.[404] Gleiches gilt bei der Einwilligung in klinische Studien, jedenfalls wenn diese – wie üblich – mit einem Probandenvertrag als zweiseitigem Rechtsgeschäft verknüpft werden.

---

[399] Allgemein kritisch zur Zulassung der Einwilligung in Abhängigkeitsverhältnissen: Simitis, in: Simitis (Hg.), BDSG, § 4 Rdnr. 7.
[400] So i. E. auch BVerfG, Beschl. v. 23.10.2006 – 1 BvR 2027/02 (Schweigepflicht-Klausel), BVerfGK 9, 353 = RDV 2007, 20, zu vorformulierten Schweigepflichtentbindungsklauseln im Hinblick auf die Leistungsprüfung in der privaten Berufsunfähigkeitsversicherung; hier liegt ein „erhebliches Verhandlungsungleichgewicht" zu Lasten der Betroffenen vor (BVerfG, a.a.O., juris Rdnr. 34) und es findet „kein Wettbewerb über die datenschutzrechtlichen Kondition im Versicherungsfall" statt (Rdnr. 36).
[401] Insoweit ist BSG, o. Fn. 391, GesR 2009, 305, juris Rdnr. 36f., zuzustimmen; so i. E. auch Brisch/Laue, CR 2009, 465, 466, sowie Schneider, VSSR 2009, 381, 384.
[402] Dies gilt auch für Beschäftigungsverträge, Simitis, in: Simitis (Hg.), BDSG, § 4a Rdnr. 84 m.w.N., was im Rahmen der Antwort auf Frage 5.13 (s. Anhang S. 355) von Relevanz sein kann, siehe unten S. 328.
[403] Irrelevant ist dabei, wer die Klauseln vorformuliert hat, solange dies nicht die andere Vertragspartei (hier: der Betroffene) selbst war und die Klauseln vom Verwender gestellt werden. Damit können AGB auch vorliegen, wenn von einem Anwalt erarbeitete und/oder von einem Verband empfohlene Klauseln durch eine verantwortliche Stelle verwendet werden.
[404] Simitis, in: Simitis (Hg.), BDSG, § 4a Rdnr. 84 m.w.N.; Gola/Schomerus, BDSG, § 4a Rdnr. 13 m.w.N.

Eine andere Einschätzung käme bei der unabhängig von einer Behandlung oder Ausgangsstudie, ggf. auch mit zeitlichem Abstand und für ein konkretes (Folge-)Vorhaben, also isoliert erteilten Einwilligung in die bloße Sekundärnutzung der ohnehin schon angefallenen Daten in Betracht.[405] Insoweit könnte man in der Einwilligung ein bloß einseitiges Rechtsgeschäft des Patienten bzw. Probanden sehen. Dabei unterliegen „Bestimmungen, die der Verwender bei eigenen einseitigen Rechtsgeschäften trifft" grundsätzlich nicht der AGB-Kontrolle.[406] Wenn der Verwender (hier: die Behandlungseinrichtung) aber gerade durch die Vorformulierung Gestaltungsmacht über die formal einseitige Erklärung der anderen Seite (hier: Patienten bzw. Probanden) ausübt, kann dies anders liegen.[407] Insoweit nimmt der BGH in ständiger Rechtsprechung an, dass „die §§ 305ff. BGB auf vom Verwender vorformulierte einseitige Erklärungen des anderen Teils anzuwenden [sind], die im Zusammenhang mit einer Sonderverbindung stehen".[408] Eine solche „schuldrechtliche Sonderverbindung, die jedenfalls ein vertragsähnliches Verhältnis begründet", sieht der BGH selbst in der Teilnahme an einem Gewinnspiel, da hieraus „Pflichten hinsichtlich der sorgfältigen und ordnungsgemäßen Durchführung des Spiels sowie des Schutzes der persönlichen Daten der Teilnehmer erwachsen".[409] In der Literatur werden als weitere Beispiele für vom Erklärungsempfänger vorformulierte einseitige Erklärungen des „Kunden" auch die Einwilligung zur Weitergabe von Daten sowie die Entbindung von der Schweigepflicht genannt.[410] Dies spricht dafür, dass auch die angesprochenen Einwilligungen zur (Sekundär-)Nutzung medizinischer (Behandlungs-)Daten grundsätzlich der AGB-Kontrolle unterliegen.

Ausgenommen hiervon sind lediglich individuell ausgehandelte Einwilligungsklauseln, also solche, die von der Behandlungseinrichtung ernsthaft zur Disposition gestellt und mit dem Patienten verhandelt wurden, wobei dieser Einfluss auf den Inhalt nehmen konnte – eine Situation, die im „Massengeschäft" der Behandlungspraxis kaum anzutreffen oder zu realisieren ist.[411] Das einseitige Stellen von (Vertrags-)Bedingungen und damit der AGB-Charakter entfällt nicht schon dann, wenn der Kunde – bzw. Patient oder Proband im Sinne einer abgestuften Einwilligung[412] – zwischen verschiedenen Regelungsalternativen wählen kann.[413]

Etwas anderes gilt nur, wenn die gewählte Regelung tatsächlich ausgehandelt wurde, der Kunde also „insbesondere Gelegenheit erhält, alternativ eigene Textvorschläge mit der effektiven Möglichkeit ihrer Durchsetzung in die Verhandlungen einzubringen".[414] Voraussetzung hierfür ist jedoch, dass die Wahlfreiheit des Kunden nicht

---

405 Vgl. Harnischmacher u.a., Checkliste und Leitfaden zur Patienteneinwilligung, S. 127ff., insbes. S. 129.
406 BGH, Urt. v. 25.10.2012 – I ZR 169/10 (Einwilligung in Werbeanrufe II), NJW 2013, 2683, juris Rdnr. 18.
407 BGH, Urt. v. 25.10.2012 – I ZR 169/10, NJW 2013, 2683, juris Rdnr. 19.
408 BGH, Urt. v. 25.10.2012 – I ZR 169/10, NJW 2013, 2683, juris Rdnr. 20.
409 BGH, Urt. v. 25.10.2012 – I ZR 169/10, NJW 2013, 2683, juris Rdnr. 20.
410 Allgemein: Grüneberg, in: Palandt, BGB, § 305 Rdnr. 5, § 307 Rdnr. 82. Zur Schweigepflichtentbindung schon Hollmann, NJW 1978, 2332.
411 Es sei denn, man würde die Bereitschaft zum Komplettverzicht auf eine Einwilligung bei weiterbestehendem Behandlungsangebot (also eine Bereitschaft zur Entkoppelung) als solches „zur Disposition stellen" ansehen, was nicht vertretbar ist, da es sich im Hinblick auf die Einwilligung um eine Alles-oder-Nichts-Lösung ohne inhaltliche Einflussmöglichkeiten des Patienten handeln würde.
412 S. dazu Harnischmacher u.a., Checkliste und Leitfaden zur Patienteneinwilligung, S. 97f.
413 BGH, Urt. v. 07.02.1996 – IV ZR 16/95, NJW 1996, 1676, juris Rdnr. 18, dort angenommen, weil neben der vorgegebenen Alternative einer zehnjährigen Vertragslaufzeit lediglich ein kleines Freitextfeld ohne Bezifferung der Jahre zu finden war.
414 BGH, Urt. v. 17.02.2010 – VIII ZR 67/09, NJW 2010, 1131, juris Rdnr. 18, dort letztlich bejaht, wenn sich die Parteien gemeinsam auf die Verwendung des Vertragsmusters eines Dritten geeinigt haben, wobei das Ziel eines rechtlich einwandfreien Musters im Vordergrund stand und nicht die Durchsetzung eines bestimmten Musters (a.a.O. Rdnr. 19f.).

durch Einflussnahme des Verwenders, vor allem über die Gestaltung des Formulars, gegebenenfalls aber auch in anderer Weise, überlagert wird.[415] So sollen nach wie vor AGB vorliegen, wenn der vorformulierte Vorschlag im Vordergrund stehen und die durch ein (kleines) Freitextfeld grundsätzlich eröffneten abweichenden Wahlmöglichkeiten dahinter zurücktreten.[416] Keine AGB-Klausel soll hingegen vorliegen, wenn das Formular lediglich offene Stellen ohne vorformulierte Entscheidungsvorschläge enthält.[417] Eine vorformulierte Abstufung der Einwilligungsklauseln mit Auswahloptionen für den Patienten wird damit den AGB-Charakter in aller Regel nicht ausschließen, kann aber bei der Angemessenheitsprüfung positiv gewertet werden.[418]

Eine explizite Einordnung als AGB oder eine Verortung im „Kleingedruckten" ist nicht notwendig; maßgeblich für den AGB-Charakter ist allein die einseitige Vorformulierung. Dies gilt auch bei sogenannten Formularverträgen, also bei einheitlich vorformulierten Vertragsurkunden ohne Verweis auf gesonderte AGB (§ 305 Abs. 1 S. 2 BGB).[419] Aufgrund der Hervorhebungspflicht gemäß § 4a Abs. 1 S. 4 BDSG sowie dem Ausschluss überraschender Klauseln (§ 305c Abs. 1 BGB) genügen bloße Hinweise auf Datenschutzklauseln in „kleingedruckten" AGB nicht.[420] Die Kernbedingungen des Datenumgangs müssen in der eigentlichen Einwilligungsklausel genannt werden und es muss deutlich aus der Klausel hervorgehen, dass es sich um eine Einwilligung handelt. Unklare Klauseln, die Zweifel bei der Auslegung lassen, gehen zu Lasten der Behandlungseinrichtung (§ 305c Abs. 2 BGB).[421]

Zudem greift bei AGB-Klauseln die sogenannte Inhaltskontrolle nach den §§ 307–309 BGB. Bei datenschutzrechtlichen Einwilligungen (wie auch Schweigepflichtentbindungen) ist diese vor dem Hintergrund des informationellen Selbstbestimmungsrechts der Betroffenen auszuüben.[422] Nach der Grundnorm des § 307 Abs. 1 S. 1 BGB sind Bestimmungen in AGB unwirksam, wenn sie den Vertragspartner des Verwenders entgegen den Geboten von Treu und Glauben unangemessen benachteiligen. Eine unangemessene Benachteiligung kann sich auch daraus ergeben, dass die Bestimmung nicht klar und verständlich ist (Transparenzgebot gemäß § 307 Abs. 1 S. 2 BGB). Eine unangemessene Benachteiligung ist nach § 307 Abs. 2 BGB im Zweifel überdies anzunehmen, wenn eine Bestimmung

1. mit wesentlichen Grundgedanken der gesetzlichen Regelung, von der abgewichen wird, nicht zu vereinbaren ist oder
2. wesentliche Rechte oder Pflichten, die sich aus der Natur des Vertrags ergeben, so einschränkt, dass die Erreichung des Vertragszwecks gefährdet ist.

Im Bereich der datenschutzrechtlichen Einwilligung – auch zur Sekundärnutzung medizinischer Behandlungsdaten – wird § 307 Abs. 2 Nr. 2 BGB eine untergeordnete,

---

415 Grüneberg, in: Palandt, BGB, § 305 Rdnr. 11. Eine Überlagerung in anderer Weise (wenn nicht schon durch das Formular) dürfte jedenfalls vorliegen, wenn der Verwender die Leerstellen handschriftlich ausfüllt oder dem Kunden diktiert, was er dort reinschreiben solle. Daneben könnte man gerade im Gesundheitswesen die Andeutung einer verzögerten Leistungserbringung bei zu individueller Auswahl wohl als Überlagerung ansehen, wobei sich dieses AGB-rechtliche Kriterium spätestens dann mit dem datenschutzrechtlichen Kriterium der Freiwilligkeit überschneidet.
416 BGH, Urt. v. 07.02.1996 – IV ZR 16/95, NJW 1996, 1676, juris Rdnr. 18.
417 BGH, Urt. v. 07.02.1996 – IV ZR 16/95, NJW 1996, 1676, juris Rdnr. 22ff.
418 S. dazu sogleich S. 115f.
419 Grüneberg, in: Palandt, BGB, § 305 Rdnr. 14. Dagegen u.U. noch daran zweifelnd: Harnischmacher u.a., Checkliste und Leitfaden zur Patienteneinwilligung, S. 129.
420 Simitis, in: Simitis (Hg.), BDSG, § 4a Rdnr. 41 m.w.N.
421 Simitis, in: Simitis (Hg.), BDSG, § 4a Rdnr. 85 m.w.N.
422 BVerfG, o. Fn. 400 (Schweigepflicht-Klausel), RDV 2007, 20, juris Rdnr. 20, 25ff.

wenn überhaupt eine Rolle spielen, da die Einwilligung hier gerade losgelöst vom eigentlichen bzw. ursprünglichen Vertragszweck ist. Die wesentlichen Grundgedanken der gesetzlichen Regelung, von der nach Nr. 1 dieser Vorschrift abgewichen wird, sind aber auch vorliegend relevant. Hier handelt es sich um die gesetzlichen Erlaubnisse und sonstigen Vorschriften des Datenschutzrechts. Die Erlaubnisnormen sind zwar insofern dispositiv, d.h. per Rechtsgeschäft abdingbar, als dass nach § 4 Abs. 1 BDSG die Einwilligung einen eigenen Zulässigkeitstatbestand neben den Rechtsvorschriften darstellt.[423] Der Sinn der Einwilligung besteht gerade darin, dass der Betroffene den Umgang mit seinen Daten selbstbestimmt erlauben kann, auch wenn der Gesetzgeber keine entsprechende Norm geschaffen hat. Es darf also mit Einwilligung des Betroffenen von den gesetzlichen Erlaubnisnormen abgewichen werden. Wenn hierfür allerdings vorformulierte (AGB-)Klauseln verwendet werden, dann nicht so weit, dass dies mit wesentlichen Grundgedanken des Datenschutzrechts nicht mehr zu vereinbaren wäre. Sonst läge nämlich eine unangemessene Benachteiligung vor, welche die Einwilligung unwirksam macht, und die (dispositiven) gesetzlichen Regelungen würden wieder ohne jegliche Abweichung gelten (§ 306 Abs. 2 BGB). Trotz Freiwilligkeit, Informiertheit und Bestimmtheit der Einwilligung darf diese also im Fall der formularmäßigen Erteilung keinen beliebigen Inhalt haben.

Dies gilt vor allem für die – unabhängig von einzelnen Erlaubnisnormen geltenden – datenschutzrechtlichen Rahmenvorschriften, wie solche zur Transparenz und Sicherheit des Datenumgangs. Bestimmte Rechte wie die der Betroffenen auf Auskunft, Berichtigung, Löschung oder Sperrung sind gemäß § 6 Abs. 1 BDSG ohnehin unabdingbar. Soweit man zum Beispiel das Erforderlichkeitsprinzip nicht schon als absolut zwingend, sondern als grundsätzlich über eine Einwilligung dispositiv ansieht, wäre doch auch mit formularmäßiger Einwilligung keine vollständige Aufweichung dieses Prinzips möglich. Gleiches dürfte für die technischen und organisatorischen Maßnahmen der Datensicherheit (§ 9 BDSG) gelten.

Auch aus den durch eine Einwilligung grundsätzlich dispositiven (abdingbaren bzw. „umgehbaren") Datenschutzregelungen ergeben sich jedoch wesentliche und unumgehbare Grundzüge des Datenschutzrechts. So kann beispielsweise aus einzelnen Regelungen geschlossen werden, dass Gesundheitsdaten einen erhöhten Schutz genießen sollen, der durch eine Einwilligung nicht vollkommen aufgehoben werden darf. Trotzdem ist eine Einwilligung in den gesetzlich nicht anderweitig erlaubten Umgang mit dieser besonderen Art von Daten keineswegs ausgeschlossen, wie die Regelung in § 4a Abs. 3 BDSG zeigt, nach welcher sich die Einwilligung in diesem Fall ausdrücklich auf diese Datenart beziehen muss. Allerdings wird man davon ausgehen müssen, dass die Inhaltskontrolle einer Formulareinwilligung in den Umgang mit Gesundheitsdaten aufgrund des erhöhten gesetzlichen Schutzes eher streng vorzunehmen ist. So wird man ein berechtigtes Interesse der verantwortlichen Stelle und ausreichende Garantien zum Schutz der Interessen der Betroffenen fordern müssen.[424] Dabei ist allerdings anzumerken, dass Qualitätssicherung und wissenschaftliche Forschung grundsätzlich berechtige Interessen darstellen. Im Rahmen notwendiger Garantien für die Betroffenen wird man jedoch auch auf eine gewisse Zweckbindung

---

[423] Zur Einwilligung als Rechtsgeschäft: Simitis, in: Simitis (Hg.), BDSG, § 4a Rdnr. 20 m.w.N.; Gola/Schomerus, BDSG, § 4a Rdnr. 2.
[424] Vgl. die Forderung des BVerfG, o. Fn. 400 (Schweigepflicht-Klausel), RDV 2007, 20, juris Rdnr. 29ff., nach der Ermöglichung informationellen Selbstschutzes für Versicherte in der privaten Berufsunfähigkeitsversicherung.

und Erforderlichkeit sowie ausreichende technisch-organisatorische Sicherheitsmaßnahmen zu achten haben und insoweit verbindliche Zusagen machen müssen.

6.5.4.5 Widerruflichkeit der Einwilligung

Die Betroffenen haben grundsätzlich das Recht, die von ihnen erteilte Einwilligung zu widerrufen.[425] Zwar wird dies im BDSG im Unterschied zu § 12 Abs. 2 Nr. 4 TMG nicht generell, sondern nur im Hinblick auf den Adresshandel (§ 28 Abs. 3a BDSG) explizit festgehalten. Der Grundsatz der Widerruflichkeit ist aber Ausdruck des informationellen Selbstbestimmungsrechts, welches Hintergrund der Erlaubnis des Datenumgangs durch Einwilligung ist. Allerdings wirkt der Widerruf nur für die Zukunft und entzieht bereits erfolgten Erhebungs- und Verwendungsakten nicht nachträglich die Rechtsgrundlage. Eine gesetzliche Ausnahme von der Widerruflichkeit der Einwilligung gilt im Rahmen von klinischen Arzneimittelstudien nach dem AMG.[426]

6.5.4.6 Allgemeines Forschungsregister auf Basis einer Einwilligung

Auch vor dem AGB-rechtlichen Hintergrund stellt sich die Frage, ob und inwieweit ein allgemeines (nicht-krankheitsspezifisches, aber patientenbezogenes) Forschungsregister, welches nach den Ausführungen zur gesetzlichen Forschungsklausel (§ 28 Abs. 6 Nr. 4 BDSG) nicht auf diese gestützt werden kann und für das es nach geltendem Recht auch keine spezialgesetzliche Erlaubnis gibt, auf Grundlage einer Einwilligung der betroffenen Patienten errichtet werden könnte.

Soweit keine gesetzliche Erlaubnis vorliegt, kommt zwar wie gesehen grundsätzlich eine Einwilligung als Rechtsgrundlage für den Datenumgang in Betracht. Aufgrund der besonderen Bedeutung, die das Gesetz der Selbstbestimmung des Patienten auch in Bezug auf seine Daten beimisst und den dementsprechenden Restriktionen bei den Erlaubnisnormen, spielt die Einwilligung im geltenden Datenschutzrecht eine zentrale Rolle. Dies gilt gerade auch für den Umgang mit Patientendaten zu Forschungszwecken.[427]

Wird ein Forschungsvorhaben datenschutzrechtlich auf eine Einwilligung gestützt, so bestimmt sich die Zweckbindung nach dieser Einwilligung.[428] Zu einem konkreten (Forschungs-)Zweck erteilte Einwilligungen lassen sich folglich nicht einfach auf den Zweckrahmen der wissenschaftlichen Forschung nach § 40 Abs. 1 BDSG erweitern.[429] Außerdem stellt § 40 Abs. 1 BDSG wie bereits ausgeführt keine Erlaubnisnorm dar, sondern eröffnet in Verbindung mit einem an konkrete Forschungsvorhaben oder Krankheitsregister gebundenen Zulässigkeitstatbestand lediglich die

---

[425] Bergmann/Möhrle/Herb, BDSG, § 4a Rdnr. 23ff.; Simitis, in: Simitis (Hg.), BDSG, § 4a Rdnr. 94 m.w.N. Vgl. auch die Begr. zu Art. 2 des geänderten Vorschlags zur Datenschutzrichtlinie 95/46/EG, abgedruckt bei Dammann/Simitis, EG-Datenschutzrichtlinie, und OLG Hamburg, Urt. v. 04.03.2009 – 5 U 260/08, RDV 2009, 178. Restriktiver Gola/Schomerus, BDSG, § 4a Rdnr. 38, die zwar zunächst von eine regelmäßigen Rücknehmbarkeit ausgehen, um dann auszuführen, dass dies nicht willkürlich, sondern nach Treu und Glauben nur dann erfolgen sollte, „wenn für ihre Erteilung maßgebliche Gründe entfallen sind, sich wesentlich geändert oder die tatsächlichen Voraussetzungen für die Erteilung sich verändert haben".
[426] S. oben S. 68.
[427] Simitis, in: Simitis (Hg.), BDSG, § 40 Rdnr. 23, mit Kritik an der mangelnden Beachtung dieser Rechtslage; vom juristischen Ergebnis her gleich: Simitis, a.a.O., § 4a Rdnr. 55, § 28 Rdnr. 295 (zu sensitiven Daten).
[428] Bergmann/Möhrle/Herb, BDSG, § 40 Rdnr. 16.
[429] Bergmann/Möhrle/Herb, BDSG, § 40 Rdnr. 16.

Verwendung für andere, aber ebenfalls bestimmte Zwecke (sekundäre Forschungszwecke).

Informiertheit und Bestimmtheit der Einwilligung

Fraglich ist aber, ob eine Einwilligung dennoch als Rechtsgrundlage für ein allgemeines Forschungsregister in Betracht kommt, wenn man die in der Erklärung des Patienten enthaltenen Zwecke und sonstigen Maßgaben eben entsprechend weit fasst. Dies könnte aufgrund der allgemein geltenden Anforderungen an die Bestimmtheit der Einwilligung ausscheiden.[430]

Solche Anforderungen können zunächst den Informationspflichten der verantwortlichen Stelle entnommen werden. Die Punkte, über welche diese Stelle den Betroffenen vor Einwilligung aufzuklären hat, sind auch für die Bestimmtheit der Einwilligung maßgeblich. Hierzu schreibt § 4a Abs. 1 S. 2 BDSG vor allem vor, dass der Betroffene auf den vorgesehenen Zweck der Erhebung, Verarbeitung oder Nutzung hinzuweisen ist.[431] Daraus ist jedoch keine Beschränkung der Aufklärung auf den Zweck des Datenumgangs zu entnehmen; dieser wird lediglich besonders hervorgehoben.[432] Da eine Einwilligung immer mit der Erhebung von Daten beim Betroffenen einhergeht, kommt insoweit auch § 4 Abs. 3 BDSG zur Anwendung, der in seinem Satz 1 weiter eine Unterrichtung des Betroffenen durch die verantwortliche Stelle über folgende Punkte vorschreibt, soweit dieser nicht bereits auf andere Weise hiervon Kenntnis erlangt hat:

1. die Identität der verantwortlichen Stelle,
2. die Zweckbestimmungen der Erhebung, Verarbeitung oder Nutzung und
3. die Kategorien von Empfängern, soweit der Betroffene nach den Umständen des Einzelfalles nicht mit der Übermittlung an diese rechnen muss.[433]

Mit den zuletzt genannten Übermittlungen dürfte der Betroffene im Hinblick auf Sekundärnutzung zur Qualitätssicherung oder Forschung nicht rechnen müssen, im Gegensatz zur Behandlung, wo eher mit der Weitergabe an einen nachbehandelnden Arzt gerechnet werden muss (was aber aus Gründen der Schweigepflicht auch gesondert zu rechtfertigen ist). Daraus wird deutlich, dass zumindest die zunächst verantwortliche Stelle konkret bestimmt und dem Betroffenen mitgeteilt werden muss. Potenzielle Datenempfänger müssen zumindest ihrer Kategorie nach bestimmt und mitgeteilt werden, wobei im Rahmen der Einwilligung diese Kategorien genauer zu beschreiben sind als bei bloßen Hinweisen nach § 4 Abs. 3 S. 1 BDSG, da sich die Kategorien hier nicht aus dem Gesetz ergeben. Jedenfalls eigenverantwortliche Dritte (also nicht bloß weisungsabhängige Auftragsdatenverarbeiter) sollten als Empfänger einer Datenübermittlung und damit nachfolgend verantwortliche Stellen vor diesem Hintergrund, soweit möglich, nicht nur ihrer Kategorie nach, sondern konkret benannt werden.[434]

---

[430] Allgemein zu diesen Anforderungen: Simitis, in: Simitis (Hg.), BDSG, § 4a Rdnr. 77ff.
[431] Sowie ggf. – für die Frage der Bestimmtheit weniger von Bedeutung – auf die Folgen der Verweigerung der Einwilligung.
[432] Simitis, in: Simitis (Hg.), BDSG, § 4a Rdnr. 72 m.w.N.; Bergmann/Möhrle/Herb, BDSG, § 4a Rdnr. 75ff.
[433] So i. E. auch Simitis, in: Simitis (Hg.), BDSG, § 4a Rdnr. 72 m.w.N.; Bergmann/Möhrle/Herb, BDSG, § 4a Rdnr. 81.
[434] Uneingeschränkt fordert dies Simitis, in: Simitis (Hg.), BDSG, § 4a Rdnr. 72, 80 m.w.N., im Hinblick auf die Übermittlungsempfänger. Dies ist jedenfalls nicht zwingend auf reine Auftragsdatenverarbeiter als andere, nicht eigenverantwortliche Form von Datenempfängern zu übertragen, welche aber auch ihrer Kategorie nach bestimmt sein sollten (Gola/Schomerus, BDSG, § 4 Rdnr. 33ff.) und dies jedenfalls aus Gründen der Schweigepflicht sein müssen.

Auch im Hinblick auf den Zweck enthält § 4 Abs. 3 S. 1 Nr. 2 BDSG einen über § 4a Abs. 1 S. 2 hinausgehenden Hinweis, indem nämlich nicht mehr nur von „Zweck", sondern von „Zweckbestimmung" gesprochen wird, was auf eine höheren Konkretisierungsbedarf hinweist. Ein entsprechender Ansatz findet sich auch in § 4a Abs. 2 BDSG, wonach gerade im „Bereich der wissenschaftlichen Forschung" eine Ausnahme vom Regelschriftformerfordernis (Abs. 1 S. 3) vorliegt, „wenn durch die Schriftform der bestimmte Forschungszweck erheblich beeinträchtigt würde", in „diesem Fall sind der Hinweis nach Absatz 1 Satz 2 [auf den Zweck] und die Gründe, aus denen sich die erhebliche Beeinträchtigung des bestimmten Forschungszwecks ergibt, schriftlich festzuhalten". Bei § 4a Abs. 2 BDSG handelt es sich zwar zunächst nur um eine formelle Vorschrift, aus der aber auch Schlussfolgerungen zum Inhalt der Einwilligung gezogen werden können.[435] So spricht der Wortlautbefund letztlich dafür, auch bei der Einwilligung einen bestimmten Zweck, gerade auch im Hinblick auf die Forschung, als Wirksamkeitsvoraussetzung anzunehmen. Dies könnte zur Folge haben, dass sich allgemeine Forschungsregister, soweit noch ein Personenbezug der dort vorliegenden Daten besteht, nicht auf die Einwilligung der Betroffenen stützen können.

Zudem ist es Sinn und Zweck dieser Aufklärungspflichten, die auch den Inhalt der Einwilligung bestimmen, dem Betroffenen Bedeutung und Tragweite seiner Einwilligung und des darauf gestützten Datenumgangs zu verdeutlichen.[436] So soll dem Betroffenen letztlich nicht nur eine von äußerem Zwang, sondern auch eine von Fehlvorstellungen freie Entscheidung ermöglicht werden (vgl. § 4a Abs. 1 S. 1 BDSG).

Auch hat das Bundesverfassungsgericht entschieden, dass private Personenversicherer kein Recht haben, von ihren Versicherten eine pauschale Schweigepflichtentbindung zur Prüfung der Leistungspflicht zu verlangen, jedenfalls in einer Situation, in welcher diese durch in der Branche inhaltlich weitgehend einheitliche Formulare vorgegeben wurde.[437] Den Versicherten muss es demnach im Sinne eines informationellen Selbstschutzes zumindest freigestellt werden, im Leistungsfall Einzelermächtigungen für jede bei einer behandelnden Person oder Institution angeforderte Auskunft zu erteilen oder zu verweigern, ggf. eben mit negativen Konsequenzen für die Leistungsregulierung.

Diese Rechtsprechung deutet Grenzen an für die Ansätze, von einem bestimmten „informed consent" zu einem nicht vollkommen uninformierten, aber doch weiter gefassten „broad consent" überzugehen, und spricht eher für das Konzept des „dynamic consent", also der repetitiven Einholung von Einwilligungen nicht nur bei Aufnahme in das Register, sondern auch immer dann, wenn sich ein neues Forschungsprojekt konkretisiert hat und hierfür auf das Register zugegriffen werden

---

435 Nach Simitis, in: Simitis (Hg.), BDSG, § 4a Rdnr. 77, beschränkt sich die inhaltliche Bestimmtheit der Einwilligung zwar nicht auf formale Anforderungen. Auch diese Ansicht schließt aber nicht aus, aus solchen Anforderungen, wie vorliegend vertreten, gewisse inhaltliche Maßgaben abzuleiten. Zwingend ist der vorliegend vertretene Schluss zwar nicht, da die Ausnahme von der Schriftformerfordernis nicht unbedingt im Zusammenhang mit der sonst erforderlichen Bestimmtheit gesehen werden muss. So könnten für eine Ausnahme vom Schriftformerfordernis höhere Anforderungen an die Bestimmtheit (des Zwecks) gelten als im Übrigen (bei Einhaltung der Schriftform), beispielsweise weil sich die Rechtfertigung der Ausnahme (Forschungszweck erheblich durch Schriftform beeinträchtigt) ggf. nur prüfen lässt, wenn ein konkreter Zweck angegeben ist. Allerdings erscheint es naheliegender, an eine schriftliche Einwilligung die gleichen Bestimmtheitsmaßstäbe anzulegen wie an eine die Schriftform der Einwilligung ersetzende interne schriftliche Festlegung, da das eine das andere ersetzen, also im Ergebnis äquivalent sein soll.
436 LfD NW, 17. Datenschutz- u. Informationsfreiheitsbericht, 2005, S. 129; Simitis, in: Simitis (Hg.), BDSG, § 4a Rdnr. 77.
437 BVerfG, Beschl. v. 23.10.2006 – 1 BvR 2027/02 (Schweigepflicht-Klausel), BVerfGK 9, 353 = RDV 2007, 20.

soll.⁴³⁸ Zwingend erscheint die Übertragung der für private Versicherungsverhältnisse ergangenen Rechtsprechung auf die grundsätzlich privilegierte wissenschaftliche Forschung jedoch nicht.⁴³⁹ Eine Orientierung hieran liegt aber gleichwohl nicht fern. So fordert auch die ganz überwiegende Meinung in der datenschutzrechtlichen Literatur eine hinreichende Bestimmtheit für die Einwilligung und lehnt Blankettermächtigungen oder pauschal gehaltene Erklärungen ab.⁴⁴⁰

Auf ein Mindestmaß an Bestimmtheit wird man damit jedenfalls auch bei einem „broad consent" nicht verzichten können. Allerdings erscheint es vertretbar, die Anforderungen an diese zu reduzieren,⁴⁴¹ gerade wenn die Betroffenen über die spätere Verwendung informiert werden oder zumindest praktikable Informationsmöglichkeiten haben,⁴⁴² sodass sie konkret informiert über die eventuelle Ausübung ihres Widerrufsrechts entscheiden können.

Die *Landesbeauftragte für den Datenschutz in NRW* vertrat in ihrem 2005 veröffentlichten 17. Datenschutzbericht daher die Auffassung, dass ein Forschungsregister in der Regel selbst dann unzulässig sei, wenn die Betroffenen darin eingewilligt hätten.⁴⁴³ Denn Voraussetzung einer wirksamen Einwilligung sei die umfassende und detaillierte Aufklärung über „das konkrete Ziel, die zu diesem Zweck vorgesehene Datenverarbeitung einschließlich der Speicherdauer". Ein allgemeines Forschungsregister diene jedoch keinem entsprechend begrenzten Zweck, sondern stelle eine „Datenvorratshaltung von unbestimmter Dauer für noch nicht bestimmte Forschungsvorhaben dar". „Bedeutung und Tragweite derartiger Verzeichnisse" seien kaum überschaubar. Mangels hinreichend bestimmter Aufklärung könnten die Betroffenen allenfalls „unspezifische Generaleinwilligungen" erteilen, die datenschutzrechtlich nicht wirksam seien. Daher bedürften, so die Landesbeauftragte, personenbezogene Forschungsregister einer spezifischen gesetzlichen Grundlage, „die Zweck, Art und Umfang der Datenverarbeitung, Zugriffsrechte, Verantwortlichkeiten, Datenpflege, Schutzrechte der Betroffenen und dergleichen mehr regelt". Dem schließt sich beispielsweise *Simitis* an.⁴⁴⁴ Die Landesbeauftragte geht aber so weit, ihre Aussage selbst auf Krankheitsverzeichnisse zu erstrecken, in denen „ausschließlich Name und Ad-

---

438   Aus ethischer und pragmatischer Sicht eher skeptisch gegenüber dem „dynamic consent": Steinsbekk/Myskja/Solberg, Broad consent versus dynamic consent in biobank research, European Journal of Human Genetics 2013, S. 897ff.
439   Die Privatversicherungen sind grundrechtlich über die Berufsfreiheit nach Art. 12 Abs. 1 GG geschützt, welche jedoch unter einem expliziten Gesetzesvorbehalt steht, der eine Einschränkung der Berufsausübung grundsätzlich aus allen Gründen des Gemeinwohls und damit erst recht aufgrund kollidierender Grundrechte wie dem auf informationelle Selbstbestimmung erlaubt. Die Wissenschaftsfreiheit nach Art. 5 Abs. 3 S. 1 GG steht demgegenüber unter keinem Gesetzesvorbehalt, sondern kann nur durch kollidierendes Verfassungsrecht eingeschränkt werden, wobei es auch hier primär Aufgabe des Gesetzgebers ist, einen schonenden Ausgleich (praktische Konkordanz) zwischen den widerstreitenden Belangen herzustellen (s. hierzu auch oben S. 42ff.) – und im Gesetz finden sich eben einige Anhaltspunkte, die auch für die wissenschaftliche Forschung Einwilligungen zu einem bestimmten Zweck verlangen.
440   Simitis, in: Simitis (Hg.), BDSG, § 4a Rdnr. 77 m.w.N.; Bergmann/Möhrle/Herb, BDSG, § 4a Rdnr. 78.
441   In diese Richtung einer „breiten Einwilligung", wobei auch hier darauf hingewiesen wird, dass wo immer möglich Spezifizierungen vorzunehmen sind: Arbeitskreis Medizinischer Ethik-Kommissionen, Mustertext zur Spende, Einlagerung und Nutzung von Biomaterialien sowie zur Erhebung, Verarbeitung und Nutzung von Daten in Biobanken, empfohlen gemäß Beschluss vom 09.11.2013, http://www.ak-med-ethik-komm.de/documents/MustertextBiobankenVersion9.11.2013.doc.
442   Rechtliche Auskunftsansprüche wie solche nach § 34 BDSG bestehen ohnehin; gegenüber Benachrichtungspflichten nach § 33 BDSG bestehen grundsätzlich viele Ausnahmen, die jedoch im vorliegenden Kontext – bei Anerkennung einer breiten Einwilligung – nur sehr zurückhalten genutzt werden dürfen. In der (aktiven) Information des Patienten über neue Erkenntnisse aus seinen Daten sehen Harnischmacher u.a., Checkliste und Leitfaden zur Patienteneinwilligung, S. 132ff., dagegen eher ein ethisches denn ein datenschutzrechtliches Problem, wobei an dieser Stelle nicht explizit auf die Problematik der breiten Einwilligung eingegangen wird.
443   Hierzu und zum Rest des Absatzes: LfD NW, 17. Datenschutz- u. Informationsfreiheitsbericht, 2005, S. 128f.
444   Simitis, in: Simitis (Hg.), BDSG, § 40 Rdnr. 55 unter explizitem Bezug auf den Datenschutzbericht der LfD NW aus 2005. S.a. oben Fn. 329 (auch zu einer ähnlichen Rechtsauffassung der LfD BW), Fn. 330.

ressdaten betroffener Personen verzeichnet" werden, da „mit jedem Zugriff auf dieses [...] zugleich ein Gesundheitsdatum übermittelt" werde.

Der letzte Punkt lässt sogar die Zulässigkeit der Einschaltung eines Datentreuhänders mit Einwilligung der betroffenen Patienten zur Pseudonymisierung vor Einstellung in ein Forschungsregister fragwürdig erscheinen. Insoweit sind allerdings *Metschke/Wellbrock* anderer Meinung. Sie nehmen zwar grundsätzlich die von der Landesbeauftragten vertretene Forderung nach einer spezifischen gesetzlichen Grundlage für Forschungsregister vorweg,[445] führen allerdings zusätzlich aus, dass eine solche Grundlage verzichtbar ist, wenn „die Daten im Register anonymisiert oder pseudonymisiert gespeichert und weitere Verfahrensvorschriften festgelegt [werden], die eine Reidentifizierung verhindern".[446] Vor diesem Hintergrund halten sie ein Forschungsregister nach vorgeschalteter Pseudonymisierung durch einen vertrauenswürdigen und wegen des Beschlagnameschutzes (§ 97 StPO) möglichst auch zeugnisverweigerungsberechtigten Datentreuhänder auf Basis einer Einwilligung für zulässig, wenn der Betroffene „hinreichend transparent informiert wird und er deutlich auf seine Widerspruchsmöglichkeiten hingewiesen wird [...], solange die Modalitäten der Verwendung der Daten für ihn übersehbar sind".[447] Soweit anschließend in das Forschungsregister nur für den Registerträger und zugreifende Forscher anonyme Daten eingestellt werden, ist dann auch für konkrete Projekte mangels Personenbezug (dessen Relativität unterstellt)[448] keine Folgeeinwilligung mehr notwendig. Eine erneute Einwilligung muss erst dann wieder eingeholt werden, wenn ausnahmsweise für ein konkretes Projekt doch wieder der Personenbezug, üblicherweise unter Vermittlung durch den Datentreuhänder, hergestellt werden soll. Zumindest wird man insoweit eine Pflicht zur Benachrichtigung des Betroffenen und die Einräumung einer ausreichenden Widerspruchsfrist fordern müssen. Unter diesen Umständen dürften dann auch die von *Metschke/Wellbrock* geforderten Bedingungen erfüllt sein. Dieser Ansicht ist zuzustimmen, so dass von der grundsätzlichen Zulässigkeit der Einwilligung in die Einschaltung eines Datentreuhänders zur einrichtungsübergreifenden Pseudonymisierung der Patientendaten auszugehen ist.[449]

Überdies kann nach hier vertretener Auffassung, eine Einwilligung in die Aufnahme in ein personenbezogenes Forschungsregister, sei es auch ohne Bindung an engere Zwecke als diejenige der wissenschaftlichen Forschung (also ein allgemeines Forschungsregister), hinreichend bestimmt und damit grundsätzlich zulässig ausgestaltet werden,[450] jedenfalls wenn der Zugriff auf die Daten in diesem Register für ein

---

445 Metschke/Wellbrock, Datenschutz in Wissenschaft und Forschung, Abschnitt 8, S. 44: „Der Aufbau personenbezogener Register ausschließlich auf der Grundlage einer Einwilligung der Betroffenen ist nicht datenschutzgerecht, weil für die Betroffenen nicht übersehbar ist, wer welche Daten wann und wo für welche Zwecke verwenden wird".

446 Metschke/Wellbrock, Datenschutz in Wissenschaft und Forschung, Abschnitt 8, S. 44f., wobei auf S. 45 davor gewarnt wird, dass selbst „ein in einem Register gespeicherter pseudonymisierter Einzeldatensatz [...] [noch] ein erhebliches Re-Identifizierungspotenzial in sich bergen" kann, weshalb z.B. nicht das komplette Geburtsdatum, sondern nur „Gruppen mit weniger Merkmalsausprägungen" verwendet werden sollten.

447 Metschke/Wellbrock, Datenschutz in Wissenschaft und Forschung, Abschnitt 8, S. 44, allgemein zum Datentreuhänder: Abschnitt 6.2, S. 35, zu Pseudonymisierungsverfahren mit dessen Hilfe, Abschnitt 3.5, S. 19ff.

448 S. oben S. 11ff.

449 In diese Richtung auch Weichert, Aktuelle Herausforderungen des Datenschutzes im Bereich der medizinischen Forschung, Abschnitt IV (Personenbezug); der Datentreuhänder sollte zudem für die Wahrung der Betroffenenrechte zuständig sein, Weichert, a.a.O., Abschnitt V.

450 Auch Weichert, Aktuelle Herausforderungen des Datenschutzes im Bereich der medizinischen Forschung, Abschnitt V am Anfang, sieht in der Einwilligung eine Grundlage für nicht-krankheitsspezifische, medizinische Forschungsregister, ohne deren Zulässigkeit

konkretes Projekt im Sinne eines „dynamic consent" der Pflicht zur erneuten Einholung einer Einwilligung unterliegt.

Angemessenheit der Einwilligung

Die von manchen Autoren für eine spezielle gesetzliche Grundlage vorgesehenen Bedingungen für Forschungsregister[451] ließen sich auch in eine Einwilligungslösung integrieren.

Eine in einem formellen Gesetzgebungsverfahren getroffene Regelung hat zwar in der Regel eine höhere Angemessenheitsgewähr als einseitig formularmäßig vorgegebene Einwilligungserklärungen. Letztlich dürfte es aber mehr auf die inhaltliche Angemessenheit denn auf die Form der Erarbeitung der Bedingungen ankommen.

Dies gilt zumal, wenn bei der Erarbeitung der Bedingungen, unter denen die Einwilligung vom betroffenen Patienten erteilt wird und welche ausdrücklich in dieser enthalten sind oder auf welche (statisch) verwiesen wird, unabhängiger datenschutzrechtlicher Sachverstand und eventuell auch die Aufsichtsbehörden sowie Patientenvertreter hinzugezogen werden.[452] Soll eine Einwilligung Rechtsgrundlage einer Datenverarbeitung sein, dann gehört es ohnehin auch zu den Kontrollrechten der Datenschutzaufsichtsbehörden, die Einhaltung der Bedingungen unter denen die Einwilligung steht, zu kontrollieren.

Eine dynamische Verweisung auf ein Bedingungswerk, welches von Zeit zu Zeit oder aus besonderem Anlass überarbeitet werden kann und dann ohne erneute Einwilligung wirksam werden soll, wäre hingegen selbst bei Behördenbeteiligung problematisch und ohne Widerspruchsmöglichkeit für die Betroffenen klar unzulässig. Insoweit könnte aber der Vertrauensschutz für die betroffenen Patienten im Rahmen einer individuellen Einwilligungslösung sogar weiter gehen als bei einer weniger transparenten und weniger dem Vertrauensschutz zugänglichen generellen spezialgesetzlichen Regelung.

Am rechtssichersten wäre freilich die explizite gesetzliche Flankierung einer Einwilligungslösung für allgemeine Forschungsregister, welche aber nach hier vertretener Auffassung im Rahmen eines „dynamic consent" bzw. einer Datentreuhänderlösung nicht zwingend erforderlich ist.

---

generell in Frage zu stellen, auch wenn er im Allgemeinen (Abschnitt IV, Einwilligung) im Sinne des „informed consent" hinreichend bestimmten Informationen über Zweck usw. fordert.

451 U.a. LfD NW, 17. Datenschutz- u. Informationsfreiheitsbericht, 2005, S. 129; s.a. o. S. 100.
452 Ggf. könnte auch die Regelung zur Prüfung von beruflichen Verhaltensregeln durch die Aufsicht nach § 38a BDSG entsprechend herangezogen werden.

6.6 Für Kliniken relevante Datenschutzvorschriften der Bundesländer

6.6.1 Baden-Württemberg

Relevante Landesgesetze:

- Landeskrankenhausgesetz (LKHG BW)[453]
- Landesdatenschutzgesetz (LDSG BW)[454]

6.6.1.1 Auf Kliniken anwendbare Datenschutzvorschriften

Die Datenschutzregeln im 7. Abschnitt des LKHG BW gelten nach § 43 Abs. 1 LKHG BW für Krankenhäuser im Sinne von § 107 Abs. 1 SGB V sowie entsprechend für Vorsorge- und Rehabilitationseinrichtungen nach § 107 Abs. 2 SGB V.[455]

In § 107 SGB V sind Krankenhäuser sowie Vorsorge- und Rehabilitationseinrichtungen („Reha-Krankenhäuser") nach ihrer umgangssprachlichen Wortbedeutung, also sehr weit definiert. Damit fallen zunächst alle Arten von Krankenhäusern, unabhängig von ihrer Trägerschaft (sei sie öffentlich, kirchlich oder privat), von Zulassungsstatus und öffentlicher Förderung, in den Geltungsbereich der genannten Datenschutzregelungen.

Explizit ausgenommen werden aber Krankenhäuser sowie Vorsorge- oder Rehabilitationseinrichtungen, deren Träger der Bund ist (§ 43 Abs. 1 S. 3 LKHG BW).

Auch gelten die Vorschriften des Datenschutz-Abschnitts für Krankenhäuser, die von Religionsgemeinschaften oder diesen zuzuordnenden Einrichtungen betrieben werden, ohne Rücksicht auf deren Rechtsform nur, soweit die Religionsgemeinschaften bis zum 01.01.2008 im Einzelnen keine gleichwertigen Regelungen zum Schutz personenbezogener Daten getroffen haben (§ 43 Abs. 2 S. 1 LKHG BW).[456] Allerdings bleibt die Anwendung von § 49 LKHG BW unberührt (§ 43 Abs. 2 S. 2 LKHG BW), wonach es kein unbefugtes Offenbaren im Sinne besonderer gesetzlicher Geheimhaltungspflichten darstellt, wenn Patientendaten unter den Voraussetzungen der §§ 45 bis 48 LKHG BW weitergegeben werden. Dies ist insbesondere vor dem Hintergrund der nach § 203 Abs. 1 Nr. 1 StGB statuierten und sanktionierten ärztlichen Schweigepflicht zu sehen, welche auch für Religionsgemeinschaften zwingendes staatliches Recht darstellt. Diese Schweigepflicht kann als eigenständige Schranke und im Gegensatz zum Datenschutzrecht (im engeren Sinne) nur durch staatliches, nicht aber durch kirchliches Recht durchbrochen werden, so jedenfalls die Wertung des baden-württembergischen Gesetzgebers. Aus verfassungsrechtlichen Gründen – weil die kirchliche Selbstbestimmung nicht die für alle Schweigeverpflichteten geltende allgemeine Schranke des § 203 StGB suspendieren kann – wird dies auch darüber hinaus so

---

[453] Zuletzt geändert durch Gesetz vom 02.07.2013.
[454] Zuletzt geändert durch Gesetz vom 03.12.2013.
[455] Der allgemeine Anwendungsbereich des LKHG BW ist nach dessen § 2 Abs. 1 zwar enger: Erfasst werden grundsätzlich nur nach dem KHG öffentlich geförderte Krankenhäuser. Allerdings bleiben nach § 2 Abs. 4 LKHG BW „Vorschriften dieses Gesetzes, die sich ausdrücklich auf andere Krankenhäuser oder auf Vorsorge- und Rehabilitationseinrichtungen beziehen" unberührt. Damit gelten die Vorschriften zum Datenschutz in den §§ 43ff. LKHG BW auch für Krankenhäuser, die im Übrigen nicht in den Anwendungsbereich des Gesetzes fallen. Für Universitätskliniken, auf die das LKHG BW nur partiell Anwendung findet, wird die Geltung der Datenschutzvorschriften des 7. Abschnitts in § 2 Abs. 2 LKHG BW explizit klargestellt.
[456] Dies stellt eine der oben (S. 80f.) erwähnten Öffnungsklauseln im staatlichen Recht zu Gunsten abweichender kirchlicher Regelungen dar.

gesehen.[457] Deshalb sind auch für Krankenhäuser in kirchlicher Trägerschaft insoweit die §§ 45 bis 48 LKHG maßgeblich und entsprechend anzuwenden. Diese schweigepflicht-fokussierte Anwendung des staatlichen Datenschutzrechts entbindet die kirchlichen Krankenhäuser allerdings nicht davon, ihr gegebenenfalls ebenfalls einschlägiges kirchliches Datenschutzrecht parallel anzuwenden. Damit erhöhen sich insgesamt die Hürden für eine Übermittlung bzw. ein Offenbaren patientenbezogener Daten, da letztlich die jeweils strengste Regelung eingehalten werden muss. Wohl auch vor diesem Hintergrund wurden in Baden-Württemberg von den Religionsgemeinschaften für Krankenhäuser in kirchlicher Trägerschaft, sowohl der evangelischen[458] als auch der katholischen Kirche,[459] keine Sonderregelungen zum Patientendatenschutz erlassen, so dass insoweit ausschließlich die Regeln des LKHG gelten.[460]

Zudem wird die Datenverarbeitung für Zwecke wissenschaftlicher Lehre oder Forschung ausdrücklich vom Anwendungsbereich der Datenschutzvorschriften des LKHG ausgenommen (§ 43 Abs. 3 LKHG BW). Gemäß § 46 Abs. 1 S. 1 Nr. 2a LKGH BW ist jedoch eine Datenübermittlung auch zulässig, soweit sie zur Durchführung medizinischer Forschungsvorhaben des Krankenhauses erforderlich ist. Diese spezielle Erlaubnisnorm hat insoweit Vorrang vor der Herausnahme der Forschungszwecke aus dem allgemeinen Geltungsbereich nach § 43 Abs. 3 LKHG BW und führt entsprechende Datenübermittlungen einer besonderen Regelung zu, da die allgemeinen Regeln hierfür vom Landesgesetzgeber als nicht passend empfunden wurden.[461] Allerdings ist die datenschutzrechtliche Zulässigkeit der eigentlichen (internen) Durchführung des Forschungsvorhabens selbst nicht im LKHG geregelt. Da die Übermittlungserlaubnis nach § 46 Abs. 1 S. 1 Nr. 2a LKGH BW jedoch an die Durchführung medizinischer Forschungsvorhaben des Krankenhauses (als übermittelnder Stelle) anknüpft, dürfte eine solche Übermittlung in rechtlicher Hinsicht nur in Betracht kommen, wenn auch das Forschungsvorhaben an sich zulässig ist. Letzteres setzt voraus, dass die außerhalb des LKHG BW geregelten originären Zulässigkeitsvoraussetzungen für die Datenverarbeitung zu Forschungszwecken vorliegen, welche für eine Übermittlung dann zusätzlich zu § 46 Abs. 1 S. 1 Nr. 2a LKGH BW zu prüfen wären. Dies gilt jedenfalls für die Zulässigkeit des Gesamtprojektes des Krankenhauses, wenn eine Datenübermittlung hierfür allein nicht ausreicht, was praktisch immer der Fall sein dürfte.

Insoweit verbleibt es bei den „subsidiären" (nachrangigen) Regeln, auf welche § 43 Abs. 5 LKHG BW abstrakt und dynamisch mit folgenden Worten verweist: „Soweit sich aus diesem Gesetz nichts anderes ergibt, sind auf Patientendaten die jeweils geltenden Vorschriften über den Schutz personenbezogener Daten anzuwenden." Welche Vorschriften dies jeweils sind, soll im Folgenden geklärt werden.

---

457 Insbesondere zu letzterem Punkt: Beyerle, Rechtsfragen medizinischer Qualitätskontrolle, S. 132f.
458 Sieper, in: Bold/Sieper, LKHG BW, § 43 Rdnr. 7; aktuell bestätigt durch Auskunft des Datenschutzbeauftragten der ev. Landeskirche Württemberg vom 27.02.2014.
459 Sieper, in: Bold/Sieper, LKHG BW, § 43 Rdnr. 6: Zwar wurde nach Einfügung der entspr. Öffnungsklausel in das LKHG BW ein neuer § 19a in die Anordnung über den kirchlichen Datenschutz (KDO) der katholischen Bistümer Freiburg und Rottenburg-Stuttgart aufgenommen, der jedoch nur wieder auf das LKHG zurückverweist, soweit die KDO nichts anderes bestimmt, was sie im Hinblick auf den Patientendatenschutz nicht tut.
460 Auf kirchliche Krankenhäuser, die weder in Trägerschaft der evangelischen noch der katholischen Kirche, sondern in der anderer Religionsgemeinschaften stehen, wird in diesem Gutachten nicht weiter eingegangen. Dabei dürfte es sich aber um seltene Fälle handeln. Abweichende Ergebnisse kämen auch nur insoweit in Betracht, als diese Religionsgemeinschaften spezifische Vorschriften zum Patientendatenschutz erlassen hätten (bzw. zum Beschäftigtendatenschutz, s.u. Kap. I.15, S. 321ff.).
461 Sieper, in: Bold/Sieper, LKHG BW, § 43 Rdnr. 13.

6 Anwendbares Datenschutzrecht für die Sekundärnutzung klinischer Daten unter Berücksichtigung des Landesrechts

Öffentliche Krankenhäuser

Das LKHG BW ist nach § 2 Abs. 1 Satz 1 LKHG BW auf alle Krankenhäuser anwendbar, die nach dem KHG öffentlich gefördert werden. Für Universitätskliniken gelten Besonderheiten,[462] jedoch findet nach § 2 Abs. 2 LKHG BW unter anderem der Datenschutz-Abschnitt dieses Gesetzes auch auf sie Anwendung.

Der Datenschutz-Abschnitt des LKHG BW gilt gemäß § 43 Abs. 1 LKHG BW für Krankenhäuser im Sinne des § 107 Abs. 1 SGB V, außer der Bund ist deren Träger. Er ist jedoch gemäß § 43 Abs. 3 LKHG BW nicht anwendbar für die Datenverarbeitung für Zwecke wissenschaftlicher Lehre oder Forschung. Dieser Ausschluss gilt jedoch nicht für die Übermittlungsbefugnis nach § 46 Abs. 1 S. 1 Nr. 2a, da diese sich speziell auf die Forschung bezieht und insoweit als vorrangig gegenüber dem allgemeinen Ausschluss (im Übrigen) angesehen werden kann.

Gilt subsidiär das LDSG oder das BDSG?

Vorrangig gilt das LKHG BW, nachrangig gilt das LDSG BW (§ 2 Abs. 5 LDSG BW und § 43 Abs. 5 LKHG BW). Dabei bleibt es für als Eigenbetriebe der öffentlichen Hand geführte Kliniken, welche also unmittelbar einer Behörde oder sonstigen öffentlichen Stelle des Landes, einer Gemeinde, einem Gemeindeverband oder einer sonstigen unter der Aufsicht des Landes stehenden juristischen Person des öffentlichen Rechts zugeordnet sind und über keine juristische Selbständigkeit (eigene Rechtspersönlichkeit)[463] verfügen (§ 2 Abs. 1 LDSG BW).

Das LDSG BW ist gemäß § 2 Abs. 2 LDSG BW auch auf juristische Personen des privaten Rechts und sonstige Vereinigungen des privaten Rechts anwendbar, die Aufgaben der öffentlichen Verwaltung wahrnehmen und an denen eine juristische Person des öffentlichen Rechts nach § 2 Abs. 1 LDSG BW mit absoluter Mehrheit beteiligt ist.

Hält die öffentliche Hand nicht die absolute Mehrheit oder wird keine Aufgabe der öffentlichen Verwaltung wahrgenommen, handelt es sich ohnehin nicht um eine öffentliche Stelle im Sinne des § 2 LDSG BW, so dass das LDSG BW nicht zur Anwendung kommt. Es handelt sich dann um eine nicht-öffentliche Stelle gemäß § 2 Abs. 4 S. 1 BDSG. Auf diese ist über den Verweis in § 43 Abs. 5 LKHG BW das BDSG nach seinem § 1 Abs. 2 Nr. 3 anwendbar, und zwar dessen allgemeinen Vorschriften sowie gemäß § 27 Abs. 1 Satz 1 Nr. 1 BDSG der 3. Abschnitt dieses Gesetzes (Datenverarbeitung nicht-öffentlicher Stellen: §§ 27–38a BDSG).

Soweit öffentliche Stellen und damit auch öffentliche Kliniken als Unternehmen mit eigener Rechtspersönlichkeit am Wettbewerb teilnehmen, verweist § 2 Abs. 4 S. 1 LDSG BW auf die für nicht-öffentliche Stellen geltenden Vorschriften des BDSG. Lediglich für Zweckverbände, welche im Krankenhausbereich aber praktisch keine Rolle spielen, gilt dieser Verweis nach § 2 Abs. 4 S. 2 LDSG BW nicht.

Bei einer privaten Rechtsform gilt der Verweis in § 2 Abs. 4 LDSG BW jedoch nur, wenn die öffentliche Hand die Mehrheit hält und man annimmt, dass Krankenhäuser gemäß § 2 Abs. 3 LDSG BW Aufgaben der öffentlichen Verwaltung wahrnehmen.

---

462 Vorrangig gilt das Universitätsklinika-Gesetz BW, welches aber keine Datenschutzregeln enthält.
463 Eine eigne Rechtspersönlichkeit läge z.B. bei einer Anstalt, Körperschaft oder Stiftung öffentlichen Rechts oder einer der Gesellschaftsformen (z.B. GmbH oder AG) des privaten Rechts vor. Eigen- bzw. Regiebetriebe sind dagegen rechtlich unselbständige organisatorische Einheiten einer übergeordneten juristischen Person der öffentlichen Verwaltung, welche direkten Durchgriff auf den Betrieb und seine Leitung hat.

Wollte man die Wahrnehmung von Aufgaben der öffentlichen Verwaltung durch Krankenhäuser verneinen, käme man für Kliniken in privater Rechtsform, aber im (Teil-)Eigentum öffentlicher Träger (unabhängig von den Mehrheitsverhältnissen), über den Verweis in § 43 Abs. 5 LKHG unmittelbar zur Anwendung der für nicht-öffentliche Stellen geltenden Vorschriften des BDSG. Das LDSG BW fände keine Anwendung, weil die Klinik dann keine öffentliche Stelle i.S.d. § 2 Abs. 1 und 2 LDSG wäre und somit eine nicht-öffentliche Stelle nach § 2 Abs. 4 BDSG vorläge. Die Krankenhausversorgung kann jedoch im Sinne der Daseinsvorsorge auch als Aufgabe der öffentlichen Verwaltung wahrgenommen werden. Dies ist der Fall, wenn ein Krankenhaus in öffentlicher Trägerschaft steht oder ein privater Krankenhausträger beliehen würde. Für Letzteres genügt die Aufnahme in den Landeskrankenhausplan jedoch nicht. Üblicherweise findet auch keine solche Beleihung im Krankenhausbereich statt, da es sich bei der Krankenhausversorgung in aller Regel um Leistungsverwaltung, nicht aber um hoheitliche Eingriffsverwaltung handelt, und nur bei letzterer eine Beleihung in Betracht kommt.[464] Eine öffentliche Trägerschaft findet sich jedoch häufig und führt – bei entsprechenden Mehrheitsverhältnissen – zur Einordnung als öffentliche Stelle nach § 2 Abs. 1, 2 LDSG.

Trotz der Einordnung der Krankenhausversorgung als Daseinsvorsorge und damit grundsätzlich zulässiges Tätigkeitsfeld der öffentlichen (Leistungs-)Verwaltung wird man nicht bestreiten können, dass diese Tätigkeit in (teils sogar zunehmendem) Wettbewerb mit anderen Krankenhausträgern wie insbesondere erwerbswirtschaftlichen Unternehmen erfolgt. Dieser Wettbewerb um die Behandlung von Patienten und damit im Rahmen des primären Nutzungszwecks der Daten setzt sich letztlich bei der Sekundärnutzung zu Zwecken der Qualitätssicherung und Forschung fort.[465] Trotz grundsätzlich gebotener (funktional) getrennter Bewertung der verschiedenen Tätigkeitsbereiche einer Klinik nach § 2 Abs. 4 LKHG BW, der nur einschlägig ist, „soweit" eine Teilnahme am Wettbewerb vorliegt, gelangt man daher im Ergebnis zu einer einheitlichen Bejahung dieser Voraussetzung.[466]

Damit nehmen jedenfalls Krankenhäuser öffentlicher Träger in privater Rechtsform als Unternehmen mit eigener Rechtspersönlichkeit am Wettbewerb teil, weshalb für diese nach § 2 Abs. 4 LDSG BW die für nicht-öffentliche Stellen geltenden Vorschriften des BDSG (subsidiär) Anwendung finden.

Fraglich ist, ob von einer entsprechenden Teilnahme als Unternehmen mit eigener Rechtspersönlichkeit am Wettbewerb auch ausgegangen werden kann, wenn das Krankenhaus mit einer eigenen, aber öffentlich-rechtlich ausgestalteten Rechtspersönlichkeit ausgestattet ist, insbesondere also wenn es als eigenständige Anstalt oder Stiftung des öffentlichen Rechts verfasst ist. Insoweit ist fraglich, ob man noch von einem Unternehmen sprechen kann. Als Wettbewerbsunternehmen gelten aber sowohl die öffentlich-rechtlichen als auch die privatrechtlichen Unternehmen mit

---

[464] Abweichungen von dieser Regel können für die ausnahmsweise zulässige Zwangsbehandlung im Rahmen der Unterbringung psychisch Kranker oder des Maßregelvollzuges gelten, welche aber üblicherweise auf spezielle Kliniken konzentriert ist. S. dazu oben S. 69ff.
[465] Zu den entsprechenden Argumenten und Gegenargumenten s.o. zum BDSG, S. 91f.
[466] Andernfalls müssten doppelte Strukturen bezüglich der internen Datenschutzorganisation und der externen Datenschutzkontrolle (Aufsicht) etabliert werden, da § 2 Abs. 4 LDSG BW im Gegensatz zu den LDSG vieler anderer Bundesländer (zu Bayern s.u. S. 135f.) sowie bezüglich der Aufsicht auch dem BDSG (s.o. S. 93, Fn. 288) diese Regelungsmaterien nicht aus dem Verweis auf die Vorschriften für nicht-öffentliche Stellen des BDSG ausnimmt. Dies könnte zu Problemen in der Rechtsanwendung führen und dürfte in jedem Fall einen zusätzlichen Aufwand für die verantwortlichen Stellen mit sich bringen.

Ausnahme der Zweckverbände.[467] Dies lässt sich auch aus einem Umkehrschluss zur Ausnahme der Zweckverbände begründen: Wären öffentlich-rechtliche Rechtsformen von vornherein nicht als Unternehmen anzusehen, bräuchten (öffentlich-rechtliche definierte) Zweckverbände nicht – wie in § 2 Abs. 4 S. 2 LDSG BW geschehen – gesondert aus der Regelung ausgenommen zu werden.

Ergebnis: Für alle öffentlich geführten Kliniken gilt vorrangig das LKHG BW. Für als Eigenbetriebe geführte Kliniken der öffentlichen Hand gilt nachrangig das LDSG BW. Für Kliniken öffentlicher Träger mit eigener Rechtspersönlichkeit gilt nachrangig das BDSG (Vorschriften für nicht-öffentliche Stellen).

Private Krankenhäuser

Die Ausführungen bei öffentlichen Kliniken zum Anwendungsbereich des LKHG BW sind auf Kliniken privater Träger letztlich übertragbar. Der allgemeine Anwendungsbereich des LKHG BW ist zwar nach § 2 Abs. 1 Satz 1 LKHG BW auf Kliniken beschränkt, die nach dem KHG gefördert werden, worunter nicht alle Kliniken privater Träger fallen. Darauf kommt es jedoch vorliegend nicht an, weil der spezifische Anwendungsbereich des Datenschutz-Abschnitts des LKHG BW gemäß § 43 Abs. 1 LKHG BW auf Krankenhäuser im Sinne des § 107 Abs. 1 SGB V bezogen ist. Darunter fallen auch Kliniken privater Träger.[468]

Gilt subsidiär das LDSG oder das BDSG?

Vorrangig gilt das LKHG BW, nachrangig sind die jeweils geltenden Vorschriften anwendbar (§ 43 Abs. 5 LKHG BW). Bei Kliniken privater Träger handelt es sich um nicht-öffentliche Stellen nach § 2 Abs. 4 Satz 1 BDSG. Auf sie sind daher (nachrangig nach dem LKHG BW) die allgemeinen Vorschriften des BDSG und gemäß § 27 Abs. 1 Satz 1 Nr. 1 BDSG der 3. Abschnitt des BDSG (§§ 27–38a: Datenverarbeitung nicht-öffentlicher Stellen) anwendbar. Das LDSG ist nicht (auch nicht nachrangig) anwendbar, weil eine Klinik privater Träger keine öffentliche Stelle im Sinne des § 2 Abs. 1 und 2 LDSG BW ist.

Ergebnis: Für Kliniken privater Träger gilt vorrangig das LKHG BW und nachrangig das BDSG (Vorschriften für nicht-öffentliche Stellen).

Zusammenfassung

Für alle Kliniken in Baden-Württemberg, mit Ausnahme solcher, die dem Bund zugeordnet sind, gilt vorrangig das LKHG BW. Für öffentliche Kliniken als Eigenbetriebe gilt nachrangig das LDSG BW. Für öffentliche Kliniken mit eigener Rechtspersönlichkeit und Kliniken in privater Trägerschaft gilt nachrangig das BDSG (Vorschriften für nicht-öffentliche Stellen). Es besteht zwar eine Öffnungsklausel für kirchliche Krankenhäuser, welche von den Religionsgemeinschaften aber nicht genutzt wurde.

6.6.1.2 Regelungen zur Forschung

Wie bereits ausgeführt enthält das LKHG BW mit § 46 Abs. 1 S. 1 Nr. 2a LKGH BW lediglich eine besondere Regelung zur Datenübermittlung zur Forschung (s. unten bb).

---

467 Bergmann/Möhrle/Herb, LDSG BW, § 2 Abschnitt 6.
468 Vgl. dazu oben bei öffentlichen Kliniken die Ausführungen zu § 107 SGB V, S. 123.

Im Übrigen verleibt es auch für den Datenumgang zu Forschungszwecken bei den jeweils subsidiär anwendbaren Regeln aus dem BDSG oder dem LDSG BW (s. sogleich aa).

Interne Datenverwendung

Die eigentliche (interne) Vorbereitung oder Durchführung des Forschungsvorhabens richtet sich damit nach den genannten nachrangig geltenden Datenschutzvorschriften.

Private Krankenhäuser und juristisch selbständige öffentliche Krankenhäuser

Für Krankenhäuser privater Träger sowie solche dem Land zugeordneter öffentlicher Träger mit eigener Rechtspersönlichkeit, letztlich also für die allermeisten Krankenhäuser,[469] gelten die Regelungen des BDSG für nicht-öffentliche Stellen, von denen für die Forschung mit Gesundheitsdaten § 28 Abs. 6 Nr. 4 BDSG besondere Bedeutung hat.[470] Insoweit sei auf die bereits beschriebenen Anforderungen verwiesen, die hier nur schlagwortartig wiederholt werden: Eigenforschung, auch im Verbund, aber keine reine Drittforschung; (bestimmtes) Vorhaben der wissenschaftlichen Forschung; Erforderlichkeit, Angemessenheit (erhebliches Überwiegen des wissenschaftlichen Interesses) und praktische Alternativlosigkeit des Datenumgangs ohne Einwilligung.[471]

Juristisch unselbständige öffentliche Krankenhäuser

Lediglich für die (allenfalls noch wenigen) Krankenhäuser dem Land zugeordneter Träger, die ohne eigene Rechtspersönlichkeit als Eigen- oder Regiebetriebe der Verwaltung geführt werden,[472] greift subsidiär das LDSG BW.

Hier bestimmt § 15 Abs. 3 LDSG BW, dass eine „Speicherung oder Nutzung für andere Zwecke" nicht vorliegt, „wenn sie [...] Zwecken der Durchführung eigener wissenschaftlicher Forschung der speichernden Stelle dient". Dabei handelt es sich letztlich um eine Fiktion, nach der die (interne) Datenverwendung durch Speichern und Nutzen für die wissenschaftliche Eigenforschung nicht als Zweckänderung gilt, auch wenn sie an sich eine solche ist,[473] weil sie auf ursprünglich in einem Behandlungsverhältnis erhobene Daten zurückgreift. Eine entsprechende „Sekundärnutzung" erfordert damit keine gesonderte Erlaubnis neben derjenigen für die Primärnutzung, also der Datenverarbeitung für die Versorgung und verwaltungsmäßige Abwicklung des Behandlungsverhältnisses, die gemäß § 45 Abs. 1 LKHG BW erlaubt ist. Somit dürften auch die strengeren Zulässigkeitsvoraussetzungen für den Umgang mit Gesundheitsdaten nach § 33 Abs. 1 LDSG BW nicht greifen, da unterstellt werden darf, dass keine zweckändernde Verwendung vorliegt. Überdies suspendiert Abs. 2 dieser Vorschrift die Verarbeitung sensibler Daten für die Forschung im Rahmen von § 19 (Übermittlung zu Forschungszwecken) und § 35 (Erhebungserlaubnis und Rahmenbedingungen für

---

469 Auch, aber nicht nur in Baden-Württemberg; s. auch unten S. 180, Fn. 580, in Kap. I.6.6.9.1.
470 Zu diesen Anwendungsfragen s.o. S. 125ff.
471 Im Einzelnen s.o. S. 93ff.
472 S. soeben Fn. 469 und unten S. 180, Fn. 580.
473 Zum Charakter einer fiktiven Annahme: Bergmann/Möhrle/Herb, LDSG BW, § 15 Anm. 1.4, 4.2.

Forschungseinrichtungen) LDSG BW von diesen strengeren Anforderungen, was nach Sinn und Zweck auch auf die interne Eigenforschung zu übertragen ist.

In Bezug auf die allgemeinen Voraussetzungen wissenschaftlicher Eigenforschung kann auf die Ausführungen zu § 28 Abs. 6 Nr. 4 BDSG verwiesen werden.[474] Im Unterschied zu dieser Bundesnorm besteht vorliegend zwar einerseits keine Beschränkung auf bestimmte Forschungsvorhaben, andererseits aber auch keine Erstreckung auf andere Verwendungsformen als die der Speicherung und Nutzung. Insbesondere wird folglich keine Datenübermittlung an Dritte erfasst. Damit scheidet die Rechtfertigung „kooperativer Eigenforschung im Verbund" auf dieser Grundlage aus, soweit andere beteiligte Einrichtungen in diesem Rahmen Zugriff auf personenbezogene Daten erhalten sollen. Reine Drittforschung erfüllt ohnehin nicht das Kriterium der Eigenforschung.

Das Fehlen einer Beschränkung auf bestimmte Forschungsvorhaben sowie die Erfassung nicht nur der Nutzung, sondern auch der Speicherung für sekundäre Zwecke lässt die Errichtung eines einrichtungsinternen allgemeinen Forschungsregisters auf Basis von § 15 Abs. 3 LDSG BW vertretbar erscheinen.

Soweit die Sekundärnutzung zu Forschungszwecken allerdings nicht nur eine (temporäre) Nutzung im datenschutzrechtlichen Sinn darstellt, sondern personenbezogene Daten separat zu Forschungszwecken gespeichert werden, kann dies zwar auch über § 15 Abs. 3 LDSG BW gerechtfertigt werden. Dann dürften jedoch die für die Verarbeitung personenbezogener Daten durch Forschungseinrichtungen geltenden Anforderungen des § 35 LDSG BW anzuwenden sein.[475] Die in § 35 Abs. 1 S. 1, 2 LDSG BW enthaltene Erhebungserlaubnis für Forschungszwecke ist für die Sekundärnutzung bereits zur Behandlung erhobener Daten irrelevant. Allerdings knüpft § 35 Abs. 1 S. 3 LDSG BW auch an die Speicherung für Zwecke der wissenschaftlichen Forschung an und bindet die künftige Verarbeitung an diesen Zweckrahmen.[476] Dies ist auch für eine separate Speicherung gemäß § 15 Abs. 3 LDSG BW zu beachten, welche unabhängig von einer primär zu Behandlungszwecken geführten Patientenakte ist. Für diese separate Speicherung gilt auch die unbedingte Pseudonymisierungspflicht nach § 35 Abs. 2 S. 2, 3 LDSG BW sowie die Pflicht zur Anonymisierung, sobald dies nach dem Forschungszweck möglich ist (S. 1).[477]

Fällt die in § 15 Abs. 3 LDSG BW vorausgesetzte primäre Erlaubnis weg, zum Beispiel mit Ablauf der Aufbewahrungsfristen für Patientendaten,[478] fehlt es für die Zukunft auch an einer Erlaubnis für die Sekundärnutzung (einschließlich der Speicherung), soweit diese noch personenbezogen erfolgt. Entweder müssen unter dieser Bedingung die noch personenbezogenen (einschließlich der pseudonymen) Daten in einer sepa-

---

[474] Zur Eigenforschung s.o. S. 94ff., zur Wissenschaftlichkeit der Forschung s.o. S. 97f.
[475] Hier stellt sich die Frage, ob die als Eigen- oder Regiebetriebe geführten Kliniken, wie von § 35 Abs. 1 S. 1 LDSG BW gefordert, öffentliche „Stellen mit der Aufgabe unabhängiger wissenschaftlicher Forschung" sind. Im Gegensatz zur Lage bei den (ohnehin rechtliche selbständigen) Universitätskliniken des Landes dürfte die Forschung zwar nicht zu den Hauptaufgaben dieser in der Regel kleineren Kliniken gehören. Allerdings lässt § 35 Abs. 1 S. 1 LDSG BW genügen, dass die Forschung eine Aufgabe der Stelle ist und verlangt nicht, dass sie die Haupt- oder gar alleinige Aufgabe darstellt. Und durch die Übermittlungserlaubnis nach § 46 Abs. 1 S. 1 Nr. 2a LKGH BW wird anerkannt, dass die Forschung grundsätzlich eine zulässige Aufgabe aller unter den Datenschutzabschnitt des LKHG BW fallender Kliniken ist.
[476] Vergleichbar § 40 Abs. 1 BDSG, s. dazu oben S. 100ff. Diesen Vergleich ziehen auch Bergmann/Möhrle/Herb, LDSG BW, § 35 Anm. 1.
[477] Zwar gestattet § 15 Abs. 3 LDSG BW nur das Nutzen und Speichern, nicht aber – wie die anderen Absätze des § 15 – das nur Verändern personenbezogener Daten. Allerdings setzt ein Verändern in diesem Sinn, eine inhaltliche Umgestaltung des semantischen Aussagegehaltes voraus, welches bei einer bloßen Reduktion des Personenbezugs durch Pseudonymisieren und Anonymisieren nicht der Fall ist.
[478] Wobei aber eine 30-jährige Aufbewahrung nach Abschluss der letzten Behandlungsmaßnahme vertretbar ist, s.u. S. 153, Fn. 533.

raten Forschungsdatei zusammen mit der entsprechenden Patientenakte gelöscht oder aber spätestens dann anonymisiert werden.

Datenübermittlung zu eigenen Forschungszwecken

Wie bereits gesehen rechtfertigt § 15 Abs. 3 LDSG BW keine Datenübermittlung an Dritte. Mit § 19 LDSG BW findet sich zwar auch eine Erlaubnis zur Übermittlung für Zwecke der wissenschaftlichen Forschung im LDSG BW, welche von den (strengen) Zulässigkeitsvoraussetzungen her im Wesentlichen § 28 Abs. 6 Nr. 4 BDSG entspricht.[479] Jedoch fehlt in § 19 LDSG BW ein Gesundheitsbezug, so dass diese Übermittlungserlaubnis keine Offenbarungsbefugnis im Sinne von § 203 StGB darstellt und im Krankenhaussektor damit weitgehend leer läuft.[480]

Ohnehin wird diese Übermittlungsvorschrift vom vorrangigen § 46 Abs. 1 S. 1 Nr. 2a LKGH BW verdrängt, nach welchem – wie bereits angerissen – Patientendaten an Personen und Stellen außerhalb des Krankenhauses übermittelt werden dürfen, soweit dies zur „Durchführung medizinischer Forschungsvorhaben des Krankenhauses" notwendig ist. Diese Vorschrift gilt vorrangig nicht nur für subsidiär dem LDSG BW unterstehende juristisch unselbständige öffentliche Krankenhäuser, sondern auch für nachrangig dem BDSG unterworfene selbständige öffentliche und private Krankenhäuser in Baden-Württemberg. Die Einführung dieser Regelung ist zum einen (für die unselbständigen öffentlichen Krankenhäuser) vor dem Hintergrund der Notwendigkeit einer Patientendaten einbeziehenden Befugnis im Sinne von § 203 StGB zu sehen, welche das LDSG BW für die Forschung nicht bereitstellt. Zum anderen wird die Datenübermittlung auch gegenüber der ansonsten für selbständige öffentliche und private Krankenhäuser anwendbaren Vorschrift des § 28 Abs. 6 Nr. 4 BDSG erleichtert.

Nach der Gesetzesbegründung soll § 46 Abs. 1 S. 1 Nr. 2a LKGH BW es Tumorzentren, Psychiatrischen oder sonstigen Kliniken ermöglichen, eine „Abfrage des Vitalstatus oder der Todesursache ehemaliger Patienten" im Bereich medizinischer Forschung durchzuführen, bei der es sich um eine erlaubnispflichtige Übermittlung handelt.[481] Diese Einschätzung des Gesetzgebers ist nachvollziehbar, denn auch durch solche Abfragen erfahren andere Stellen wie insbesondere nachbehandelnde Einrichtungen zumindest von der Vorbehandlung in der anfragenden Klinik, von welcher sie nicht immer bereits vom Patienten oder durch Arztbriefe Kenntnis erhalten haben, wobei es auf eine bereits vorhandene Kenntnis für die Erfüllung des datenschutzrechtlichen Übermittlungsbegriffs auch nicht ankommt.[482]

---

479 § 19 Abs. 1 S. 1 LDSG BW entspricht fast wörtlich § 28 Abs. 6 Nr. 4 BDSG. § 19 Abs. 1 S. 2, 3 LDSG BW machen Vorgaben für eine Anonymisierung, die bei Personalmangel bei der übermittelnden Stelle auch durch die forschende Stelle als Empfänger durchgeführt werden kann, wenn das Personal der letzteren nach dem Verpflichtungsgesetz verpflichtet wird. Private Stellen, an die noch personenbezogene Daten zur Forschung übermittelt werden, müssen sich zudem nach § 19 Abs. 2 LDSG BW zur Zweckbindung und Beachtung der Abs. 2, 3 des an sich für öffentliche Forschungseinrichtungen geltenden § 35 LDSG BW verpflichten.

480 Das LDSG BW enthält zwar mit § 33 eine Sondervorschrift für die Verarbeitung besonders sensibler Daten wie solcher über die Gesundheit, wobei diese allerdings keine Anwendung auf die Verarbeitung von Daten für Zwecke der wissenschaftlichen Forschung nach §§ 19 und 35 LDSG BW findet (§ 33 Abs. 2 LDSG BW). Die nötige Einbeziehung der Durchbrechung der Schweigepflicht in die Übermittlungserlaubnis erfolgt auch nicht über § 34 LDSG BW, welcher nur die Auswirkungen von Berufsgeheimnissen auf den Datenschutz regelt (besondere Zweckbindung), nicht jedoch Rückwirkungen auf die Berufsgeheimnisse; zudem läge auch nach der dort in Bezug genommenen Zweckänderungsvorschriften nicht ohne Weiteres eine datenschutzrechtliche Erlaubnis hierfür vor.

481 Begr. zum Entwurf der Landesregierung BW für ein Gesetz zur Änderung der LDSG und anderer Gesetze v. 22.02.2000, Landtags-Drucksache 12/4899, S. 49 (zu Art. 2 Nr. 1). Sich dieser Begr. anschließend: Sieper, in: Bold/Sieper, LKHG, § 46 Rdnr. 13.

482 Außerdem dient die Abfrage mit der Forschung einem anderen Zweck als die Kommunikation mit nachbehandelnden Einrichtungen zur Sicherung des Behandlungserfolges.

Eine Beschränkung der Übermittlungserlaubnis auf die genannten Abfragen ist im letztlich maßgeblichen Wortlaut jedoch nicht zum Ausdruck gekommen. Allerdings muss die Übermittlung demnach für medizinische Forschungsvorhaben des Krankenhauses als übermittelnder Einrichtung erforderlich sein,[483] woraus sich wiederum eine Beschränkung auf Eigenforschung ergibt. Durch die Übermittlungserlaubnis wird jedoch grundsätzlich auch kooperative Eigenforschung im Verbund ermöglicht.[484] D.h. die Einrichtungen, an welche Patientendaten übermittelt werden dürfen, müssen sich nicht zwingend auf die bloße Beantwortung von Anfragen beschränken. Sie können, soweit die dafür bei ihnen (datenschutz-)rechtlich nötigen Voraussetzungen vorliegen, auch aktiv in die Forschung involviert sein, solange dies einem gemeinsam im Verbund abgestimmten Forschungskonzept entspricht. Im Rahmen der auch hier erforderlichen Abwägung wird jedoch bei solchen, sowohl vom Zweck als in der Regel auch vom Datenumfang her weitergehenden Übermittlungen der Rechtfertigungsbedarf höher sein als bei simplen Abfragen.

Auch ist zu beachten, dass die Übermittlung einem medizinischen Forschungsvorhaben dienen muss. Damit wird in einer dem BDSG vergleichbaren Weise ein Bezug zu einem konkreten Vorhaben gefordert.[485] Aufgrund des entsprechenden Bestimmtheitserfordernisses kann diese Übermittlungserlaubnis somit nicht zur Begründung eines einrichtungsübergreifenden allgemeinen Forschungsregisters mit personenbezogenen Daten herangezogen werden.

Zudem muss das (bestimmte) Vorhaben nach § 46 Abs. 1 S. 1 Nr. 2a LKHG BW der medizinischen Forschung dienen. Dies stellt eine Einschränkung gegenüber § 28 Abs. 6 Nr. 4 BDSG dar, wo grundsätzlich jeder (wissenschaftliche) Forschungszweck eine Datenübermittlung rechtfertigen kann, wenn er nur im Rahmen eines Vorhabens konkretisiert wird, wobei allerdings auch die medizinische Forschung nach dem LKHG BW wissenschaftlich ausgeführt werden muss.[486] Typischerweise werden Kliniken Patientendaten zwar im Bereich der Forschung für medizinische Vorhaben verwenden. Sollte dies aber ausnahmsweise nicht der Fall sein, können Übermittlungen nicht auf § 46 Abs. 1 S. 1 Nr. 2a LKHG BW gestützt werden. Die könnte beispielsweise der Fall sein, wenn ein Forschungsprojekt ausschließlich gesundheitsökonomischen Fragestellungen dient. Anders läge der Fall dagegen, wenn im Rahmen eines medizinischen Forschungsprojektes (in dem es um die Verbesserung der Qualität der Versorgung geht) auch gesundheitsökonomische Fragen (zur Abbildung und ggf. Verbesserung der Wirtschaftlichkeit der Versorgung) gestreift werden und für die zuletzt genannten Fragen keine anderen Daten übermittelt werden, als dies für die medizinische Forschung ohnehin nötig wäre.

Erforderlich ist ferner, dass die Ziele der medizinischen Forschungsvorhaben nicht mit anonymisierten Daten erreicht werden können und überwiegende schutzwürdige Interessen des Betroffenen nicht entgegenstehen (§ 46 Abs. 1 S. 2 LKHG BW).

Diese Interessen können vor allem im Hinblick auf die Grundrechte ermittelt werden. Die diesbezüglich zum BDSG gemachten Ausführungen zur Ermittlung abwägungs-

---

[483] Sieper, in: Bold/Sieper, LKHG, § 46 Rdnr. 13.
[484] Hierzu können die Ausführungen zum BDSG (s.o. S. 94ff.) entsprechend herangezogen werden.
[485] Vgl. oben S. 98ff.
[486] Zum Wissenschaftlichkeitserfordernis s. oben S. 97ff. Insoweit dürfte das Prädikat „wissenschaftlich" im BDSG nur klarstellenden Charakter haben. Jedenfalls wird man eine gegenüber § 28 Abs. 6 Nr. 4 BDSG die Forschung stärker privilegierenden Erlaubnisklausel wohl nur vor dem Hintergrund von Art. 5 Abs. 3 S. 1 GG rechtfertigen können und muss deswegen dieses Erfordernis in die Klausel hineinlesen.

relevanter Belange und deren Gewichtung im Einzelnen können auch hier herangezogen werden.[487] Allerdings besteht vorliegend ein anderer (Verhältnismäßigkeits- bzw. Proportionalitäts-)Maßstab für den nach dem Gesetz angemessenen Ausgleich dieser Belange: Das Erfordernis des Nichtentgegenstehens überwiegender schutzwürdiger Betroffeneninteressen ist merklich weniger restriktiv als das Erfordernis des „erheblichen Überwiegens" eines berechtigten Forschungsinteresses im Sinne von § 28 Abs. 6 Nr. 4 BDSG. Nach dem BDSG müssen die Forschungsinteressen für die Zulässigkeit der Übermittlung erheblich überwiegen, nach dem LKHG BW müssen umgekehrt die Betroffeneninteressen am Ausschluss der Übermittlung für eine Unzulässigkeit überwiegen. Nach § 46 Abs. 1 S. 2 LKHG BW ist die Übermittlung der Daten selbst dann noch zulässig, wenn sich die abzuwägenden Interessen die Waage halten.

Allerdings ist auch nach § 46 Abs. 1 S. 2 LKHG BW sorgfältig zu prüfen, ob wirklich personenbezogene Daten übermittelt werden müssen oder ob nicht auch (für den Dritten) anonymisierte (intern ggf. nur pseudonymisierte) Daten ausreichend sind. Dies gilt insbesondere, wenn es nicht um die in der Gesetzesbegründung erwähnten einfachen Abfragen bei nachbehandelnden Einrichtungen, sondern um komplexere Verbundforschung geht.

6.6.1.3 Regelungen zur Qualitätssicherung

Gemäß § 45 Abs. 3 Nr. 1 LKHG BW ist die Speicherung, Veränderung und Nutzung von Patientendaten zur Qualitätssicherung in der stationären Versorgung gestattet, wenn dies „nicht mit anonymisierten Daten erreicht werden kann und nicht überwiegende schutzwürdige Interessen des Betroffenen entgegenstehen". Zu den hier aufgestellten Erfordernissen des Vorrangs der Anonymisierung sowie der Interessenabwägung kann im Grundsatz auf die eben getätigten Ausführungen zur Übermittlungserlaubnis nach § 46 Abs. 1 S. 1 Nr. 2a LKHG BW verwiesen werden, die gemäß § 46 Abs. 1 S. 2 LKHG BW genau den gleichen Bedingungen unterliegt.[488] Allerdings wird dabei zu beachten sein, dass bei rein interner Datenverwendung die Betroffeneninteressen in der Regel die Qualitätssicherungsinteressen nicht überwiegen werden.

Unter den gleichen Voraussetzungen ist gemäß § 46 Abs. 1 S. 1 Nr. 2, S. 2 LKHG BW auch eine Übermittlung der Patientendaten für Zwecke der Qualitätssicherung gestattet, jedoch mit der Einschränkung, dass es sich beim Empfänger um einen Arzt oder eine ärztlich geleitete Stelle handeln muss.

6.6.1.4 Regelungen zur Einwilligung

Gemäß § 50 Abs. 1 Hs. 1 LKHG BW muss das Krankenhaus die Einwilligung zur Verarbeitung der Daten, sollte sie erforderlich sein, im Einzelfall einholen. Auch ist „eine in allgemeinen Aufnahmebestimmungen enthaltene Einwilligungserklärung" nicht ausreichend (Halbsatz 2).

Damit geht das LKHG BW über das allgemeine Datenschutzrecht (§ 4a Abs. 1 S. 4 BDSG bzw. § 4 Abs. 3 S. 2 LDSG BW) hinaus, welches nur eine besondere Hervorhebung ver-

---

487 S. oben S. 104f.
488 S. soeben S. 132f.

langt, wenn die Einwilligung zusammen mit anderen Erklärungen erteilt wird.[489] So soll selbst eine im Behandlungsvertrag bzw. im Aufnahmeantrag enthaltene Einwilligung den Anforderungen des LKHG BW nicht genügen.[490] Dies ist vor dem Hintergrund nachvollziehbar, dass auch solche Dokumente vorformuliert sind und letztlich allgemeine Aufnahmebestimmungen bzw. anders formuliert allgemeine Geschäftsbedingungen (AGB) enthalten, die nicht nur die Einwilligung in die Datenverarbeitung, sondern auch andere Aspekte des Behandlungsverhältnisses (wie Leistungsumfang und Vergütung) regeln. Auch das Einzelfallgebot des LKHG BW geht über die allgemeine AGB-Kontrolle hinaus, welche gerade kein generelles Verbot der Einwilligung in AGB (wie allgemeinen Aufnahmebestimmungen) enthält, sondern entsprechend vorformulierte Klauseln nur einer besonderen Kontrolle unterwirft.[491]

Die Regelung des LKHG BW hat zum Ziel, dass sich der Betroffene im Zeitpunkt seiner Entscheidung über deren Tragweite bewusst ist.[492] In der Regel wird er aber bei Aufnahme noch nicht abschätzen können, in welchem Umfang es im Rahmen der Behandlung zu einer Datenverarbeitung kommt. Damit geht das LKHG BW in Richtung der Rechtsprechung des Bundesverfassungsgerichts, welche pauschale Schweigepflichtentbindungen in der privaten Berufsunfähigkeitsversicherung als nicht zulässig erachtet und die Möglichkeit zu informationellem Selbstschutz durch Einzelermächtigungen gefordert hat.[493] Indem das LKHG BW allerdings dem Patienten komplett die Möglichkeit nimmt, eine breitere Einwilligung zusammen mit der Aufnahme zu erteilen, geht es über diese Rechtsprechung und deren Kodifizierung für den Versicherungsbereich hinaus. So eröffnet § 213 Abs. 3 Versicherungsvertragsgesetz dem Betroffenen das Recht, jederzeit auf die Einholung einer Einzeleinwilligung zu bestehen, zwingt ihn aber nicht dazu, hiervon Gebrauch zu machen. Der restriktivere Ansatz des LKHG BW erscheint vor diesem Hintergrund verfassungsrechtlich nicht zwingend, aber auch nicht unzulässig, wenn man bedenkt, dass die Zwangslage eines Patienten im Krankenhaus oft größer ist, als die eines Versicherten in der privaten Personenversicherung, so dass sich der Patient eher unangemessenem Druck zur „Abwahl" der Einzelfall-Option ausgesetzt sehen könnte.

Die Einwilligung darf also, soll eine Datenverarbeitung durch das Krankenhaus hierauf gestützt werden, durch den Patienten erst dann erteilt werden, wenn sich das entsprechende Datenverarbeitungserfordernis (der „Einzelfall") hinreichend konkretisiert hat. Das Krankenhaus kann sich mithin nicht durch eine vorherige Einwilligung das Recht, möglicherweise Patientendaten in noch nicht absehbaren Fällen auf dieser Basis zu verarbeiten, vorbehalten.

Auch wenn bei Aufnahme bereits ein entsprechender Rechtfertigungsbedarf über eine Einwilligung absehbar wäre, dürfte diese nicht zusammen mit der vorformulierten Aufnahmeerklärung in einem Dokument vorgelegt und eingeholt werden. Die Einwilligung darf zwar vorformuliert sein, muss aber in ein separates Dokument aufgenommen werden.

---

[489] Sieper, in: Bold/Sieper, LKHG BW, § 50 Rdnr. 5.
[490] Sieper, in: Bold/Sieper, LKHG BW, § 50 Rdnr. 5 m.w.N.
[491] Zur AGB-Kontrolle s.o. S. 113ff.
[492] Sieper, in: Bold/Sieper, LKHG BW, § 50 Rdnr. 5.
[493] Diesen Vergleich zieht auch Sieper, in: Bold/Sieper, LKHG BW, § 50 Rdnr. 5. Zur genannten Rechtsprechung s.o. die Erörterungen zur Informiertheit und Bestimmtheit der Einwilligung nach dem BDSG S. 118ff.

Allgemein ist die Freiwilligkeit der Einwilligung zu beachten, welche in den subsidiär anwendbaren Datenschutzgesetzen ausdrücklich gefordert wird (§ 4a Abs. 1 S. 2 BDSG, § 4 Abs. 2 LDSG).[494]

Gemäß § 50 Abs. 2 Satz 1 LKHG BW bedarf die Erklärung der Schriftform, wenn nicht wegen besonderer Umstände eine andere Form angemessen ist. Hier könnte man an Fälle wie das Unvermögen des Patienten, trotz Einwilligungsfähigkeit schriftlich einzuwilligen, denken[495] oder auch an Fälle, in denen die Einwilligung besonders schnell benötigt wird. Sollte eine Einwilligung nicht schriftlich erteilt werden, muss dies dokumentiert werden (S. 2). Sollte der Betroffene dies wünschen, ist ihm gemäß Satz 3 ferner eine Ausfertigung der Einwilligungserklärung auszuhändigen, oder, „falls es sich um eine elektronische Dokumentation handelt, auszudrucken oder elektronisch zu übermitteln"

Eine Einwilligung kann auch elektronisch erteilt werden (§ 50 Abs. 3 S. 1 LKHG BW). Hierzu muss sichergestellt sein, dass

1. die Einwilligung nur durch eine eindeutige und bewusste Handlung des Einwilligenden erfolgen kann (wie zum Beispiel durch aktives Setzen eines Hakens mit deutlich sichtbarem Hinweis),
2. sie nicht unerkennbar verändert werden kann,
3. ihr Urheber eindeutig erkannt werden kann und
4. die Einwilligung (Tag, Uhrzeit, Inhalt) protokolliert wird.

Hier ist zu beachten, dass alle vorgenannten Bedingungen kumulativ erfüllt sein müssen.

Die formalen Anforderungen nach § 3a des Landesverwaltungsverfahrensgesetzes BW finden auf die (elektronische) Einwilligung dagegen keine Anwendung (§ 50 Abs. 2 Satz 2 LKHG BW).

§ 50 Abs. 4 LKHG BW regelt Fälle, in denen Dritte, an die auf Grundlage der Einwilligung des Betroffenen dessen Patientendaten übermittelt werden, dem Krankenhaus die Einwilligungserklärung hierüber vorlegen. So ist diese gemäß Satz 1 im Verhältnis zum Krankenhaus nur wirksam,

1. wenn die Einwilligung im Einzelfall eingeholt wurde (zum „Einzelfall" gilt das oben Gesagte),
2. die mit einer anderen Erklärung verbundene Einwilligungserklärung im äußeren Erscheinungsbild hervorgehoben ist und
3. sich aus der Einwilligungserklärung ergibt, dass der Betroffene über den Zweck der Verarbeitung durch den Empfänger ausreichend aufgeklärt wurde.

Sollte es sich bei dem „Dritten" um eine Behörde handeln, die die Patientendaten fordert, „so genügt deren Bestätigung, dass ihr eine den Anforderungen des Satzes 1 entsprechende Einwilligungserklärung vorliegt" (S. 2).

494　Insoweit sei auf die Ausführungen zum BDSG verwiesen, s.o. S. 113f.
495　Z.B. wenn eine Querschnittsgelähmter seiner Hände nicht mehr zur Unterschriftleistung verwenden kann (und hilfsweise auch nicht seinen Mund zur Führung eines Stiftes).

6.6.2 Bayern

Relevante Landesgesetze:
- Bayerisches Krankenhausgesetz (LKHG BY)[496]
- Bayerisches Datenschutzgesetz (LDSG BY)[497]
- Bayerisches Universitätsklinikagesetz[498]

6.6.2.1 Auf Kliniken anwendbare Datenschutzvorschriften

Das Bayerische Krankenhausgesetz (LKHG BY) ist nach seinem Art. 2 auf alle Krankenhäuser in Bayern anwendbar, soweit diese nach dem Krankenhausfinanzierungsgesetz des Bundes (KHG) förderfähig sind. Auf eine tatsächliche Förderung nach dem KHG kommt es somit nicht an.

Öffentliche Krankenhäuser

Im öffentlichen Bereich ist allerdings zu beachten, dass Universitätsklinika nach § 5 Abs. 1 Nr. 1 KHG und Krankenhäuser des Bundes nach § 5 Abs. 1 Nr. 9 KHG grundsätzlich nicht förderfähig im Sinne des KHG sind.[499] Auf diese Kliniken ist daher das LKHG BY nicht anwendbar, soweit sie nicht durch andere Normen in dessen Anwendungsbereich einbezogen werden, was bei Krankenhäusern des Bundes nicht der Fall ist und aus Kompetenzgründen auch problematisch wäre. Jedoch ordnet Art. 2 Abs. 3 des Bayerischen Universitätsklinikagesetzes die entsprechende Geltung der Datenschutzregeln des Art. 27 LKHG BY an, welche damit auch auf Universitätsklinika anwendbar sind.[500]

Gilt subsidiär das LDSG oder das BDSG?

Nach Art. 27 Abs. 1 Satz 2 LKHG BY ist das LKHG BY vorrangig und die im Übrigen jeweils geltenden Vorschriften über den Schutz personenbezogener Daten sind nachrangig anwendbar. Als nachrangig geltende Gesetze kommen das LDSG BY und das BDSG in Betracht.

Das LDSG BY (außer dem 6. Abschnitt über die Aufsichtsbehörde für den Datenschutz bei nicht-öffentlichen Stellen) ist nach seinem Art. 2 Abs. 1 auf Behörden und sonstige öffentliche Stellen des Freistaates Bayern, der Gemeinden, Gemeindeverbände und der sonstigen der Aufsicht des Freistaates Bayern unterstehenden juristischen Personen des öffentlichen Rechts anwendbar. Unter der Aufsicht des Landes stehen alle juristischen Personen des öffentlichen Rechts, die nicht der Aufsicht des Bundes unterstehen; unter Bundesaufsicht stehen im Klinikbereich lediglich die Bundeswehrkrankenhäuser. Subsidiär unter das LDSG BY fallen somit Kliniken, die als Eigenbetriebe (ohne eigenständige Rechtspersönlichkeit) der genannten öffentlichen Stellen geführt werden, und Kliniken mit eigener Rechtspersönlichkeit, gleich ob öffentlichen Rechts (Anstalten, Körperschaften, Stiftungen) oder privaten Rechts (wie der einer GmbH oder AG), die in Trägerschaft der genannten öffentlichen Stellen stehen.

---

496 Zuletzt geändert durch Gesetz vom 30.03.2012.
497 Zuletzt geändert durch Gesetz vom 08.04.2013.
498 Zuletzt geändert durch Gesetz vom 22.07.2014.
499 Zu den Universitätsklinika: Bär, LKHG BY, Art. 2 Erläuterung 4.3.
500 Bär, LKHG BY, Art. 2 Erläuterung 4.3.

Denn nach Art. 2 Abs. 2 LDSG BY gilt das LDSG BY auch für Kliniken in privater Rechtsform, wenn an ihnen eine in Art. 2 Abs. 1 LDSG BY genannte juristische Person des öffentlichen Rechts beteiligt ist. Die Krankenhausversorgung kann auch, wie es Art. 2 Abs. 2 LDSG BY erfordert, als Aufgabe der öffentlichen (Leistungs-)Verwaltung wahrgenommen werden. Im Unterschied zu § 2 Abs. 2 LDSG BW kommt es dabei nicht auf eine Mehrheitsbeteiligung der öffentlichen Hand an. Dies gilt auch, sofern daneben öffentlichen Stellen des Bundes beteiligt sind, wenn die „Ziel-Gesellschaft", also die Stelle, an welcher die Beteiligung besteht, dadurch nicht gemäß § 2 Abs. 3 S. 1 BDSG als öffentliche Stelle des Bundes gilt (Art. 2 Abs. 2 Satz 1 Nr. 2 LDSG BY). Die zuletzt genannte Unterstellung unter das BDSG setzt neben der privaten Rechtsform eine Tätigkeit in mehreren Bundesländern oder eine absolute Mehrheit der Anteile oder Stimmen des Bundes voraus, was, soweit ersichtlich, bei keinem Krankenhaus der Fall ist.

Soweit an sich dem LDSG BY unterworfene öffentliche Stellen allerdings als Unternehmen am Wettbewerb teilnehmen, gelten für sie sowie für ihre Zusammenschlüsse und Verbände die Vorschriften des Bundesdatenschutzgesetzes für nicht-öffentliche Stellen (Art. 3 Abs. 1 S. 1 LDSG BY).[501] Dies ist – wie schon im Bund[502] und in Baden-Württemberg – auch für Krankenhäuser in Bayern anzunehmen, jedenfalls bezüglich der Primärnutzung zu Behandlungszwecken, aber in aller Regel auch bezüglich der hier untersuchten Sekundärnutzung, da die Qualitätssicherung insoweit kaum vom Wettbewerb um die Behandlung von Patienten zu trennen ist und auch um die besten Forschungsergebnisse und die meisten Forschungsgelder eine hinreichende Konkurrenz besteht.

Jedoch bleibt Art. 2 Abs. 7 LDSG BY und damit der Vorrang besonderer Datenschutzvorschriften wie jener des LKHG BY von dieser Verweisung auf das BDSG unberührt (Art. 3 Abs. 1 S. 2 LDSG BY).

Zudem gelten für Durchführung und Kontrolle des Datenschutzes an Stelle der §§ 4d bis 4g und 38 BDSG nach Art. 3 Abs. 1 S. 3 die Art. 9 und 25 bis 33 LDSG BY, also organisatorische und institutionelle Regelungen insbesondere hinsichtlich der Bestellung behördlicher Datenschutzbeauftragter, der Führung von Verfahrensverzeichnissen sowie der Zuständigkeiten des Landesbeauftragten für den Datenschutz.[503]

Ergebnis: Auf alle Krankenhäuser, die nach dem KHG förderfähig sind, ist vorrangig das LKHG BY anwendbar. Die Datenschutzvorschriften des LKHG BY gelten entsprechend für Universitätskliniken des Landes Bayern. Auf öffentliche Krankenhäuser ist nachrangig primär das BDSG und nur bezüglich bestimmter organisatorischer Regelungen das LDSG BY anwendbar. Dies gilt auch für Kliniken in privater Rechts-

---

[501] Durch das „soweit" wird wie im Bund (oder anderen Bundesländern) eine funktionelle Sichtweise der Wettbewerbsklausel nahegelegt, mit der sich daraus ergebende Problematik, dass diese für manche Tätigkeiten einer Stelle greifen könnte (mit der Folge der Anwendbarkeit des BDSG), für andere Tätigkeiten aber nicht (also das LDSG BY anwendbar ist).

[502] Dort (oben S. 91f.) mit ausführlicherer Argumentation, welche auf die entsprechenden Klauseln der Bundesländer übertragen werden kann.

[503] Dies würde die eben (Fn. 501) angesprochene Problematik der parallelen Anwendung unterschiedlicher Rechtsgrundlagen durch Kliniken entschärfen, wenn man für manche Bereiche keine Teilnahme am Wettbewerb annähme. Denn für allgemeine organisatorische Regelungen (insbes. Bestellung und Aufgaben eines behördlichen Datenschutzbeauftragten sowie die Kontrolle durch den LfD), die für eine Stelle praktisch nicht oder nur schwer uneinheitlich getroffen werden könnten, gilt somit institutionell einheitlich, also unabhängig von der konkreten Tätigkeit und den hierfür greifenden Zulässigkeitsvorschriften (sei es BDSG oder LDSG), das LDSG BY. Vgl. zur ähnlichen Rechtslage im Bund (dort nur bezüglich der Aufsicht) oben S. 93, Fn. 288; anders jedoch in Baden-Württemberg, oben S. 126, Fn. 466.

form unter öffentlicher Beteiligung (des Landes), wobei es nicht auf eine Mehrheitsbeteiligung der öffentlichen Hand ankommt.

Private Krankenhäuser

Das LKHG BY ist nach seinem Art. 2, wie bereits dargestellt, auf alle Krankenhäuser anwendbar, soweit diese nach dem Krankenhausfinanzierungsgesetz (KHG) förderfähig sind. Grundsätzlich sind auch Kliniken privater Träger KHG-förderfähig, so dass das LKHG BY auf sie anwendbar ist. Ist eine Privatklinik ausnahmsweise nicht KHG-förderfähig, ist das LKHG BY auf sie nicht anwendbar. Dies ist insbesondere der Fall, wenn sie nicht die Voraussetzungen des § 67 der Abgabenordnung (AO) erfüllt (§ 5 Abs. 1 Nr. 2 KHG). Danach ist eine Klinik steuerbegünstigt, wenn bei ihr wenigstens 40% der Belegungstage auf Patienten entfallen, bei denen die Entgelte für allgemeine Krankenhausleistungen (§ 7 KHEntgG, § 10 BPflV) berechnet werden oder die berechneten Entgelte nicht höher als diese ausfallen. Allerdings kann durch Landesrecht bestimmt werden, dass die KHG-Förderung auch solchen Kliniken gewährt wird (§ 5 Abs. 2 KHG). Im 3. Abschnitt des LKHG BY über die Investitionsförderung (Art. 9–21) finden sich jedoch keine diesbezüglichen Regelungen.

Gilt subsidiär das LDSG oder das BDSG?

Ist das LKHG BY anwendbar, weil eine Klinik gemäß KHG förderfähig ist, so sind das LKHG BY vorrangig und die jeweils geltenden Vorschriften über den Schutz personenbezogener Daten nachrangig anwendbar (Art. 27 Abs. 1 Satz 2 LKHG BY). Als nachrangig geltende Gesetze kommen das LDSG BY und das BDSG in Betracht.

Das LDSG BY ist nach Art. 2 Abs. 1 und 2 LDSG BY nicht auf private Kliniken anwendbar, weil diese keine öffentliche Stelle im Sinne des LDSG BY sind. Es wäre nach Art. 2 Abs. 2 LDSG BY aber an sich anwendbar, wenn an einer Klinik in privater Rechtsform die öffentliche Hand (des Landes) beteiligt ist, auch wenn es sich nur um eine Minderheitsbeteiligung handelt. Solche Kliniken werden wie öffentliche Kliniken bzw. Kliniken öffentlicher Träger behandelt, die allerdings aufgrund ihrer Eigenschaft als öffentlich-rechtliche Wettbewerbsunternehmen doch wieder weitgehend den privaten Kliniken gleichgestellt und dem BDSG unterstellt werden (Art. 3 Abs. 1 S. 1 LDSG BY).[504]

Bei privaten Kliniken handelt es sich um nicht-öffentliche Stellen nach § 2 Abs. 4 Satz 1 BDSG. Auf sie sind daher die allgemeinen Vorschriften des BDSG und gemäß § 27 Abs. 1 Satz 1 Nr. 1 BDSG der 3. Abschnitt des BDSG (Datenverarbeitung nicht-öffentlicher Stellen und öffentlich-rechtlicher Wettbewerbsunternehmen: §§ 27–38a BDSG) anwendbar, und zwar entweder nachrangig nach dem LKHG BY, wenn die Klinik KHG-förderfähig ist, im Übrigen alleine, d.h. ohne Vorrangigkeit des LKHG BY.

Es besteht keine Öffnungsklausel für Regelungen des Datenschutzes in kirchlichen Krankenhäusern durch Religionsgesellschaften.

Ergebnis: Auf alle Krankenhäuser, die nach KHG förderfähig sind, ist vorrangig das LKHG BY anwendbar. Private Kliniken sind grundsätzlich KHG-förderfähig, außer sie sind nicht nach § 67 AO steuerbegünstigt. Auf Kliniken in ausschließlich privater Trägerschaft ist das BDSG (Vorschriften für nicht-öffentliche Stellen) anwendbar,

---

504 S. soeben S. 136.

entweder nachrangig nach dem LKHG BY oder alleine ohne Vorrangigkeit des LKHG BY. Auf Kliniken in privater Rechtsform unter öffentlicher Beteiligung (des Landes) ist immer nachrangig neben dem BDSG zum Teil (bezüglich Organisation und Aufsicht) auch das LDSG BY anwendbar, unabhängig davon, ob die öffentliche Hand in Mehrheit oder Minderheit beteiligt ist.

Zusammenfassung

Auf öffentliche wie private Krankenhäuser in Bayern, die nach KHG förderfähig sind, ist vorrangig das LKHG BY anwendbar. Die Datenschutzregeln des LKHG BY gelten entsprechend auch für die bayerischen Universitätskliniken. Auf Krankenhäuser in zumindest teilweise öffentlicher Trägerschaft ist nachrangig primär das BDSG und nur bezüglich bestimmter organisatorischer Regelungen das LDSG BY anwendbar. Auf Kliniken in ausschließlich privater Trägerschaft ist das BDSG (Vorschriften für nicht-öffentliche Stellen) anwendbar, entweder nachrangig zum LKHG BY oder (bei schwerpunktmäßiger Behandlung von Privatpatienten, also sogenannten Privatkliniken) ausschließlich. Es besteht keine Öffnungsklausel für kirchliche Krankenhäuser.

6.6.2.2 Regelungen zur Forschung

Gemäß Art. 27 Abs. 4 S. 1 LKHG BY ist die Nutzung von Patientendaten durch Krankenhausärzte zulässig, sofern dies zu Forschungszwecken im Krankenhaus oder im Forschungsinteresse des Krankenhauses notwendig ist.

Unter „Forschungszwecke im Krankenhaus" lassen sich zunächst alle durch das und im Krankenhaus durchgeführten Forschungsprojekte subsumieren. Darüber hinaus werden dem Wortlaut nach wohl auch Forschungsprojekte erfasst, die in den Räumlichkeiten des Krankenhauses und durch dessen Ärzte durchgeführt werden, jedoch in gewissem Maß abhängig von einem Dritten als Auftraggeber sind. Insofern ist auch die Auftragsforschung von dieser Klausel umfasst, an der vor allem Dritte ein Interesse haben und daher deren Gegenstand bestimmen.[505] Von Verfassungs wegen und vor dem Hintergrund, dass eine solche datenschutzrechtliche Privilegierung der Forschung wohl nur über die Wissenschaftsfreiheit gerechtfertigt werden kann, wird man allerdings auch hier verlangen müssen, dass den Krankenhausärzten ein angemessenes Maß an Unabhängigkeit hinsichtlich der gewählten Methoden und der Veröffentlichungsbefugnis verbleibt.

Das „Forschungsinteresse des Krankenhauses" umfasst ebenso die durch das Krankenhaus durchgeführten Studien. Fraglich ist, ob darüber hinaus auch Forschungen erfasst sind, deren Ergebnisse das Krankenhaus zwar für sich nutzen möchte, während es sich am Projekt selbst jedoch nicht beteiligt. Dies wird angesichts der Formulierung „Forschungsinteresse", welche vielmehr auf ein Interesse am Erarbeiten von Ergebnissen schließen lässt (im Gegensatz zu „Nutzungsinteresse"), zu verneinen sein. Dadurch wird indes nicht ausgeschlossen, dass der Anwendungsbereich des Merkmals „Forschungsinteresse" auch weitergehende als die bereits genannten Projekte (für „Forschungszwecke im Krankenhaus") meint. Hierfür spricht der Begriff „Interesse", welcher keine vollumfassende Verantwortung für die Ausführung des

---

505 Bär, LKHG BY, Art. 27 Erläuterung 8.3.5.

Forschungsprojektes verlangt. Man kann also davon ausgehen, dass auch Forschungen erfasst werden, die nicht allein vom Krankenhaus durchgeführt werden oder nicht in dessen alleiniger Verantwortung liegen, sofern das Forschungsinteresse des Krankenhauses ersichtlich ist, indem dieses insbesondere den Forschungsgegenstand, ggf. aber auch die Methoden mitbestimmt oder Personal zur Verfügung stellt.[506] Damit stellt die Verbundforschung, wie sie bereits für den Anwendungsbereich des BDSG beschrieben wurde, ein grundsätzlich zulässiges Vorgehen dar.

Allerdings ist zu beachten, dass Art. 27 Abs. 4 S. 1 LKHG BY die Nutzung von Patientendaten nur durch Krankenhausärzte gestattet. Eine patientenbezogene Übermittlung an Dritte scheidet daher auf dieser gesetzlichen Grundlage aus. Auch wenn Verbundforschung daher wie beschrieben im Interesse des Krankenhauses liegen kann, so dürfen hierfür doch keine patientenbezogenen Daten an andere beteiligte Einrichtungen auf Grundlage des LKHG BY herausgegeben werden. Insofern dürften nur das Forschungsdesign im Verbund festgelegt und anonymisierte Daten ausgetauscht werden. Lediglich im Rahmen der nachfolgend beschriebenen (Fern-)Zugriffsregelungen dürfen Personen aus anderen Stellen mit Patientendaten des Krankenhauses in Berührung kommen. Für eine weitergehende Übermittlung ist nach Art. 27 Abs. 5 S. 1 LKHG BY eine Einwilligung des Patienten erforderlich.

Gemäß Art. 27 Abs. 4 S. 2 Hs. 1 LKHG BY können die Krankenhausärzte aber andere Personen im Krankenhaus beauftragen, die Patientendaten zu nutzen, sollte dies zur Erfüllung der Aufgaben notwendig sein. Zu Zwecken der Forschung nach Art. 27 Abs. 4 S. 1 LKHG BY können sie anderen Personen die Nutzung von Patientendaten gestatten, wenn dies zur Durchführung des Forschungsvorhabens erforderlich ist und die Patientendaten im Gewahrsam des Krankenhauses verbleiben (Art. 27 Abs. 4 S. 2 Hs. 2 LKHG BY). Aus dem Vergleich der beiden Halbsätze von Art. 27 Abs. 4 S. 2 LKHG BY lässt sich schlussfolgern, dass die anderen Personen, welche zur Forschung eingesetzt werden, nicht im Krankenhaus tätig sein müssen, sondern es genügt, wenn die Patientendaten im Gewahrsam des Krankenhauses verbleiben, so dass insoweit neben der Tätigkeit vor Ort unter Umständen auch ein Fernzugriff auf Datenbestände im Krankenhaus erlaubt sein kann.

„Andere Personen" können zum Beispiel Hilfskräfte, Studenten, Pflegepersonal, Laborfachkräfte oder Forschungspersonal (wissenschaftliche Mitarbeiter) sein. Fraglich ist, ob diese beim Krankenhaus angestellt sein müssen. Insoweit kann der erste Halbsatz als Auslegungshilfe herangezogen werden, der von anderen Personen „im Krankenhaus" spricht. Angesichts des durch die Präposition „im" verdeutlichten lokalen Bezugs dürfte schon die Nutzung der Daten in den Räumlichkeiten des Krankenhauses dem Merkmal genügen, so dass kein Anstellungsverhältnis erforderlich ist. Dies dürfte auch auf die Forschungstätigkeit nach Halbsatz 2 zu übertragen sein, der zwar das Gewahrsamserfordernis beim Datenzugriff präzisiert, im Übrigen aber auch nur von anderen Personen spricht. Allerdings sind die Personen, gleich ob Angestellte oder freie Mitarbeiter, vor allem aber natürlich die freien Mitarbeiter, insbesondere bei externem Datenzugriff, zur Verschwiegenheit zu verpflichten (Art. 27 Abs. 4 S. 3 LKHG BY), wofür die ohnehin nach dem LDSG oder dem BDSG angezeigte Verpflich-

---

506 Nach Bär, LKHG BY, Art. 27 Erläuterung 8.3.6, soll so „in beschränkten Umfang" die „Tätigkeit externer Forscher im Krankenhaus auch im Rahmen von Forschungsvorhaben, deren Träger nicht das Krankenhaus ist", ermöglicht werden.

tung auf das Datengeheimnis um spezifische Punkte des Patientendatenschutzes und der Schweigepflicht angereichert werden sollte.

Beim elektronischen Fernzugriff muss zumindest sichergestellt werden, dass das Krankenhaus die Rechtevergabe selbst organisiert, indem es Zugriffsrechte jederzeit ändern kann und in der Regel auch zeitlich befristet. Diese Zugriffsrechte müssen so ausgestaltet sein, dass es nicht zu einem Datenabfluss kommen kann, was zuverlässig wohl allenfalls bei reinen Leserechten gelingt. Dies dürfte eine Herausforderung an die Technik darstellen, die nicht einfach zu lösen ist.[507] Ohne eine solche Lösung könnten die Daten allerdings zu leicht dem Gewahrsam des Krankenhauses entzogen werden. Zusammenfassend ausgedrückt muss die Verfügungsgewalt jederzeit beim Krankenhaus verbleiben.

Zudem ist zu beachten, dass durch Art. 27 Abs. 4 S. 1 LKHG BY nur die Nutzung durch Krankenhausärzte und durch S. 2–3 dieser Vorschrift der (Fern-)Zugriff durch andere Personen gestattet ist.[508] Eine weitergehende Übermittlung von Patientendaten, d.h. eine Weitergabe an Dritte außerhalb des Krankenhauses, ist nach Art. 27 Abs. 5 S. 1 LKHG BY nur „zulässig im Rahmen des Behandlungsverhältnisses oder dessen verwaltungsmäßiger Abwicklung oder wenn eine Rechtsvorschrift die Übermittlung erlaubt oder wenn die betroffenen Personen eingewilligt haben".[509] In den Vorschriften des Art. 27 Abs. 4 LKHG BY können jedoch, da sie sich nur auf die Nutzung beziehen, keine Erlaubnisse für eine Übermittlung gesehen werden, jedenfalls soweit dies über die beschränkte Gewährung des Fernzugriffs hinausgeht. Auch dient die Forschung nicht dem Behandlungsverhältnis oder dessen verwaltungsmäßiger Abwicklung. Insoweit verbleibt für die vollständige Übermittlung von Patientendaten zu Forschungszwecken nur die Einwilligung als Rechtfertigungsgrund.

Fraglich bleibt, ob von der erlaubten Nutzung neben den besprochenen lesenden Zugriffen auch schreibende Zugriffe im Sinne der Speicherung der Daten in einer separaten Forschungsdatei erfasst sind. Nach dem Nutzungsbegriff des subsidiär anwendbaren § 3 Abs. 5 BDSG müsste man dies ablehnen, denn demnach umfasst das Nutzen als Auffangtatbestand zwar jede Form der Verwendung, allerdings nur, soweit sie keine Verarbeitung ist und zu letzterer gehört auch das Speichern (§ 3 Abs. 4 BDSG). Gleiches würde im Übrigen auch nach der Definition des § 3 Abs. 7 LDSG BY gelten. Allerdings gehen die Datenschutzvorschriften im LKHG BY auf eine Zeit zurück, als noch keine allgemeinen Datenschutzvorschriften von Bund und Ländern erlassen

---

[507] Zu ähnlichen Herausforderungen beim Outsourcing im Sinne einer nur flüchtigen Datenweitergabe vor dem Hintergrund von Datenschutz und ärztlicher Schweigepflicht siehe oben S. 39ff., 49ff. Die Herausforderung besteht darin, dem Externen, der die Daten einsehen kann oder sie sonst verarbeitet und in dessen IT-Systemen sich diese zumindest temporär befinden, die dauerhafte Speicherung in diesen Systemen und damit die Gewahrsamserlangung praktisch unmöglich zu machen. Zwar sind fortgeschrittene Software-Lösungen denkbar, die kein reguläres Abspeichern der Daten im externen System vorsehen, aber auch dann sind meist zumindest noch Screenshots möglich (vgl. o.V., BKK Gesundheit: Unbekannter fordert zum „Daten-Ankauf" auf, heise news, 11.02.2010), wobei hier offengelassen werden soll, ob diese Möglichkeit ausreicht, um von einer relevanten Gefährdung für den Gewahrsam des Krankenhauses auszugehen.

[508] Die Gestattung des Fernzugriffs könnte als Bereithalten zum (wenn auch nur temporärem) Abruf bereits den Übermittlungsbegriff erfüllen, wird aber unabhängig von der begrifflichen Einordnung implizit durch die genannten Vorschriften unter der – ggf. schwierig zu realisierenden – Bedingung erlaubt, dass der Gewahrsam des Krankenhauses erhalten bleibt.

[509] Der Gesetzestext spricht zwar nicht von „nur", sondern von „insbesondere". Dies genügt aber wohl nicht den verfassungsrechtlichen Bestimmtheitsanforderungen und ist daher nicht zu beachten. Auch Charakterisierung der explizit genannten Erlaubnistatbestände als bloße Regelbeispiele, die der Erweiterung zugänglich sind, bietet die Vorschrift über die Auslegung von Behandlungsverhältnis, dessen verwaltungsmäßiger Abwicklung sowie der Erwähnung gesonderter Rechtsvorschriften und der Einwilligung genügend Spielraum. Eine Ausnahme für Vor-, Mit- oder Nachbehandelnde wird ohnehin in Art. 27 Abs. 5 S. 2 LKHG BY angeordnet, soweit ein mutmaßliches Einverständnis des Patienten unterstellt werden kann.

wurden.⁵¹⁰ Anpassungen in der Terminologie in der Folgezeit blieben unvollständig.⁵¹¹ Vor diesem historischen Hintergrund lässt sich auch eine weite Interpretation des Nutzens vertreten, welche die Speicherung mit umfasst. Wenn dies nicht der Fall wäre, hätte man auch das Erfordernis des Gewahrsamsverbleibs beim Krankenhaus nicht extra in Art. 27 Abs. 4 S. 2 Hs. 2 LKHG BY aufnehmen müssen, den der Gewahrsam wird durch bloße Einsichtnahme nicht beeinträchtigt, jedenfalls dann, wenn diese vor Ort erfolgt.

Zu beachten ist, dass das Vorgenannte nur unter der Prämisse gilt, dass die Nutzungen zur Erfüllung der Aufgaben erforderlich sind, das heißt, dass die Erfüllung der Aufgaben nicht anders erreicht werden kann.

Aus dem Erforderlichkeitsprinzip wird sich auch die Notwendigkeit eines Mindestmaßes an Konkretisierung der Forschungszwecke bzw. des entsprechenden Interesses ergeben, wobei der Wortlautbefund dafür spricht, für rein interne Zugriffe keine derart enge Bindung an ein (bestimmtes) Vorhaben wie nach dem BDSG oder vielen anderen LKHG anzunehmen. Spätestens aber wenn Außenstehenden Zugriff gewährt wird, muss wiederum ein bestimmtes Projekt im Sinne der Ausführungen zum BDSG vorliegen, denn ein solcher Zugriff kann nur gestattet werden, „wenn dies zur Durchführung des Forschungsvorhabens erforderlich ist" (Art. 27 Abs. 4 S. 2 Hs. 2 LKHG BY).

Ein allgemeines Abwägungserfordernis kennt die Forschungsklausel des LKHG BY dagegen im Unterschied zum BDSG oder den LKHG vieler anderer Bundesländer nicht. Unter den genannten Bedingungen (vor allem keine Übermittlung ohne Einwilligung, restriktive Handhabung von Zugriffen auf die eigene Datenbasis im Übrigen) dürfte dies auch in verfassungsrechtlicher Hinsicht noch akzeptabel sein.

Allerdings steht auch hier dem betroffenen Patienten ein Widerspruchsrecht zu, das im Fall seiner Ausübung – je nach subsidiär anwendbarem Recht – gemäß § 35 Abs. 5 S. 1 BDSG oder Art. 15 Abs. 5 LDSG BY die verantwortliche Stelle zu einer Einzelfallabwägung zwingt. Ein Ausschluss des an sich gesetzlich erlaubten Umgangs folgt hieraus jedoch nur, wenn die Abwägung ergibt, dass das Ausschlussinteresse des Betroffenen aufgrund seiner besonderen persönlichen Situation das Verarbeitungsinteresse überwiegt, was beispielsweise bei besonders stigmatisierenden Krankheiten, im öffentlichen Leben stehenden Personen oder Mitarbeitern des Krankenhauses, die gleichzeitig dessen Patienten sind, der Fall sein kann. Im zuletzt genannten Fall (Patient ist Mitarbeiter des Krankenhauses) dürften aber auch unabhängig von einem Widerspruch besondere Schutzvorkehrungen angezeigt sein.⁵¹²

6.6.2.3 Regelungen zur Qualitätssicherung

Im LKHG BY wird nicht ausdrücklich auf den Umgang mit Patientendaten zum Zwecke der Qualitätssicherung eingegangen.

---

510 Das LKHG BY 1974 grenzte nur den (internen) Zugriff von der Weitergabe ab, wobei das Zugriffsrecht des Arztes durch die Novelle 1986 auf Forschungszwecke im Krankenhaus erstreckt wurde (Bär, LKHG BY, Art. 27 Erläuterung 8.3.5), was eine Erstreckung auf schreibende Zugriffe im Sinne des Speicherns neuer Dateien innerhalb des Krankenhauses nahelegt. Allg. zum historischen Hintergrund: Bär, LKHG BY, Art. 27 Erläuterung 3.

511 So spricht Art. 27 Abs. 2 LKHG BY neben dem „Erheben" vom „Aufbewahren" anstelle vom Speichern, zum Hintergrund: Bär, LKHG BY, Art. 27 Erläuterung 6.1. In Abs. 4 S. 1–3 findet sich die „Nutzung" für Forschungszwecke, in S. 5 die „Verarbeitung" im Auftrag, ohne dass jeweils die genaue Bedeutung geklärt wäre oder sich ohne Weiteres mit der allgemeinen Terminologie zur Deckung bringen ließe. Zur Anpassung (nicht vollständigen Angleichung) der Terminologie per Novelle auf Stand 1986 vgl. Bär, LKHG BY, Art. 27 Erläuterung 3.

512 So EGMR, Urt. v. 17.07.2008 – 20511/03 (I./. Finnland), aufgrund des durch Art. 8 EMRK geschützten Privatlebens zu einer HIV-erkrankten Mitarbeiterin in einem finnischen Krankenhaus.

Nach der Grundnorm des Art. 27 Abs. 2 S. 1 LKHG BY dürfen Patientendaten „nur erhoben und aufbewahrt werden, soweit dies zur Erfüllung der Aufgaben des Krankenhauses oder im Rahmen des krankenhausärztlichen Behandlungsverhältnisses erforderlich ist oder die betroffene Person eingewilligt hat". Da Art. 27 LKHG BY nur für Spezialfälle ausdrücklich weitergehende Erlaubnisse zum Nutzen (wie bei der Forschung nach Abs. 4 S. 1, 2) oder zum Verarbeiten (wie bei der Auftragsdatenverarbeitung nach Abs. 4 S. 5, 6) vorsieht, ist davon auszugehen, dass die weitere Verwendung der erhobenen Patientendaten nur in den genannten Fällen restringiert werden soll, im Übrigen aber jede (erforderliche) interne Verwendung – ausgenommen also die nach Abs. 5 restringierte Übermittlung an Dritte – vom Begriff der Aufbewahrung umfasst ist.

Wenn man die Qualitätssicherung, also Maßnahmen zur Sicherstellung festgelegter Qualitätsanforderungen, als Bestandteil des Behandlungsverhältnisses zwischen Krankenhausarzt und Patient ansieht, könnten gemäß Art. 27 Abs. 2 S. 1 LKHG BY auch Daten erhoben und aufbewahrt werden, sollte dies zur Qualitätssicherung notwendig sein. Dies trifft aber nur auf die bereits beschriebene individualisierende Qualitätssicherung zu.[513] Die generalisierende Qualitätssicherung,[514] welche hier weiter untersucht werden soll, ist nicht vom Behandlungszweck und damit auch nicht von dem genannten gesetzlichen Erlaubnistatbestand umfasst.

Allerdings sieht Art. 27 Abs. 2 S. 1 LKHG BY auch vor, dass Patientendaten erhoben und aufbewahrt werden dürfen, soweit dies zur Erfüllung der Aufgaben des Krankenhauses erforderlich ist. Leider finden sich im LKHG BY weder eine Legaldefinition noch Regelbeispiele für die Aufgaben der Krankenhäuser, so dass die Bestimmtheit und damit die verfassungsrechtliche Wirksamkeit dieser Erlaubnis, soweit sie sich lediglich pauschal auf die Aufgaben bezieht, angezweifelt werden muss. Manches deutet darauf hin, diese Aufgabe im Sinne des Versorgungsauftrages, wie er bei Aufnahme in den Landeskrankenhausplan festgelegt wird, zu verstehen (Indizien finden sich in Art. 4 Abs. 2, Art. 5 Abs. 1, Art. 9 Abs. 1, 2, Art. 12 Abs. 2 S. 1, Art. 14 Abs. 2 S. 3, Art. 17 Abs. 1 S. 1 LKHG BY). In dieser Weite wird man aber wohl jedenfalls von einer Unwirksamkeit ausgehen müssen, jedenfalls wenn im Versorgungsauftrag bzw. dem Landeskrankenhausplan keine Vorgaben zur Qualitätssicherung gemacht werden. Jedoch findet sich in Art. 21 Abs. 1 S. 1 Nr. 1 LKHG BY, wenn auch in einem sehr spezifischen Kontext (Übertragung von Krankenhauseinrichtungen, Mitbenutzung), ein etwas konkreterer Hinweis darauf, dass „Qualität und Wirtschaftlichkeit der stationären Versorgung" zu den Aufgaben der Krankenhäuser gehören. Vor diesem Hintergrund erscheint es vertretbar, die interne Qualitätssicherung als noch von der gesetzlichen Befugnis aus Art. 27 Abs. 2 S. 1 LKHG BY in Verbindung mit Art. 21 Abs. 1 S. 1 Nr. 1 LKHG BY gedeckt anzusehen.[515]

Die Beschränkung auf die interne Qualitätssicherung ergibt sich jedenfalls auch aus Art. 27 Abs. 5 LKHG BY, der die Übermittlung an Dritte regelt und diese auf Grundlage des Gesetzes nur im Rahmen des Behandlungsverhältnisses oder dessen verwaltungsmäßiger Abwicklung gestattet, wozu – wie bereits ausgeführt – die (generali-

---

513 Siehe oben S. 27.
514 Siehe oben S. 27f.
515 Ggf. umfasst diese „interne" Qualitätssicherung auch den Austausch mit Dritten, wenn diesen, wie in Art. 21 Abs. 1 S. 1 Nr. 1 LKHG BY gestattet, der Betrieb oder die Mitbenutzung von Krankenhauseinrichtungen erlaubt wird, was aber noch keine allgemeine einrichtungsübergreifende Qualitätssicherung darstellt.

sierende) Qualitätssicherung nicht gehört. Insoweit ist also eine Einwilligung erforderlich, aber grundsätzlich auch zulässig.

6.6.2.4 Regelungen zur Einwilligung

Soweit keine gesetzliche Erlaubnis für einen Umgang mit personenbezogenen Daten durch ein Krankenhaus vorliegt, kann dieser Datenumgang nach Art. 27 Abs. 2 S. 1 LKHG BY auch durch die Einwilligung der betroffenen Patienten gestattet werden.

Zuvor müssen die Patienten über die Bedeutung ihrer Einwilligung in geeigneter Weise aufgeklärt werden (Art. 27 Abs. 2 S. 2 LKHG BY). Inhaltlich sind die Patienten also über Widerrufsmöglichkeiten, Folgen, Art der Speicherung oder Ähnliches zu informieren; geeignet wäre beispielsweise ein Gespräch oder eine Informationsbroschüre. Insoweit kann im Wesentlichen auf die Ausführungen zur Einwilligung nach dem Bundesdatenschutzgesetz verwiesen werden.

Für Plankrankenhäuser privater Träger gelten die Rahmenvorschriften des BDSG zur Einwilligung (§ 4a BDSG) sowie die Informationspflichten (§ 4 Abs. 3 BDSG) ohnehin nachrangig (und für reine Privatkliniken in Bayern sogar ausschließlich), denn die Einwilligung wird in den knappen Formulierungen des Art. 27 Abs. 2 S. 1, 2 LKHG BY nicht abschließend, sondern nur ergänzend geregelt. Die ergänzende Heranziehung der Regelungen des BDSG zur Einwilligung gilt auch für öffentliche Krankenhäuser in Bayern, da diese aufgrund ihrer Eigenschaft als öffentlich-rechtliche Wettbewerbsunternehmen ebenfalls diesen Regelungen unterliegen (Art. 3 Abs. 1 S. 1 LDSG BY).

Nach den vorigen Ausführungen ist die Einwilligung für Krankenhäuser im Anwendungsbereich des LKHG BY, also alle mit Sitz in Bayern, welche keine reinen Privatkliniken und nicht dem Bund zugeordnet sind, für die einrichtungsübergreifende Übermittlung von Patientendaten zur Qualitätssicherung sowie zur Forschung, soweit keine spezialgesetzlichen Regelungen existieren (z.B. die Qualitätssicherungsregeln des SGB V oder Krebsregistergesetze), unverzichtbar, aber bei entsprechender Ausgestaltung auch zulässig.

6.6.3 Berlin

Relevante Landesgesetze:

- Landeskrankenhausgesetz Berlin (LKHG BE)[516]
- Datenschutzgesetz Berlin (LDSG BE)[517]

6.6.3.1 Auf Kliniken anwendbare Datenschutzvorschriften

Öffentliche Krankenhäuser

Nach § 2 LKHG BE gilt dieses Gesetz für alle Krankenhäuser im Land Berlin, soweit es nichts anderes bestimmt. Für Krankenhäuser des Justizvollzugs gelten Besonderheiten.

Nach § 24 Abs. 1 LKHG BE sind in Krankenhäusern – neben der ärztlichen Schweigepflicht – ausdrücklich die Datenschutzbestimmungen des SGB X, des BDSG, des

---

[516] Verkündet durch Gesetz vom 18.09.2011.
[517] Zuletzt geändert durch Gesetz vom 16.05.2012.

LDSG BE, soweit sie auf Krankenhäuser Anwendung finden, sowie die Regelungen des LKHG BE zu beachten.

Bei dem Verweis in § 24 Abs. 1 LKHG BE handelt es sich, anders als in einigen anderen Ländern, aufgrund der „soweit"-Einschränkung um eine Rechtsgrundverweisung, d.h. die genannten Gesetze sind nur dann anwendbar, wenn ihre jeweiligen Anwendungsvoraussetzungen erfüllt sind.

Gilt subsidiär das LDSG oder das BDSG?

Das LDSG BE ist nach seinem § 2 Abs. 1 Satz 1 ausdrücklich auf Krankenhausbetriebe anwendbar, die im Gesetz als sonstige öffentliche Stellen aufgeführt werden, wobei als mögliche Träger das Land und landesunmittelbare Körperschaften, Anstalten und Stiftungen des öffentlichen Rechts genannt sind. Das LDSG BE gilt somit für alle Krankenhäuser in öffentlicher Trägerschaft, wenn das Land mittelbar oder unmittelbar Träger ist.

Nach § 2 Abs. 1 Satz 2 LDSG BE gilt dieses Gesetz auch für Vereinigungen des privaten Rechts, wenn sie Aufgaben der öffentlichen Verwaltung wahrnehmen. Auch die Krankenhausversorgung kann als Aufgabe der öffentlichen Verwaltung wahrgenommen werden.[518] Daher gilt das LDSG BE auch für Krankenhäuser in unmittelbarer oder mittelbarer Trägerschaft des Landes, die in einer privaten Rechtsform geführt werden.

Nach § 2 Abs. 5 LDSG BE können andere Landesgesetze Abweichungen vom LDSG BE vorschreiben; im Übrigen richtet sich der Datenschutz auch in diesen Fällen nach dem LDSG BE. Gemäß § 24 Abs. 1 LKHG BE i.V.m. § 2 Abs. 5 LDSG BE gilt somit das LKHG BE vorrangig und das LDSG BE nachrangig.

Gemäß § 2 Abs. 3 LDSG BE gelten jedoch für öffentliche Stellen, die am Wettbewerb teilnehmen, folgende Vorschriften des LDSG BE nicht: § 3 (Verarbeitung personenbezogener Daten im Auftrag), § 6 (Zulässigkeit der Datenverarbeitung), § 6a (Verarbeitung besonderer Kategorien personenbezogener Daten) und §§ 9 bis 17 (§ 9: Erforderlichkeit, § 10: Erheben, § 11: Zweckbindung, § 12: Datenübermittlung innerhalb des öffentlichen Bereichs, § 13: Datenübermittlung an Stellen außerhalb des öffentlichen Bereichs, § 14: Datenübermittlung an öffentliche Stellen außerhalb des Geltungsbereichs des Grundgesetzes, § 15: Automatisiertes Abrufverfahren, § 15a: Verbot automatisierter Einzelentscheidungen, § 16: Auskunft, Benachrichtigung und Einsichtnahme, § 17: Berichtigung, Sperrung und Löschung von Daten, Widerspruchsrecht) und § 30 (Datenverarbeitung für wissenschaftliche Zwecke). Es wird stattdessen ausdrücklich auf folgenden Bestimmungen des BDSG verwiesen: § 11 (Erhebung, Verarbeitung oder Nutzung personenbezogener Daten im Auftrag), § 27 Abs. 2 (Anwendungsbereich), §§ 28 bis 35 (§ 28: Datenerhebung und -speicherung für eigene Geschäftszwecke, § 28a: Datenübermittlung an Auskunfteien, § 28b: Scoring, § 29: Geschäftsmäßige Datenerhebung und -speicherung zum Zweck der Übermittlung, § 30: Geschäftsmäßige Datenerhebung und -speicherung zum Zweck der Übermittlung in anonymisierter Form, § 30a: Geschäftsmäßige Datenerhebung und -speicherung für Zwecke der Markt- oder Meinungsforschung, § 31: Besondere Zweckbindung, § 32: Datenerhebung, -verarbeitung und -nutzung für Zwecke des Beschäftigungsverhältnisses, § 33: Benachrichtigung des Betroffenen, § 34: Auskunft an den Betroffenen, § 35: Berichtigung, Löschung und Sperrung von Daten), § 39 (Zweckbindung

---

518 Vgl. dazu nähere Ausführungen zu Baden-Württemberg, oben S. 126.

bei personenbezogenen Daten, die einem Berufs- oder besonderen Amtsgeheimnis unterliegen), § 40 (Verarbeitung und Nutzung personenbezogener Daten durch Forschungseinrichtungen), § 42a (Informationspflicht bei unrechtmäßiger Kenntniserlangung von Daten) und § 43 (Bußgeldvorschriften).

Eine vergleichbare Regelung besteht in Baden-Württemberg in § 2 Abs. 4 LDSG BW. Während dort jedoch als Voraussetzung von öffentlichen Stellen, die als Unternehmen mit eigener Rechtspersönlichkeit am Wettbewerb teilnehmen, die Rede ist, reicht es in Berlin aus, dass überhaupt eine öffentliche Stelle am Wettbewerb teilnimmt, sie braucht kein Unternehmen mit eigener Rechtspersönlichkeit zu sein. Außerdem wird in Baden-Württemberg für die fraglichen Stellen vollumfänglich auf das BDSG verwiesen, in Berlin nur teilweise; im Übrigen verbleibt es in Berlin beim LDSG – gerade bezüglich der Aufsicht durch den Landesbeauftragten für den Datenschutz und die Informationsfreiheit. Nach dem vorrangigen LKHG BE gelten somit Teile des LDSG BE und Teile des BDSG gleichermaßen nachrangig. Des Weiteren wird in Baden-Württemberg auf die für nicht-öffentliche Stellen geltenden Vorschriften des BDSG verwiesen, während in Berlin die dann geltenden Paragraphen des BDSG ausdrücklich genannt sind; die geltenden Teile des BDSG sind damit zwar nicht deckungsgleich, gleichwohl aber ähnlich.

§ 2 Abs. 3 LDSG BE stellt darauf ab, ob am Wettbewerb teilgenommen wird. Dies trifft grundsätzlich auf alle Krankenhäuser zu. Es muss sich jedoch außerdem um eine öffentliche Stelle im Sinne des LDSG BE handeln. Dies trifft jedenfalls auf die in § 2 Abs. 1 Satz 1 LDSG BE genannten Einrichtungen zu, weil diese als „Behörden und sonstige öffentliche Stellen" bezeichnet werden, und somit auch auf Krankenhäuser, bei denen das Land oder eine landesunmittelbare Körperschaft, Anstalt oder Stiftung des öffentlichen Rechts Träger ist.

Fraglich ist jedoch, ob auch die in § 2 Abs. 1 Satz 2 LDSG BE genannten Stellen (Vereinigungen des privaten Rechts, die öffentliche Aufgaben wahrnehmen) als öffentliche Stellen im Sinne des § 2 Abs. 3 LDSG BE anzusehen sind. Der Wortlaut spricht ungeachtet der Formulierung „dies gilt auch für ..." dagegen, weil nur die im vorhergehenden Satz genannten Einrichtungen als öffentliche Stellen bezeichnet und die in § 2 Abs. 1 S. 2 LDSG BE aufgeführten Stellen diesen zunächst nur im Ergebnis (Anwendung des LDSG BE) gleichgestellt werden. Es käme jedoch zu unstimmigen Ergebnissen, wollte man den Verweis auf das BDSG in § 2 Abs. 3 LDSG BE lediglich auf öffentlich-rechtliche Rechtsformen, nicht jedoch auch auf private Rechtsformen anwenden. Für letztere würde dann nachrangig alleine das LDSG BE gelten, während für erstere nachrangig auch das BDSG gelten würde. Die genannten Teile des BDSG sind jedoch gerade im Wesentlichen die für nicht-öffentliche Stellen und öffentlich-rechtliche Wettbewerbsunternehmen geltenden Vorschriften. Es wäre daher nach Sinn und Zweck nicht überzeugend, für öffentliche Kliniken in öffentlich-rechtlicher Rechtsform gerade diese Teile des BDSG anzuwenden, während für Kliniken in privater Rechtsform nach § 2 Abs. 1 Satz 2 LDSG BE alleine das LDSG BE gelten würde. Denn mit dem Verweis auf das BDSG ist gerade bezweckt, auch auf Einrichtungen der öffentlichen Hand die für privat getragene Einrichtungen geltenden Regeln anzuwenden, wenn diese sich ähnlich wie jene verhalten, was eben auch an der gewählten Rechtsform deutlich werden kann.

Die in § 2 Abs. 1 Satz 2 LDSG BE genannten Einrichtungen sind daher ebenfalls als öffentliche Stellen nach § 2 Abs. 3 LDSG BE anzusehen. Der Verweis in § 2 Abs. 3

LDSG BE gilt daher für alle in § 2 Abs. 1 LDSG BE genannten Einrichtungen, wenn sie am Wettbewerb teilnehmen, somit für alle Krankenhäuser in mittelbarer oder unmittelbarer Trägerschaft des Landes, unabhängig von der gewählten Rechtsform.

Ergebnis: Auf alle Krankenhäuser ist vorrangig das LKHG BE anwendbar. Auf öffentliche Krankenhäuser in mittelbarer oder unmittelbarer Trägerschaft des Landes gelten unabhängig von ihrer Rechtsform nachrangig gleichermaßen Teile des LDSG BE (ohne dessen §§ 3, 6, 6a, 9-17 und 30) und Teile des BDSG (§§ 11, 27 Abs. 2, 28-35, 39, 40, 42a und 43). Die hier relevanten Regelungen des BDSG entsprechen im Wesentlichen, wenn auch mit Ausnahmen, den für nicht-öffentliche Stellen und öffentlich-rechtliche Wettbewerbsunternehmen geltenden Vorschriften des BDSG.

Private Krankenhäuser

Für Kliniken privater Träger gilt ebenso wie für Kliniken öffentlicher Träger vorrangig das LKHG BE.

Gilt subsidiär das LDSG oder das BDSG?

Gemäß § 2 Abs. 1 Satz 2 LDSG BE ist das LDSG BE auch auf natürliche und juristische Personen sowie Gesellschaften und andere Personenvereinigungen des privaten Rechts anwendbar, die Aufgaben der öffentlichen Verwaltung wahrnehmen.

Die Krankenhausversorgung kann auch als Aufgabe der öffentlichen Verwaltung wahrgenommen werden.[519] Dies ist jedoch bei Kliniken privater Träger grundsätzlich nicht der Fall.[520] Diese fallen deshalb nicht unter § 2 Abs. 1 Satz 2 LDSG BE. Für sie gilt vielmehr nachrangig das BDSG (§ 24 Abs. 1 LKHG BE) und zwar die für nicht-öffentliche Stellen geltenden Vorschriften.

Das BDSG enthält dabei für nicht-öffentliche Stellen keine Öffnungsklauseln für die Landesgesetzgebung, solche bestehen im BDSG lediglich im Bereich öffentlicher Stellen. Dem Landesgesetzgeber stünde daher wohl insoweit auch überhaupt keine entsprechende Gesetzgebungskompetenz für subsidiäre, nicht krankenhausspezifische Regelungen zu. Denn der Datenschutz in privaten Unternehmen ist als Recht der Wirtschaft prinzipiell eine Materie der konkurrierenden Gesetzgebung gemäß Art. 74 Abs. 1 Nr. 11 GG. Im Bereich der konkurrierenden Gesetzgebung haben jedoch die Länder die Befugnis zur Gesetzgebung nur, solange und soweit der Bund von seiner Gesetzgebungszuständigkeit nicht durch Gesetz Gebrauch gemacht hat (Art. 72 Abs. 1 GG). Andernfalls bricht Bundesrecht Landesrecht (Art. 31 GG). Der Bund hat hier aber von seiner Kompetenz Gebrauch gemacht, so dass dem Land Berlin keine entsprechende Kompetenz zusteht, es sei denn, es läge eine möglicherweise speziellere Kompetenz in Gesundheitsfragen vor, was jedoch bezüglich der nur subsidiär nach dem LKHG geltenden Regelungen kaum der Fall sein kann.[521]

Es besteht keine Öffnungsklausel für Regelungen des Datenschutzes in kirchlichen Krankenhäusern von entsprechenden Religionsgesellschaften.

Ergebnis: Auf Krankenhäuser in privater Trägerschaft ist vorrangig das LKHG BE und nachrangig das BDSG (Vorschriften für nicht-öffentliche Stellen) anwendbar.

---

519 Vgl. dazu nähere Ausführungen zu Baden-Württemberg, s.o. S. 126.
520 Zur Ausnahme der Beleihung s.o. S. 126, Fn. 464.
521 S. aber die abweichende Gesetzgebung in Brandenburg, unten S. 152.

Zusammenfassung

Auf alle Krankenhäuser ist vorrangig das LKHG BE anwendbar. Für öffentliche Krankenhäuser (des Landes) gelten nachrangig gleichermaßen Teile des LDSG BE und Teile des BDSG. Für private Krankenhäuser gilt nachrangig nur das BDSG (Vorschriften für nicht-öffentliche Stellen). Es besteht keine Öffnungsklausel für kirchliche Krankenhäuser.

6.6.3.2 Regelungen zur Forschung

Gemäß § 25 Abs. 1 LKHG BE ist es Krankenhäusern gestattet, für krankenhausinterne Forschungsvorhaben Patientendaten ohne Einwilligung in dem für das Forschungsvorhaben erforderlichen Umfang zu erheben, speichern und nutzen (nicht aber zu übermitteln), wenn einer der folgenden Fälle vorliegt:

Nach § 25 Abs. 1 Nr. 1 LKHG BE dürfen Ärzte Patientendaten, die im Rahmen der Krankenhausbehandlung innerhalb ihrer Fachrichtung oder sonstigen medizinischen Betriebseinheit erhoben und gespeichert worden sind, für eigene wissenschaftliche Forschungsvorhaben nutzen, soweit schutzwürdige Belange des Patienten nicht entgegenstehen und eine gewerbliche Nutzung ausgeschlossen ist.

Die hier relevanten schutzwürdigen Interessen des Patienten könnten im Hinblick auf die Grundrechte ermittelt werden. Dass diese nicht entgegenstehen dürfen, hat zur Folge, dass ein eher geringer Abwägungsspielraum bleibt. Dieser ist wohl nur noch insoweit vorhanden, als beurteilt werden kann, ob Interessen überhaupt entgegenstehen und ob diese ferner schutzwürdig sind. Entgegenstehen bedeutet dabei weniger als überwiegen, wie es beispielsweise § 46 Abs. 1 S. 1 Nr. 2a, S. 2 LKHG BW für den Ausschluss einer Übermittlung fordert.[522]

Zu beachten ist auch, dass die Forschung wissenschaftlich betrieben werden muss. Dies bedeutet, dass sie unabhängig sein muss, sich also beispielsweise keine Ergebnisse vorgeben lassen darf. Außerdem müssen die Ergebnisse letztlich veröffentlicht werden, damit die „scientific community" daran teilhaben kann. Die näheren Ausführungen zur wissenschaftlichen Forschung in Bezug auf das Bundesdatenschutzgesetz können hier ebenfalls herangezogen werden.

Gemäß Nr. 2 ist die Verwendung im oben aufgezeigten Rahmen zulässig, wenn es nicht zumutbar ist, die Einwilligung einzuholen und schutzwürdige Belange der Patientin oder des Patienten nicht beeinträchtigt werden. Fraglich ist, ob die Einholung nicht für den Patienten oder nicht für das Krankenhaus zumutbar sein muss. Für den Patienten wäre dies beispielsweise dann nicht zumutbar, wenn er mit Geschehnissen, die im Zusammenhang mit den die Einwilligung betreffenden Patientendaten stehen, nicht konfrontiert werden möchte (zum Beispiel mit Gendiagnosen, deren Kenntnisnahme der Patient explizit ausgeschlossen hat – Recht auf Nichtwissen), während für das Krankenhaus beispielsweise die Einholung unzumutbar sein könnte, wenn diese sehr kurzfristig erfolgen müsste, da die Daten ohne sofortige Zustimmung unbrauchbar für ein bestimmtes Forschungsvorhaben werden würden. Wie bereits erwähnt, darf das schutzwürdige Interesse des Patienten nicht beeinträchtigt werden. Ebenso wie die Formulierung „wenn keine schutzwürdigen Inter-

---

522 Vgl. oben S. 132.

essen des Patienten gefährdet sind" in § 12 Abs. 1 LKHG HH lässt diese Formulierung wenig Abwägungsspielraum. Die Verarbeitung der Daten ist unzulässig, sobald ein schutzwürdiges Interesse des Patienten einer solchen widerspricht. Eine Abwägung ist hier allenfalls bei der Beurteilung der Schutzwürdigkeit einzelner Interessen möglich.

Ferner ist die Nutzung nach Maßgabe der Nr. 3 zulässig, wenn das berechtigte Interesse der Allgemeinheit an der Durchführung des Forschungsvorhabens das Geheimhaltungsinteresse der Patientin oder des Patienten erheblich überwiegt. Auch solche Interessen können durch Orientierung an den Grundrechten ermittelt werden. Die hier vorzunehmende Abwägung entspricht der Abwägung im Rahmen der Angemessenheitsprüfung in der Forschungsklausel des § 28 Abs. 6 Nr. 4 BDSG, jedoch mit der Einschränkung, dass in § 25 Abs. 1 Nr. 3 LKHG das Forschungsinteresse schon insoweit konkretisiert und damit gewichtet wird, dass ein öffentliches Interesse vorliegen muss.

Schließlich ist die weitere Verarbeitung der im Rahmen der Krankenhausbehandlung erhobenen und gespeicherten Patientendaten in anonymisierter Form zulässig (Nr. 4).

Abs. 2 S. 1 sieht vor, dass die Patientendaten im Rahmen von Forschungsarbeiten immer zu pseudonymisieren sind, sofern dies in einem angemessenen Verhältnis zum Schutzzweck steht. Ferner sollen sie immer dann anonymisiert oder gelöscht werden, wenn der Forschungszweck dies zulässt. Satz 2 regelt die Anforderungen an die Pseudonymisierung: Sollten im Rahmen eines bestimmten Forschungsvorhabens wissenschaftliche Gründe einer Anonymisierung der Daten entgegenstehen, dürfen die Daten pseudonymisiert genutzt werden, wenn weder der mit der Forschung befasste Personenkreis noch die empfangenden Stellen oder Personen einen Zugriff auf die Zuordnungsregel haben. Ferner darf aus den medizinischen Daten kein Rückschluss auf den Patienten möglich sein. Gemäß Satz 3 muss durch technische Maßnahmen, die dem Stand der Technik entsprechen, sichergestellt werden, dass die Zuordnungsregel so geschützt ist, dass es Dritten nicht möglich ist, mit beherrschbarem Aufwand eine Verknüpfung von pseudonymisierten mit identifizierenden Daten zu erstellen.

Die nach § 25 Abs. 1 LKHG BE verarbeiteten Daten dürfen gemäß Abs. 3 nur in pseudonymisierter Form an einrichtungsübergreifende Forschungsvorhaben, Forschungsregister oder Probensammlungen übermittelt werden. Ausnahmen hiervon sind nur zulässig, wenn eine Rechtsvorschrift anderes vorsieht. Einrichtungsübergreifend sind Projekte, wenn sie von verschiedenen Krankenhäusern, Arztpraxen und/oder sonstigen (Forschungs-)Einrichtungen durchgeführt werden.

6.6.3.3 Regelungen zur Qualitätssicherung

Der Umgang mit Patientendaten zur Qualitätssicherung wird in § 24 Abs. 4, Abs. 5 LKHG BE geregelt.

Gemäß Abs. 4 S. 1 Nr. 3 LKHG BE dürfen Patientendaten in dem Umfang erhoben, gespeichert, verändert und genutzt, also intern verwendet werden, in welchem dies zur Qualitätssicherung der Behandlung im Krankenhaus erforderlich ist. Bedingung hierfür ist, dass der Zweck nicht mit anonymisierten oder pseudonymisierten Daten erreicht werden kann und nicht überwiegende schutzwürdige Interessen des Patienten entgegenstehen. Letztere können vor allem im Hinblick auf die Grundrechte ermittelt werden. Das Erfordernis des Nichtentgegenstehens überwiegender schutzwürdiger Interessen ist weniger restriktiv als das Erfordernis des „erheblichen Überwiegens" des wissenschaftlichen Interesses im Sinne von § 28 Abs. 6 Nr. 4 BDSG.[523]

Gemäß § 24 Abs. 5 Nr. 7 LKHG BE ist es unter den eben genannten Voraussetzungen auch zulässig, Patientendaten zu Zwecken der Qualitätssicherung der Behandlung im Krankenhaus an einen Arzt oder eine ärztlich geleitete Stelle zu übermitteln und zu offenbaren. Hierbei darf der Zweck wiederum nicht mit anonymisierten oder pseudonymisierten Daten erreicht werden können; auch dürfen keine überwiegenden schutzwürdigen Interessen der Patientin oder des Patienten entgegenstehen. Zu den schutzwürdigen Interessen der Patienten gilt im Prinzip das eben Gesagte. Allerdings wird man in Bezug auf eine Übermittlung eher ein Entgegenstehen annehmen können als bei der rein internen Verwendung.

6.6.3.4 Regelungen zur Einwilligung

Die schriftliche Einwilligung des Patienten zur Verarbeitung, Nutzung, Übermittlung und Offenbarung von Patientendaten ist notwendig, sofern das LKHG BE oder eine andere Rechtsvorschrift diesen Datenumgang nicht anordnet oder erlaubt (§ 24 Abs. 3 S. 1 LKHG BE).

Gemäß § 24 Abs. 3 Satz 2 LKHG BE muss eine in allgemeinen Aufnahmebestimmungen enthaltene Einwilligungserklärung besonders hervorgehoben sein. Dies dient der Übersichtlichkeit und soll sicherstellen, dass der Patient nicht nur formell, ohne dies zu erkennen, sondern aktiv einwilligt.

§ 25 Abs. 1 LKHG BE legt fest, dass eine interne Datenverwendung – außerhalb gesetzlicher Erlaubnisse – auch dann zulässig ist, wenn eine Einwilligung des Patienten für ein „bestimmtes Forschungsprojekt" nach hinreichender Aufklärung erteilt wurde. Nach § 25 Abs. 3 LKHG BE dürfen – wie bereits gesehen – die nach Abs. 1 verarbeiteten Daten nur pseudonymisiert an einrichtungsübergreifende Forschungsvorhaben oder Forschungsregister weitergegeben werden, es sei denn, eine Rechtsvorschrift sieht etwas anders vor. Im Gegensatz zu anderen Regelungskomplexen (auch noch Abs. 1, wenn auch eingeschränkt auf bestimmte Projekte) stellt das LKHG hier die Einwilligung nicht neben die Rechtsvorschrift, weshalb die Einwilligung als Grundlage einer personenbezogenen Datenübermittlung im Allgemeinen ausscheiden dürfte.

Dieser Wortlaut scheint zunächst nahezulegen, dass dies auch bei der Einschaltung eines Datentreuhänders zur einrichtungsübergreifenden Pseudonymisierung gilt.[524] Diese wäre dann ohne eine spezielle Rechtsvorschrift nicht zulässig, auch nicht auf Basis einer Einwilligung.

Dagegen kann man allerdings einwenden, dass ein Datentreuhänder in der Regel weder Träger eines bestimmten Forschungsvorhabens, noch eines Forschungsregisters oder einer Probensammlung, sondern diesen Einrichtungen vorgeschaltet ist. Über die – wenn auch einrichtungsübergreifende – Pseudonymisierung seitens des

---

[523] Vielmehr genügt es, wenn das Qualitätssicherungsinteresse und das Ausschlussinteresse der Betroffenen sich die Waage halten, vgl. in etwas anderem Kontext oben zu Baden-Württemberg S. 132.
[524] Nähere Ausführungen zum Datentreuhänder siehe unten S. 289ff.

Datentreuhänders wird letztlich aber auch gewährleistet, dass in den weiteren Vorhaben, den allgemeinen Registern oder Probensammlungen letztlich nur pseudonymisierte Daten ankommen und vorgehalten werden, ohne dass dort die Zuordnungsvorschrift und damit Personenbezug vorhanden ist. Zudem kann über entsprechende Verfahren sichergestellt werden, dass auch dem Treuhänder keine vollständigen medizinischen Datensätze personenbezogen übertragen werden, sondern dieser nur bestimmte Patientenstammdaten zur Generierung eines einrichtungsübergreifenden Pseudonyms erhält, welches er dann an die Behandlungseinrichtung oder eine Vertrauensstelle zurückgibt.[525] Von dort aus können die medizinischen Daten zusammen mit dem Pseudonym weitergegeben und beispielsweise in ein Forschungsregister eingeliefert werden.[526]

Bei Beachtung dieser Maßgaben erscheint es auch vor dem Hintergrund der verfassungsrechtlich verbürgten Wissenschaftsfreiheit letztlich in diesem besonderen Fall vertretbar, für die der eigentlichen Forschung vorgelagerte einrichtungsübergreifende Pseudonymisierung durch einen Datentreuhänder keine abschließende Geltung des insoweit restriktiven (und kaum privilegierenden) § 25 LKHG BE anzunehmen und auf den allgemeinen, auch eine Einwilligung einschließenden Erlaubnisvorbehalt nach § 24 Abs. 3 S. 1 LKHG BE zurückzugreifen.[527] Im Übrigen kann insoweit auf die Ausführungen zum BDSG verwiesen werden.

Eine abschließende Rechtssicherheit für die einrichtungsübergreifende Pseudonymisierung im Anwendungsbereich des LKHG BE wird man aber nur durch die Schaffung einer speziellen gesetzlichen Grundlage oder aber die gesetzgeberische Abmilderung der gegenwärtigen strengen Rechtslage in § 25 LKHG BE erreichen können.

Alternativ müsste die Pseudonymisierung vor einer Übermittlung bereits in der Behandlungseinrichtung selbst erfolgen.[528]

Nach Abs. 4 bedarf es der Einwilligung des Patienten zur Veröffentlichung identifizierter oder pseudonymisierter Daten, die zu wissenschaftlichen Zwecken verarbeitet wurden. Die Einwilligung muss in Kenntnis der vorgesehenen Veröffentlichung erteilt worden sein.

---

525 Oder zusammen mit nicht personenbezogenen Meldedaten auch direkt zusammen mit dem Pseudonym an das Forschungsregister, welches die (für das Register) anonymisierten Behandlungsdaten von der Behandlungseinrichtung ebenfalls zusammen mit den Meldedaten erhalten hat, so dass dort das Pseudonym, nicht aber die Person des Patienten, den Behandlungsdaten zugeordnet werden kann.

526 Zu den entsprechenden Datenflussmodellen vgl. die Diskussion um die Richtlinie des Gemeinsamen Bundesausschusses in der GKV zur sektorenübergreifenden Qualitätssicherung, s. u.a. https://www.g-ba.de/informationen/richtlinien/72/.

527 Der LfD BE ist hier jedoch, jedenfalls ausweislich der mündlichen Auskunft eines Mitarbeiters vom 28.10.2014, anderer Ansicht. Er hält jedoch die Einschaltung eines Datentreuhänders als Auftragsdatenverarbeiter für eine nach Berliner Recht zulässige Alternative. Im Allgemeinen wird ein Datentreuhänder jedoch nicht als weisungsgebundener Auftragnehmer, sondern als eigenverantwortlicher Dritter eingestuft, s.u. S. 290f. Zudem ist die Zulässigkeit der Auftragsdatenverarbeitung nach § 24 Abs. 7 LKHG BE ebenfalls recht restriktiv geregelt, siehe unten S. 272.

528 Zumindest in rudimentärer Weise, also unter Herausfilterung der unmittelbaren Identifikatoren wie Name, Adresse oder Versichertennummer, wenn sich daran später auch – sei es durch einen Datentreuhänder oder andere Einrichtungen – weitere Schritte der Pseudonymisierung oder gar Anonymisierung anschließen sollen.

6.6.4 Brandenburg

Relevante Landesgesetze:
- Krankenhausentwicklungsgesetz (KHEG BB)[529]
- Landesdatenschutzgesetz (LDSG BB)[530]

6.6.4.1 Auf Kliniken anwendbare Datenschutzvorschriften

Öffentliche Krankenhäuser

Im brandenburgischen Krankenhausentwicklungsgesetz (KHEG BB) fehlt eine ausdrückliche Regelung des Anwendungsbereichs dieses Gesetzes. In § 1 Abs. 4 KHEG BB heißt es jedoch: „Die Krankenhausversorgung wird von öffentlichen, freigemeinnützigen und privaten Krankenhäusern getragen. Bei der Durchführung dieses Gesetzes ist diese Vielfalt der Krankenhausträger zu beachten." Demnach fallen sowohl Krankenhäuser in öffentlicher wie in privater Trägerschaft unter das KHEG BB. Für Krankenhäuser des Straf- oder Maßregelvollzugs gelten Besonderheiten (§ 39 Abs. 2 KHEG BB).

Gemäß § 27 Abs. 1 KHEG BB sind alle Krankenhäuser verpflichtet, die Datenschutzbestimmungen des SGB X[531] und des LDSG BB mit Ausnahme der §§ 7a bis 9 (§ 7a: behördlicher Datenschutzbeauftragter, § 8: Verfahrensverzeichnis, § 9: Gemeinsame Verfahren, automatisierte Abrufverfahren und regelmäßige Datenübermittlungen) und § 11c (Datenschutzaudit) zu beachten, soweit nicht das KHEG BB abweichende Regelungen enthält. Dabei ist § 27 KHEG BB gemäß § 39 Abs. 1 KHEG BB auch auf nicht öffentlich geförderte Krankenhäuser anzuwenden. Das KHEG BB gilt somit für alle Krankenhäuser – sowohl in öffentlicher wie in privater Trägerschaft – vorrangig.

Gilt subsidiär das LDSG oder das BDSG?

Gemäß § 2 Abs. 3 Satz 2 LDSG BB gehen besondere Rechtsvorschriften, die auf die Verarbeitung personenbezogener Daten anzuwenden sind, dem LDSG BB vor.

Bei § 27 Abs. 1 KHEG BB handelt es sich um eine Rechtsfolgenverweisung auf das LDSG BB, die für alle Krankenhäuser gilt, gemäß § 39 Abs. 1 KHEG BB auch für die nicht öffentlich geförderten. Es kommt daher für die Anwendbarkeit des LDSG BB auf Krankenhäuser nicht darauf an, ob die darin formulierten Anwendungsvoraussetzungen gegeben sind; die Anwendbarkeit wird im KHEG BB als Rechtsfolge unabhängig davon angeordnet (Rechtsfolgenverweisung).

Vorliegend wird dabei ebenso wie in Nordrhein-Westfalen und im Gegensatz zu Bremen, Hessen und Mecklenburg-Vorpommern der Teilverweis auf das BDSG für öffentlich-rechtliche Wettbewerbsunternehmen in § 2 Abs. 2 LDSG BB nicht ausdrücklich von dem Verweis auf das LDSG BB in § 27 Abs. 1 KHEG BB ausgenommen. Allerdings würde § 2 Abs. 2 LDSG BB neben der subsidiären Anwendung der BDSG-Vorschriften für nicht-öffentliche Stellen auch die Geltung der §§ 7a und 8 LDSG BB anordnen, welche durch § 27 Abs. 1 KHEG BB gerade ausgeschlossen werden sollen. Insoweit hilft aber die Annahme einer Rechtsfolgenverweisung in § 27 Abs. 1 KHEG BB weiter, auf-

---

[529] Zuletzt geändert durch Gesetz vom 18.12.2012.
[530] Zuletzt geändert durch Gesetz vom 25.05.2010.
[531] Letztlich nur, soweit anwendbar, also insbes. mit Sozialleistungsträgern wie den Krankenkassen kommuniziert wird.

grund derer es nicht auf § 2 LDSG BB als Anwendungsvoraussetzung für das LDSG BB in Bezug auf Kliniken ankommt und somit auch der partielle Weiterverweis ins BDSG nach § 2 Abs. 2 LDSG BB nicht zur Anwendung kommt.

Ergebnis: Für alle Krankenhäuser in öffentlicher Trägerschaft gilt vorrangig das KHEG BB und nachrangig das LDSG BB (ohne dessen §§ 7a – 9 und 11c).

Private Krankenhäuser

Der Befund der vorrangigen Geltung des KHEG BB und der nachrangigen Geltung von Teilen des LDSG BB trifft ebenso wie auf öffentliche Kliniken auch auf die Krankenhäuser in privater Trägerschaft zu.

Das BDSG gilt somit für private Kliniken bei Patientendaten nicht, weil der Landesgesetzgeber diesen Bereich in § 27 Abs. 1 KHEG BB einschließlich der Anordnung der subsidiären Geltung des LDSG BB an sich gezogen hat. Hiergegen könnte man zwar verfassungsrechtliche Bedenken im Hinblick auf die Gesetzgebungskompetenz des Landes in Abgrenzung zu jener des Bundes vorbringen.[532] Vollkommen unvertretbar erscheint das Vorgehen des Landesgesetzgebers hier jedoch aufgrund einer möglichen Annexgesetzgebungskompetenz im Gesundheitsbereich nicht. Daher soll der Wortlaut des § 27 Abs. 1 KHEG BB als gültig zugrunde gelegt werden.

Es besteht keine Öffnungsklausel für Regelungen des Datenschutzes in kirchlichen Krankenhäusern durch Religionsgesellschaften.

Zusammenfassung

Für alle Krankenhäuser gilt vorrangig das KHEG BB und nachrangig das LDSG BB (ohne dessen §§ 7a – 9 und 11c). Es besteht keine Öffnungsklausel für kirchliche Krankenhäuser.

6.6.4.2 Regelungen zur Forschung

Eigenforschung der Fachabteilung

Gemäß § 31 KHEG BB Abs. 1 S. 1 ist es Ärzten gestattet, Patientendaten, die in der eigenen Fachabteilung zulässigerweise gespeichert sind, ohne Einwilligung zu verarbeiten, wenn dies eigenen wissenschaftlichen Forschungsvorhaben dient und dabei schutzwürdige Belange der Betroffenen nicht gefährdet werden. Dies gilt entsprechend für sonstiges wissenschaftliches Personal dieser Fachabteilung, soweit es den Geheimhaltungspflichten des § 203 des Strafgesetzbuches unterliegt (§ 31 Abs. 1 S. 3 KHEG BB).

Fraglich ist, ob im Rahmen von Forschungsprojekten eines Arztes auch andere Ärzte derselben medizinischen Fachabteilung diese Daten nutzen dürfen. Dies ist angesichts der Tatsache, dass ihnen durch § 31 Abs. 1 KHEG BB gestattet wäre, eigene Forschungsprojekte zu betreiben, zu bejahen. Durch die Mitarbeit am Forschungsprojekt dürfte dieses auch zum eigenen Vorhaben des mitarbeitenden Arztes werden. Es kommt nicht darauf an, ob es sich auch um die eigenen Patienten eines mitarbeitenden Arztes handelt, sondern nur darauf, ob es Patienten der Fachabteilung sind oder

---

532 S. oben S. 146.

waren, denn dann werden deren Daten dort in aller Regel zulässigerweise gespeichert.[533] Die Formulierung „eigene wissenschaftliche Forschungsvorhaben" kann mithin dahingehend verstanden werden, dass sämtliche Projekte innerhalb der Fachabteilung umfasst werden.

Zum Vorhabensbezug und zur Wissenschaftlichkeit der Forschung kann wiederum auf die Ausführungen zum BDSG verwiesen werden.

Grundsätzlich ist auch die Datenübermittlung von der hiernach erlaubten Verarbeitung umfasst. Allerdings ist dabei zu beachten, dass es sich nach wie vor um Eigenforschung des Personals der ursprünglich speichernden Fachabteilung handelt, was jedoch bei kooperativer Eigenforschung im Verbund der Fall sein kann.[534] Da sich die Erlaubnis nach § 31 Abs. 1 KHEG BB jedoch nur auf die in der Fachabteilung zulässigerweise gespeicherten Daten bezieht, ist die Speicherung personenbezogener Rückmeldungen von anderen Einrichtungen oder auch nur Fachabteilungen, gleich ob sie „nur" nachbehandelnde Stellen sind oder im Forschungsverbund kooperieren, allein auf dieser Grundlage nicht zulässig.[535]

Auch im Übrigen ist bei einer Übermittlung (ohne personenbezogene Rückmeldung) die Gefährdung schutzwürdiger Interessen der Betroffenen besonders sorgfältig zu prüfen. Allgemein ist hier zu beachten, dass eine Gefährdung bereits im Vorfeld einer echten Beeinträchtigung vorliegen kann, weshalb diese Abwägungsklausel strenger ist als beispielsweise die nach § 46 Abs. 1 S. 2 LKGH BW, wo überwiegende Betroffeneninteressen tatsächlich entgegenstehen müssen.

Drittforschung oder Hinzuspeicherung zusätzlicher Forschungsdaten

Reine Drittforschung oder eine Hinzuspeicherung von nicht zu Behandlungszwecken in der Fachabteilung nötigen (reinen Forschungs-)Daten, sofern diese noch personenbezogen sind, kommt damit nur auf Grundlage von § 31 Abs. 2 KHEG BB in Betracht. Demnach bedarf es keiner Einwilligung des betroffenen Patienten (nach Maßgabe des § 32 KHEG BB), wenn der Zweck des Forschungsvorhabens nicht auf andere Weise erfüllt werden kann und die nach § 11 zuständige Aufsichtsbehörde nach Anhörung der oder des Landesbeauftragten für den Datenschutz festgestellt hat, dass das berechtigte Interesse der Allgemeinheit an der Durchführung des Forschungsvorhabens das Geheimhaltungsinteresse der Patientin oder des Patienten erheblich überwiegt. Wenn diese strengen Voraussetzungen vorliegen, kann nicht nur jede Form der Datenverwendung und damit auch eine Datenübermittlung gerechtfertigt werden, sondern auch Drittforschung. Allerdings muss auch auf dieser Rechtsgrundlage ausdrücklich ein Vorhabensbezug bestehen und implizit dürfte sich auch das Wissenschaftlichkeitserfordernis hierauf erstrecken.

Die hier vorzunehmende Abwägung entspricht der Abwägung im Rahmen der Angemessenheitsprüfung in der Forschungsklausel des § 28 Abs. 6 Nr. 4 BDSG, jedoch mit der Einschränkung, dass in der hier betrachteten Vorschrift das Forschungsinteresse schon insoweit konkretisiert und damit gewichtet wird, dass ein berechtigtes allge-

---

533 Wobei für die zulässige Speicherung die Beschränkung der Aufbewahrungsfristen zu beachten ist, die allerdings zur Abwehr der Haftung für eventuelle Spätschäden auf bis zu 30 Jahre nach dem Ende der Behandlung ausgedehnt werden kann (in Anlehnung an die entspr. Verjährungshöchstfristen nach § 197 Abs. 1 Nr. 1, § 199 Abs. 2 BGB).
534 Zur dieser kooperativen Eigenforschung im Verbund s. die Ausführungen zum BDSG, oben S. 94ff.
535 Zu diesem Abfragescenario vgl. die Ausführungen zum LKGH BW, oben S. 130ff.

meines Interesse vorliegen muss, während die in Betracht kommenden Interessen des Patienten insoweit präzisiert werden, als ein Geheimhaltungsinteresse notwendig ist. In formeller Hinsicht wird zudem eine Genehmigung der (krankenhausrechtlichen) Aufsichtsbehörde gefordert,[536] welche vor ihrer Entscheidung den LfD BB anhören muss.

Diese Regelungen greifen auch dann, wenn zwar nur Fachabteilungs-intern geforscht wird, dabei aber schutzwürdige Belange der Betroffenen gefährdet werden, also eine Rechtfertigung nicht bereits aus § 31 Abs. 1 KHEG BB folgt. Dann wird es im Rahmen der Abwägung nach § 31 Abs. 2 KHEG BB darauf ankommen, ob das berechtigte Forschungsinteresse der Allgemeinheit die schutzwürdigen Belange und damit das gefährdete Geheimhaltungsinteresse des Patienten erheblich überwiegt.

Sonstige Vorschriften

Im Fall der Übermittlung hat die übermittelnde Stelle die empfangende Stelle oder Person, die Art der zu übermittelnden Daten, die betroffenen Patientinnen oder Patienten und das Forschungsvorhaben aufzuzeichnen (§ 31 Abs. 3 KHEG BB).

Der Verweis auf die nach § 27 Abs. 1 KHEG BB (subsidiär) geltenden Datenschutzbestimmungen in § 31 Abs. 1 S. 2 KHEG BB dürfte nicht für die in § 28 Abs. 1 LDSG BB enthaltenen Forschungserlaubnisse gelten, da § 31 KHEG BB insoweit abschließend und vorrangig ist. Die Rahmenvorschriften in § 28 Abs. 2–4 LDSG BB gelten jedoch auch für die Forschung unter Beteiligung von Kliniken, wobei hier insbesondere die Pseudonymisierungs- und Anonymisierungspflichten nach Abs. 2 sowie die Verpflichtung der Datenempfänger nach Abs. 3 relevant sind.

§ 33 KHEG BB regelt den Umgang mit personenbezogenen Daten in Bezug auf Krankheitsregister. Abs. 1 S. 1 zufolge dürfen die Patientendaten in einem solchen klinischen Krankheitsregister, das neben Behandlungszwecken regelmäßig auch nicht behandlungsbezogenen Aufgaben der wissenschaftlichen Erforschung einer bestimmten Krankheit dient, nur unter folgenden Voraussetzungen verarbeitet werden:

1. Eine Genehmigung des für das Gesundheitswesen zuständigen Ministeriums liegt vor.
2. Der oder die Landesbeauftragte für Datenschutz muss zuvor angehört worden sein.
3. Es besteht ein Recht auf Akteneinsicht.

Gemäß S. 2 dieser Vorschrift muss die Genehmigung die Zweckbestimmung des Krankheitsregisters, die Art der zu speichernden Daten sowie den Kreis der betroffenen Patientinnen und Patienten enthalten.[537]

6.6.4.3 Regelungen zur Qualitätssicherung

Zur (internen) Qualitätssicherung der Behandlung durch das Krankenhaus dürfen Patientendaten erhoben, gespeichert, verändert und genutzt werden, soweit dies

---

536 Dabei handelt es sich um einen feststellenden oder rechtsgestaltenden Verwaltungsakt, der auch im letzteren Fall in der Begründung die entsprechenden Feststellungen zum Vorliegen der materiellen Voraussetzungen (erhebliches Überwiegen des berechtigten Interesses der Allgemeinheit) enthalten muss und in jedem Fall Rechtmäßigkeitsvoraussetzung des Datenumgangs auf Grundlage dieser Vorschrift ist.

537 Solche indikationsspezifischen Krankheitsregister werden vorliegend nicht näher untersucht.

nicht mit anonymisierten Daten erreicht werden kann und keine überwiegenden schutzwürdigen Interessen der Betroffenen entgegenstehen (§ 28 KHEG BB Abs. 2 S. 1 Nr. 1), welche vor allem im Hinblick auf die Grundrechte zu ermitteln sind. Das Erfordernis des Nichtentgegenstehens überwiegender schutzwürdiger Interessen ist weniger restriktiv als das Erfordernis des „erheblichen Überwiegens" eines berechtigten Interesses im Sinne des BDSG. Auch ist das Erfordernis des Nichtentgegenstehens überwiegender schutzwürdiger Interessen der Betroffenen weit weniger restriktiv als die Forderung in § 31 Abs. 1 KHEG BB dahingehend, dass die Forschung schutzwürdige Belange der Betroffenen nicht gefährden darf, denn eine solche Gefährdung kann unabhängig von einer Abwägung festgestellt werden. Eine Erlaubnis zur Datenübermittlung für Zwecke der (externen) Qualitätssicherung existiert in Brandenburg allerdings nicht.

6.6.4.4 Regelungen zur Einwilligung

Gemäß § 32 Satz 1 KHEG BB bedarf es der Einwilligung des Patienten zur Erhebung, Speicherung, Nutzung oder Übermittlung von Patientendaten, wenn nicht ein Fall der §§ 27–29, 31 KHEG BB vorliegt. Sollte der Patient nicht in der Lage sein, eine datenschutzrechtliche Einwilligung zu erteilen,[538] ist die Übermittlung dennoch zulässig, wenn der erkennbare Wille der betroffenen Person zweifelsfrei der Übermittlung nicht entgegensteht (§ 32 S. 2 KHEG BB). Dies stellt eine gesetzliche Normierung der mutmaßlichen Einwilligung dar, die nur angenommen werden darf, wenn man davon ausgehen kann, dass der Patient die Einwilligung erteilen würde, wenn er dazu fähig wäre.[539]

Es erscheint fraglich, warum gerade die Übermittlung, welche die einschneidendste der Verwendungsformen darstellt, unter weniger strengeren Voraussetzungen zulässig ist als die Erhebung, Speicherung und Nutzung der Patientendaten. Man könnte in Erwägung ziehen, mittels eines Erst-Recht-Schlusses zu dem Ergebnis zu kommen, dass dann gerade auch die Nutzung der Daten von Satz 2 erfasst ist. Ein solcher Erst-Recht-Schluss entspräche einer analogen Anwendung des zweiten Satzes. Um Normen analog anwenden zu können, bedarf es jedoch zunächst einer planwidrigen Gesetzeslücke. Angesichts der ausführlichen Regelungen in Bezug auf die Nutzung in §§ 27–29, 31 KHEG BB wird man eher davon ausgehen müssen, dass eine solche nicht vorliegt. Der Erst-Recht-Schluss kann demnach nicht gezogen werden; einzig die Übermittlung ist von Satz 2 erfasst. Allerdings gehen die gesetzlichen Erlaubnisse für den internen Datenumgang in den §§ 27–29, 31 KHEG BB relativ weit, so dass anders als bei der Übermittlung kein so großer Bedarf nach der Einholung einer Einwilligung oder ersatzweise dem Vorliegen einer mutmaßlichen Einwilligung besteht.

---

538 Damit dürften Fälle der Einwilligungsunfähigkeit wie z. B. im Fall der Bewusstlosigkeit gemeint sein.
539 Offen gelassen wird an dieser Stelle, ob der mutmaßliche Wille erkennbar, also auf irgendeine Art und Weise nach außen getragen werden oder getragen worden und für einen Dritten ersichtlich sein muss (in diese Richtung geht § 1901a Abs. 2 BGB für Betreuungsfälle), oder ob es genügt, wenn die Datenübertragung im Interesse des Patienten liegt oder zumindest nicht gegen diese Interessen verstößt. Der Wortlaut von § 32 S. 2 KHEG BB spricht eher für die zuletzt genannte Auslegungsvariante, wobei allerdings schon erkennbare Indizien für einen entgegenstehenden Willen diese Interessensichtweise überspielen können. Ist jedoch kein (mutmaßlicher) Wille erkennbar, weder für noch gegen die Übermittlung, dürfte nach dem vorliegenden Wortlaut kein entgegenstehender Wille erkennbar und die Übermittlung damit zulässig sein. Soweit ein Betreuer für den Patienten bestellt ist, müsste dieser allerdings vorrangig befragt werden.

6.6.5 Bremen

Relevante Landesgesetze:
- Bremisches Krankenhausgesetz (LKHG HB)[540]
- Bremisches Krankenhausdatenschutzgesetz (KHDSG HB)[541]
- Bremisches Landesdatenschutzgesetz (LDSG HB)[542]

6.6.5.1 Auf Kliniken anwendbare Datenschutzvorschriften

Öffentliche Krankenhäuser

Nach § 1 LKHG HB gilt dieses Gesetz für alle Krankenhäuser, soweit nichts anderes bestimmt ist. Neben diesem Krankenhausgesetz und dem Datenschutzgesetz (LDSG HB) gibt es in Bremen auch noch ein Krankenhausdatenschutzgesetz (KHDSG HB).

Das KHDSG HB gilt nach § 1 Abs. 2 KHDSG HB für Krankenhäuser im Sinne des § 2 Nr. 1 KHG mit Ausnahme der Krankenhäuser, deren Träger der Bund oder eine bundesunmittelbare Körperschaft ist. In § 2 Nr. 1 KHG wird, ähnlich wie in § 107 Abs. 1 SGB V, lediglich der Begriff Krankenhaus bestimmt; es wird nicht auf die Förderfähigkeit oder gar eine Förderung nach dem KHG abgestellt. Danach sind Krankenhäuser Einrichtungen, in denen durch ärztliche und pflegerische Hilfeleistung Krankheiten, Leiden oder Körperschäden festgestellt, geheilt oder gelindert werden sollen oder Geburtshilfe geleistet wird und in denen die zu versorgenden Personen untergebracht und verpflegt werden können. Unter das KHDSG HB fallen damit Einrichtungen, die die genannte Definition erfüllen und somit im üblichen Wortsinne Krankenhäuser sind.

Das KHDSG HB gilt nicht, soweit Krankenhäuser dem Straf- und Maßregelvollzug dienen (§ 1 Abs. 2 Satz 2 KHDSG HB). Für den öffentlichen Gesundheitsdienst gilt das Gesetz über den Öffentlichen Gesundheitsdienst im Lande Bremen (ÖGDG HB). Der öffentliche Gesundheitsdienst wird gemäß § 5 Abs. 1 Nr. 7 ÖGDG HB auch von Krankenhäusern wahrgenommen, soweit diese Träger eines psychiatrischen Behandlungszentrums sind. Gemäß § 31 Abs. 4 ÖGDG HB gelten im Übrigen, soweit im ÖGDG oder anderen Rechtsvorschriften (wie dem KHDSG) nichts Abweichendes bestimmt ist, die Vorschriften des LDSG HB.

Das LKHG HB und das KHDSG HB gelten somit für alle Krankenhäuser sowohl in öffentlicher wie in privater Trägerschaft grundsätzlich vorrangig.

Gilt subsidiär das LDSG oder das BDSG?

Nach § 1 Abs. 2 Satz 3 LDSG HB gehen besondere Rechtsvorschriften dem LDSG HB vor. Dabei handelt es sich für Krankenhäuser um das LKHG HB, das KHDSG HB und ggf. um das ÖGDG HB. Gemäß § 1 Abs. 4 Satz 1 KHDSG HB gilt das KHDSG HB vorrangig.

§ 1 Abs. 4 Satz 1 KHDSG HB schreibt die entsprechende Geltung des 1. bis 4. Abschnitts des LDSG HB mit Ausnahme des § 1 Abs. 5 LDSG HB vor. Auf den Anwendungsbereich

---

540   Zuletzt geändert durch Gesetz vom 23.10.2012.
541   Zuletzt geändert durch Gesetz vom 25.05.2010. Das Gesetz tritt nach § 14 S. 3 KHDSG HB mit Ablauf des 31.12.2015 außer Kraft.
542   Zuletzt geändert durch Gesetz vom 01.07.2013.

des § 1 Abs. 2 LDSG HB (öffentliche Stelle) kommt es dabei für Krankenhäuser aufgrund der entsprechenden Geltung (Rechtsfolgenverweisung) nicht an.

Zu beachten ist dabei, dass gerade § 1 Abs. 5 LDSG HB auf Krankenhäuser gemäß § 1 Abs. 4 Satz 1 KHDSG HB keine Anwendung findet, obwohl vergleichbare Regelungen in anderen Bundesländern auch auf Krankenhäuser Anwendung finden können. Die Regelung verweist teilweise auf das BDSG, soweit öffentlich-rechtliche Unternehmen in Landesträgerschaft am Wettbewerb teilnehmen. Es verbleibt daher bei Krankenhäusern auch in diesen Fällen bei der von § 1 Abs. 4 Satz 1 KHDSG HB angeordneten (subsidiären) Geltung des LDSG HB ohne Verweis auf das BDSG.

Die dabei für Krankenhäuser nicht geltenden Abschnitte 5 bis 7 des LDSG HB betreffen Radio Bremen, Straf- und Bußgeldvorschriften sowie Übergangs- und Schlussvorschriften.

Ergebnis: Das LKHG HB und das KHDSG HB gelten für öffentliche Krankenhäuser vorrangig. Für psychiatrische Behandlungszentren gilt außerdem das ÖGDG HB mit noch höherem Anwendungsvorrang. Der 1. bis 4. Abschnitt des LDSG HB gilt für öffentliche Krankenhäuser nachrangig und zwar in entsprechender Weise, d.h. ohne dass es darauf ankäme, ob ein Krankenhaus ansonsten in den Anwendungsbereich des LDSG HB fiele. Dabei gilt der Verweis des LDSG HB für öffentlich-rechtliche Wettbewerbsunternehmen auf das BDSG für Krankenhäuser nicht.

Private Krankenhäuser

Die vorrangige Geltung des LKHG HB und des KHDSG HB sowie die nachrangige Geltung des LDSG HB stimmen für Krankenhäuser in privater Trägerschaft mit dem entsprechenden Rangverhältnis der Rechtsnormen für öffentliche Kliniken überein. Zu beachten ist zum einen lediglich, dass die Ausnahme des § 1 Abs. 5 LDSG HB nach § 1 Abs. 4 Satz 1 KHDSG HB bei diesen ohnehin nicht zum Tragen käme. Wichtiger ist dabei aber, dass zum anderen gemäß § 1 Abs. 4 Satz 2 KHDSG HB für diese nur der 1. bis 3. Abschnitt des LDSG HB entsprechend gilt, d.h. anstelle des 4. Abschnitts, der die Überwachung des Datenschutzes durch den Landesbeauftragten für den Datenschutz und einen Parlamentsausschuss in der Bremer Bürgerschaft vorsieht, die Datenschutzaufsicht gemäß § 38 BDSG ausgeübt wird.[543]

Das BDSG gilt somit bis auf § 38 für private Kliniken bei Patientendaten nicht, weil der Landesgesetzgeber diesen Bereich in § 1 Abs. 4 KHDSG HB an sich gezogen hat.[544]

Gemäß § 1 Abs. 3 KHDSG HB gilt das KHDSG HB nicht für kirchliche Krankenhäuser, sofern die Religionsgesellschaften eigene bereichsspezifische Bestimmungen erlassen, die den Zielen des KHDSG HB entsprechen.

Ergebnis: Das LKHG HB und das KHDSG HB gelten für private Krankenhäuser vorrangig. Der 1. bis 3. Abschnitt des LDSG HB gilt für sie nachrangig und zwar in entsprechender Weise, d.h. ohne dass es darauf ankäme, ob ein Krankenhaus ansonsten in den Anwendungsbereich des LDSG HB fiele. Das BDSG gilt dabei für Patientendaten in materieller Hinsicht nicht nachrangig, nur in Bezug auf die Befugnisse der Aufsichtsbehörde verbleibt es bei § 38 BDSG.

---

543 Zu den prinzipiellen Unterschieden der Aufsicht durch die LfD auf Basis der LDSG zu jener der Aufsichtsbehörden nach § 38 BDSG (auch wenn diese organisatorisch beim jeweiligen LfD angesiedelt sind) s.u. S. 316ff. (Kap. I.14.2).
544 Zu den verfassungsrechtlichen Fragen in diesem Zusammenhang s.o. S. 146, 152.

Zusammenfassung

Das LKHG HB und das KHDSG HB gelten für Krankenhäuser vorrangig, das LDSG HB gilt in entsprechender Weise, d.h. ungeachtet seines Anwendungsbereichs, nachrangig, und zwar bei öffentlichen Kliniken dessen 1. bis 4. Abschnitt und bei privaten Kliniken dessen 1. bis 3. Abschnitt, d.h. bei letzteren gilt § 38 BDSG (Aufsichtsbehörde). Es besteht eine Öffnungsklausel für kirchliche Krankenhäuser. Auf die Sonderregeln des ÖGDG HB für die psychiatrischen Behandlungszentren wird vorliegend nicht weiter eingegangen.[545]

6.6.5.2 Regelungen zur Forschung

Allgemeine Erlaubnisnormen

Gemäß § 3 Abs. 2 KHDSG HB ist die Übermittlung von Daten innerhalb des Krankenhauses zwischen verschiedenen Fachrichtungen (Fachabteilungen, medizinische Bereiche und Zentren, Institute) wie die Übermittlung an Stellen außerhalb des Krankenhauses zu behandeln, sodass § 4 Abs. 1 Nr. 6 KHDSG HB entsprechend gilt. Dieser gestattet die Übermittlung von Patientendaten an Personen und Stellen außerhalb des Krankenhauses, soweit dies zu Forschungszwecken nach § 7 KHDSG HB erforderlich ist.

§ 7 KHDSG HB erlaubt in Abs. 1 in Verbindung mit Abs. 2, dass Daten, die zwecks § 2 Abs. 1 gespeichert wurden (also zur Erfüllung des Behandlungsvertrags, zur sozialen Betreuung und Beratung des Patienten oder zur Leistungsabrechnung) ohne Einwilligung des Patienten „für wissenschaftliche medizinische Forschungsvorhaben von Angehörigen eines Heilberufs oder Gesundheitsfachberufs der Behandlungseinrichtung im Krankenhaus sowie Hochschulen und anderen mit wissenschaftlicher Forschung beauftragten Stellen" verarbeitet werden dürfen, wenn eine der der beiden folgende Fallgruppen vorliegt:

- Schutzwürdige Belange des Patienten werden nicht beeinträchtigt, insbesondere wegen der Art der Daten, wegen ihrer Offenkundigkeit oder wegen der Art der Verarbeitung (§ 7 Abs. 2 S. 1 Fall 1 KHDSG HB). Bei der Art der Daten kann es sich beispielsweise um weniger sensible Daten wie das Patientenalter handeln, offenkundig sind möglicherweise Daten, die nach außen sichtbare Merkmale wie Haar- oder Augenfarbe oder bestimmte Altersgruppen betreffen.
- Schutzwürdige Belange des Patienten werden zwar beeinträchtigt, doch das öffentliche Interesse an der Durchführung des Forschungsvorhabens überwiegt diese erheblich und der Zweck der Forschung kann nicht auf andere Weise oder nur mit unverhältnismäßigem Aufwand erreicht werden (§ 7 Abs. 2 S. 1 Fall 2 KHDSG HB). Solche schutzwürdigen Belange können vor allem durch Orientierung an den Grundrechten ermittelt werden. Die hier vorzunehmende Abwägung entspricht der Abwägung im Rahmen der Angemessenheitsprüfung in der Forschungsklausel des Bundesdatenschutzgesetzes, § 28 Abs. 6 Nr. 4 BDSG, jedoch mit der Einschränkung, dass in § 7 Abs. 2 KHDSG HB das Forschungsinteresse schon insoweit konkretisiert und damit gewichtet wird, dass ein öffentliches Interesse vorliegen muss.

---

545 Vgl. § 36 ÖGDG (Datenverarbeitung für Forschungszwecke) und § 36a ÖGDG (Datenverarbeitung im Auftrag).

Ansonsten ist eine Verarbeitung für wissenschaftliche medizinische Forschungsvorhaben (ausgenommen nach § 8 KHDSG HB)[546] nur mit Einwilligung des Patienten zulässig (§ 7 Abs. 1 KHDSG BW).

Sonstige Rahmenbedingungen

Ferner regelt § 7 Abs. 2 S. 2 KHDSG HB, dass Patientendaten, die den oben genannten Anforderungen entsprechen, nur an Hochschulen oder andere mit wissenschaftlicher Forschung beauftragte Stellen übermittelt werden dürfen, wenn das Krankenhaus die empfangende Stelle, die Art der zu übermittelnden Daten, den Kreis der betroffenen Patienten, das von der empfangenden Stelle genannte Forschungsvorhaben sowie das Vorliegen der oben genannten Voraussetzungen aufzeichnet. Zudem muss der Datenschutzbeauftragte des Krankenhauses beteiligt werden (§ 7 Abs. 2 S. 3 KHDSG HB).

Gemäß Abs. 3 muss jede weitere Verwertung der Daten den genannten Anforderungen genügen, wobei die übermittelnde Stelle vorab sicherzustellen hat, dass die empfangende Stelle bereit und in der Lage ist, diese Vorschriften einzuhalten.

Auch müssen gemäß Abs. 4 die Merkmale, mittels welcher ein Patientenbezug hergestellt werden kann, gesondert gespeichert werden (Pseudonymisierung), sobald dem Forschungsvorhaben auch auf diese Weise nachgegangen werden kann. Darüber hinaus sind Merkmale zu löschen, sobald der Forschungszweck dies zulässt (Anonymisierung).

Schließlich legt Abs. 5 fest, dass Patientendaten nur dann an empfangende Stellen, auf die das Gesetz keine Anwendung findet, übermittelt werden dürfen, wenn diese sich verpflichten, die Vorschriften der Absätze 2 und 4 einzuhalten und sich insoweit der Kontrolle des Landesbeauftragten für den Datenschutz unterwerfen.

Im Zusammenhang mit der Übermittlung zu Forschungszwecken soll auch kurz auf die allgemeinen Vorschriften zur Auftragsdatenverarbeitung des KHDSG HB eingegangen werden: Gemäß § 10 Abs. 1 KHDSG HB ist Auftragsdatenverarbeitung zulässig, wenn die Wahrung der Datenschutzbestimmungen dieses Gesetzes bei der verarbeitenden Stelle sichergestellt ist und diese sich insoweit der Kontrolle des Landesbeauftragten für den Datenschutz unterwirft. Diese Anforderungen entsprechen jenen des § 7 Abs. 5 KHDSG HB, welcher sich speziell auf die Forschung bezieht, aber auch eigenverantwortliche Dritte als Übermittlungsempfänger einbezieht.

Interne Dateien für eigene Forschungszwecke

Darüber hinaus ist es Angehörigen eines Heil- oder Gesundheitsfachberufs gestattet, Dateien für Forschungszwecke anzulegen (§ 8 S. 1 KHDSG HB). Die Anlage solcher Dateien umfasst die Speicherung, Veränderung und Nutzung der Daten der selbst zumindest in der Fachabteilung mitbehandelten Patienten,[547] jedoch nicht die Weitergabe dieser Daten.

---

546 S. dazu das folgende Kap. auf dieser Seite.
547 An sich stellt § 8 S. 1 KHDSG HB auf die eigenen Forschungszwecke des jeweiligen (wohl behandelnden) Angehörigen eines Gesundheitsberufs ab. Jedenfalls die Fachabteilungsgrenzen dürften aber entsprechend § 7 Abs. 1 KHDSG HB zu beachten sein. Dies gilt zumal nach § 3 Abs. 2 KHDSG HB eine Weitergaben von Patientendaten zwischen Fachabteilungen als besonders rechtfertigungsbedürftige Übermittlung gilt, welche durch § 8 KHDSG HB gerade nicht erlaubt ist.

Dies ergibt sich nicht schon zwingend aus der Beschränkung auf eigene Forschungszwecke, wie die bereits zum BDSG gemachten Ausführungen zur kooperativen Eigenforschung im Verbund zeigen. Allerdings ist nach § 8 S. 2 KHDSG durch technische und organisatorische Maßnahmen entsprechend § 7 Abs. 3 LDSG HB sicherzustellen, dass Dritte keinen Zugriff auf die Daten haben, soweit sie diese nicht zur Mitbehandlung benötigen. Damit muss es sich letztlich auch um eigene Dateien handeln, die jedenfalls für Forschungszwecke nicht weitergegeben werden dürfen. Zulässig sein dürfte jedoch der Zugriff durch die ebenfalls nach § 203 StGB schweigeverpflichteten und weisungsgebundenen (internen) Gehilfen des Angehörigen eines Heilberufs (z.B. Krankenpflegepersonal der eigenen Abteilung, ggf. auch Personal der IT-Abteilung des Krankenhauses), soweit dies erforderlich ist.

Allerdings ist zu beachten, dass die Daten zu anonymisieren sind, sobald es der Verarbeitungszweck erlaubt (§ 8 S. 3 KHDSG HB). Jedoch verlangt § 8 KHDSG HB keinen Bezug zu einem konkreten Forschungsvorhaben. Damit sind (fachabteilungs-)interne allgemeine Forschungsregister in diesem Rahmen grundsätzlich zulässig. Der Personenbezug wird aber wohl spätestens dann zu löschen sein, wenn die Aufbewahrungsfristen für die entsprechenden Patientenakten abgelaufen sind.

6.6.5.3 Regelungen zur Qualitätssicherung

Gemäß § 2 Abs. 5 Nr. 1 KHDSG HB dürfen Patientendaten zur Qualitätssicherung in der stationären Versorgung gespeichert und genutzt werden, soweit diese Zwecke nicht mit pseudonymisierten oder anonymisierten Daten erreicht werden können und nicht überwiegende schutzwürdige Interessen des oder der Betroffenen entgegenstehen. Solche können vor allem im Hinblick auf die Grundrechte ermittelt werden. Das Erfordernis des Nichtentgegenstehens überwiegender schutzwürdiger Interessen ist weniger restriktiv als das Erfordernis des „erheblichen Überwiegens" eines berechtigten Forschungsinteresses im Sinne des BDSG.

Ferner erlaubt § 4 Abs. 1 Nr. 13 KHDSG HB die Übermittlung von Patientendaten an Personen und Stellen außerhalb des Krankenhauses nur, soweit dies zur Durchführung qualitätssichernder Maßnahmen in der Krankenversorgung erforderlich ist und wenn bei der beabsichtigten Maßnahme das Interesse der Allgemeinheit an der Durchführung die schutzwürdigen Belange des Patienten erheblich überwiegt. Die hier vorzunehmende Abwägung entspricht der Abwägung, welche im Rahmen der Forschungsklausel nach § 28 Abs. 6 Nr. 4 BDSG vorzunehmen ist, mit der Einschränkung, dass in § 4 Abs. 1 Nr. 13 KHDSG HB das Qualitätssicherungsinteresse schon insoweit konkretisiert und damit gewichtet wird, dass ein Interesse der Allgemeinheit vorliegen muss. Auch hier gilt, dass die Übermittlung an verschiedene Fachrichtungen innerhalb des Krankenhauses den gleichen Anforderungen genügen muss (§ 3 Abs. 2 KHDSG HB).

6.6.5.4 Regelungen zur Einwilligung

Gemäß § 2 Abs. 1 KHDSG HB steht die auf den Einzelfall bezogene Einwilligung des Patienten als Rechtfertigungsgrund für die Erhebung, Speicherung und Nutzung von Patientendaten gleichrangig neben Rechtsvorschriften, die den entsprechenden Datenumgang erlauben. Zur Bedeutung des Einzelfallbezugs kann auf die Ausführungen zum LKHG BW verwiesen werden.[548] Allerdings bezieht sich diese Regelung nur auf die typischen Formen des internen Datenumgangs, nicht jedoch auf die Übermittlung.

Insoweit enthalten auch §§ 3, 4 KHDSG HB keine Gleichstellung der Einwilligung mit den dort enthaltenen gesetzlichen Erlaubnissen. Gleichwohl erscheint es vertretbar, insoweit subsidiär auf § 3 Abs. 2 Nr. 2 LDSG HB zurückzugreifen, der auch beim Umgang mit Gesundheitsdaten eine Einwilligung für jegliche Verarbeitungsform (einschließlich der Übermittlung) gestattet, wenn sich diese ausdrücklich auf diese Daten bezieht. Allerdings müsste dann der in § 2 Abs. 1 KHDSG genannte Einzelfallbezug der Einwilligung hier (bei der einschneidenderen Übermittlung) erst recht Anwendung finden.

Jedenfalls stellt § 7 Abs. 1 KHDSG HB fest, dass eine Verarbeitung (einschließlich Übermittlung) für wissenschaftliche medizinische Forschungsvorhaben von Angehörigen eines Heilberufs oder Gesundheitsfachberufs der Behandlungseinrichtung (Fachabteilung) mit Einwilligung des Patienten zulässig ist. Ein Einzelfallbezug der Einwilligung wird hier vom Wortlaut her nicht gefordert, wohl aber ein Vorhabensbezug. Auch findet sich eine Einschränkung bezüglich der Stellen, deren Forschungsvorhaben datenschutzrechtlich nach dieser Vorschrift erlaubt sein können, nämlich Krankenhäuser, Hochschulen und anderen mit wissenschaftlicher Forschung beauftragte Stellen.

Damit stellt sich die Frage, ob eine Einwilligung in die einrichtungsübergreifende Pseudonymisierung durch einen Datentreuhänder gerade bei der Anlage allgemeiner Forschungsregister erlaubt wäre. Zunächst wird man den Datentreuhänder wohl noch als mit wissenschaftlicher Forschung beauftragte Stelle ansehen können. Auch wenn er selbst keine inhaltliche wissenschaftliche Arbeit leistet, so nimmt er doch in der (einrichtungsübergreifenden) wissenschaftlichen Forschung im Auftrag[549] anderer Forschungseinrichtungen mit der einrichtungsübergreifenden Pseudonymisierung eine wichtige Rolle ein. Der Vorhabensbezug in § 7 Abs. 1 KHDSG HB dürfte aufgrund der Pluralformulierung „für wissenschaftliche medizinische Forschungsvorhaben" geringere Anforderungen an die Bestimmtheit stellen als nach dem BDSG oder anderen LKHG, jedenfalls soweit letztlich im allgemeinen Forschungsregister lediglich für sich genommen anonymisierte Daten ankommen und der Datentreuhänder nur patientenbezogene Identitätsdaten ohne medizinische Details zur einrichtungsübergreifenden Pseudonymisierung erhält.[550] Damit erscheint auch nach dem KHDSG HB die Einholung einer Einwilligung in die einrichtungsübergreifende Pseudonymisierung durch einen Datentreuhänder bei Anlage allgemeiner Forschungsregister grundsätzlich vertretbar.[551]

§ 2 Abs. 2 KHDSG HB regelt die allgemeinen Anforderungen an die Einwilligung, welche auch für eine solche nach § 7 Abs. 1 KHDSG HB zu beachten sind. Diese bedarf der Schriftform, sofern nicht im Falle eines automatisierten Abrufs von Patientendaten durch technische Maßnahmen sichergestellt ist, dass die Daten nur unter Mitwirkung des Patienten oder der Patientin freigegeben werden können.

---

548 S. oben S. 132f.
549 Wenn auch nicht als Auftragsdatenverarbeiter, s.u. in Kap. I.10, S. 289f.
550 Zur ähnlichen Argumentation zum LKHG BE s.o. S. 149f.
551 Ggf. auch unter Rückgriff auf § 3 Abs. 2 Nr. 2 LDSG HB.

Ferner ist eine mündliche Erteilung der Einwilligung möglich, wenn dies wegen besonderer Umstände angemessen ist. In diesem Fall sind die Erklärung und die besonderen Umstände aufzuzeichnen. Solche besonderen Umstände könnten eventuell bei Unvermögen des Patienten, trotz Einwilligungsfähigkeit schriftlich einzuwilligen vorliegen oder auch, wenn die Einwilligung besonders schnell benötigt wird.

Auch wird in Abs. 2 sehr genau formuliert, welche Informationspflichten das Krankenhaus in Bezug auf die Einwilligung zu erfüllen hat. So ist der Patient oder die Patientin in geeigneter Weise über die Bedeutung der Einwilligung, insbesondere über den Verwendungszweck der Daten, bei einer beabsichtigten Übermittlung auch über den Empfänger oder die Empfängerin der Daten, aufzuklären. Darüber hinaus muss der Patient darauf hingewiesen werden, dass er die Einwilligung verweigern kann und dass ihm wegen einer Verweigerung der Einwilligung keine rechtlichen Nachteile entstehen. Die Ablehnung der Behandlung bei Verweigerung der Einwilligung ist damit nicht statthaft.

Ist der Patient oder die Patientin aus tatsächlichen oder rechtlichen Gründen nicht in der Lage, die Einwilligung zu erteilen, ist die Erklärung im Wege gesetzlicher Vertretung oder, wenn eine solche nicht vorhanden ist, durch Angehörige abzugeben.

Gemäß § 2 Abs. 3 ist die Einwilligung, die gemäß Anforderungen des Abs. 2 erteilt werden muss, insbesondere dann einzuholen, wenn die Daten innerhalb eines Datennetzverbundes, an den auch ambulant tätige Angehörige eines Heilberufs oder Gesundheitsfachberufs angeschlossen werden können, durch automatisierten Abruf erhoben werden.

6.6.6 Hamburg

Relevante Landesgesetze:

- Hamburgisches Krankenhausgesetz (LKHG HH)[552]
- Hamburgisches Datenschutzgesetz (LDSG HH)[553]

6.6.6.1 Auf Kliniken anwendbare Datenschutzvorschriften

Öffentliche Krankenhäuser

Das LKHG HH gilt nach seinem § 2 für alle Krankenhäuser, die an der allgemeinen stationären Versorgung der Bevölkerung teilnehmen. Der Patientendatenschutz gilt gemäß § 7 Abs. 1 LKHG HH im Anwendungsbereich des LKHG HH für alle Patientendaten.

Eine Klinik nimmt jedenfalls dann an der allgemeinen Versorgung der Bevölkerung teil, wenn sie gemäß § 108 SGB V zur Abrechnung mit den Krankenkassen zugelassen ist, was eine Aufnahme in den Landeskrankenhausplan oder den Abschluss eines Versorgungsvertrags mit den Krankenkassen voraussetzt. Umgekehrt könnte das Merkmal der Versorgungsteilnahme zu verneinen sein, wenn keine Zulassung zur GKV-Abrechnung nach § 108 SGB V besteht, weil diese Kliniken nur Patienten der privaten Krankenversicherungen behandeln und Privatpatienten nur einen Anteil

---

552 Zuletzt geändert durch Gesetz vom 17.12.2013.
553 Zuletzt geändert durch Gesetz vom 05.04.2013.

von ca. 10% an der Bevölkerung darstellen. Eine Förderfähigkeit oder gar eine Förderung nach dem KHG ist zwar keine explizite Voraussetzung für die geforderte Versorgungsteilnahme. Allerdings ist nach § 5 Abs. 1 Nr. 2 KHG eine Klinik dann nicht förderfähig, wenn sie nicht nach § 67 AO steuerbegünstigt ist, was der Fall ist, wenn bei ihr weniger als 40% der Belegungstage auf Patienten entfallen, bei denen die Entgelte für allgemeine Krankenhausleistungen (§ 7 KHEntgG, § 10 BPflV) berechnet werden oder nicht höher als diese ausfallen. Bei einer Klinik, die diese 40%-Marke nicht unterschreitet, kann man letztlich damit noch von einer Teilnahme an der allgemeinen Versorgung ausgehen. Lediglich für reine Privatkliniken nach § 5 Abs. 1 Nr. 2 KHG wird dies zu verneinen sein, welche aber von öffentlichen Trägern in aller Regel nicht betrieben werden.

Gilt subsidiär das LDSG oder das BDSG?

Nach § 7 Abs. 3 LKHG HH gelten die allgemeinen Datenschutzvorschriften ergänzend. Dafür kommen das LDSG HH und das BDSG in Betracht. Gemäß § 2 Abs. 7 LDSG HH gehen besondere Datenschutzvorschriften dem LDSG HH vor.

Das LDSG HH gilt nach § 2 Abs. 1 Satz 1 LDSG HH für öffentlich-rechtlich organisierte Einrichtungen des Landes, der Landesaufsicht unterstehende juristische Personen des öffentlichen Rechts und deren öffentlich-rechtlich organisierte Einrichtungen. Wenn Krankenhäuser in öffentlicher Trägerschaft in einer solchen Rechtsform betrieben werden, fallen sie somit in den Anwendungsbereich des LDSG HH.

Dann ist jedoch auch § 2 Abs. 2 LDSG HH zu beachten: Wenn eine Stelle nach § 2 Abs. 1 Satz 1 LDSG HH als Unternehmen am Wettbewerb teilnimmt, gelten vom LDSG HH nur folgende Vorschriften: § 10 (Durchführung des Datenschutzes), § 28 (Datenverarbeitung bei Beschäftigungsverhältnissen), § 29 (Fernmessen und Fernwirken) und der 4. Abschnitt (zum Hamburgischen Beauftragten für Datenschutz und Informationsfreiheit); im Übrigen sind die für nicht-öffentliche Stellen geltenden Vorschriften des BDSG mit Ausnahme des § 38 (Aufsichtsbehörde) in der jeweils geltenden Fassung anzuwenden. Grundsätzlich nehmen alle Krankenhäuser am Wettbewerb teil.554 Dem Merkmal der Unternehmenseigenschaft kommt dabei zumindest im Krankenhausbereich keine weitere Bedeutung zu. Insbesondere kann es sich dabei auch um Eigenbetriebe oder juristische Personen des öffentlichen Rechts handeln. Somit gilt der Verweis auf das BDSG in § 2 Abs. 2 LDSG HH für Krankenhäuser immer dann, wenn sie in einer von § 2 Abs. 1 Satz 1 LDSG HH genannten Form organisiert sind. Es gelten dann das LKHG HH vorrangig, Teile des LDSG HH nachrangig und im Übrigen Teile des BDSG.

Ist eine öffentliche Klinik unter Landesbeteiligung in privater Rechtsform organisiert, ist § 2 Abs. 1 Satz 2 LDSG HH zu beachten: Dann gelten (nachrangig nach dem LKHG HH) nur die auf nicht-öffentliche Stellen anzuwendenden Vorschriften des BDSG in der jeweils geltenden Fassung. Dies gilt nicht, wenn es sich um eine öffentliche Stelle des Bundes gemäß § 2 Abs. 3 BDSG handelt, was eine absolute Bundesmehrheit oder eine Tätigkeit über mehrere Länder voraussetzt.555

Ergebnis: Das LKHG HH gilt vorrangig für alle Krankenhäuser, die an der allgemeinen stationären Versorgung der Bevölkerung teilnehmen. Für öffentliche Kliniken mit Landesbeteiligung in privater Rechtsform gilt nachrangig das BDSG (Vorschriften für

---

554 Zu den entsprechenden Argumenten s.o. zu vergleichbaren Rechtslage nach dem BDSG, s.o. S. 91f.
555 In diesen (soweit ersichtlich in der Praxis nicht vorkommenden) Fällen würde ausschließlich das BDSG gelten.

nicht-öffentliche Stellen). Für öffentlich-rechtlich organisierte Kliniken gelten nachrangig § 10 (Durchführung des Datenschutzes), § 28 (Datenverarbeitung bei Beschäftigungsverhältnissen), § 29 (Fernmessen und Fernwirken) und der 4. Abschnitt (LfD) des LDSG HH und im Übrigen das BDSG (Vorschriften für nicht-öffentliche Stellen mit Ausnahme des § 38 [Aufsichtsbehörde]).

Private Krankenhäuser

Das LKHG HH gilt nach § 2 LKHG HH für alle Krankenhäuser, die an der allgemeinen stationären Versorgung der Bevölkerung teilnehmen. Der Patientendatenschutz gilt gemäß § 7 Abs. 1 LKHG HH im Anwendungsbereich des LKHG HH für alle Patientendaten. Zur Teilnahme an der allgemeinen Versorgung der Bevölkerung kann auf die vorigen Ausführungen zur öffentlichen Kliniken verwiesen werden. Lediglich für reine Privatkliniken nach § 5 Abs. 1 Nr. 2 KHG wird dies zu verneinen sein; für diese gilt dann das LKHG HH nicht, sondern ausschließlich das BDSG.

Gilt subsidiär das LDSG oder das BDSG?

Ist auf eine Klinik das LKHG HH anwendbar, weil sie an der allgemeinen stationären Versorgung der Bevölkerung teilnimmt, so gelten gemäß § 7 Abs. 3 LKHG HH die allgemeinen Datenschutzvorschriften ergänzend. Bei einer Klinik in privater Trägerschaft handelt es sich aber nicht um eine öffentliche Stelle, die unter das LDSG HH fällt. Vielmehr ist auf eine private Klinik das BDSG (Vorschriften für nicht-öffentliche Stellen) anzuwenden, entweder nachrangig nach dem LKHG HH, weil dieses aufgrund der Versorgungsteilnahme der Klinik vorrangig anwendbar ist, oder ausschließlich, d.h. mangels Versorgungsteilnahme ohne Vorrang des LKHG HH.

Gemäß § 7 Abs. 4 LKHG HH gelten die Datenschutzvorschriften des LKHG HH für kirchliche Krankenhäuser nur, soweit die Religionsgesellschaften keine gleichwertigen Regelungen getroffen haben.

Ergebnis: Das LKHG HH gilt vorrangig für alle Krankenhäuser, die an der allgemeinen stationären Versorgung der Bevölkerung teilnehmen. Bei privaten Kliniken ist dies jedenfalls gegeben, wenn sie nach § 108 SGB V zur GKV-Abrechnung berechtigt sind (Landeskrankenhausplan oder Versorgungsvertrag). Eine Förderung oder Förderfähigkeit nach dem KHG ist dafür nicht erforderlich. Maßgeblich dafür dürfte aber die 40%-Marke nach § 67 AO sein. Auf private Kliniken ist außerdem das BDSG (Vorschriften für nicht-öffentliche Stellen) anzuwenden, entweder nachrangig nach dem LKHG HH oder alleine.

Zusammenfassung

Das LKHG HH gilt vorrangig für alle öffentlichen und privaten Krankenhäuser, die an der allgemeinen stationären Versorgung der Bevölkerung teilnehmen. Für öffentliche Kliniken mit Landesbeteiligung in privater Rechtsform gilt nachrangig das BDSG (Vorschriften für nicht-öffentliche Stellen). Für öffentlich-rechtlich organisierte Kliniken gelten nachrangig Teile des LDSG HH (§ 10 [Durchführung des Datenschutzes], § 28 [Datenverarbeitung bei Beschäftigungsverhältnissen], § 29 [Fernmessen und Fernwirken] und der 4. Abschnitt [LfD]) und im Übrigen das BDSG (Vorschriften für nicht-öffentliche Stellen mit Ausnahme des § 38 [Aufsichtsbehörde]). Die allgemeine Versorgungsteilnahme (und damit die vorrangige Geltung des LKHG HH) ist anzunehmen, wenn die Kliniken nach § 108 SGB V zur GKV-Abrechnung berechtigt sind (über den Landeskrankenhausplan oder einen Versorgungsvertrag). Eine KHG-Förderung oder -Förderfähigkeit ist dafür nicht erforderlich. Maßgeblich dafür dürfte aber die 40-%-Marke nach § 67 AO sein (entsprechender Anteil der Abrechnungen nicht höher als zu GKV-Sätzen). Für private Kliniken gilt außerdem das BDSG (Vorschriften für nicht-öffentliche Stellen), entweder (bei allgemeiner Versorgungsteilnahme) nachrangig nach dem LKHG HH oder (bei reinen Privatkliniken) alleine. Es besteht eine Öffnungsklausel für kirchliche Krankenhäuser.

6.6.6.2 Regelungen zur Forschung

Vorhabenbezogene Forschungsklauseln

Zu Forschungszwecken ist es Ärzten oder anderen Personen des Krankenhauses erlaubt, die ihnen durch die rechtmäßige Aufgabenerfüllung zur Kenntnis gelangten Patientendaten zu eigenen wissenschaftlichen Forschungsvorhaben zu verarbeiten, wenn schutzwürdige Interessen der Betroffenen dadurch nicht gefährdet werden (§ 12 Abs. 1 LKHG HH). Hier wird keine Abwägung im engeren Sinn bei der Gewichtung der jeweiligen Interessen vorgenommen, sondern festgesetzt, dass die Verarbeitung der Daten unzulässig ist, sobald diese schutzwürdige Interessen des Patienten gefährden. Eine Wertung ist hier nur bei der Beurteilung der Schutzwürdigkeit einzelner Interessen und deren Gefährdung möglich. Angesichts des Umstandes, dass den forschenden Personen im Krankenhaus die Daten bereits bekannt sein müssen und daher[556] keine Übermittlung auf diesen Abs. 1 gestützt werden kann, wird man aber nicht ohne Weiteres in der entsprechend personell beschränkten Eigenforschung eine Gefährdung schutzwürdiger Interessen feststellen können. Eine vorhabenbezogene Prüfung ist gleichwohl erforderlich, in Sonderfällen – wie nach Widerspruch eines Patienten – auch einzelfallbezogen.

Ferner dürfen gemäß § 12 Abs. 2 LKHG HH Patientendaten auch an weitere Mitarbeiter des Krankenhauses und Dritte für ein bestimmtes Forschungsvorhaben[557] übermittelt und von diesen verarbeitet und genutzt werden, wenn (mindestens) eine der folgenden Bedingungen erfüllt ist:

1. Die Daten können der betroffenen Person nicht mehr zugeordnet werden oder
2. im Falle, dass der Forschungszweck die Möglichkeit der Zuordnung erfordert, hat die betroffene Person eingewilligt oder
3. im Falle, dass weder auf die Zuordnungsmöglichkeit verzichtet, noch die Einwilligung mit verhältnismäßigem Aufwand eingeholt werden kann, überwiegt das öffentliche Interesse an der Durchführung des Forschungsvorhabens die schützenswerten Interessen der betroffenen Person und der Forschungszweck ist nicht auf andere Weise zu erreichen.

Im Unterschied zur Angemessenheitsprüfung nach Maßgabe des Bundesdatenschutzgesetzes ist ein erhebliches Überwiegen nicht erforderlich, jedoch ist vorliegend im Unterschied dazu speziell ein öffentliches Interesse notwendig.

Wenn es möglich ist, mit gewissen Merkmalen einen Personenbezug herzustellen, müssen diese Daten gesondert gespeichert und soweit wie möglich pseudonymisiert werden (§ 12 Abs. 3 S. 1 LKHG HH). Gemäß Satz 2 dürfen im Forschungsbereich grund-

---

556 Wie auch in Abgrenzung zu § 12 Abs. 2 LKHG HH.
557 Siehe dazu oben S. 97ff.

sätzlich nur pseudonymisierte oder anonymisierte Daten verwendet werden. Auch muss die Zuordnungsmöglichkeit aufgehoben werden, sobald dies mit dem Forschungszweck vereinbar ist, aber spätestens, wenn das Forschungsvorhaben abgeschlossen ist, sofern aus konkreten Gründen eine Löschung der Daten nicht in Betracht kommt (Satz 3). Diese Speicherung ist zu Zwecken der internen Wissenschaftskontrolle für einen Zeitraum von bis zu zehn Jahren zulässig (Satz 4).

Sammlung von Proben und Daten (auf Vorrat)

In § 12a LKHG HH werden Regelungen für Sammlungen von Proben und Daten aufgestellt. Für die Übermittlung der Daten zum Zwecke der Aufnahme in eine Sammlung bedarf es nach § 12a Abs. 1 S. 3 LKHG HH keiner besonderen Einwilligung des Patienten, wenn die behandelnde Krankenhauseinheit die zu Behandlungszwecken gespeicherten Daten vor der Weitergabe zur Sammlung anonymisiert.

Bei Nicht-Anonymisierung bleibt es bei dem Einwilligungserfordernis nach § 12a Abs. 1 S. 1 und 2 LKHG HH. Auch mit Einwilligung sind die Daten nach § 12a Abs. 2 LKHG HH aber vor der Aufnahme in die Sammlung zu pseudonymisieren, wenn der Zweck der Sammlung die Möglichkeit einer Zuordnung erfordert. Hieraus dürfte im Umkehrschluss folgen, dass ohne ein solches Erfordernis selbst mit Einwilligung nur anonyme Sammlungen möglich sind. Allerdings wird man gerade bei Sammlungen für unbestimmte künftige Forschungsvorhaben keine allzu großen Anforderungen an die Feststellung eines (ausreichenden potentiellen) Re-Identifizierungs-Erfordernisses stellen können. Da die Pseudonymisierung erst vor Aufnahme in die Sammlung zu erfolgen hat und nicht zwingend schon mit Verlassen der Behandlungseinrichtung, steht mit Einwilligung einer einrichtungsübergreifenden Pseudonymisierung für allgemeine Forschungsregister prinzipiell nichts entgegen.

Vor der Übermittlung von Daten für bestimmte Forschungsvorhaben nach § 12 LKHG HH ist die Möglichkeit der Zuordnung zur betroffenen Person aber aufzuheben oder, wenn der Forschungszweck dem entgegensteht, eine weitere Pseudonymisierung vorzunehmen (§ 12a Abs. 3 LKHG HH).

Bei der Nutzung der Sammlung zu genetischer Forschung ist zu prüfen, ob die Sicherheit der betroffenen Personen vor einer unbefugten Zuordnung ihrer Proben und Daten es erfordert, dass die Pseudonymisierung nach § 12a Abs. 2 und 3 LKHG HH durch einen unabhängigen externen Datentreuhänder erfolgt (§ 12a Abs. 4 LKHG HH),[558] was aber auch unabhängig vom Umgang mit Gendaten ein grundsätzlich zulässiges Vorgehen darstellt.

Nach § 12a Abs. 5 LKHG HH ist die Einrichtung von Proben- und Datensammlungen zu allgemeinen Forschungszwecken der für die Datenschutzkontrolle zuständigen Behörde anzuzeigen, also bei öffentlichen Trägern dem LfD auf Basis des LDSG, bei privaten Trägern der Aufsichtsbehörde nach § 38 BDSG, welche in Hamburg organisatorisch allerdings auch beim LfD angesiedelt ist.

6.6.6.3 Regelungen zur Qualitätssicherung

Gemäß § 8 Abs. 1 Nr. 1 LKHG HH ist die Erhebung und Speicherung von Patientendaten zulässig, wenn dies im Zusammenhang mit der Behandlung des Patienten

---

[558] Zudem ist hier vorrangig das GenDG zu beachten, s.o. S. 53ff.

erfolgt. Fraglich ist, ob auch die Qualitätssicherung in diesen „Zusammenhang" mit einzubeziehen ist. Insoweit ist das LKHG HH hier etwas weiter formuliert als viele andere LKHG, welche die Erforderlichkeit für Behandlungszwecke verlangen. Letztlich wird man aber auch vorliegend nur die „individualisierende Qualitätssicherung" in den Behandlungszusammenhang einbeziehen können, während die eigentliche, also generalisierende Qualitätssicherung eine gesondert zu rechtfertigende Zweckänderung darstellt. Jedoch erlaubt § 10 Abs. 1 Nr. 7 LKHG HH die Qualitätskontrolle und somit auch die Qualitätssicherung durch Nutzung von Patientendaten innerhalb des Krankenhauses, sodass die Nutzung zu Zwecken der (internen) Qualitätssicherung im Krankenhaus zulässig ist.

Hier stellt sich die Frage, ob das Erfordernis des Nichtentgegenstehens überwiegender Interessen des Patienten, welches in Nr. 8 (Datenverwendung für die Aus-, Fortund Weiterbildung) des § 10 Abs. 1 LKHG HH zu finden ist, nur für diese Nummer gilt oder bei allen Nummern und somit auch der Nr. 7 (Qualitätssicherung) des § 10 Abs. 1 zu beachten ist. Für die zuletzt genannte Annahme spräche, dass es sich bei Nr. 8 um den letzten Gliederungspunkt des Abs. 1 handelt und der letzte dort zu findende Halbsatz sich sinngemäß ebenso auf alles Vorgenannte beziehen kann. Allerdings ist zu beachten, dass sich die amtliche Formulierung eingerückt unter Punkt 8 und nicht nach Aufzählung aller Punkte in einer gesonderten Zeile befindet, sodass dieses Erfordernis der Systematik zufolge lediglich bei Nr. 8 zur Anwendung kommen dürfte.

Eine Übermittlungsbefugnis zur (externen) Qualitätssicherung findet sich im LKHG HH jedoch nicht, so dass diese demnach unzulässig ist. Soweit das BDSG jedoch nachrangig anwendbar ist, wird man zur Aufklärung konkreter medizinischer Serienschäden auch insoweit auf § 28 Abs. 6 Nr. 1 BDSG zurückgreifen können.[559]

6.6.6.4 Regelungen zur Einwilligung

Als Grundsatz gilt gemäß § 7 Abs. 2 S. 1 LKHG HH, dass, soweit die Verarbeitung von Patientendaten nicht durch das LKHG HH oder andere Rechtsvorschriften zugelassen ist, die Einwilligung der Betroffenen hierfür erforderlich ist. Vor der Einwilligung sind die Betroffenen nach § 7 Abs. 2 S. 3 LKHG HH über Art, Umfang und Zweck der beabsichtigten Datenverarbeitung zu unterrichten.

§§ 12 und 12a LKHG bestätigen für die dort gesondert geregelten Einwilligungskonstellationen die Notwendigkeit, aber auch die Zulässigkeit einer Einwilligung.

Im Übrigen können die Ausführungen zu den Voraussetzungen der Einwilligung nach dem BDSG, welches ohnehin überwiegend subsidiär anwendbar ist, entsprechend herangezogen werden.[560]

6.6.7 Hessen

- Hessisches Krankenhausgesetz 2011 (LKHG HE)[561]
- Hessisches Datenschutzgesetz (LDSG HE)[562]

---

559 S. oben zum BDSG, S. 109.
560 S. oben S. 110ff.
561 Zuletzt geändert durch Gesetz vom 15.09.2011. Dieses Gesetz tritt gemäß § 41 Satz 2 LKHG HE mit Ablauf des 31.12.2015 außer Kraft.
562 Zuletzt geändert durch Gesetz vom 20.05.2011.

6.6.7.1 Auf Kliniken anwendbare Datenschutzvorschriften

Öffentliche Krankenhäuser

Das LKHG HE gilt gemäß seinem § 2 Abs. 1 grundsätzlich für alle Krankenhäuser, die der allgemeinen vollstationären, teilstationären und ambulanten Versorgung dienen, soweit nichts anderes bestimmt ist.

Eine Klinik dient letztlich der allgemeinen Versorgung in diesem Sinn, wenn sie – entsprechend der nicht identischen, aber ähnlichen Terminologie des LKHG HH[563] – an der allgemeinen Versorgung der Bevölkerung teilnimmt. Dies liegt jedenfalls vor, wenn sie nach § 108 SGB V zur Abrechnung mit den Krankenkassen zugelassen ist, was eine Aufnahme in den Landeskrankenhausplan oder den Abschluss eines Versorgungsvertrags mit den Krankenkassen voraussetzt. Ausreichend ist jedoch auch hier, dass die Klinik die Voraussetzungen von § 67 AO erfüllt, also nicht als reine Privatklinik von der Förderfähigkeit nach § 5 Abs. 1 Nr. 2 KHG per se ausgeschlossen ist. Dies ist der Fall, wenn bei ihr 40% oder mehr der Belegungstage auf Patienten entfallen, bei denen die Entgelte für allgemeine Krankenhausleistungen (§ 7 KHEntgG, § 10 BPflV) berechnet werden oder die berechneten Entgelte nicht höher als diese ausfallen. Davon ist bei öffentlichen Kliniken in aller Regel auszugehen.

Gilt subsidiär das LDSG oder das BDSG?

Nach § 3 Abs. 3 LDSG HE gehen besondere Rechtsvorschriften dem LDSG HE vor. Dabei handelt es sich für Krankenhäuser um das LKHG HE. Gemäß § 12 Abs. 1 LKHG HE gilt § 12 Abs. 2–5 LKHG HE vorrangig.

§ 12 Abs. 1 LKHG HE schreibt die nachrangige Geltung des LDSG HE in der jeweils geltenden Fassung mit Ausnahme des § 3 Abs. 6 LDSG HE vor. Auf den Anwendungsbereich des § 3 Abs. 1 LDSG HE (öffentliche Stelle) kommt es daher für Patientendaten in Krankenhäusern aufgrund der Rechtsfolgenverweisung in § 12 Abs. 1 LKHG HE nicht an.

Zu beachten ist dabei, dass gerade § 3 Abs. 6 LDSG HE auf Krankenhäuser gemäß § 12 Abs. 1 LKHG HE keine Anwendung findet, obwohl vergleichbare Regelungen in anderen Bundesländern auch auf Krankenhäuser Anwendung finden können. Die Regelung verweist teilweise auf das BDSG, soweit öffentlich-rechtliche Unternehmen in Landesträgerschaft am Wettbewerb teilnehmen. Es verbleibt daher bei Hessischen Krankenhäusern auch in diesen Fällen bei der von § 12 Abs. 1 LKHG HE angeordneten Geltung des LDSG HE ohne Verweis auf das BDSG.

Dabei werden für die Qualitätssicherung in der stationären Versorgung und beim Rettungsdienst vorrangige Regelungen in § 12 Abs. 2 Nr. 7 und 8 LKHG HE getroffen. Außerdem sind § 12 Abs. 2 LKHG HE und § 33 LDSG HE (Datenverarbeitung für wissenschaftliche Zwecke) auch auf eine Übermittlung zwischen Behandlungseinrichtungen verschiedener Fachrichtungen desselben Krankenhauses anzuwenden (§ 12 Abs. 3 LKHG HE).

Ergebnis: Für öffentliche Krankenhäuser gelten das LKHG HE vorrangig und das LDSG HE nachrangig und zwar ohne dass es darauf ankäme, ob ein Krankenhaus ansonsten in den Anwendungsbereich des LDSG HE fiele. Dabei gilt der Verweis des

---

563 S. oben S. 162f.

LDSG HE für öffentlich-rechtliche Wettbewerbsunternehmen auf das BDSG für Krankenhäuser nicht.

Private Krankenhäuser

Der Befund der vorrangigen Geltung des LKHG HE und der nachrangigen Geltung des LDSG HE trifft ebenso wie auf öffentliche Kliniken auch auf Krankenhäuser in privater Trägerschaft zu, die nach § 2 Abs. 1 LKHG HE der allgemeinen Versorgung dienen. Dass ein Krankenhaus der allgemeinen Versorgung dient, ist nur bei reinen Privatkliniken, welche weniger als 40% ihrer Patienten zu GKV-Sätzen behandeln, zu verneinen. Hier sind die gleichen Kriterien wie bei den Krankenhäusern in öffentlicher Trägerschaft anzulegen. Zu beachten ist außerdem, dass die Ausnahme des § 3 Abs. 6 LDSG HE (für öffentlich-rechtliche Wettbewerbsunternehmen) nach § 12 Abs. 1 LKHG HE bei privaten Kliniken ohnehin nicht zum Tragen käme.

Für private Kliniken, die nach § 2 Abs. 1 LKHG HE der allgemeinen Versorgung dienen, gilt somit das BDSG nicht, weil der Landesgesetzgeber diesen Bereich in § 12 Abs. 1 LKHG HE an sich gezogen hat. Dabei ist zu beachten, dass ebenso wie in Mecklenburg-Vorpommern im Geltungsbereich des LKHG HE sogar die Geltung des § 38 BDSG (Aufsichtsbehörde) ausgeschlossen ist. Dies bedeutet, dass in diesem Fall für die Aufsicht über Kliniken privater Träger nach §§ 21ff. LDSG HE der Landesdatenschutzbeauftragte zuständig ist.[564]

Für private Kliniken, die nach § 2 Abs. 1 LKHG HE nicht der allgemeinen Versorgung dienen, gilt das LKHG HE nicht. Bei privaten Kliniken handelt es sich aber auch nicht um eine öffentliche Stelle nach § 3 Abs. 1 LDSG HE, so dass das LDSG HE auch nicht anwendbar ist. Vielmehr gilt für private Kliniken, die nicht der allgemeinen Versorgung dienen, das BDSG (Vorschriften für nicht-öffentliche Stellen) unmittelbar, d.h. ohne Vorrang des LKHG HE.

Die Religionsgemeinschaften treffen nach § 12 Abs. 5 LKHG HE für ihre Krankenhäuser in eigener Zuständigkeit Datenschutzregelungen, die denen des § 12 Abs. 1–4 LKHG HE entsprechen.

Ergebnis: Für private Kliniken, die der allgemeinen Versorgung der Bevölkerung dienen, gelten das LKHG HE vorrangig sowie das LDSG HE nachrangig und zwar ohne dass es darauf ankäme, ob ein Krankenhaus ansonsten in den Anwendungsbereich des LDSG HE fiele. Das BDSG gilt für sie nicht nachrangig, auch nicht § 38 BDSG (Aufsichtsbehörde). Die Aufsicht hat in diesem Fall der Landesdatenschutzbeauftragte nach §§ 21ff. LDSG HE. Für private Kliniken, die nicht der allgemeinen Versorgung der Bevölkerung dienen, gilt weder das LKHG HE noch das LDSG HE, sondern lediglich das BDSG (Vorschriften für nicht-öffentliche Stellen).

Zusammenfassung

Für öffentliche wie private Kliniken, die der allgemeinen Versorgung der Bevölkerung dienen, gelten das LKHG HE vorrangig und das LDSG HE nachrangig und zwar ohne dass es darauf ankäme, ob ein Krankenhaus ansonsten in den Anwendungsbereich

---

564 Zu den prinzipiellen Unterschieden der Aufsicht durch die LfD auf Basis der LDSG zu jener der Aufsichtsbehörden nach § 38 BDSG (auch wenn diese organisatorisch beim jeweiligen LfD angesiedelt sind) s.u. S. 316ff. (Kap. I.14.2).

des LDSG HE fiele. Dabei gilt der Verweis des LDSG HE für öffentlich-rechtliche Wettbewerbsunternehmen auf das BDSG für Krankenhäuser nicht. Das BDSG gilt für private Kliniken, die der allgemeinen Versorgung der Bevölkerung dienen, auch nicht nachrangig. Die Aufsicht über sie hat der Landesdatenschutzbeauftragte nach §§ 21ff. LDSG HE. Für private Kliniken, die nicht der allgemeinen Versorgung der Bevölkerung dienen, gilt weder das LKHG HE noch das LDSG HE, sondern lediglich das BDSG (Vorschriften für nicht-öffentliche Stellen). Es besteht eine Öffnungsklausel für kirchliche Krankenhäuser.

6.6.7.2 Regelungen zur Forschung

Gemäß § 33 Abs. 1 S. 1 LDSG HE dürfen datenverarbeitende Stellen personenbezogene Daten im Rahmen bestimmter Forschungsvorhaben verarbeiten, wenn keine schutzwürdigen Belange wegen der Art der Daten, ihrer Offenkundigkeit oder der Art ihrer Verwendung beeinträchtigt werden.[565] Ein Schutz vor „Beeinträchtigung" ist zwar nicht ganz so weitreichend wie ein Schutz vor „Gefährdung", welcher in § 12 Abs. 1 LKHG HH als Maßstab genommen wird, doch dürfte vorliegend ebenso keine Abwägung bei der Gewichtung der jeweiligen Interessen vorgenommen werden. Auch hier wird festgesetzt, dass die Verarbeitung der Daten auf dieser Rechtsgrundlage nicht zulässig ist, sobald diese schutzwürdigen Interessen des Patienten einer solchen widersprechen.

Gemäß § 33 Abs. 1 S. 2 LDSG HE dürfen Daten auch dann durch diese Stellen verarbeitet werden, wenn die Durchführung des Forschungsvorhabens die schutzwürdigen Belange des Betroffenen überwiegt und der Zweck der Forschung nicht auf andere Weise oder nur mit unverhältnismäßigem Aufwand erreicht werden kann. Hier ist eine Abwägung im engeren Sinne, also eine Gegenüberstellung der Belange erforderlich, wie sie in den Ausführungen zum BDSG bereits beschrieben wurde. Vorliegend und im Unterschied zum BDSG genügt jedoch ein einfaches Überwiegen der Forschungsinteressen, ein erhebliches Überwiegen ist nicht gefordert. Werden Daten nach Satz 2 durch Stellen des Landes verarbeitet, wird die vorherige Genehmigung der obersten Landesbehörde oder einer von dieser bestimmten Stelle benötigt (Satz 3). Dabei muss die Genehmigung den Empfänger, die Art der zu übermittelnden personenbezogenen Daten, den Kreis der Betroffenen und das Forschungsvorhaben bezeichnen und zudem dem Hessischen Datenschutzbeauftragten mitgeteilt werden (Satz 4).

Beide Erlaubnistatbestände, sowohl nach § 33 Abs. 1 S. 1 als auch S. 2 LDSG HE, erlauben grundsätzlich mit dem Verarbeiten auch ein Übermitteln, wie Abs. 3 S. 1 mit der Statuierung einer daran anschließenden Bindung an Forschungszwecke bestätigt. Für den Fall, dass nach Abs. 1 S. 2 übermittelte Daten weiterübermittelt werden sollen, bestimmt Abs. 3 S. 2 sogar, dass dies nur mit Einwilligung des Betroffenen zulässig ist.

Damit geht die Bindung für die weitere Forschung über die ähnliche Vorschrift des § 40 Abs. 1 BDSG hinaus. Die ursprünglich die Verwendung und damit auch die Übermittlung rechtfertigenden Anlässe sind aber in beiden Bereichen vorhabenbezogen,

---

565 Zu den einzelnen Gründen siehe oben S. 158 zur Forschung in Bremen.

wobei die Bindung an bestimmte Forschungsprojekte in § 33 Abs. 1 LDSG HE schon vom Wortlaut her noch deutlicher wird.

Da diese Übermittlungserlaubnisse nach § 33 LDSG HE aber an sich nicht auf Behandlungsdaten bzw. Gesundheitsdaten gemünzt sind, erscheint zunächst fraglich, ob insoweit auch eine Offenbarungsbefugnis nach § 203 StGB vorliegt. Allerdings bestimmt § 12 Abs. 1 LKHG HE und damit eine Vorschrift aus dem Behandlungskontext, dass das LDSG und damit auch dessen § 33 für Krankenhäuser gilt. Überdies ordnet § 12 Abs. 3 LKHG HE explizit neben der entsprechenden Anwendung der Übermittlungsregelungen nach Abs. 2 dieser Vorschrift auch die von § 33 LDSG HE auf Datenweitergaben zwischen verschiedenen Fachabteilungen eines Krankenhauses an. Damit geht einerseits eine Erweiterung des (erhöhten) datenschutzrechtlichen Rechtfertigungsbedarfs für Übermittlungen einher. Andererseits werden aber die in § 33 LDSG HE enthaltenen Übermittlungserlaubnisse zu Offenbarungsbefugnissen erweitert, nicht nur zwischen Fachabteilungen, sondern auch allgemein, da der Verweis aus dem LKHG HE zu einer spezifischen Anwendbarkeit auf im Krankenhaus anfallende und über § 203 StGB besonders geschützte Behandlungsdaten führt.

Gemäß § 33 Abs. 2 LDSG HE sind die Merkmale, mit deren Hilfe ein Personenbezug hergestellt werden kann, gesondert zu speichern (pseudonymisieren) bzw. zu löschen (anonymisieren), sobald der Forschungszweck dies jeweils zulässt.

Schließlich legt Abs. 4 fest, dass die Empfänger der Daten, auf die dieses Gesetz keine Anwendung findet, sich dazu verpflichten müssen, die Vorschriften der Abs. 2 und 3 einzuhalten und sich der Kontrolle des Hessischen Datenschutzbeauftragten zu unterwerfen.

6.6.7.3 Regelungen zur Qualitätssicherung

Zu Zwecken der Qualitätssicherung in der stationären Versorgung dürfen im erforderlichen Rahmen die Patientendaten an Personen oder Stellen außerhalb des Krankenhauses übermittelt werden, wenn der Empfänger ein Arzt oder eine ärztlich geleitete Stelle ist und der genannte Zweck nicht mit anonymisierten oder pseudonymisierten Daten erreicht werden kann und nicht überwiegende schutzwürdige Interessen der Betroffenen entgegenstehen (§ 12 Abs. 2 Nr. 7 LKHG HE). Solche Interessen können vor allem im Hinblick auf die Grundrechte ermittelt werden.

Ferner dürfen die Daten gemäß § 12 Abs. 2 Nr. 8 LKHG HE zur Erfüllung der Aufgaben der Träger der Notfallversorgung zur Ermittlung der Wirksamkeit rettungsdienstlicher Maßnahmen im Rahmen von Qualitätsmanagement-Systemen nach § 19 des Hessischen Rettungsdienstgesetzes übermittelt werden. Auch hierbei ist zu beachten, dass die Übermittlung in anonymisierter oder pseudonymisierter Form erfolgen muss, soweit dies für die Zwecke ausreicht. Sollte dies nicht der Fall sein, sind die Daten beim Träger der Notfallversorgung zu anonymisieren, sobald der Zweck der Übermittlung es erlaubt. Insbesondere dürfen nicht anonymisierte oder pseudonymisierte Daten nur von dem Ärztlichen Leiter des Rettungsdienstes verarbeitet werden.

§ 12 Abs. 2 Nr. 7 legt die Bedingungen für die Übermittlung von Patientendaten zu Zwecken der Qualitätssicherung an Personen oder Stellen außerhalb des Krankenhauses fest und Abs. 3 stellt klar, dass diese Bedingungen auch für die Übermittlung zwischen verschiedenen Fachabteilungen gelten. Im Umkehrschluss kann daraus gefolgert werden, dass die Verwendung der Patientendaten zu Zwecken der Qualitätssicherung innerhalb einer Fachabteilung in jedem Falle zulässig ist.

6.6.7.4 Regelungen zur Einwilligung

Soweit keine gesetzliche Erlaubnis vorliegt, kann eine Datenverarbeitung auf die Einwilligung des Betroffenen gestützt werden, wenn die hierfür notwendigen allgemeinen Voraussetzungen vorliegen, welche sich im Anwendungsbereich des LKHG HE letztlich aus § 7 Abs. 2 LDSG HE ergeben:

Die Einwilligung bedarf der Schriftform, soweit nicht wegen besonderer Umstände eine andere Form angemessen ist. Sie muss sich im Falle einer Verarbeitung von Gesundheitsdaten ausdrücklich auch auf diese Datenkategorie beziehen. Wird die Einwilligung zusammen mit anderen Erklärungen schriftlich erteilt, ist der Betroffene hierauf schriftlich besonders hinzuweisen. Der Betroffene ist in geeigneter Weise über die Bedeutung der Einwilligung, insbesondere über den Verwendungszweck der Daten, aufzuklären. Die Aufklärungspflicht umfasst bei beabsichtigten Übermittlungen auch den Empfänger der Daten. Der Betroffene ist unter Darlegung der Rechtsfolgen darauf hinzuweisen, dass er die Einwilligung verweigern und jederzeit mit Wirkung für die Zukunft widerrufen kann.

Die bundeseinheitlichen Anforderungen der AGB-Kontrolle gelten auch für Einwilligungen im Anwendungsbereich des LKHG HE, jedenfalls wenn sie im Zusammenhang mit dem Behandlungsvertrag stehen. Auch ist die Freiwilligkeit der Einwilligung als immanentes Begriffsmerkmal zu beachten.

6.6.8 Mecklenburg-Vorpommern

Relevante Landesgesetze:

- Landeskrankenhausgesetz (LKHG MV)[566]
- Landesdatenschutzgesetz (LDSG MV)[567]

6.6.8.1 Auf Kliniken anwendbare Datenschutzvorschriften

Öffentliche Krankenhäuser

Das LKHG MV gilt gemäß seinem § 3 Abs. 1 Satz 1 für alle Krankenhäuser, die der allgemeinen akut stationären, teilstationären oder tagesklinischen Versorgung dienen, soweit nichts anderes bestimmt ist. Dass ein Krankenhaus der allgemeinen Versorgung dient, ist – wie auch nach dem LKHG HE – letztlich nur bei reinen Privatkliniken mit einem Anteil von nach GKV-Sätzen abgerechneten Patienten unter 40% zu verneinen (vgl. § 67 AO).[568]

Für Universitätsklinika gelten Besonderheiten (§ 3 Abs. 2 LKHG MV), die den Datenschutz jedoch nicht betreffen. Das LKHG MV ist somit auf alle Kliniken in öffentlicher

---

[566] Erlassen durch Gesetz vom 20.05.2011.
[567] Zuletzt geändert durch Gesetz vom 20.05.2011.
[568] S. oben Abschnitt „Öffentliche Krankenhäuser" in Kap. I.6.6.7.1, S. 168.

wie in privater Trägerschaft anwendbar, wenn sie die genannten Voraussetzungen erfüllen. Gemäß § 32 Abs. 1 Satz 1 LKHG MV unterliegen im Krankenhaus erhobene Patientendaten unabhängig von der Art ihrer Verarbeitung dem Datenschutz.

Gilt subsidiär das LDSG oder das BDSG?

Soweit besondere Rechtsvorschriften den Umgang mit personenbezogenen Daten regeln, gehen sie den Vorschriften des LDSG MV vor (§ 2 Abs. 4 Satz 1 LDSG MV).

Gemäß § 32 Abs. 2 LKHG MV gilt ergänzend zu den Vorschriften des LKHG MV für die Verarbeitung von Patientendaten das LDSG MV mit Ausnahme des § 2 Abs. 5 (BDSG-Verweis für Wettbewerbsunternehmen) und des § 25 Abs. 3 (Betroffenenwiderspruch bei Beeinträchtigung persönlicher Interessen) und mit der Maßgabe, dass anstelle der § 4 (Verarbeitung von personenbezogenen Daten im Auftrag) und § 7 Abs. 1 bis 4 (Verarbeitung von personenbezogenen Daten), der §§ 8 bis 10 (Einwilligung, Erheben und Nutzen), des § 13 Abs. 2 bis 5 (Berichtigen, Sperren und Löschen) und der § 14 (Übermittlung an Stellen innerhalb des öffentlichen Bereichs), § 15 (Übermittlung an inländische nicht-öffentliche Stellen), § 24 (Auskunft und Akteneinsicht) und § 34 (wissenschaftliche Forschung) des LDSG MV die jeweiligen Vorschriften des LKHG MV anzuwenden sind.

Auf den Anwendungsbereich des § 2 Abs. 1 und 2 LDSG MV (öffentliche Stelle) kommt es aufgrund der Rechtsfolgenverweisung in § 32 Abs. 2 LKHG MV nicht an.

Zu beachten ist, dass gerade § 2 Abs. 5 LDSG MV auf Krankenhäuser gemäß § 32 Abs. 2 LKHG MV keine Anwendung findet, obwohl vergleichbare Regelungen in anderen Bundesländern auch auf Krankenhäuser Anwendung finden können. Die Regelung verweist teilweise auf das BDSG, soweit öffentlich-rechtliche Unternehmen in Landesträgerschaft am Wettbewerb teilnehmen. Es verbleibt daher bei Krankenhäusern auch in diesen Fällen bei der von § 32 Abs. 2 LKHG MV angeordneten teilweisen Geltung des LDSG MV ohne (Weiter-)Verweisung auf das BDSG.

Ergebnis: Das LKHG MV gilt für öffentliche Krankenhäuser vorrangig. Teile des LDSG MV gelten für öffentliche Krankenhäuser nachrangig und zwar ohne dass es darauf ankäme, ob ein Krankenhaus ansonsten in den Anwendungsbereich des LDSG MV fiele. Dabei gilt der Verweis des LDSG MV für öffentlich-rechtliche Wettbewerbsunternehmen auf das BDSG für Krankenhäuser nicht.

Private Krankenhäuser

Der Vorrang des LKHG MV und die nachrangige Geltung von Teilen des LDSG MV trifft ebenso wie für öffentliche Krankenhäuser auch auf Krankenhäuser in privater Trägerschaft zu, die nach § 3 Abs. 1 Satz 1 LKHG MV der allgemeinen Versorgung dienen. Zu beachten ist, dass die Ausnahme des § 2 Abs. 5 LDSG MV nach § 32 Abs. 2 LKHG MV bei privaten Kliniken ohnehin nicht zum Tragen käme. Für private Kliniken, die nach § 3 Abs. 1 Satz 1 LKHG MV der allgemeinen Versorgung dienen, gilt somit das BDSG nicht, weil der Landesgesetzgeber diesen Bereich in § 32 Abs. 2 LKHG MV an sich gezogen hat.

Dabei ist zu beachten, dass ebenso wie in Bremen und Hessen im Geltungsbereich des LKHG MV sogar die Geltung des § 38 BDSG (Aufsichtsbehörde) ausgeschlossen ist. Das bedeutet, dass in diesem Fall für die Aufsicht über Kliniken privater Träger nach

§§ 29ff. LDSG MV der Landesbeauftragte für den Datenschutz auf Grundlage des LDSG zuständig ist.[569]

Für private Kliniken, die nach § 3 Abs. 1 Satz 1 LKHG MV nicht der allgemeinen Versorgung dienen, gilt das LKHG MV grundsätzlich nicht. Bei privaten Kliniken handelt es sich aber auch nicht um öffentliche Stellen nach § 2 Abs. 1 und 2 LDSG MV, so dass das LDSG MV auch nicht anwendbar ist. Vielmehr gilt für private Kliniken, die nicht der allgemeinen Versorgung dienen, grundsätzlich das BDSG (Vorschriften für nicht-öffentliche Stellen) unmittelbar, d.h. ohne Vorrang des LKHG MV.

Ist eine private Klinik nicht in den Landeskrankenhausplan aufgenommen, spricht zwar viel dafür, dass sie nicht der allgemeinen Versorgung dient, wobei jedoch auch hier ggf. die Voraussetzungen des § 67 AO genauer zu prüfen wären. Aber selbst wenn die Voraussetzungen des § 67 AO nicht erfüllt sind (zu wenige Patienten nach GKV-Sätzen abgerechnet), kommt es doch gemäß § 3 Abs. 5 LKHG MV nur dann zu einem Komplettausschluss des LKHG MV für diese Privatkrankenanstalten, wenn sie keine akut stationäre Versorgung anbieten. Bieten sie diese an, gelten für sie § 4 Abs. 3 und 4 (Kinder, Jugendliche und Behinderte) sowie § 8 (Krankenhausaufsicht, Statistik), § 26 (Medizinische Organisation), § 29 (Brand- und Katastrophenschutz), § 30 (Krankenhaushygiene) und (vorliegend relevant) die §§ 32 bis 39 (7. Abschnitt: Patientendatenschutz) des LKHG MV entsprechend. Dabei gilt gerade der oben angeführte § 32 Abs. 2 LKHG MV, der das LDSG MV für teilweise nachrangig erklärt, ebenfalls entsprechend. Für solche Kliniken gelten somit Teile des LKHG MV vorrangig und Teile des LDSG MV nachrangig.

Es besteht keine Öffnungsklausel für Regelungen des Datenschutzes in kirchlichen Krankenhäusern durch Religionsgesellschaften. Dies ergibt sich auch aus einem Umkehrschluss aus § 3 Abs. 3 LKHG MV, der den 4. Abschnitt des LKHG MV (Innere Struktur der Krankenhäuser) bei kirchlichen Krankenhäusern für nicht anwendbar erklärt. Dies bedeutet, dass bei ihnen die übrigen Teile des LKHG MV und somit auch der 7. Abschnitt über den Patientendatenschutz Anwendung finden.

Ergebnis: Für private Kliniken, die der allgemeinen Versorgung der Bevölkerung dienen, gelten das LKHG MV vorrangig und Teile des LDSG MV nachrangig und zwar ohne dass es darauf ankäme, ob ein Krankenhaus ansonsten in den Anwendungsbereich des LDSG MV fällt. Für private Kliniken der akut stationären Versorgung, die nicht in den Landeskrankenhausplan aufgenommen sind, gelten nur (insbesondere aber auch die Datenschutz-)Teile des LKHG MV vorrangig, im Übrigen bleibt es bei der nachrangigen Geltung des LDSG MV. In beiden Fällen gilt das BDSG nicht nachrangig, auch nicht § 38 BDSG (Aufsichtsbehörde); die Aufsicht hat der Landesbeauftragte für den Datenschutz nach §§ 29ff. LDSG MV. Für private Kliniken, die nicht der allgemeinen Versorgung der Bevölkerung dienen, gilt weder das LKHG MV noch das LDSG MV, sondern lediglich das BDSG (Vorschriften für nicht-öffentliche Stellen), es sei denn, sie bieten (auch) eine akut stationäre Versorgung an. Selbst im Fall der (materiell) ausschließlichen Anwendung des BDSG ist jedoch organisatorisch immer der LfD für die Datenschutzaufsicht zuständig (§ 33a LDSG MV), wenn sich seine Kontrollbefugnisse dann auch aus § 38 BDSG ergeben.[570]

---

569 Zu den prinzipiellen Unterschieden der Aufsicht durch die LfD auf Basis der LDSG zu jener der Aufsichtsbehörden nach § 38 BDSG (auch wenn diese organisatorisch beim jeweiligen LfD angesiedelt sind) s.u. S. 316ff.
570 Vgl. soeben S. 174, Fn. 569.

Zusammenfassung

Für öffentliche wie private Kliniken, die der allgemeinen Versorgung der Bevölkerung dienen, gelten das LKHG MV vorrangig und Teile des LDSG MV nachrangig und zwar ohne dass es darauf ankäme, ob ein Krankenhaus ansonsten in den Anwendungsbereich des LDSG MV fällt. Dabei gilt der Verweis des LDSG MV für öffentlich-rechtliche Wettbewerbsunternehmen auf das BDSG für Krankenhäuser nicht. Auch für private Kliniken der akut stationären Versorgung, die nicht in den Landeskrankenhausplan aufgenommen sind, gelten die Datenschutzvorschriften des LKHG MV vorrangig, im Übrigen bleibt es bei der nachrangigen Geltung des LDSG MV. Das BDSG gilt in den vorgenannten Fällen für private Kliniken auch nicht nachrangig; die Aufsicht hat der Landesbeauftragte für den Datenschutz nach §§ 29ff. LDSG MV. Für private Kliniken, die nicht der allgemeinen Versorgung der Bevölkerung und auch nicht der akut-stationären Versorgung dienen, gilt weder das LKHG MV noch das LDSG MV, sondern lediglich das BDSG (Vorschriften für nicht-öffentliche Stellen). Es besteht keine Öffnungsklausel für kirchliche Krankenhäuser.

6.6.8.2 Forschung

Vorhabenbezogene Erlaubnisklauseln

Gemäß § 34 Abs. 1 S. 2 Nr. 4 LKHG MV dürfen Patientendaten im Krankenhaus genutzt werden, soweit dies für Forschungsvorhaben nach Maßgabe des § 38 erforderlich ist und soweit deren Zwecke nicht mit pseudonymisierten oder anonymisierten Daten erreicht werden können.

Zu dem gleichen Zweck erlaubt § 35 Abs. 1 Nr. 6 die Übermittlung von Daten an Personen oder Stellen außerhalb des Krankenhauses. Anzumerken ist, dass die Vorschriften des § 35 LKHG MV gemäß § 34 Abs. 3 LKHG MV auch für die Übermittlung von Patientendaten zwischen Behandlungseinrichtungen verschiedener Fachrichtungen in einem Krankenhaus gilt.

Gemäß § 38 Abs. 2 Nr. 1 LKHG MV dürfen Patientendaten ohne Einwilligung für bestimmte Forschungsvorhaben verarbeitet und genutzt werden, soweit schutzwürdige Belange der Patienten wegen der Art der Daten, ihrer Offenkundigkeit oder der Art ihrer Nutzung nicht beeinträchtigt werden. Bei der Art der Daten könnte es sich beispielsweise um weniger sensible Daten wie das Patientenalter handeln, offenkundig sind möglicherweise Daten, die nach außen sichtbare Merkmale wie Haar- oder Augenfarbe oder bestimmte Altersgruppen betreffen. Ein Schutz vor „Beeinträchtigung" ist zwar nicht ganz so weitreichend wie ein Schutz vor „Gefährdung", welcher in § 12 Abs. 1 LKHG HH als Maßstab genommen wird, doch dürfte vorliegend ebenso keine Abwägung bei der Gewichtung der jeweiligen Interessen vorgenommen werden. Auch hier wird festgesetzt, dass die Verarbeitung der Daten unzulässig ist, sobald diese schutzwürdigen Interessen des Patienten einer solchen widersprechen.

Allerdings ist die Nutzung gemäß § 38 Abs. 1 Nr. 2 LKHG MV auch gestattet, sofern die für das Krankenhaus zuständige oberste Aufsichtsbehörde festgestellt hat, dass das öffentliche Interesse an der Durchführung des Forschungsvorhabens die schutzwürdigen Belange der Patientinnen und Patienten erheblich überwiegt und der Zweck des Forschungsvorhabens nicht auf andere Weise oder nur mit unverhältnismäßigem Aufwand erreicht werden kann. Bezüglich der hier vorgesehenen Abwägung kann auf die Ausführungen zum Angemessenheitsbegriff im Sinne des BDSG verwiesen werden. Zu beachten ist dabei, dass § 38 Abs. 1 Nr. 2 LKHG MV ein öffentliches Interesse verlangt, während im Bundesdatenschutzgesetz diese Konkretisierung nicht vorgenommen wird. Zudem findet sich im LKHG MV mit der Feststellung der notwendigen Voraussetzungen durch die oberste (krankenhausrechtliche) Aufsichtsbehörde (i.d.R. das Sozial- oder Gesundheitsministerium des Landes) ein zusätzliches formelles Erfordernis, welches allerdings bei seiner Erfüllung auch für mehr Rechtssicherheit in der Praxis sorgen kann.

Sonstige Rahmenbedingungen

Soweit Patientendaten unter den Voraussetzungen des § 38 LKHG MV zur Datenverarbeitung zu Forschungszwecken an Hochschulen oder andere mit wissenschaftlicher Forschung beauftragte Stellen übermittelt werden, hat das Krankenhaus die empfangende Stelle, die Art der zu übermittelnden Daten, den Kreis der betroffenen Personen, das von der empfangenden Stelle genannte Forschungsvorhaben sowie das Vorliegen der Voraussetzungen des § 38 Abs. 2 S. 1 LKHG MV aufzuzeichnen. Der Datenschutzbeauftragte des Krankenhauses ist hierbei zu beteiligen (§ 38 Abs. 2 S. 3 LKHG MV).

Nach § 38 Abs. 3 LKHG MV unterliegt jede weitere Nutzung der Patientendaten den Anforderungen des § 38 Abs. 1 und 2 LKHG MV. Insbesondere hat sich die übermittelnde Stelle vor der Übermittlung davon zu überzeugen, dass die empfangende Stelle bereit und in der Lage ist, diese Vorschriften einzuhalten.

Sobald es der Forschungszweck erlaubt, sind die Merkmale, mit deren Hilfe ein Patientenbezug hergestellt werden kann, gemäß § 38 Abs. 4 S. 1 LKHG MV gesondert zu speichern (Pseudonymisierung). Die Merkmale sind zu löschen, sobald der Forschungszweck dies gestattet (Anonymisierung, § 38 Abs. 4 S. 2 LKHG MV). Außerdem darf die Forschung betreibende Stelle Patientendaten nur mit schriftlicher Einwilligung der Betroffenen veröffentlichen (§ 38 Abs. 4. S. 2 LKHG MV).

§ 38 Abs. 5 LKHG MV legt fest, dass die Empfänger der Daten, auf die dieses Gesetz keine Anwendung findet, sich dazu verpflichten müssen, die Vorschriften der Abs. 2 und 4 einzuhalten und sich der Kontrolle des Landesdatenschutzbeauftragten zu unterwerfen.

Interne Dateien für eigene Forschungszwecke

Schließlich dürfen gemäß § 38 Abs. 6 LKHG MV Ärztinnen und Ärzte für eigene Diagnose-, Behandlungs- oder Forschungszwecke Dateien mit Patientendaten anlegen. Die Bindung an ein konkretes Vorhaben wird hier nicht gefordert. Diese Regelung entspricht § 8 KHDSG HB.[571] Damit umfasst die Anlage solcher Dateien die Speicherung, Veränderung und Nutzung der Daten der selbst (zumindest in der Fachabteilung mit-) behandelten Patienten, jedoch nicht die Weitergabe dieser Daten, wie sich insbesondere daraus ergibt, dass Dritte keinen Zugriff haben dürfen (§ 38 Abs. 6 S. 2 LKHG MV). Die entsprechenden technischen und organisatorischen Sicherheitsmaßnahmen sind dem Krankenhausträger nachzuweisen (§ 38 Abs. 6 S. 3 LKHG MV). Sobald der Verarbeitungszweck es erlaubt, sind die Daten zu anonymisieren (§ 38 Abs. 6 S. 4 LKHG MV).

---

571 S. oben S. 159.

6.6.8.3 Regelungen zur Qualitätssicherung

Gemäß § 34 Abs. 1 Nr. 2 LKHG MV dürfen Daten im Krankenhaus genutzt und übermittelt werden, wenn dies Planungszwecken sowie Wirtschaftlichkeits- und Organisationsuntersuchungen dient. Fraglich ist, ob hierdurch auch die (generalisierende) Qualitätssicherung gestattet wird. Diese dient letztlich der Behandlungsoptimierung von Patienten durch Auswertung und Nutzung der Ergebnisse von Daten aller Patienten. Die in § 34 Abs. 1 Nr. 2 LKHG MV genannten Begriffe lassen jedoch eher auf die Optimierung der Krankenhausstrukturen im wirtschaftlichen Sinn schließen, wie beispielsweise bei der Bettenbelegung. Die medizinische Qualitätssicherung, zu welcher im Vergleich dazu sensiblere Daten benötigt werden, ist davon eher nicht umfasst. Diese Auslegung wird in der Tendenz auch durch die Heranziehung von Abs. 4 gestützt. Dieser legt fest, dass, sofern Patientendaten aus dem medizinischen Bereich durch die Verwaltung oder andere nichtmedizinische Stellen im Krankenhaus für Zwecke nach Abs. 1 Nr. 2 genutzt werden, dies grundsätzlich nur mit pseudonymisierten oder anonymisierten Daten geschehen darf. Diese Regelung erschwert also den Datenzugang für dasjenige (administrative) Personal, welches im Krankenhaus typischerweise Qualitätsindikatoren erhebt und auswertet.

Jedoch wird die Qualitätssicherung durch § 35 Abs. 1 Nr. 12 LKHG MV erfasst, welcher die Übermittlung von Patientendaten an Personen oder Stellen außerhalb des Krankenhauses als zulässig ausweist, soweit dies zur Durchführung qualitätssichernder Maßnahmen erforderlich ist, der Zweck nicht mit anonymisierten Daten erreicht werden kann und das öffentliche Interesse an der Durchführung der Maßnahme die Patientenschutzrechte wesentlich überwiegt. Hier wird ein wesentliches Überwiegen des öffentlichen Interesses gegenüber den Patientenschutzrechten verlangt, weshalb zur weiteren Erläuterung der Abwägung auf die Ausführungen zur Angemessenheit im Sinne des § 28 Abs. 6 Nr. 4 BDSG verwiesen werden kann, wo allerdings die hier geforderte Bezugnahme auf ein öffentliches Interesse fehlt.

Ferner legt § 35 Abs. 2 LKHG MV fest, dass die zu Zwecken der Qualitätssicherung übermittelten Daten lediglich zu Qualitätssicherungszwecken benutzt werden dürfen.

Schließlich müssen sich die Datenempfänger, auf die das LKHG MV keine Anwendung findet, gemäß § 35 Abs. 3 LKHG MV zur Einhaltung der Vorschriften des Abs. 2 verpflichten.

Anzumerken ist, dass die Übermittlungsvorschriften des § 35 LKHG MV gemäß § 34 Abs. 3 LKHG MV auch für die Weitergabe von Patientendaten innerhalb des Krankenhauses zwischen verschiedenen Fachabteilungen gelten. Insoweit sind auch solche Datenweitergaben zur internen Qualitätssicherung nach Maßgabe von § 35 Abs. 1 Nr. 12 LKHG MV explizit erlaubt. Dies gilt erst recht (implizit) für eine rein fachabteilungsinterne Qualitätssicherung, wobei hier die erforderliche Abwägung hier regelmäßig zu Gunsten der Qualitätssicherung ausfallen wird.[572]

---

[572] Soweit man die interne Qualitätssicherung bereits als von § 34 Abs. 1 Nr. 2 LKHG MV umfasst ansehen würde, wäre keine Abwägung erforderlich. Andernfalls wäre aber nach dem Gesetzeswortlaut die interne im Gegensatz zur externen Qualitätssicherung überhaupt nicht erlaubt. Um dieses widersinnige Ergebnis zu vermeiden, kann man dann argumentieren, dass die interne Qualitätssicherung erst recht unter den gleichen (entsprechend herangezogenen) Bedingungen wie die externe Qualitätssicherung, also analog § 35 Abs. 1 Nr. 12 LKHG MV zulässig sein muss. Zu diesen Bedingungen zählt jedenfalls abstrakt betrachtet auch der Abwägungsvorbehalt, selbst wenn man im konkreten Fall bei rein interner Qualitätssicherung in aller Regel zu einem wesentlichen Überwiegen des öffentlichen Interesses gelangen wird.

6.6.8.4 Regelungen zur Einwilligung

Gemäß § 33 Abs. 1 dürfen Daten von Patienten nur erhoben und gespeichert werden, wenn der Patient im Einzelfall einwilligt, außer das LKHG MV oder eine andere Vorschrift erlauben dies oder schreiben es vor. Zum erforderlichen Einzelfallbezug kann auf die Ausführungen zum LKHG BW verwiesen werden.[573]

Dieser Ansatz ist aufgrund des allgemeinen datenschutzrechtlichen Verbotes mit Erlaubnisvorbehalt auch auf andere Verarbeitungsformen wie die Übermittlung zu übertragen. Im Rahmen der „Sekundärnutzung" für Forschungszwecke wird dies durch § 38 Abs. 1 LKHG MV bestätigt, welcher mit der Verarbeitung beispielsweise auch die Übermittlung von Patientendaten (z.B. an einen Datentreuhänder zur einrichtungsübergreifenden Pseudonymisierung) mit Einwilligung des Patienten für zulässig erklärt. Ein Bezug zu einem (konkreten) „Forschungsvorhaben" ist im Gegensatz zu den rein auf das Gesetz gestützten Erlaubnissen in § 38 Abs. 2 LKHG MV bei Einwilligung nach Abs. 1 nicht erforderlich, da insoweit nur von (unbestimmteren) „Forschungszwecken" die Rede ist.

Die Einwilligung bedarf der Schriftform, sofern nicht aufgrund besonderer Umstände eine andere Form angemessen ist (§ 33 Abs. 2 S. 1 LKHG MV). Solche besonderen Umstände könnten eventuell bei Unvermögen des Patienten, trotz Einwilligungsfähigkeit schriftlich einzuwilligen, vorliegen oder auch, wenn die Einwilligung besonders schnell benötigt wird.

In § 33 Abs. 2 S. 2 LKHG MV wird sehr genau formuliert, welche Informationspflichten das Krankenhaus in Bezug auf die Einwilligung zu erfüllen hat. So ist der Patient oder die Patientin in geeigneter Weise über die Bedeutung der Einwilligung, insbesondere über Art und Umfang der Verarbeitung und Nutzung der Daten sowie bei einer beabsichtigten Übermittlung auch über den Empfänger oder die Empfängerin der Daten, aufzuklären. Darüber hinaus muss der Patient darauf hingewiesen werden, dass er die Einwilligung verweigern oder in Zukunft widerrufen kann (§ 33 Abs. 2 S. 3 LKHG MV).

6.6.9 Niedersachsen

Relevante Landesgesetze:

- Niedersächsisches Krankenhausgesetz (LKHG NI)[574]
- Niedersächsisches Datenschutzgesetz (LDSG NI)[575]

6.6.9.1 Auf Kliniken anwendbare Datenschutzvorschriften

Öffentliche Krankenhäuser

Im LKHG NI besteht keine Regelung über den Anwendungsbereich dieses Gesetzes. In § 1 LKHG NI ist vorgesehen, dass die Landkreise und kreisfreien Städte die Kran-

---

573 S. oben S. 132.
574 Erlassen durch Gesetz vom 19.01.2012.
575 Zuletzt geändert durch Gesetz vom 12.12.2012.

kenhausversorgung der Bevölkerung als Aufgabe des eigenen Wirkungskreises nach Maßgabe des Krankenhausplans und des § 2 des LKHG NI sicherzustellen haben. Hierfür haben sie eigene Krankenhäuser zu errichten und zu unterhalten, soweit die Krankenhausversorgung nicht durch andere Träger gewährleistet wird. Im LKHG NI gibt es keine Vorschriften über den Datenschutz in Krankenhäusern.

Gilt subsidiär das LDSG oder das BDSG?

Gemäß § 2 Abs. 6 LDSG NI gehen besondere Rechtsvorschriften über die Verarbeitung personenbezogener Daten den Bestimmungen des LDSG NI vor. Da es jedoch im LKHG NI keine Datenschutzbestimmungen gibt, verweist das LDSG NI nicht auf das LKHG NI. Für den Datenschutz in Krankenhäusern kommen daher vor allem das LDSG NI und das BDSG in Betracht, jedoch ohne dass diese einem spezielleren Gesetz gegenüber nachrangig wären.

Das LDSG NI gilt gemäß § 2 Abs. 1 Satz 1 LDSG NI für die Verarbeitung personenbezogener Daten durch Behörden und sonstige öffentliche Stellen des Landes, der Gemeinden und Landkreise sowie sonstige der Aufsicht des Landes unterstehende Körperschaften, Anstalten und Stiftungen des öffentlichen Rechts und deren Vereinigungen. Die Variante der Vereinigung bezieht sich dabei auf alle vorgenannten Träger. Wird ein Krankenhaus von einem dieser Träger geführt, fällt es somit in den Anwendungsbereich des LDSG NI.

Sind einer Person oder Stelle außerhalb des öffentlichen Bereichs Aufgaben der öffentlichen Verwaltung übertragen, so ist sie gemäß § 2 Abs. 1 Satz 2 LDSG NI insoweit öffentliche Stelle im Sinne des LDSG NI. Bei einer solchen Übertragung muss es sich nicht unbedingt um eine Beleihung handeln. Die Krankenhausversorgung kann auch als Aufgabe der öffentlichen Leistungsverwaltung wahrgenommen werden.[576] Eine Klinik in öffentlicher Trägerschaft fällt daher auch durch § 2 Abs. 1 Satz 2 LDSG NI in den Anwendungsbereich des LDSG NI.

Da sie auch dann Aufgaben der öffentlichen Verwaltung wahrnimmt, wenn sie in einer Rechtsform des privaten Rechts geführt wird, fällt sie jedenfalls durch § 2 Abs. 1 Satz 2 LDSG NI unter das LDSG NI. Ob sie schon durch § 2 Abs. 1 Satz 1 LDSG NI unter das LDSG NI fällt, weil eine Rechtsform des privaten Rechts als Vereinigung der genannten öffentlichen Träger angesehen werden kann, ist daher vorliegend – jedenfalls für Krankenhäuser – unerheblich.[577]

Außerdem ist nach § 2 Abs. 3 LDSG NI zu beachten, dass für bestimmte unter das LDSG NI fallende Träger, soweit sie personenbezogene Daten in Ausübung ihrer wirtschaftlichen Tätigkeit verarbeiten, nur Teile des LDSG NI gelten, nämlich § 8 (Verfahrensbeschreibung), § 19 (Anrufung der Landesbeauftragten oder des Landesbeauftragten) und § 26 (Fernmessen und Fernwirken) sowie der 4. Abschnitt (Landesbeauf-

---

[576] Vgl. dazu die näheren Ausführungen zu Baden-Württemberg, oben S. 125f.
[577] Vgl. dazu Verwaltungsvorschrift zum LDSG NI, vom Landesgesetzgeber selbst NDSG genannt (VV NDSG), zu § 2, Nr. 1.1: Neben den öffentlichen Stellen im engeren Sinne findet das NDSG auch Anwendung auf Vereinigungen des Landes, der Gemeinden und Landkreise sowie der sonstigen der Aufsicht des Landes unterstehenden juristischen Personen des öffentlichen Rechts, die privatrechtlich (z.B. als eingetragener Verein oder GmbH) organisiert sind (vgl. § 2 Abs. 2 BDSG). Um eine Vereinigung in diesem Sinne handelt es sich allerdings nur, wenn sie von mehreren der in § 2 Abs. 1 Satz 1 Nr. 1–3 genannten Stellen gebildet wird. Eine nur vom Land oder einer Gemeinde gegründete Gesellschaft unterliegt nicht dem NDSG, sondern den Bestimmungen des BDSG, die für nicht öffentliche Stellen gelten. Dies gilt auch für Vereinigungen, an denen sowohl öffentliche Stellen als auch nicht öffentliche Stellen (natürliche Personen oder juristische Personen des privaten Rechts) beteiligt sind.

tragter für den Datenschutz); im Übrigen gelten die für nicht-öffentliche Stellen geltenden Vorschriften des BDSG. Dies gilt

1. für juristische Personen des öffentlichen Rechts oder deren organisatorisch selbständigen Einrichtungen, die am Wettbewerb teilnehmen,
2. für wirtschaftliche Unternehmen der Gemeinden und Landkreise ohne eigene Rechtspersönlichkeit (Eigenbetriebe) und Zweckverbände, die überwiegend wirtschaftliche Aufgaben wahrnehmen, und
3. für öffentliche Einrichtungen, die entsprechend den Vorschriften über die Eigenbetriebe geführt werden.

Das „soweit" in § 2 Abs. 3 LDSG NI bringt wiederum den funktionellen Ansatz der Verweisung auf das BDSG zum Ausdruck,[578] wobei dieser hier nach dem Wortlaut zunächst nicht an der „Wettbewerbsteilnahme", sondern an der „wirtschaftlichen Tätigkeit" anknüpft, welche aber jedenfalls bei Wettbewerbsteilnahme regelmäßig vorliegt. Gleiches gilt für das Merkmal des wirtschaftlichen Unternehmens,[579] wobei dieses nur für kommunale Eigenbetriebe und Zweckverbände relevant ist, welche im Krankenhausbereich praktisch keine Rolle mehr spielen.[580] Daher kommt es letztlich in der Praxis auch nicht auf die Voraussetzung der überwiegenden Wahrnehmung öffentlicher Aufgaben an, welche aber ohnehin bei Krankenhäusern in aller Regel zu bejahen wäre.[581] Die letztlich relevanten Merkmale der wirtschaftlichen Tätigkeit bzw. der Wettbewerbsteilnahme sind bei öffentlichen Krankenhäusern grundsätzlich zu bejahen, nach hier vertretener Auffassung auch dann wenn Patientendaten zu Forschungs- und Qualitätssicherungszwecken verarbeitet werden, unter anderem weil auch dies die Attraktivität des Behandlungsangebots erhöht und damit dem wirtschaftlichen Zweck dient, Patienten anzuwerben.[582] An dieser Stelle sei aber darauf hingewiesen, dass der LfD NI als zuständige Aufsichtsbehörde in Bezug auf die Forschung, auch bei der Sekundärnutzung von Behandlungsdaten, anderer Meinung zu sein scheint und insoweit das LDSG NI anwendet.[583] Somit gilt der Teilverweis auf das BDSG in § 2 Abs. 3 LDSG NI immer dann, wenn Krankenhäuser in einer der dort genannten Formen organisiert sind, was jedoch praktisch immer der Fall ist.

Im Vergleich zur ähnlichen Regelung in Brandenburg sind in § 2 Abs. 3 Satz 1 Nr. 1 LDSG NI bei den juristischen Personen des öffentlichen Rechts auch „deren organisatorisch selbständige Einrichtungen" aufgeführt. Als solche sind auch private Rechtsformen anzusehen. Da juristische Personen des öffentlichen Rechts auch das Land, die Gemeinden und Landkreise selbst sind, werden über diese Variante Klini-

---

578 S.o. S. 91f.
579 Der amtliche Kommentar zum LDSG NI zu § 2 Abs. 3 bezeichnet alle dort genannten Stellen (ähnlich wie das BDSG) zusammenfassend als „öffentliche Wettbewerbsunternehmen" (LfD Niedersachsen, LDSG NI, S. 39).
580 Bis in die 1980er-Jahre war es üblich, kommunale Krankenhäuser als Eigen- oder Regiebetriebe der Kommunen ohne eigene Rechtspersönlichkeit zu führen („Kreiskrankenhäuser") und deren Einnahmen und Ausgaben letztlich in den kommunalen Haushalt einzustellen. Seit den 1990er-Jahren ist diese Organisationsstruktur aber zugunsten der Gründung eigenständiger Kapitalgesellschaften (wie die einer gGmbH oder AG) mit eigener Rechtspersönlichkeit und eigenem Rechnungswesen praktisch vollständig zurückgedrängt worden. Letztere fallen als organisatorisch selbständige Einrichtungen, die am Wettbewerb teilnehmen, unter § 2 Abs. 3 S. 1 Nr. 1 LDSG NI.
581 Bezüglich dieser beiden in § 2 Abs. 3 S. 1 Nr. 2 LDSG NI enthaltenen Merkmale muss nach dem Wortlaut ein institutioneller Ansatz verfolgt werden (hierzu s.o. S. 91f.), was aber durch den für alle einzelnen Nummern geltenden Eingangssatz „soweit personenbezogene Daten in Ausübung ihrer wirtschaftlichen Tätigkeit verarbeitet werden" wieder im funktionellen Sinn relativiert wird.
582 Vgl. zur insoweit i. E. vergleichbaren (wenn auch vom Wortlaut her auf die Wettbewerbsteilnahme und nicht auf die wirtschaftliche Tätigkeit abstellende) Rechtslage nach dem BDSG mit ausführlicher Argumentation oben S. 91f.
583 Mündliche Auskunft des innerhalb der Behörde des LfD NI zuständigen Ansprechpartners vom 28.10.2014.

ken in privater Rechtsform erfasst, wenn das Land mittelbar oder unmittelbar Träger ist. Dies ist auch stimmig, weil es nicht überzeugend wäre, den Teilverweis auf das BDSG nur auf öffentlich-rechtlich geführte Einrichtungen, nicht aber auch auf private Rechtsformen anzuwenden.

Ergebnis: Im LKHG NI bestehen keine Vorschriften über den Datenschutz in Krankenhäusern. Für öffentliche Kliniken in mittelbarer oder unmittelbarer Trägerschaft des Landes, auch in privater Rechtsform, gelten zunächst § 8 (Verfahrensbeschreibung), § 19 (Anrufung des Landesbeauftragten) und § 26 (Fernmessen und Fernwirken) sowie der 4. Abschnitt (Landesbeauftragter für den Datenschutz) des LDSG NI; im Übrigen gilt das BDSG (Vorschriften für nicht-öffentliche Stellen).

Private Krankenhäuser

Die Ausführungen zum LKHG NI in Bezug auf öffentliche Krankenhäuser, insbesondere dass in diesem Gesetz keine Vorschriften über den Datenschutz in Krankenhäusern bestehen, lassen sich auf Kliniken privater Träger übertragen.

Gilt subsidiär das LDSG oder das BDSG?

Eine Klinik eines privaten Trägers ist keine Stelle, die unter das LDSG NI fällt. Insbesondere handelt es sich nicht um eine Stelle außerhalb des öffentlichen Bereichs, der Aufgaben der öffentlichen Verwaltung übertragen sind (§ 2 Abs. 1 Satz 2 LDSG NI). Zwar kann auch die Krankenhausversorgung als Aufgabe der öffentlichen Verwaltung wahrgenommen werden. Bei einem privaten Krankenhausträger wäre dafür jedoch eine Beleihung erforderlich. Die Aufnahme in den Landeskrankenhausplan genügt dafür aber nicht. Üblicherweise findet auch keine solche Beleihung im Krankenhausbereich statt. Auf Kliniken privater Träger ist daher das BDSG (Vorschriften für nicht-öffentliche Stellen) anzuwenden, einschließlich der Aufsicht nach § 38 BDSG.

Ergebnis: Im LKHG NI bestehen keine Vorschriften über den Datenschutz in Krankenhäusern. Auf private Kliniken ist das BDSG (Vorschriften für nicht-öffentliche Stellen) anzuwenden.

Zusammenfassung

Im LKHG NI bestehen keine Vorschriften über den Datenschutz in Krankenhäusern. Für öffentliche Kliniken in mittelbarer oder unmittelbarer Trägerschaft des Landes, auch in privater Rechtsform, gelten § 8 (Verfahrensbeschreibung), § 19 (Anrufung des LfD) und § 26 (Fernmessen und Fernwirken) sowie der 4. Abschnitt (Kontrolle durch den LfD) des LDSG NI und im Übrigen das BDSG (Vorschriften für nicht-öffentliche Stellen). Auf private Kliniken ist ausschließlich das BDSG (Vorschriften für nicht-öffentliche Stellen) anzuwenden.

Eine Öffnungsklausel für kirchliche Krankenhäuser besteht nicht, ist jedoch mangels spezifischer Datenschutzvorgaben im LKHG NI auch nicht nötig. Soweit diese damit in ihren Rechtsvorschriften den Patientendatenschutz spezifisch regeln, gehen diese dem LDSG NI vor, wenn im Ergebnis das verfassungs- und europarechtlich gebotene Minimum an Datenschutz gewährleistet ist.

6.6.9.2 Regelungen zur Forschung

§ 25 LDSG NI enthält zwar Regelungen zur (vorhabenbezogenen) Forschung. Doch sind diese selbst auf öffentliche Krankenhäuser als Wettbewerbsunternehmen aufgrund § 2 Abs. 3 LDSG NI nicht anzuwenden.[584] Stattdessen gelten auch insoweit die Vorschriften des BDSG für nicht-öffentliche Stellen, weshalb auf die Ausführungen zu § 28 Abs. 6 Nr. 4 BDSG verwiesen werden kann, welche für private Kliniken ohnehin unmittelbar gelten.

Letztlich sind damit für dem LKHG NI unterfallende Kliniken auf rein gesetzlicher Basis nur interne Vorhaben der Eigenforschung unter den strengen Voraussetzungen des § 28 Abs. 6 Nr. 4 BDSG zulässig.[585]

6.6.9.3 Regelungen zur Qualitätssicherung

Auch in Bezug auf die freiwillige, nicht durch besondere Rechtsvorschrift wie das SGB V vorgeschriebene Qualitätssicherung kommen letztlich für Kliniken in Niedersachsen ausschließlich die Vorschriften des BDSG für nicht-öffentliche Stellen zur Anwendung. Insoweit kommt lediglich eine Qualitätssicherung zur Aufklärung konkreter medizinischer Serienschäden nach § 28 Abs. 6 Nr. 1 BDSG in Betracht.[586] Auch wenn diese Erlaubnisnorm des BDSG an sich selbst die Datenübermittlung erlaubt, kommt eine solche letztlich doch nur in Betracht, wenn zusätzlich zum Vorliegen der Voraussetzungen nach dem BDSG eine mutmaßlichen Einwilligung angenommen werden kann oder ein Fall des rechtfertigenden Notstandes nach § 34 StGB vorliegt, da das BDSG keine Offenbarungsbefugnisse im Sinne des § 203 StGB enthält.[587]

Eine gesetzliche Erlaubnis zur entsprechenden Qualitätssicherung bei Serienschäden könnte bei Anwendung des LDSG NI ohnehin nur noch eingeschränkter in § 10 Abs. 2 S. 1 Nr. 2 in Verbindung mit § 9 Abs. 1 S. 3 Nr. 2 LDSG NI gesehen werden, soweit die zweckändernde interne Datenverwendung „zur Abwehr von Gefahren für Leib, Leben oder die persönliche Freiheit erforderlich ist".[588]

Selbst in einem solchen Fall wäre vor dem Hintergrund der Schweigepflicht auf dieser Grundlage jedoch kein Offenbaren personenbezogener Behandlungsdaten erlaubt, da sich die bestehenden Übermittlungserlaubnisse nach §§ 11, 13 LDSG NI noch nicht einmal auf Gesundheitsdaten beziehen und somit keine Befugnis im Sinne von § 203 StGB darstellen. Daher ist es auch irrelevant, dass das LDSG NI anders als das BDSG (dort § 1 Abs. 3 S. 2) Berufsgeheimnisse unberührt lässt.

---

584 Anderer Ansicht insoweit wohl der LfD NI, siehe oben S. 180. Auch dann wäre das Ergebnis jedoch kein vollständig anderes, denn § 25 Abs. 2 LDSG NI sieht insoweit als Rechtfertigungsgründe auch die Einwilligung, andere Rechtsvorschriften, das Nichtentgegenstehen schutzwürdiger Interessen des Betroffenen oder das erhebliche Überwiegen des öffentlichen Forschungsinteresses vor. Einwilligung und vorrangige Rechtsvorschriften sind auch nach dem BDSG zumindest implizit Rechtfertigungsgründe für die Forschung. Und wenn schutzwürdige Interessen des Betroffenen der Forschung überhaupt nicht entgegenstehen, kann erst recht von einem erheblichen Überwiegen des Forschungsinteresses ausgegangen werden, welches meist auch im Interesse der Öffentlichkeit liegt. Zudem dürfte auch § 25 LDSG NI keine Befugnisnorm im Sinne der Schweigepflicht darstellen. Zwar findet sich im LDSG NI im Gegensatz zum BDSG kein Vorbehalt, nach welchem Berufsgeheimnisse unberührt bleiben. Doch bezieht § 25 LDSG NI das Behandlungsverhältnis nicht hinreichend mit ein, weshalb ein Offenbaren im Sinne der Schweigepflicht (Übermittlung, Auftragsdatenverarbeitung) im Ergebnis auf diese Vorschrift ebenso wenig wie auf § 28 Abs. 6 Nr. 4 BDSG gestützt werden könnte.
585 S. oben S. 93ff.
586 S. oben S. 108ff.
587 Insoweit sei auf die Zwei-Schranken-Theorie verwiesen, s. oben S. 51, 75ff.
588 Eine Übermittlung käme dann allenfalls höchst ausnahmsweise im Rahmen des rechtfertigenden Notstandes nach § 34 StGB in Betracht.

Eine generelle und generalisierende medizinische Qualitätssicherung ist damit für Kliniken in Niedersachsen letztlich auf allein gesetzlicher Basis (ohne Einwilligung) nicht erlaubt.

6.6.9.4 Regelungen zur Einwilligung

Auch in Bezug auf die Einwilligung gelten für Kliniken in Niedersachsen die Regelungen nach § 4a BDSG.[589] Damit kommt es nicht darauf an, ob aus § 25 Abs. 2 Nr. 1 LDSG NI geschlossen werden könnte, dass eine Einwilligung in die Sekundärnutzung[590] nur für ein konkretes Forschungsvorhaben erteilt werden kann.

6.6.10 Nordrhein-Westfalen

Relevante Landesgesetze:
- Krankenhausgestaltungsgesetz (KHGG NW)[591]
- Gesundheitsdatenschutzgesetz (GDSG NW)[592]
- Datenschutzgesetz Nordrhein-Westfalen (LDSG NW)[593]

6.6.10.1 Auf Kliniken anwendbare Datenschutzvorschriften

Der Datenschutz in Krankenhäusern ist in Nordrhein-Westfalen nicht im Landeskrankenhausgesetz, dem dort sogenannten Krankenhausgestaltungsgesetz (KHGG NW), geregelt, sondern in einem speziellen Gesundheitsdatenschutzgesetz (GDSG NW). Dieses gilt gemäß § 2 Abs. 1 Satz 1 Nr. 1 GDSG NW für die Verarbeitung personenbezogener Daten von Personen, die, auch aufgrund eines gesonderten ärztlichen Behandlungsvertrages, in einer der nachfolgenden Einrichtungen ambulant oder stationär untersucht oder behandelt werden: einem zugelassenen Krankenhaus im Sinne von § 107 Abs. 1, § 108 SGB V oder in einer Vorsorge- und Rehabilitationseinrichtung gemäß § 107 Abs. 2, § 111 SGB V, deren Träger nicht der Bund oder eine bundesunmittelbare Körperschaft gemäß Art. 87 Abs. 2 GG ist. Durch diese umfassende Formulierung sind letztlich nur Kliniken des Bundes und reine Privatkliniken, die nicht zur Abrechnung mit der GKV zugelassen sind, vom Anwendungsbereich des GDSG NW ausgenommen; für diese Kliniken gilt ausschließlich das BDSG.

Soweit das GDSG NW nichts anderes bestimmt, gilt für Krankenhäuser öffentlicher Träger gemäß § 3 Satz 1 GDSG NW subsidiär das LDSG NW. Soweit besondere Rechtsvorschriften auf die Verarbeitung personenbezogener Daten anzuwenden sind, gehen sie dem LDSG NW vor (§ 2 Abs. 3 LDSG NW). Für öffentliche Kliniken gilt somit das GDSG NW vorrangig und das LDSG NW nachrangig.

Auf den Anwendungsbereich des § 2 Abs. 1 LDSG NW (öffentliche Stelle) kommt es dabei für Patientendaten in Krankenhäusern, die unter § 2 Abs. 1 Satz 1 Nr. 1 GDSG NW fallen, aufgrund der Rechtsfolgenverweisung in § 3 Satz 1 GDSG NW nicht an. Dass

---

589 S. oben S. 110ff.
590 In der Terminologie des § 25 Abs. 2 LDSG NI: Verarbeitung von personenbezogenen Daten, „die für andere Zwecke oder für ein anderes Forschungsvorhaben erhoben oder gespeichert worden sind".
591 Zuletzt geändert durch Gesetz vom 14.02.2012.
592 Zuletzt geändert durch Gesetz vom 05.04.2005.
593 Zuletzt geändert durch Gesetz vom 05.07.2011.

es sich um eine solche handelt, zeigt sich insbesondere darin, dass in § 3 Satz 2 GDSG NW für Krankenhäuser privater Träger anstelle des Zweiten Teils des LDSG NW § 38 BDSG für anwendbar erklärt wird. Im Umkehrschluss lässt sich folgern, dass im Übrigen das eigentlich nur für öffentliche Stellen geltende LDSG NW insoweit auch auf Krankenhäuser privater Träger Anwendung finden soll.[594]

Ebenso wie in Brandenburg[595] wird vorliegend die Weiterverweisung auf das BDSG für öffentlich-rechtliche Wettbewerbsunternehmen in § 2 Abs. 2 LDSG NW durch § 3 GDSG NW zwar nicht explizit ausgeschlossen. Aufgrund des eben hergeleiteten Charakters von § 3 GDSG NW als Rechtsfolgenverweisung in Bezug auf die Anwendbarkeit des LDSG wird jedoch der Verweis des § 2 Abs. 2 LDSG NW implizit ausgeschlossen.[596]

Kirchen und Religionsgemeinschaften treffen nach § 2 Abs. 3 GDSG NW für Krankenhäuser und Einrichtungen im Sinne des GDSG NW, die ihrem Bereich zuzuordnen sind, eigene Regelungen, die den Zielen des GDSG NW entsprechen.

Zusammenfassung: Das GDSG NW gilt für alle Krankenhäuser außer solchen des Bundes oder reine Privatkliniken, welche nicht zur Abrechnung mit der GKV zugelassen sind. Nachrangig gegenüber dem GDSG NW gilt das LDSG NW. Für Krankenhäuser des Bundes und reine Privatkliniken gilt das BDSG. Es besteht eine Öffnungsklausel für kirchliche Krankenhäuser (nach Maßgabe der Zielentsprechung).

6.6.10.2 Regelungen zur Forschung

Interne Nutzung ohne Beschränkung auf ein Vorhaben

Gemäß § 6 Abs. 2 S. 1 GDSG NW darf wissenschaftliches Personal zu Zwecken der wissenschaftlichen Forschung Patientendaten nutzen, auf die es aufgrund seiner Tätigkeiten nach § 2 Abs. 1 GDSG NW, letztlich also der Behandlung, ohnehin Zugriff hat. Eine Einschränkung auf (bestimmte) Vorhaben wird hier im Gegensatz zum BDSG oder vielen anderen Forschungsklauseln in Landesgesetzen nicht vorgenommen. Die näheren Ausführungen zum BDSG zu den Voraussetzungen an die wissenschaftliche Forschung an sich, insbesondere also deren Unabhängigkeit, können aber auch vorliegend herangezogen werden.

Gestattet wird jedoch nur eine Nutzung, welche in § 3 Abs. 2 Nr. 7 LDSG NW negativ definiert wird als „jede sonstige Verwendung personenbezogener Daten". Damit scheidet nach dem Wortlaut ein Erheben, Speichern, Verändern, Übermitteln, Sperren oder Löschen (§ 3 Abs. 2 Nr. 1–6 LDSG NW) der Patientendaten aus. Ansatzpunkte für eine hiervon abweichende Begriffsbildung finden sich im GDSG NW nicht.[597]

---

[594] Bundesverfassungsrechtliche Bedenken im Hinblick auf die Kompetenz des Landesgesetzgebers zur Regelung nicht krankenhausspezifischer Datenschutzbelange im privaten Krankenhaus durch die subsidiäre Anwendbarkeit des LDSG auch für Krankenhäuser privater Träger sollen hier dahinstehen und der Wille des Landesgesetzgebers insoweit ernst genommen werden. Den rechtsunterworfenen Krankenhausträgern wird jedenfalls kein Verschuldensvorwurf gemacht werden können, wenn sie sich auf die Gültigkeit des Landesrechts verlassen, solange dieses nicht gerichtlich für unwirksam erklärt wurde.

[595] Und im Unterschied zur im Übrigen ähnlichen Rechtslage in Bremen, Hessen und Mecklenburg-Vorpommern.

[596] Vgl. dazu nähere Ausführungen zu Brandenburg, oben S. 152. So im Ansatz auch VG Gelsenkirchen, Beschl. v. 14.10. 2013 – 17 L 304/13, juris Rdnr. 12ff. (Nichtanwendbarkeit des § 27 BDSG aufgrund § 3 GDSG NW), wobei hier dahingestellt bleiben kann, ob das Verwaltungsgericht aus diesem zutreffenden Ansatz die angenommene Einschränkung der Datenschutzkontrolle aus § 38 Abs. 1 BDSG überzeugend abgeleitet hat. Allgemein zeigt diese Problematik aber, dass das Zusammenspiel von vorrangigem LKGH bzw. GDSG mit nachrangigem LDSG bzw. BDSG gerade bei uneinheitlicher Terminologie im Einzelnen zu nicht einfach zu prognostizierenden Auslegungsergebnissen führt.

[597] Anders als beispielsweise beim LKHG BY, oben S. 138, aus historischen Gründen oder beim LKHG TH, u. S. 223, aus systematischen Gründen.

Unmittelbar einleuchtend ist dies in Bezug auf den Ausschluss des Erhebens, denn bei neu erhobenen Daten kann nicht mehr davon gesprochen werden, dass das wissenschaftliche Personal ohnehin auf diese Zugriff hat. Entsprechendes gilt für das Übermitteln, welches nach § 5 Abs. 1 S. 2 GDSG NW auch für die Weitergabe an andere Fachabteilungen gilt. Für die anderen Verarbeitungstatbestände erscheint dieser Ansatz des nordrhein-westfälischen Landesgesetzgebers aber auch im Sinne der Stimmigkeit nicht ganz nachvollziehbar. Beispielsweise gestattet § 8 KHDSG HB unter ansonsten vergleichbaren Voraussetzungen die Anlage interner Dateien eigens zu Forschungszwecken; dort ist also eine separate Speicherung erlaubt.

§ 6 Abs. 2 S. 1 GDSG NW gestattet nun aber nach derzeitiger Rechtslage lediglich das Nutzen unverändert bereits vorhandener Patientendaten. Vor diesem Hintergrund sind nur, aber immerhin Vorgänge wie die persönliche Einsicht zu Forschungszwecken oder auch eine gezielte und personenbezogene (wenn auch temporäre) Selektion (ohne dauerhafte Speicherung) von Merkmalen oder die Identifikation von potentiellen Probanden erlaubt. Erst recht wären bloße Machbarkeitsabschätzungen durch automatisierte Auswertungen ohne personenbezogene Ergebnisse (Ausgabe von Fallzahlen) zulässig, soweit man diese überhaupt als personenbezogenes Nutzen ansieht.[598]

Umfassendere Verarbeitung mit Vorhabensbezug

Der Einwilligung in die Forschung bedarf es gemäß § 6 Abs. 2 S. 2 GDSG NW ferner nicht, wenn die drei dort genannten Bedingungen kumulativ vorliegen. Vor einem näheren Eingehen auf diese Bedingungen sei zunächst ausgeführt, dass durch den Hinweis auf die Verzichtbarkeit der Einwilligung ein Bezug zur Einwilligungsregelung in § 6 Abs. 1 GDSG NW hergestellt wird, welche allgemein die Verarbeitung zur wissenschaftlichen Forschung ohne Einschränkung auf die Nutzung gestattet. Da die Forschungsklausel gemäß § 6 Abs. 2 S. 2 GDSG NW im Gegensatz zu Satz 1 auch keine Beschränkung auf bestimmte Verarbeitungsformen enthält, kann sie grundsätzlich alle diese Formen und damit auch eine eigenständige Speicherung oder Übermittlung rechtfertigen. Insoweit geht sie erheblich weiter als die interne Nutzung nach S. 1, ist aber im Unterschied zu dieser beschränkt auf bestimmte Forschungsvorhaben, welche zudem noch die folgenden Voraussetzungen erfüllen müssen:

1. Der Zweck des bestimmten Forschungsvorhabens darf nicht auf andere Weise erreicht werden können (§ 6 Abs. 2 S. 2 Nr. 1 GDSG NW),
2. das berechtigte Interesse der Allgemeinheit an der Durchführung des Forschungsvorhabens überwiegt das Geheimhaltungsinteresse des Patienten erheblich (Nr. 2) und
3. es ist entweder nicht möglich oder dem Patienten aufgrund seines derzeitigen Gesundheitszustandes nicht zuzumuten, ihn um seine Einwilligung zu bitten (Nr. 3).[599]

---

[598] Vor allem zu solchen Machbarkeitsabschätzungen, am Rande aber auch zur Probandenselektion s. die obigen Ausführungen in Kap. I.4, S. 31ff.
[599] Nicht möglich ist dies beispielsweise, der Betroffene nicht erreicht werden kann, nicht zumutbar zum Beispiel, wenn der betroffene Patient mit Geschehnissen, die im Zusammenhang mit den die Einwilligung betreffenden Patientendaten stehen, nicht konfrontiert werden möchte (zum Beispiel mit Gendiagnosen, deren Kenntnis der Patient explizit ausgeschlossen hat – Recht auf Nichtwissen).

Diese Voraussetzungen decken sich weitgehend mit denen nach § 28 Abs. 6 Nr. 4 BDSG, sowohl was die Bestimmtheit des wissenschaftlichen Forschungsvorhabens angeht (hier Nr. 1) als auch die Erforderlichkeit (Nr. 1), die Angemessenheit im Sinne des erheblichen Überwiegens des Forschungsinteresses (Nr. 2) sowie die praktische Alternativlosigkeit (Nr. 3).

In § 6 Abs. 2 S. 2 GDSG NW findet aber – erweiternd gegenüber dem BDSG – keine Beschränkung auf Eigenforschung statt, so dass auch reine Drittforschung demnach erlaubt sein kann.[600]

Sonstige Rahmenbedingungen

Gemäß § 6 Abs. 3 GDSG NW ist im Fall der Übermittlung die übermittelnde Stelle dazu verpflichtet, den Empfänger, die Art der übermittelten Daten, den Namen des Patienten und das Forschungsvorhaben aufzuzeichnen.

Abs. 4 bestimmt, dass Patientendaten, sobald der Forschungszweck dies zulässt, so zu modifizieren sind, dass ein Bezug auf eine bestimmte natürliche Person nicht mehr erkennbar ist und dass Merkmale, mit deren Hilfe ein Personenbezug wieder hergestellt werden kann, gesondert gespeichert werden müssen (Pseudonymisierung). Ferner sind diese zu löschen, sobald der Forschungszweck dies gestattet (Anonymisierung).

Werden Forschungsergebnisse veröffentlicht, darf hierbei kein Rückschluss auf die Person, deren Daten verarbeitet wurden, möglich sein. Eine solche personenbezogene Veröffentlichung ist indes mit ausdrücklicher Einwilligung des Patienten möglich (§ 6 Abs. 5 GDSG NW).

In § 6 Abs. 6 GDSG NW werden schließlich die zu erfüllenden Anforderungen bei einer Übermittlung von Patientendaten an Dritte bestimmt. Der Empfänger muss sich schriftlich dazu verpflichten,

„1. die Daten nur für das von ihm genannte Forschungsvorhaben zu verwenden,
2. die Bestimmungen der Absätze 4 und 5 einzuhalten und
3. der für die übermittelnde Stelle zuständigen Datenschutzkontroll- oder Aufsichtsbehörde auf Verlangen Einsicht zu gewähren".

Zudem hat er die technischen und organisatorischen Voraussetzungen zur Erfüllung dieser Verpflichtungen nachzuweisen.

6.6.10.3 Regelungen zur Qualitätssicherung

Zu Zwecken der Qualitätssicherung im Krankenhaus ist der Zugriff auf Patientendaten nur insoweit zulässig, als diese Zwecke nicht mit anonymisierten Daten erreicht werden können (§ 11 Abs. 2 GDSG NW).

Fraglich ist, wie der Begriff „Zugriff" auszulegen ist. Hierdurch könnte neben der Nutzung auch die Übermittlung von Patientendaten gestattet sein. Möglicherweise ist eine Übermittlung der Daten aber auch ausgeschlossen.

In § 11 Abs. 1 GDSG NW werden die Begriffe „Übermittlung" und „Nutzung" verwendet. Der Begriff „Zugriff" aus Abs. 2 könnte diese beiden Begriffe zusammenfassend

---

600 Außerdem enthält § 6 Abs. 2 S. 2 GDSG NW im Gegensatz zum BDSG eine Befugnis zur Durchbrechung der Schweigepflicht.

in sich vereinen oder aber gerade einen Unterschied zu Abs. 1 begründen. Auf Daten zugreifen zu können, bedeutet zunächst, sie nutzen und zur Kenntnis nehmen zu können. Greift ein Außenstehender zu, liegt jedoch auch eine Übermittlung vor. Als Außenstehender gilt nach § 5 Abs. 1 S. 2 GDSG NW grundsätzlich jede Person oder Stelle außerhalb der behandelnden Organisationseinheit (Fachabteilung). Fraglich ist jedoch, ob der nach § 11 Abs. 2 GDSG NW erlaubte Zugriff auch solche von Außenstehenden erfasst.

Da jedoch nur die „Qualitätssicherung […] im Krankenhaus" erfasst ist, dürften Zugriffe von komplett außerhalb der Klinik stehenden Dritten abzulehnen sein. Eine echte Übermittlung zur externen Qualitätssicherung ist damit nach § 11 Abs. 2 GDSG NW nicht gestattet. Zugriffe von anderen Fachabteilungen bzw. einer zentralen Qualitätssicherungsstelle in der Verwaltung wird man jedoch auf dieser Rechtsgrundlage gestatten können, da dies noch der Krankenhaus-internen Qualitätssicherung dient. Zwar gilt eine entsprechende Datenweitergabe nach § 5 Abs. 1 S. 2 GDSG NW als Übermittlung; insoweit – also für die „interne Übermittlung" – wird man einen entsprechenden Zugriff jedoch auch durch § 11 Abs. 2 GDSG NW als erlaubt ansehen können.

Lediglich zur Aufklärung konkreter medizinischer Serienschäden wird man eine echte Übermittlung an außerhalb des Krankenhauses stehende Personen oder Stellen auf Grundlage von § 11 Abs. 1 Buchst. c GDSG NW zur Abwehr einer gegenwärtigen Gefahr für Leben oder körperliche Unversehrtheit des Patienten oder eines Dritten als erlaubt ansehen können.[601]

6.6.10.4 Regelungen zur Einwilligung

Soweit eine Datenverarbeitung nicht bereits aufgrund einer Rechtsvorschrift zulässig ist, kann die Verarbeitung grundsätzlich auch im Anwendungsbereich des GDSG NW auf eine Einwilligung gestützt werden.

Dies bestätigt § 6 Abs. 1 GDSG NW für die Verarbeitung einschließlich der Übermittlung von Patientendaten zu Zwecken der wissenschaftlichen Forschung. Ein Vorhabensbezug wird hier nicht gefordert, weshalb auch die einrichtungsübergreifende Pseudonymisierung durch einen Datentreuhänder mit daran anschließendem Aufbau eines allgemeinen Forschungsregisters erfasst wird. Allerdings muss die Einwilligung im Übrigen hinreichend bestimmt sein, insbesondere bezüglich der zu verarbeitenden Daten, der beteiligten Stellen und – soweit möglich – auch der Forschungszwecke.

§ 5 Abs. 1 S. 1 GDSG NW bestimmt zudem, dass die Übermittlung von Patientendaten – soweit nicht bereits gesetzlich zulässig – nur auf eine Einwilligung des Betroffenen im Einzelfall gestützt werden kann. Zu diesem Einzelfallbezug kann auf die Ausführungen zum LKHG BW verwiesen werden.[602]

Die allgemein für jede Form der Einwilligung von Patienten geltenden Anforderungen regelt § 4 GDSG NW wie folgt:

---

601 Vgl. die entsprechende Rechtslage im Bund, oben S. 108f.
602 S. oben S. 132.

So bedarf die Einwilligung gemäß Abs. 1 S. 1 der Schriftform, wenn nicht wegen besonderer Umstände eine andere Form angemessen ist. Hier könnte man an Fälle wie das Unvermögen des Patienten, trotz Einwilligungsfähigkeit schriftlich einzuwilligen, denken oder auch an Fälle, in denen die Einwilligung besonders schnell benötigt wird. Sollte eine Einwilligung lediglich mündlich erteilt werden, muss dies schriftlich dokumentiert werden (Satz 2).

Gemäß Satz 3 ist diese Einwilligungserklärung im äußeren Erscheinungsbild hervorzuheben, wenn sie zusammen mit anderen Erklärungen abgegeben werden soll. Das dient der Übersichtlichkeit und stellt sicher, dass der Patient nicht nur formal, ohne dies zu erkennen, sondern aktiv einwilligt.

Ferner muss der Patient schriftlich darüber aufgeklärt werden, auf welche Art, in welchem Umfang und zu welchem Zweck seine Daten erhoben und gespeichert werden sollen (Satz 4).

§ 4 Abs. 2 GDSG NW bestimmt, wann Patienten einwilligungsfähig sind. So müssen sie gemäß Satz 1 die Bedeutung und die Tragweite der Einwilligung und deren rechtlichen Folgen erfassen können und in der Lage sein, ihren Willen dementsprechend zu bestimmen. Wenn der Patient aus tatsächlichen oder rechtlichen Gründen nicht in der Lage ist, die Einwilligung zu erteilen, ist die Erklärung durch den gesetzlichen Vertreter abzugeben (Satz 2).

Schließlich dürfen gemäß Abs. 3 auch mit Einwilligung solche Daten nicht erhoben oder gespeichert werden, die unzumutbare oder sachfremde Informationen enthalten.

6.6.11 Rheinland-Pfalz

Relevante Landesgesetze:
- Landeskrankenhausgesetz (LKHG RP)[603]
- Landesdatenschutzgesetz (LDSG RP)[604]

6.6.11.1 Auf Kliniken anwendbare Datenschutzvorschriften

Öffentliche Krankenhäuser

Das LKHG RP gilt nach seinem § 3 Abs. 1 für Krankenhäuser im Sinne der weiten Definition des § 2 Nr. 1 KHG,[605] die allerdings auf Grund des KHG gefördert werden müssen, wozu ausdrücklich aber auch Tageskliniken gehören. Die Klinik muss somit tatsächlich nach dem KHG gefördert werden, eine KHG-Förderfähigkeit reicht nicht aus. Allerdings sind Krankenhäuser des Bundes nach § 5 Abs. 1 Nr. 9 KHG grundsätzlich schon nicht KHG-förderfähig. Auf sie ist u.a. schon daher das LKHG RP nicht anwendbar. Sie werden auch nicht durch andere Normen in dessen Anwendungsbereich einbezogen.[606]

Nach § 3 Abs. 3 LKHG RP gilt das LKHG RP mit Ausnahme der §§ 11 bis 21 (3. Abschnitt: Öffentliche Förderung der Krankenhäuser) und des § 23 Abs. 1 und 2 (Fachrichtungen,

---

[603] Zuletzt geändert durch Gesetz vom 20.12.2011.
[604] Zuletzt geändert durch Gesetz vom 20.12.2011.
[605] Vgl. zur Begriffsbestimmung von Krankenhäusern in § 2 Nr. 1 KHG näher die Ausführungen zu Bremen, s.o. S. 156.
[606] Von Gesetzgebungskompetenzen ganz abgesehen, vgl. oben S. 92.

Regelung der inneren Struktur und Organisation) auch für Universitätskliniken, soweit sie der Versorgung der Bevölkerung dienen. Die den Datenschutz betreffenden §§ 35–38 LKHG RP gelten somit unter der genannten Voraussetzung auch für diese Kliniken. Ansonsten gilt das LKHG RP für sie nicht, weil bei Universitätskliniken nach § 5 Abs. 1 Nr. 1 KHG schon grundsätzlich keine Förderfähigkeit besteht und sie deshalb nicht allgemein in den Anwendungsbereich nach § 3 Abs. 1 LKHG RP fallen. Allerdings dienen Universitätskliniken in aller Regel der (Maximal-)Versorgung der Bevölkerung, weshalb diese Anforderung – jedenfalls in Bezug auf das vorliegende Sekundärnutzungsszenario[607] – erfüllt ist.

Soweit im LKHG RP nichts anderes bestimmt ist, sind die jeweils geltenden Vorschriften über den Schutz personenbezogener Daten anzuwenden, insbesondere die Bestimmungen des BDSG und des LDSG (§ 36 Abs. 1 Satz 1 LKHG RP).

Gilt subsidiär das LDSG oder das BDSG?

Soweit besondere Rechtsvorschriften des Bundes oder des Landes die Verarbeitung personenbezogener Daten regeln, gehen sie den Bestimmungen des LDSG RP vor (§ 2 Abs. 7 Satz 1 LDSG RP).

Das LDSG RP gilt nach § 2 Abs. 1 Satz 1 LDSG RP unter anderem für die Behörden, die sonstigen öffentlich-rechtlich organisierten Einrichtungen des Landes, die kommunalen Gebietskörperschaften, die sonstigen der Aufsicht des Landes unterstehenden juristischen Personen des öffentlichen Rechts und die Vereinigungen der vorgenannten Stellen ungeachtet ihrer Rechtsform.

Unter das LDSG RP fallen nach § 2 Abs. 1 Satz 2 LDSG RP auch juristische Personen und sonstige Vereinigungen des privaten Rechts der in § 2 Abs. 1 Satz 1 LDSG RP genannten Stellen, soweit diesen die absolute Mehrheit der Anteile gehört oder die absolute Mehrheit der Stimmen zusteht, ungeachtet der Beteiligung nicht öffentlicher Stellen. Eine Klinik in öffentlicher Trägerschaft fällt somit in den Anwendungsbereich des LDSG RP, wenn sie die Voraussetzungen nach § 2 Abs. 1 Satz 1 oder Satz 2 LDSG RP erfüllt.

Eine weitere Möglichkeit, in den Anwendungsbereich des LDSG RP aufgenommen zu werden, besteht für nicht-öffentliche Einrichtungen gemäß § 2 Abs. 1 Satz 3 LDSG RP in der Wahrnehmung hoheitlicher Aufgaben. Auch wenn es sein kann, dass ein Krankenhaus Aufgaben der öffentlichen (Leistungs-)Verwaltung wahrnimmt, so nimmt es jedenfalls keine hoheitlichen Aufgaben wahr, weshalb dieser Ansatz hier nicht weiter verfolgt wird.

Gemäß § 2 Abs. 3 LDSG RP sind auf öffentliche Stellen, die als Unternehmen am Wettbewerb teilnehmen, und deren Vereinigungen mit Ausnahme des § 27 (Anmeldepflicht, Datenschutzregister) der 4. Abschnitt des LDSG RP (Landesbeauftragter für den Datenschutz und die Informationsfreiheit) sowie § 31 LDSG RP (Datenverarbeitung bei Dienst- und Arbeitsverhältnissen) anzuwenden. Im Übrigen gelten für diese Stellen die Bestimmungen des BDSG mit Ausnahme des 2. Abschnitts (Datenverarbeitung der öffentlichen Stellen), also die Vorschriften des BDSG für nicht-öffentliche Stellen.

Grundsätzlich nehmen alle Krankenhäuser am Wettbewerb teil.[608] Dem Merkmal der Unternehmenseigenschaft kommt dabei zumindest im Krankenhausbereich keine

---

607 Die Behandlungsdaten stammen begriffsnotwendig aus dem Versorgungsbereich.
608 Vgl. dazu oben zum BDSG, S. 91f.

weitere Bedeutung zu. Insbesondere kann es sich dabei auch um Eigenbetriebe oder juristische Personen des öffentlichen Rechts handeln.[609]

Soweit Vereinigungen des Privatrechts nach § 2 Abs. 1 S. 1 Nr. 6, S. 2 LDSG RP als öffentliche Stellen aufgefasst werden, fallen sie auch unter den Verweis des § 2 Abs. 3 LDSG RP. Somit gilt dieser für Krankenhäuser immer dann, wenn sie in einer von § 2 Abs. 1 LDSG RP genannten Form organisiert sind. Es gelten dann das LKHG RP vorrangig, Teile des LDSG RP nachrangig und im Übrigen Teile des BDSG.

Ergebnis: Das LKHG RP gilt für nach dem KHG geförderte Krankenhäuser, wozu ausdrücklich auch Tageskliniken gehören, vorrangig. Besonderheiten bestehen für Universitätskliniken, für welche aber jedenfalls bei der Sekundärnutzung von Behandlungsdaten auch die Datenschutzvorschriften des LKHG RP gelten. Für öffentliche Kliniken in mittelbarer oder unmittelbarer Trägerschaft des Landes gelten nachrangig Teile des LDSG RP, dies sind mit Ausnahme des § 27 (Anmeldepflicht, Datenschutzregister) der 4. Abschnitt (Landesbeauftragter für den Datenschutz und die Informationsfreiheit) und § 31 (Datenverarbeitung bei Dienst- und Arbeitsverhältnissen) und im Übrigen Teile des BDSG (Vorschriften für nicht-öffentliche Stellen). Dies gilt auch für öffentliche Kliniken in privater Rechtsform, wenn die öffentliche Hand des Landes mittelbar oder unmittelbar mit absoluter Mehrheit beteiligt ist.

Private Krankenhäuser

Wie bereits gesehen, gilt das LKHG RP nach § 3 Abs. 1 LKHG RP für Krankenhäuser, die auf Grund des KHG gefördert werden. Die Klinik muss somit tatsächlich nach dem KHG gefördert werden, eine KHG-Förderfähigkeit reicht für sich genommen nicht aus.

Grundsätzlich sind auch Kliniken privater Träger KHG-förderfähig, so dass das LKHG RP auf sie anwendbar ist, wenn sie gefördert werden. Ist eine (reine) Privatklinik (aufgrund des zu geringen Anteils der nach GKV-Sätzen abgerechneten Patienten) ausnahmsweise nicht KHG-förderfähig (keine Steuerbegünstigung nach § 67 AO), ist das LKHG RP auf sie nicht anwendbar.[610] Zwar kann durch Landesrecht bestimmt werden, dass die KHG-Förderung auch solchen Kliniken gewährt wird (§ 5 Abs. 2 KHG), was jedoch im 2. und 3. Abschnitt des LKHG RP über die Krankenhausplanung und öffentliche Förderung (§§ 6–21) nicht geschehen ist.

Soweit im LKHG RP nichts anderes bestimmt ist, sind die jeweils geltenden Vorschriften über den Schutz personenbezogener Daten anzuwenden, insbesondere die Bestimmungen des BDSG und des LDSG (§ 36 Abs. 1 Satz 1 LKHG RP).

Gilt subsidiär das LDSG oder das BDSG?

Kliniken privater Träger fallen nicht unter das LDSG RP, weil sie keine öffentliche Stelle nach § 2 Abs. 1 LDSG RP sind. Insbesondere ist auf sie nicht § 2 Abs. 1 Satz 3 LDSG RP anzuwenden, nach dem nicht-öffentliche Stellen unter das LDSG RP fallen, wenn sie hoheitliche Aufgaben wahrnehmen. Denn auch wenn es sein kann, dass ein Krankenhaus Aufgaben der öffentlichen Leistungsverwaltung wahrnimmt, so nimmt es doch jedenfalls keine hoheitlichen Aufgaben wahr.

---

609 Vergleichbar dem LDSG NI, s.o. S. 180f.
610 Vgl. dazu nähere Ausführungen zu Bayern, oben S. 137f.

Auf private Kliniken ist daher das BDSG (Vorschriften für nicht-öffentliche Stellen) anzuwenden, und zwar entweder nachrangig nach dem LKHG RP, wenn die Klinik KHG-gefördert ist, oder ausschließlich, d.h. ohne Vorrangigkeit des LKHG RP.

Ergebnis: Das LKHG RP gilt vorrangig für Krankenhäuser, die auf Grund des KHG gefördert werden, wozu ausdrücklich auch Tageskliniken gehören. Private Kliniken sind grundsätzlich KHG-förderfähig, außer sie sind nicht nach § 67 AO steuerbegünstigt. Für sie gilt das BDSG (Vorschriften für nicht-öffentliche Stellen), entweder nachrangig nach dem LKHG RP (bei Förderung nach dem KHG) oder alleine ohne Vorrang des LKHG RP (mangels Förderung nach dem KHG).

Zusammenfassung

Das LKHG RP gilt vorrangig für Krankenhäuser im Sinne von § 2 Nr. 1 KHG, die auf Grund des KHG gefördert werden, wozu ausdrücklich auch Tageskliniken gehören können. Auf öffentliche Kliniken in mittelbarer oder unmittelbarer Trägerschaft des Landes sind nach § 2 Abs. 3 LDSG RP nachrangig Teile des LDSG RP, nämlich dessen 4. Abschnitt (Landesbeauftragter für den Datenschutz und die Informationsfreiheit), mit Ausnahme des § 27 (Anmeldpflicht, Datenschutzregister), sowie § 31 (Datenverarbeitung bei Dienst- und Arbeitsverhältnissen), und im Übrigen Teile des BDSG (Vorschriften für nicht-öffentliche Stellen) anzuwenden. Dies gilt auch für öffentliche Kliniken in privater Rechtsform, wenn die öffentliche Hand des Landes mittelbar oder unmittelbar mit absoluter Mehrheit beteiligt ist. Für private Kliniken gilt das BDSG (Vorschriften für nicht-öffentliche Stellen), entweder nachrangig zum LKHG RP oder (bei reinen Privatkliniken) ausschließlich.

Es besteht eine Öffnungsklausel für kirchliche Krankenhäuser: Religionsgemeinschaften können gemäß § 38 LKHG RP unter Berücksichtigung ihres kirchlichen Selbstverständnisses anstelle der datenschutzrechtlichen Bestimmungen des LKHG RP vergleichbare eigene bereichsspezifische Bestimmungen erlassen.

6.6.11.2 Regelungen zur Forschung

§ 37 LKHG RP regelt die Verwendung von personenbezogenen Daten zu Zwecken der Forschung.

Erhebung, Speicherung und Nutzung aufgrund Abwägung oder nach Anonymisierung

Gemäß dessen Abs. 1 S. 2 Nr. 1 dürfen Patientendaten im Rahmen von Forschungsvorhaben durch das Krankenhaus erhoben, gespeichert und genutzt werden, wenn es nicht zumutbar ist, die Einwilligung einzuholen und schutzwürdige Belange der Patientin oder des Patienten nicht beeinträchtigt werden.[611] Für den Patienten wäre dies beispielsweise dann nicht zumutbar, wenn er mit Geschehnissen, die im Zusammenhang mit die Einwilligung betreffenden Patientendaten stehen, nicht konfrontiert werden möchte (zum Beispiel mit Gendiagnosen, deren Kenntnisnahme der Patient explizit ausgeschlossen hat – Recht auf Nichtwissen), während die Einholung für das Krankenhaus beispielsweise unzumutbar sein könnte, wenn diese

---

611 Die Beschränkung auf Erhebung, Speicherung und Nutzung ergibt sich durch die Anknüpfung an § 37 Abs. 1 S. 1 LKHG RP, der hierfür eine Einwilligung vorsieht, welche unter den Bedingungen von S. 2 entbehrlich ist.

sehr kurzfristig erfolgen müsste, da die Daten ohne sofortige Zustimmung unbrauchbar für ein bestimmtes Forschungsvorhaben werden würden. Wie bereits erwähnt, darf das schutzwürdige Interesse des Patienten nicht beeinträchtigt werden. Ebenso wie die Formulierung „wenn keine schutzwürdigen Interessen des Patienten gefährdet sind" in § 12 Abs. 1 LKHG HH lässt diese Formulierung kaum Abwägungsspielraum. Die Verarbeitung der Daten ist unzulässig, sobald ein schutzwürdiges Interesses des Patienten einer solchen widerspricht. Eine zurückhaltende Abwägung ist hier allenfalls bei der Beurteilung der Schutzwürdigkeit einzelner Interessen möglich, wobei das Ausschlussinteresse des Patienten aufgrund seines informationellen Selbstbestimmungsrechts im Grundsatz immer schutzwürdig ist.

Gemäß § 37 Abs. 1 S. 2 Nr. 2 LKHG RP können die Daten für die genannten Zwecke ebenfalls erhoben, gespeichert und genutzt werden, wenn das berechtigte Interesse der Allgemeinheit an der Durchführung des Forschungsvorhabens das Geheimhaltungsinteresse der Patientin oder des Patienten erheblich überwiegt. Die hier vorzunehmende Abwägung entspricht derjenigen im Rahmen der Angemessenheitsprüfung bei der Forschungsklausel nach § 28 Abs. 6 Nr. 4 BDSG, jedoch mit der Einschränkung, dass in § 37 Abs. 1 Nr. 2 LKHG RP das Forschungsinteresse schon insoweit konkretisiert und damit gewichtet wird, dass ein öffentliches Interesse vorliegen muss, während die in Betracht kommenden Interessen des Patienten insoweit präzisiert werden, als ein Geheimhaltungsinteresse notwendig ist.

§ 37 Abs. 1 S. 2 Nr. 3 LKHG RP stellt klar, dass im Rahmen der Krankenhausbehandlung erhobene und gespeicherte Patientendaten für Forschungszwecke verarbeitet werden dürfen, wenn sie zuvor anonymisiert wurden.

Nutzung innerhalb der Fachabteilung für eigene Forschungsvorhaben

Für eigene wissenschaftliche Forschungsvorhaben dürfen Ärzte, Psychologische Psychotherapeuten, Kinder- und Jugendlichenpsychotherapeuten ferner Patientendaten, die im Rahmen der Krankenhausbehandlung innerhalb ihrer Fachrichtung oder sonstigen medizinischen Betriebseinheit erhoben und gespeichert worden sind, nutzen (§ 37 Abs. 2 S. 1 LKHG RP). Andere Verwendungsformen als das Nutzen können jedoch nicht auf diese Rechtsgrundlage gestützt werden, insbesondere nicht die Übermittlung, aber auch keine (separate) Speicherung.[612] Damit verbleiben im Wesentlichen (wie nach § 6 Abs. 2 S. 1 GDSG NW) die Einsichtnahme sowie temporäre Selektionen, wie sie z.B. für Machbarkeitsabschätzungen oder die Probandenrekrutierung relevant sind.[613] Neben den genannten akademischen Heilberufen darf auch sonstiges wissenschaftliches Personal an diesen Einrichtungen (Fachabteilungen/Betriebseinheiten), soweit es der Geheimhaltungspflicht des § 203 StGB unterliegt (wie bei internen Gehilfen üblich), diese Daten für eigene wissenschaftliche Zwecke nutzen (§ 37 Abs. 2 Satz 2 LKHG RP).

---

612 Das Nutzen definiert sich hier nach dem subsidiär anwendbaren § 3 Abs. 5 BDSG, welcher mit der Verarbeitung auch das Übermitteln und Speichern ausschließt. Gleiches würde nach § 3 Abs. 2 Nr. 3 LDSG RP gelten. Anhaltspunkte für einen abweichenden Nutzungsbegriff im LKHG RP gibt es nicht, denn dieses stellt die Nutzung (und nicht wie z.B. das LKHG TH die „sonstige Nutzung") als eigenständige Verwendungsform neben das Speichern (§ 37 Abs. 1 S. 2 LKHG RP).

613 Zu § 6 Abs. 2 S. 1 GDSG NW s. oben S. 184f.

Übermittlung für bestimmte Forschungsvorhaben

In § 37 Abs. 3 LKHG RP werden die Voraussetzungen der Übermittlung von Patientendaten für die wissenschaftliche Forschung geregelt. Nach Satz 2 dieser Vorschrift setzt die Übermittlung von Daten ohne Einwilligung zunächst voraus, dass der Zweck eines bestimmten Forschungsvorhabens nicht auf andere Weise, besonders durch Übermittlung anonymisierter Daten, erfüllt werden kann. Zusätzlich müssen die Voraussetzungen des Absatzes 1 Satz 2 Nr. 1 oder Nr. 2 vorliegen. Es darf also entweder (1.) nicht zumutbar sein, die Einwilligung einzuholen, während schutzwürdige Belange der Patientin oder des Patienten nicht beeinträchtigt werden, oder (2.) das berechtigte Interesse der Allgemeinheit an der Durchführung des Forschungsvorhabens muss das Geheimhaltungsinteresse der Patientin oder des Patienten erheblich überwiegen.

Ein bestimmtes Forschungsvorhaben liegt vor, wenn vor Weitergabe der Daten der Forschungsgegenstand und zumindest auch die grundlegende Methodik festgelegt worden sind.[614] Die Bestimmtheitsanforderungen dürften bei der Übermittlung höher als bei der internen Erhebung, Speicherung und Nutzung sein, da im ersten Fall das Forschungsvorhaben noch durch das Prädikat „bestimmt" ergänzt wird. Ein Vorhabensbezug ist jedoch auch für die genannte interne Datenverarbeitung nach Abs. 1 S. 2 erforderlich.

Darüber hinaus muss die übermittelnde Stelle gemäß § 37 Abs. 3 S. 3 LKHG RP die Empfängerin oder den Empfänger, die Art der zu übermittelnden Daten, die betroffenen Patientinnen und Patienten und das Forschungsvorhaben aufzeichnen.

Sonstige Rahmenbedingungen

Gemäß § 37 Abs. 4 LKHG RP sind die personenbezogenen Daten „zu anonymisieren oder, solange eine Anonymisierung noch nicht möglich ist, zu pseudonymisieren, sobald es der Forschungszweck erlaubt."

Wenn dieses Gesetz auf die Empfänger der Daten keine Anwendung findet, müssen sich diese gemäß Abs. 5 Nr. 1 schließlich dazu verpflichten,

   a) die Daten nur für das von ihnen genannte Forschungsvorhaben zu verwenden,
   b) die Bestimmungen des Absatzes 4 einzuhalten und
   c) der oder dem Landesbeauftragten für den Datenschutz und die Informationsfreiheit auf Verlangen Einsicht und Auskunft zu gewähren.

Ferner müssen sie nachweisen, dass bei ihnen die technischen und organisatorischen Voraussetzungen vorliegen, um die Verpflichtung nach Nummer 1 Buchstabe b zu erfüllen, was in Nummer 2 bestimmt wird.

6.6.11.3 Regelungen zur Qualitätssicherung

Gemäß § 36 Abs. 2 Nr. 2 dürfen Patientendaten erhoben, gespeichert und genutzt werden, soweit dies zur Durchführung qualitätssichernder Maßnahmen erforderlich ist und dieser Zweck nicht in vertretbarer Weise mit anonymisierten oder pseudonymisierten Daten erreicht werden kann.

---

614 S. dazu die entspr. Ausführungen zum BDSG, oben S. 98.

Abs. 3 Nr. 4 erlaubt zur Qualitätssicherung ferner eine Übermittlung der Patientendaten an Personen und Stellen außerhalb des Krankenhauses, wenn dieser Zweck – ein wenig strenger als bei der entsprechenden internen Verwendung – nicht mit anonymisierten oder pseudonymisierten Daten erreicht werden kann.[615] Ergänzend ist hierfür erforderlich, dass keine überwiegenden schutzwürdigen Belange der Patienten der Übermittlung entgegenstehen. Zudem ist gemäß Abs. 4 zu beachten, dass die übermittelten Daten zu keinen weiteren Zwecken verwendet werden dürfen und im selben Umfang geheimzuhalten sind wie vom Krankenhaus selbst.

6.6.11.4 Regelungen zur Einwilligung

Die allgemeinen Rahmenbedingungen der Einwilligung sind in § 36 Abs. 2 S. 2–4 LKHG RP geregelt. Unmittelbar gelten sie nur für die Einwilligung in die Erhebung, Speicherung und Nutzung von Patientendaten nach § 36 Abs. 2 S. 1 Nr. 4 LKHG RP, was beispielsweise relevant ist, wenn personenbezogene Qualitätssicherungsmaßnahmen durch eine Einwilligung weiter abgesichert werden sollen. Durch § 37 Abs. 1 S. 1 Hs. 2, Abs. 3 S. 1 Hs. 2 LKHG RP wird jedoch die entsprechende Geltung für die Einholung einer Einwilligung zu Forschungszwecken angeordnet.[616]

§ 37 Abs. 1 S. 1 Hs. 1 LKHG RP stellt klar, dass der Patient eine Einwilligung zum internen Datenumgang durch das Krankenhaus im Rahmen von Forschungsvorhaben erteilen darf. Gleiches gilt nach § 37 Abs. 3 S. 1 Hs. 1 LKHG RP für die Übermittlung „zu Zwecken der wissenschaftlichen Forschung". Dieser Wortlaut führt zu dem etwas widersprüchlichen Ergebnis, dass die Einwilligung in die interne Datenverarbeitung einen Vorhabensbezug erfordert, während die Einwilligung in eine Datenübermittlung zu allgemeinen Zwecken der wissenschaftlichen Forschung zulässig ist. Dies mag vor dem Hintergrund ein wenig verständlicher werden, dass für die in Abs. 1 S. 1 Hs. 1 mit geregelte Erhebung (über die Behandlungszwecken hinaus, also zu primären Forschungszwecken) möglicherweise ein erhöhter Schutz- und Konkretisierungsbedarf besteht. Auf ohnehin schon vom Krankenhaus erhobene Daten kann zudem später, wenn sich ein Vorhaben herauskristallisiert hat, zugegriffen werden. Dennoch schließt diese Regelung, nimmt man den Wortlaut ernst, die Einrichtung allgemeiner interner Forschungsregister aus, während sie die Errichtung externer Forschungsregister durch – grundsätzlich selbst personenbezogene – Übermittlung ermöglicht. Damit wird jedenfalls eine einrichtungsübergreifende Pseudonymisierung durch einen Datentreuhänder mit Einwilligung des Patienten erlaubt.

Gemäß § 36 Abs. 2 Satz 2 LKHG RP muss diese Einwilligung schriftlich erteilt werden, soweit nicht wegen besonderer Umstände eine andere Form angemessen ist. Hier könnte man an Fälle wie das Unvermögen des Patienten, trotz Einwilligungsfähigkeit schriftlich einzuwilligen, denken oder auch an Fälle, in denen die Einwilligung besonders schnell benötigt wird. Sollte eine Einwilligung lediglich mündlich erteilt

---

615 Ob Anonymisierung oder Pseudonymisierung „in vertretbarer Weise" möglich sind, spielt hier im Gegensatz zur rein internen Verwendung keine Rolle. Es kommt nur darauf an, ob diese datenschutzfreundlichen Techniken überhaupt einsetzbar sind. Wird dies bejaht, muss dies aufwandsunabhängig geschehen, wenn man die entsprechende externe Qualitätssicherung betreiben will.

616 Das LKHG RP geht also nicht den Weg, die Einwilligung ganz allgemein neben gesetzliche Erlaubnisnormen zu stellen, sondern listet sie im jeweiligen Kontext (interne Verwendung mit engerem Behandlungsbezug [§ 36], interne Forschung, Übermittlung zur Forschung [§ 37]) als zusätzlichen Erlaubnistatbestand auf, ggf. ergänzt um zusätzliche Anforderungen wie solche im Hinblick auf die zulässige Zweckbestimmung bei der Forschung (s. dazu den folgenden Absatz im Haupttext). Immerhin die allgemeinen Rahmenbedingungen aus § 36 Abs. 2 S. 2–4 LKHG RP wie das Regelschriftformerfordernis bleiben über entsprechende Verweisungen dieselben.

werden, muss dies aufgezeichnet werden (Satz 3). Schließlich sind die Betroffenen gemäß Satz 4 in geeigneter Weise über die Bedeutung der Einwilligung sowie über den Zweck der Erhebung und die vorgesehene weitere Verarbeitung der Daten aufzuklären und darauf hinzuweisen, dass ihr oder ihm wegen einer Verweigerung der Einwilligung keine Nachteile entstehen. Da die Aufklärung „in geeigneter Weise" erfolgen muss, ist nicht zwingend notwendig, dass eine solche schriftlich erfolgen muss. Möglich könnte auch die Aufklärung durch ein Gespräch sein. Allerdings müssen die Bedingungen, über welche aufzuklären ist, im Wesentlichen auch in der regelmäßig schriftlichen Einwilligung enthalten sein.

6.6.12 Saarland

Relevante Landesgesetze:
- Saarländisches Krankenhausgesetz (LKHG SL)[617]
- Saarländisches Datenschutzgesetz (LDSG SL)[618]

6.6.12.1 Auf Kliniken anwendbare Datenschutzvorschriften

Das LKHG SL gilt gemäß seinem § 2 Abs. 1 Satz 1 für alle Krankenhäuser im Saarland, soweit nichts anderes bestimmt ist.

Explizite Ausnahmen im Hinblick auf den Datenschutz macht das LKHG SL nur für kirchliche Krankenhäuser (§ 2 Abs. 2 S. 1 LKHG SL). Insoweit treffen die Religionsgemeinschaften für ihre Krankenhäuser in eigener Zuständigkeit Regelungen, die den Zielen der genannten Datenschutzvorschriften des Landes (§§ 13, 14 LKHG SL) entsprechen (§ 2 Abs. 2 S. 2 LKHG SL). Sie unterrichten die Krankenhausaufsichtsbehörde über die von ihnen getroffenen Regelungen (§ 2 Abs. 2 S. 3 LKHG SL).

Öffentliche Krankenhäuser

Komplett vom Anwendungsbereich des LKHG SL und damit auch von den entsprechenden Datenschutzvorschriften ausgenommen ist die Saarländische Klinik für Forensische Psychiatrie (§ 1 Abs. 1 S. 4 LKHG SL). Die besonderen Rechtsverhältnisse dieser Maßregelvollzugseinrichtung, wie auch von entsprechenden Einrichtungen allgemein, zu den dort untergebrachten psychisch kranken oder suchtkranken Straftätern werden vorliegend nicht weiter betrachtet.[619]

Über Krankenhäuser des Bundes kann der saarländische Landesgesetzgeber jedenfalls hinsichtlich des Datenschutzes kaum Regelungskompetenz beanspruchen. Krankenhäuser des Bundes, insbesondere Bundeswehrkrankenhäuser, fallen daher nicht unter das LKHG SL, weil der Landesgesetzgeber für diese jedenfalls hinsichtlich des Datenschutzes nach hier vertretener Auffassung keine Gesetzgebungskompetenz hat; insoweit gilt das BDSG.[620]

---

617 Zuletzt geändert durch 16.10.2012. Dieses Gesetz tritt gemäß § 46 Abs. 3 LKHG SL mit Ablauf des 30.06.2015 außer Kraft.
618 Zuletzt geändert durch 18.05.2011.
619 Hierbei handelt es sich auch nicht um Behandlungsverhältnisse im üblichen Sinn. Rechtsgrundlagen für die entsprechende Unterbringung finden sich in §§ 63, 64, 67h StGB und §§ 81, 126a, 453c StPO. Zur öffentlich-rechtlichen bzw. verwaltungsrechtlichen Unterbringung s.o. S. 69ff.
620 S. oben S. 92.

Im Übrigen gilt das LKHG SL aber für öffentliche Krankenhäuser im Saarland. Gemäß § 13 Abs. 1 Satz 1 LKHG SL unterliegen alle Patientendaten im Krankenhaus unabhängig von der Art ihrer Verarbeitung dem Datenschutz. Soweit im LKHG SL nichts anderes bestimmt ist, sind nach § 13 Abs. 1 Satz 3 LKHG SL die jeweils geltenden Vorschriften über den Schutz personenbezogener Daten anzuwenden.

Gilt subsidiär das LDSG oder das BDSG?

Wie bereits gesehen sind nach § 13 Abs. 1 Satz 3 LKHG SL die jeweils geltenden Vorschriften über den Schutz personenbezogener Daten anzuwenden, soweit im LKHG SL nichts anderes bestimmt ist. Dieser Regelung korrespondiert § 2 Abs. 3 Satz 2 LDSG SL, wonach besondere Rechtsvorschriften dem LDSG SL vorgehen, soweit sie auf die Verarbeitung personenbezogener Daten anzuwenden sind.

Das LDSG SL gilt nach § 2 Abs. 1 Satz 1 LDSG SL für Behörden und sonstige öffentliche Stellen des Landes, der Gemeinden und Gemeindeverbände sowie der sonstigen der Aufsicht des Landes unterstehenden juristischen Personen des öffentlichen Rechts. Unter das LDSG SL fallen nach § 2 Abs. 1 Satz 2 LDSG SL auch Vereinigungen ungeachtet ihrer Rechtsform, die Aufgaben der öffentlichen Verwaltung wahrnehmen und an denen eine oder mehrere der vorgenannten Stellen mit absoluter Mehrheit der Anteile oder absoluter Mehrheit der Stimmen beteiligt sind. Darunter können somit auch juristische Personen des Privatrechts fallen.

Die Krankenhausversorgung kann auch als Aufgabe der öffentlichen Verwaltung wahrgenommen werden.[621] Ein Krankenhaus in öffentlicher Trägerschaft fällt daher unter das LDSG SL, wenn es gemäß § 2 Abs. 1 Satz 1 oder Satz 2 LDSG SL geführt wird. Die Krankenhausversorgung ist aber keine hoheitliche Aufgabe, so dass Krankenhäuser nicht durch § 2 Abs. 1 Satz 3 LDSG SL generell unter das LDSG SL fallen.

Soweit ein öffentlich-rechtliches Unternehmen am Wettbewerb teilnimmt, gelten jedoch vom LDSG SL gemäß § 2 Abs. 2 LDSG SL nur der 2. Teil (Kontrolle durch den LfD) sowie § 7 Abs. 1 (Sicherstellung des Datenschutzes), § 9 (Verfahrensbeschreibung) und die §§ 30 bis 32 (Besonderer Datenschutz bei Forschung, Beschäftigung, Fernmessen und Fernwirken); im Übrigen sind die für nicht-öffentliche Stellen geltenden Vorschriften des BDSG mit Ausnahme der Vorschriften über die Aufsichtsbehörde anzuwenden. Grundsätzlich nehmen alle Krankenhäuser am Wettbewerb teil; dem Merkmal der Unternehmenseigenschaft kommt dabei zumindest im Krankenhausbereich keine weitere Bedeutung zu.[622] Insbesondere kann es sich dabei auch um Eigenbetriebe oder juristische Personen des öffentlichen Rechts handeln.

In Bezug auf den Verweis auf die Forschungsklausel nach § 30 LDSG SL sei jedoch darauf hingewiesen, dass diese wie das LDSG allgemein nur nachrangig gilt, also soweit das LKHG SL keine Regelungen enthält. Mit § 14 LKHG SL enthält diese Gesetz jedoch eine vorrangige Regelung zur Forschung mit Patientendaten, so dass für § 30 LDSG SL insoweit praktisch kein Raum bleibt.

Der Teilverweis auf das BDSG durch § 2 Abs. 2 LDSG SL gilt ausdrücklich nur für öffentlich-rechtliche Unternehmen, obwohl § 2 Abs. 1 Satz 2 LDSG SL in bestimmten

---

621 Vgl. dazu nähere Ausführungen bei Baden-Württemberg, S. 126.
622 Zur vergleichbaren Lage nach dem BDSG (Wettbewerbsteilnahme) s.o. S. 91f., zur Unternehmenseigenschaft vergleichbar das LDSG NI, s.o. S. 180f.

Fällen auch juristische Personen des Privatrechts unter das LDSG fallen lässt. Fraglich ist daher, ob diese auch als öffentlich-rechtliche Unternehmen anzusehen sind oder ob es sich bei solchen Unternehmen um juristische Personen des öffentlichen Rechts handeln muss. Wollte man private Rechtsformen von dem Teilverweis auf das BDSG ausnehmen, käme es zu dem nicht stimmigen Ergebnis, dass auf diese nur das LDSG SL nachrangig gilt, während für juristische Personen des öffentlichen Rechts unter den Voraussetzungen des § 13 Abs. 2 LDSG SL teilweise auf das BDSG verwiesen wird.

In anderen Ländern ist in vergleichbaren Regelungen von öffentlichen Stellen die Rede, unter die dann definitionsgemäß auch private Rechtsformen fallen können. In Hessen und Mecklenburg-Vorpommern ist zwar auch von öffentlich-rechtlichen Unternehmen die Rede. Dort schließt aber das LKHG die entsprechende Norm für Krankenhäuser aus, ein Verständnis, das vorliegend schon aufgrund der Rechtsgrundverweisung in § 13 Abs. 1 Satz 3 LKHG SL nicht in Betracht kommt.

Es ist daher zur Erzielung eines stimmigen Ergebnisses davon auszugehen, dass grundsätzlich alle unter § 2 Abs. 1 LDSG SL fallenden Stellen, somit auch private Rechtsformen, von dem Teilverweis auf das BDSG nach § 2 Abs. 2 LDSG SL erfasst werden, wenn sie die weiteren Voraussetzungen erfüllen. Für die öffentlich-rechtliche Eigenschaft des Unternehmens kommt es insoweit auf die Trägerschaft und nicht auf die Rechtsform an.

Somit gilt der Teilverweis auf das BDSG in § 2 Abs. 2 LDSG SL für Krankenhäuser immer dann, wenn sie nach § 2 Abs. 1 Satz 1 oder Satz 2 LDSG SL organisiert sind. Es gelten dann das LKHG SL vorrangig, Teile des LDSG SL nachrangig und im Übrigen Teile des BDSG.

Ergebnis: Das LKHG SL gilt für alle Krankenhäuser vorrangig und verweist nachrangig auf die jeweils geltenden Vorschriften über den Schutz personenbezogener Daten. Für öffentliche Kliniken in mittelbarer oder unmittelbarer Trägerschaft des Landes gelten nachrangig Teile des LDSG SL (insbes. zur Kontrolle durch den LfD) und im Übrigen Teile des BDSG (Vorschriften für nicht-öffentliche Stellen außer den Vorschriften über die Aufsichtsbehörde). Dies gilt auch für öffentliche Kliniken in privater Rechtsform, wenn die öffentliche Hand des Landes mittelbar oder unmittelbar mit absoluter Mehrheit beteiligt ist.

Private Krankenhäuser

Das LKHG SL ist auch auf Kliniken privater Träger anwendbar.[623]

Gilt subsidiär das LDSG oder das BDSG?

Kliniken privater Träger fallen nicht unter das LDSG SL, weil sie keine öffentliche Stelle nach § 2 Abs. 1 LDSG SL sind. Insbesondere ist auf sie nicht § 2 Abs. 1 Satz 3 LDSG SL anzuwenden, nach dem nicht-öffentliche Stellen unter das LDSG SL fallen, wenn sie hoheitliche Aufgaben wahrnehmen. Denn auch wenn es sein kann, dass ein Krankenhaus Aufgaben der öffentlichen Verwaltung wahrnimmt, so nimmt es doch jedenfalls – von der Ausnahme der Zwangsunterbringung und -behandlung ab-

---

623 Vgl. zum Anwendungsbereich die Ausführungen zu öffentlichen Krankenhäusern, s. soeben S. 195.

gesehen – keine hoheitlichen Aufgaben wahr. Auf private Kliniken ist daher nachrangig das BDSG (Vorschriften für nicht-öffentliche Stellen) anzuwenden.

Ergebnis: Das LKHG SL gilt für alle Krankenhäuser vorrangig und verweist nachrangig auf die jeweils geltenden Vorschriften über den Schutz personenbezogener Daten. Auf private Kliniken ist nachrangig das BDSG (Vorschriften für nicht-öffentliche Stellen) anzuwenden.

Zusammenfassung

Das LKHG SL gilt für alle Krankenhäuser vorrangig und verweist nachrangig auf die jeweils geltenden Vorschriften über den Schutz personenbezogener Daten. Für öffentliche Kliniken in mittelbarer oder unmittelbarer Trägerschaft des Landes gelten nachrangig Teile des LDSG SL (insbes. Kontrolle durch den LfD) und im Übrigen Teile des BDSG (Vorschriften für nicht-öffentliche Stellen außer den Vorschriften über die Aufsichtsbehörde). Dies gilt auch für öffentliche Kliniken in privater Rechtsform, wenn die öffentliche Hand des Landes mittelbar oder unmittelbar mit absoluter Mehrheit beteiligt ist. Auf private Kliniken ist nachrangig das BDSG (Vorschriften für nicht-öffentliche Stellen) anzuwenden. Es besteht eine Öffnungsklausel für kirchliche Krankenhäuser.

6.6.12.2 Regelungen zur Forschung

Interne Nutzung zur Eigenforschung

Für die eigene medizinische wissenschaftliche Forschung kann die Nutzung von innerhalb ihrer Fachabteilung zu Behandlungszwecken aufgezeichneten Patientendaten ohne Einwilligung durch Krankenhausärzte zulässig sein, wenn diese den Forschungszweck nicht auf andere Art und Weise erreichen können (§ 14 Abs. 1 LKHG SL). Zudem muss mindestens eine der folgenden beiden weiteren Bedingungen erfüllt sein, damit die Nutzung im oben dargestellten Rahmen tatsächlich zulässig ist:

1. Der Patient hat nach Unterrichtung über Art, Umfang und Zweck des Forschungsvorhabens diesem nicht widersprochen, oder
2. schutzwürdige Belange werden nicht beeinträchtigt und nachträglich kann die Möglichkeit zum Widerspruch nicht oder nur mit unverhältnismäßigem Aufwand eingeräumt werden.

Solange noch ein Personenbezug besteht oder noch keine Einwilligung vorliegt, ist allerdings die Beschränkung auf den Verarbeitungstatbestand des Nutzens zu beachten, welche an sich – würde man die Definition des insoweit subsidiär anwendbaren § 3 Abs. 5 BDSG zugrunde legen[624] – nicht nur die Datenübermittlung, sondern beispielsweise auch ein Speichern in eigenen Forschungsdateien verhindert. Damit würden insoweit im Wesentlichen nur die persönliche Kenntnisnahme oder automatisierte Suchläufe (z.B. zur Machbarkeitsabschätzung) und temporäre Daten-

---

[624] Nutzen ist demgemäß jede Verwendung personenbezogener Daten, soweit es sich nicht um Verarbeitung (einschließlich Übermittlung und Speicherung) nach § 3 Abs. 4 BDSG handelt. Auch wenn man die Definition nach § 3 Abs. 2 S. 2 Nr. 7 LDSG SL zugrunde läge, käme man nicht zu einem anderen Ergebnis, denn Nutzen ist hiernach „jede sonstige Verwendung von Daten", also gerade nicht die in Nr. 1–6 beschriebenen Verarbeitungsschritte einschließlich des Speicherns (Nr. 2) oder des Übermittelns (Nr. 4).

selektionen (z.B. zur Probandenrekrutierung) in Betracht kommen.[625] Allerdings legt § 13 Abs. 2 S. 1 LKHG SL einen erweiterten Begriff der Nutzung nach dem LKHG nahe. Patientendaten dürfen demnach „vom behandelnden Krankenhaus nur erhoben, gespeichert oder in sonstiger Weise genutzt werden, soweit dies erforderlich ist zur Erfüllung der Aufgaben des Krankenhauses […]". Hier wird also von einem Erheben, Speichern oder Nutzen „in sonstiger Weise" gesprochen und nicht – wie im BDSG oder auch dem LDSG SL – das Nutzen als sonstige Verwendung definiert. Letztlich können im Sinne des LKHG SL grundsätzlich auch das Erheben und Speichern als Nutzen angesehen werden, während das Nutzen „in sonstiger Weise" lediglich einen Auffangtatbestand darstellt. Rechtstechnisch gelungen ist diese abweichende Begriffsbildung nicht.[626] Man hätte das gleiche Ergebnis klarer auf andere Weise erreichen können, insbesondere durch explizite Aufnahme des Speicherns in § 14 Abs. 1 LKHG SL bei Verwendung der üblichen Terminologie des Nutzens (als sonstiges Verwenden) in § 13 Abs. 2 S. 1 LKHG SL. Die eben dargestellte erweiternde Sichtweise des Nutzungsbegriffs ist aber im LKHG SL angelegt und soll hier auf ihre Konsequenzen hin überprüft werden.

Eine Übermittlung bleibt auch nach dieser erweiternden Sichtweise von vorn herein vom Nutzungsbegriff ausgeschlossen. Eine (Nach- bzw. Neu-)Erhebung ist nach den weiteren in Abs. 1 enthaltenen Voraussetzungen ausgeschlossen, da das Nutzen an schon innerhalb der Fachabteilung zu Behandlungszwecken aufgezeichneten Patientendaten ansetzen muss. Allerdings erscheint es vertretbar, den Nutzungsbegriff und damit Abs. 1 insgesamt auf das Speichern in separaten Dateien auszudehnen, wobei hier dann die früher oder später greifenden forschungsspezifischen Pseudonymisierungs- und Anonymisierungspflichten nach § 14 Abs. 8 LKHG SL zu beachten sind.

Weitergabe für bestimmte Forschungsvorhaben nach Abwägung

Eine Weitergabe der Patientendaten an andere Stellen für bestimmte Forschungsvorhaben ist gemäß § 14 Abs. 2 S. 2 LKHG SL ohne Einwilligung gestattet, wenn

- das Interesse der Allgemeinheit an der Durchführung des Forschungsvorhabens das Geheimhaltungsinteresse des Patienten erheblich überwiegt,
- die Einholung der Einwilligung „der Patientin oder beim Patienten" nicht zugemutet werden kann und
- ihre oder seine schutzwürdigen Belange nicht beeinträchtigt werden.

In Abgrenzung zu § 14 Abs. 1 LKHG SL, der nur Forschung innerhalb einer Fachabteilung erlaubt, regelt Abs. 2 die Weitergabe an andere Stellen, wozu auch andere Fachabteilungen im selben Krankenhaus gehören.[627]

---

625 S. dazu oben Kap. I.4, S. 31ff., und zur ähnlichen Lage nach § 6 Abs. 2 S. 1 GDSG NW, oben S. 184f.
626 Was sich möglicherweise aus der unterschiedlichen operativen Zuständigkeit für die Gesetzentwürfe selbst innerhalb des Landes erklärt. Die LDSG werden üblicherweise im Innenministerium eines Landes federführend entworfen, während die LKHG-Entwürfe das Gesundheits- oder Sozialministerium federführend ist. Ansätze zur ressortübergreifenden Abstimmung und Stimmigkeitsprüfung werden hierbei u.U. nicht immer hinreichend ausgeschöpft.
627 Dies berücksichtigt auch die Vorgabe aus § 13 Abs. 3 S. 1 LKHG SL, wonach die „Weitergabe von Patientendaten an andere Fachabteilungen innerhalb des Krankenhauses oder an den Sozialdienst im Krankenhaus ist nur zulässig [ist], soweit sie für die Behandlung oder soziale Betreuung von Patientinnen oder Patienten erforderlich sind". Diese Vorschrift macht die fachabteilungsübergreifende Forschung nicht unzulässig, auch wenn sie dort nicht erwähnt wird. Sie verdeutlicht jedoch, dass hierfür eine besondere Erlaubnis zur Datenweitergabe nötig ist, welche im vorliegenden Kontext nur in § 14 Abs. 2 S. 2 LKHG SL, nicht aber in dessen Abs. 1 gesehen werden kann.

Zunächst sind für solche Weitergaben die Bestimmtheitsanforderungen an das Forschungsvorhaben höher als bei der internen Nutzung nach Abs. 1, wo der geforderte Vorhabensbezug nicht durch das Prädikat „bestimmt" ergänzt wird.

Die im Rahmen der ersten Bedingung[628] nach § 14 Abs. 2 S. 2 LKHG SL vorzunehmende Abwägung entspricht sodann der Abwägung im Rahmen der Angemessenheitsprüfung nach der Forschungsklausel des § 28 Abs. 6 Nr. 4 BDSG, jedoch mit der Einschränkung, dass in der hier betrachteten Vorschrift das Forschungsinteresse schon insoweit konkretisiert und damit gewichtet wird, dass ein öffentliches Interesse vorliegen muss, während die in Betracht kommenden Interessen des Patienten insoweit präzisiert werden, als ein Geheimhaltungsinteresse notwendig ist.

Im Rahmen der zweiten Bedingung ist fraglich, ob die Einholung für den Patienten oder für das Krankenhaus nicht zumutbar sein darf. Nähme man den Wortlaut ernst („Einholung der Einwilligung der Patientin oder beim Patienten nicht zugemutet werden kann"), so käme es möglicherweise für Patientinnen nur darauf an, dass die Einwilligung diesen nicht zumutbar ist, während es bei Patienten auch genügen würde, wenn sie dem Krankenhaus nicht zumutbar wäre. Ein solche unterschiedliche Auslegung widerspräche jedoch in eklatanter Weise der durch Art. 3 Abs. 2 S. 1 GG angeordneten Gleichberechtigung von Männern und Frauen, weshalb für beide Geschlechter beide Auslegungsvarianten anzuwenden sind. Für den Patienten (bzw. die Patientin) wäre die Einholung einer Einwilligung beispielsweise dann nicht zumutbar, wenn er mit Geschehnissen, die im Zusammenhang mit den die Einwilligung betreffenden Patientendaten stehen, nicht konfrontiert werden möchte (zum Beispiel mit Gendiagnosen, deren Kenntnisnahme der Patient explizit ausgeschlossen hat – Recht auf Nichtwissen), während die Einholung für das Krankenhaus beispielsweise unzumutbar sein könnte, wenn diese sehr kurzfristig erfolgen müsste, da die Daten ohne sofortige Zustimmung unbrauchbar für ein bestimmtes Forschungsvorhaben werden würden.

Aufgrund der letzten Bedingung, welche an sich kumulativ („und"-Verknüpfung) zu den bereits genannten Punkten vorliegen muss, dürfen schutzwürdige Belange des Patienten nicht beeinträchtigt werden. Ebenso wie die Formulierung „wenn keine schutzwürdigen Interessen des Patienten gefährdet sind" in § 12 Abs. 1 LKHG HH scheint die Formulierung zunächst keine Abwägung der Belange des Patienten mit jenen der Forschung zuzulassen. Die Verarbeitung der Daten ist schon unzulässig, sobald ein schutzwürdiges Interesse des Patienten dadurch beeinträchtigt würde. Eine wertende Gewichtung bzw. Abwägung ist hier an sich nicht oder allenfalls sehr eingeschränkt bei der Beurteilung der Schutzwürdigkeit einzelner Interessen möglich.

Während nach der vorliegenden dritten Bedingung damit jede Beeinträchtigung schutzwürdiger Patientenbelange, im vorliegenden Kontext also ganz typischerweise von Geheimhaltungsinteressen, einem Forschungsvorhaben entgegensteht, soll nach der – an sich kumulativ notwendigen – ersten Bedingung eine solche Beeinträchtigung von Geheimhaltungsinteressen des Patienten durch ein erheblich überwiegendes öffentliches Interesse überspielt werden können. Diesen Widerspruch

---

[628] Soeben im ersten Punkt wiedergegeben.

könnte man dadurch auflösen, dass man die drei in § 14 Abs. 2 S. 2 LKHG SL aufgezählten Zulässigkeitsvoraussetzungen nicht kumulativ, sondern (zumindest teilweise) alternativ bzw. optional versteht, was zwar einer ähnlichen Rechtslage beispielsweise in Rheinland-Pfalz entsprechen,[629] aber dem Wortlaut des LKHG SL widersprechen würde, der insoweit eine „und"-Verknüpfung vorsieht.[630] Um der Abwägungsklausel der ersten Voraussetzung dennoch eine eigenständige Bedeutung zu verleihen und den festgestellten Widerspruch so abzumildern, kann man hier ausnahmsweise einen nennenswerten Teil der Abwägung in die Schutzwürdigkeitsprüfung vorziehen.[631] In der Regel werden daher schutzwürdige Patientenbelange im vorliegenden Kontext nicht beeinträchtigt, wenn das Interesse der Allgemeinheit an der Forschung das Geheimhaltungsinteresse des Patienten im Sinne der ersten Voraussetzung erheblich überwiegt. Gegebenenfalls kann eine Beeinträchtigung schutzwürdiger Belange auch durch besondere Schutzmaßnahmen ausgeschlossen werden, unter denen § 14 Abs. 8 LKHG SL die baldmöglichste Pseudonymisierung bzw. Anonymisierung besonders hervorhebt.

Ferner müssen die Krankenhäuser den Empfänger, die Art der zu übermittelnden Daten, den Kreis der betroffenen Patienten, das vom Empfänger genannte Forschungsvorhaben sowie das Vorliegen der genannten Voraussetzungen aufzeichnen (§ 14 Abs. 2 Satz 3 LKHG SL).

Gemäß § 14 Abs. 2 Satz 4 LKHG SL dürfen „die übermittelten personenbezogenen Daten nur mit der Einwilligung der Patientin oder des Patienten weiter übermittelt oder für ein anderes als das angegebene Forschungsvorhaben verarbeitet oder sonst genutzt werden", was nochmals in Abs. 7 betont wird: Sollen die Daten für ein anderes als das angegebene Forschungsvorhaben verarbeitet oder sonst genutzt werden, ist hierfür die Einwilligung des Patienten notwendig. Hier wird ersichtlich, dass die patientenbezogenen Daten nicht ohne Einwilligung des Patienten in eine zu allgemeinen Forschungszwecken genutzte Datenbank übermittelt werden dürfen.

Klinische Krankheitsregister

In § 14 Abs. 3–6 LKHG SL finden sich Regelungen zu klinischen Krankheitsregistern, die „Zwecken nicht nur der behandlungsbezogenen Aufgaben der wissenschaftlichen Erforschung einer bestimmten Krankheit" dienen.[632] Für deren Errichtung ist eine Genehmigung der Krankenhausaufsichtsbehörde erforderlich (Abs. 3 S. 2). In einem solchen Register können auch personenbezogene Daten mehrerer Krankenhäuser zusammengeführt werden (Abs. 4). Die Einwilligung der Patienten muss nicht eingeholt werden, sie haben aber ein Widerspruchsrecht, über welches sie grundsätzlich

---

629 So lässt es beispielsweise § 37 Abs. 1 S. 2 LKHG RP genügen, dass es (1.) nicht zumutbar ist die Einwilligung einzuholen und schutzwürdige Belange der Patienten nicht beeinträchtigt werden oder (2.) berechtigte Forschungsinteressen der Allgemeinheit an der Geheimhaltungsinteresse des Patienten erheblich überwiegen. Die hier aufgelistete Voraussetzung 1 nach dem LKHG RP würde der Kumulation der Bedingungen 2 und 3 nach § 14 Abs. 2 S. 2 LKHG SL entsprechen, was sich wohl als „kleine" rechtspolitische Lösung auch für das Saarland am schnellsten und einfachsten implementieren ließe.
630 Die zweite Voraussetzung dahingehend, dass die Einholung der Einwilligung der Patientin oder beim Patienten nicht zugemutet werden kann, hätte für sich alleine genommen wohl auch zu wenig Rechtfertigungsgehalt.
631 Insoweit im Gegensatz z. B. zur Rechtslage nach § 37 Abs. 1 S. 2 LKHG RP, s. oben S. 193, oder § 38 Abs. 2 S. 1 LKHG MV, s. oben S. 175.
632 Was „nicht nur behandlungsbezogene Aufgaben der wissenschaftlichen Forschung" allerdings genau sein sollen, erschließt sich aus dem Gesetz nicht, es sei denn, dass hier eine Tautologie reproduziert wird, nämlich, dass Wissenschaft prinzipiell nicht nur (und vielleicht auch überhaupt nicht) behandlungsbezogen ist. Letztlich können aber jedenfalls alle klinischen Krankheitsregister, die auch der Wissenschaft dienen, auf diese Rechtsgrundlage gestützt werden, wenn die entsprechenden übrigen Voraussetzungen eingehalten werden.

zu unterrichten sind (Abs. 5). Die Registerdaten dürfen nur im Rahmen der festgelegten Zweckbestimmung genutzt werden (Abs. 6), wobei diese sich auf die Erforschung einer bestimmten Krankheit beschränken muss (Abs. 3 S. 1). Eine weitere Einschränkung auf ein bestimmtes Vorhaben ist allerdings nicht gefordert. Eine Rechtsgrundlage für ein allgemeines, mit Behandlungsdaten zu verschiedenen Erkrankungen gefülltes Forschungsregister liegt hierin somit nicht.

Sonstige Rahmenbedingungen

Nach § 14 Abs. 7 LKHG SL dürfen „die übermittelten personenbezogenen Daten nach den Absätzen 1, 3 und 4 [...] nur mit der Einwilligung der Patientin oder des Patienten für ein anderes als das angegebene Forschungsvorhaben verarbeitet oder sonst genutzt werden". Dies verwundert in Bezug auf Abs. 1 insoweit, als dass dort keine Übermittlung, sondern nur eine Nutzung erlaubt wird. Im Ergebnis wird aber deutlich, dass patientenbezogene Daten nicht ohne Einwilligung des Patienten in eine zu beliebigen Forschungszwecken genutzte Datenbank übertragen werden dürfen.

Der weitere Umgang mit den Patientendaten wird von § 14 Abs. 8 LKHG SL vorgeschrieben. Demnach müssen die Daten anonymisiert werden, sobald dies möglich ist (Satz 1). Ferner müssen die Merkmale, mit deren Hilfe ein Personenbezug rekonstruiert werden kann, im Sinne einer Pseudonymisierung getrennt gespeichert und darüber hinaus im Sinne einer Anonymisierung gelöscht werden, sobald der Forschungszweck dies gestattet (Satz 2).

6.6.12.3 Regelungen zur Qualitätssicherung

Fachabteilungsinterne Qualitätssicherung

§ 13 LKHG SL regelt die (nicht forschungsspezifische) Erhebung, Speicherung und (sonstige) Nutzung von Patientendaten, die gemäß Abs. 2 S. 1 unter anderem gestattet ist, soweit dies erforderlich ist zur Erfüllung der klinischen Dokumentationspflicht oder einer gesetzlichen Erhebungs- und Speicherungspflicht, worunter eine gesetzlich zwingend vorgeschriebene Qualitätssicherung fallen könnte.

Zudem dürfen Patientendaten nach § 13 Abs. 2 S. 1 LKHG SL vom behandelnden Krankenhaus erhoben, gespeichert oder in sonstiger Weise genutzt werden, soweit dies zur Erfüllung der Aufgaben des Krankenhauses erforderlich ist. Der Bezug auf die Aufgaben ist sehr unbestimmt, wenn diese aber in anderen Rechtsvorschriften klarer umrissen sind, dürfte dies einer wirksamen Erlaubnis für den ausschließlich internen Datenumgang zu den dort genannten Zwecken entsprechen. Eine solche gesetzliche Aufgabenzuweisung in Bezug auf die Qualitätssicherung findet sich in § 9 LKHG SL. Die Krankenhäuser sind danach verpflichtet, eine den fachlichen Erfordernissen und dem jeweiligen Stand der wissenschaftlichen Erkenntnisse entsprechende Qualität ihrer Leistungen zu gewährleisten und sich an einrichtungsübergreifenden Maßnahmen der Qualitätssicherung zu beteiligen. Zur Erfüllung dieser Pflicht treffen sie die nach dem SGB V vorgesehenen Maßnahmen. Darüber hinaus soll die Qualitätssicherung alle Maßnahmen im Umfeld der Patientin oder des Patienten sowie gesundheitsfördernde Aspekte umfassen. Bezüglich der patientennahen und einrichtungsinternen Maßnahmen kann dabei auf die genannte Erlaubnis aus § 13 Abs. 2 S. 1 LKHG SL zurückgegriffen werden. Dies gilt allerdings nur für die fachabteilungsinterne Qualitätssicherung. Denn nach § 13 Abs. 3 S. 1 LKHG SL gilt: „Die Weitergabe von Patientendaten an andere Fachabteilungen innerhalb des Krankenhauses oder an den Sozialdienst im Krankenhaus ist nur zulässig, soweit sie für die Behandlung oder soziale Betreuung von Patientinnen oder Patienten erforderlich sind".[633] Da hier die Qualitätssicherung nicht erwähnt ist, ist zunächst keine Weitergabe an andere Fachabteilungen zulässig.

Fachabteilungs- und einrichtungsübergreifende Qualitätssicherung

Für fachabteilungs- und einrichtungsübergreifende Datenweitergaben zur Qualitätssicherung muss daher eine bestimmtere Erlaubnisnorm angeführt werden, wie sie sich – auch außerhalb des SGB V – in der Übermittlungsvorschrift des § 13 Abs. 4 S. 1 Nr. 10 LKHG SL findet.

Gemäß dieser Vorschrift ist die Übermittlung von Patientendaten an Personen und Stellen außerhalb des Krankenhauses zulässig, wenn dies zur Qualitätssicherung in der stationären Versorgung erforderlich ist und dieser Zweck nicht mit anonymisierten oder pseudonymisierten Daten erreicht werden kann.[634] Ferner ist notwendig, dass es sich bei dem Empfänger um einen Arzt oder eine ärztlich geleitete Stelle handelt. Auch dürfen keine überwiegenden schutzwürdigen Interessen der Betroffenen entgegenstehen. Hier besteht ein Abwägungsspielraum, innerhalb welchem die Interessen der Patienten gewichtet und mit dem Zweck der Qualitätssicherung verglichen werden müssen. Erst, wenn das Ausschlussinteresse des Patienten das Interesse in Bezug auf die Qualitätssicherung überwiegt, ist eine Übermittlung nicht mehr gestattet. Das bedeutet, dass eine Übermittlung auch dann erlaubt sein kann, wenn Interessen des Patienten gegen eine Übermittlung der Daten sprechen und darüber hinaus selbst dann, wenn diese gleich schwer wiegen wie das Interesse des Krankenhauses an der Qualitätssicherung. Somit erscheinen die Befugnisse des Krankenhauses weniger restringiert als bei der forschungsbezogenen Angemessenheitsprüfung im Rahmen von § 28 Abs. 6 Nr. 4 BDSG.

Da die schutzwürdigen Interessen des Betroffenen durch die Übermittlung der Daten (§ 13 Abs. 4 S. 1 Nr. 10 LKHG SL) in einem größeren Rahmen beeinträchtigt werden als durch die interne Nutzung, kann man davon ausgehen, dass die Nutzung der Daten innerhalb des Krankenhauses zu Zwecken der Qualitätssicherung jedenfalls unter den für diese Übermittlung geltenden Bedingungen erst recht zulässig ist. Für die fachabteilungsübergreifende Qualitätssicherung, die wie gesehen wegen § 13 Abs. 3 S. 1 LKGH SL nicht unter dessen Abs. 2 fällt, ist dies von praktischer Bedeutung. Insoweit kann die Weitergabe von Patientendaten zur fachabteilungsübergreifenden Qualitätssicherung implizit der Übermittlung gleichgestellt werden.

Das LKHG SL stellt damit nicht wie manch andere Landeskrankenhausgesetze die fachabteilungsübergreifende Datenweitergabe explizit der Übermittlung gleich. Aber es trifft besondere Weitergaberegeln, die teils explizit (wie bei der Forschung nach

---

633 Nach dem naheliegenden Wortsinn bezöge sich hier die Erforderlichkeit hier auf die Daten, welche (an irgendeiner Stelle) „erforderlich sind", und nicht auf die Weitergabe an sich und damit die Erforderlichkeit gerade auch für die empfangende Fachabteilung. Nach Sinn und Zweck und in Vereinbarkeit mit dem noch möglichen Wortsinn wird man die Erforderlichkeit aber auf die Weitergabe an sich erstrecken müssen, die dann gegebenenfalls „erforderlich ist".

634 Wobei man die Nichterreichbarkeit mit anonymisierten oder pseudonymisierten Daten auch als Teil der Erforderlichkeit ansehen könnte. Die vom Gesetzgeber gewählte Formulierung unterstreicht jedoch die Bedeutung und Verbindlichkeit dieses Aspektes der Datensparsamkeit.

§ 14 Abs. 2 LKHG SL), teils implizit (wie bei der Qualitätssicherung nach § 13 Abs. 1, 3, 4 Nr. 10 LKHG SL) sowohl auf die Weitergabe an andere interne Stellen als auch an außenstehende Dritte gelten. Hierdurch wird – jedenfalls bezüglich Qualitätssicherung und Forschung – mittelbar das gleiche Ergebnis wie durch eine Anordnung, dass fachabteilungsübergreifende Weitergaben als Übermittlungen gelten,[635] herbeigeführt.

Gemäß § 13 Abs. 2 S. 1 Nr. 11 LKHG SL ist die Übermittlung ferner gestattet, wenn sie zur Erfüllung der Aufgaben des Trägers der Notfallversorgung zur Ermittlung der Wirksamkeit rettungsdienstlicher Maßnahmen im Rahmen der Qualitätssicherung erforderlich ist und der Ärztliche Leiter des Rettungsdienstes dies angefordert hat.

Zu beachten ist gemäß § 13 Abs. 4 S. 2, S. 3 LKHG SL hierbei, dass Personen oder Stellen, denen nach dieser Vorschrift Patientendaten übermittelt worden sind, diese ausschließlich zu den Zwecken verwenden dürfen, zu welchen sie übermittelt wurden, und dass diese Stellen die Daten unbeschadet sonstiger Datenschutzbestimmungen in demselben Umfang geheim halten müssen wie das Krankenhaus im Rahmen dieses Gesetzes.

6.6.12.4 Regelungen zur Einwilligung

Zulässigkeit der Einwilligung

Soweit keine gesetzliche Erlaubnis vorliegt, darf im Einzelfall die Erhebung, Speicherung oder sonstige Nutzung von Patientendaten auch mit der Einwilligung des Patienten erfolgen (§ 13 Abs. 2 S. 2 LKHG SL). Hier könnte man zunächst die Folge annehmen, dass eine Massenspeicherung von Daten, wie sie im Rahmen mancher Register geplant ist, auf dieser Grundlage selbst bei Einwilligung der Patienten nicht möglich ist. Jedoch wird die Einschränkung „im Einzelfall" eher so zu interpretieren sein, dass der Patient bei seiner Aufnahme im Krankenhaus keine generelle Einwilligung auf Vorrat abgeben kann, sondern, dass er, sollte die Übermittlung der Daten durch das Krankenhaus angestrebt werden, seine Einwilligung erst dann – anlassabhängig – wirksam erteilen kann.[636] Wenn der Anlass aber bereits hinreichend absehbar ist, wie beispielsweise das Einstellen in ein (internes) Register, dann steht der Einzelfallbezug einer Einwilligung nicht grundsätzlich entgegen.

Für die Einwilligung in die Übermittlung zu Forschungszwecken ist aber ohnehin § 14 Abs. 2 S. 1 LKHG SL einschlägig. Demnach dürfen an andere Stellen Patientendaten für bestimmte Forschungsvorhaben nur weitergegeben werden, wenn die Patientin oder der Patient ausdrücklich eingewilligt hat. Dies wird bestätigt durch § 14 Abs. 7 LKHG SL, wonach die „übermittelten personenbezogenen Daten nach den Absätzen 1, 3 und 4 [...] nur mit der Einwilligung der Patientin oder des Patienten für ein anderes als das angegebene Forschungsvorhaben verarbeitet oder sonst genutzt werden" dürfen. Das Einzelfallerfordernis findet sich hier nicht, dafür aber der notwendige Bezug zu einem bestimmten Forschungsvorhaben, welcher im Prinzip ähnlich zu interpretieren ist. Damit stellt sich die Frage, ob der geforderte Bezug

---

635 Da einrichtungsinterne Datenweitergaben definitorisch keine Übermittlungen sind, sondern diesen nur gleichgestellt werden, liegt in einer solchen Anordnung letztlich eine Fiktion als besondere Form der Rechtsfolgenverweisung vor.
636 Vgl. die Ausführungen zum Einzelfallbezug der Einwilligung nach § 50 Abs. 1 LKHG BW, s.o. S. 132f.

zu einem bestimmten Vorhaben bei der Übermittlung zu Forschungszwecken, einer Einwilligung in einrichtungsübergreifend pseudonymisierte allgemeine Forschungsdatenbanken entgegensteht. Wenn der Begriff des (bestimmten) „Forschungsvorhabens" in den die Einwilligung regelnden Normen gleich zu interpretieren wäre wie im Rahmen rein gesetzlicher Erlaubnisse (z.B. § 28 Abs. 6 Nr. 4 BDSG), dann müsste diese Frage bejaht werden[637] – mit der Folge der Unzulässigkeit. Bei der gesetzlichen Erlaubnis ergibt sich dies vor allem daraus, dass man konkrete Anhaltspunkte als Grundlage für die in der Regel hier angeordnete Abwägung benötigt.

Eine solche Abwägung findet bei der Einwilligung jedoch nicht in gleichem Maße statt. Der Betroffene benötigt zwar ein Mindestmaß an Information, um seine persönliche Abwägung und Entscheidung über die Erteilung der Einwilligung in aufgeklärter Weise treffen zu können. Ihm steht es jedoch gerade auch dann frei, die Einwilligung zu verweigern, wenn ihm ihre Ausgestaltung nicht bestimmt genug erscheint. Die Verweigerung der Behandlung darf dann aber auf keinen Fall Folge einer verweigerten Einwilligung sein. Auch die AGB-rechtliche Angemessenheitsbewertung rechtsgeschäftlicher Forschungsklauseln, wie sie in Einwilligungen enthalten sind, stellt eine gegenüber der Abwägung auf Basis gesetzlicher Forschungsklauseln zurückgenommene Kontrolle dar.[638]

Auch vor verfassungsrechtlichem Hintergrund besteht aufgrund der Einwilligung als Ausdruck informationeller Selbstbestimmung des Betroffenen kein so großer Rechtfertigungsbedarf. Wenn zudem der Betroffene noch über eine einrichtungsinterne oder die einrichtungsübergreifende Pseudonymisierung, in letzterem Fall durch einen besonders vertrauenswürdigen Datentreuhänder,[639] gegen ungewollte Re-Identifizierung technisch und organisatorisch geschützt wird, dann erscheint es vertretbar, den Vorhabensbezug im Kontext der Einwilligung so auszulegen, dass die Pseudonymisierung sowie der daran anschließenden Aufbau einer allgemeinen Forschungsdatenbank noch als entsprechendes Vorhaben und damit letztlich „einwilligungsfähig" anzusehen sind. Solange die eingestellten Daten für die Register-führende Stelle und zugreifende Forscher anonym bleiben, ist auch für darauf aufbauende Vorhaben keine erneute Einwilligung notwendig. Eine weitere Verwendung der Daten aus einem solchen Register nach eventueller Re-Identifizierung dürfte allerdings den Rahmen des ursprünglichen Vorhabensbezugs sprengen und eine erneute Einwilligung erfordern.[640]

Allgemeine Anforderungen an die Ausgestaltung

Ferner werden in § 13 Abs. 2 LKHG SL die allgemeinen Anforderungen an die Einwilligung festgelegt. So muss die Einwilligung gemäß Satz 3 grundsätzlich in Schriftform abgegeben werden, doch kann sie, sollte wegen besonderer Umstände eine

---

637 Zur entsprechenden Interpretation des Vorhabensbezugs in § 28 Abs. 6 Nr. 4 BDSG s.o. S. 98ff.
638 Grundsätzlich anwendbare gesetzliche Forschungsklauseln wären dabei das gesetzliche Leitbild für die AGB-Kontrolle, von dessen wesentlichen Grundgedanken zwar nicht abgewichen werden könnte, wohl aber von der Ausgestaltung im Einzelnen.
639 Unter Trennung von personenidentifizierenden und medizinischen Daten, vgl. die entsprechenden Ausführungen zur Bestimmtheit der Einwilligung nach dem BDSG, s.o. S. 117ff.
640 Auf gesetzlicher Basis (Forschungsklauseln) dürften hier nur die Verwendungsschritte erlaubt sein, die zwingend erforderlich sind, um eine erneute Einwilligung einzuholen. Zur Sicherheit könnte man diesen Prozess auch in der ursprünglichen Einwilligung abbilden.

andere Form angemessen sein, auch in dieser Form erteilt werden. Solche besonderen Umstände könnten bei Unvermögen des Patienten, trotz Einwilligungsfähigkeit schriftlich einzuwilligen vorliegen oder auch, wenn die Einwilligung besonders schnell benötigt wird. Im Falle einer mündlich abgegebenen Erklärung, ist diese zu dokumentieren, Satz 4. Weiterhin muss der Patient über Art, Umfang und Zweck der Nutzung aufgeklärt werden (Satz 5). Hierbei ist gemäß Satz 6 auch zu beachten, dass dem Patienten keine Nachteile entstehen dürfen, sollte er die Einwilligung verweigern. Schließlich ist die Verarbeitung unzumutbarer oder sachfremder Angaben trotz Einwilligung nicht zulässig (Satz 7), was dem Schutz der einwilligenden Patienten dient.

6.6.13 Sachsen

Relevante Landesgesetze:
- Sächsisches Krankenhausgesetz (LKHG SN)[641]
- Sächsisches Datenschutzgesetz (LDSG SN)[642]

6.6.13.1 Auf Kliniken anwendbare Datenschutzvorschriften

Öffentliche Krankenhäuser

Das LKHG SN gilt nach seinem § 2 Abs. 1 für Krankenhäuser im Sinne von § 2 Nr. 1 KHG,[643] die auf Grund des KHG gefördert werden. Die Klinik muss somit tatsächlich nach dem KHG gefördert werden, eine Förderfähigkeit reicht nicht aus. Allerdings sind Krankenhäuser des Bundes nach § 5 Abs. 1 Nr. 9 KHG grundsätzlich schon nicht KHG-förderfähig. Auch daher (neben Kompetenzgründen) ist das LKHG SN auf sie nicht anwendbar.

Soweit im LKHG SN nichts anderes bestimmt ist, sind die jeweils geltenden Vorschriften über den Schutz personenbezogener Daten anzuwenden (§ 33 Abs. 1 Satz 1 LKHG SN).

Nach § 2 Abs. 3 LKHG SN gilt das LKHG SN mit Ausnahme der §§ 8–20 (Förderung) und des § 21 Abs. 1 und 2 (Fachabteilungen, Leitung) auch für Universitätskliniken, soweit sie der Versorgung der Bevölkerung dienen. Ansonsten gilt das LKHG SN für sie nicht, weil bei Universitätskliniken nach § 5 Abs. 1 Nr. 1 KHG grundsätzlich keine KHG-Förderfähigkeit besteht und sie deshalb nicht unter den Anwendungsbereich des LKHG SN nach § 2 Abs. 1 LKHG SN fallen. Allerdings ist bei ihnen in aller Regel – jedenfalls beim Umgang mit Behandlungsdaten – davon auszugehen, dass sie der (Maximal-)Versorgung der Bevölkerung dienen. Die den Datenschutz betreffenden §§ 32–34 LKHG SN gelten somit auch für diese.

---

641 Zuletzt geändert durch Gesetz vom 07.08.2014.
642 Zuletzt geändert durch Gesetz vom 14.07.2011.
643 Vgl. zu dieser weiten Begriffsbestimmung von Krankenhäusern in § 2 Nr. 1 KHG, die praktisch alle Krankenhäuser im natürlichsprachlichen Sinn umfasst, näher die Ausführungen zu Bremen, s.o. S. 156. Allerdings stellt das weitere Erfordernis der Förderung nach dem KHG eine zusätzliche Einschränkung dar.

6 Anwendbares Datenschutzrecht für die Sekundärnutzung klinischer Daten unter Berücksichtigung des Landesrechts

Gilt subsidiär das LDSG oder das BDSG?

Soweit besondere Rechtsvorschriften des Bundes oder des Landes die Verarbeitung personenbezogener Daten regeln, gehen sie den Bestimmungen des LDSG SN vor (§ 2 Abs. 4 LDSG SN). Soweit aber im LKHG SN der Datenschutz nicht geregelt wird, steht dieses der Anwendung des LDSG SN nicht entgegen.

Das LDSG SN gilt nach § 2 Abs. 1 Satz 1 LDSG SN für Behörden und sonstige öffentliche Stellen des Landes, der Gemeinden und Landkreise sowie der sonstigen der Aufsicht des Landes unterstehenden juristischen Personen des öffentlichen Rechts. Unter das LDSG SN fallen nach § 2 Abs. 2 LDSG SN auch juristische Personen und sonstige Vereinigungen des privaten Rechts, an denen eine oder mehrere der in § 2 Abs. 1 LDSG SN genannten Stellen mit absoluter Mehrheit der Anteile oder absoluter Mehrheit der Stimmen beteiligt sind. Eine Klinik in öffentlicher Trägerschaft fällt somit unter das LDSG SN, wenn sie die Voraussetzungen nach § 2 Abs. 1 oder Abs. 2 LDSG SN erfüllt.

Auch wenn es sein kann, dass ein Krankenhaus Aufgaben der öffentlichen Verwaltung wahrnimmt, so nimmt es doch jedenfalls keine hoheitlichen Aufgaben wahr, weshalb es nicht trotz privater Trägerschaft aufgrund des § 2 Abs. 1 Satz 2 LDSG SN als öffentliche Stelle gilt und daher nicht bereits deshalb unter das LDSG SN fällt.

Gemäß § 2 Abs. 3 LDSG SN sind auf öffentlich-rechtliche Unternehmen mit eigener Rechtspersönlichkeit sowie für Stellen nach § 2 Abs. 2 LDSG SN, die am Wettbewerb teilnehmen, die Vorschriften des BDSG mit Ausnahme des 2. Abschnitts (Datenverarbeitung der öffentlichen Stellen), somit die für nicht-öffentliche Stellen geltenden Vorschriften des BDSG, anzuwenden.

Dieser Verweis auf das BDSG gilt damit auch für die nach § 2 Abs. 2 unter das LDSG SN fallenden juristischen Personen des privaten Rechts. Zum einen stellt sich daher die zur Rechtslage im Saarland problematisierte Frage, ob sie als öffentlich-rechtliche Unternehmen anzusehen sind, vorliegend nicht. Zum anderen ergibt sich daraus auch, dass ein Unternehmen jedenfalls vorliegend nicht notwendig eine juristische Person des privaten Rechts zu sein braucht, sondern auch eine juristische Person des öffentlichen Rechts sein kann.[644] Dem Merkmal der Unternehmenseigenschaft kommt dabei zumindest im Krankenhausbereich keine weitere Bedeutung zu.

Im Unterschied zu einigen anderen Ländern müssen die Wettbewerbsunternehmen vorliegend aber, wie auch in Baden-Württemberg, eine eigene Rechtspersönlichkeit haben, damit der Verweis auf das BDSG für sie gilt. Der Verweis gilt daher nicht für Eigen- bzw. Regiebetriebe der öffentlichen Hand. Wenn keine juristische Person des privaten Rechts vorliegt, muss das Wettbewerbsunternehmen für die nachrangige Geltung des BDSG folglich als juristische Person des öffentlichen Rechts verfasst sein, es muss sich also um eine Anstalt, Stiftung oder Körperschaft des öffentlichen Rechts handeln.

Somit gilt der Verweis auf das BDSG in § 2 Abs. 3 LDSG SN für Krankenhäuser immer dann, wenn sie in einer von dieser Norm genannten Form organisiert sind. Denn grundsätzlich nehmen alle Krankenhäuser am Wettbewerb teil.[645] Es gilt dann nach

---

[644] Vgl. dazu die näheren Ausführungen zu Baden-Württemberg, s.o. S. 126f.
[645] Vgl. dazu näher die Ausführungen zum BDSG, oben S. 91ff.

dem vorrangigen LKHG SN das BDSG (Vorschriften für nicht-öffentliche Stellen) nachrangig.

Ergebnis: Das LKHG SN gilt für Krankenhäuser im Sinne von § 2 Nr. 1 KHG, die auf Grund des KHG gefördert werden, vorrangig und verweist nachrangig auf die jeweils geltenden Vorschriften über den Schutz personenbezogener Daten. Das LKHG SN ist, zumindest hinsichtlich der datenschutzrechtlich relevanten Teile, ebenfalls auf Universitätskliniken anwendbar, soweit sie der Versorgung der Bevölkerung dienen. Wird eine öffentliche Klinik in mittelbarer oder unmittelbarer Trägerschaft des Landes als Eigenbetrieb geführt, gilt nachrangig das LDSG SN. Für öffentliche Kliniken, die als juristische Personen des öffentlichen Rechts in Landesträgerschaft oder als juristische Personen des privaten Rechts, an denen die öffentliche Hand des Landes mittelbar oder unmittelbar mit absoluter Mehrheit beteiligt ist, geführt werden, gilt nachrangig das BDSG (Vorschriften für nicht-öffentliche Stellen).

Private Krankenhäuser

Das LKHG SN gilt nach § 2 Abs. 1 LKHG SN für Krankenhäuser im Sinne von § 2 Nr. 1 KHG, die auf Grund des KHG gefördert werden. Soweit im LKHG SN nichts anderes bestimmt ist, sind die jeweils geltenden Vorschriften über den Schutz personenbezogener Daten anzuwenden (§ 33 Abs. 1 Satz 1 LKHG SN).

Gilt subsidiär das LDSG oder das BDSG?

Kliniken privater Träger fallen nicht unter das LDSG SN, weil sie keine öffentliche Stelle nach § 2 Abs. 1 und Abs. 2 LDSG SN sind. Insbesondere ist auf sie nicht § 2 Abs. 1 Satz 2 LDSG SN anzuwenden, nach dem nicht-öffentliche Stellen unter das LDSG SN fallen, wenn sie hoheitliche Aufgaben wahrnehmen. Denn auch wenn es sein kann, dass ein Krankenhaus jedenfalls bei öffentlicher Trägerschaft Aufgaben der öffentlichen (Leistungs-)Verwaltung wahrnimmt, so nimmt es doch jedenfalls keine hoheitlichen Aufgaben wahr. Auf private Kliniken ist daher nachrangig das BDSG (Vorschriften für nicht-öffentliche Stellen) anzuwenden.

Ergebnis: Das LKHG SN gilt für Krankenhäuser im Sinne von § 2 Nr. 1 KHG, die auf Grund des KHG gefördert werden, vorrangig und verweist nachrangig auf die jeweils geltenden Vorschriften über den Schutz personenbezogener Daten. Für Kliniken privater Träger gilt nachrangig das BDSG (Vorschriften für nicht-öffentliche Stellen).

Zusammenfassung

Das LKHG SN gilt für Krankenhäuser im Sinne von § 2 Nr. 1 KHG, die auf Grund des KHG gefördert werden, vorrangig und verweist nachrangig auf die jeweils geltenden Vorschriften über den Schutz personenbezogener Daten. Das LKHG SN ist ebenfalls, zumindest hinsichtlich der datenschutzrechtlich relevanten Teile, auf Universitätskliniken anwendbar, soweit sie der Versorgung der Bevölkerung dienen. Wird eine öffentliche Klinik in mittelbarer oder unmittelbarer Trägerschaft des Landes als Eigenbetrieb geführt, gilt nachrangig das LDSG SN. Für öffentliche Kliniken, die als juristische Personen des öffentlichen Rechts in Landesträgerschaft oder als juristische Personen des privaten Rechts, an denen die öffentliche Hand des Landes mit absoluter Mehrheit beteiligt ist, geführt werden, gilt nachrangig das BDSG (Vorschriften für nicht-öffentliche Stellen). Auch für Kliniken privater Träger gilt nachrangig das BDSG (Vorschriften für nicht-öffentliche Stellen).

Es besteht eine Öffnungsklausel für kirchliche Krankenhäuser: Religionsgemeinschaften können gemäß § 33 Abs. 9 LKHG SN unter Berücksichtigung ihres Selbstverständnisses anstelle der datenschutzrechtlichen Bestimmungen des LKHG SN eigene bereichsspezifische Bestimmungen erlassen, die den datenschutzrechtlichen Bestimmungen dieses Gesetzes gleichwertig sein müssen.

6.6.13.2 Regelungen zur Forschung

Interne Eigenforschung

Gemäß § 34 Abs. 1 S. 1 LKHG SN ist es Ärzten gestattet, Patientendaten, die innerhalb ihrer Fachabteilung, bei Hochschulen innerhalb ihrer medizinischen Einrichtungen, in den Universitätsklinika oder in sonstigen medizinischen Einrichtungen gespeichert sind, für eigene wissenschaftliche Forschungsvorhaben zu verarbeiten und sonst zu nutzen. Dies gilt entsprechend für sonstiges wissenschaftliches Personal dieser Einrichtungen, soweit es der Geheimhaltungspflicht nach § 203 StGB unterliegt (§ 34 Abs. 1 S. 2 LKHG SN). In diese Geheimhaltungspflicht sind auch nicht-ärztliche Heilberufe (§ 203 Abs. 1 Nr. 1 StGB) sowie Berufspsychologen (Nr. 2), soweit sie an der Behandlung beteiligt sind, sowie deren berufsmäßig tätige Gehilfen und in Vorbereitung auf diese Berufe tätige Personen (Abs. 3 S. 2) einbezogen.

Fraglich ist, ob im Rahmen von Forschungsprojekten eines schweigeverpflichteten Wissenschaftlers auch anderes wissenschaftliches Personal derselben medizinischen Organisationseinheit diese Daten nutzen darf. Dies ist angesichts der Tatsache, dass es ihnen durch diese Norm gestattet wäre, eigene Forschungsprojekte zu betreiben, zu bejahen. Es ist nicht ersichtlich, warum die Mitwirkung an Forschungsprojekten anderer Wissenschaftler derselben Fachrichtung ausgeschlossen sein soll. Die Formulierung „eigene wissenschaftliche Forschungsvorhaben" ist mithin dahingehend zu verstehen, dass sämtliche Projekte innerhalb der Organisationseinheit umfasst werden.

Neben diesem personellen Bezug auf schweigeverpflichtetes wissenschaftliches Personal ist die Beschränkung auf Eigenforschung mit in der jeweiligen medizinischen Organisationseinheit gespeicherten Patientendaten zu beachten Als Organisationseinheiten werden hier die Fachabteilung, bei Hochschulen die medizinischen Einrichtungen, die Universitätsklinika oder die sonstigen medizinischen Einrichtungen genannt. Letztlich wird man auch bei den alternativ zur Fachabteilung genannten Organisationseinheiten eine ähnliche fachlich-qualitative Abgrenzung zu anderen internen Einheiten vornehmen müssen. So wird beispielsweise durch die Pluralformulierung „Universitätsklinika" deutlich, dass ein Universitätsklinikum nicht in seiner Gesamtheit als informationelle Einheit in diesem Sinne gilt, sondern nach einzelnen Klinika des Gesamtklinikums zu differenzieren ist. Diese sind zwar quantitativ, gerade was die Bettenzahl angeht, typischerweise größer als Fachabteilungen in Kliniken einer niedrigeren Versorgungsstufe, jedoch von der qualitativ-fachrichtungsbezogenen Abgrenzung mit diesen vergleichbar.

Obgleich von der erlaubten Verarbeitung begrifflich auch die Übermittlung der Daten erfasst wird,[646] kann diese dennoch nicht auf § 34 Abs. 1 LKHG SN gestützt werden, da die Übermittlung zu Forschungszwecken, wie sich aus dem Kontext ergibt, abschließend in den Absätzen 2 und 3 geregelt ist.

Fraglich ist, ob auch die Datenweitergabe an andere Fachabteilungen als eine solche Übermittlung gilt. § 34 Abs. 2 S. 1 LKHG SN, an den auch Abs. 3 anknüpft, spricht von der „Übermittlung von Patientendaten an Dritte", weshalb dies abzulehnen ist. Zum einen setzt die Übermittlung bereits begrifflich eine Datenweitergabe an selbständige Dritte außerhalb der verantwortlichen Stelle voraus (§ 3 Abs. 4 S. 2 Nr. 3, Abs. 8 S. 2 BDSG; § 3 Abs. 2 S. 2 Nr. 5, Abs. 4 LDSG SN). Zum anderen wird in § 34 Abs. 2 S. 1 LKHG SN noch einmal bestätigt, dass ein Dritter Datenempfänger sein muss. Eine allgemeine Gleichstellung fachabteilungsübergreifender Datenweitergaben mit der Übermittlung an Dritte findet sich im LKHG SN im Gegensatz zu manchen anderen LKHG nicht. § 33 Abs. 7 LKHG SN bestimmt lediglich, dass nach Abschluss der Behandlung personenbezogene Daten, die in automatisierten Verfahren gespeichert und direkt abrufbar sind, dem alleinigen Zugriff der jeweiligen Fachabteilung unterliegen (S. 1). Dies gilt jedoch nicht für diejenigen (Stamm-)Daten, die für das Auffinden der sonstigen Patientendaten erforderlich sind (S. 2). Der Direktzugriff für andere Stellen im Krankenhaus ist in diesen Fällen gemäß § 33 Abs. 7 S. 3 LKHG SN unter den Voraussetzungen des Abs. 2 (interne Datenverarbeitung) nur mit Zustimmung der (originär zuständigen) Fachabteilung zulässig.[647] Durch diese Regelungen werden zum einen erst nach Abschluss der Behandlung besondere Schranken etabliert und zum anderen wird auch dann gerade keine vollständige Gleichstellung der fachabteilungsübergreifenden Datenweitergabe mit der Übermittlung an Dritte geschaffen.

Auch bei der fachabteilungsübergreifenden Datenweitergabe ist im Rahmen von § 34 Abs. 1 LKHG SN allerdings zu beachten, dass diese einem eigenen wissenschaftlichen Forschungsvorhaben der ursprünglich speichernden Fachabteilung dienen muss. Eine kooperative Eigenforschung im Verbund mehrerer Fachabteilungen ist daher auch auf dieser Basis erlaubt, jedoch keine reine Drittforschung durch eine andere Abteilung.

Übermittlung und Weiterverwendung für bestimmte Forschungsvorhaben

Gemäß § 34 Abs. 2, Abs. 3 S. 1 LKHG SN ist die Übermittlung von Patientendaten zu wissenschaftlichen Forschungszwecken an Dritte und die Verarbeitung oder sonstige Nutzung der Daten durch diese gestattet, wenn der Zweck eines bestimmten Forschungsvorhabens nicht auf andere Weise erfüllt werden kann und

1. „das berechtigte Interesse der Allgemeinheit an der Durchführung des Forschungsvorhabens das Geheimhaltungsinteresse des Patienten erheblich überwiegt oder
2. es nicht zumutbar ist, die Einwilligung einzuholen und schutzwürdige Belange des Patienten nicht beeinträchtigt werden."

---

646 Vgl. § 3 Abs. 4 BDSG bzw. § 3 Abs. 2 LDSG SN.
647 Auch dies zeigt, dass gerade keine Gleichstellung mit einer „Übermittlung von Patientendaten an Personen und Stellen außerhalb des Krankenhauses" nach § 33 Abs. 3 LKHG SN stattfinden soll, was auch auf den in § 34 LKHG SN geregelten Forschungsbereich zu übertragen ist.

Zunächst ist anzumerken, dass es sich in beiden Fällen um ein bestimmtes Forschungsvorhaben handeln muss, personenbezogene Übermittlungen zum Aufbau eines für beliebige Forschungszwecke nutzbaren Registers auf dieser Basis also nicht in Betracht kommen.

Die in der ersten Variante vorzunehmende Abwägung entspricht der Abwägung im Rahmen der Angemessenheitsprüfung in der Forschungsklausel nach § 28 Abs. 6 Nr. 4 BDSG, jedoch mit der Einschränkung, dass in der hier betrachteten Vorschrift das Forschungsinteresse schon insoweit konkretisiert und damit gewichtet wird, dass ein Interesse der Allgemeinheit vorliegen muss, während die in Betracht kommenden Interessen des Patienten insoweit präzisiert werden, als dass es sich hierbei um ein Geheimhaltungsinteresse handeln muss.

Fraglich ist in Bezug auf die zweite Variante, ob die Einholung für den Patienten oder für das Krankenhaus nicht zumutbar sein muss. In Abgrenzung zu den schutzwürdigen Belangen, die sich ausschließlich auf den Patienten beziehen, dürfte die Unzumutbarkeit beide Seiten einbeziehen, also auch für das Krankenhaus in Betracht kommen. Die schutzwürdigen Belange des Patienten sind im letzteren Fall allerdings besonders sorgfältig zu prüfen. Für den Patienten läge beispielsweise dann die Unzumutbarkeit der Einholung der Einwilligung vor, wenn er mit Geschehnissen, die im Zusammenhang mit den die Einwilligung betreffenden Patientendaten stehen, nicht konfrontiert werden möchte (zum Beispiel mit Gendiagnosen, deren Kenntnisnahme der Patient explizit ausgeschlossen hat – Recht auf Nichtwissen), während dies für das Krankenhaus beispielsweise unzumutbar sein könnte, wenn die Daten ohne sofortige Zustimmung unbrauchbar für ein bestimmtes Forschungsvorhaben werden würden.

Wie bereits erwähnt, darf zudem in der zweiten Variante das schutzwürdige Interesse des Patienten nicht beeinträchtigt werden. Ebenso wie die Formulierung „wenn keine schutzwürdigen Interessen des Patienten gefährdet sind" in § 12 Abs. 1 LKHG HH lässt diese Formulierung kaum Abwägungsspielraum. Die Verarbeitung der Daten ist unzulässig, sobald ein schutzwürdiges Interesse des Patienten einer solchen widerspricht.

Gemäß § 34 Abs. 3 Satz 2 LKHG SN muss die übermittelnde Stelle den Empfänger, die Art der zu übermittelnden Daten, die betroffenen Patienten sowie schließlich das Forschungsvorhaben aufzeichnen.

Sonstige Rahmenbedingungen

§ 34 Abs. 4 LKHG SN legt den weiteren Umgang mit den personenbezogenen Daten im Forschungskontext fest. So sind die personenbezogenen Daten derart zu verändern, dass sie keine Einzelangaben über persönliche oder sachliche Verhältnisse einer bestimmten oder bestimmbaren natürlichen Person mehr enthalten (Anonymisierung nach Satz 1). Sollte dies nicht möglich sein, sind gemäß Satz 2 Merkmale, mit deren Hilfe ein Personenbezug hergestellt werden kann, gesondert zu speichern (Pseudonymisierung), sobald dies mit dem Forschungszweck zu vereinbaren ist, und schließlich zu löschen, sobald der Forschungszweck erreicht ist (letztlich steht also auch hier wieder die Anonymisierung).

Schließlich sieht § 34 Abs. 5 S. 1 Nr. 1 LKHG SN vor, dass der Empfänger der Daten sich zur Einhaltung folgender Bedingungen verpflichten muss, sofern dieses Gesetz keine Anwendung auf ihn findet (er also keine dem LKHG SN unterworfene Klinik darstellt):

    a) die Daten dürfen nur für das von ihm genannte Forschungsvorhaben verwendet werden,
    b) die Bestimmungen des Absatzes 4 (Anonymisierung bzw. Pseudonymisierung, sobald möglich) müssen eingehalten werden und
    c) dem Sächsischen Datenschutzbeauftragten ist auf Verlangen Einsicht und Auskunft zu gewähren.

Darüber hinaus muss der Empfänger nach Nr. 2 dieser Bestimmung belegen, dass bei ihm die technischen und organisatorischen Voraussetzungen vorliegen, um den Anonymisierungs- und Pseudonymisierungspflichten (nach Nr. 1 Buchst. b) zu entsprechen.

6.6.13.3 Regelungen zur Qualitätssicherung

Zur Durchführung qualitätssichernder Maßnahmen in der Krankenversorgung ist die Übermittlung von Patientendaten an Personen und Stellen außerhalb des Krankenhauses im hierfür erforderlichen Rahmen zulässig, wenn das Interesse der Allgemeinheit an der Durchführung der beabsichtigten Maßnahme die schutzwürdigen Belange des Patienten erheblich überwiegt, § 33 Abs. 3 S. 1 Nr. 4 LKHG SN.

Die hierbei vorzunehmende Abwägung entspricht strukturell der Abwägung im Rahmen der Angemessenheitsprüfung in der Forschungsklausel gemäß § 28 Abs. 6 Nr. 4 BDSG, jedoch mit der Einschränkung, dass in der hier betrachteten Vorschrift an die Stelle des Forschungsinteresses das Qualitätssicherungsinteresse tritt und dieses schon insoweit konkretisiert und damit gewichtet wird, als ein Interesse der Allgemeinheit vorliegen muss.

Gemäß § 33 Abs. 4 S. 1 LKHG SN sind die Stellen, an welche unter den oben genannten Bedingungen Daten übermittelt werden, zur Verwendung der Daten lediglich im Rahmen der Zwecke, zu welchen sie übermittelt wurden, befugt. Ferner haben diese Stellen die übermittelten Daten im gleichen Umfang wie das Krankenhaus selbst geheimzuhalten (S. 2).

Da die schutzwürdigen Interessen des Betroffenen durch die Übermittlung der Daten in einem größeren Rahmen beeinträchtigt werden als durch die interne Nutzung, kann man davon ausgehen, dass die Nutzung der Daten innerhalb des Krankenhauses zu Zwecken der Qualitätssicherung erst recht zulässig ist, wenn die strikten Voraussetzungen des § 33 Abs. 3 S. 1 Nr. 4 LKHG SN vorliegen. Obgleich diese Regelung an sich nur auf die Übermittlung „an Personen und Stellen außerhalb der Krankenhauses" gemünzt ist, ist sie mangels entsprechender Vorschriften für die interne Verarbeitung entsprechend auch auf diese anzuwenden. Im Rahmen der demnach gebotenen Abwägung kann aber die rein interne Datenverarbeitung positiv gewertet werden, so dass – trotz des Erfordernisses des erheblichen Überwiegens der Interessen der Allgemeinheit – eher eine Zulässigkeit angenommen werden kann als bei der externen Qualitätssicherung, zumal wenn sich die Datenverarbeitung auf eine Fachabteilung oder vergleichbare Organisationseinheit beschränkt.

6.6.13.4 Regelungen zur Einwilligung

Zulässigkeit der Einwilligung

Die interne Verarbeitung kann nach § 33 Abs. 2 S. 1 Nr. 4 LKHG SN auf eine Einwilligung gestützt werden, wobei in S. 2–4 allgemeine Anforderungen aufgestellt werden. Darüber hinaus ist gemäß § 33 Abs. 3 S. 2 LKHG SN eine Übermittlung von Patientendaten an Personen und Stellen außerhalb des Krankenhauses, wenn keine Rechtsvorschrift dies vorsieht, nur (aber immerhin) mit Einwilligung des Patienten zulässig; auch insoweit gelten die allgemeinen Anforderungen an die Einwilligung nach § 33 Abs. 2 S. 2–4 LKHG SN (nach Abs. 3 S. 3).

Im Bereich der Übermittlung zu Zwecken der wissenschaftlichen Forschung lässt § 34 Abs. 2 S. 1 LKHG SN die Einwilligung ebenfalls allgemein – ohne Beschränkung auf bestimmte Vorhaben – zu, wenn auch nach § 34 Abs. 2 S. 2 LKHG SN wiederum unter entsprechender Beachtung der allgemeinen Voraussetzungen (§ 33 Abs. 2 S. 2–4 LKHG SN). Dies ist im Ergebnis erst recht auf den internen Datenumgang zu Forschungszwecken zu übertragen, wenngleich sich diesbezüglich keine explizite Öffnung für die Einwilligung als Erlaubnistatbestand in § 34 LKHG SN findet, aber auch keine Einschränkung, weshalb insoweit auf § 33 Abs. 2 LKHG SN einschließlich der allgemeinen Anforderungen nach dessen S. 2–4 zurückgegriffen werden kann.

Allgemeine Anforderungen an die Ausgestaltung

Ferner werden in § 33 Abs. 2 S. 2–4 LKHG SN die allgemeinen Anforderungen an die Einwilligung festgelegt. So muss die Einwilligung gemäß Satz 2 grundsätzlich in Schriftform abgegeben werden. Sollte wegen besonderer Umstände eine andere Form angemessen sein, kann sie auch in dieser Form erteilt werden. Solche besonderen Umstände könnten bei Unvermögen des Patienten, trotz Einwilligungsfähigkeit schriftlich einzuwilligen, vorliegen oder auch, wenn die Einwilligung besonders schnell benötigt wird. Im Falle einer mündlich abgegebenen Erklärung ist diese zu dokumentieren (§ 33 Abs. 2 S. 3 LKHG SN). Weiterhin muss der Patient über den Zweck der Erhebung und die vorgesehene Verarbeitung der Daten informiert werden (Satz 4). Hierbei ist gemäß Satz 5 auch zu beachten, dass dem Patienten keine Nachteile entstehen dürfen, sollte er die Einwilligung verweigern.

6.6.14 Sachsen-Anhalt

Relevante Landesgesetze:

- Krankenhausgesetz Sachsen-Anhalt (LKHG ST)[648]
- Datenschutzgesetz Sachsen-Anhalt (LDSG ST)[649]

---

[648] Zuletzt geändert durch Gesetz vom 22.05.2013.
[649] Zuletzt geändert durch Gesetz vom 27.09.2011.

6.6.14.1 Auf Kliniken anwendbare Datenschutzvorschriften

Im LKHG ST besteht keine Regelung über den Anwendungsbereich dieses Gesetzes. Nach § 1 Abs. 1 LKHG ST haben die Landkreise und kreisfreien Städte die Krankenhausversorgung der Bevölkerung als Aufgabe des eigenen Wirkungskreises nach Maßgabe des Krankenhausplanes sicherzustellen. Dabei haben sie nach § 1 Abs. 1 Satz 2 LKHG ST die Vielfalt der Krankenhausträger zu beachten, insbesondere ist gemeinnützigen und privaten Krankenhausträgern ausreichend Raum zu geben.

Außerdem enthält das LKHG ST auch keine Vorschriften über den Datenschutz in Krankenhäusern.

Gilt das LDSG oder das BDSG?

Somit kommt die unmittelbare Anwendung des LDSG ST in Betracht. Soweit andere Rechtsvorschriften auf personenbezogene Daten anzuwenden sind, gehen diese zwar dem LDSG ST vor (§ 3 Abs. 3 Satz 1 LDSG ST). Das LKHG ST scheidet insoweit jedoch als vorrangige Rechtsvorschrift aus, weil es keine Datenschutzbestimmungen enthält. Für die Regelung des Datenschutzes in Krankenhäusern kommt allerdings neben dem LDSG ST auch das BDSG in Frage, ohne dass diese Gesetze in Nachrang zu einem spezielleren Gesetz stünden, also nur subsidiär gelten würden.

Öffentliche Krankenhäuser

Das LDSG ST gilt gemäß § 3 Abs. 1 Satz 1 LDSG ST unter anderem für öffentlich-rechtlich organisierte Einrichtungen des Landes, der Gemeinden, der Landkreise und sonstiger der Aufsicht des Landes unterstehender juristischer Personen des öffentlichen Rechts sowie deren Vereinigungen, ungeachtet ihrer Rechtsform. Eine Klinik in öffentlicher Trägerschaft fällt somit unter das LDSG ST, wenn sie die Voraussetzungen nach § 3 Abs. 1 Satz 1 LDSG ST erfüllt.

Auch wenn es sein kann, dass ein Krankenhaus Aufgaben der öffentlichen Verwaltung wahrnimmt, so nimmt es doch jedenfalls keine hoheitlichen Aufgaben wahr, weshalb es nicht schon aufgrund des § 3 Abs. 1 Satz 2 LDSG ST unter das LDSG ST fällt.

Wird eine öffentliche Klinik von einem der in § 3 Abs. 1 Satz 1 LDSG ST genannten Träger als juristische Person des privaten Rechts geführt, fällt sie unter das LDSG ST, weil es sich dabei um eine Vereinigung nach § 3 Abs. 1 Satz 1 LDSG ST handelt.[650] Dafür spricht, dass es dafür nach dem Wortlaut ausdrücklich nicht auf die Rechtsform ankommt.

Soweit jedoch unter das LDSG ST fallende Stellen als öffentlich-rechtliche Unternehmen am Wettbewerb teilnehmen, gelten gemäß § 3 Abs. 2 Nr. 1 LDSG ST für sie und ihre Vereinigungen nur die folgenden, im Wesentlichen die Datenschutzorganisation und -aufsicht betreffenden Paragrafen des LDSG ST: § 14 (Durchführung des Datenschutzes), § 14a (Beauftragter für den Datenschutz), § 19 (Anrufung des Landesbeauftragten für den Datenschutz), §§ 22 bis 24 (Landesbeauftragter für den Datenschutz), § 28 (Erhebung, Verarbeitung oder Nutzung von Personal- und Bewerberdaten) und § 29 (Fernmessen und Fernwirken) LDSG ST. Im Übrigen gelten mit Ausnahme der

---

650 Eine Vereinigung in diesem Sinne setzt nicht voraus, dass die Vereinigung von mehreren Trägern gemeinsam gehalten wird, diese gewissermaßen unter einem rechtlichen Dach vereinigt, sondern lediglich, dass es sich um eine selbständige juristische Person handelt, wozu im Privatrecht selbst eine GmbH oder eine Aktiengesellschaft mit nur einem Gesellschafter genügt.

§§ 4d bis 4g (Meldepflicht, betrieblicher/behördlicher Beauftragter für den Datenschutz) und des § 38 (Aufsichtsbehörde) die für nicht-öffentliche Stellen geltenden Vorschriften des BDSG.

Dem Merkmal der Unternehmenseigenschaft kommt dabei zumindest im Krankenhausbereich keine weitere Bedeutung zu. Insbesondere kann es sich dabei auch um Eigenbetriebe oder juristische Personen des öffentlichen Rechts handeln.[651]

Somit gilt der Teilverweis auf das BDSG in § 3 Abs. 2 Nr. 1 LDSG ST für jegliche Krankenhäuser dem Land Sachsen-Anhalt zugeordneter öffentlicher Träger. Es gelten dann Teile des LDSG ST und im Übrigen Teile des BDSG.

Ergebnis: Im LKHG ST bestehen keine Vorschriften über den Datenschutz in Krankenhäusern. Für öffentliche Kliniken gelten Teile des LDSG ST (§ 14 [Durchführung des Datenschutzes], § 14a [behördlicher Beauftragter für den Datenschutz], § 19 [Anrufung des LfD], §§ 22 bis 24 [LfD: Aufgaben und Befugnisse, Durchführung der Aufgaben, Beanstandungen durch den LfD], § 28 [Erhebung, Verarbeitung oder Nutzung von Personal- und Bewerberdaten] und § 29 [Fernmessen und Fernwirken]) und im Übrigen Teile des BDSG (Vorschriften für nicht-öffentliche Stellen außer den §§ 4d – 4g [Meldepflicht, deren Inhalt, Beauftragter für den Datenschutz, dessen Aufgaben] und 38 [Aufsichtsbehörde]).

Private Krankenhäuser

Eine Klinik eines privaten Trägers ist keine Stelle, die unter das LDSG ST fällt. Insbesondere handelt es sich nicht um eine Stelle, die hoheitliche Aufgaben der öffentlichen Verwaltung wahrnimmt (§ 3 Abs. 1 Satz 3 LDSG ST). Auf Kliniken privater Träger ist daher das BDSG (Vorschriften für nicht-öffentliche Stellen) anzuwenden.

Ergebnis: Im LKHG ST bestehen keine Vorschriften über den Datenschutz in Krankenhäusern. Auf Kliniken privater Träger ist das BDSG (Vorschriften für nicht-öffentliche Stellen) anzuwenden.

Zusammenfassung

Im LKHG ST bestehen keine Vorschriften über den Datenschutz in Krankenhäusern. Für öffentliche Kliniken gelten Teile des LDSG ST (§ 14 [Durchführung des Datenschutzes], § 14a [Beauftragter für den Datenschutz], § 19 [Anrufung des LfD], §§ 22 bis 24 [LfD: Aufgaben und Befugnisse, Durchführung der Aufgaben, Beanstandungen durch den LfD], § 28 [Erhebung, Verarbeitung oder Nutzung von Personal- und Bewerberdaten] und § 29 [Fernmessen und Fernwirken]) und im Übrigen Teile des BDSG (mit Ausnahme der §§ 4d – 4g [Meldepflicht, deren Inhalt, Beauftragter für den Datenschutz, dessen Aufgaben] und des § 38 [Aufsichtsbehörde] die Vorschriften für nicht-öffentliche Stellen). Auf Kliniken privater Träger sind die allgemeinen Vorschriften des BDSG und diejenigen für nicht-öffentliche Stellen vollumfänglich anzuwenden. Öffnungsklauseln zu Gunsten von Religionsgemeinschaften bestehen nicht.

---

651 Vgl. dazu näher die Ausführungen zu Baden-Württemberg, s.o. S. 127f.

6.6.14.2 Regelungen zur Forschung

§ 26 Abs. 1 Nr. 6 LDSG ST enthält zwar Regelungen zur (vorhabenbezogenen) Forschung mit besonders schutzwürdigen Daten wie solchen über die Gesundheit. Doch sind diese selbst auf öffentliche Krankenhäuser als Wettbewerbsunternehmen aufgrund § 3 Abs. 1 Nr. 1 LDSG ST nicht anzuwenden. Stattdessen gelten auch insoweit die Vorschriften des BDSG für nicht-öffentliche Stellen, weshalb auf die Ausführungen zu § 28 Abs. 6 Nr. 4 BDSG verwiesen werden kann, welche für private Kliniken ohnehin unmittelbar gelten.[652]

Überdies würde die Regelung in § 26 Abs. 1 Nr. 6 in Verbindung mit § 10 Abs. 2 Nr. 9 LDSG ST weitgehend derjenigen in § 28 Abs. 4 Nr. 6 BDSG entsprechen. Auch enthält § 3 Abs. 3 S. 2 LDSG ST eine mit § 1 Abs. 3 S. 2 BDSG identische Regelung dahingehend, dass besondere Berufsgeheimnisse unberührt bleiben, weshalb § 26 Abs. 1 Nr. 6 LDSG ST unter Berücksichtigung der herrschenden Meinung zum BDSG ebenso wenig wie dieses als Offenbarungsbefugnis im Sinne von § 203 StGB angesehen werden könnte.

Letztlich sind damit für alle Kliniken in Sachsen-Anhalt auf rein gesetzlicher Basis nur interne Vorhaben der Eigenforschung unter den strengen Voraussetzungen des § 28 Abs. 6 Nr. 4 BDSG zulässig.

6.6.14.3 Regelungen zur Qualitätssicherung

Auch in Bezug auf die freiwillige, nicht durch besondere Rechtsvorschriften wie dem SGB V vorgeschriebene Qualitätssicherung kommen letztlich für Kliniken in Sachsen-Anhalt ausschließlich die Vorschriften des BDSG für nicht-öffentliche Stellen zur Anwendung. Insoweit kommt lediglich eine Qualitätssicherung zur Aufklärung konkreter medizinischer Serienschäden nach § 28 Abs. 6 Nr. 1 BDSG in Betracht.[653] Auch wenn diese Erlaubnisnorm des BDSG an sich selbst die Datenübermittlung erlaubt, kommt eine solche letztlich doch nur ergänzend auf Grundlage einer mutmaßlichen Einwilligung oder im Fall des rechtfertigenden Notstandes nach § 34 StGB in Betracht, da das BDSG keine Offenbarungsbefugnisse im Sinne des § 203 StGB enthält.[654] Eine generelle und generalisierende medizinische Qualitätssicherung ist folglich in den Krankenhäusern in Sachsen-Anhalt auf allein gesetzlicher Basis (ohne Einwilligung) nicht erlaubt.

6.6.14.4 Regelungen zur Einwilligung

Auch in Bezug auf die Einwilligung gelten für Kliniken in Sachsen-Anhalt die Regelungen nach § 4a BDSG.[655] Aufgrund der eingeschränkten Anwendbarkeit des LDSG ST für Einrichtungen, die im Wettbewerb stehen, kommt es daher auch für Krankenhäuser in öffentlicher Trägerschaft nicht darauf an, ob aus § 26 Abs. 1 Nr. 6 in Ver-

---

652 S. oben S. 93ff.
653 S. oben S. 108ff.
654 Wobei zumindest die Voraussetzungen der mutmaßlichen Einwilligung alleine nicht genügen, sondern zusätzlich zu jenen nach § 28 Abs. 6 Nr. 1 BDSG vorliegen müssen (zur sogenannten Zwei-Schranken-Theorie s. oben S. 182, Fn. 587 m.w.N.). Dies gilt zwar grundsätzlich auch für den rechtfertigenden Notstand; wenn dessen strenge Voraussetzungen vorliegen, dürften typischerweise aber auch die Bedingungen des § 28 Abs. 6 Nr. 1 BDSG erfüllt sein.
655 S. oben S. 110ff. Im Übrigen würde das LDSG ST in § 4 Abs. 2, § 26 Abs. 1 S. 1 Nr. 2 praktisch die gleichen Bedingungen für die Einwilligung aufstellen.

bindung mit § 10 Abs. 2 Nr. 9 LDSG ST geschlossen werden könnte, dass eine Einwilligung in die Sekundärnutzung nur für ein konkretes Forschungsvorhaben erteilt werden kann.

6.6.15 Schleswig-Holstein

Relevante Landesgesetze:
- Landesdatenschutzgesetz (LDSG SH)[656]
- Landesverwaltungsgesetz (LVwG SH)[657]
- Ausführungsgesetz zum Krankenhausfinanzierungsgesetz (AG-KHG SH)[658]

6.6.15.1 Auf Kliniken anwendbare Datenschutzvorschriften

Schleswig-Holstein verfügt lediglich über ein knapp gehaltenes Ausführungsgesetz zum KHG, welches aber keine Regelungen für den Datenschutz enthält. Daher ist auf die im Allgemeinen geltenden Datenschutzvorschriften zurückzugreifen.

Öffentliche Krankenhäuser

Das LDSG SH gilt nach § 3 Abs. 1 LDSG SH für Behörden und sonstige öffentliche Stellen der im Landesverwaltungsgesetz genannten Träger der öffentlichen Verwaltung.

Gemäß § 2 Abs. 1 LVwG SH sind Träger der öffentlichen Verwaltung das Land, die Gemeinden, die Kreise und die Ämter. Träger einzelner Aufgaben der öffentlichen Verwaltung sind ferner gemäß § 2 Abs. 2 LVwG SH die der Aufsicht des Landes unterstehenden Körperschaften des öffentlichen Rechts ohne Gebietshoheit und rechtsfähige Anstalten und Stiftungen des öffentlichen Rechts. Natürliche und juristische Personen des Privatrechts sowie nichtrechtsfähige Vereinigungen sind gemäß § 2 Abs. 3 LVwG SH Träger der öffentlichen Verwaltung für die ihnen übertragenen Aufgaben, was aber eine Beleihung voraussetzt, welche im Krankenhausbereich in aller Regel nicht stattfindet.[659]

Im Gegensatz zum bis 26.01.2012 gültigen § 3 Abs. 1 S. 1 Nr. 2 LDSG SH alter Fassung fallen damit heute Vereinigungen privaten Rechts, an denen der öffentlichen Hand die absolute Mehrheit der Anteile oder Stimmen zusteht, nicht mehr schon dann in den Anwendungsbereich des LDSG, wenn diese Vereinigungen Aufgaben der öffentlichen Verwaltung wahrnehmen. Diese Wahrnehmung ist weiter gefasst als die Übertragung öffentlicher Aufgaben und die Anknüpfung daran schuf nach Auffassung des Landesgesetzgebers Zuordnungsschwierigkeiten, gerade auch bei kommunalen Krankenhäusern, auf deren Geschäftsprozesse ohnehin das BDSG angesichts dessen jüngerer Reformen besser passen würde.[660] Daher wurden die Vereinigungen des privaten Recht, vom Fall der Beleihung abgesehen, Anfang 2012 durch eine Änderung des LDSG SH vollständig aus dessen Anwendungsbereich he-

---

[656] Zuletzt geändert durch Gesetz vom 06.04.2013.
[657] Zuletzt geändert durch Gesetz vom 21.06.2013.
[658] Zuletzt geändert durch Gesetz vom 27.04.2012.
[659] Zu den Ausnahmen bei Unterbringungs- und Maßregelvollzugskliniken vgl. oben zu Kapitel I.5.2, S. 69ff.
[660] Begründung zum Entwurf der Landesregierung v. 10.08.2011 für ein Gesetz zur Änderung des LDSG SH, Landtags-Drucksache 17/1698, S. 15.

rausgenommen.[661] Für diese Vereinigungen gelten dann, auch wenn sie öffentlichen Stellen des Landes „gehören", also in öffentlicher Trägerschaft stehen, die Vorschriften des BDSG für nicht-öffentliche Stellen einschließlich der Aufsicht nach § 38 BDSG.[662]

Zudem ordnet der ebenfalls mit dem angesprochenen Änderungsgesetz neu gefasste § 3 Abs. 2 LDSG SH auch bei an sich dem LDSG SH unterfallenden Stellen in öffentlicher Rechtsform die weitreichende Geltung des BDSG an, wenn diese personenbezogene Daten zur wirtschaftlichen Zwecken oder Zielen verarbeiten.[663] Demnach gelten nur der § 23 LDSG SH (Beschäftigungsverhältnisse) und die §§ 39 bis 43 LDSG SH (Aufsicht/Kontrolle), „soweit

1. wirtschaftliche Unternehmen der Gemeinden oder Gemeindeverbände ohne eigene Rechtspersönlichkeit (Eigenbetriebe),
2. öffentliche Einrichtungen, die entsprechend den Vorschriften über die Eigenbetriebe geführt werden,
3. Landesbetriebe oder
4. der Aufsicht des Landes oder der Gemeinden unterstehende juristische Personen des öffentlichen Rechts, die am Wettbewerb teilnehmen,

personenbezogene Daten zu wirtschaftlichen Zwecken oder Zielen verarbeiten".[664] Im Übrigen sind die für nicht-öffentliche Stellen geltenden Vorschriften des BDSG mit Ausnahme seines § 38 (Aufsichtsbehörde) anzuwenden (§ 3 Abs. 2 S. 2 LDSG SH).

Diese Änderung führt zu einer materiellen Angleichung des Datenschutzrechts „unabhängig davon, in welcher Rechtsform Kommunen und andere öffentliche Stellen sich wirtschaftlich betätigen".[665] In der Gesetzesbegründung wird dazu weiter ausgeführt:[666]

„In allen Fällen, in denen die wirtschaftliche Betätigung durch organisatorisch hinreichend verselbständigte Organisationseinheiten erfolgt, kommen für die mit der wirtschaftlichen Betätigung verbundene Verarbeitung personenbezogener Daten die Vorschriften des Bundesdatenschutzgesetzes zur Anwendung. Als Ergebnis werden die Kunden von Krankenhäusern oder Stadtwerken, die als Eigenbetrieb oder als Kommunalunternehmen geführt werden, datenschutzrechtlich genauso behandelt wie die Kunden von gleichartigen Unternehmen des Privatrechts. […]

---

661 Art. 1 des Gesetz zur Änderung des Landesdatenschutzgesetzes und des Landesverfassungsschutzgesetzes v. 11.01. 2012, in Kraft seit 27.01.2012.
662 Gemäß § 2 Abs. 2 BDSG sind Vereinigungen von öffentlichen Stellen der Länder ungeachtet der Rechtsform eigentlich wiederum öffentliche Stellen der Länder. Nach § 2 Abs. 4 BDSG sind aber Vereinigungen des privaten Rechts nicht-öffentliche Stellen, soweit sie nicht unter Abs. 1–3 fallen. Dies kann hier angenommen werden, da das Land SH die mögliche Anknüpfung nach § 2 Abs. 2 BDSG nicht (mehr) aufgreift. Dies entspricht – jedenfalls bezüglich der Angleichung der materiellen Vorschriften – auch dem Willen des Landesgesetzgebers, so dass man dieses Ergebnis auch über die Annahme einer entsprechenden Rechtsfolgeverweisung begründen könnte. Im Hinblick auf die Aufsicht wird man jedoch aus der expliziten Herausnahme aus der Verweisung des § 3 Abs. 2 LDSG SH auf das BDSG den Umkehrschluss ziehen können, dass bei privatrechtlichen Vereinigungen der öffentlichen Hand auch insoweit das BDSG (§ 38) gelten soll.
663 Die vom ULD, Patientendatenschutz im Krankenhaus, Abschnitt I.3, noch angenommene weitreichende materielle (nicht nur weiterverweisende) Geltung des LDSG SH für Kliniken öffentlicher Träger in Schleswig-Holstein (unabhängig von der Rechtsform) ist spätestens damit überholt.
664 Zur Wettbewerbsteilnahme von Kliniken und den dadurch indizierten wirtschaftlichen Zielen s. oben zum BDSG, S. 91f., und zum LKHG NI (dort wird wirtschaftliche Betätigung vorausgesetzte, was einer Tätigkeit zu wirtschaftlichen Zielen entspricht), S. 180f.
665 So die Gesetzesbegründung, s. soeben Fn. 660.
666 S. soeben Fn. 660.

Die Anwendung der Vorschriften des BDSG für den nichtöffentlichen Bereich kann aus rechtssystematischen Gründen nicht die Vorschriften über die Datenschutzaufsicht betreffen. Daher ist § 38 BDSG von der Verweisung ausgenommen; stattdessen gelten die allgemeinen Instrumentarien der Aufsicht nach dem LDSG über öffentliche Stellen (§§ 39-43). Der Verweis auf § 23 LDSG stellt klar, dass für die Arbeitsverhältnisse der Beschäftigten der in Absatz 2 genannten öffentlich-rechtlichen Stellen das gleiche Datenschutzrecht gilt wie im öffentlichen Bereich."

Rein organisatorisch sind in Schleswig-Holstein, wie in allen Bundesländern außer Bayern, die Datenschutzkontrolle nach dem LDSG und die Aufsicht nach § 38 BDSG gemeinsam beim Landesbeauftragten für den Datenschutz angesiedelt, dessen Dienststelle in Schleswig-Holstein Unabhängiges Landeszentrum für den Datenschutz (kurz: ULD) genannt wird. Die formellen Aufsichtsbefugnisse, insbesondere die unmittelbare Verbindlichkeit von Anordnungen unterscheidet sich jedoch in beiden Bereichen, also nach dem LDSG SH auf der einen und § 38 BDSG auf der anderen Seite.[667]

Ergebnis: In Schleswig-Holstein bestehen keine krankenhausrechtlichen Spezialregelungen für den Datenschutz. Für Kliniken dem Land zugeordneter öffentlicher Träger (einschließlich der Kommunen) gelten, soweit diese in öffentlicher Rechtsform (z.B. als Eigenbetriebe oder Anstalten des öffentlichen Rechts) betrieben werden, der § 23 (Beschäftigungsverhältnisse) und die §§ 39 bis 43 (Aufsicht/Kontrolle) LDSG SH, im Übrigen aber das BDSG (Vorschriften für nicht-öffentliche Stellen mit Ausnahme des § 38 [Aufsichtsbehörde]). Für Kliniken entsprechender öffentlicher Träger in privater Rechtsform (z.B. GmbH, AG) gilt ausschließlich das BDSG.

Private Krankenhäuser

Eine Klinik privater Träger ist keine Stelle, die unter das LDSG SH fällt. Auf Kliniken privater Träger ist daher das BDSG (Vorschriften für nicht-öffentliche Stellen) anzuwenden.

Zusammenfassung

In Schleswig-Holstein bestehen keine krankenhausrechtlichen Spezialregelungen für den Datenschutz. Für Kliniken dem Land zugeordneter öffentlicher Träger in öffentlicher Rechtsform gelten Teile des LDSG SH (Aufsicht und Beschäftigung) und im Übrigen das BDSG. Auf öffentliche Kliniken in privater Rechtsform wie auch auf Kliniken privater Träger sind ausschließlich die Vorschriften des BDSG für nicht-öffentliche Stellen anzuwenden.

6.6.15.2 Regelungen zur Forschung

§ 11 Abs. 3 S. 1 Nr. 2 in Verbindung mit § 22 LDSG SH würde zwar unter bestimmten Voraussetzungen, primär der Anonymisierung oder einrichtungsübergreifenden Pseudonymisierung (§ 22 Abs. 1, 2 in Verbindung mit § 11 Abs. 6 LDSG SH) oder – ist dies nicht möglich – der Einwilligung des Betroffenen (§ 22 Abs. 3 Nr. 1 LDSG SH) oder der Genehmigung eines Forschungsvorhabens durch die oberste Aufsichtsbehörde

---

667 Näher dazu unten in Kap. I.14.2, S. 316ff.

bei erheblichem Überwiegen des öffentlichen Interesses (§ 22 Abs. 3 Nr. 3, Abs. 4 LDSG SH) die Verarbeitung einschließlich der Übermittlung von personenbezogenen Gesundheitsdaten erlauben. Die gilt ausdrücklich auch dann, wenn dieses Daten einem besonderen Berufsgeheimnis unterliegen, weshalb diese Norm auch eine Offenbarungsbefugnis im Sinne der Schweigepflicht der Heilberufe (§ 203 StGB) darstellt.[668] Doch sind die materiellen Vorschriften des LDSG SH wie gesehen weder auf öffentliche noch auf private Krankenhäuser in Schleswig-Holstein anzuwenden.

Es gelten insoweit ausschließlich die Vorschriften des BDSG für nicht-öffentliche Stellen, weshalb auf die Ausführungen zu § 28 Abs. 6 Nr. 4 BDSG verwiesen werden kann, welcher jedoch nur unter strengen Voraussetzungen (wie dem erheblichen Überwiegen des wissenschaftlichen Interesses) die interne Eigenforschung gestattet und keine Offenbarungsbefugnis im Sinne des § 203 StGB darstellt.

6.6.15.3 Regelungen zur Qualitätssicherung

Auch in Bezug auf die freiwillige, nicht durch besondere Rechtsvorschriften wie dem SGB V vorgeschriebene Qualitätssicherung kommen letztlich für Kliniken in Schleswig-Holstein ausschließlich die Vorschriften den BDSG für nicht-öffentliche Stellen zur Anwendung. Insoweit kann lediglich eine Qualitätssicherung zur Aufklärung konkreter medizinischer Serienschäden nach § 28 Abs. 6 Nr. 1 BDSG in Betracht gezogen werden. Auch wenn diese Erlaubnisnorm des BDSG an sich selbst die Datenübermittlung erlaubt, kommt eine solche am Ende doch nur auf Grundlage einer zusätzlichen mutmaßlichen Einwilligung oder im Fall des rechtfertigenden Notstandes nach § 34 StGB in Betracht, da das BDSG keine Offenbarungsbefugnisse im Sinne des § 203 StGB enthält.[669]

Eine – von Sondervorschriften wie dem SGB V unabhängige – generelle und generalisierende medizinische Qualitätssicherung ist hier folglich auf allein gesetzlicher Basis (ohne Einwilligung) nicht erlaubt.

6.6.15.4 Regelungen zur Einwilligung

Auch in Bezug auf die Einwilligung gelten für Kliniken in Schleswig-Holstein die Reglungen nach § 4a BDSG.[670] Damit kommt es nicht darauf an, ob aus § 22 Abs. 3 Nr. 1 LDSG SH geschlossen werden könnte, dass eine Einwilligung in die Sekundärnutzung nur wirksam erteilt werden kann, wenn der Forschungszweck nicht auch mit anonymisierten oder pseudonymisierten Daten erreicht werden kann.

668　Einen Vorbehalt, der Berufsgeheimnisse unberührt lässt, wie § 1 Abs. 3 S. 2 BDSG, enthält das LDSG SH gerade nicht. § 3 Abs. 3 LDSG SH ordnet (wie § 1 Abs. 3 S. 1 BDSG), lediglich den Vorrang besonderer Rechtsvorschriften den Umgang mit personenbezogenen Daten an, nicht aber eine Unberührtheit von außerdatenschutzrechtlichen Geheimnisregeln.

669　Zur notwendigen Ergänzung des BDSG durch die genannten weiteren Rechtsfiguren (mutmaßliche Einwilligung, rechtfertigender Notstand) nach der Zwei-Schranken-Theorie s. oben S. 216, Fn. 654. Zu ähnlichen Ergebnissen käme man auf Grundlage von § 11 Abs. 3 S. 1 Nr. 4 LDSG SH, welcher jedoch auch eine Offenbarungsbefugnis darstellt. Diese Rechtsgrundlage ist aber letztlich auf Kliniken in Schleswig-Holstein nicht anwendbar.

670　S. oben S. 110ff.

6.6.16 Thüringen

Relevante Landesgesetze:
- Thüringer Krankenhausgesetz (LKHG TH)[671]
- Thüringer Datenschutzgesetz (LDSG TH)[672]

6.6.16.1 Auf Kliniken anwendbare Datenschutzvorschriften

Öffentliche Krankenhäuser

Das LKHG TH gilt gemäß seines § 3 Abs. 1 Satz 1 für Krankenhäuser im weiten Sinne der Definition des § 2 Nr. 1 KHG, letztlich also für alle Krankenhäuser in Thüringen.[673] Die den Datenschutz betreffenden §§ 27, 27a und 27b sind nach § 3 Abs. 5 LKHG TH auch auf Krankenhäuser im Sinne des § 5 Abs. 1 Nr. 1 KHG (Universitätskliniken) anzuwenden. Sie gelten jedoch gemäß § 3 Abs. 4 LKHG TH nicht für Krankenhäuser im Straf- oder Maßregelvollzug. Soweit im LKHG TH nichts anderes bestimmt ist, sind auf Patientendaten die jeweils geltenden Vorschriften über den Schutz personenbezogener Daten anzuwenden (§ 27 Abs. 2 Satz 1 LKHG TH).

Gilt subsidiär das LDSG oder das BDSG?

Das LDSG TH gilt gemäß § 2 Abs. 1 LDSG TH u.a. für Behörden und sonstige öffentliche Stellen des Landes, der Gemeinden und Gemeindeverbände und die sonstigen der Aufsicht des Landes unterstehenden juristischen Personen des öffentlichen Rechts.

Unter das LDSG TH fallen nach § 2 Abs. 2 LDSG TH auch juristische Personen und sonstige Vereinigungen des privaten Rechts, die Aufgaben der öffentlichen Verwaltung wahrnehmen und an denen eine oder mehrere der in § 2 Abs. 1 LDSG TH genannten juristischen Personen des öffentlichen Rechts beteiligt sind. Die Krankenhausversorgung kann auch als Aufgabe der öffentlichen Verwaltung wahrgenommen werden,[674] was § 2 LKHG TH ausdrücklich bestätigt und diese Aufgabe dem Land, den Landkreise sowie den kreisfreien Städten zuweist. Eine Klinik in öffentlicher Trägerschaft fällt daher unter das LDSG TH, wenn sie von einem der in § 2 Abs. 1 oder Abs. 2 LDSG TH genannten Träger geführt wird.

Soweit besondere Rechtsvorschriften des Bundes oder des Landes auf personenbezogene Daten anzuwenden sind, gehen sie dem LDSG TH vor (§ 2 Abs. 3 LDSG TH), wodurch der Vorrang des LKHG TH auch von dieser Seite aus festgehalten wird.

Allerdings enthält auch das LDSG TH wie die LDSG vieler anderer Bundesländer, wenn auch systematisch an anderer Stelle, nämlich in § 26 LDSG TH, Sonderregeln für öffentliche Stellen, soweit diese am Wettbewerb teilnehmen, was bei Krankenhäusern regelmäßig der Fall ist.[675] In diesen Fällen ist auf diese Stellen sowie ihre Zusammenschlüsse und Verbände aus dem LDSG TH nur der 5. Abschnitt zur Datenschutzüberwachung, mit Ausnahme des § 34 Abs. 2 zur Freigabe automatisierter Verfahren durch den jeweiligen Träger, jedoch einschließlich der Kontrolle durch den LfD anzuwenden

---

[671] Zuletzt geändert durch Gesetz vom 23.07.2013.
[672] Zuletzt geändert durch Gesetz vom 30.11.2011.
[673] Schmidt/Seiler/Maier/Vollmöller, LKHG TH, § 3 Erläuterung 1. Vgl. zur Begriffsbestimmung von Krankenhäusern in § 2 Nr. 1 KHG auch näher die Ausführungen zu Bremen, oben S. 156.
[674] Vgl. dazu nähere Ausführungen bei Baden-Württemberg, s.o. S. 125f.
[675] S. dazu die entspr. Ausführungen zum BDSG, oben S. 91ff.

(§ 26 S. 1 LDSG TH). Im Übrigen gelten für sie die Bestimmungen des Bundesdatenschutzgesetzes mit Ausnahme des Zweiten Abschnitts (öffentliche Stellen des Bundes) und des § 38 (Aufsichtsbehörde), letztlich also materiell die Vorschriften, welche auf nicht-öffentliche Stellen Anwendung finden.

Ergebnis: Das LKHG TH gilt für Krankenhäuser im weiten Sinne von § 2 Nr. 1 KHG vorrangig. Soweit im LKHG TH nichts anderes bestimmt ist, sind auf Patientendaten die jeweils geltenden Vorschriften über den Schutz personenbezogener Daten anzuwenden. Für öffentliche Kliniken in mittelbarer oder unmittelbarer Trägerschaft des Landes, auch in privater Rechtsform, gelten nachrangig die Regelungen des BDSG für nicht-öffentliche Stellen mit Ausnahme des § 38 (Aufsichtsbehörde) sowie die Vorschriften des 5. Abschnitts des LDSG TH zur Datenschutzüberwachung einschließlich der Kontrolle durch den LfD (mit Ausnahme der Freigabevorschrift des § 34 Abs. 2 LDSG TH).

Private Krankenhäuser

Die Ausführungen bei öffentlichen Kliniken zum Anwendungsbereich des LKHG TH sind auf Kliniken privater Träger übertragbar. Das LKHG TH ist damit auf diese anwendbar, wenn es sich um Krankenhäuser im Sinne von § 2 Nr. 1 KHG, somit also im natürlichen Wortsinne um Krankenhäuser handelt. Dabei wird durch § 3 Abs. 3 LKHG TH klargestellt, dass die den Datenschutz betreffenden §§ 27, 27a und 27b auch auf nicht öffentlich geförderte Krankenhäuser anzuwenden sind.[676]

Gilt subsidiär das LDSG oder das BDSG?

Kliniken privater Träger sind keine Stellen, die unter das LDSG TH fallen. Insbesondere handelt es sich nicht um Stellen, die hoheitliche Aufgaben der öffentlichen Verwaltung wahrnehmen (§ 2 Abs. 2 S. 3 LDSG TH). Auf sie ist daher nachrangig das BDSG (Vorschriften für nicht-öffentliche Stellen) anzuwenden.

Ergebnis: Das LKHG TH gilt für Krankenhäuser im weiten Sinne von § 2 Nr. 1 KHG vorrangig. Soweit im LKHG TH nichts anderes bestimmt ist, sind auf Patientendaten die jeweils geltenden Vorschriften über den Schutz personenbezogener Daten anzuwenden. Auf Kliniken privater Träger ist nachrangig folglich das BDSG (Vorschriften für nicht-öffentliche Stellen) anzuwenden.

Zusammenfassung

Das LKHG TH gilt für alle Krankenhäuser (im weiten Sinne von § 2 Nr. 1 KHG) in Thüringen vorrangig. Soweit im LKHG TH nichts anderes bestimmt ist, sind auf Patien-

---

676 Die Regelung des § 3 Abs. 3 LKHG TH verwundert, da weder öffentliche Förderung noch (nicht einmal) Förderfähigkeit nach dem KHG überhaupt gemäß Abs. 1 Anwendungsvoraussetzung des LKHG TH ist, sondern insoweit lediglich auf die sehr weite Definition in § 2 Nr. 1 KHG verwiesen wird. Daher wird diese Regel vorliegend nur als „klarstellend" interpretiert. Diese „Verwirrung" liegt möglicherweise daran, dass ursprünglich im Regierungsentwurf zum ersten LKHG TH (Landtags-Drucksache 1/2359) der Anwendungsbereich in § 3 zusätzlich an die Förderung nach dem KHG angeknüpft wurde. Der Entwurf wurde dann jedoch durch mehrere Änderungsanträge abgewandelt, so dass sich in der letztlich angenommenen Beschlussempfehlung (LT-Drucks. 1/3069) einerseits in § 3 Abs. 1 lediglich die Anknüpfung an die weite Definition aus dem KHG (ohne Notwendigkeit der Förderung) findet, andererseits aber in Abs. 3 die nicht mehr dazu passende (sich wohl noch auf den Regierungsentwurf beziehende) „Ausnahme" (u.a. bezüglich des damals noch in § 25 geregelten Datenschutzes), nach der es nicht auf die öffentliche Förderung ankommen soll. Insofern ist auch die Kommentierung von Schmidt/Seiler/Maier/ Vollmöller, LKHG TH, in den Erläuterungen 1 (zu Abs. 1) und 3 (zu Abs. 3) etwas widersprüchlich, denn in Erläuterung 1 wird klar festgehalten, dass es bei der Anknüpfung an den weiten § 2 Nr. 1 KHG nicht um die Frage der Förderung geht.

tendaten die jeweils geltenden Vorschriften über den Schutz personenbezogener Daten anzuwenden. Für öffentliche Kliniken in mittelbarer oder unmittelbarer Trägerschaft des Landes, auch in privater Rechtsform, gelten nachrangig im Wesentlichen die Vorschriften des BDSG für nicht-öffentliche Stellen; lediglich für die Datenschutzüberwachung ist insoweit das LDSG TH anwendbar. Auf Kliniken privater Träger ist nachrangig ausschließlich das BDSG (Vorschriften für nicht-öffentliche Stellen) anzuwenden.

Es besteht keine Öffnungsklausel für Regelungen des Datenschutzes in kirchlichen Krankenhäusern durch Religionsgesellschaften. Dies ergibt sich auch aus einem Umkehrschluss aus § 3 Abs. 1 S. 2, 3 LKHG TH, der die nicht den Datenschutz betreffenden § 28 Abs. 2 und 3 sowie § 28a bei diesen für nicht anwendbar erklärt. Dies bedeutet, dass bei ihnen der übrige Teil des LKHG TH, insbesondere die §§ 27, 27a und 27b über den Patientendatenschutz, Anwendung findet.[677]

6.6.16.2 Regelungen zur Forschung

Datenverarbeitung für Forschungszwecke im Krankenhaus oder in dessen Forschungsinteresse

Gemäß § 27 Abs. 4 S. 1 LKHG TH ist es Krankenhausärzten gestattet, Patientendaten zu Forschungszwecken im Krankenhaus oder im Forschungsinteresse des Krankenhauses zu nutzen, soweit dies zur Erfüllung dieser Aufgaben erforderlich ist. Diese Erlaubnis gleicht der in Art. 27 Abs. 4 S. 1 LKHG BY.[678] In Bezug auf die beiden zulässigen Grundtatbestände „Forschungszwecke im Krankenhaus" und „im Forschungsinteresse des Krankenhauses" sei daher auf die Ausführungen zum LKHG BY verwiesen.[679]

Nur kurz sei wiederholt, dass die „Forschungszwecke im Krankenhaus" im Wesentlichen auf die Lokalisierung der Durchführung der Forschung im Krankenhaus abstellen, sei es auch im Auftrag von Dritten, die den Gegenstand bestimmen, wenn auch hier ein Mindestmaß an Unabhängigkeit des Krankenhauses bezüglich der eingesetzten Methoden gewahrt werden muss. Im Forschungsinteresse des Krankenhauses durchgeführte Datenverarbeitung muss dagegen wohl auch vom Gegenstand her vom Krankenhaus zumindest mitbestimmt werden, umfasst aber grundsätzlich auch die Verbundforschung. Auch § 27 Abs. 4 S. 1 LKHG TH gestattet allerdings nur die Nutzung von Patientendaten und dies auch lediglich durch Krankenhausärzte. Eine patientenbezogene Übermittlung an Dritte außerhalb des Krankenhauses scheidet daher auf dieser gesetzlichen Grundlage aus. Auch wenn Verbundforschung daher wie beschrieben im Interesse des Krankenhauses liegen kann, so dürfen hierfür doch keine patientenbezogenen Daten an andere beteiligte Einrichtungen allein auf dieser Grundlage herausgegeben werden. Insofern dürfen nur das Forschungsdesign im Verbund festgelegt und anonymisierte Daten ausgetauscht werden. Lediglich im Rahmen der nachfolgend beschriebenen Zugriffsregelungen dürfen Personen aus anderen Stellen im Rahmen von Abs. 4 mit Patientendaten des Krankenhauses in

---

677 Schmidt/Seiler/Maier/Vollmöller, LKHG TH, § 3 Erläuterung 1.3.
678 Diese weitgehend wörtliche Übereinstimmung dürfte mit daran liegen, dass u.a. Bayern nach der Wiedervereinigung offiziell Hilfe beim Verwaltungsaufbau in Thüringen geleistet hat.
679 S. oben S. 138ff.

Berührung kommen, welche allerdings im Gewahrsam des Krankenhauses bleiben müssen, dieses also nicht verlassen dürfen.

Gemäß § 27 Abs. 4 S. 2 dürfen Krankenhausärzte ferner „andere Personen im Krankenhaus" mit der Nutzung beauftragen, soweit dies zur Erfüllung der in S. 1 genannten Aufgaben, zu denen beispielsweise auch die Behandlung zählt, erforderlich ist. Ebenso dürfen sie „anderen Personen die Nutzung von Patientendaten gestatten, wenn dies zur Durchführung des Forschungsvorhabens erforderlich ist und Patientendaten im Gewahrsam des Krankenhauses verbleiben" (Satz 3). Insoweit ist der Kreis der Nutzungsberechtigten für die Forschung weiter gezogen als für andere Aufgaben. Er kann auch Personen außerhalb des Krankenhauses umfassen, wobei allerdings das Krankenhaus den Gewahrsam und damit die Verfügungsgewalt über die Patientendaten nicht verlieren darf, weshalb die externen Personen i.d.R. die Daten nur innerhalb des Krankenhauses, also vor Ort, oder allenfalls noch per Fernzugriff mit bloßen Einsichtsrechten nutzen dürfen.[680]

Für eine weitergehende Übermittlung ist eine Einwilligung des Patienten erforderlich (§ 27a Abs. 1 LKHG TH) oder (abgekürzt) die Feststellung des erheblichen Überwiegens des öffentlichen Interesses an einem Forschungsvorhaben durch die oberste Aufsichtsbehörde, also das zuständige Landesministerium (Abs. 2).[681]

Fraglich bleibt aber, welche anderen Formen des Datenumgangs außer der Übermittlung genau erfasst sind, was also unter einem „Nutzen" im Sinne von § 27 Abs. 4 S. 1 LKHG TH zu verstehen ist. Die Terminologie des LKHG TH weicht insoweit sowohl von der des subsidiär anwendbaren BDSG als auch – wenn auch etwas weniger – von der des LDSG TH ab. Nach § 3 Abs. 3 S. 1 LDSG TH gehört zum Verarbeiten das Erheben, Speichern, Verändern, Übermitteln, Sperren und Löschen, während gemäß Abs. 4 das Nutzen jede Verwendung ist, die nicht unter das Verarbeiten fällt, insbesondere die einrichtungsinterne Datenweitergabe. In gleicher Weise – wenn auch ohne explizite Einbeziehung der einrichtungsinternen Weitergabe – definiert § 3 Abs. 5 BDSG das Nutzen, nur dass nach dessen Abs. 4 die Erhebung nicht zum Verarbeiten gehört, sondern eine eigene Phase des Datenumgangs darstellt. Nach diesen Definitionen würde zwar die einrichtungsinterne Datenweitergabe oder Einsichtnahme erfasst, nicht aber das eigenständige Speichern in Forschungsdateien, was eine nennenswerte Einschränkung darstellen würde. Allerdings steht die Nutzung nach § 27 Abs. 4 LKHG TH im Kontext von Abs. 3 S. 1, nach welchem Patientendaten für bestimmte Zwecke (z.B. der Behandlung) „erhoben, gespeichert, verändert oder sonst genutzt" werden dürfen. Hieraus ergibt sich, wie schon beim LKHG SL,[682] dass unter die Nutzung im Sinne des LKHG TH neben dem „sonstigen Nutzen" auch die Erhebung, Speicherung und Veränderung der Daten fällt. Bei einem eventuellen Fernzugriff krankenhausfremden Personals wird man aber allenfalls eine Nutzung im engeren Sinne der bloßen Einsichtnahme ohne externe Speicherung gestatten können, denn ansonsten würde der geforderte Gewahrsam des Krankenhauses unterlaufen.

Ein Vorhabensbezug wird in § 27 Abs. 4 S. 1 LKHG TH nicht gefordert, weshalb gerade für Forschungszwecke im Krankenhaus im Rahmen des Erforderlichen – also wenn

---

[680] Zur insoweit vergleichbaren Rechtslage nach dem LKHG BY, insbesondere bezüglich der Fernzugriffe, s. oben S. 140, 138.
[681] S. dazu näher sogleich S. 225f.
[682] S. oben S. 199.

eine Nutzung für später konkretisierte Forschungszecke jedenfalls nicht ganz fern liegt – auch allgemeine Forschungsdateien zulässig sind.

Gemäß § 27 Abs. 4 S. 4 LKHG TH müssen sich die Personen, welche die Daten nutzen, zur Verschwiegenheit verpflichten.

Auch müssen die personenbezogenen Daten anonymisiert werden, sobald dies mit dem Forschungsvorhaben vereinbar ist (§ 27 Abs. 4 S. 5 LKHG TH). Sollte eine Anonymisierung nicht mit dem Forschungsvorhaben vereinbar sein, müssen die Merkmale, „mit denen Einzelangaben einer bestimmten oder bestimmbaren Person zugeordnet werden können", getrennt gespeichert werden (Pseudonymisierung). Ferner dürfen diese Merkmale nur mit den Einzelangaben zusammengeführt werden, wenn der Forschungszweck dies erfordert (Sätze 6 und 7).

Datenverarbeitung für Forschungszwecke außerhalb des Krankenhauses

§ 27a LKHG TH befasst sich schließlich mit der Datenverarbeitung für Forschungszwecke außerhalb des Krankenhauses.

So dürfen Patientendaten gemäß Abs. 2 S. 1 für bestimmte Forschungsvorhaben verarbeitet oder genutzt werden, wenn die nachfolgend beschriebenen Voraussetzungen erfüllt sind. Zunächst soll an dieser Stelle jedoch auf die „bestimmten Forschungsvorhaben" eingegangen werden. Bestimmt sind Forschungsvorhaben, wenn mindestens der Forschungsgegenstand und wohl auch die Forschungsmethoden zu Beginn festgelegt wurden. Die Verwendung des Plurals lässt den Schluss zu, dass die zu Zwecken eines bestimmten Forschungsvorhabens genutzten Daten auch für weitere Forschungsvorhaben benutzt werden dürfen, wenn diese ebenfalls bestimmt sind.[683] Dies ist bei der Speicherung in einem allgemeinen Forschungsregister jedoch nicht der Fall.

Um die Daten nun überhaupt in zulässiger Weise nutzen zu können, dürfen gemäß § 27a Abs. 2 S. 1 Nr. 1 LKHG TH die schutzwürdigen Belange des Patienten „wegen der Art der Daten, ihrer Offenkundigkeit oder der Art ihrer Nutzung nicht beeinträchtigt werden". Bei der Art der Daten kann es sich beispielsweise um weniger sensible Daten wie das Patientenalter handeln, offenkundig sind möglicherweise Daten, die nach außen sichtbare Merkmale wie Haar- oder Augenfarbe oder bestimmte Altersgruppen betreffen; die schutzwürdigen Belange lassen sich durch eine Orientierung an den Grundrechten ausmachen. Ebenso wie die Formulierung „wenn keine schutzwürdigen Interessen des Patienten gefährdet sind" in § 12 Abs. 1 LKHG HH lässt diese Formulierung kaum Abwägungsspielraum. Die Verarbeitung der Daten ist unzulässig, sobald ein schutzwürdiges Interesses des Patienten einer solchen widerspricht.

Außerdem muss die für das Krankenhaus zuständige oberste Aufsichtsbehörde nach § 32 Abs. 1 LKGH TH, also das zuständige Landesministerium, festgestellt haben, „dass das öffentliche Interesse an der Durchführung des Forschungsvorhabens die schutzwürdigen Belange des Patienten erheblich überwiegt und der Zweck des Forschungsvorhabens nicht auf andere Weise oder nur mit unverhältnismäßigem Aufwand erreicht werden kann" (§ 27a Abs. 2 S. 1 Nr. 2 LKHG TH). Diese Feststellung stellt letztlich eine für die Durchführung des Forschungsvorhabens notwendige Genehmi-

---

683 Vgl. zur ähnlichen Argumentation über § 40 BDSG oben S. 101f.

gung dar. Die hier vorzunehmende Abwägung entspricht der Abwägung im Rahmen der Angemessenheitsprüfung in der Forschungsklausel nach § 28 Abs. 6 Nr. 4 BDSG, jedoch mit der Einschränkung, dass nach dem LKHG TH das Forschungsinteresse schon insoweit konkretisiert und damit gewichtet wird, dass ein öffentliches Interesse vorliegen muss.

Im Gesetzestext werden die beiden Bedingungen durch die Konjunktion „und" verbunden, sodass man zunächst davon ausgehen kann, dass diese kumulativ erfüllt sein müssen.[684] Dies erscheint angesichts der Tatsache, dass die schutzwürdigen Belange einerseits überhaupt nicht beeinträchtigt werden dürfen, aber gleichzeitig das öffentliche Interesse diese erheblich überwiegen muss, widersprüchlich. Man könnte dieses Erfordernis jedoch als eine Art „Doppelschranke" interpretieren, sodass zuerst die relevanten schutzwürdigen Belange des Patienten ermittelt werden müssen, bevor festgestellt wird, ob eine Beeinträchtigung dieser vorliegt. Sollte dies nicht der Fall sein, werden die schutzwürdigen Belange daraufhin „absolut", also lediglich als solche ohne die relative Komponente der Beeinträchtigungsintensität, mit dem öffentlichen Interesse abgewogen. Auch dies ist fragwürdig, da die Abwägung zwischen öffentlichem Interesse und schutzwürdigen Belangen, wobei ersteres dieses erheblich überwiegen muss, regelmäßig ins Leere laufen würde: Wenn schutzwürdige Belange des Betroffenen nicht beeinträchtigt werden, überwiegt das öffentliche Interesse diese zwangsläufig.

Denkbar erscheint es daher, auch angesichts der inhaltlichen Selbstständigkeit der beiden Bedingungen, das „und" als ein „oder" zu lesen und die Erlaubnistatbestände als alternativ bzw. optional anzusehen, was auch in einigen anderen Landeskrankenhausgesetzen so umgesetzt wurde (vgl. § 37 Abs. 1 S. 1 Nr. 1–3 LKHG RP, in dem die Erlaubnistatbestände durch Kommata und schließlich durch „oder" miteinander verbunden werden, und § 7 Abs. 2 KHDSG HB). Bei einer solchen Interpretation ergeben sich allerdings erhebliche Zweifel bezüglich der Rechtssicherheit, da die Interpretation von „und" als „oder" unüblich ist und sich am Rande des zulässigen Auslegungsspielraums bewegt, wenn nicht gar diesen klar überschreitet. Die alternative Anwendung der Erlaubnistatbestände wäre daher mit Risiken verbunden.

Daher ist den Krankenhäusern zu empfehlen, in einem ersten Schritt zu prüfen, ob schutzwürdige Interessen der betroffenen Patienten offensichtlich beeinträchtigt werden[685] und, wenn dies nicht der Fall zu sein scheint, sich in einem zweiten Schritt in jedem Fall an das zuständige Landesministerium mit der Bitte um Feststellung nach § 27 Abs. 2 Nr. 2 LKHG TH zu wenden. Ergeht eine entsprechende Genehmigung, hat das Krankenhaus jedenfalls solange Rechtssicherheit, bis diese aufgehoben werden sollte.

Gemäß § 27a Abs. 2 S. 2 LKHG TH müssen Patientendaten außerdem anonymisiert werden, soweit dies mit dem Forschungszweck vereinbar ist. Auch muss das Krankenhaus „die empfangende Stelle, die Art der zu übermittelnden Daten, den Kreis der betroffenen Personen, das von der empfangenden Stelle genannte Forschungsvorhaben sowie das Vorliegen der Voraussetzungen des Satzes 1" dokumentieren,

---

[684] So auch im Ergebnis Schmidt/Seiler/Maier/Vollmöller, LKHG TH, § 27 Erläuterung 3.
[685] Zur moderaten Einbindung einer Abwägung bereits in die Bewertung der Schutzwürdigkeit der Patientenbelange s. oben S. 201 anlässlich der ähnlichen Problemlage nach dem LKHG SL, welches allerdings keinen Genehmigungsvorbehalt vorsieht.

wenn es Patientendaten im dargelegten Rahmen übermittelt, Satz 3. Hierbei ist gemäß Satz 4 auch der Datenschutzbeauftragte des Krankenhauses zu beteiligen.

Gemäß Abs. 3 S. 1 unterliegt jede weitere Nutzung der Patientendaten den Anforderungen der Absätze 1 und 2, d.h. bei einer Verwendung für andere Zwecke als jene, zu denen die Daten übermittelt wurden, muss entweder eine Einwilligung des Patienten (Abs. 1) oder die Genehmigung der Aufsichtsbehörde (Abs. 2) eingeholt werden. Gemäß Satz 2 muss die übermittelnde Stelle vor Übermittlung der Patientendaten sicherstellen, „dass die empfangende Stelle bereit und in der Lage ist, diese Bestimmungen einzuhalten". Hierdurch dürfte die Weiterübermittlung legalisiert werden.

Merkmale, mit deren Hilfe ein Patientenbezug hergestellt werden kann, müssen separat gespeichert bzw. gelöscht werden, sobald der Forschungszweck dies jeweils erlaubt, § 27 Abs. 4 S. 1, S. 2 LKHG TH.

Eine Veröffentlichung von Patientendaten ist nur gestattet, wenn die Einwilligung der Betroffenen schriftlich vorliegt, Satz 3.

Schließlich muss „der Krankenhausträger unverzüglich die für die Einhaltung des Datenschutzes bei der empfangenden Stelle zuständigen Kontrollbehörden über die Übermittlung der Daten" informieren, wenn die Bestimmungen dieses Gesetzes auf die die Daten empfangende Stelle keine Anwendung finden, was durch Abs. 5 festgelegt wird.

6.6.16.3 Regelungen zur Qualitätssicherung

Interne Qualitätssicherung

Gemäß § 27 Abs. 3 S. 1 LKHG TH ist die Erhebung, Speicherung, Veränderung und sonstige Nutzung von Patientendaten zulässig, wenn dies zur Erfüllung der Aufgaben des Krankenhauses oder im Rahmen des krankenhausärztlichen Behandlungsverhältnis erforderlich ist.

Fraglich ist, ob die Qualitätssicherung durch das krankenhausärztliche Behandlungsverhältnis erfasst wird. Grundsätzlich wäre eine optimale Behandlung wohl wünschenswerter Weise Teil eines solchen Behandlungsverhältnisses. Hierfür wäre vor allem die Qualitätssicherung zu Gunsten des Einzelnen relevant, nicht jedoch, die Nutzung der Daten eines Patienten für die Qualitätssicherung der Behandlung eines anderen Patienten. Somit ist wohl eine Nutzung der Daten zu Zwecken einer generalisierenden Qualitätssicherung hierdurch nicht gestattet.

Allerdings sieht § 27 Abs. 3 S. 1 Nr. 1 Variante 1 LKHG TH auch vor, dass Patientendaten erhoben und aufbewahrt werden dürfen, soweit dies zur Erfüllung der Aufgaben des Krankenhauses erforderlich ist. Und nach § 23 LKHG TH gewährleisten „die Krankenhäuser [...] eine interne Qualitätssicherung der Behandlung und Pflege. Darüber hinaus erfüllen sie die ihnen obliegenden Aufgaben der externen Qualitätssicherung nach Maßgabe der Festlegungen der aufgrund von Bundes- und Landesrecht an der Qualitätssicherung Beteiligten". Für die rein interne Qualitätssicherung dürfte im Rahmen des Erforderlichen § 27 Abs. 3 S. 1 Nr. 1 Var. 1 in Verbindung mit § 23 S. 1 LKHG TH trotz relativer Unbestimmtheit noch eine ausreichende Rechtsgrundlage darstellen.[686]

---

686 Zur insoweit ähnlichen Rechtslage im Saarland s. oben S. 202f.

Externe Qualitätssicherung

Explizit erlaubt § 27 Abs. 6 S. 1 Nr. 4 LKHG TH die Übermittlung von Patientendaten an Stellen außerhalb des Krankenhauses zu Zwecken der Qualitätssicherung in der Krankenversorgung, wenn „bei der beabsichtigten Maßnahme das Interesse der Allgemeinheit an der Durchführung die schutzwürdigen Belange der Patienten erheblich überwiegt". Da die schutzwürdigen Interessen des Betroffenen durch diese Übermittlung in einem größeren Rahmen beeinträchtigt werden als durch die interne Nutzung, kann man davon ausgehen, dass die Nutzung der Daten innerhalb des Krankenhauses zu Zwecken der Qualitätssicherung unter den vorgenannten Bedingungen jedenfalls erst recht zulässig ist.

Schließlich statuiert § 27 Abs. 7 LKHG TH ein Zweckbindungsgebot. Die übermittelten Daten dürfen also nicht für andere Zwecke als den der Qualitätssicherung verwendet werden.

6.6.16.4 Regelungen zur Einwilligung

Zur Verarbeitung und sonstigen Nutzung von Patientendaten ist die Einwilligung des Patienten notwendig, sofern dies nicht durch eine Rechtsvorschrift gestattet wird (§ 27 Abs. 3 S. 1 LKHG TH).

In § 27 Abs. 3 S. 2-4 LKHG TH werden ferner die Anforderungen an die Einwilligung festgelegt. So muss die Einwilligung gemäß Satz 2 grundsätzlich in jedem Einzelfall in Schriftform abgegeben werden, doch kann sie, sollte wegen besonderer Umstände eine andere Form angemessen sein, auch in dieser Form erteilt werden. Solche besonderen Umstände könnten bei Unvermögen des Patienten, trotz Einwilligungsfähigkeit schriftlich einzuwilligen, vorliegen oder auch, wenn die Einwilligung besonders schnell benötigt wird. Im Falle einer mündlich abgegebenen Erklärung, ist diese zu dokumentieren, Satz 3. Weiterhin muss der Patient „in geeigneter Weise über die Bedeutung der Einwilligung sowie über den Zweck der Erhebung und die vorgesehene Verarbeitung der Daten" informiert werden, wobei zu beachten ist, dass dem Patienten keine Nachteile entstehen dürfen, sollte er die Einwilligung verweigern, Satz 4. Geeignet könnte beispielsweise die Information durch eine Informationsbroschüre oder ein Patientengespräch sein.

Gemäß § 27 Abs. 6 S. 2 LKHG TH ist eine Übermittlung von Patientendaten an Personen und Stellen außerhalb des Krankenhauses ohne spezielle Erlaubnisnorm nur mit Einwilligung des Betroffenen zulässig.

Speziell für die Forschung bestimmt § 27a Abs. 1 S. 1 LKHG TH, dass die Verarbeitung und Nutzung von Patientendaten, die im Rahmen des § 27 Abs. 3 gespeichert worden sind, zulässig ist, wenn der Patient eingewilligt hat. Diese „Sekundärnutzung" auf Grundlage einer Einwilligung wird lediglich an „Forschungszwecke" gebunden, nicht aber an konkrete Forschungsvorhaben. Daher ist im Rahmen der Ausführungen zur Bestimmtheit der Einwilligung nach dem BDSG auch eine Einwilligung in die einrichtungsübergreifende Pseudonymisierung durch einen Datentreuhänder mit anschließender Einstellung in ein allgemeines Forschungsregister zulässig.[687]

---

[687] S. oben S. 117ff.

Die allgemeinen Anforderungen an die Einwilligung nach § 27 Abs. 3 Satz 2-4 gelten nach § 27a Abs. 1 S. 2 LKHG TH entsprechend. Der dort (§ 27 Abs. 3 S. 2 LKHG TH) geforderte Einzelfallbezug kann auch im Modell des allgemeinen Forschungsregisters erfüllt werden, wenn für jede Krankenhausbehandlung, deren Daten nach Pseudonymisierung eingestellt werden sollen, eine eigene Einwilligung eingeholt wird.

6.7 Für Kliniken relevante Datenschutzvorschriften der Kirchen

6.7.1 Evangelische Kirche

Relevante Kirchengesetze:
- Datenschutzgesetz der evangelischen Kirche in Deutschland (DSG-EKD)[688]
- Datenschutzdurchführungsverordnung (DSVO)[689]

6.7.1.1 Auf Kliniken anwendbare Datenschutzvorschriften

Zur Anwendbarkeit der kirchlichen Datenschutzregelungen auf kirchliche Krankenhäuser in Abgrenzung zum staatlichen Recht sei auf die dazu bereits getätigten Ausführungen verwiesen.[690] Diese Anwendung kirchlicher Regeln ist damit letztlich von einer Öffnungsklausel in den jeweiligen Landeskrankenhausgesetzen (LKHG) abhängig.[691]

Bundeseinheitlich gilt in der evangelischen Kirche das Datenschutzgesetz der evangelischen Kirche in Deutschland (DSG-EKD). Dieses enthält jedoch keine Spezialregelungen zum Patientendatenschutz, welche die LKHG verdrängen könnten. Solche Regelungen können sich jedoch in Durchführungsbestimmungen finden, welche auf Grundlage von § 27 Abs. 2 DSG-EKD von der Leitung der jeweiligen Gliedkirche erlassen werden. Dies ist beispielsweise in der Verordnung zur Durchführung des Kirchengesetzes über den Datenschutz der EKD (Datenschutzdurchführungsverordnung – DSVO) der Evangelischen Kirche von Westfalen vom 18.09.2003 geschehen,[692] welche den weiteren Ausführungen zugrunde gelegt wird. In § 38 DSVO Westfalen wird der Umgang mit Patientendaten in kirchlichen Krankenhäusern unter anderem zu Zwecken der Behandlung und Qualitätssicherung geregelt. Spezielle Regelungen zur Forschung mit Patientendaten finden sich in § 40 DSVO Westfalen.

Nach summarischer Prüfung finden sich gleichlautende Vorschriften beispielsweise für die Gliedkirche des Rheinlandes[693] und die von Lippe[694], nicht jedoch für die badische oder württembergische Landeskirche. Im Einzelnen muss immer das für die jeweilige Glied- bzw. Landeskirche geltende Kirchenrecht geprüft werden.

---

[688] Zuletzt geändert durch Berichtigung vom 01.02.2013.
[689] Wird von der jeweiligen Glied- bzw. Landeskirche erlassen.
[690] S. oben S. 80.
[691] Das Vorliegen einer solchen Öffnungsklausel kann im Einzelnen dem Abschnitt „Auf Kliniken anwendbare Datenschutzvorschriften" zum jeweiligen Bundesland in Kap. I.6.6, S. 123ff., entnommen werden. Liegt eine solche vor, wurde in Übersicht 1 (S. 82ff.) in den Spalten zu den Kirchen jeweils auf die einschlägigen kirchlichen Vorschriften verwiesen.
[692] Zuletzt geändert durch Verordnung vom 18.10.2007.
[693] DSVO v. 05.12.2003.
[694] DSVO v. 09.12.2003.

6.7.1.2 Regelungen zur Forschung

Die Verwendung der Daten von Patientinnen und Patienten für wissenschaftliche Forschung ist wie bereits angerissen in § 40 DSVO Westfalen geregelt.

Die Verarbeitung von Patientendaten aus kirchlichen Krankenhäusern zum Zweck der wissenschaftlichen Forschung ist nach § 40 Abs. 1 DSVO Westfalen im Grundsatz nur mit einer Einwilligung des Patienten zulässig. Gesetzliche Ausnahmen finden sich aber in § 40 Abs. 2 und 3 DSVO Westfalen. Bezüglich der sowohl nach Abs. 2 (eigenes wissenschaftliches Forschungsvorhaben) als auch Abs. 3 (bestimmte wissenschaftliche Forschung) nötigen Bestimmtheit des Forschungsvorhabens kann an dieser Stelle auf dies Ausführungen zu § 28 Abs. 6 Nr. 4 BDSG verwiesen werden.[695]

Eigenforschung der Fachabteilung

Gemäß § 40 Abs. 2 DSVO Westfalen dürfen Daten ohne Einwilligung für eigene wissenschaftliche Forschungsvorhaben nur von den bei den kirchlichen Stellen beschäftigten Personen, die der ärztlichen Schweigepflicht unterliegen, verarbeitet oder genutzt werden.

Fraglich ist, ob nur die Verarbeitung oder Nutzung dieser Daten nur innerhalb der Fachabteilung erfolgen darf oder ob eine Verarbeitung oder Nutzung auch durch andere Fachabteilungen erfasst ist. Nach § 38 Abs. 5 S. 2 DSVO Westfalen handelt es sich auch bei der Weitergabe der Patientendaten zwischen Fachabteilungen, die nicht unmittelbar mit der Untersuchung oder Behandlung und Pflege befasst sind, um eine Übermittlung. Somit sind in der Gesamtschau der beiden Vorschriften nur solche Projekte als eigene wissenschaftliche Forschungsvorhaben zu verstehen, die sich auf eine Fachabteilung beschränken.

Übermittlung und Drittforschung, aber keine Offenbarungsbefugnis

Ohne Einwilligung dürfen diese Daten gemäß § 40 Abs. 3 S. 1 DSVO Westfalen an Dritte (einschließlich anderer Fachabteilungen) zum Zweck einer bestimmten wissenschaftlichen Forschung übermittelt, durch diese verarbeitet oder genutzt werden, wenn

1. der Zweck dieses Forschungsvorhabens nicht auf andere Weise erreicht werden kann sowie
2. das berechtigte Interesse der Allgemeinheit an der Durchführung des Forschungsvorhabens das Geheimhaltungsinteresse der Patientin oder des Patienten erheblich überwiegt und
3. es entweder nicht möglich oder für den Patienten auf Grund des derzeitigen Gesundheitszustandes nicht zumutbar ist, eine Einwilligung einzuholen.

Aufgrund der gewählten Verknüpfung mit „sowie" bzw. „und" ist ein Verzicht auf die Einwilligung nur dann möglich, wenn alle drei Bedingungen kumulativ erfüllt sind. Lediglich die beiden mit „oder" verknüpften Unterbedingungen unter Nr. 3 (Unmöglichkeit oder Unzumutbarkeit der Einholung der Einwilligung) sind alternativ zu verstehen.

---

695   S. oben S. 98ff.

Auch die nach Abs. 3 vorzunehmende Abwägung zwischen dem Allgemeininteresse an der Forschung und dem Geheimhaltungsinteresse des Patienten entspricht weitestgehend der Angemessenheitsprüfung in der Forschungsklausel des Bundesdatenschutzgesetzes (§ 28 Abs. 6 Nr. 4),[696] jedoch mit der Einschränkung, dass in der hier betrachteten Vorschrift das Forschungsinteresse schon insoweit konkretisiert und damit gewichtet wird, dass ein berechtigtes allgemeines Interesse vorliegen muss, während die in Betracht kommenden Interessen des Patienten insoweit präzisiert werden, als ein Geheimhaltungsinteresse notwendig ist.

Das Einholen einer Einwilligung ist beispielsweise dann nicht möglich, wenn der Betroffene nicht erreicht werden kann. Nicht zumutbar ist das Einholen einer Einwilligung zum Beispiel, wenn der betroffene Patient mit Geschehnissen, die im Zusammenhang mit den die Einwilligung betreffenden Patientendaten stehen, nicht konfrontiert werden möchte (zum Beispiel mit Gendiagnosen, deren Kenntnis der Patient explizit ausgeschlossen hat – Recht auf Nichtwissen).

Nach § 40 Abs. 3 S. 2 DSVO Westfalen muss die übermittelnde Stelle, den Empfänger und Zweck des Forschungsvorhabens, die betroffenen Patientinnen und Patienten sowie die Art der übermittelnden Daten aufzeichnen.

Jedoch gilt auch hier, dass die Patientendaten, welche der Geheimhaltungspflicht gemäß § 203 StGB unterliegen, nur übermittelt werden dürfen, wenn eine Offenbarungsbefugnis vorliegt. Bei einer solchen kann es sich jedoch aus Gründen des insoweit unbedingten Vorrangs staatlichen Rechts nicht um eine kirchliche Norm handeln.[697] Dies wird durch § 41 S. 1 DSVO Westfalen auch bestätigt, indem dort angeordnet wird, dass neben den kirchlichen Datenschutzbestimmungen insbesondere § 203 StGB zu beachten ist.

Allgemeine Rahmenbedingungen

Sobald es der Forschungszweck gestattet sind die personenbezogenen Daten gemäß § 40 Abs. 4 DSVO Westfalen zu anonymisieren oder zu pseudonymisieren. Die Merkmale, mit deren Hilfe ein Personenbezug wieder hergestellt werden kann, sind gesondert zu speichern und müssen, sobald es der Forschungszweck erlaubt, gelöscht werden.

Werden die Forschungsergebnisse veröffentlicht, so dürfen die Veröffentlichungen nach § 40 Abs. 5 DSVO Westfalen keinen Rückschluss auf die Person zulassen, deren Daten verarbeitet wurden, es sei denn, die Person hat in die Veröffentlichung ausdrücklich eingewilligt.

Die Übermittlung der Patientendaten an Stellen oder Personen, auf die die Bestimmungen der DSVO Westfalen nicht anwendbar sind, ist nach § 40 Abs. 6 DSVO Westfalen nur zulässig, wenn sich diese verpflichten, die Daten nur für das von der übermittelnden Stelle genannte Forschungsvorhaben zu verwenden (Nr. 1), die Bestimmungen der Absätze 4 und 5 einzuhalten (Nr. 2) und dem Datenschutzbeauftragten auf Verlangen Einsicht und Auskunft zu gewähren (Nr. 3). Der Empfänger muss zudem nachweisen, dass die technischen und organisatorischen Voraussetzungen zur Erfüllung der Verpflichtung nach Nummer 2 vorliegen.

---

696 S. oben S. 104ff.
697 S. oben S. 80.

Bezüglich der Erhebung und Übermittlung von Daten für das Krebsregister verweist § 40 Abs. 7 DSVO Westfalen explizit auf die jeweiligen bundes- bzw. landesrechtlichen Regelungen.

6.7.1.3 Regelungen zur Qualitätssicherung

Nach § 38 Abs. 2 DSVO Westfalen ist ein Zugriff auf Patientendaten zum Zweck der „Qualitätssicherung einschließlich Leistungsauswertung und -entwicklung im Krankenhaus" nur insoweit zulässig, als sich dieser Zweck nicht mit anonymisierten Daten erreichen lässt.

Fraglich ist, ob auch andere als die Fachabteilungen, die unmittelbar mit der Untersuchung oder Behandlung und Pflege befasst sind, auf diese Daten zum Zweck der Qualitätssicherung zugreifen dürfen. Nach Absatz 5 Satz 2 wäre ein solcher Zugriff einer Übermittlung an Dritte gleichgestellt, sofern die andere Fachabteilung nicht auch unmittelbar mit der Behandlung des betroffenen Patienten befasst ist. Zur Behandlung kann auch die Untersuchung oder Pflege des Patienten gehören. Die Übermittlung der Daten an Dritte oder andere Fachabteilungen im Krankenhaus kann, zum Zweck der Qualitätssicherung, nach Absatz 5 nur im Fall der Nummer 2 bei einem konkreten medizinischen Serienschaden (gegenwärtige Gefahr für das Leben oder die Gesundheit des Patienten oder Dritter) gerechtfertigt werden. Insoweit kann auf die Ausführungen zu § 28 Abs. 6 Nr. 1 BDSG verwiesen werden.[698] Aus § 38 Abs. 5 Nr. 3 DSVO Westfalen kann kein allgemeines Übermittlungsrecht zur Qualitätssicherung abgeleitet werden, da es sich dem Kontext nach bei der dort genannten „Überprüfung der Leistungserbringung" um keine Qualitätssicherung im medizinischen Sinne handelt. Vielmehr geht es hier um die Abrechnung und Prüfung der Leistungsberechtigung.

Da durch die kirchlichen Datenschutzregelungen die Schweigepflicht des § 203 StGB wie gesehen nicht durchbrochen werden kann, finden diese Regelungen allenfalls für eine Datenübermittlung innerhalb des Krankenhauses Anwendung, soweit keine innerorganisatorische Schweigepflicht greift, was man aber – jedenfalls bei unmittelbarem Personenbezug – zwischen Fachabteilungen doch eher annehmen muss. Insoweit sind für die Übermittlung an Stellen außerhalb des Krankenhauses die entsprechenden staatlichen Regelungen anzuwenden.

6.7.1.4 Regelungen zur Einwilligung

Nach § 40 Abs. 1 DSVO Westfalen bedarf es für die Verwendung der Patientendaten für wissenschaftliche Forschung einer Einwilligung, es sei denn es greifen die Ausnahmen der Absätze 2 und 3. Eine Beschränkung der Zulässigkeit einer Einwilligung auf bestimmte Forschungsvorhaben findet sich hier nicht, so dass insoweit auf die allgemeinen Bestimmtheitsanforderungen für die Einwilligung verwiesen werden kann, wie sie zum BDSG beschrieben wurden.[699]

Die Einwilligung muss natürlich auf einer freien Entscheidung des Betroffenen beruhen (§ 3a Abs. 1 S. 1 DSG-EKD) und bedarf gemäß § 3a Abs. 1 S. 3 DSG-EKD der Schrift-

---

[698] S. oben S. 108ff.
[699] S. oben S. 118ff.

form, soweit nicht wegen besonderer Umstände eine andere Form angemessen ist.[700] Bei wissenschaftlicher Forschung liegt ein solcher besonderer Umstand gemäß § 3 Absatz 2 DSG-EKD auch dann vor, wenn durch die Schriftform der bestimmte Forschungszweck erheblich beeinträchtigt würde. Der Betroffene ist nach Absatz 1 Satz 2 auf den Zweck der Erhebung, Verarbeitung oder Nutzung sowie, soweit nach den Umständen des Einzelfalles erforderlich oder auf Verlangen, auf die Folgen der Verweigerung der Einwilligung hinzuweisen. Bei einer mündlichen Einwilligung sind, nach Absatz 2 Satz 2, der Hinweis nach Absatz 1 Satz 1 und die Gründe, aus denen sich die erhebliche Beeinträchtigung des bestimmten Forschungszwecks ergibt, schriftlich festzuhalten. Zudem muss sich die Einwilligung gemäß Abs. 3 ausdrücklich auf die Gesundheitsdaten beziehen, da es sich dabei um besondere Arten von personenbezogenen Daten im Sinne des § 2 Abs. 11 DSG-EKD handelt. Erfolgt die Einwilligung schriftlich und zusammen mit anderen Erklärungen, so ist diese hervorzuheben (Abs. 1 S. 4).

Darüber hinaus bedarf es nach § 40 Abs. 5 DSVO Westfalen für die Veröffentlichung von Forschungsergebnissen einer Einwilligung des Betroffenen, wenn die Forschungsergebnisse einen Rückschluss auf die Person, deren Daten verarbeitet wurden, zulassen.

6.7.2 Katholische Kirche

Relevante Kirchengesetze:[701]

- Katholische Datenschutzordnung (KDO)
- Patientendatenschutzordnung (PatDSO)

6.7.2.1 Auf Kliniken anwendbare Datenschutzvorschriften

Zur Anwendbarkeit der kirchlichen Datenschutzregelungen in Abgrenzung zum staatlichen Recht sei auch bezüglich der katholischen Kirche auf die obigen Ausführungen verwiesen.[702] Diese Anwendung kirchlicher Regeln ist damit letztlich von einer Öffnungsklausel in den jeweiligen Landeskrankenhausgesetzen (LKHG) abhängig.[703]

Bundeseinheitlich verbindlich geltende Datenschutzregeln gibt es in der katholischen Kirche nicht. Jede Diözese bzw. jedes Bistum kann sich eigene Regelungen geben. Diese Möglichkeit wurde in Bezug auf eine allgemeine Anordnung zum Datenschutz in der katholischen Kirche (Katholische Datenschutzordnung – KDO) auch von jedem Bistum genutzt. Dabei orientieren sich nach summarischer Prüfung alle Diözesen an dem (rechtlich allerdings unverbindlichen) Beschluss der Vollversammlung des Verbandes der Diözesen Deutschlands vom 18.11.2013, durch welchen eine Muster-KDO verabschiedet wurde.[704] Diese sieht in ihrem § 1 Abs. 3 S. 1 Muster-KDO aber vor,

---

[700] Das DSG-EKD ist insoweit subsidiär anwendbar.
[701] Es sind die Gesetze des jeweiligen Bistums anzuwenden.
[702] S. oben S. 80.
[703] Zum Vorliegen einer solchen im Einzelnen siehe jeweils den Abschnitt „Auf Kliniken anwendbare Datenschutzvorschriften" in Kap. I.6.6, S. 123ff. Liegt solche vor, wurde in Übersicht 1 (S. 82ff.) in den Spalten zu den Kirchen jeweils auf die einschlägigen kirchlichen Vorschriften verwiesen.
[704] Vgl. http://www.datenschutz-kirche.de/node/97.

dass, soweit „besondere kirchliche oder staatliche Rechtsvorschriften auf personenbezogene Daten einschließlich deren Veröffentlichung anzuwenden sind", diese den „Vorschriften dieser Anordnung" vorgehen, was z.B. in denselben Paragrafen der KDO des Bistums Trier (KDO Trier) übernommen wurde.

Für den Patientendatenschutz in katholischen Krankenhäusern sind daher vorrangig die speziellen Ordnungen zum Schutz von Patientendaten (PatDSO) der jeweiligen Bistümer maßgeblich, soweit solche erlassen wurden – andernfalls gehen auch aus kirchlicher Sicht, trotz eventueller Öffnungsklausel im staatlichen Recht, die staatlichen LKHG vor (§ 1 Abs. 3 S. 1 Muster-KDO).

Über eine solche PatDSO verfügen nach summarischer Prüfung folgende Bistümer: Aachen, Essen, Fulda, Hamburg, Hildesheim, Köln, Limburg, Mainz, Münster (nordrhein-westfälischer Teil), Münster (oldenburgischer Teil), Osnabrück, Speyer und Trier. Sie zeichnen sich durch große Ähnlichkeiten, im Detail aber auch durch Abweichungen aus. Die folgende Prüfung erfolgt daher nach dem Maßstab der „Ordnung zum Schutz von Patientendaten in katholischen Krankenhäusern und Rehabilitationskliniken im Bistum Trier – PatDSO" (kurz: PatDSO Trier),[705] welche aber immerhin identisch mit den jeweiligen PatDSO der Bistümer Fulda und Limburg ist.[706] Die Übertragbarkeit der hier gefundenen Ergebnisse auf andere Bistümer müsste im Einzelnen somit jeweils noch geprüft werden.[707]

6.7.2.2 Regelungen zur Forschung

Eigenforschung der Fachabteilung

Gemäß § 9 Abs. 1 PatDSO Trier dürfen Patientendaten, die „innerhalb einer Fachabteilung des Krankenhauses gespeichert sind, für eigene wissenschaftliche Forschungsvorhaben" lediglich von den Personen, die in der jeweiligen Fachabteilung arbeiten und der ärztlichen Schweigepflicht unterliegen, verarbeitet oder genutzt werden. Obgleich das Übermitteln auch nach § 2 Abs. 4 KDO Trier grundsätzlich zum Verarbeiten gehört, ist dieses aufgrund der Fachabteilungsschranke sowie in Abgrenzung zur Übermittlungserlaubnis nach § 9 Abs. 2 PatDSO auf Basis von Abs. 1 nicht gestattet. In Bezug auf die Wissenschaftlichkeit und den Vorhabensbezug der Eigenforschung kann aufgrund des insoweit vergleichbaren Wortlautes auf die Ausführungen zum BDSG verwiesen werden.[708]

Übermittlung und Drittforschung, aber keine Offenbarungsbefugnis

§ 9 Abs. 2 PatDSO Trier regelt die Übermittlung von Patientendaten zum Zweck einer bestimmten wissenschaftlichen Forschung. Zulässig ist die Übermittlung, wenn

---

705 Vom 20.12.2006, veröffentlicht im Kirchlichen Amtsblatt des Bistums Trier v. 01.01.2007, Nr. 3, S. 13ff.
706 Die beiden zuletzt genannten PatDSOen sind jeweils zum 01.11.2006 in Kraft getreten. Da alle drei PatDSOen „für alle katholischen Krankenhäuser im Sinne der Grundordnung für katholische Krankenhäuser in den Diözesen Fulda, Limburg, Mainz, Speyer und Trier" gilt, liegt es nahe, dass auch die anderen über die genannte (einheitliche) Grundordnung in Bezug genommenen Diözesen, also auch Mainz und Speyer, gleiche Regelungen erlassen haben.
707 Insoweit kann aber schon festgestellt werden, dass sich innerhalb der folgenden beiden Blöcke die jeweiligen PatDSOen gleichen: A. PatDSO Osnabrück/Hamburg (Inkrafttreten 1.4.1990) = PatDSO Hildesheim (Inkrafttreten 1.4.1990) = PatDSO Osnabrück (Inkrafttreten 1.4.1990) = PatDSO Münster-Offizialat-Oldenburg (Inkrafttreten 1.4.1990); B. PatDSO Paderborn (Inkrafttreten 1.10.2005) = PatDSO Köln (Inkrafttreten 1.10.2005).
708 S. oben S. 94ff.

1. das berechtigte Interesse der Allgemeinheit an der Durchführung des Forschungsvorhabens das Geheimhaltungsinteresse des Patienten erheblich überwiegt[709] und
2. es nicht zumutbar ist, die Einwilligung einzuholen[710] und
3. schutzwürdige Belange des Patienten nicht beeinträchtigt[711] werden.[712]

Auch hier kann in Bezug auf die Wissenschaftlichkeit und den Vorhabensbezug der (Dritt-)Forschung aufgrund des insoweit vergleichbaren Wortlautes auf die Ausführungen zum BDSG verwiesen werden.[713]

Jedoch gilt auch hier, dass Daten wie die Patientendaten, die der Geheimhaltungspflicht gemäß § 203 StGB unterliegen, nur übermittelt werden dürfen, wenn eine Offenbarungsbefugnis vorliegt. Bei einer solchen kann es sich jedoch nicht um eine kirchliche Norm handeln.[714] Insoweit werden die kirchlichen Häuser auf die Anwendung staatlicher Offenbarungsbefugnisse verwiesen oder aber die Einholung einer Schweigepflichtentbindung, welche – abgesehen von bestimmten Formerfordernissen – der Einwilligung in die Übermittlung von Patientendaten gleichkommt.

Allgemeine Rahmenbedingungen

Gemäß § 9 Abs. 3 PatDSO Trier müssen personenbezogene Daten anonymisiert bzw. gelöscht werden, sobald sich dies jeweils mit dem Forschungszweck vereinbaren lässt. Auch müssen die „Merkmale mit deren Hilfe ein Personenbezug wieder hergestellt werden kann", separat gespeichert werden (Pseudonymisierung).

Gemäß Abs. 4 dürfen Veröffentlichungen von Forschungsergebnissen „keinen Rückschluss auf die Personen zulassen, deren Daten verarbeitet oder genutzt" worden sind.

§ 9 Abs. 5 PatDSO Trier legt schließlich fest, welchen Verpflichtungen der Empfänger der Daten nachkommen muss, wenn die Bestimmungen dieser Ordnung keine Anwendung auf ihn finden. So muss er sich dazu verpflichten,
1. die Daten nur für das von ihm genannte Forschungsvorhaben zu verwenden,
2. die Bestimmungen des Abs. 3 (zu Pseudonymisierung, Anonymisierung und Löschung) sowie des Abs. 4 (zur nur anonymen Veröffentlichung) einzuhalten,
3. die Vorschriften der §§ 4[715], 7[716] und 8[717] dieser Ordnung zu beachten und
4. dem Beauftragten für den Datenschutz auf Verlangen Einsicht und Auskunft zu gewähren.

---

709 S. hierzu die insoweit vergleichbare Rechtslagen in NW, oben S. 185f. Ähnlich auch das Abwägungserfordernis nach § 28 Abs. 6 Nr. 4 BDSG, s.o. S. 104.
710 S. hierzu die insoweit (Unzumutbarkeit) vergleichbare Rechtslagen in RP, oben S. 191f.
711 S. hierzu die insoweit (schutzwürdige Belange) vergleichbare Rechtslagen in BE, oben S. 147f.
712 Zur problematischen „und"-Verknüpfung der Nummern 1 und 3 s. oben S. 201 (bezüglich der ähnlich widersprüchlichen Rechtslage im LKHG SL).
713 S. oben S. 94ff.
714 Die PatDSO Trier enthält nur zur Auftragsdatenverarbeitung in § 7 S. 1 einen entsprechenden expliziten Vorbehalt für § 203 StGB. Der sich in § 1 Abs. 3 S. 2 KDO Trier findende allgemeine Vorbehalt zu Gunsten von Berufsgeheimnissen, könnte durch die Spezialregelungen für Patientendaten der PatDSO verdrängt werden (ähnlich wie das LKHG den entspr. Vorbehalt des BDSG oder der LDSG verdrängen). Allerdings kann kirchliches Recht wie bereits ausgeführt unabhängig von der kircheninternen Gesetzgebung den staatlichen Strafanspruch nicht „aushebeln", s.o. S. 80.
715 Zulässigkeit der (weiteren) Übermittlung und Nutzung.
716 Datenverarbeitung im Auftrag.
717 Technische und organisatorische Schutzmaßnahmen, wobei insoweit auf § 6 KDO samt Anlage weiterverwiesen wird.

Ferner muss der Empfänger „nachweisen, dass bei ihm die technischen und organisatorischen Voraussetzungen zur Erfüllung seiner Verpflichtung nach Nr. 2 vorliegen."

Schließlich muss die übermittelnde Stelle gemäß § 10 Abs. 1 PatDSO Trier in Fällen des § 9 Abs. 2 PatDSO Trier den Empfänger, die Art der übermittelten Daten und die betroffenen Patienten sowie das vom Empfänger genannte Forschungsvorhaben aufzeichnen.

6.7.2.3 Regelungen zur Qualitätssicherung

Gemäß § 4 Abs. 1 Nr. 3 PatDSO Trier ist die Übermittlung von Patientendaten an Personen oder Stellen außerhalb des Krankenhauses und deren Nutzung zu Zwecken der Durchführung qualitätssichernder Maßnahmen in der Krankenhausversorgung gestattet, wenn bei der beabsichtigten Maßnahme das „Interesse der Allgemeinheit an der Durchführung die schutzwürdigen Belange des Patienten erheblich überwiegt".[718]

Gemäß § 10 Abs. 1 PatDSO Trier muss die die Daten übermittelnde Stelle den Empfänger, die Art der übermittelten Daten und die betroffenen Patienten dokumentieren.

Hier gilt wieder, dass Patientendaten, die der Geheimhaltungspflicht gemäß § 203 StGB unterliegen, nur übermittelt werden dürfen, wenn eine Offenbarungsbefugnis vorliegt. Bei einer solchen kann es sich jedoch nicht um eine kirchliche Norm handeln, sodass die Übermittlung der Daten an Stellen außerhalb des Krankenhauses zu Zwecken der Qualitätssicherung auf dieser Grundlage nicht zulässig ist. Insoweit kann aber auf die subsidiär anwendbaren staatlichen Regeln zurückgegriffen werden.

Gemäß § 3 Abs. 3 PatDSO Trier ist die Nutzung von Patientendaten für die Qualitätssicherung der Krankenhausversorgung zulässig, soweit diese nicht mit anonymisierten Daten erreicht werden kann. Nun gilt gemäß Abs. 1 S. 2 als Übermittlung auch die Weitergabe von Patientendaten an andere Organisationseinheiten innerhalb des Krankenhauses, „sofern diese Organisationseinheiten nicht unmittelbar mit Untersuchungen, Behandlungen oder sonstigen Maßnahmen befasst sind". Zunächst könnte dies bedeuten, dass die Nutzung der Daten zu Qualitätssicherungszwecken innerhalb anderer Organisationseinheiten nicht gestattet ist, da dies als Übermittlung zu werten ist. Vielmehr ist es jedoch so, dass diese Nutzung als Übermittlung im Sinne des § 4 Abs. 1 Nr. 3 PatDSO Trier zu werten ist, was im Grunde schon durch § 3 Abs. 1 PatDSO Trier festgelegt wird. Die Übermittlung von Patientendaten an andere Organisationseinheiten innerhalb des Krankenhauses bzw. deren daraufhin folgende Nutzung ist also bei Vorliegen der Bedingungen des § 4 Abs. 1 Nr. 3 PatDSO Trier gestattet, wobei auch hier die Aufzeichnungspflichten zu Übermittlungsempfänger u.a. nach § 10 Abs. 1 PatDSO Trier zu beachten sind. Da es sich dann um eine Übermittlung innerhalb des Krankenhauses handelt, ist eine Offenbarungsbefugnis, durch welche die Übermittlung der § 203 StGB unterliegenden Daten sonst zulässig wird, nicht erforderlich, jedenfalls solange die Patientendaten pseudonymisiert sind.

---

[718] Bezüglich des „erheblichen Überwiegens" können die Ausführungen zur Angemessenheit im Rahmen der Forschungsklausel des BDSG entsprechend herangezogen werden, s.o. S. 104f., wenn auch die in die Abwägung einzustellenden Belange bei der Qualitätssicherung andere sind und ggf. auch anders gewichtet werden müssen.

6.7.2.4 Regelungen zur Einwilligung

Gemäß § 2 Abs. 1 Nr. 3 PatDSO Trier dürfen Patientendaten im Krankenhaus grundsätzlich auch mit Einwilligung des Patienten erhoben, verarbeitet und genutzt werden.

Die allgemeinen Voraussetzungen für die Einwilligung werden in § 2 Abs. 2 PatDSO Trier bestimmt. So bedarf diese der Schriftform, „soweit nicht wegen besonderer Umstände eine andere Form angemessen ist" (S. 1). Solche besonderen Umstände könnten bei körperlichem Unvermögen des Patienten, trotz Einwilligungsfähigkeit schriftlich einzuwilligen (z.B. aufgrund einer Lähmung), vorliegen, oder auch, wenn die Einwilligung besonders schnell benötigt wird. Wird die Einwilligung aufgrund solcher Umstände lediglich mündlich erteilt, muss dies schriftlich festgehalten werden (S. 2). Ferner ist die Einwilligungserklärung im äußeren Erscheinungsbild hervorzuheben, wenn sie zusammen mit anderen Erklärungen abgegeben werden soll (S. 3). Schließlich ist es erforderlich, dass der Einwilligende über die Bedeutung seiner Einwilligung, also über die Art, den Umfang und den Zweck der beabsichtigten Datenverarbeitung aufzuklären ist (S. 4).

§ 3 Abs. 1 S. 1 PatDSO Trier bestätigt die Zulässigkeit der Einwilligung auch für die krankenhausinterne Übermittlung und Nutzung von Patientendaten, wobei hier ergänzt wird, dass der Patient im Einzelfall eingewilligt haben muss. Auch für die Übermittlung an Stellen außerhalb des Krankenhauses sowie deren anschließende Nutzung wird die Einwilligung nach § 4 Abs. 1 S. 2 PatDSO Trier ausdrücklich als zulässig bezeichnet, wobei sich hier kein explizites Einzelfallerfordernis findet, welches jedoch erst recht auf den stärkeren Eingriff durch externe Übermittlung zu übertragen sein dürfte. Ein Rückgriff auf die nach den bislang genannten Vorschriften zulässige Einwilligung kommt insbesondere auch für die Qualitätssicherung in Betracht, soweit die gesetzlichen Voraussetzungen nicht vorliegen, sei sie fachabteilungsintern (dann über § 2 Abs. 1 Nr. 3 PatDSO Trier), die behandelnde Fachabteilung übergreifend (§ 3 Abs. 1 S. 1 PatDSO Trier) oder auch krankenhausübergreifend (§ 4 Abs. 1 S. 2 PatDSO Trier).

Schließlich gestattet § 9 Abs. 2 S. 2 PatDSO Trier ausdrücklich auch die Einwilligung in die Datenübermittlung zu Forschungszwecken, ohne hierfür einen Einzelfallbezug zu fordern, welcher aber auch hier erst recht zur Anwendung kommen dürfte. Fraglich ist aber, ob der von § 9 Abs. 2 S. 1 PatDSO Trier für die gesetzliche Erlaubnis geforderte Bezug auf eine „bestimmte wissenschaftliche Forschung", letztlich also auf ein Vorhaben, auch für die Einwilligung gilt. Dies wäre zu bejahen, wenn die einleitenden Worte von S. 2, welche in „allen anderen Fällen" für die Übermittlung die Einwilligung fordern, sich nur auf S. 1 Nr. 1–3 beziehen, also die dort kumulativ genannten Voraussetzungen wie das erhebliche Überwiegen des Allgemeininteresses. Anders läge es, wenn von S. 2 auch andere Fälle als die des S. 1 eingangs erwähnten Zwecks „einer bestimmten wissenschaftlichen Forschung" erfasst wären. Der zuletzt genannte Ansatz überzeugt dabei eher, denn eine rein gesetzliche Erlaubnis scheidet schon aus, wenn auch nur eine der in S. 1 genannten Voraussetzungen nicht vorliegt. In solchen („anderen") Fällen kann dem Betroffenen die Selbstbestimmung über seine Daten durch Einwilligung jedenfalls nicht auf Grund eines uneindeutigen Wortlautes abgeschnitten werden. Folglich ist ein strikter Vorhabensbezug für die Einwilligung nicht nötig, allerdings müssen die allgemeinen Mindestanforderungen an deren Bestimmtheit erfüllt sein.[719]

---

[719] S. oben zum BDSG, S. 118ff.

7 Verwendung von Behandlungsdaten für interne Qualitätssicherung und Eigenforschung

7.1 Verwendung von Behandlungsdaten in unveränderter Form durch den Behandler

> *Unter welchen rechtlichen Bedingungen können die im Rahmen der Behandlung dokumentierten Daten in unveränderter Form für Zwecke der Forschung oder Qualitätssicherung durch den Behandler genutzt werden?*

Aufgrund der unveränderten Form der Behandlungsdaten sind diese noch eindeutig personen- bzw. patientenbezogen, so dass in jedem Fall eine datenschutzrechtliche Erlaubnis für die erfolgende Zweckänderung erforderlich ist.

Bei einer Nutzung der Patientendaten durch den Behandler selbst, gleich zu welchen Zwecken, liegt allerdings kein Offenbaren im Sinne von § 203 StGB vor, da kein Dritter Kenntnis von den der Schweigepflicht unterliegenden Geheimnissen erhält. Aus diesem Grund ist auch für die Nutzung personenbezogener Patientendaten zu Zwecken der Forschung und Qualitätssicherung durch den Behandler selbst keine Entbindung von der Schweigepflicht oder eine gesetzliche Offenbarungsbefugnis notwendig.[720]

---

[720] Jedenfalls solange die Zugriffsmöglichkeiten für Dritte im Rahmen der Zweckänderung nicht erweitert werden. Es wird im Rahmen dieser Frage davon ausgegangen, dass auf die Forschungsergebnisse, soweit sie noch personenbezogen sind, regulär lediglich der Behandler Zugriff hat (interne IT-Administratoren, der Zugriff kaum auszuschließen ist, gelten insoweit als zulässige Gehilfen ohne besonderen Rechtfertigungsbedarf).

7.1.1 Zweckänderung hin zur Forschung

7.1.1.1 Gesetzliche Erlaubnisse

Gesetzliche Forschungsklauseln, die eine entsprechende Zweckänderung jedenfalls für die interne „Umwidmung" der Bestimmung der Daten grundsätzlich auch ohne Einwilligung gestatten können, existieren in allen anwendbaren datenschutzrechtlichen Regelungen, d.h. insbesondere auch im Bund (BDSG) und in allen Bundesländern. Zu den Voraussetzungen im Einzelnen sei auf die jeweils zu den Forschungsklauseln gemachten Ausführungen in vorigem Kapitel I.6 verwiesen.[721]

Ob diese Voraussetzungen vorliegen ist auch bei bloßem Datenumgang durch den Behandler in der Regel eine Frage des Einzelfalls, die abhängig vom einzelnen Forschungsvorhaben ist. Allerdings wird im Rahmen der Auslegung und einer gegebenenfalls vorzunehmenden Abwägung begünstigend für die wissenschaftliche Forschung zu berücksichtigen sein, dass es sich vorliegend um Eigenforschung nicht nur der behandelnden Einrichtung, sondern sogar ausschließlich des behandelnden Arztes handelt.

Die auf Krankenhäuser anwendbaren Gesetze mancher Bundesländer enthalten jedoch auch Klauseln, die für bestimmte Formen der rein internen Datenverwendung zu Forschungszwecken weder einen Vorhabensbezug noch eine Interessenbewertung bzw. -abwägung verlangen. In den Grenzen dieser Klauseln ist ein Datenumgang durch den behandelnden Arzt damit ohne Einzelfallabwägung generell zulässig.[722] Dabei handelt es sich um folgende Vorschriften:

- Baden-Württemberg: § 15 Abs. 3 LDSG BW
  - Anwendbar auf alle Kliniken des Landes oder diesem zugeordneter Träger (Anstalten, Stiftungen oder Körperschaften wie Kommunen) ohne eigene Rechtspersönlichkeit. Solche Eigen- oder Regiebetriebe sind im Krankenhausbereich aber praktisch kaum mehr anzutreffen.
  - Eine „Speicherung oder Nutzung für andere Zwecke" liegt nicht vor, „wenn sie [...] Zwecken der Durchführung eigener wissenschaftlicher Forschung der speichernden Stelle dient".
- Bayern: Art. 27 Abs. 4 S. 1 LKHG BY
  - Anwendbar auf alle Kliniken des Landes oder diesem zugeordneter Träger einschließlich der Universitätskliniken sowie private Plankrankenhäuser und Kliniken der Kirchen.
  - Nutzung (im weiteren Sinne, einschließlich der Speicherung) für Forschungszwecke im Krankenhaus oder im Forschungsinteresse des Krankenhauses ist gestattet; Datenhaltung aber nur intern, externe Forscher können aber im Krankenhaus Zugriff sowie u.U. auch lesenden Fernzugriff erhalten.
- Bremen: § 8 KHDSG HB
  - Anwendbar auf alle Kliniken in Bremen mit Ausnahme derer des Bundes und der Kirchen.

---

[721] S. oben S. 87ff.
[722] Auch insoweit ist allerdings ausnahmsweise eine Einzelfallabwägung angezeigt, wenn ein betroffener Patient Widerspruch gegen die entsprechende Datenverwendung einlegt.

- Anlage (einschließlich interner Speicherung) medizinischer Dateien durch Angehörige eines Heil- oder Gesundheitsfachberufes für eigene Forschungszwecke ist erlaubt; nicht aber ein Zugriff durch Dritte, soweit dies nicht zur Mitbehandlung erforderlich ist; letztlich darf also nur behandelndes Personal auch zu Forschungszwecken zugreifen (enger als Fachabteilungsgrenze).
- Mecklenburg-Vorpommern: § 38 Abs. 6 LKHG MV
  - Anwendbar auf alle Kliniken in Mecklenburg-Vorpommern mit Ausnahme solcher des Bundes.
  - Anlage (einschließlich interner Speicherung) von Dateien durch Ärzte für eigene Forschungszwecke ist gestattet, nicht jedoch ein Zugriff durch Dritte, soweit dies nicht zur Mitbehandlung erforderlich ist; letztlich darf also nur behandelndes Personal auch zu Forschungszwecken zugreifen (enger als Fachabteilungsgrenze).
- Nordrhein-Westfalen: § 6 Abs. 2 S. 1 GDSG NW
  - Anwendbar auf alle Kliniken des Landes oder diesem zugeordneter Träger sowie private Plankrankenhäuser.
  - Wissenschaftliches Personal darf zu Zwecken der wissenschaftlichen Forschung Patientendaten nutzen (im engeren Sinne, d.h. intern und ohne separate Speicherung), auf die es in den Einrichtungen aufgrund seiner Behandlungstätigkeiten ohnehin Zugriff hat (also nur für behandelndes Personal, enger als Fachabteilungsgrenze).
- Thüringen: § 27 Abs. 4 S. 1 LKHG TH
  - Anwendbar auf alle Kliniken in Thüringen mit Ausnahme solcher des Bundes.
  - Nutzung (im weiteren Sinne, einschließlich der Speicherung) für Forschungszwecke im Krankenhaus oder im Forschungsinteresse des Krankenhauses ist gestattet; Datenhaltung aber nur intern, externe Forscher können aber im Krankenhaus Zugriff sowie u.U. auch lesenden Fernzugriff erhalten (praktisch identisch mit Art. 27 Abs. 4 S. 1 LKHG BY).

7.1.1.2 Einwilligung als Alternative

Soweit keine gesetzliche Erlaubnis für die zweckändernde Datenverwendung vorliegt, kommt im Rahmen der jeweiligen Vorschriften und deren überwiegend gleichwertigen Voraussetzungen (Informiertheit, Bestimmtheit, Freiwilligkeit usw.) eine Einwilligung als Rechtsgrundlage in Betracht.[723]

Manche Bundesländer fordern in ihren auf Kliniken anwendbaren Gesetzen allerdings, dass die Einwilligung „im Einzelfall" erteilt wird. Die sind

- Baden-Württemberg (§ 50 Abs. 1 Hs. 1 LKHG BW),
- Bremen (§ 2 Abs. 1 KHDSG HB),
- Mecklenburg-Vorpommern (§ 33 Abs. 1 LKHG MV) und das
- Saarland (§ 13 Abs. 2 S. 2 LKHG SL).

Insofern sollte man insbesondere nicht schon bei Aufnahme in die Klinik eine „prophylaktische" Einwilligung verlangen, sondern erst, wenn die bei der Behandlung

---

[723] Zu den allgemeinen Voraussetzungen wie sie exemplarisch zum BDSG näher beschrieben wurden s. oben S. 110ff.

angefallenen Daten auch für den Patienten überschaubar sind und der Forschungswunsch des behandelnden Arztes sich zumindest etwas konkretisiert hat.

Einige Bundesländer gestatten in ihren auf Kliniken anwendbaren Gesetzen zudem auch die Einwilligung im Forschungsbereich nur für bestimmte Vorhaben. Dies sind

- Berlin (§ 25 Abs. 1 S. 1 LKHG BE: krankenhausinterne Forschungsvorhaben),[724]
- Bremen (§ 7 Abs. 1 KHDSG HB: wissenschaftliche medizinische Forschungsvorhaben, gilt aber nicht für interne Dateien nach § 8 KHDSG HB),[725]
- Hamburg (§ 12 Abs. 2 Nr. 2 LKHG HH: bestimmtes Forschungsvorhaben; wird aber durch § 12a LKHG HH ergänzt, der Übernahme in Sammlungen zu allgemeinen Forschungszwecken gestattet),[726]
- Rheinland-Pfalz (§ 37 Abs. 1 S. 1 Hs. 1 LKHG RP: interne Forschungsvorhaben)[727] sowie das
- Saarland (§ 14 Abs. 2 S. 1 LKHG SL: bestimmte Forschungsvorhaben).[728]

Insofern wird man auch dem behandelnden Arzt selbst mit Einwilligung des Patienten keine Anlage eines allgemeinen personenbezogenen Forschungsregisters unabhängig von konkreten Vorhaben erlauben können, sei es auch nur für eigene Zwecke.

In Bremen schränkt der aufgelistete, vorhabenbezogene § 7 Abs. 1 KHDSG HB letztlich aber die Eigenforschung des behandelnden Arztes nicht entsprechend ein, denn dort sind schon auf rein gesetzlicher Basis über § 8 KHGDSG HB eigene Forschungsdateien erlaubt.

In Bezug auf Hamburg schadet der für die Einwilligung in § 12 Abs. 2 Nr. 2 LKHG HH geforderte Vorhabensbezug insoweit nicht, als dass mit § 12a LKHG HH eine Sonderregelung für die Übernahme von Patientendaten in Sammlungen zu allgemeinen Forschungszwecken mit Einwilligung des Patienten geschaffen wurde, auf welche sich auch der behandelnde Arzt berufen kann.

7.1.1.3 Pseudonymisierungs- und Anonymisierungspflichten

Allerdings wird in den gesetzlichen Forschungsklauseln eine Pseudonymisierung und Anonymisierung der Daten gefordert, zumindest sobald dies ohne Gefährdung des Forschungszweckes möglich ist. Daraus folgt, dass die unveränderte Verwendung von Behandlungsdaten zu Forschungszwecken in aller Regel jedenfalls kein Dauerzustand, sondern nur ein Durchgangsstadium sein darf. Soweit der Forschungszweck jedoch zwingend (noch) den unveränderten Umgang erfordert, ist dies allerdings, wenn die übrigen Voraussetzungen der Forschungsklauseln vorliegen, nicht ausgeschlossen, so zum Beispiel zur Pseudonymgenerierung. Eine Übersicht zu den entsprechenden Regelungen findet sich im folgenden Abschnitt.[729]

Im Anwendungsbereich des BDSG, also für Arztpraxen und Kliniken des Bundes oder auch anderer Träger, soweit § 40 Abs. 2 S. 2 BDSG auf diese subsidiär anwendbar ist,

---

[724] Näheres s.o. S. 149f.
[725] Näheres s.o. S. 160f.
[726] Näheres s.o. S. 167.
[727] Näheres s.o. S. 194f.
[728] Näheres s.o. S. 204f.
[729] S. unten S. 244f.

ist allerdings eine sofortige Pseudonymisierung bei Zweckänderung hin zur Forschung nötig. Entsprechende Anordnungen treffen auch das KHEG Brandenburg und das LKHG Sachsen-Anhalt. Gleiches gilt für das LDSG Baden-Württemberg, welches insoweit auch auf manche dem LKHG BW unterworfene Kliniken subsidiär anwendbar ist, da dieses LKHG keine Regelungen zur Pseudonymisierung und Anonymisierung im Forschungskontext unabhängig von einer Datenübermittlung enthält. In den entsprechenden Einrichtungen ist daher ein unveränderter Umgang mit Behandlungsdaten zu Forschungszwecken jedenfalls allein auf gesetzlicher Grundlage grundsätzlich unzulässig.

Ausgenommen von diesem Grundsatz sind aber die (sofortige) Pseudonymgenerierung, die Aufrechterhaltung der Pseudonym-Patienten-Zuordnung (durch abgeschottete Speicherung) sowie die Re-Identifikation, wenn dies aus besonderen Gründen nötig werden sollte und die Voraussetzungen entsprechender Zulässigkeitstatbestände vorliegen, denn die Pseudonymisierung soll im Gegensatz zur Anonymisierung gerade eine Identifizierung in begründeten Fällen ermöglichen.[730] So könnte zum Beispiel eine Re-Identifizierung erfolgen, wenn die Voraussetzungen einer einschlägigen Forschungsklausel vorliegen und dies zur Rekrutierung geeigneter Probanden für Folgestudien erforderlich ist.[731] Auch ist an eine Re-Identifizierung zu denken, wenn ein Forschungsergebnis für die fortdauernde Behandlung innerhalb der Einrichtung relevant werden sollte.[732] Das LKHG Hamburg regelt als einziges LKHG explizit die Aufnahme von Daten in ein allgemeines Forschungsregister, verlangt hiervor jedoch, selbst wenn – wie dort vorgeschrieben – eine Einwilligung vorliegt, zumindest die Pseudonymisierung der Daten (§ 12a Abs. 2 LKHG HH). Dieses Erfordernis lässt sich jedenfalls für Kliniken im Anwendungsbereich des LKHG HH somit auch nicht mit Einwilligung der Patienten durchbrechen.

Im Übrigen, also soweit eine Pseudonymisierung oder Anonymisierung nicht explizit auch für den Fall der Einwilligung vorgeschrieben ist, kann jedoch, soweit die jeweiligen Voraussetzungen (Informiertheit, Bestimmtheit, Freiwilligkeit usw.) vorliegen, grundsätzlich mittels einer Einwilligung auch ein Dispens von allgemeinen Pseudonymisierungs- und Anonymisierungspflichten erlangt werden. Dies gilt zumindest bei formularmäßigen Einwilligungen jedoch aufgrund der im Ansatz bundeseinheitlichen AGB-rechtlichen Angemessenheitskontrolle nach § 307 BGB nur mit gewissen Einschränkungen. Denn im Ergebnis ist die Gesetzeslage im Bund und allen Länder insoweit weitgehend einheitlich, als dass jedenfalls eine Pseudonymisierung und Anonymisierung zu erfolgen hat, sobald dies ohne Gefährdung des Forschungszwecks

---

[730] Eine Ausnahme vom zuletzt genannten Punkt dürfte die Pseudonymisierung nach § 15 Abs. 3 TMG sein, der pseudonyme Nutzungsprofile bei Telemedien gestattet, die aber „nicht mit Daten über den Träger des Pseudonyms zusammengeführt werden" dürfen (S. 3). Die Verwendung des Rechtsbegriffs Pseudonymisierung dient dort also nicht der Erhaltung einer Re-Identifizierungsmöglichkeit, sondern lediglich der Abschwächung der rechtlichen Anforderungen an die technische Umsetzung im Vergleich zur (auch nur faktischen) Anonymisierung. Im vorliegenden Kontext der Sekundärnutzung med. Behandlungsdaten dürfte § 15 Abs. 3 TMG jedoch keine Rolle spielen, denn selbst bei telemedizinischen Anwendungen gelten für die über das Telemedium transportierten personen- und gesundheitsbezogenen Inhalte die allgemein für Gesundheitsdaten maßgeblichen Vorschriften.

[731] S. oben den entspr. Exkurs in Kap. I.4.1.2.5, S. 45ff.

[732] Insoweit dürfte auch die Bindung an den Zweckrahmen der wissenschaftlichen Forschung, wie sie u.a. in § 40 BDSG enthalten ist, nicht entgegenstehen. Diese würde dann zwar für Behandlungszwecke durchbrochen, was aber auf Grundlage der jeweiligen den Datenumgang zu Behandlungszwecken erlaubenden Normen (ausnahmsweise) zulässig sein dürfte. Hilfsweise käme die (mutmaßliche) Einwilligung oder Ausnahmenormen wie § 28 Abs. 6 Nr. 1 BDSG (Schutz lebenswichtiger Interessen des Betroffenen) in Betracht.

und ohne unverhältnismäßigen Aufwand möglich ist.[733] Deshalb wird man davon ausgehen müssen, dass jedenfalls ein Mindestmaß an Pseudonymisierung auch mittels einer Einwilligung selbst bei Datenverwendung zu Forschungszwecken nur durch den Behandler in der Regel nicht dauerhaft vollkommen umgangen werden kann. Gerade für diejenigen Länder, deren Gesetze eine sofortige Pseudonymisierung vorsehen, eröffnet die Einwilligung jedoch einen erweiterten Spielraum.

7.1.1.4 Übersicht 3: Spezifische Pflichten zur Pseudonymisierung oder Anonymisierung für die Forschung unabhängig von einer Datenübermittlung

Aus der folgenden Übersicht (s. Tab. 5) lassen sich die Rechtsgrundlagen für eine Anonymisierung oder Pseudonymisierung beim Datenumgang zu Forschungszwecken im Anwendungsbereich der jeweils genannten Gesetze entnehmen. Dabei werden nicht nur die vorrangig geltenden (Landeskrankenhaus-)Gesetze berücksichtigt, sondern auch die jeweils nachrangig heranziehbaren Gesetze, die eingreifen, soweit das vorrangige Gesetz keine Regelung enthält.

Tab. 5   Übersicht 3: Spezifische Pflichten zur Pseudonymisierung oder Anonymisierung für die Forschung unabhängig von einer Datenübermittlung

Anwendungsbereich des / Form der Reduktion des Personenbezugs	Pseudonymisierung	Anonymisierung
BDSG	§ 40 Abs. 2 S. 2 BDSG: sofort	§ 40 Abs. 2 S. 1 BDSG: **sobald** wie nach dem Forschungszweck **möglich**
LKHG Baden-Württemberg	§ 35 Abs. 2 S. 2 LDSG BW, § 40 Abs. 2 S. 2 BDSG: sofort	§ 35 Abs. 2 S. 1 LDSG BW, § 40 Abs. 2 S. 1 BDSG: **sobald** wie nach dem Forschungszweck **möglich**
LKHG Bayern	§ 40 Abs. 2 S. 2 BDSG: sofort	§ 40 Abs. 2 S. 1 BDSG: **sobald** wie nach dem Forschungszweck **möglich**
LKHG Berlin	§ 25 Abs. 2 S. 1 LKHG BE: sofort, soweit angemessen (i.E. **sobald** wie **möglich**)	§ 25 Abs. 2 S. 1 LKHG BE: **sobald** wie nach dem Forschungszweck **möglich**
KHEG Brandenburg	§ 28 Abs. 2 S. 2 LDSG BB: sofort	§ 28 Abs. 2 S. 1 LDSG BB: **sobald** wie nach dem Forschungszweck **möglich**
KHDSG Bremen	§ 7 Abs. 4 S. 1 KHDSG HB: **sobald** wie nach dem Forschungszweck **möglich**	§ 7 Abs. 4 S. 2, § 8 S. 3 KHDSG HB: **sobald** wie **möglich**
LKHG Hamburg	§ 12 Abs. 3 S. 1 LKHG HH: **sobald** wie nach dem Forschungszweck **möglich**; § 12a Abs. 2 LKHG HH: in jedem Fall (sofort) vor Aufnahme in Sammlung von Daten zu allg. Forschungszwecken	§ 12 Abs. 3 S. 3 LKHG HH: **sobald** wie nach dem Forschungszweck **möglich**; § 12a Abs. 1 S. 3 LKHG HH: kein Einwilligungserfordernis, wenn Daten vor Weitergabe an Sammlung zu allg. Forschungszwecken anonymisiert

---

733 Dieser kleinste gemeinsame Nenner der jeweils einschlägigen Gesetze dürfte auch der wesentliche Grundgedanke der jeweiligen gesetzlichen Regelungen sein, weshalb ein Abweichen hiervon nach § 307 Abs. 2 Nr. 1 BGB für den Patienten unangemessen benachteiligend und damit unwirksam wäre.

7 Verwendung von Behandlungsdaten für interne Qualitätssicherung und Eigenforschung

Anwendungs-bereich des / Form der Reduktion des Personenbezugs	Pseudonymisierung	Anonymisierung
LKHG Hessen	§ 33 Abs. 2 Hs. 1 LDSG HE: **sobald** wie nach dem Forschungszweck **möglich**; gilt gem. § 12 Abs. 3 LKHG HE auch zwischen Fachabteilungen einer Klinik	§ 33 Abs. 2 Hs. 2 LDSG HE: **sobald** wie nach dem Forschungszweck **möglich**; gilt gem. § 12 Abs. 3 LKHG HE auch zwischen Fachabteilungen einer Klinik
LKHG Mecklenburg-Vorpommern	§ 38 Abs. 4 S. 1 LKHG MV: **sobald** wie nach dem Forschungszweck **möglich**	§ 38 Abs. 4 S. 2 LKHG MV: **sobald** wie nach dem Forschungszweck **möglich**
LDSG Niedersachsen	§ 40 Abs. 2 S. 2 BDSG: sofort	§ 40 Abs. 2 S. 1 BDSG: **sobald** wie nach dem Forschungszweck **möglich**
GDSG Nordrhein-Westfalen	§ 6 Abs. 4 GDSG NW: **sobald** wie nach dem Forschungszweck **möglich**	§ 6 Abs. 4 GDSG NW: **sobald** wie nach dem Forschungszweck **möglich**
LKHG Rheinland-Pfalz	§ 37 Abs. 4 LKHG RP: **sobald** wie nach dem Forschungszweck **möglich**	§ 37 Abs. 1 Nr. 3 LKHG RP: kein Einwilligungserfordernis, wenn die Daten vor ihrer weiteren Verarbeitung anonymisiert wurden; § 37 Abs. 4 LKHG RP: **sobald** wie nach dem Forschungszweck **möglich**
LKHG Saarland	§ 14 Abs. 8 S. 2 LKHG SL: **sobald** wie nach dem Forschungszweck **möglich**	§ 14 Abs. 8 LKHG SL: **sobald** wie nach dem Forschungszweck **möglich**
LKHG Sachsen	§ 34 Abs. 4 S. 2 LKHG SN: **sobald** wie nach dem Forschungszweck **möglich**	§ 34 Abs. 4 S. 1 LKHG SN: **sobald** wie nach dem Forschungszweck **möglich**
LDSG Sachsen-Anhalt	§ 40 Abs. 2 S. 2 BDSG: sofort	§ 40 Abs. 2 S. 1 BDSG: **sobald** wie nach dem Forschungszweck **möglich**
LDSG Schleswig-Holstein	§ 40 Abs. 2 S. 2 BDSG: sofort	§ 40 Abs. 2 S. 1 BDSG: **sobald** wie nach dem Forschungszweck **möglich**
LKHG Thüringen	§ 27a Abs. 4 S. 1 LKHG TH: **sobald** wie nach dem Forschungszweck **möglich**	§ 27a Abs. 2 S. 2 LKHG TH: **sobald** wie nach dem Forschungszweck **möglich**
PatDSO/ KDO (katholische Kliniken, soweit Öffnungsklausel)	§ 7 Abs. 3 S. 2 PatDSO: **sobald** wie nach dem Forschungszweck **möglich**	§ 7 Abs. 3 PatDSO: **sobald** wie nach dem Forschungszweck **möglich**
DSG-EKD (evangelische Kliniken, soweit Öffnungsklausel)	§ 25 Abs. 3 S. 2 DSG-EKD: **sobald** wie nach dem Forschungszweck **möglich**	§ 25 Abs. 3 S. 1 DSG-EKD: **sobald** wie nach dem Forschungszweck **möglich**

7.1.2 Zweckänderung hin zur Qualitätssicherung

7.1.2.1 Gesetzliche Erlaubnisse, Einwilligung als Alternative

Im BDSG findet sich, von der Untersuchung konkreter medizinischer Serienschäden abgesehen (falls man diese überhaupt unter den Begriff der Qualitätssicherung fassen möchte), keine gesetzliche Erlaubnis für die generalisierende Qualitätssicherung, nicht einmal für den entsprechenden internen Datenumgang.[734] Das BDSG gilt dabei nicht nur für Arztpraxen und die (wenigen) Kliniken des Bundes, sondern über Verweisungen letztlich auch für alle Kliniken[735] in Niedersachsen, Sachsen-Anhalt und Schleswig-Holstein.

Nach den anderen anwendbaren Rechtsgrundlagen ist die Qualitätssicherung, jedenfalls die interne, aufgrund von entsprechenden Erlaubnisnormen grundsätzlich zulässig. Zu den gesetzlichen Voraussetzungen im Einzelnen sei auf die jeweiligen Teile zur Qualitätssicherung in der Darstellung der Rechtsgrundlagen in den einzelnen Bundesländern verwiesen.[736] Teils wird hier ebenfalls eine Interessenabwägung gefordert, wenn auch seltener als bei den Forschungsklauseln.

Voraussetzung für einen unveränderten Umgang mit patientenbezogenen Daten zu diesem Zweck ist aber jedenfalls, dass dieser erforderlich ist, der Zweck also nicht mit anonymisierten oder pseudonymisierten Daten erreicht werden kann. Letzteres wird in manchen Rechtsgrundlagen (über den allgemeinen Grundsatz der Datensparsamkeit und -vermeidung hinaus) noch einmal besonders hervorgehoben. Da es bei der hier betrachteten (generalisierenden) Qualitätssicherung um die Gewinnung genereller Aussagen zum Qualitätsniveau geht, erfordert die unverändert personenbezogene Verwendung eine besondere Rechtfertigung.

Auf der Ebene des Behandlers kann aber aufgrund einer eventuell gewünschten Rücküberführung allgemeiner Qualitätsaussagen in die individuelle Behandlung noch ein rechtfertigender Grund bestehen, möglicherweise auch noch auf Ebene der behandelnden Fachabteilung, aber kaum mehr darüber hinaus. Soweit dieser Bereich verlassen wird, ist – unabhängig davon, ob man insoweit wie manche LKHG eine Gleichstellung mit der Übermittlung annimmt – in aller Regel zumindest eine Pseudonymisierung angezeigt. Auch innerhalb der Fachabteilung wird aus der durch das „soweit" ersichtlichen sachlichen Einschränkung jedoch mit der Zeit ähnlich wie bei der Forschung ein „sobald", also letztlich doch eine Anonymisierung oder Pseudonymisierung notwendig werden, spätestens nachdem die Behandlung abgeschlossen wurde.

7.1.2.2 Übersicht 4: Spezifische Pflichten zur Pseudonymisierung oder Anonymisierung für die Qualitätssicherung unabhängig von einer Datenübermittlung

Aus der folgenden Übersicht (s. Tab. 6) lassen sich die Rechtsgrundlagen für eine Anonymisierung oder Pseudonymisierung beim Datenumgang zu Zwecken der Qualitätssicherung im Anwendungsbereich der jeweils genannten Gesetze entnehmen.

---

734 S. oben S. 108f.
735 Teils von kirchlichen Kliniken abgesehen.
736 S. oben S. 123ff.

7 Verwendung von Behandlungsdaten für interne Qualitätssicherung und Eigenforschung

Dabei werden nicht nur die vorrangig geltenden (Landeskrankenhaus-)Gesetze berücksichtigt, sondern auch die jeweils nachrangig heranziehbaren Gesetze, die eingreifen, soweit das vorrangige Gesetz keine Regelung enthält.

Tab. 6 Übersicht 4: Spezifische Pflichten zur Pseudonymisierung oder Anonymisierung für die Qualitätssicherung unabhängig von einer Datenübermittlung

Anwendungsbereich des / Form der Reduktion des Personenbezugs	Pseudonymisierung	Anonymisierung
BDSG	§ 3a S. 2 BDSG: **sobald** nach dem Verwendungszweck **möglich** und kein unverhältnismäßiger Aufwand	§ 3a S. 2 BDSG: **sobald** nach dem Verwendungszweck **möglich** und kein unverhältnismäßiger Aufwand
LKHG Baden-Württemberg	§ 9 Abs. 1 LDSG BW: **Datensparsamkeit** bei der automatisierten Verarbeitung; § 3a S. 2 BDSG: **sobald** nach dem Verwendungszweck **möglich** und kein unverhältnismäßiger Aufwand	§ 45 Abs. 3 Nr. 1 LKHG BW: soweit nicht anonymisiert erreichbar; § 3a S. 2 BDSG: **sobald** nach dem Verwendungszweck **möglich** und kein unverhältnismäßiger Aufwand
LKHG Bayern	LKHG: keine Regelungen; § 3a S. 2 BDSG: **sobald** nach dem Verwendungszweck **möglich** und kein unverhältnismäßiger Aufwand	LKHG: keine Regelungen; § 3a S. 2 BDSG: **sobald** nach dem Verwendungszweck **möglich** und kein unverhältnismäßiger Aufwand
LKHG Berlin	§ 24 Abs. 4 S. 1 Nr. 3 LKHG BE: soweit nicht pseudonymisiert erreichbar	§ 24 Abs. 4 S. 1 Nr. 3 LKHG BE: soweit nicht anonymisiert erreichbar
KHEG Brandenburg	§ 7 Abs. 1 S. 2 LDSG BB: Grundsatz der **Datensparsamkeit**	§ 28 Abs. 2 S. 1 Nr. 1 KHEG BB: soweit nicht anonymisiert erreichbar; § 7 Abs. 1 S. 2 LDSG BB: Grundsatz der **Datensparsamkeit**
KHDSG Bremen	§ 2 Abs. 5 Nr. 1 KHDSG HB: soweit nicht pseudonymisiert erreichbar	§ 2 Abs. 5 Nr. 1 KHDSG HB: soweit nicht anonymisiert erreichbar; Abs. 6: anonymisieren, sobald der Verarbeitungszweck dies erlaubt
LKHG Hamburg	§ 3a S. 2 BDSG: **sobald** nach dem Verwendungszweck **möglich** und kein unverhältnismäßiger Aufwand	§ 3a S. 2 BDSG: **sobald** nach dem Verwendungszweck **möglich** und kein unverhältnismäßiger Aufwand
LKHG Hessen	§ 12 Abs. 2 Nr. 7 LKHG HE: soweit nicht pseudonymisiert erreichbar	§ 12 Abs. 2 Nr. 7 LKHG HE: soweit nicht anonymisiert erreichbar
LKHG Mecklenburg-Vorpommern	§ 34 Abs. 1 S. 1 Nr. 2 LKHG MV: soweit nicht pseudonymisiert erreichbar; § 5 Abs. 1 S. 2 LDSG MV: **sobald** nach dem Verwendungszweck **möglich** und kein unverhältnismäßiger Aufwand	§ 34 Abs. 1 S. 1 Nr. 2 LKHG MV: soweit nicht anonymisiert erreichbar; § 5 Abs. 1 S. 2 LDSG MV: **sobald** nach dem Verwendungszweck **möglich** und kein unverhältnismäßiger Aufwand

Anwendungs-bereich des / Form der Reduktion des Personenbezugs	Pseudonymisierung	Anonymisierung
LDSG Niedersachsen	§ 3a S. 2 BDSG: **sobald** nach dem Verwendungszweck **möglich** und kein unverhältnismäßiger Aufwand	§ 3a S. 2 BDSG: **sobald** nach dem Verwendungszweck **möglich** und kein unverhältnismäßiger Aufwand
GDSG Nordrhein-Westfalen	§ 4 Abs. 2 S. 1 LDSG NW: **Datenvermeidung** bei informationstechnischen Produkten und Verfahren	§ 11 Abs. 2 GDSG NW: soweit nicht anonymisiert **erreichbar**; § 4 Abs. 2 S. 1 LDSG NW: **Datenvermeidung** bei informationstechnischen Produkten und Verfahren
LKHG Rheinland-Pfalz	§ 36 Abs. 2 S. 1 Nr. 2 LKHG RP: soweit nicht pseudonymisiert auf vertretbare Weise **erreichbar**	§ 36 Abs. 2 S. 1 Nr. 2 LKHG RP: soweit nicht anonymisiert auf vertretbare Weise **erreichbar**
LKHG Saarland	§ 13 Abs. 4 S. 1 Nr. 10 LKHG SL: soweit nicht pseudonymisiert erreichbar	§ 13 Abs. 4 S. 1 Nr. 10 LKHG SL: soweit nicht anonymisiert erreichbar
LKHG Sachsen	§ 9 Abs. 1 S. 2 LDSG SN: Beachtung der Grundsätze zur **Datenvermeidung** und zur **Datensparsamkeit**; § 3a S. 2 BDSG: **sobald** nach dem Verwendungszweck **möglich** und kein unverhältnismäßiger Aufwand	§ 9 Abs. 1 S. 2 LDSG SN: Beachtung der Grundsätze zur **Datenvermeidung** und zur **Datensparsamkeit**; § 3a S. 2 BDSG: **sobald** nach dem Verwendungszweck **möglich** und kein unverhältnismäßiger Aufwand
LDSG Sachsen-Anhalt	§ 3a S. 2 BDSG: **sobald** nach dem Verwendungszweck **möglich** und kein unverhältnismäßiger Aufwand	§ 3a S. 2 BDSG: **sobald** nach dem Verwendungszweck **möglich** und kein unverhältnismäßiger Aufwand
LDSG Schleswig-Holstein	§ 3a S. 2 BDSG: **sobald** nach dem Verwendungszweck **möglich** und kein unverhältnismäßiger Aufwand	§ 3a S. 2 BDSG: **sobald** nach dem Verwendungszweck **möglich** und kein unverhältnismäßiger Aufwand
LKHG Thüringen	§ 3a S. 2 BDSG: **sobald** nach dem Verwendungszweck **möglich** und kein unverhältnismäßiger Aufwand	§ 3a S. 2 BDSG: **sobald** nach dem Verwendungszweck **möglich** und kein unverhältnismäßiger Aufwand
PatDSO/ KDO (katholische Kliniken, soweit Öffnungsklausel)	§ 2a S. 2 KDO: **sobald** nach dem Verwendungszweck **möglich** und kein unverhältnismäßiger Aufwand	§ 3 Abs. 3 PatDSO: soweit nicht anonymisiert **erreichbar**; § 2a S. 2 KDO: **sobald** nach dem Verwendungszweck **möglich** und kein unverhältnismäßiger Aufwand
DSG-EKD (evangelische Kliniken, soweit Öffnungsklausel)	§ 2a S. 2 DSG-EKD: **sobald** nach dem Verwendungszweck **möglich** und kein unverhältnismäßiger Aufwand	§ 2a S. 2 DSG-EKD: **sobald** nach dem Verwendungszweck **möglich** und kein unverhältnismäßiger Aufwand

7.2 Verwendung von Behandlungsdaten in pseudonymisierter Form durch den Behandler

> *Unter welchen rechtlichen Bedingungen können die im Rahmen der Behandlung dokumentierten Daten in pseudonymisierter Form für Zwecke der Forschung oder Qualitätssicherung durch den Behandler genutzt werden? Zu beachten ist hierbei auch der Vorgang der Pseudonymisierung.*

7.2.1 Verwendung pseudonymer Daten durch den Behandler

Vorliegend wird davon ausgegangen, dass die Pseudonymisierung durch den Behandler selbst erfolgt, denn andernfalls hätten doch wieder andere Personen Zugriff auf Behandlungsdaten, was durch die Fragestellung ausgeschlossen wird. Der Behandler wird dann aber auch über die ihm bekannte Zuordnungsvorschrift wieder den Personenbezug der pseudonymisierten Daten herstellen können, so dass diese für ihn als personenbezogen gelten.[737] Vor diesem Hintergrund stellt die Pseudonymisierung in diesem Szenario „lediglich" eine Sicherheitsmaßnahme insbesondere für den Fall dar, dass Dritte sich unberechtigterweise Zugriff auf den Datenbestand des forschenden Behandlers oder einen Teil davon (möglicherweise eben nicht die Zuordnungsliste bzw. -vorschrift) verschaffen, um es diesen dann zu erschweren, den Personenbezug herzustellen.[738] Daneben wird auch die Wahrnehmung des forschenden Behandlers so eingeschränkt, dass dieser seine Forschungsergebnisse, jedenfalls bei einer größeren Zahl an Datensätzen, i.d.R. nicht mehr unmittelbar-intuitiv, sondern nur noch bei Bedarf und durch aktive Zuordnung auf einen Patienten beziehen kann.

Da für den forschenden Behandler damit letztlich ein Personenbezug erhalten bleibt, besteht auch für ihn auch beim Umgang mit den pseudonymisierten Daten ein Verbot mit Erlaubnisvorbehalt. Im Hinblick auf die in Betracht kommenden gesetzlichen Erlaubnisse oder die Einwilligung kann insoweit auf die Antwort zur vorigen Frage verwiesen werden.[739]

Für die Forschung wird eine Pseudonymisierung, wie bereits ausgeführt, in allen anwendbaren Rechtsgrundlagen früher oder später vorgeschrieben. Selbst durch formularmäßige Einwilligung wird man sie nicht vollkommen umgehen können.

Teilweise finden sich entsprechende Vorgaben, meist in moderaterer Form, explizit auch für die Qualitätssicherung. Im Übrigen greifen die allgemeinen Grundsätze der Erforderlichkeit sowie der Datenvermeidung und -sparsamkeit. Damit spielt die Pseudonymisierung für die Qualitätssicherung eine etwas geringere Rolle als für die Forschung, erleichtert aber auch bei qualitätssichernder Zweckbestimmung die rechtmäßige Datenverwendung.

---

[737] Vgl. Gola/Schomerus, BDSG, § 3 Rdnr. 46.
[738] So ordnet beispielsweise § 9 Abs. 1 LDSG BW (wie auch einige andere LDSG) die Grundsätze der Datensparsamkeit und -vermeidung, wie sie durch Pseudonymisierung und Anonymisierung umgesetzt werden können, in den Rahmen der technischen und organisatorischen Sicherheitsmaßnahmen ein.
[739] S. soeben S. 239ff.

Insgesamt wird man damit auch bei zweckändernder Verwendung lediglich durch den Behandler aufgrund der Pseudonymisierung leichter eine Rechtfertigung, sei es aufgrund von Erlaubnisnormen oder Einwilligungen, annehmen können als bei Verwendung unveränderter Behandlungsdaten.

Beim Pseudonymisieren werden die direkten Identifikationsmerkmale wie der Name durch ein Kennzeichen, das Pseudonym, mit dem Zweck ersetzt, die Bestimmung des Betroffenen auszuschließen oder wesentlich zu erschweren (vgl. § 3 Abs. 6a BDSG). Letztlich bleibt, wie bereits ausgeführt, für denjenigen, der über die Ersetzungs- bzw. Zuordnungsvorschrift verfügt, jedoch der Personenbezug trotz Pseudonymisierung erhalten.

7.2.2 Vorgang der Pseudonymisierung

Abschließend soll geprüft werden, ob der Vorgang der Pseudonymisierung für sich genommen unter einem datenschutzrechtlichen Erlaubnisvorbehalt steht. Man könnte in der Ersetzung der unmittelbaren Identifikatoren durch ein Pseudonym zunächst ein Verändern personenbezogener Daten sehen, welches einen Unterfall der grundsätzlich rechtfertigungsbedürftigen Datenverarbeitung darstellt. Allerdings setzt ein Verändern im Rechtssinne „das inhaltliche Umgestalten gespeicherter personenbezogener Daten" voraus (§ 3 Abs. 4 S. 2 Nr. 2 BDSG),[740] welches beim Pseudonymisieren in der Regel nicht vorliegt, da es hierbei nur um eine Reduktion, nicht aber eine Substitution vorhandener Informationen geht.[741] Zwar werden die Identifikatoren in syntaktischer Hinsicht durch das Pseudonym ersetzt. Dadurch wird aber der Aussagegehalt der Daten nicht in semantischer (inhaltlicher) Hinsicht geändert, sondern lediglich – im Hinblick auf den Personenbezug – verringert.

Aufgrund des mit dem Ersetzen verbundenen Löschens der Identifizierungsmerkmale (im pseudonymisierten Datensatz) könnte aber doch eine Datenverarbeitung im Rechtssinne (§ 3 Abs. 4 S. 2 Nr. 5 BDSG) und damit ein im Ansatz rechtfertigungsbedürftiger Vorgang vorliegen (§ 4 Abs. 1 BDSG). Andernfalls dürfte der auch eine Erlaubnis erfordernde Auffangtatbestand des Nutzens vorliegen (§ 3 Abs. 5 BDSG). Diese Verwendungsakte (sei es Löschen oder jedenfalls sonstige Formen der Verarbeitung oder hilfsweise das Nutzen) dürften hier auch noch als Verwendung personenbezogener Daten angesehen werden können, da die Pseudonymisierung den Personenbezug gerade für die pseudonymisierende Stelle nicht ausschließt, denn andernfalls läge schon generell eine Anonymisierung vor.[742]

Somit liegt ein eigenständiger Verwendungsakt vor, der rechtfertigungsbedürftig ist. Allerdings dient dieser Akt der Reduktion des Personenbezugs, weshalb sich kein zusätzlicher Rechtfertigungsbedarf gegenüber der nachfolgenden Verwendung pseudonymer Daten ergibt, jedenfalls wenn diese Daten wie vorliegend für den Verwender noch personenbezogen sind.[743] Dies gilt zumal bei gesetzlich vorgeschriebener oder über den Grundsatz der Datensparsamkeit geforderter Pseudonymisierung.

---

740 Bezüglich dieser Begriffsdefinition gibt es keine inhaltlichen Abweichungen nach der Rechtslage in den einzelnen Bundesländern.
741 Gola/Schomerus, BDSG, § 3 Rdnr. 31. Vergleichbar (bzw. noch eindeutiger) ist die Rechtslage beim Anonymisieren, s. schon oben S. 36 und sogleich S. 251.
742 Vgl. oben S. 37f.
743 Zu diesem Ergebnis würde man letztlich auch gelangen, wenn man den Vorgang des Pseudonymisierens für sich genommen keinem Erlaubnisvorbehalt unterstellt, denn schon die nachgelagerte Speicherung (oder sogar nur die temporäre Nutzung) der pseudonymisierten Daten stellt für den Inhaber der Pseudonym-Identität-Zuordnung einen erlaubnispflichtigen Vorgang dar.

7.3 Verwendung von Behandlungsdaten in anonymisierter Form durch den Behandler

> *Unter welchen rechtlichen Bedingungen können die im Rahmen der Behandlung dokumentierten Daten in anonymisierter Form für Zwecke der Forschung oder Qualitätssicherung durch den Behandler genutzt werden? Zu beachten ist hierbei auch der Vorgang der Anonymisierung.*

7.3.1 Verwendung anonymer Daten durch den Behandler

Die Verwendung anonymisierter Daten unterliegt keinen datenschutzrechtlichen Restriktionen, d.h. hierfür ist weder eine gesetzliche Erlaubnis noch eine Einwilligung des Betroffenen nötig.[744] Maßgebend ist lediglich, dass die betrachtete Person oder Stelle keinen Personenbezug (mehr) herstellen kann.[745] Dies trifft nach der vorliegenden Fragestellung auch auf den Behandler selbst zu.

7.3.2 Vorgang der Anonymisierung

7.3.2.1 Kein Erlaubnisvorbehalt

Letztlich existiert auch kein Erlaubnisvorbehalt für den Vorgang der Anonymisierung.[746]

Dieser setzt zwar an noch personenbezogenen Daten an und verändert diese in gewisser Weise im technischen Sinn, indem zumindest die unmittelbaren Identifikationsmerkmale der betroffen Personen gelöscht werden.[747] Wohl aus diesem Grund spricht die Legaldefinition des Anonymisierens in § 3 Abs. 6 BDSG auch von einem „Verändern personenbezogener Daten".

Jedoch setzt ein Verändern als Unterfall der Datenverarbeitung im Rechtssinne „das inhaltliche Umgestalten gespeicherter personenbezogener Daten" voraus (§ 3 Abs. 4 S. 2 Nr. 2 BDSG), welches beim Anonymisieren in der Regel nicht vorliegt, da es hierbei nur um eine Reduktion, nicht aber eine Substitution vorhandener Informationen geht.[748] Somit scheidet ein Verändern im Rechtssinne als Anknüpfungspunkt für einen Erlaubnisvorbehalt aus. Allerdings dürfte auf Grund des Löschens der Identifizierungsmerkmale dennoch eine Datenverarbeitung (§ 3 Abs. 4 S. 2 Nr. 5 BDSG) und damit ein im Ansatz rechtfertigungsbedürftiger Vorgang vorliegen (§ 4 Abs. 1 BDSG).

---

[744] Gola/Schomerus, BDSG, § 3 Rdnr. 43; Dammann, in: Simitis (Hg.), BDSG, § 3 Rdnr. 198; Metschke/Wellbrock, Datenschutz in Wissenschaft und Forschung, Abschnitt 3.3, S. 20. S. auch oben Kap. I.2, S. 11ff.

[745] Zu diesem relativen Ansatz des Personenbezug s. oben S. 12ff.

[746] So Gola/Schomerus, BDSG, § 3 Rdnr. 43, was auch zu konsistenten Ergebnissen im Vergleich mit der Bewertung der Löschung personenbezogener Daten führt, s.o. S. 36f. Anderer Ansicht: Metschke/Wellbrock, Datenschutz in Wissenschaft und Forschung, Abschnitt 3.3, S. 20.

[747] Zu den Methoden der Anonymisierung, zu denen neben der (zwingenden) Entfernung der unmittelbaren Identifikatoren insbesondere auch die Löschung weiterer Daten, das Aggregieren sowie das bewusste Einstreuen von Störgrößen bzw. Zufallsfehlern gehört: Dammann, in: Simitis (Hg.), BDSG, § 3 Rdnr. 205ff.

[748] Dammann, in: Simitis (Hg.), BDSG, § 3 Rdnr. 129; Gola/Schomerus, BDSG, § 3 Rdnr. 31. S.a. oben S. 36.

Im Übrigen könnte der grundsätzlich ebenfalls eine Erlaubnis erfordernde Auffangtatbestand des Nutzens vorliegen (§ 3 Abs. 5 BDSG).[749]

Allerdings ist das Ziel und der Effekt der Anonymisierung, dass der Personenbezug entfällt und damit auch die Anwendungsvoraussetzungen des Datenschutzrechts entfallen. Wenn mit der Anonymisierung der direkte Weg dorthin aus dem Datenschutzrecht heraus eingeschlagen wird, ohne dass dabei noch personenbezogene Daten für andere Zwecke „abgezweigt" werden, dann muss aber nach Sinn und Zweck auch für den Vorgang des Anonymisierens das Verbot mit Erlaubnisvorbehalt (vgl. § 4 Abs. 1 BDSG) entfallen. Falls dieser Vorgang an eine besondere Erlaubnis gebunden wäre, würde der Zustand des Vorhaltens von personenbezogenen Daten, den das Datenschutzrecht grundsätzlich – wenn auch unter Erlaubnisvorbehalt – verbietet, perpetuiert, was widersinnig wäre.[750] Ein nach dem Wortlaut des Datenschutzrechts vielleicht naheliegender oder zumindest noch möglicher Rechtfertigungsbedarf wäre gegebenenfalls vor dem Hintergrund des Zwecks des Datenschutzrechts teleologisch zu reduzieren, letztlich also abzulehnen.[751]

7.3.2.2 Anforderungen an die Anonymisierung

Allerdings muss sich der Vorgang der Anonymisierung an dem Ziel ausrichten, tatsächlich den Personenbezug zu beseitigen, also eine Re-Identifizierung zu verhindern.[752] Häufig wird das Ziel einer absoluten Anonymität, also dass die Daten überhaupt nicht mehr einer bestimmten oder bestimmbaren Person zugeordnet werden können, nicht erreicht werden. Bei einer lediglich relativen (bzw. faktischen) Anonymität, bei welcher eine Zuordnung noch möglich ist, aber nur unter Einsatz eines unverhältnismäßigen Aufwandes an Zeit, Kosten und Arbeitskraft, bestehen allerdings noch Restrisiken einer Re-Identifizierung.

Es ist daher zu empfehlen, eine gewisse Risikovorsorge beim Umgang mit faktisch anonymen Daten zu treffen.[753] So könnten beispielsweise bestimmte technisch-organisatorische Sicherheitsmaßnahmen getroffen werden, vor allem gegen einen Datenzugriff von außen oder durch eine weitere Ausdünnung von Quasi-Identifikatoren, sofern der technische Fortschritt eine Re-Identifizierung mit der Zeit nennenswert erleichtern sollte.[754] Beim Datenumgang nur durch den Behandler selbst dürfte sich das angezeigte Maß an Vorsorge aber in überschaubarem Rahmen halten.

Bei Übertragung faktisch anonymer Daten an andere Stellen sollten jedoch das bei diesen möglicherweise vorhandene Zusatzwissen oder sonstige Re-Identifizierungsmöglichkeiten eingeschätzt werden. Denn diese könnten zu einer Re-Identifizierbarkeit mit verhältnismäßigem Aufwand und damit dem Wiederaufleben des Personen-

---

749 Vgl. oben S. 37f.
750 Bei effektiv anonymisierten Daten droht keine Beeinträchtigung der Persönlichkeitsrechte des Einzelnen mehr, deren Schutz beim Umgang mit personenbezogenen Daten Zweck des Datenschutzrechts ist (prototypisch für das deutsche Recht: § 1 Abs. 1 BDSG). Außerdem würde andernfalls die Erfüllung der Zielvorgabe bzw. des Programmsatzes der Datenvermeidung und Datensparsamkeit, wie er u.a. in § 3a BDSG enthalten ist, unnötig erschwert.
751 Vgl. zur ähnlichen Argumentation bei automatisierten Auswertungen mit lediglich anonymer Ausgabe (Kap. I.4), welche für die vollständige Anonymisierung erst recht gelten muss, oben S. 37ff. m.w.N.
752 S. auch oben Kap. I.2, S. 17ff.
753 S. auch oben Kap. I.2, S. 23f.
754 Auch wenn diese Sicherheitsmaßnahmen keineswegs so umfassend sein müssen wie diejenigen nach den für personenbezogene Daten einschlägigen Datenschutzgesetzen (z.B. § 9 BDSG), welche für faktisch anonyme Daten nicht direkt gelten. Eine gewisse Orientierung an den entspr. Regelungen bietet sich gleichwohl an.

bezugs sowie letztlich dem Vorliegen einer rechtfertigungsbedürftigen Übermittlung führen.[755] Eine entsprechende Einschätzung sollte auch die empfangende Stelle vornehmen, damit sich aus einer möglichen Zusammenführung mit bei ihr bereits vorhandenen Datenbeständen kein doch wieder personenbezogener Datenumgang ergibt. Die übertragende Stelle könnte sich durch vertragliche Verpflichtungen des Datenempfängers weiter absichern, welche Re-Identifizierungsverbote und gewisse technisch-organisatorische Schutzmaßnahmen einschließen.[756]

Abschließend bleibt hier aber festzuhalten, dass auch für den Umgang mit faktisch anonymen Daten kein Verbot mit Erlaubnisvorbehalt besteht.

7.4 Verwendung von Behandlungsdaten in pseudonymisierter Form durch nicht behandelndes Personal in der gleichen Fachabteilung

> *Unter welchen rechtlichen Bedingungen können die im Rahmen der Behandlung dokumentierten Daten in pseudonymisierter Form an nicht behandelndes Personal in der gleichen Fachabteilung für Zwecke der Forschung oder Qualitätssicherung übermittelt werden?*

7.4.1 Personenbezogene Datenverwendung der Behandlungseinrichtung

Aufgrund der Pseudonymisierung stellt sich zunächst die Frage, ob für das nicht behandelnde Personal überhaupt ein Personenbezug vorliegt. Wenn das nicht behandelnde Personal keinen Zugriff auf die Zuordnung des Pseudonyms zur Person des Patienten hat, dann ließe sich auf Basis der Relativität des Personenbezugs vertreten, dass dieses Personal keine personenbezogenen Daten mehr verwendet.[757]

Allerdings wird der Personenbezug in aller Regel, auch wenn man dessen Relativität unterstellt, auf eine verantwortliche Stelle in ihrer Gesamtheit bezogen. So gesehen liegt auf die jeweilige Behandlungseinrichtung bezogen, ein Verwenden personenbezogener Daten vor, für welches diese verantwortlich ist, auch wenn das im Einzelnen eingesetzte Personal den Personenbezug nicht (ohne Weiteres) herstellen kann. Es genügt, wenn die verantwortliche Stelle die Möglichkeit hat, über das Weisungsrecht allen ihren Mitarbeitern gegenüber letztlich den Personenbezug herzustellen.

Die Pseudonymisierung stellt vor diesem Hintergrund lediglich eine technisch-organisatorische Maßnahme der Datensicherheit dar, die zudem teils – vor allem für die Forschung – durch besondere datenschutzrechtliche Pflichten angeordnet wird. Sie schließt jedoch nicht den Personenbezug und damit den grundsätzlichen datenschutzrechtlichen Erlaubnisvorbehalt für die Datenverwendung aus.

---

[755] Dammann, in: Simitis (Hg.), BDSG, § 3 Rdnr. 211; Gola/Schomerus, BDSG, § 3 Rdnr. 44a.
[756] Denkbar, wenn auch weniger wichtig, wäre eine interne Selbstbindung hinsichtlich der Verwendungszwecke (z.B. für die wissenschaftliche Forschung im Allgemeinen), welche auch auf den Datenempfänger erstreckt werden könnte.
[757] Zu diesem Ansatz s. oben S. 12ff.

7.4.2 Kein besonders rechtfertigungsbedürftiges Übermitteln, aber rechtfertigungsbedürftige sonstige Verwendung

Ein Übermitteln ist nach allgemeinem Datenschutzrecht die Weitergabe von personenbezogenen Daten an einen Dritten außerhalb der ursprünglich verantwortlichen Stelle, wozu das nicht behandelnde Personal der gleichen Fachabteilung aber noch nicht zählt. Nach den Krankenhausgesetzen mancher Bundesländer wird die (technische) Datenübertragung zwischen Fachabteilungen einer Klinik auch als Übermittlung gewertet, was aber als Ausnahme zum allgemeinen Datenschutzrecht keineswegs auf nicht behandelndes Personal in derselben Fachabteilung übertragen werden kann, zumal wenn dieses nur Zugang zu pseudonymisierten Daten erhält.

Jedenfalls dürfte aufgrund der Pseudonymisierung keine Kenntnisnahme vom Personenbezug durch das nicht behandelnde Personal erfolgen oder möglich sein und damit letztlich auch kein Offenbaren im Sinne der Schweigepflicht nach § 203 StGB vorliegen.[758] Voraussetzung ist freilich, dass das nicht behandelnde Personal vom behandelnden Personal, der IT-Administration oder der Klinikleitung keinen Zugriff auf die Zuordnung des Pseudonyms zum Patienten erhält;[759] die zuletzt Genannten müssen insoweit ausschließlich als Gehilfen des behandelnden Personals fungieren. Diese Anforderungen dürften gerade innerhalb einer Fachabteilung nicht ganz einfach zu erfüllen sein, ausgeschlossen ist dies aber nicht. Deshalb kommt es insoweit mangels Offenbaren nicht darauf an, ob und inwieweit sich aus der Schweigepflicht auch Schranken innerhalb einer Fachabteilung ergeben.[760]

Auch wenn, unabhängig von den datenschutzrechtlichen Regeln, zwischen verschiedenen Fachabteilungen, von denen mindestens eine nicht in das Behandlungsgeschehen involviert ist, innerorganisatorische Schranken aufgrund der Schweigepflicht greifen können, so dürfte doch hier aufgrund der Pseudonymisierung keine Kenntnisnahme vom Personenbezug und auch keine reguläre Möglichkeit dazu, letztlich also kein Offenbaren im Sinne des § 203 StGB vorliegen.[761] Voraussetzung ist freilich, dass das Personal der nicht behandelnden Fachabteilung von der behandelnden Abteilung, der IT-Administration oder der Klinikleitung keinen Zugriff auf die Zuordnung des Pseudonyms zum Patienten erhält;[762] diese müssen insoweit ausschließlich als Gehilfen der behandelnden Fachabteilung fungieren.

---

758 Vgl. hierzu und zum Erfordernis einer gewissen Offenkundigkeit des Personenbezugs für ein Offenbaren oben Kap. I.4.2.1.2, S. 48ff., und unten Kap. I.8.1.3, S. 262ff.
759 Gleiches gilt, um eine Re-Identifizierung durch Mustervergleich auszuschließen, in Bezug auf den Zugriff auf (zumindest nennenswerte Teile von) dessen personenbezogenen Behandlungsdaten, was aber in aller Regel ohnehin eine Mitbehandlung voraussetzt.
760 Zur Frage der innerorganisatorischen Schweigepflicht bzw. Offenbarung in der PKV: Köpke, Die Bedeutung des § 203 Abs. 1 Nr. 6 StGB für private Krankenversicherer, insbesondere bei der innerorganisatorischen Geheimnisweitergabe, zusammenfassend auf S. 250: „Eine innerorganisatorische Geheimnisweitergabe unter Schweigepflichtigen ist dann kein Offenbaren i.S.d. § 203, wenn die Daten zu einem Zweck weitergegeben werden, der der Eigenart der jeweiligen Sonderverbindung zwischen Geheimnisgeschützten und Schweigepflichtigen bzw. der dahinter stehenden Organisation entspricht". Dem entspricht die Herausnahme von Datenweitergaben zwischen behandelndem Personal innerhalb eines Krankenhauses zu Behandlungszwecken aus dem Offenbarungsbegriff bzw. der gegenseitigen Schweigepflicht. Folgt man der im Ansatz jedenfalls überzeugenden Argumentation von Köpke, dürfte jedoch die Weitergabe von nicht effektiv pseudonymisierten Behandlungsdaten zur Sekundärnutzung für andere Zwecke ein rechtfertigungspflichtiges Offenbaren darstellen.
761 Vgl. hierzu und zum Erfordernis einer gewissen Offenkundigkeit des Personenbezugs für ein Offenbaren oben Kap. I.4.2.1.2, S. 48ff., und unten Kap. I.8.1.3, S. 262ff.
762 Gleiches gilt, um eine Re-Identifizierung durch Mustervergleich auszuschließen, in Bezug auf den Zugriff auf (zumindest nennenswerte Teile von) dessen personenbezogenen Behandlungsdaten, was aber in aller Regel ohnehin eine Mitbehandlung voraussetzt.

Gleichwohl liegt aber – für die Gesamtorganisation – eine rechtfertigungsbedürftige sonstige Verwendung personenbezogener Daten vor. Die Übertragung an nicht behandelndes Personal würde dabei auch innerorganisatorisch, wenn auch ohne Übermittlung zu sein, einen erhöhten Rechtfertigungsbedarf auslösen, der allerdings durch die Pseudonymisierung wieder kompensiert wird. Letztlich liegt damit ein Rechtfertigungsbedarf wie beim unveränderten Umgang durch behandelndes Personal vor, wobei hier zu beachten ist, dass Pseudonymisierungspflichten erfüllt wurden.

7.5 Verwendung von Behandlungsdaten in pseudonymisierter Form durch Personal anderer Fachabteilungen

> *Unter welchen rechtlichen Bedingungen können die im Rahmen der Behandlung dokumentierten Daten in pseudonymisierter Form an Personal anderer Fachabteilungen desselben Krankenhauses für Zwecke der Forschung oder Qualitätssicherung übermittelt werden?*

7.5.1 Personenbezogene Datenverwendung der Behandlungseinrichtung

Für die gesamte Behandlungseinrichtung als verantwortliche Stelle liegt grundsätzlich Personenbezug vor, auch wenn dieser für das nicht behandelnde Personal anderer Fachabteilungen aufgrund der Pseudonymisierung nicht ohne Weiteres herstellbar ist. Die Pseudonymisierung dient dabei als technisch-organisatorische Sicherheitsmaßnahme und der Erfüllung spezifischer Pflichten, vor allem im Bereich der Forschung.

7.5.2 Teils besonders rechtfertigungsbedürftiges Übermitteln, teils rechtfertigungsbedürftige sonstige Verwendung

Wie bereits ausgeführt, ist ein Übermitteln nach allgemeinem Datenschutzrecht die Weitergabe von personenbezogenen Daten an einen Dritten außerhalb der ursprünglich verantwortlichen Stelle, hier also der Behandlungseinrichtung. Zur Behandlungseinrichtung zählen aber auch andere (nicht behandelnde) Fachabteilungen und deren Personal. Damit liegt in der vorliegenden Konstellation grundsätzlich kein besonders rechtfertigungsbedürftiges Übermitteln vor. Insoweit kann auf die Ausführungen zur Rechtfertigung der internen Datenverwendung durch Behandler in pseudonymisierter Form verwiesen werden.

Allerdings ordnen die bereichsspezifischen Regeln mancher Bundesländer zum Datenschutz im Krankenhaus abweichend von diesem allgemeinen Grundsatz für die (technische) Datenübertragung (einschließlich der Gewährung von Zugriffsrechten) zwischen Fachabteilungen einer Klinik die entsprechende Geltung der Übermittlungsvorschriften an oder werten die innerorganisatorische Übertragung als Übermittlung mit der Folge, dass diese prinzipiell denselben strengen Regeln wie die Weitergabe an komplett außenstehende Dritte genügen muss. Dies wird in folgenden

Normen generell für alle Weitergaben zwischen Fachabteilungen bzw. internen Organisationseinheiten für alle Zwecke oder zumindest alle Zwecke außer den besonders ausgenommenen (wie solchen der Behandlung) angeordnet:

- Bremen: § 3 Abs. 2 S. 1 KHDSG HB
- Hessen: § 12 Abs. 3 LKHG HE
- Mecklenburg-Vorpommern: § 34 Abs. 3 LKHG MV
- Nordrhein-Westfalen: § 5 Abs. 1 S. 2 GDSG NW (sofern nicht unmittelbar in Behandlung involviert)
- Saarland: § 13 Abs. 3 S. 1 LKHG SL (sofern nicht zur Behandlung oder sozialen Betreuung erforderlich)
- Evangelische Kirche: § 3 Abs. 2 DSVO
- Katholische Kirche: § 3 Abs. 2 PatDSO

In all diesen Fällen sind die jeweiligen Übermittlungsschranken auch bei der fachabteilungsübergreifenden Forschung mit für die Gesamteinrichtung noch personenbezogenen, wenn auch für einzelne Abteilungen möglicherweise nur pseudonymen Daten zu beachten.[763]

Zudem differenzieren die Forschungsklauseln der LKHG bezogen auf den Forschungszweck häufig nach privilegierter fachabteilungsinterner Eigenforschung auf der einen und der Forschung durch andere Fachabteilungen oder gar Außenstehende auf der anderen Seite, ohne dass hiermit eine generelle Gleichstellung von fachabteilungsübergreifender Datenweitergabe und Datenübermittlung an Dritte verbunden wäre. Die entsprechenden Klauseln können Übersicht 2 entnommen werden.[764]

Im Rahmen eines eventuellen Auslegungs-, Anwendungs- bzw. Abwägungsspielraums, den die (entsprechend anwendbaren) Übermittlungsvorschriften lassen, wird man allerdings eine innerorganisatorische Übermittlung eher rechtfertigen können als die Weitergabe an eine eigenverantwortliche dritte Stelle. Dies gilt zumal bei vorgängiger Pseudonymisierung, die zwischen Fachabteilungen zudem wohl effektiver umgesetzt werden kann als innerhalb einer Abteilung. Wenn allerdings für die hier relevanten Zwecke der Qualitätssicherung oder Forschung überhaupt keine Übermittlungsbefugnis bestünde, käme in den genannten Ländern auch keine Übertragung zwischen Fachabteilungen in Betracht. Jedoch gestatten alle diese fünf Länder, wenn auch unter bestimmten Bedingungen, die Übermittlung zu Zwecken der Qualitätssicherung und Forschung.

Auch wenn, unabhängig von den datenschutzrechtlichen Regeln, zwischen verschiedenen Fachabteilungen, von denen mindestens eine nicht in das Behandlungsgeschehen involviert ist, innerorganisatorische Schranken aufgrund der Schweigepflicht greifen können, so dürfte doch hier aufgrund der Pseudonymisierung keine Kenntnisnahme vom Personenbezug und auch keine reguläre Möglichkeit dazu, letztlich also kein Offenbaren im Sinne des § 203 StGB vorliegen.[765] Voraussetzung ist freilich, dass das Personal der nicht behandelnden Fachabteilung von der behandeln-

---

763 Die Erstreckung der Übermittlungsschranken führt wohl im Gegensatz zur Lage bei rechtlich gänzlich eigenverantwortlichen Dritten nicht dazu, dass die pseudonymen Daten für interne Abteilungen, die nicht über die Zuordnungsfunktion verfügen, nicht mehr als personenbezogen gelten.
764 S. oben S. 87ff.
765 S. auch soeben S. 221f. Vgl. hierzu und zum Erfordernis einer gewissen Offenkundigkeit des Personenbezugs für ein Offenbaren oben Kap. I.4.2.1.2, S. 48ff., und unten Kap. I.8.1.3, S. 262ff.

den Abteilung, der IT-Administration oder der Klinikleitung keinen Zugriff auf die Zuordnung des Pseudonyms zum Patienten erhält;[766] die zuletzt Genannten (IT-Administratoren, Klinikverwaltung) müssen insoweit ausschließlich als Gehilfen der behandelnden Fachabteilung fungieren.

---

[766] Gleiches gilt, um eine Re-Identifizierung durch Mustervergleich auszuschließen, in Bezug auf den Zugriff auf (zumindest nennenswerte Teile von) dessen personenbezogenen Behandlungsdaten, was aber in aller Regel ohnehin eine Mitbehandlung voraussetzt.

8 Datenverarbeitung im Auftrag für Zwecke der Forschung oder Qualitätssicherung

Unter welchen rechtlichen Bedingungen können die im Rahmen der Behandlung dokumentierten Daten in pseudonymisierter Form im Rahmen einer Datenverarbeitung im Auftrag für Zwecke der Forschung oder Qualitätssicherung übermittelt werden, wenn die behandelnde Einrichtung Auftraggeber ist und
- *der Auftragnehmer seinen Sitz in Deutschland hat?*
- *der Auftragnehmer seinen Sitz im EU-Ausland hat?*

8.1 Allgemeine Einordnung der Auftragsdatenverarbeitung im Kontext der Sekundärnutzung

8.1.1 Zulässigkeit der Forschung oder Qualitätssicherung durch die Behandlungseinrichtung

Die Einschaltung eines Auftragsdatenverarbeiters ändert nichts an der Verantwortung der behandelnden Einrichtung für die Zulässigkeit der Verarbeitung personenbezogener Daten. Das gilt auch für eine Auftragsdatenverarbeitung für Zwecke der Forschung oder Qualitätssicherung. Die Behandlungseinrichtung muss gewährleisten, dass die grundsätzlichen Zulässigkeitsvoraussetzungen, wie sie beim Datenumgang zu den genannten Zwecken ausschließlich im eigenen Haus gelten, auch bei der Einschaltung von Auftragnehmer vorliegen. Insoweit kann auf die Antworten zu den vorigen Fragen verwiesen werden. Die rechtlichen Bedingungen für die Einschaltung eines Auftragnehmers müssen zusätzlich erfüllt werden. Auf diese wird im Folgenden eingegangen.

8.1.2 Personenbezug für den Auftragnehmer?

Ein besonderer Rechtfertigungsbedarf für die Einschaltung eines Auftragnehmers besteht im vorliegenden Kontext von Datenschutz und Schweigepflicht jedoch nur dann, wenn dieser die ihm übertragenen Daten einer Person, insbesondere einem Patienten, zuordnen kann.[767] Nach der Fragestellung sollen vorliegend die im Rahmen der Behandlung dokumentierten Daten jedoch lediglich in pseudonymisierter Form an den Auftragnehmer übertragen werden. Hier wird davon ausgegangen, dass die Pseudonymisierung noch in der Behandlungseinrichtung erfolgt und der Auftragnehmer im Gegensatz zu dieser nicht über die Zuordnung des Pseudonyms zum Patienten verfügt, gleich ob diese Zuordnung über eine Einwegfunktion (Hashwerte) oder listenmäßig über einen zufällig gewählten Referenzwert erfolgt.[768]

Wenn man den absoluten Ansatz des Personenbezugs in subjektiver (stellenbezogener) Hinsicht vertreten würde, es also genügen lässt, wenn nur eine Stelle den Personenbezug eines Datums herstellen kann, um auch für alle anderen Stellen eine solchen anzunehmen, dann läge auch hier gleichwohl eine weiter rechtlich zu legitimierende Übertragung personenbezogener Daten an den Auftragnehmer vor. Wenn man jedoch, wie vorliegend in der Antwort zu Frage 1 des Gutachtens in Kapitel I.2, von der Relativität des Personenbezugs ausgeht, muss dies keineswegs der Fall sein. Nach der hier vertretenen Auffassung kommt es auf die Möglichkeiten zur Herstellung des Personenbezugs durch die jeweils zu betrachtende Stelle an.

Aufgrund der Pseudonymisierung sind vorliegend die an den Auftragnehmer übertragenen Daten für diesen nicht direkt einer bestimmten Person zugeordnet. Fraglich ist allerdings, ob die Daten trotz Pseudonymisierung für ihn noch bestimmbar sind oder ob sie sich überhaupt nicht mehr oder jedenfalls nicht mehr mit verhältnismäßigem Aufwand einer natürlichen Person, hier dem Patienten, zuordnen lassen.

Vertritt man insoweit, also in objektiver (mittelbezogener) Hinsicht, einen absoluten Ansatz, dann dürften die Daten für den Auftragnehmer überhaupt nicht mehr einer Person zuzuordnen sein, wenn ein Personenbezug für diesen ausgeschlossen werden soll. Der Zugriff auf die Zuordnung bei der Behandlungseinrichtung ist dabei allerdings nicht in Betracht zu ziehen, soweit dieser nicht vorgesehen ist und hinreichende faktische Hürden (wie getrennte IT-Systeme mit getrennten Zugriffsrechten) bestehen, denn ansonsten würde man wieder zum absoluten Ansatz in subjektiver Hinsicht gelangen.

---

[767] Zum Datenschutz für die u.U. ebenfalls betroffenen Beschäftigten einer Behandlungseinrichtung s.u. Kap. I.15, S. 321ff.
[768] Zu den verschiedenen Formen der Pseudonymisierung s. LfD Bayern, Orientierungshilfe: Pseudonymisierung in der medizinischen Forschung, Stand 29.11.2005, abrufbar unter www.datenschutz-bayern.de; s.a. U. Schneider, in: Krauskopf, SGB V, § 299 Rdnr. 12ff.

8 Datenverarbeitung im Auftrag für Zwecke der Forschung oder Qualitätssicherung

Da bei bloßer Pseudonymisierung jedoch der Fallbezug der Datensätze erhalten bleibt, wird man jedenfalls bei Datensätzen, die komplex genug sind, eine Re-Identifizierung beispielsweise durch Mustervergleich mit anderen Quellen je nach Zusatzwissen der außenstehenden Stelle (wie des Auftragnehmers) dennoch kaum vollständig ausschließen können. Insofern führt eine Pseudonymisierung für diejenigen Stellen, die nicht im Besitz der Zuordnungsvorschrift sind, in der Regel nicht zu einer absoluten, sondern nur zu einer relativen (faktischen) Anonymisierung, bei welcher die Zuordnung lediglich nicht mehr mit verhältnismäßigem Aufwand herzustellen ist. Überträgt man den relativen Ansatz allerdings von der Referenzstelle auf die in Betracht zu ziehenden objektiven Referenzmittel der Re-Identifizierung, dann genügt auch deren Unverhältnismäßigkeit, um den Personenbezug auszuschließen. Dieser durchweg relative Ansatz wurde zu Beginn des Gutachtens angenommen, wenn auch verbunden mit Empfehlungen zur Risikovorsorge, die gewährleisten sollen, dass sich das verbleibende Re-Identifizierungsrisiko möglichst nicht realisiert.[769] Unter diesem Gesichtspunkt ist zunächst sicherzustellen, dass sich durch

- die Art der Erstellung der Pseudonyme,
- den Umfang des Datenumgangs mit den Pseudonymen und
- den Umfang der zum Pseudonym gespeicherten Daten

keine unverhältnismäßigen Re-Identifizierungsrisiken für die betroffenen Patienten ergeben, wobei insbesondere zu berücksichtigen ist, über welches Zusatzwissen der Datenempfänger in der Regel verfügt.[770] Wenn dies gewährleistet ist, dann müssen die pseudonymen Daten beim Empfänger nicht als personenbezogen betrachtet werden.[771] Vorliegend dürften im Übrigen jedenfalls auch vertragliche Vereinbarungen mit Re-Identifizierungsverboten für den Auftragnehmer samt gewisser Kontrollmöglichkeiten für den Auftraggeber angezeigt sein, welche nicht vollständig den Vorschriften über die Auftragsdatenverarbeitung entsprechen müssen, sich aber an diesen orientieren sollten.

Nimmt man hingegen an, dass der Personenbezug nur durch eine absolute Anonymisierung ausgeschlossen wird, so dürfte dieser auch nach Pseudonymisierung selbst für Außenstehende ohne Zugriff auf die Zuordnungsfunktion noch vorliegen.[772] Dies hätte zur Folge, dass dann die Vorschriften über die Verarbeitung personenbezogener Daten im Auftrag vollständig angewandt werden müssten.

Vor diesem Hintergrund sollen trotz Pseudonymisierung die jeweils einschlägigen Vorschriften über die Auftragsdatenverarbeitung kurz dargestellt werden, um zumindest Orientierungspunkte für die Ausgestaltung entsprechender Rechtsbeziehungen zwischen Behandlungseinrichtung und Auftragnehmer zu erhalten.

---

[769] S. oben S. 12ff. (Antwort auf Frage 1 des Pflichtenheftes).
[770] LfD Hessen, 29. Tätigkeitsbericht 2000, Abschnitt 9.2.3.5 (Stellungnahme zum Kompetenznetz Parkinson).
[771] So auch der LfD Hessen, 30. Tätigkeitsbericht 2001, Abschnitt 26.6, zum Kompetenznetz Parkinson bezüglich langfristig pseudonymisierter Patientendaten; s.a. soeben Fn. 770.
[772] So z.B. Hermeler, Rechtliche Rahmenbedingungen der Telemedizin, S. 152ff., für verschlüsselte Daten, da die Entschlüsselung angesichts der Möglichkeiten der Kryptoanalyse und steigender Rechnerkapazitäten nie gänzlich ausgeschlossen werden kann; dies gelte jedenfalls für Patientendaten mit ihrer hohen Sensibilität. Als Zusatzargument ließe sich hierfür anführen, dass Gesundheitsdaten eine lange „Wertigkeit" haben können, also auch nach Jahren nicht unbedingt an Aussagekraft verlieren, so z.B. bei chronischen Krankheiten, vgl. Schneider, Datenschutz in der vernetzten Medizin, in Grätzel von Grätz (Hg.), Vernetzte Medizin, S. 136, 148.

8.1.3 Offenbaren im Sinne der Schweigepflicht (§ 203 StGB)

Soweit beim Auftragnehmer ein Personenbezug gegeben ist, liegt nach herrschender Meinung bei grundsätzlich geheimzuhaltenden Patientendaten auch ein Offenbaren an diesen durch die Behandlungseinrichtung im Sinne der nach § 203 Abs. 1 Nr. 1 StGB sanktionierten Schweigepflicht vor.[773] Sind die Behandlungsdaten beim Auftragnehmer noch einer bestimmten natürlichen Person, also direkt einem Patienten zugeordnet, ist diese Ansicht unumstritten. Eine solche Situation liegt vorliegend jedoch aufgrund der vorgegebenen Pseudonymisierung nicht vor. Diese Daten könnten allenfalls noch mittelbar einem (dann lediglich bestimmbaren) Patienten zugeordnet werden, was jedenfalls für die Anhänger eines durchgehend absoluten Ansatzes des Personenbezugs ausreicht. Die Befürworter einer rein relativen Sichtweise des Personenbezugs, die sowohl in subjektiver als auch in objektiver Hinsicht hier vertreten wird, müssen hingegen mit der personenbezogenen Datenweitergabe auch ein Offenbaren ablehnen.[774]

Von Anhängern einer Auffassung des Personenbezugs, der zwar in subjektiver Hinsicht relativ ist, also von den Möglichkeiten der jeweils betrachteten Stelle abhängt, in objektiver Hinsicht aber absolut, also die bloße Möglichkeit der Re-Identifizierung genügen lässt, auch wenn diese mit unverhältnismäßigem Aufwand verbunden sein mag, wird im Hinblick auf das Offenbaren nach § 203 StGB allerdings teils eine vom Datenschutzrecht abweichende Lösung vertreten. Trotz des insoweit angenommenen Personenbezugs im Sinne des Datenschutzrechts und des entsprechenden Rechtfertigungsbedarfs gerade bei der Datenübertragung an eine andere Stelle, sei es als Datenübermittlung oder Auftragsdatenverarbeitung, wird hier ein Offenbaren im Sinne der Schweigepflicht auch bei bloß relativ anonymisierten Daten verneint. Solche Daten liegen bei effektiver Pseudonymisierung vor, bei der Außenstehende regelmäßig keinen Zugriff auf die Pseudonymzuordnung haben. Namentlich *Hermeler* begründet dies, wenn auch für die – allerdings vergleichbare – hochwertige Verschlüsselung, unter anderem mit dem strafrechtlichen Bestimmtheitsgebot und der daraus folgenden Notwendigkeit, Strafvorschriften restriktiv auszulegen, wohingegen die Datenschutzvorschriften ihrem Schutzzweck entsprechend extensiv auszulegen seien.[775] Für die restriktivere Auslegung spricht auch der Wortlaut der in § 203 StGB vorausgesetzten Tathandlung, nämlich des „Offenbarens", das eine gewisse Offenkundigkeit des Personenbezugs nahelegt, selbst wenn man insoweit nicht die tatsächliche Kenntnisnahme fordert, sondern auf die bloße (aber offenkundige) Möglichkeit der Kenntnisnahme abstellt.[776] In diesem Fall könnte trotz datenschutzrechtlichem Personenbezug und dementsprechendem Rechtfertigungsbedarf kein Offenbaren eines Patien-

---

773 Alkemade u.a., Der Gehilfe des Arztes, S. 10f. m.w.N. Zwar ist nicht jedes personenbezogene Datum ein Geheimnis im Sinne von § 203 StGB. Allerdings sind Patientendaten regelmäßig nicht offenkundig und damit geheim zu halten. Und das geschützte Geheimnis hat eine andere Person zu betreffen (vgl. Fischer, StGB, § 203 Rdnr. 3ff.), diese muss also bestimmt oder zumindest bestimmbar sein.

774 So auch Alkemade u.a., Der Gehilfe des Arztes, S. 11, wenn „die Daten vor ihrer Bearbeitung durch externe Mitarbeiter durch den Geheimnisträger oder dessen Gehilfen anonymisiert oder pseudonymisiert werden".

775 Hermeler, Rechtliche Rahmenbedingungen der Telemedizin, S. 136ff. (zu § 203 StGB), S. 152ff. (allgemein zu Verschlüsselung und Personenbezug), S. 181ff. (zum Datenschutz im engeren Sinne, wo sie auf S. 183 explizit von extensiver Auslegung des § 11 BDSG im Hinblick auf die Kenntnisnahmemöglichkeiten des Auftragnehmers von personenbezogenen Daten spricht).

776 Zu den unterschiedlichen Rechtsmeinungen zum Erfordernis tatsächlicher Kenntnisnahme bzw. der reinen Möglichkeit hierzu s. oben S. 48ff. Die Pseudonymisierung kann für Dritte, welche die Zuordnungsvorschrift nicht kennen, zudem u.U. die Herstellung des Personenbezugs nicht nur erschweren, sondern ausschließen, so dass insoweit dann keine Möglichkeit der Kenntnisname mehr besteht.

8 Datenverarbeitung im Auftrag für Zwecke der Forschung oder Qualitätssicherung

tengeheimnisses vorliegen und folglich auch keine Befugnis nach § 203 StGB nötig sein.

Im Folgenden soll jedoch – auch wenn dies nach hier vertretener Auffassung eigentlich nicht nötig wäre – zur weiteren Aufklärung und Absicherung die restriktivste Auffassung weiter verfolgt werden, nach welcher trotz Pseudonymisierung sowohl eine Übertragung personenbezogener Daten im Wege der Auftragsdatenverarbeitung vorliegt als auch ein Offenbaren von Patientengeheimnissen nach § 203 StGB. In diesem Fall ist nach der sogenannten Zwei-Schranken-Theorie neben einer datenschutzrechtlichen Erlaubnis auch eine gesondert zu prüfende Befugnis im Sinne des § 203 StGB für die Rechtmäßigkeit der Datenübertragung erforderlich.[777] Dabei ist nicht jede datenschutzrechtliche Erlaubnisnorm eine gesetzliche Befugnis zum Offenbaren von Patientendaten. Um den besonderen Schutz, den § 203 StGB bezweckt, nicht zu umgehen, können nur Vorschriften, die den Kontext der Arzt-Patienten-Beziehung einbeziehen, eine solche Befugnis darstellen.

Dies führt dazu, dass allgemeine Regelungen zur Auftragsdatenverarbeitung, wie sie in § 11 BDSG oder den LDSG enthalten sind, keine Befugnis nach § 203 StGB darstellen.[778] Zwar unterliegen auch berufsmäßig tätige Gehilfen der behandelnden Ärzte gemäß § 203 Abs. 3 S. 2 StGB der Schweigepflicht und sind innerhalb einer Einrichtung zur Mitarbeit und damit zum Mitwissen befugt, weshalb insoweit kein unbefugtes Offenbaren vorliegt.[779] Hierzu zählt auch internes IT-Personal. Allerdings können externe Stellen und damit IT-Dienstleister nach wohl noch herrschender Meinung nicht als solche Gehilfen eingestuft werden.[780]

Als Offenbarungsbefugnis im Sinne von § 203 StGB kommen damit neben der Einwilligung[781] gesetzliche Regelungen in Betracht, die sich auf die Offenbarung fremder Geheimnisse, vorliegend also von Patientengeheimnissen, erstrecken.[782] In einigen Bundesländern existieren spezielle gesetzliche Regelungen zur Auftragsdatenverarbeitung für Krankenhäuser; diese können dann auch als Befugnis im Sinne von

---

[777] BGH, Urt. v. 11.12.1991 – VIII ZR 4/91, BGHZ 116, 268, = NJW 1992, 737, Rdnr. 26–28; Dix, in: Simitis (Hg.), BDSG, § 1 Rdnr. 175ff., 186f.; Cierniak, in Joecks/Miebach (Hg.), Münchner Kommentar, StGB, § 203 Rdnr. 51; Hermeler, Rechtliche Rahmenbedingungen der Telemedizin, S. 84ff. Nur einen von mehreren normativen Ansätzen stellt dabei § 1 Abs. 3 S. 2 BDSG dar. Eine sehr ausführliche dogmatische Begründung liefert Beyerle, Rechtsfragen medizinischer Qualitätskontrolle, S. 121ff.
[778] Petri, in Simitis (Hg.), BDSG, § 11 Rdnr. 44f.; Alkemade u.a., Der Gehilfe des Arztes, S. 11.
[779] Fischer, StGB, § 203 Rdnr. 10.
[780] Fischer, StGB, § 203 Rdnr. 10 m.w.N. Diese Konsequenz der Zwei-Schranken-Theorie des deutschen Rechts dürfte europarechtskonform sein, denn im Rahmen von Art. 8 Abs. 3 Datenschutzrichtlinie 95/46/EG können die Mitgliedstaaten auch über die Ausgestaltung von über das allgemeine Datenschutzniveau hinausgehenden Geheimhaltungspflichten für Gesundheitsdaten entscheiden. Auch EuGH, Urt. v. 22.11.2012 - C-119/12 (Probst), CR 2013, 25, ändert diese Einschätzung nicht, denn dieses bezieht sich nur darauf, dass das TK-Geheimnis nach Art. 6 Abs. 2, 5 E-Kommunikations-Datenschutzrichtlinie 2002/58/EG bei weisungskonformer Auftragsverarbeitung eingehalten werden kann und nicht auf die weiteren Spielräume der Mitgliedstaaten nach Art. 8 Datenschutzrichtlinie 95/46/EG (s. dazu oben S. 16). Kritisch dagegen Alkemade u.a., Der Gehilfe des Arztes, S. 11ff., auch vor europarechtlichem Hintergrund, S. 18f. Bereits nach geltendem deutschen Recht eine Gehilfenstellung annehmen: Heghmanns/Niehaus, NStZ 2008, 57, 61f. Für die herrschende Meinung spricht aber zudem, dass der Gesetzgeber 2006, als die Rechtsprobleme beim Outsourcing im Gesundheitswesen bereits allgemein bekannt waren, für den externen Datenschutzbeauftragten in § 203 Abs. 2a StGB eine Sonderregelung eingeführt hat, welche die Strafbarkeit auf diesen erstreckt, woraus in diesem Zusammenhang gefolgert wird, dass Mitteilungen an den für die jeweilige Stelle bestellten Datenschutzbeauftragten kein unbefugtes Offenbaren darstellt (s.a. § 4f Abs. 2 S. 3 Hs. 2 BDSG). Auf IT-Dienstleister wurde diese Ausnahme allerdings nicht ausgedehnt, wobei zuzugeben ist, dass diese, soweit sie weisungsgebunden sind, eher unter den Gehilfenbegriff fallen könnten als ein per Gesetz weisungsfreier Datenschutzbeauftragter (vgl. § 4f Abs. 3 S. 2 BDSG).
[781] Fischer, StGB, § 203 Rdnr. 32ff., wobei insoweit geringere Formerfordernisse als nach Datenschutzrecht gelten. Die mutmaßliche Einwilligung dürfte in vorliegendem Kontext jedenfalls bei einwilligungsfähigen Patienten als Rechtfertigungsgrund ausscheiden (auch Fischer, a.a.O., Rdnr. 36, bezeichnet den Anwendungsbereich als „schmal").
[782] Fischer, StGB, § 203 Rdnr. 37ff.

§ 203 StGB angesehen werden.[783] Diese Spezialvorschriften der Landeskrankenhaus- oder entsprechender Gesetze, die in aller Regel die Auftragsdatenverarbeitung an zusätzliche Bedingungen knüpfen, sind allerdings auch zu beachten, wenn man zwar von keinem Offenbaren, wohl aber von einer personenbezogenen Datenübertragung ausgeht. Auf sie soll im nachfolgenden Kapitel I.8.2 weiter eingegangen werden.[784]

8.1.4 Allgemeine Charakteristika der Auftragsdatenverarbeitung

8.1.4.1 Datenübertragung an Auftragnehmer innerhalb des EWR: kein Übermitteln

Auch bei Annahme eines Personenbezugs liegt allerdings bei Weitergabe der Daten an einen Auftragnehmer nicht zwingend ein besonders rechtfertigungsbedürftiges Übermitteln vor. Denn ein Übermitteln ist nach Datenschutzrecht lediglich die Weitergabe an einen Dritten außerhalb der ursprünglich verantwortlichen Stelle (prototypisch im deutschen Recht: § 3 Abs. 4 S. 2 Nr. 3 BDSG). Als Dritter gilt jedoch nicht der Auftragsdatenverarbeiter, dessen Sitz innerhalb des Europäischen Wirtschaftsraums (EU und EFTA) liegt (§ 3 Abs. 8 S. 3 BDSG).[785]

Die Untergliederung der Fragestellung nach Sitz in Deutschland oder im EU-Ausland erweist sich damit jedenfalls im Anwendungsbereich des BDSG (u.a. für private Arztpraxen und Kliniken des Bundes) als nicht relevant. Aufgrund der Datenschutzrichtlinie 95/46/EG und des europäischen Binnenmarktes für personenbezogene Daten gilt dies prinzipiell auch für sonstige Behandlungseinrichtungen. Selbst im Bereich der öffentlichen und kirchlichen Kliniken dürften keine Ausnahmeregelungen greifen, denn diese sind üblicherweise in gewissem Wettbewerb zu privaten Kliniken tätig und auch dieser Wirtschaftszweig fällt grundsätzlich in den Anwendungsbereich des Gemeinschafts- bzw. Unionsrechts und damit auch in den der Datenschutzrichtlinie 95/46/EG (vgl. Art. 3 Abs. 2 der Richtlinie), aus welcher insoweit eine grundsätzliche Gleichbehandlungspflicht folgt.[786]

In datenschutz-, rechts- bzw. geschäftspolitischer Hinsicht wäre angesichts der weitgehend nicht harmonisierten Datenzugriffsrechte der Sicherheitsbehörden, die in manchen Ländern der Europäischen Union deutlich extensiver genutzt werden als in anderen, unter Umständen allerdings eine Beschränkung der Auftragsdatenverarbeitung beispielsweise auf die EWR-Vertragsstaaten im Schengen-Raum erwägenswert.[787]

---

783 Alkemade u.a., Der Gehilfe des Arztes, S. 17, 8ff.
784 S. sogleich S. 266ff.
785 Prototypisch für das deutsche Recht: § 3 Abs. 8 S. 3 BDSG. S.a. Art. 2 Buchst. f (Auftragsverarbeiter kein Dritter), Art. 25ff. (Sonderregeln für Drittlandübermittlungen) und Erwägungsgrund 60 der Datenschutzrichtlinie 95/46/EG.
786 Zur Anwendung der Datenschutzrichtlinie 95/46/EG auf kirchliche Einrichtungen, in diesem Fall sogar unabhängig von wirtschaftlicher Betätigung: EuGH, Urt. v. 06.11.2003 – C-101/01 (Lindqvist), Slg. 2003, I-12971 = RDV 2004, 16.
787 Der Schengen-Raum bezieht sich auf die verstärkte Zusammenarbeit vieler EU-Mitglieder (und EWR-Vertragsstaaten) als einem Pfeiler eines „Raums der Freiheit, der Sicherheit und des Rechts". Vor allem das Vereinigte Königreich und Irland wirken hieran nur sehr begrenzt mit und werden daher nicht zum sogenannten Schengen-Raum gezählt. Zur Idee eines „Schengen-Netzes" angesichts der massiven Ausspähung der Datenkommunikation durch Geheimdienste wie die NSA der USA oder den britischen GCHQ vgl. u.a. o.V., Brüssel unterstützt Merkels Vorstoß für „Schengen-Netz", heise news, 17.02.2014.

8.1.4.2 Externe Dienstleistung als Auftragsdatenverarbeitung, nicht Funktionsübertragung

Bei der Auftragsdatenverarbeitung bleibt die Verantwortung für den Umgang mit personenbezogenen Daten beim (Haupt-)Auftraggeber als verantwortlicher Stelle. Der Auftraggeber kann dieser Verantwortung nur gerecht werden, wenn er Zweck und wesentliche Mittel des Datenumgangs bestimmt.[788] Der Auftragnehmer darf als Auftragsdatenverarbeiter also lediglich ausführende, insbesondere EDV-technische Hilfstätigkeiten übernehmen und dabei Entscheidungen von untergeordneter Bedeutung über die Einzelheiten des Mitteleinsatzes (wie z.B. die konkrete Soft- und Hardware) treffen. Ein größerer Entscheidungsspielraum darf ihm nicht zukommen, ansonsten läge eine sogenannte Funktionsübertragung vor, die wiederum als besonders rechtfertigungsbedürftige Übermittlung und nicht mehr als bloße Auftragsdatenverarbeitung einzustufen ist.

Diese grundlegenden Anforderungen, die erfüllt sein müssen, um überhaupt von Auftragsdatenverarbeitung ausgehen zu können, können jedoch bei der vorliegend insbesondere zu betrachtenden Datenverarbeitung in der Cloud grundsätzlich eingehalten werden. Die Behandlungseinrichtung muss mit dem Zweck des Einsatzes für Forschung oder Qualitätssicherung allerdings der Datenverarbeitung eine gewisse Struktur vorgeben, damit sich auch die Ergebnisse der Datenverarbeitung in diesem Zweckrahmen bewegen. Auch sind die Grenzen der Cloud so zu bestimmen, dass die Privilegierung der Auftragsdatenverarbeitung (keine besonders rechtfertigungsbedürftige Übermittlung) innerhalb des EWR nicht verspielt wird. Dafür sollten die Rechenzentrumsstandorte, auf deren Ressourcen grundsätzlich zurückgegriffen werden kann, bekannt sein und benannt werden.

Das entsprechende Bestimmungsrecht des Auftraggebers schließt nicht aus, dass der Cloud-Anbieter bzw. der Auftragnehmer hier standardisierte Vertragsbedingungen vorgibt.[789] Diese müssen allerdings konkrete und verbindliche Aussagen zu den genannten Punkten enthalten, so dass die Behandlungseinrichtung in Kenntnis aller relevanten Umstände eine freie Entscheidung über den Abschluss eines entsprechenden Vertrages treffen kann.[790] Auch sind Mechanismen vorzusehen, die es den verantwortlichen Behandlungseinrichtungen ermöglichen, die Einhaltung der genannten Bedingungen faktisch zu kontrollieren,[791] was gegebenenfalls auch durch eine gemeinsame Auditierung des Anbieters sichergestellt werden kann.

8.1.5 Fehlender Personenbezug: Entbehrlichkeit einer besonderen Erlaubnis, Sinnhaftigkeit vertraglicher Absicherungen

Wenn man der vorliegend vertretenen Auffassung folgt, dass durch effektive Pseudonymisierung innerhalb der Behandlungseinrichtung der Personenbezug für den

---

[788] Basierend auf Art. 2 Buchst. d Datenschutzrichtlinie 95/46/EG grundlegend hierzu: Art. 29-Datenschutzgruppe, Stellungnahme 1/2010 zu den Begriffen „für die Verarbeitung Verantwortlicher" und „Auftragsverarbeiter", Working Paper 169, 264/10/DE.

[789] Kritisch dagegen das ULD Schleswig-Holstein in seiner Verbotsverfügung gegenüber dem Hausärzteverband bezüglich der standardisiert vorgegebenen Rechenzentrumsleistungen für die Abrechnung von Verträgen über die hausarztzentrierte Versorgung, Anordnung vom 21.07.2010, insbes. Abschnitte 5.1 und 6.

[790] U. Schneider, in Krauskopf, SGB V, § 295 Rdnr. 25dff.

[791] Prototypisch für das deutsche Recht § 11 Abs. 2 S. 4 BDSG; im Grundsatz ist dies nach Art. 17 Abs. 2 Hs. 2 Datenschutzrichtlinie 95/46/EG zwingend: „der für die Verarbeitung Verantwortliche überzeugt sich von der Einhaltung der Maßnahmen".

Auftragnehmer ausgeschlossen wird, dann sind sowohl datenschutzrechtliche Erlaubnis als auch Schweigepflicht-bezogene Befugnis entbehrlich, gleich ob sich Erlaubnis und Befugnis allein auf das Gesetz oder auf eine Willenserklärung des Betroffenen, also eine datenschutzrechtliche Einwilligung oder eine Schweigepflichtentbindung, stützen.

Einwilligung und Schweigepflichtentbindung wären aber im Rahmen der bereits dargestellten allgemeinen und teils auch länderspezifischen Bedingungen zur Absicherung zulässig.

Soweit man zwar noch einen Personenbezug im Sinne des Datenschutzrechts annimmt, aber ein Offenbaren im Sinne der Schweigepflicht ablehnt, sind Einwilligung und Schweigepflichtentbindung grundsätzlich ebenfalls entbehrlich. Bei der Schweigepflichtentbindung gilt dies dann ohne jede weitere Bedingung, denn mangels Offenbaren läge schon kein – ggf. durch eine Entbindungserklärung des Patienten – zu rechtfertigender Bruch der Schweigepflicht vor; insoweit wäre dann auch keine gesundheitsspezifische gesetzliche Befugnis erforderlich. Gleiches würde gelten, wenn man zwar ein Offenbaren annimmt, aber eine Schweigepflichtenbindung einholt.[792]

Eine rechtfertigungsbedürftige Datenweitergabe (technische Übertragung) im Sinne des Datenschutzrechts läge unter den Annahmen aus dem vorigen Absatz aber gleichwohl vor. Soweit eine rechtmäßige Auftragsdatenverarbeitung und damit keine Übermittlung vorliegt, muss aber auch dieser Vorgang nicht gesondert über einen gesetzlichen Erlaubnistatbestand oder eine Einwilligung gerechtfertigt werden. Denn auch die Vorschriften über die Auftragsdatenverarbeitung entfalten bei deren Beachtung insoweit Rechtfertigungswirkung und schließen bei einem Auftragnehmer im EWR eine Übermittlung aus. Auch müssten die gesetzlichen Grundlagen der Auftragsdatenverarbeitung nicht spezifisch das Arzt-Patienten-Verhältnis einbeziehen, wenn man kein Offenbaren im Sinne der Schweigepflicht annähme. Damit könnte auch die allgemeine Norm zur Auftragsdatenverarbeitung in § 11 BDSG, soweit anwendbar, als Grundlage herangezogen werden. Wenn allerdings die Landeskrankenhaus- oder vergleichbare Gesetze vorrangig sind, sind nach wie vor deren spezifisch auf Patientendaten gemünzten Vorschriften über die Auftragsdatenverarbeitung unabhängig von einem Offenbaren im Sinne der Schweigepflicht maßgeblich.

Selbst wenn man der soeben im ersten Absatz vertretenen Auffassung folgt und keinen Personenbezug für den Auftragnehmer annimmt, empfiehlt es sich aus Gründen der Rechtssicherheit und einer der möglichen Re-Identifizierung vorbeugenden Risikovorsorge aber für die Behandlungseinrichtung, eine Vereinbarung mit dem Auftragnehmer abzuschließen, welche die jeweils anwendbaren Vorschriften zur Auftragsdatenverarbeitung möglichst weitgehend umsetzt.

8.2 Gesundheitsspezifische Regelungen zur Auftragsdatenverarbeitung

Nach den vorstehenden Ausführungen können nur solche Regelungen zur Auftragsdatenverarbeitung als Offenbarungsbefugnis im Sinne der Schweigepflicht nach § 203

---

792 Die Schweigepflichtentbindung unterliegt nicht den strengeren Formvorschriften der datenschutzrechtlichen Einwilligung (i.d.R. Schriftform). Im Sinne der Rechtssicherheit ist aber auch hier die Schriftform zu empfehlen.

StGB angesehen werden, die einen spezifischen Bezug zum Arzt-Patienten-Verhältnis oder zumindest zu Gesundheitsdaten haben. Zwar wird hier angesichts der vorgängigen internen Pseudonymisierung vertreten, dass eine solche Offenbarungsbefugnis mangels Personenbezug für den Auftragnehmer genauso wenig wie eine datenschutzrechtliche Erlaubnis für die Datenübertragung nötig ist. Gleichwohl soll im Folgenden hilfsweise auf möglicherweise heranzuziehende Regelungen eingegangen werden, welche auch als Orientierung für die zur Sicherheit in jedem Fall abzuschließenden Vereinbarungen mit den Auftragnehmern dienen können.

8.2.1 Keine gesundheitsspezifische Auftragsdatenverarbeitung im BDSG

Im BDSG fehlen gesundheitsspezifische Regelungen zur Auftragsdatenverarbeitung. Die allgemeine Vorschrift zur Auftragsdatenverarbeitung nach § 11 BDSG kann nicht als Befugnis zum Offenbaren im Sinne von § 203 StGB herangezogen werden.[793] Damit scheidet eine Offenbarungsbefugnis über die Regelungen zur Auftragsdatenverarbeitung für Arztpraxen, Kliniken des Bundes und diejenigen übrigen (privaten) Kliniken, auf welche nur das BDSG anwendbar ist, aus.[794]

Dies gilt letztlich auch für die Bestimmungen in § 28 Abs. 6-8 BDSG, die zwar spezifisch auf Gesundheitsdaten gemünzt sind. Doch bleiben besondere Berufsgeheimnisse wie die ärztliche Schweigepflicht gemäß § 1 Abs. 3 S. 2 BDSG von diesem unberührt, so dass selbst diese gesundheitsspezifischen Regelungen keine Offenbarungsbefugnisse darstellen. Daher kommt es auch nicht darauf an, ob man von diesen Übermittlungsbefugnissen „a maiore ad minus" (letztlich also erst recht) auf eine Berechtigung zur gesundheitsdatenbezogenen Auftragsdatenverarbeitung schließen kann.[795]

8.2.2 Landeskrankenhaus- oder vergleichbare Gesetze

Die bereichsspezifischen Datenschutzvorschriften der Länder für den Krankenhausbereich enthalten jedoch vielfach Sonderregelungen zur Auftragsdatenverarbeitung im Hinblick auf Patientendaten, welche auch als Befugnis im Rahmen von § 203 StGB herangezogen werden können.[796] Allerdings enthalten diese Regelungen besondere Restriktionen gegenüber der Auftragsdatenverarbeitung im Allgemeinen, welche sowohl bezüglich der Rechtmäßigkeit im Hinblick auf den Datenschutz als auch die Schweigepflicht gemäß § 203 StGB zu beachten sind.[797]

8.2.2.1 Baden-Württemberg

Im Anwendungsbereich des LKHG BW, also für alle Krankenhäuser in Baden-Württemberg mit Ausnahme solcher des Bundes, regelt § 48 LKHG BW die Verarbeitung

---

[793] Petri, in: Simitis (Hg.), BDSG, § 11 Rdnr. 44f.; s.a. oben Fn. 778.
[794] Welche Kliniken dies sind, kann der Übersicht 1 zum anwendbaren Datenschutzrecht entnommen werden.
[795] Dahinter würde folgender Gedanke stecken: Wenn schon eine – einschneidendere, rechtfertigungsbedürftigere – Übermittlung von Gesundheitsdaten an einen selbständig verantwortlichen Dritten zulässig ist, muss erst recht die Einschaltung eines weisungsgebundenen Auftragsdatenverarbeiters erlaubt sein. Neben den Voraussetzungen von § 28 Abs. 6-8 BDSG müssten in diesem Fall auch die Regelungen zur Auftragsdatenverarbeitung nach § 11 BDSG eingehalten werden.
[796] Alkemade u.a., Der Gehilfe des Arztes, S. 17, 8ff., wo diese Regelungen sehr knapp dargestellt werden.
[797] Es sei denn, es liegen eine datenschutzrechtliche Einwilligung sowie eine (ggf. in der Einwilligung inkludierte) Schweigepflichtentbindung vor.

von Patientendaten im Auftrag eines der genannten Krankenhäuser. Nach § 48 Abs. 1 LKHG BW sind Patientendaten im Krankenhaus selbst oder durch ein anderes Krankenhaus zu verarbeiten.

Im Auftrag eines Krankenhauses durch ein Rechenzentrum dürfen Patientendaten gemäß § 48 Abs. 2 LKHG BW automatisiert verarbeitet werden, wenn

1. die für Auftraggeber und Auftragnehmer zuständige Datenschutzaufsichtsbehörde hiervon benachrichtigt wird,
2. der Auftragnehmer seinen Mitarbeitern, soweit ihnen aus zwingenden Gründen eine Zugriffsberechtigung auf Patientendaten eingeräumt wird, eine § 203 StGB entsprechende Schweigepflicht auferlegt und
3. die nach dem Bundesdatenschutzgesetz oder dem Landesdatenschutzgesetz für die Verarbeitung von personenbezogenen Daten im Auftrag erforderlichen technischen und organisatorischen Maßnahmen schriftlich festgelegt werden.

Im Übrigen stellt § 48 Abs. 2 Nr. 3 Hs. 2 LKHG BW klar, dass die Vorschrift des § 3a Landesverwaltungsverfahrensgesetz (LVwVfG) BW über die elektronische Kommunikation mit Behörden keine Anwendung findet. Insoweit gelten also für die Krankenhäuser die allgemeinen Maßgaben von Datenschutz und Datensicherheit, nach denen die elektronische Kommunikation ähnlich wie in § 3a LVwVfG BW zwischen den Kommunikationspartnern aber auch gesondert eröffnet oder vereinbart werden muss und die bei einer Kommunikation über offene Netze ebenfalls eine Authentifizierung der Kommunikationspartner (wenn auch nicht zwingend durch qualifizierte elektronische Signaturen wie in § 3a Abs. 2 LVwVfG BW vorgesehen) sowie eine starke Verschlüsselung vorschreiben. Dies ergibt sich schon aus dem Verweis in Nr. 3 Hs. 1 auf die nach dem BDSG (§ 9)[798] oder dem LDSG (dort ebenfalls § 9)[799] erforderlichen technischen und organisatorischen Maßnahmen der Datensicherheit.

Subsidiär, also nachrangig, gelten überdies, auch ohne expliziten Verweis in § 48 LKHG BW, die allgemeinen Vorschriften zur Auftragsdatenverarbeitung, je nach Art der Klinik also § 11 BDSG oder § 7 LDSG BW.[800] Denn § 48 LKHG BW bestimmt nur bereichsspezifisch zusätzliche Anforderungen an die Verarbeitung von Patientendaten im Auftrag von Krankenhäusern ohne den Gesamtkomplex der Auftragsdatenverarbeitung abschließend regeln zu wollen.

Die nach § 48 Abs. 2 Nr. 1 LKHG BW zu benachrichtigenden Datenschutzaufsichtsbehörden ergeben sich für die dem LKHG BW unterworfenen Kliniken aus der weiter vorne abgedruckten Übersicht zum auf Kliniken anwendbaren Datenschutzrecht sowie zur zuständigen Datenschutzaufsicht.[801] Für die Kliniken selbst ist dies in der Regel der baden-württembergische Landesbeauftragte für den Datenschutz. Für die eingeschalteten Rechenzentren wäre deren zuständige Aufsichtsbehörde im Einzelfall zu prüfen; bei Rechenzentren der öffentlichen Hand wird sich in der Regel die gleiche Aufsichtsbehörde wie bei öffentlichen Kliniken, bei privaten Rechenzentren regelmäßig die gleiche wie bei Privatkliniken am jeweiligen Sitz ergeben.[802] Da pri-

---

798 Gültig für alle Kliniken in Baden-Württemberg mit Ausnahme derjenigen nach folgender Fn. 799.
799 Für Kliniken, die als Regiebetrieb ohne eigene Rechtspersönlichkeit einer öffentlichen Stelle des Landes zugeordnet sind.
800 Die Anwendung von BDSG oder LDSG folgt dem in den Fn. 798, 799 beschriebenen Muster, wie es sich auch aus der Übersicht 1 ergibt.
801 S. vorne Seite 81ff.
802 Auch insoweit hat also die Übersicht 1 auf S. 82ff. eine Indizwirkung.

mär die Klinik als Auftraggeber für die Einhaltung von § 48 LKHG BW verantwortlich ist, sollte sich diese auch von der Benachrichtigung der für den Auftragnehmer, also das Rechenzentrum zuständigen Datenschutzaufsichtsbehörde überzeugen, selbst wenn diese Benachrichtigung vom Auftragnehmer ausgeht. Die Klinik sollte den Auftragnehmer hierauf vertraglich verpflichten und sich möglichst auch eine Kopie der Benachrichtigung vorlegen lassen. Die eigene Datenschutzaufsichtsbehörde muss die Klinik natürlich selbsttätig benachrichtigen.

Aus § 48 Abs. 2 Nr. 2 LKHG BW ergibt sich zunächst, dass Mitarbeiter des Auftragnehmers nur aus zwingenden Gründen, also soweit unbedingt erforderlich, Zugriffsrechte auf Patientendaten erhalten dürfen. Zudem muss der Auftragnehmer seinen Mitarbeitern dann eine „§ 203 StGB entsprechende Schweigepflicht auferlegt" werden. Fraglich ist, was unter einer entsprechenden Schweigepflicht zu verstehen ist. Dazu wird einerseits ausgeführt, dass diese „nicht hinter § 203 StGB zurückbleiben" dürfe, andererseits soll sie sich „im Wesentlichen [...] mit der aus dem Datengeheimnis resultierenden Schweigepflicht decken".[803]

Von den Rechtsfolgen her ist ein Verstoß gegen das Datengeheimnis, jedenfalls das gemäß § 5 BDSG, schwächer sanktioniert als es § 203 StGB vorsieht. Denn auch bei einem vorsätzlichen Verstoß, soweit dieser nicht gegen Entgelt oder mit Bereicherungs- oder Schädigungsabsicht durchgeführt wurde,[804] droht beim unbefugten Umgang mit nicht allgemein zugänglichen Daten (entsprechend den nach § 203 StGB geschützten Privatgeheimnissen) lediglich ein Bußgeld (§ 43 Abs. 2 Nr. 1 BDSG) und nicht wie bei § 203 Abs. 1 StGB eine Freiheitsstrafe bis zu einem Jahr.

Angesichts der Zwei-Schranken-Theorie können auch der Umfang der Geheimhaltungsverpflichtungen und damit die Voraussetzungen für eine zulässige Datenweitergabe nach Datenschutz und Schweigepflicht durchaus unterschiedlich sein. Zwar stellt § 49 LKHG BW klar, dass eine Weitergabe unter den Voraussetzungen der §§ 45 bis 48 LKHG BW nicht unbefugt ist, was insoweit zu einer Deckungsgleichheit beider Regelungskreise führt.[805] Allerdings gelten diese Regelungen für den Auftragnehmer nicht unmittelbar, auch wenn für die Zulässigkeit die Rechtslage beim Auftraggeber maßgeblich ist, was sich aber nicht automatisch auf die Verpflichtung der Mitarbeiter des Auftragnehmers auf das allgemeine Datengeheimnis erstreckt.[806]

Die rechtssicherste Lösung ist daher die förmliche Verpflichtung der zugriffsberechtigten Mitarbeiter des Auftragsnehmers nach dem Verpflichtungsgesetz. Dies führt dazu, dass sich diese in Verbindung mit § 11 Abs. 1 Nr. 4 StGB nach § 203 Abs. 2 S. 1 Nr. 2, 6 StGB strafbar machen können, welcher so nah an den Voraussetzungen des § 203 Abs. 1 Nr. 1 StGB ist und überdies die identischen Rechtsfolgen zeitigt, dass man an einer Entsprechung nicht zweifeln kann. Die förmliche Verpflichtung nach dem Verpflichtungsgesetz ist jedoch mit einigem Verwaltungsaufwand verbunden. Sie ist von der Verpflichtung auf das Datengeheimnis nach allgemeinem Datenschutz-

---

[803] Bezeichnenderweise beides vertreten von Sieper, in: Bold/Sieper, LKHG BW, § 48 Rdnr. 8.
[804] Liegen diese Qualifikationen vor, kommt es sogar von den Rechtsfolgen her allerdings zu einem Gleichklang von § 44 BDSG und § 203 Abs. 1, 5 StGB: Freiheitsstrafe bis zu drei Jahren.
[805] Wohl zu weitgehend eine vollständige Deckungsgleichheit andeutend Sieper, in: Bold/Sieper, LKHG BW, § 49 Rdnr. 2.
[806] Zudem könnte es zirkulär sein, in § 49 LKHG BW festzuhalten, dass bei Einhaltung u.a. von § 48 LKHG BW auch die Schweigepflicht nach § 203 StGB gewahrt wird, um dann in § 48 Abs. 2 Nr. 2 LKHG BW wiederum auf eine § 203 StGB entsprechende Geheimhaltungspflicht zu verweisen, wenn letztere doch wieder nach Maßgabe der in § 49 LKHG BW genannten Vorschriften des LKHG BW und damit auch von dessen § 48 bestimmt wird.

recht (§ 5 BDSG, § 6 LDSG BW) zu unterscheiden. Die förmliche Verpflichtung wird nach § 1 VerpflG grundsätzlich von der verantwortlichen öffentlichen Stelle (Abs. 4) mündlich vorgenommen (Abs. 2), worüber eine Niederschrift anzufertigen ist (Abs. 3). Zudem ist dieser Weg nur für Kliniken öffentlicher Träger gangbar.

Eine Entsprechung fordert allerdings nicht zwingend eine vollständige Übereinstimmung der Regelungen. Zudem sieht § 48 Abs. 2 Nr. 2 LKHG BW eine Verpflichtung durch den Auftragnehmer vor, welcher zwar – bei durchaus existierenden öffentlichen Rechenzentren – auch eine öffentliche Stelle sein kann, typischerweise aber nicht ist. Vor diesem Hintergrund ist eine Lösung vertretbar, in welcher der Auftragnehmer die Verpflichtung seiner Mitarbeiter auf das allgemeine Datengeheimnis (§ 5 BDSG oder § 6 LDSG) für diejenigen mit Zugriff auf Patientendaten eines Krankenhauses durch eine krankenhausspezifische Zusatzverpflichtung präzisiert, in welcher die nach § 203 StGB und dem LKHG BW verpflichtenden Schutzmaßnahmen kurz erläutert werden. Das Krankenhaus sollte diese Zusatzverpflichtung in der Vereinbarung über die Auftragsdatenverarbeitung vorschreiben und ein Muster vorgeben. Idealerweise sollten Kopien aller unterzeichneten Zusatzverpflichtungen an das Krankenhaus gehen oder dem Auftraggeber die zugriffsberechtigten Mitarbeiter zumindest namentlich benannt werden.

Zuletzt stellt § 48 Abs. 3 LKHG BW fest, dass sich die Patientendaten im ausschließlichen Gewahrsam des Krankenhauses befinden, in dessen Auftrag sie verarbeitet werden. Diese Fiktion soll ein Beschlagnahmeverbot nach § 97 StPO begründen, welcher nach Abs. 2 S. 1 grundsätzlich vorschreibt, dass ein solches nur für Gegenstände im Gewahrsam eines Zeugnisverweigerungsberechtigten (wie eines Arztes) gilt. Eine rein landesrechtliche Fiktion könnte dieses Erfordernis wohl nicht umgehen. Allerdings erweitert § 97 Abs. 2 S. 2 StPO das Beschlagnahmeverbot ohnehin auf Krankenanstalten und Dienstleister, die für die Zeugnisverweigerungsberechtigten personenbezogene Daten erheben, verarbeiten oder nutzen, so dass es auf die Wirkung der landesrechtlichen Regelung nicht ankommt.

Bezüglich des Sitzes des Auftragnehmers nimmt die Vorschrift keine besonderen Einschränkungen vor. Daraus folgt nach den bereits auch vor dem Hintergrund der Datenschutzrichtlinie 95/46/EG erörterten Grundsätzen, dass eine Datenübertragung an einen Auftragnehmer innerhalb des EWR[807] keine gesondert zu rechtfertigende Datenübermittlung darstellt und nach der genannten Vorschrift erlaubt ist.

8.2.2.2 Bayern

Art. 27 LKHG BY ordnet Sonderregeln für den Datenschutz in bayerischen Krankenhäusern an.

Krankenhäuser können nach Art. 27 Abs. 4 S. 2 Hs. 2 LKHG BY zu Zwecken der Forschung anderen Personen die Nutzung von Patientendaten gestatten, wenn dies zur

---

807 Das subsidiär anwendbare LDSG BW nimmt in seinem § 3 Abs. 5 nur Stellen, die in einem Mitgliedstaat der europäischen Union personenbezogene Daten im Auftrag verarbeiten vom Begriff des Dritten, an den eine Weitergabe zu erfolgen hat, um als Übermittlung zu gelten, aus. Der territoriale Anwendungsbereich dieser Ausnahme wurde mittlerweile allerdings in Umsetzung internationaler Abkommen erweitert, zunächst durch das multilaterale EWR-Abkommen auf die EFTA-Mitglieder mit Ausnahme der Schweiz, also Island, Liechtenstein und Norwegen. Auf verwaltungstechnische Probleme bei der Bestimmung der zuständigen Aufsichtsbehörde für die Auftragnehmern in den genannten ausländischen Staaten kann vorliegend nicht weiter eingegangen werden; in jedem der einbezogenen Länder existiert aufgrund eines durch die Abkommen vorgegeben vergleichbaren Datenschutzniveaus aber eine solche Aufsichtsbehörde.

8 Datenverarbeitung im Auftrag für Zwecke der Forschung oder Qualitätssicherung

Durchführung des Forschungsvorhabens erforderlich ist und die Patientendaten im Gewahrsam des Krankenhauses verbleiben. Diese Personen sind dann zur Verschwiegenheit zu verpflichten, Art. 27 Abs. 4 S. 3 LKHG BY. Dabei könnte es sich um einen privilegierten Sonderfall der Datenübermittlung (durch Gewährung von Zugriffsrechten) handeln, wenn die zugriffsberechtigten Personen in gewissem Umfang eigenverantwortlich (z.B. im Rahmen der Verbundforschung) mit den Patientendaten umgehen. Dabei wäre es jedoch eine schwierig zu meisternde Herausforderung, den Gewahrsam des Krankenhauses nicht zu brechen und einen tatsächlichen Datenabfluss zu vermeiden.[808] Soweit ein rein weisungsgebundener Datenumgang durch einen solchen Zugriff ermöglicht wird, z.B. im Rahmen der rein technischen (Fern-)Wartung einer Forschungsdatenbank, liegt aber auch ein Fall der Auftragsdatenverarbeitung vor, auf den subsidiär die Regelungen zur Auftragsdatenverarbeitung nach § 11 BDSG (bei privater Trägerschaft) oder Art. 6 LDSG BY (bei öffentlicher Trägerschaft) anzuwenden sind.

Nach Art. 27 Abs. 4 S. 5 des LKHG BY kann sich das Krankenhaus zur Verarbeitung von Patientendaten anderer Personen oder Stellen bedienen, wenn es sicherstellt, dass beim Auftragnehmer die besonderen Schutzmaßnahmen nach Art. 27 Abs. 6 LKHG BY eingehalten werden, und solange keine Anhaltspunkte dafür bestehen, dass durch die Art und Ausführung der Auftragsdatenverarbeitung schutzwürdige Belange von Patienten beeinträchtigt werden. Unter besonderen Schutzmaßnahmen im Sinne des Art. 27 Abs. 6 LKHG BY sind Schutzmaßnahmen technischer und organisatorischer Art zu verstehen, durch die sichergestellt werden muss, dass Patientendaten nicht unberechtigt verwendet oder übermittelt werden können. Zu beachten ist hierbei jedoch, dass sich das Krankenhaus zur Verarbeitung von Patientendaten, die nicht zur verwaltungsmäßigen Abwicklung der Behandlung der Patienten erforderlich sind, nur anderer Krankenhäuser bedienen darf (Art. 27 Abs. 4 S. 6 LKHG BY); diese Beschränkung greift daher auch bei Forschung und Qualitätssicherung. Vor diesem Hintergrund erfordert jede Datenverarbeitung durch einen Cloud-Anbieter zu diesen Zwecken, soweit personenbezogene Daten in die Cloud gegeben werden, eine Einwilligung der betroffenen Patienten. Subsidiär sind auch hier die Regelungen zur Auftragsdatenverarbeitung nach § 11 BDSG (bei privater Trägerschaft) oder Art. 6 LDSG BY (bei öffentlicher Trägerschaft) zu beachten.

Bezüglich des Sitzes des Auftragnehmers nimmt die Vorschrift keine besonderen Einschränkungen vor. Daraus folgt nach den bereits erörterten Grundsätzen, auch vor dem Hintergrund der Datenschutzrichtlinie 95/46/EG, dass eine Datenübertragung an einen Auftragnehmer innerhalb des EWR keine gesondert zu rechtfertigende Datenübermittlung darstellt und im Rahmen der eben genannten Vorschrift erlaubt ist.

Zwar ist das Datenschutzniveau innerhalb des EWR im Gesundheitswesen eingeschränkter harmonisiert als in vielen anderen Bereichen, da Art. 8 der Datenschutzrichtlinie den Mitglieds- bzw. Vertragsstaaten insoweit größere Spielräume lässt. Da für die Zulässigkeit der Datenverarbeitung aber der Sitz des Auftraggebers und nicht der des Auftragnehmers maßgeblich ist, wirkt sich dieser Unterschied vorliegend kaum aus. Für die allgemeinen gesetzlichen Vorgaben zur Datensicherheit ist zwar

---

808 S. oben S. 140.

grundsätzlich der Sitz des Auftragnehmers maßgeblich (Art. 17 Abs. 3 Spiegelstrich 2 Datenschutzrichtlinie 95/46/EG).

Aufgrund Art. 27 Abs. 4 S. 5 LKHG BY müssen dem Auftragnehmer jedoch vertraglich auch die in Bayern maßgeblichen besonderen Schutzmaßnahmen technischer und organisatorischer Art nach Art. 27 Abs. 6 LKHG BY aufgegeben werden. Vor diesem Hintergrund dürften im Allgemeinen auch keine zwingenden Anhaltspunkte für eine Beeinträchtigung der schutzwürdigen Interessen des Betroffenen ersichtlich sein. Allerdings ist die Beschränkung auf Krankenhäuser als Auftragnehmer nach Art. 27 Abs. 5 S. 6 LKHG BY auch im EU- bzw. EWR-Ausland zu beachten.

8.2.2.3 Berlin

§ 24 Abs. 7 S. 1 des LKHG BE stellt den Grundsatz auf, dass Patientendaten im Krankenhaus oder im Auftrag durch ein anderes Krankenhaus zu verarbeiten sind. Abweichend hiervon dürfen andere Stellen Patientendaten im Auftrag des Krankenhauses nur verarbeiten, wenn durch technische Schutzmaßnahmen sichergestellt ist, dass der Auftragnehmer keine Möglichkeit hat, beim Zugriff auf Patientendaten den Personenbezug herzustellen (§ 24 Abs. 7 S. 2 LKHG BE). Soll die Archivierung von elektronischen Patientendokumentationen durch Dritte außerhalb des Krankenhauses erfolgen, ist dies nach § 24 Abs. 7 S. 3 LKHG BE nur zulässig, wenn das Krankenhaus zuvor eine Verschlüsselung der Patientendaten nach dem Stand der Technik vorgenommen hat.

Weiterhin finden bei der Auftragsdatenverarbeitung, z.B. im Hinblick auf den Inhalt der abzuschließenden Verträge oder die durchzuführenden Kontrollen, § 11 BDSG (bei privater Trägerschaft) oder § 3 LDSG BE (bei öffentlicher Trägerschaft) subsidiär Anwendung, was durch § 27 Abs. 7 S. 4 LKHG BE explizit klargestellt wird.

Bezüglich des Sitzes des Auftragnehmers nimmt die Vorschrift keine besonderen Einschränkungen vor. Daraus folgt nach den bereits, auch vor dem Hintergrund der Datenschutzrichtlinie 95/46/EG erörterten Grundsätzen, dass eine Datenübertragung an einen Auftragnehmer innerhalb des EWR keine gesondert zu rechtfertigende Datenübermittlung darstellt und nach der genannten Vorschrift erlaubt ist.

8.2.2.4 Brandenburg

Das KHEG BB enthält keine Regelung in Bezug auf die Auftragsdatenverarbeitung.

Nach § 27 Abs. 1 KHEG BB sind daher insoweit die Vorschriften der LDSG BB zu beachten. In § 11 LDSG BB, der subsidiär auf Krankenhäuser in öffentlicher und privater Trägerschaft anzuwenden ist, finden sich Regelungen zur Auftragsdatenverarbeitung, welche sich aber nicht ausdrücklich auf Gesundheitsdaten beziehen und welche daher vor dem Hintergrund der Schweigepflicht nach § 203 StGB nicht als Offenbarungsbefugnis gelten. Soweit man daher von einem Offenbaren ausgeht und keine Schweigepflichtentbindung vorliegt, führt die Einhaltung dieser allgemeinen datenschutzrechtlichen Vorschrift über die Auftragsdatenverarbeitung insgesamt nicht zu einer Rechtmäßigkeit des Outsourcings.

8.2.2.5 Bremen

§ 10 Abs. 1 KHDSG HB[809] stellt den Grundsatz auf, dass Patientendaten im Krankenhaus zu verarbeiten sind. Eine Verarbeitung im Auftrag ist demnach nur zulässig, wenn die Wahrung der Datenschutzbestimmungen des KHDSG HB auch bei der verarbeitenden Stelle sichergestellt ist und diese sich insoweit der Kontrolle des Landesbeauftragten für den Datenschutz unterwirft. Letztlich müssen die entsprechenden Verpflichtungen des Krankenhauses damit vertraglich auch dem Auftragnehmer „übergestülpt" werden.[810]

Die besondere Schutzbedürftigkeit von Patientendaten aus dem medizinischen Bereich ist im Rahmen der nach § 7 Abs. 4 LDSG HB frühestmöglich durchzuführenden Pseudonymisierung (getrennten Speicherung des Patientenbezugs) und Anonymisierung (Löschung des Patientenbezugs) zu berücksichtigen (§ 10 Abs. 2 KLDSG HE HB).

Der Zugriff auf Patientendaten durch Auftragnehmer ist im Rahmen der Prüfung oder Wartung von Datenverarbeitungsanlagen und von automatisierten Verfahren abweichend von § 9 Abs. 4 LDSG HB nur zulässig, wenn das Krankenhaus im **Einzelfall zuvor die Daten zum Zugriff freigegeben** hat (§ 10 Abs. 3 KHDSG HB). Im Rahmen der nach § 7 Abs. 4 LDSG HB zu treffenden technischen und organisatorischen Maßnahmen[811] ist auch sicherzustellen, dass Auftragnehmer bei der Administration technischer Vorkehrungen zur Abwehr von Angriffen auf das Datenverarbeitungssystem so weit möglich nicht Zugriff auf Patientendaten nehmen können (§ 10 Abs. 4 S. 1 KHDSG HB).

Subsidiär sind die Regelungen zur Auftragsdatenverarbeitung nach § 9 LDSG HB (bei öffentlicher und privater Trägerschaft) zu beachten.

Bezüglich des Sitzes des Auftragnehmers nimmt die Vorschrift keine besonderen Einschränkungen vor. Daraus folgt nach den bereits auch vor dem Hintergrund der Datenschutzrichtlinie 95/46/EG erörterten Grundsätzen, dass eine Datenübertragung an einen Auftragnehmer innerhalb des EWR gesondert zu rechtfertigende Datenübermittlung darstellt und nach der genannten Vorschrift erlaubt ist.

8.2.2.6 Hamburg

Für die Auftragsdatenverarbeitung regelt § 9 Abs. 1 LKHG HH, dass das Krankenhaus mit der Speicherung und der weiteren Verarbeitung von Patientendaten eine Stelle außerhalb des Krankenhauses beauftragen darf, wenn diese sich verpflichtet, die für das Krankenhaus geltenden Datenschutzbestimmungen einzuhalten. Die Stelle ist unter besonderer Berücksichtigung der Eignung der von ihr getroffenen Maßnahmen zur Datensicherung sorgfältig auszuwählen. Der Auftrag ist schriftlich zu erteilen, wobei, falls erforderlich, ergänzende Maßnahmen zur Datensicherung festzulegen sind.

---

[809] Das Gesetz tritt gemäß § 14 KHDSG HB mit Ablauf des 31. Dezember 2015 außer Kraft.
[810] Für die Empfänger von Datenübermittlungen ergibt sich dies ausdrücklich aus § 4 Abs. 3 KHDSG HB. Zwar fallen unter den Begriff des Empfängers nach allgemeiner datenschutzrechtlicher Terminologie auch Auftragsdatenverarbeiter, doch nimmt § 4 Abs. 3 KHDSG HB hier ausdrücklich auf die Empfänger bestimmter Übermittlungen Bezug, so dass eine direkte Erstreckung der Norm ausscheidet. Über § 10 Abs. 1 KHDSG HB dürfte sich jedoch das gleiche Ergebnis herleiten lassen.
[811] Zutrittskontrolle, Zugangskontrolle, Zugriffskontrolle, Weitergabekontrolle, Eingabekontrolle, Auftragskontrolle und Verfügbarkeitskontrolle.

Die beauftragte Stelle darf die überlassenen Daten nach § 9 Abs. 2 LKHG HH nicht anderweitig verarbeiten. Weiterhin darf sie die Daten nicht länger aufbewahren, als es das Krankenhaus bestimmt. Spätestens bei der Beendigung des Auftrags sind die Daten zurückzugeben oder zu löschen.

Subsidiär sind die Regelungen zur Auftragsdatenverarbeitung nach § 11 BDSG[812] oder § 3 LDSG HH[813] zu beachten.

Bezüglich des Sitzes des Auftragnehmers nimmt die Vorschrift keine besonderen Einschränkungen vor. Daraus folgt nach den bereits auch vor dem Hintergrund der Datenschutzrichtlinie 95/46/EG erörterten Grundsätzen, dass eine Datenübertragung an einen Auftragnehmer innerhalb des EWR gesondert zu rechtfertigende Datenübermittlung darstellt und nach der genannten Vorschrift erlaubt ist.

8.2.2.7 Hessen

Im LKHG HE[814] findet sich keine Regelung für die Auftragsdatenverarbeitung. Nach § 12 Abs. 1 LKHG HE finden somit die Vorschriften des LDSG HE Anwendung.

§ 4 LDSG HE regelt die Auftragsdatenverarbeitung. Nach § 4 Abs. 2 S. 4 LDSG HE hat der Auftraggeber zu prüfen, ob beim Auftragnehmer die nach § 10 LDSG HE erforderlichen technischen und organisatorischen Maßnahmen der Datensicherheit getroffen wurden; dabei sind die erhöhten Anforderungen bei der Verarbeitung von Daten, die besonderen Amts- oder Berufsgeheimnissen unterliegen, sowie bei der Verarbeitung der in § 7 Abs. 4 LDSG HE genannten (sensiblen Gesundheits-)Daten zu beachten. Durch den expliziten Bezug auf besondere Berufsgeheimnisse, zu denen auch die ärztliche Schweigepflicht zählt, sowie auf sensible Daten, zu denen auch solche zur Gesundheit zählen, kann in § 4 LDSG HE im Gegensatz zu den Regeln zur Auftragsdatenverarbeitung im BDSG sowie vielen anderen LDSG insoweit auch eine Befugnisnorm im Sinne von § 203 StGB gesehen werden. Dies gilt wohl allerdings nur bei Auftragsvergabe an öffentliche Stellen, denn gemäß § 4 Abs. 2 S. 5 LDSG HE darf ein Auftrag zur Datenverarbeitung an nicht-öffentliche Stellen nur vergeben werden, wenn weder gesetzliche Regelungen über Berufs- oder besondere Amtsgeheimnisse noch überwiegende schutzwürdige Belange entgegenstehen. Bezüglich der Vergabe an nicht-öffentliche Stellen wird also klargestellt, dass hier Berufsgeheimnisse weiterhin entgegenstehen können, so dass insoweit auch der indirekte Bezug auf Gesundheitsdaten nicht mehr für eine Einstufung als Offenbarungsbefugnis ausreicht.

Die datenverarbeitende Stelle (Auftraggeber) bleibt nach § 4 Abs. 1 S. 1 LDSG HE für die Einhaltung der Vorschriften dieses Gesetzes und anderer Vorschriften über den Datenschutz sowie für die Erfüllung ihrer sich aus § 8 LDSG HE ergebenden Pflichten auch dann verantwortlich, wenn personenbezogene Daten in ihrem Auftrag durch andere Personen oder Stellen verarbeitet werden.

Der Auftragnehmer darf personenbezogene Daten nur im Rahmen der Weisungen des Auftraggebers verarbeiten, § 4 Abs. 1 S. 2 LDSG HE. Ist der Auftragnehmer der

---

812 Bei Krankenhäusern in privater Trägerschaft sowie Krankenhäusern in öffentlicher Trägerschaft, die aber in privater Rechtsform (z. B. als GmbH) geführt werden.
813 Bei Krankenhäusern in öffentlicher Trägerschaft, welche in öffentlich-rechtlicher Rechtsform (z. B. als Eigenbetrieb des Stadtstaates Hamburg oder als Anstalt öffentlichen Rechts) geführt werden.
814 Dieses Gesetz tritt gemäß § 41 Satz 2 LKHG HE mit Ablauf des 31. 12. 2015 außer Kraft.

Ansicht, dass eine Weisung des Auftraggebers gegen dieses Gesetz oder andere Vorschriften über den Datenschutz verstößt, hat er den Auftraggeber nach § 4 Abs. 1 S. 3 LDSG HE unverzüglich darauf hinzuweisen.

Weiterhin ist der der Auftragnehmer nach § 4 Abs. 2 S. 1 LDSG HE unter besonderer Berücksichtigung der Zuverlässigkeit und der Eignung der von ihm getroffenen technischen und organisatorischen Maßnahmen sorgfältig auszuwählen. Der Auftrag ist schriftlich zu erteilen; dabei sind der Gegenstand und der Umfang der Datenverarbeitung, die technischen und organisatorischen Maßnahmen sowie etwaige Unterauftragsverhältnisse festzulegen (§ 4 Abs. 2 S. 1 LDSG HE).

Reine Privatkliniken sind vom Anwendungsbereich des LDSG HE ausgeschlossen (§ 3 Abs. 6 S. 2 LDSG HE), sodass es für sie bei der Anwendung des § 11 BDSG bleibt, der allerdings keine Offenbarungsbefugnis enthält.

Bezüglich des Sitzes des Auftragnehmers ordnet § 4 Abs. 3 S. 1 LDSG HE an, dass sofern die Vorschriften dieses Gesetzes auf den Auftragnehmer keine Anwendung finden (also bei privaten Auftragnehmern oder Auftragnehmern in anderen Bundesländern oder im Ausland), der Auftraggeber verpflichtet ist, vertraglich sicherzustellen, dass der Auftragnehmer die Bestimmungen dieses Gesetzes befolgt und sich der Kontrolle des Hessischen Datenschutzbeauftragten unterwirft. Außerdem hat der Auftraggeber den Hessischen Datenschutzbeauftragten in diesen Fällen vorab über die Beauftragung zu unterrichten (§ 4 Abs. 3 S. 2 LDSG HE). Die Beschränkung auf den EWR ist allerdings auch dann zu beachten, denn ansonsten läge eine besonders rechtfertigungsbedürftige Übermittlung vor.

8.2.2.8 Mecklenburg-Vorpommern

§ 39 des LKHG MV regelt die Datenverarbeitung im Auftrag. Demnach darf der Krankenhausträger die Verarbeitung von Patientendaten einem Auftragnehmer übertragen, wenn

1. Störungen im Betriebsablauf sonst nicht vermieden werden können,
2. die Datenverarbeitung dadurch erheblich kostengünstiger gestaltet werden kann[815] oder
3. das Krankenhaus seinen Betrieb einstellt.

§ 39 Abs. 1 S. 2 LKHG MV schreibt vor, das vor der Erteilung eines Auftrags zur Verarbeitung von Patientendaten außerhalb des Krankenhauses zu prüfen ist, ob der Zweck auch mit verschlüsselten oder pseudonymisierten Patientendaten erreicht werden kann.

Eine über drei Monate hinausgehende Speicherung von Patientendaten durch einen Auftragnehmer ist außerhalb des Krankenhauses nach § 39 Abs. 2 LKHG MV nur zulässig, wenn die Patientendaten auf getrennten Datenträgern gespeichert sind, die der Auftragnehmer für den Krankenhausträger verwahrt.

Nach § 39 Abs. 3 LKHG ist der Auftragnehmer vom Krankenhausträger sorgfältig auszuwählen. Außerdem sind die Einzelheiten des Auftrags und die vom Auftrag-

---

[815] § 39 Abs. 1 S. 1 Nr. 1, 2 LKHG MV entsprechen dabei weitgehend der Regelung für eine Datenverarbeitung durch nicht-öffentliche Stellen im Auftrag von gesetzlichen Krankenkassen in § 80 Abs. 5 SGB X, dessen Auslegung und Anwendung insoweit ergänzend herangezogen werden kann.

nehmer zu treffenden technischen und organisatorischen Sicherungsmaßnahmen schriftlich zu vereinbaren. Eine Abschrift der Vereinbarung hat der Krankenhausträger dem Landesbeauftragten für den Datenschutz unverzüglich zu übersenden.

Der Auftragnehmer darf gemäß § 39 Abs. 4 S. 1 LKHG MV die ihm überlassenen Patientendaten nur im Rahmen des Auftrags und der Weisungen des Krankenhausträgers verarbeiten.

Eine Übertragung des Auftrags auf Dritte oder die Erteilung von Unteraufträgen ist nur mit Zustimmung des Krankenhausträgers zulässig, wobei in einem solchen Fall § 39 Abs. 2 bis 4 LKHG MV entsprechend gelten, § 39 Abs. 5 S. 1 und 2 LKHG MV.

Übernimmt ein Auftragnehmer nach einer Betriebseinstellung eines Krankenhauses den gesamten Bestand der Patientendaten, gelten für ihn als verantwortliche Stelle hinsichtlich der Verarbeitung dieser Daten die Vorschriften des Datenschutz-Abschnitts des LKHG MV (§ 39 Abs. 6 S. 1 LKHG MV). Bei der Übernahme ist gemäß § 39 Abs. 6 S. 2 LKHG MV vertraglich sicherzustellen, dass die Patientinnen und Patienten für die Dauer von zehn Jahren nach Abschluss der Behandlung oder Untersuchung auf Verlangen in gleicher Weise wie bisher beim Krankenhaus Auskunft und Einsicht erhalten.

Subsidiär sind die Regelungen zur Auftragsdatenverarbeitung nach § 4 LDSG MV (bei öffentlicher und privater Trägerschaft) zu beachten.

Bezüglich des Sitzes des Auftragnehmers ordnet § 39 Abs. 4 S. 2 LKHG MV an, dass sofern die §§ 32 bis 38 LKHG MV für den Auftragnehmer nicht gelten, der Krankenhausträger sicherzustellen hat, dass der Auftragnehmer diese Vorschriften entsprechend anwendet und sich insoweit der Kontrolle des Landesbeauftragten für den Datenschutz unterwirft. Die Beschränkung auf den EWR ist allerdings auch dann zu beachten, denn ansonsten läge eine besonders rechtfertigungsbedürftige Übermittlung vor.

8.2.2.9 Niedersachsen

Das LKHG NI enthält keine bereichsspezifische Regelung für Krankenhäuser in Bezug auf die Auftragsdatenverarbeitung. Insoweit wird auch bezüglich der Auftragsdatenverarbeitung auf das BDSG verwiesen,[816] welches allerdings – wie gesehen – keine Offenbarungsbefugnis enthält.[817]

8.2.2.10 Nordrhein-Westfalen

§ 7 GDSG NW regelt die Datenverarbeitung im Auftrag von Kliniken in NRW.[818] § 7 Abs. 1 GDSG NW stellt den Grundsatz auf, dass Patientendaten grundsätzlich in der Einrichtung oder öffentlichen Stelle zu verarbeiten sind; eine Verarbeitung im Auftrag ist nur nach Maßgabe des § 7 Abs. 2 bis 4 GDSG NW zulässig.

Nach § 7 Abs. 2 GDSG NW ist die Verarbeitung von Patientendaten im Auftrag nur zulässig, wenn sonst Störungen im Betriebsablauf nicht vermieden oder Teilvorgänge

---

[816] Für öffentliche Kliniken als Wettbewerbsunternehmen vermittelt durch § 2 Abs. 3 LDSG NI.
[817] S. soeben S. 267.
[818] Ausgenommen reine Privatkliniken, für welche hier ausschließlich das BDSG gilt.

der automatischen Datenverarbeitung hierdurch erheblich kostengünstiger vorgenommen werden können.[819]

Außerdem hat sich der Auftraggeber gemäß § 7 Abs. 3 S. 1 GDSG NW vor der Vergabe eines Auftrages zur Verarbeitung von Patientendaten zu vergewissern, dass beim Auftragnehmer die Wahrung der Datenschutzbestimmungen dieses Gesetzes und der ärztlichen Schweigepflicht sichergestellt ist.

Patientendaten aus dem ärztlichen Bereich sind vom Auftragnehmer in physisch getrennten Dateien zu verarbeiten, § 7 Abs. 3 S. 2 GDSG NW. Weiterhin darf der Auftragnehmer Patientendaten nur im Rahmen der Weisungen des Auftraggebers verarbeiten und der Auftraggeber hat erforderlichenfalls dem Auftragnehmer Weisungen zur Ergänzung seiner technischen und organisatorischen Einrichtungen und Maßnahmen zu erteilen (§ 7 Abs. 3 S. 3 und 4 GDSG NW).

Subsidiär sind die Regelungen zur Auftragsdatenverarbeitung nach § 11 BDSG (bei reinen Privatkliniken) oder § 11 LDSG NW (bei öffentlicher Trägerschaft und Plankrankenhäusern in privater Trägerschaft) zu beachten.

Sofern der Auftragnehmer eine nicht-öffentliche Stelle ist, ordnet § 7 Abs. 4 S. 1 GDSG NW an, dass der Auftraggeber sicherzustellen hat, dass der Auftragnehmer sich, sofern die Datenverarbeitung im Geltungsbereich des GDSG NW durchgeführt wird, der Kontrolle durch den Landesbeauftragten für den Datenschutz unterwirft. Bei einer Auftragsdurchführung außerhalb des Geltungsbereichs dieses Gesetzes ist die zuständige Datenschutzkontrollbehörde zu unterrichten (§ 7 Abs. 4 S. 2 GDSG NW). Weitere Maßgaben hinsichtlich des Sitzes des Auftragnehmers enthält das GDSG NW nicht. Die Beschränkung auf den EWR ist allerdings auch hier zu beachten, denn ansonsten läge eine besonders rechtfertigungsbedürftige Übermittlung vor.

8.2.2.11 Rheinland-Pfalz

Zur Verarbeitung von Patientendaten kann sich das Krankenhaus nach § 36 Abs. 9 S. 1 LKHG RP anderer Personen oder Stellen bedienen, wenn die Einhaltung der Datenschutzbestimmungen dieses Gesetzes sowie eine § 203 StGB entsprechende Schweigepflicht bei der Auftragnehmerin oder beim Auftragnehmer sichergestellt ist.[820] Das Krankenhaus ist hierbei nach § 36 Abs. 9 S. 2 LKHG RP verpflichtet, erforderlichenfalls Weisungen zur Ergänzung der bei der Auftragnehmerin oder beim Auftragnehmer vorhandenen technischen und organisatorischen Maßnahmen der Datensicherung zu erteilen.

Die Auftragserteilung bedarf nach § 36 Abs. 9 S. 3 LKHG RP der vorherigen Zustimmung durch die zuständige Behörde.[821]

Subsidiär sind die Regelungen zur Auftragsdatenverarbeitung nach § 11 BDSG (bei privater Trägerschaft) oder § 4 LDSG RP (bei öffentlicher Trägerschaft) zu beachten.

Bezüglich des Sitzes des Auftragnehmers nimmt die Vorschrift keine besonderen Einschränkungen vor. Daraus folgt nach den bereits auch vor dem Hintergrund der Datenschutzrichtlinie 95/46/EG erörterten Grundsätzen, dass eine Datenübertragung

---

819 Ähnlich der Rechtslage nach § 39 Abs. 1 S. 1 Nr. 1, 2 LKHG MV (s.o. S. 275, Fn. 815) soll auch hier auf § 80 Abs. 5 SGB X verwiesen werden, dessen Auslegung und Anwendung insoweit ergänzend herangezogen werden kann.
820 Insbesondere zum Erfordernis des § 203 StGB entsprechenden Schweigepflicht siehe die Ausführungen zum LKHG BW oben S. 269f.
821 Mit dieser Behörde dürfte im Kontext des LKHG RP die Krankenhausaufsicht und nicht die Datenschutzaufsicht gemeint sein.

an einen Auftragnehmer innerhalb des EWR keine gesondert zu rechtfertigende Datenübermittlung darstellt und nach der genannten Vorschrift erlaubt ist.

8.2.2.12 Saarland

Gemäß § 13 Abs. 7 S. 1 LKHG SL[822] dürfen Patientendaten von Personen und Stellen außerhalb des Krankenhauses in seinem Auftrag nur verarbeitet werden, wenn anders Störungen im Betriebsablauf nicht vermieden oder Teilvorgänge der Datenverarbeitung hierdurch kostengünstiger besorgt werden können.[823] Letzteres kann bei externer Datenverarbeitung und Nutzung von Cloud-Computing, welches vorhandene Ressourcen möglichst effizient allokiert, durchaus der Fall sein.

Die Krankenhausleitung kann dem beauftragten Unternehmen nach § 13 Abs. 7 S. 2 LKHG SL in jeder Phase der Verarbeitung von Patientendaten Weisungen erteilen. Sie hat das beauftragte Unternehmen unter besonderer Berücksichtigung der Eignung und Zuverlässigkeit sorgfältig auszuwählen (§ 13 Abs. 7 S. 3 LKHG SL). Das beauftragte Unternehmen muss nach § 13 Abs. 7 S. 4 und 5 LKHG SL insbesondere dafür Sorge tragen, dass von ihm getroffene technische und organisatorische Maßnahmen die Gewähr dafür bieten, das Patientengeheimnis zu wahren, und dass die Mitarbeiterinnen und Mitarbeiter sich zur Verschwiegenheit verpflichten.

Subsidiär sind die Regelungen zur Auftragsdatenverarbeitung nach § 11 BDSG (bei privater Trägerschaft) oder § 5 LDSG SL (bei öffentlicher Trägerschaft) zu beachten.

Bezüglich des Sitzes des Auftragnehmers nimmt die Vorschrift keine besonderen Einschränkungen vor. Daraus folgt nach den bereits auch vor dem Hintergrund der Datenschutzrichtlinie 95/46/EG erörterten Grundsätzen, dass eine Datenübertragung an einen Auftragnehmer innerhalb des EWR keine gesondert zu rechtfertigende Datenübermittlung darstellt und nach der genannten Vorschrift erlaubt ist.

8.2.2.13 Sachsen

§ 33 Abs. 10 S. 1 LKHG SN bestimmt, dass sich das Krankenhaus zur Verarbeitung von Patientendaten anderer Personen oder Stellen bedienen kann, wenn sichergestellt ist, dass diese die Datenschutzbestimmungen dieses Gesetzes und die § 203 Strafgesetzbuch entsprechende Schweigepflicht einhalten. Das Krankenhaus ist hierbei jedoch nach § 33 Abs. 10 S. 2 LKHG SN verpflichtet, erforderlichenfalls den Auftragnehmer anzuweisen, Technik und Organisation der Datensicherung zu ergänzen.

Die Auftragserteilung bedarf der vorherigen Zustimmung durch die zuständige (Krankenhausaufsichts-)Behörde (§ 33 Abs. 10 S. 3 LKHG SN).

Subsidiär sind die Regelungen zur Auftragsdatenverarbeitung nach § 11 BDSG (bei privater Trägerschaft sowie bei Krankenhäusern in öffentlicher Trägerschaft mit eigener Rechtspersönlichkeit) oder § 7 LDSG SN (bei Krankenhäusern in öffentlicher Trägerschaft ohne eigene Rechtspersönlichkeit) zu beachten.

---

822 Dieses Gesetz tritt gemäß § 46 Abs. 3 LKHG SL mit Ablauf des 30.06.2015 außer Kraft.
823 Vgl. auch hierzu § 80 Abs. 5 SGB X; s. oben S. 275, Fn. 815.

8 Datenverarbeitung im Auftrag für Zwecke der Forschung oder Qualitätssicherung

Bezüglich des Sitzes des Auftragnehmers nimmt die Vorschrift keine besonderen Einschränkungen vor. Daraus folgt nach den bereits auch vor dem Hintergrund der Datenschutzrichtlinie 95/46/EG erörterten Grundsätzen, dass eine Datenübertragung an einen Auftragnehmer innerhalb des EWR keine gesondert zu rechtfertigende Datenübermittlung darstellt und nach der genannten Vorschrift erlaubt ist.

8.2.2.14 Sachsen-Anhalt

Das LKHG ST enthält keine Regelung in Bezug auf die Auftragsdatenverarbeitung. Insoweit wird auch bezüglich der Auftragsdatenverarbeitung auf das BDSG verwiesen, welches allerdings keine Offenbarungsbefugnis enthält.[824]

8.2.2.15 Schleswig-Holstein

In Schleswig-Holstein gibt es lediglich ein Ausführungsgesetz zum KHG, aber kein Landeskrankenhausgesetz mit Regelungen zur Auftragsdatenverarbeitung oder auch nur allgemein zum Patientendatenschutz. Auch insoweit wird letztlich bezüglich der Auftragsdatenverarbeitung auf das BDSG verwiesen, welches allerdings keine Offenbarungsbefugnis enthält.[825]

8.2.2.16 Thüringen

§ 27b Abs. 1 S. 1 LKHG TH statuiert den Grundsatz, dass Patientendaten im Krankenhaus zu verarbeiten sind. Nach § 27b Abs. 1 S. 2 LKHG TH ist eine Verarbeitung und Nutzung durch eine andere Stelle im Auftrag nur zulässig, wenn

1. sonst Störungen im Betriebsablauf nicht vermieden oder Teilvorgänge der automatischen Datenverarbeitung hierdurch erheblich kostengünstiger vorgenommen werden können,[826]
2. die Einhaltung der Datenschutzbestimmungen dieses Gesetzes sowie eine den Voraussetzungen des § 203 des Strafgesetzbuchs entsprechende Schweigepflicht beim Auftragnehmer sichergestellt ist und
3. der Auftraggeber der Aufsichtsbehörde nach § 32 Abs. 2 LKHG TH rechtzeitig vor Auftragserteilung Art, Umfang und die technischen und organisatorischen Maßnahmen der beabsichtigten Datenverarbeitung im Auftrag schriftlich angezeigt hat.

Im Vertrag über die Auftragsdatenverarbeitung ist nach § 27b Abs. 2 LKHG TH sicherzustellen, dass vom Auftraggeber oder von dessen Datenschutzkontrollbehörde veranlasste Kontrollen vom Auftragnehmer jederzeit zu ermöglichen sind.

Eine Datenverarbeitung in der Cloud könnte vorliegend wiederum die Bedingung erfüllen, dass sie dort erheblich kostengünstiger erbracht werden kann als im Krankenhaus selbst. Die übrigen Bedingungen müssten durch eine entsprechende vertragliche Gestaltung und die Anzeige bei der Aufsichtsbehörde erfüllt werden.

---

824 S. oben S. 267.
825 S. oben S. 267.
826 Vgl. auch hierzu § 80 Abs. 5 SGB X; s. oben S. 275, Fn. 815.

Subsidiär sind die Regelungen zur Auftragsdatenverarbeitung nach § 11 BDSG (bei privater Trägerschaft) oder § 8 LDSG TH (bei öffentlicher Trägerschaft) zu beachten.

Bezüglich des Sitzes des Auftragnehmers nimmt die Vorschrift keine besonderen Einschränkungen vor. Daraus folgt nach den bereits auch vor dem Hintergrund der Datenschutzrichtlinie 95/46/EG erörterten Grundsätzen, dass eine Datenübertragung an einen Auftragnehmer innerhalb des EWR keine gesondert zu rechtfertigende Datenübermittlung darstellt und nach der genannten Vorschrift erlaubt ist.

8.3 Zusammenfassende Bewertung

Nach hier vertretener Auffassung schließt eine effektive Pseudonymisierung innerhalb der Behandlungseinrichtung den Personenbezug der an den Auftragnehmer übertragenen pseudonymen Daten aus. Voraussetzung ist selbstverständlich, dass die Zuordnung des Pseudonyms zur Person des Patienten nicht mit übertragen, sondern geheim gehalten wird. Dies führt dazu, dass weder eine Übertragung personenbezogener Daten an den Auftragnehmer im Sinne des Datenschutzrechts stattfindet, welche als Datenübermittlung oder Auftragsdatenverarbeitung zu qualifizieren und zu rechtfertigen wäre, noch ein Offenbaren von Patientengeheimnissen nach § 203 StGB, für welche eine spezifische Befugnis notwendig wäre. Damit ist keine gesetzliche Grundlage und auch keine Einwilligung oder Schweigepflichtentbindung des Patienten für diesen Vorgang erforderlich.

Allerdings verbleiben trotz effektiver einrichtungsinterner Pseudonymisierung, welche für Außenstehende in der Regel einer relativen (faktischen) Anonymisierung gleichkommt, gewisse Risiken der Re-Identifizierung. Diese sollten im Sinne der Risikovorsorge durch Maßnahmen reduziert werden, die sich zumindest an den Vorschriften über die Auftragsdatenverarbeitung orientieren, ohne diese jedoch zwingend in jedem einzelnen Punkt, insbesondere im Hinblick auf die besonderen Restriktionen der Landeskrankenhausgesetze, vollständig erfüllen zu müssen. Zu diesen Maßnahmen gehört insbesondere der Abschluss eines Vertrages mit dem Auftragnehmer, in welchem ein Re-Identifizierungsverbot und flankierende Datenschutzmaßnahmen (wie Kontrollrechte) klar verankert sind, sowie die Kontrolle der tatsächlichen Einhaltung dieser Maßgaben. Diese Kontrolle muss allerdings nicht zwingend durch jede Behandlungseinrichtung einzeln für sich vorgenommen werden, sondern kann auch über Prüfgemeinschaften erfolgen, welche einen unabhängigen Auditor hierfür heranziehen.[827]

Im Sinne der Rechtssicherheit ideal, wenn auch aufgrund der vorliegend nur entsprechenden Anwendung der Vorschriften über die Auftragsdatenverarbeitung bzw. deren bloßer Orientierungswirkung nicht zwingend, wäre die Ausrichtung der jeweils abgeschlossenen Verträge an den jeweiligen Vorschriften der einzelnen Bundesländer, insbesondere also auch den LKHG. Dies würde jedoch die Erstellung einer einheitlichen und bundesländübergreifend nutzbaren Vertragsvorlage für eine externe Datenverarbeitung erschweren, wenn nicht gar unmöglich machen. Es sollte jedoch zumindest versucht werden, die Kernpflichten der jeweils anwendbaren Vor-

---

[827] Dies ist beispielsweise bei der Datenschutzkontrolle der Auftragnehmer von Krankenkassen bereits vielfach geübte und von den Aufsichtsbehörden akzeptierte Praxis.

8 Datenverarbeitung im Auftrag für Zwecke der Forschung oder Qualitätssicherung

schriften annähernd auf einen gemeinsamen Nenner bringen, um diesen dann in Form einer Checkliste oder auch Vertragsvorlage für die Forschungsgemeinschaft als Unterstützungsangebot zur Verfügung zu stellen.[828]

---

[828] Wobei eine bundeseinheitliche Basis-Checkliste bzw. -Vertragsvorlage durch bundeslandspezifische Dokumente ergänzt werden könnte.

9 Übermittlung pseudonymer Daten im Wege der Funktionsübertragung für Forschung oder Qualitätssicherung

> *Unter welchen rechtlichen Bedingungen können die zur Behandlung dokumentierten Daten in pseudonymisierter Form im Rahmen einer in einem Kooperationsvertrag geregelten Funktionsübertragung für Zwecke der Forschung oder Qualitätssicherung an externe Einrichtungen übermittelt werden, wenn Kooperationspartner die behandelnde Einrichtung und*
> - *eine externe Einrichtung mit Sitz in Deutschland sind?*
> - *eine externe Einrichtung mit Sitz im EU-Ausland sind?*

9.1 (Kein) Personenbezug für die externe Einrichtung

Der Personenbezug für die externe Einrichtung kann – auf Basis des hier vertretenen relativen Ansatzes – bei effektiver Pseudonymisierung ausgeschlossen werden, wenn die Pseudonymisierung noch in der behandelnden Einrichtung erfolgt und die externe Einrichtung keinen Zugriff auf die Zuordnungsvorschrift besitzt.[829] Hier lägen dann für die externe Einrichtung – wie eben bereits für den Auftragsdatenverarbeiter angenommen – anonymisierte Daten vor. Aufgrund der in der Regel lediglich faktischen Anonymisierung ist allerdings auch hier eine Risikovorsorge durch entspre-

---

[829] Wobei durch die Effektivität der Pseudonymisierung auch eine Re-Identifizierbarkeit mit verhältnismäßigen Mittel durch Mustervergleich bzw. über Quasi-Identifikatoren für die kooperierende Stelle ausgeschlossen werden muss, s.o. S. 17ff.

chende Maßgaben (Re-Identifikationsverbot, technische und organisatorische Sicherheitsvorkehrungen) in einem Kooperationsvertrag zu empfehlen.[830]

Insoweit spielt der Sitz der externen Stelle prinzipiell keine Rolle, jedenfalls solange dieser sich innerhalb des EWR befindet, wo eine angemessene Durchsetzbarkeit der Verpflichtungen aus dem Kooperationsvertrag in der Regel gewährleistet ist.

9.2 Zulässigkeit der „Übermittlung" sowie von interner Vor- und Nachbereitung

9.2.1 Keine Übermittlung mangels Personenbezug für die externe Einrichtung

Mangels Personenbezug für die empfangende externe Stelle aufgrund vorgelagerter Pseudonymisierung liegt auch keine Übermittlung oder Offenbarung personenbezogener Daten und damit kein besonderer Rechtfertigungsbedarf vor.

Die interne Vorbereitung der Funktionsübertragung durch die behandelnde Einrichtung unterliegt aufgrund der dort verfügbaren Patientenzuordnung allerdings einem datenschutzrechtlichen Erlaubnisvorbehalt. Gleiches gilt dann, wenn der Kooperationspartner ein Ergebnis zurückliefert, welches die behandelnde Einrichtung wieder einem Patienten zuordnen kann. Die Erlaubnis muss hier spätestens in dem Zeitpunkt vorliegen, in welchem diese Rückmeldung erfolgt, wenn sie von Anfang an intendiert und/oder der Zeitpunkt der Rücklieferung noch nicht absehbar ist, besser bereits von Anfang an. Insoweit kann auf die Ausführungen in den Kapiteln I.7.1 bis I.7.5 verwiesen werden.[831] Die Tätigkeit der externen Stelle würde insoweit gewissermaßen der behandelnden Einrichtung zugerechnet, aber mit dem nicht unwesentlichen Unterschied, dass kein Übermittlungstatbestand erfüllt wird.

9.2.2 Übermittlung bei angenommenem Personenbezug für die externe Einrichtung

Sollte man aufgrund eines anderen (absoluten) Ansatzes hinsichtlich des Personenbezugs zu dem Ergebnis kommen, dass auch eine Übermittlung im datenschutzrechtlichen Sinn vorliegt, wäre diese gesondert zu rechtfertigen. Ob grundsätzlich eine entsprechende gesetzliche Übermittlungsbefugnis vorliegt, kann Übersicht 2 entnommen werden;[832] auf die Bedingungen hierfür im Einzelnen wurde bereits eingegangen.[833] Zusammenfassend lässt sich allerdings sagen, dass die gesetzlichen Erlaubnisse für eine Übermittlung jedenfalls restriktiver ausgestaltet sind als für den rein internen Datenumgang und in aller Regel den Bezug zu einem konkreten (Forschungs-)Vorhaben fordern.

Da § 28 Abs. 6 Nr. 4 BDSG keine Offenbarungsbefugnis im Sinne der Schweigepflicht nach § 203 StGB darstellt, wäre die untersuchte Funktionsübertragung (Personenbezug beim Empfänger unterstellt) im Anwendungsbereich des BDSG, insbesondere

---

830 S. oben S. 23.
831 S. oben S. 239ff.
832 S. oben S. 87ff.
833 In Kap. I.6, s.o. S. 74ff. S. hierzu zusammenfassend auch oben S. 240f.

also für die (wenigen) Kliniken des Bundes, auf rein gesetzlicher Basis unzulässig. Da auch die landesrechtlichen Grundlagen in Niedersachsen, Sachsen-Anhalt und Schleswig-Holstein weitgehend auf das BDSG verweisen, lässt sich dieser Befund auf die den dortigen Regelungen unterfallenden Kliniken übertragen. In Bayern ist zudem für außenstehende Dritte wie Kooperationspartner per Gesetz nur ein Zugriff im Krankenhaus und allenfalls noch ein Fernzugriff, keineswegs aber eine persistente Datenübermittlung gestattet, wobei sich Letztere durch eine (über den eventuellen Fernzugriff hinausgehende) Datenhaltung beim Dritten auszeichnet.

Alternativ käme, unter Beachtung der allgemeinen Voraussetzungen, auch eine Einwilligung in Betracht,[834] wobei zu beachten ist, dass vor allem folgende Bundesländer die Einwilligung in eine Datenübermittlung im Forschungsbereich prinzipiell nur für ein bestimmtes Vorhaben zulassen:

- Berlin (§ 25 Abs. 1 S. 1 LKHG BE: krankenhausinterne Forschungsvorhaben, wobei Abs. 3 darauf aufbauend die pseudonymisierte Übermittlung gestattet),[835]
- Bremen (§ 7 Abs. 1 KHDSG HB: wissenschaftliche medizinische Forschungsvorhaben),[836]
- Saarland (§ 14 Abs. 2 S. 1 LKHG SL: bestimmte Forschungsvorhaben).[837]

Allerdings knüpfen viele Landeskrankenhausgesetze selbst eine an sich erlaubte Übermittlung, für den Fall, dass diese an eine Stelle außerhalb des Anwendungsbereichs des jeweiligen Gesetzes erfolgt, an zusätzliche Voraussetzungen. Hierzu zählt insbesondere, dass der Empfänger vertraglich auf die Einhaltung bestimmter Vorschriften des jeweiligen LKHG verpflichtet wird und sich zudem insoweit auch der Kontrolle der hiernach zuständigen Datenschutzaufsicht unterwirft.

Insoweit spielt der Sitz der externen Stelle durchaus eine Rolle, wobei nicht zwischen Deutschland und dem Rest der EU, sondern zwischen dem jeweiligen Bundesland bzw. Anwendungsbereich des LKHG und dem Rest der Welt zu unterscheiden ist. Da auf den Anwendungsbereich des jeweiligen LKGH abgestellt wird, kommt es nicht nur auf den Sitz an, sondern auch auf die Art der Einrichtung, an die übermittelt wird. Lediglich Krankenhäuser im gleichen Bundesland können dem jeweiligen Anwendungsbereich unterfallen. Selbst auf Forschungseinrichtungen im gleichen Bundesland trifft dies also nicht zu, soweit sie keine Krankenhäuser, sondern z.B. von den jeweiligen Universitätskliniken getrennten Einrichtungen der medizinischen Fakultäten sind. Allerdings schließt auch ein Sitz außerhalb des jeweiligen Bundeslandes oder auch eine andere Art von Einrichtung als ein Krankenhaus auf Empfängerseite die Übermittlung keineswegs generell aus, sondern knüpft sie lediglich an zusätzliche Voraussetzungen (s. sogleich Übersicht 5).

Bei Übermittlungen an Stellen außerhalb des EWR wären zudem die noch einmal verschärften Anforderungen an einen Drittlandtransfer von personenbezogenen Daten zu beachten, welche die Übermittlung unter Umständen auch generell ausschließen können. Diese Anforderungen sollen nach der vorliegenden Aufgabenstellung jedoch nicht weiter untersucht werden.

---

834 S. hierzu zusammenfassend auch oben S. 241.
835 Näheres s.o. S. 149f.
836 Näheres s.o. S. 160f.
837 Näheres s.o. S. 204f.

I Sekundärnutzung medizinischer Behandlungsdaten

9.3 Übersicht 5: Explizite gesetzliche Anforderungen an Übermittlungsempfänger (s. Tab. 7)

Tab. 7   Übersicht 5: Explizite gesetzliche Anforderungen an Übermittlungsempfänger

Vorgaben Anwendungsbereich des	Explizite gesetzliche Anforderungen an die Übermittlungsempfänger
KHDSG HB	▪ § 4 Abs. 2 KHDSG HB: Zweckbindung des Empfängers; Empfänger hat die Patientendaten, unbeschadet sonstiger Datenschutzbestimmungen, im demselben Umfang geheim zu halten, wie das Krankenhaus selbst ▪ § 7 Abs. 5 KHDSG HB: Übermittlung zu Forschungswecken an Stellen auf die das KHDSG HB keine Anwendung findet nur zulässig, wenn sich diese verpflichten die Vorschriften der Abs. 2 und 4 einzuhalten und sich insoweit der Kontrolle des Landesdatenschutzbeauftragten unterwerfen
LKHG HE	▪ § 33 Abs. 4 LDSG HE: findet das LDSG HE auf den Empfänger keine Anwendung, ist eine Übermittlung personenbezogener Daten nur zulässig, wenn sich der Empfänger verpflichten, die Vorschriften des § 33 Abs. 2 und 3 LDSG HE einzuhalten und sich der Kontrolle des Hessischen Datenschutzbeauftragten unterwerfen
LKHG MV	▪ § 35 Abs. 2 S. 1 LKHG MV: Zweckbindung des Empfängers ▪ § 35 Abs. 2 S. 3 LKHG MV: Empfänger hat die Patientendaten, unbeschadet sonstiger Datenschutzbestimmungen, im selben Umfang geheim zu halten wie das Krankenhaus selbst ▪ § 35 Abs. 3 LKHG MV: findet das LKHG MV keine Anwendung auf den Empfänger ist eine Übermittlung in den Fällen des Abs. 1 nur zulässig, wenn sich der Empfänger zu Einhaltung des Abs. verpflichtet. Befindet sich die Stelle außerhalb des Geltungsbereiches des Grundgesetzes gilt § 16 LDSG MV entsprechend ▪ § 38 Abs. 5 LKHG MV: Übermittlung zu Forschungswecken an Stellen nicht dem LKHG MV unterliegen nur zulässig, wenn sich der Empfänger verpflichtet die Vorschriften der § 38 Abs. 2 und 4 LKHG MV einzuhalten und sich der Kontrolle des LfD unterwirft
GDSG NW	▪ § 5 Abs. 2 S. 1 GDSG NW: Zweckbindung des Empfängers ▪ § 5 Abs. 2 S. 2 GDSG NW: Empfänger hat die Patientendaten, unbeschadet sonstiger Datenschutzbestimmungen, im selben Umfang geheim zu halten wie die Übermittlende Einrichtung oder öffentliche Stelle selbst ▪ § 6 Abs. 6 GDSG NW: Übermittlung für wissenschaftliche Zwecke an Dritte nur zulässig, wenn er sich schriftlich verpflichtet, ▪ die Daten nur für das von ihm genannte Forschungsvorhaben zu verwenden ▪ die Bestimmung des § 6 Abs. 4 und 5 GDSG NW einzuhaltender für die übermittelnde Stelle zuständigen Datenschutzkontroll- oder Aufsichtsbehörde auf Verlangen Einsicht zu gewähren ▪ die technischen und organisatorischen Voraussetzungen zur Erfüllung dieser Verpflichtungen nachweist

9 Übermittlung pseudonymer Daten im Wege der Funktionsübertragung für Forschung oder Qualitätssicherung

Anwendungs-bereich des \ Vorgaben	Explizite gesetzliche Anforderungen an die Übermittlungsempfänger

LKHG RP	- § 36 Abs. 4 S. 1 LKHG RP: Zweckbindung des Empfängers
	- § 36 Abs. 4 S. 2 LKHG RP: Empfänger hat die Patientendaten, unbeschadet sonstiger Datenschutzbestimmungen, im selben Umfang geheim zu halten wie das Krankenhaus selbst
	- § 37 Abs. 5 LKHG RP findet das LKHG RP auf den Empfänger keine Anwendung, dürfen Patientendaten für Forschungsvorhaben nur übermittelt werden, wenn sich der Empfänger verpflichtet,
	   - die Daten nur für das von ihm genannte Forschungsvorhaben zu verwenden
	   - Bestimmungen des § 37 Abs. 4 LKHG RP einzuhalten
	   - dem LfD auf Verlangen Einsicht und Auskunft zu gewähren
	   - die technischen und organisatorischen Voraussetzungen zur Erfüllung der Verpflichtung nach Nr. 1 Buchst. b nachweist

LKHG SL	- § 13 Abs. 4 S. 2 und 3 LKHG SL: Zweckbindung des Empfängers; Empfänger hat die Patientendaten, unbeschadet sonstiger Datenschutzbestimmungen, im selben Umfang geheim zu halten wie das Krankenhaus selbst nach diesem Gesetz

LKHG SN	- § 33 Abs. 4 S. 1 LKHG SN: Zweckbindung des Empfängers
	- § 33 Abs. 4 S. 2 LKHG SN: Empfänger hat die Patientendaten, unbeschadet sonstiger Datenschutzbestimmungen, im selben Umfang geheim zu halten wie das Krankenhaus selbst
	- § 34 Abs. 5 LKHG SN: finden die Bestimmungen des LKHG SN keine Anwendung auf den Empfänger, dürfen Patientendaten für Forschungsvorgaben nur übermittelt werden, wenn sich der Empfänger verpflichtet
	   - die Daten nur für das von ihm genannte Forschungsvorhaben zu verwenden
	   - Bestimmungen des § 34 Abs. 4 einzuhalten
	   - dem Sächsischen Datenschutzbeauftragten auf Verlangen Einsicht und Auskunft zu gewähren
	   - die technischen und organisatorischen Voraussetzungen zur Erfüllung der Verpflichtung nach Nr. 1 Buchst. b nachweist

LKHG TH	- § 27 Abs. 7 S. 1 LKHG TH: Zweckbindung des Empfängers - § 27 Abs. 7 S. 2 LKHG TH: Empfänger hat die Patientendaten, unbeschadet sonstiger Datenschutzbestimmungen, im selben Umfang geheim zu halten wie das Krankenhaus selbst - § 27a Abs. 5 LKHG TH: finden das LKHG TH auf den Empfänger keine Anwendung muss der Krankenhausträger bei der Datenverarbeitung für Forschungswecke die für den Empfänger zuständige Datenschutzaufsichtsbehörde über die Übermittlung unterrichten

10 Einrichtungsübergreifende Pseudonymisierung im Forschungsverbund

> *Unter welchen Bedingungen können die Identitätsdaten der behandelten Patienten zwecks einrichtungsübergreifender Pseudonymisierung an eine zentrale Stelle im Forschungsverbund (z.B. Treuhänder) übermittelt werden?*

10.1 Identitätsdaten als personenbezogene Gesundheitsdaten bzw. Patientengeheimnisse

Da nach der vorliegenden Fragestellung die Pseudonymisierung einrichtungsübergreifend erst bei einer zentralen Stelle im Verbund (nachfolgend: Datentreuhänder) erfolgt und diesem dafür Identitätsdaten übertragen werden, liegt ohne Zweifel bei dieser Stelle noch ein Personenbezug vor. Mehr noch, da Identitätsdaten von Patienten weitergegeben werden, liegt auch eine Übermittlung von Gesundheitsdaten und ein Offenbaren von Patientengeheimnissen durch die Behandlungseinrichtungen vor. Denn als Gesundheitsdatum bzw. Patientengeheimnis gilt bereits die Tatsache der Behandlung unabhängig von medizinischen Details. Aus diesem Grund ist es für das Vorliegen von personenbezogenen Gesundheitsdaten irrelevant, dass solche Detailangaben nicht an den Datentreuhänder übermittelt werden sollen, wenn diese Beschränkung auch im Rahmen einer ggf. vorzunehmenden Abwägung als ein Punkt für die Zulässigkeit der Datenübermittlung angeführt werden kann.

10.2 Funktionsübertragung und Eigenverantwortlichkeit des Datentreuhänders

Des Weiteren stellt sich die Frage, ob es sich bei der Übertragung der Identitätsdaten zur einrichtungsübergreifenden Pseudonymisierung an den Datentreuhänder nicht nur um ein (unzweifelhaft vorliegendes) Offenbaren von Patientengeheimnissen, sondern auch um eine echte Übermittlung im datenschutzrechtlichen Sinn handelt, also die Weitergabe an einen eigenverantwortlichen Dritten, oder lediglich um eine Auftragsdatenverarbeitung, mithin die bloße Einschaltung eines weisungsabhängigen Auftragnehmers.

Soweit der Datentreuhänder, wie vielfach angenommen, auch für die zentrale Wahrnehmung von Betroffenenrechten zuständig sein soll und damit über einen nennenswerten Entscheidungsspielraum verfügt, sprechen die überwiegenden Gründe klar für eine Übermittlung an eine eigenverantwortliche Stelle.[838] Auch ohne eine solche Rolle würde sich die Frage stellen, ob eine volle Weisungsgebundenheit gegenüber den einliefernden Stellen nicht die Funktion des Datentreuhänders unterminieren würde.

Der rein technische Vorgang der Pseudonymisierung könnte zwar noch weisungsgebunden erfolgen, wobei dem eine weitreichende Standardisierung dieses Prozesses für eine Vielzahl von Auftraggebern nicht entgegensteht, wenn es nur jedem Auftraggeber überlassen bleibt, welche Identitätsdaten er zur Pseudonymisierung gibt oder zurückruft. Über sein Weisungsrecht könnte jeder Auftraggeber dann aber auch die Zuordnung des – einrichtungsübergreifenden – Pseudonyms zur Identität des Patienten in Erfahrung bringen. Problematisch wäre dies insbesondere dann, wenn der Auftraggeber nicht nur als Behandlungseinrichtung einliefernde Stelle ist, sondern auch als Forschungseinrichtung im Verbund die den Pseudonymen zugeordneten medizinischen Daten aus einem zentralen Register oder von anderen Verbundpartnern abrufen kann. Denn in diesem Fall könnte er sogar die bei den anderen Partnern angefallenen Behandlungsdaten auf einen Patienten beziehen, jedenfalls wenn der eigene Patient auch bei anderen Verbundpartnern in Behandlung war. Genau dies soll jedoch durch die einrichtungsübergreifende Pseudonymisierung verhindert werden. Ansonsten müsste man die Übermittlung von personenbezogenen und detaillierten Gesundheitsdaten zwischen allen Verbundpartnern rechtfertigen, was nur schwerlich möglich wäre. Die einrichtungsübergreifende Pseudonymisierung dient der Aufrechterhaltung des Fallbezugs über Einrichtungsgrenzen hinweg, jedoch gerade unter Meidung eines einrichtungsübergreifenden Patientenbezugs.

Vor diesem Hintergrund macht ein reiner Pseudonymisierungsdienstleister als Auftragsdatenverarbeiter im vorliegenden Kontext keinen Sinn.[839] Ein solcher Dienstleister wäre auch schon begrifflich kein Treuhänder, denn die Treuhand impliziert eine gewisse, nicht lediglich marginale Eigenverantwortlichkeit. Der Datentreuhänder muss, was die Pseudonym-Patienten-Zuordnung angeht, für die angeschlossenen Verbundpartner eine Art „Black Box" sein; diese Zuordnung muss eigenverantwort-

---

[838] Eine Kategorie eigener Art zwischen verantwortlicher Stelle und Auftragsdatenverarbeitung kommt im Datenschutzrecht auch für den Datentreuhänder nicht in Betracht, s.o. S. 16 (mit Hinweis auf eine abweichende Meinung von Dierks). Es kann lediglich nach einzelnen Datenverarbeitungstätigkeiten in eigener Verantwortung oder im Auftrag differenziert werden, sofern dies nicht zu einer nicht mehr durchschaubaren Zerstückelung der Verantwortlichkeiten führt. Für eine einzelne selbst durchgeführte Verarbeitung personenbezogener Daten ist eine Stelle aber entweder voll verantwortlich oder im Auftrag tätig.

[839] Vor dem Hintergrund teils angenommener, besonderer rechtlicher Anforderungen nach dem LKHG BE könnte ein solcher Pseudonymisierungsdienstleister als Auftragnehmer ausnahmsweise u. U. aber doch Sinn machen, s.o. S. 150, Fn. 527.

lich vorgenommen und geheim gehalten werden. Einseitige Weisungsrechte anderer Verbundpartner sind vor diesem Hintergrund zweckwidrig. Damit dient der Datentreuhänder letztlich auch zu einem gewissen Grad immer der Wahrung der Rechte der betroffenen Patienten. Nur ein Datentreuhänder in diesem Sinn kann auch als Gewährträger fungieren, der vorgeschaltet vor allgemeine Forschungsregister – soweit ein einrichtungsübergreifender Fallbezug bestehen bleiben soll – für deren Zulässigkeit in der Regel notwendige, wenn auch noch nicht hinreichende Bedingung ist.[840]

Folglich liegt bei der einrichtungsübergreifenden Pseudonymisierung von personenbezogenen Gesundheitsdaten eine Funktionsübertragung an einen Datentreuhänder vor, die nicht nur als Offenbaren von Patientengeheimnissen, sondern datenschutzrechtlich auch als Übermittlung einzustufen ist.

10.3 Zulässigkeit

Für die Zulässigkeit einer entsprechenden Vorgehensweise kommt es damit auf das Vorliegen von gesundheitsbezogenen Übermittlungserlaubnissen an, welche gleichzeitig Offenbarungsbefugnisse im Sinne von § 203 StGB sind. Ob entsprechende gesetzliche Befugnisse für Zwecke der Qualitätssicherung oder Forschung grundsätzlich vorliegen, lässt sich Übersicht 2 entnehmen.[841] Soweit dies der Fall ist, lassen sich die Voraussetzungen im Einzelnen dem vorigen Kapitel I.6 entnehmen.[842]

Zusammenfassend lässt sich sagen, dass die gesetzlichen Erlaubnisse für eine Übermittlung jedenfalls restriktiver ausgestaltet sind als für den rein internen Datenumgang und in aller Regel den Bezug zu einem konkreten Vorhaben sowie eine Einzelfallabwägung fordern. Überdies kann auf die zusammenfassende Bewertung zur vorigen Frage für den Fall des – dort nur unterstellten, hier tatsächlich gegebenen – Personenbezugs beim Datenempfänger verwiesen werden.[843]

10.3.1 Regelungen ohne Offenbarungsbefugnis

Demnach fehlen jegliche gesetzlichen Offenbarungsbefugnisse, die hier möglicherweise einschlägig sein könnten, in

- Arztpraxen und Kliniken des Bundes (da das BDSG keine Offenbarungsbefugnisse enthält),
- privaten sowie dem Land zugeordneten öffentlichen Kliniken in den Bundesländern
    - Niedersachsen
    - Sachsen-Anhalt und
    - Schleswig-Holstein,
  da auch insoweit letztlich das BDSG anwendbar ist, und

---

840 Metschke/Wellbrock, Datenschutz in Wissenschaft und Forschung, Abschnitt 3.5, S. 20 (Schlüssel-verwahrende Stelle muss i.S. eines Datentreuhänders sowohl gegenüber dem Betroffenen als auch dem Forschenden unabhängig sein), Abschnitte 6.2.1, S. 36 (der Datentreuhänder führt keine Auftragsdatenverarbeitung aus, durch die Weisungsgebundenheit würde sein Status als vertrauenswürdiger Dritter untergraben). S. auch oben S. 121ff., wo die Pseudonymisierung durch einen Datentreuhänder in Anlehnung an Metschke/Wellbrock, a.a.O., Abschnitt 8, S. 44f., als eine der Voraussetzungen für ein allgemeines (einrichtungsübergreifendes) Forschungsregister dargestellt wurde.
841 S. oben S. 87ff.
842 S. oben S. 74ff.
843 S. soeben S. 284.

- dem Land zugeordneten öffentlichen Kliniken sowie privaten Plankrankenhäusern in Bayern, da Art. 27 LKHG BY allenfalls einen Fernzugriff, aber keine persistente Übermittlung gestattet.

10.3.2 Vorhabenbezogene Erlaubnisnormen für die Datenübermittlung

Im Übrigen wäre auf Basis der jeweils einschlägigen gesetzlichen Forschungsklausel eine vorhabenbezogene Einzelfallabwägung durchzuführen; dies gilt auch für eine einrichtungsübergreifende Pseudonymisierung durch einen Datentreuhänder, soweit sich diese auf konkrete Forschungsvorhaben bezieht.

Rein gesetzliche Erlaubnisse für die Errichtung allgemeiner Forschungsregister[844] und die vorgelagerte einrichtungsübergreifende Pseudonymisierung zu diesem Zweck ohne Einwilligung des betroffenen Patienten finden sich jedoch in keiner anwendbaren Rechtsgrundlage.

10.3.3 Einrichtungsübergreifende Pseudonymisierung aufgrund Einwilligung

10.3.3.1 Grundsätzliche Zulässigkeit

Insoweit müsste, unter Beachtung der allgemeinen Voraussetzungen, eine Einwilligung eingeholt werden.[845] Maßgeblich wird es dabei auf die Freiwilligkeit der Einwilligung und die Angemessenheit der Datenverarbeitungsbedingungen ankommen. Dass die am allgemein nutzbaren, aber aufgrund der Pseudonymisierung nicht mehr direkt personenbezogenen Register ansetzende Forschung nicht vorab eng umgrenzt bestimmt werden kann, steht dem nicht generell entgegen.

In Hamburg sieht § 12a LKGH HH sogar explizit die Zulässigkeit von allgemeinen Forschungsregistern mit Einwilligung (Abs. 1) bei Pseudonymisierung vor Aufnahme in die Datensammlung (Abs. 2), ggf. auch über einen Datentreuhänder (vgl. Abs. 4), vor.

10.3.3.2 Bundesländer mit problematischen Regelungen

Zu berücksichtigen ist dabei allerdings, dass vor allem folgende Bundesländer die Einwilligung in eine Datenübermittlung im Forschungsbereich prinzipiell nur für ein bestimmtes Vorhaben zulassen:

- Berlin (§ 25 Abs. 1 S. 1 LKHG BE: krankenhausinterne Forschungsvorhaben, wobei Abs. 3 darauf aufbauend die pseudonymisierte Übermittlung gestattet),[846]
- Bremen (§ 7 Abs. 1 KHDSG HB: wissenschaftliche medizinische Forschungsvorhaben),[847]
- Saarland (§ 14 Abs. 2 S. 1 LKHG SL: bestimmte Forschungsvorhaben).[848]

Da nach § 25 Abs. 3 LKHG BE nur die (einrichtungsintern) pseudonymisierte Übermittlung für einrichtungsübergreifende Forschungsvorhaben oder -register gestattet

---

844 Hierzu werden indikationsspezifische Krankheitsregister wie insbesondere solche zu Krebserkrankungen nicht gezählt.
845 S. hierzu zusammenfassend auch oben S. 241.
846 Näheres s.o. S. 149f.
847 Näheres s.o. S. 160f.
848 Näheres s.o. S. 204f.

ist, ist vor allem insoweit die Zulässigkeit der Einschaltung eines Datentreuhänders zur einrichtungsübergreifenden Pseudonymisierung selbst mit Einwilligung des Patienten problematisch. Ein Rückgriff auf die allgemeine Einwilligungsregelung in § 24 Abs. 3 S. 1 LKHG erscheint zwar nach hiesiger Auffassung vertretbar, kann aber nicht als rechtssicher bezeichnet werden.

Weniger problematisch ist dagegen die Lage in Bremen und im Saarland, da es im Rahmen einer Einwilligungslösung vertretbar ist, ein Vorhaben weiter zu verstehen, so dass auch die einrichtungsübergreifende Pseudonymisierung für ein bestimmtes Register (also nicht zwingend ein bestimmtes [darauf aufbauendes] Vorhaben) hiervon erfasst werden kann. Gänzlich rechtssicher ist auch diese Sichtweise nicht; jedoch sind die Restrisiken merklich geringer als nach dem LKHG BE.

10.4 Vertragliche Ausgestaltung

Bei der Ausgestaltung der Einschaltung eines Datentreuhänders zur einrichtungsübergreifenden Pseudonymisierung im Forschungsverbund sind die bereits bei der Antwort auf die vorige Frage[849] hilfsweise erwähnten Pflichten zur vertraglichen Erstreckung bestimmter Vorschriften der LKHG auf den Übermittlungsempfänger sowie die entsprechende Unterwerfung unter die jeweilige Datenschutzaufsicht zu beachten, da hier in jedem Fall eine Übermittlung vorliegt. Dies dürfte auch für den Fall der Übermittlung auf Grundlage einer Einwilligung gelten, da auch insoweit von den LKHG Vorgaben gemacht werden.

---

849 Frage 5.7 des Pflichtenheftes, beantwortet in Kap. I.9, S. 283ff.

11 Einbeziehung von Ethikkommissionen bei Forschung mit personenbezogenen oder pseudonymen Daten

>>> *Unter welchen Bedingungen sind Ethikkommissionen vor Beginn eines Forschungsprojekts aufgrund der Nutzung personenbezogener oder pseudonymer Daten einzubeziehen? Dabei sollen nur nicht-invasive Studien oder Gutachten und Forschungsprojekte ohne Bezug zum Arzneimittelgesetz (AMG) oder Medizinproduktegesetz (MPG) berücksichtigt werden.*

11.1 Einbeziehung von Ethikkommissionen nach § 15 MBO-Ä

Die Einbeziehung von Ethikkommission bei Forschungsvorhaben wird durch verschiedene Gesetze angeordnet (vor allem §§ 40ff. AMG oder §§ 19ff. MPG). Auf diese spezialgesetzlichen Regelungen wird jedoch gemäß der Fragestellung nicht näher eingegangen. Ärzte haben bei der Durchführung medizinischer Forschung allerdings auch berufsrechtliche Vorgaben zu beachten, wie sie in der Muster-Berufsordnung für die in Deutschland tätigen Ärztinnen und Ärzte (MBO-Ä) zum Ausdruck kommen.

11.1.1 Pflicht zur Einbeziehung einer Ethikkommission

In § 15 Abs. 1 MBO-Ä ist für Forschungsvorhaben, die bestimmte Bedingungen erfüllen, eine Pflicht zur Beratung durch eine Ethikkommission vorgesehen. Forschungsvorhaben im Sinne dieser Norm sind beispielsweise klinische Prüfungen mit Arzneimitteln und Medizinprodukten (soweit sie nicht unter das AMG oder MPG fallen), genetische Studien, die wissenschaftliche Untersuchung menschlicher Körpermaterialien wie auch von Stammzellen sowie epidemiologische Forschung mit Daten aus Registern und personenbezogenen Daten.[850]

Die Beratungspflicht dient zum einen dem Schutz des Probanden, zum anderen aber auch dem Schutz des Forschenden, da diesem durch die Beratung die mit dem angestrebten Forschungsprojekt verbundenen berufsrechtlichen Fragen und Risiken aufgezeigt werden.[851] Eine rein berufsrechtliche Beratung nach § 15 Abs. 1 MBO-Ä ist grundsätzlich von einer Stellungnahme durch eine Ethikkommission nach AMG oder MPG zu unterscheiden.[852] Ist bereits eine Beratung nach §§ 40ff. AMG oder §§ 19ff. MPG erforderlich, entfällt die Pflicht einer berufsrechtlichen Beratung nach MBO-Ä.[853]

11.1.2 Zusammensetzung der Ethikkommission

Nach § 15 Abs. 1 MBO-Ä soll die Beratung durch eine bei der zuständigen Ärztekammer gebildete Ethikkommission oder durch eine andere, nach Landesrecht gebildete unabhängige und interdisziplinär besetzte Ethikkommission erfolgen.[854] Dies können insbesondere die an den medizinischen Fakultäten der Universitäten oder Universitätskliniken gebildeten Ethikkommissionen sein.[855]

Über die Zusammensetzung der Ethikkommission trifft die MBO-Ä selbst keine Aussage. Die Ethikkommission muss nach § 15 Abs. 1 MBO-Ä lediglich unabhängig gebildet und interdisziplinär besetzt sein. Deshalb unterscheiden sich die Anzahl der Mitglieder der einzelnen Ethikkommissionen und deren fachliche Zusammensetzung. So besteht beispielsweise die Ethikkommission bei der Landesärztekammer Hamburg aus fünfzehn Mitgliedern, die sich aus acht Ärzten verschiedener Fachrichtungen, davon ein in der klinischen Grundlagenforschung tätiger Wissenschaftler, sowie einem Medizintechniker, zwei Juristen mit der Befähigung zum Richteramt, einem Geistes- oder Sozialwissenschaftler, zwei Pflegekräften und einer Person als Vertretung der Bevölkerung zusammensetzt.[856]

11.1.3 Zuständigkeit und Verfahren

Die Zuständigkeit der jeweiligen Ethikkommission richtet sich nach ihrem jeweiligen Geschäftsbereich. Die Ethikkommissionen an den medizinischen Fakultäten sind für Forschungsvorhaben an der betreffenden Universität bzw. Universitätsklinik, die Ethikkommissionen der Landesärztekammern für alle übrigen Forschungsvorhaben zuständig.[857] Von einer privatrechtlichen Institution gebildete Ethikkom-

---

850 Lippert, in: Ratzel/Lippert, MBO-Ä Kommentar, § 15 Rdnr. 3.
851 Rehborn, in: Prütting, Fachanwaltskommentar Medizinrecht, § 15 MBO-Ä Rdnr. 1.
852 VGH Mannheim, NJW 2003, 983, 985.
853 http://www.bundesaerztekammer.de/downloads/Synopse_Stand_29.08.11.pdf, S. 9.
854 Dies ist z.B. durch § 5 des Heilberufe-Kammergesetzes (HBKG) BW geschehen, nach dessen Abs. 1 bei der Landesärztekammer eine Ethikkommission einzurichten ist.
855 Rehborn, in: Prütting, Fachanwaltskommentar Medizinrecht, § 15 MBO-Ä Rdnr. 3. Dies ist in § 5 Abs. 5 HBKH BW vorgesehen, wonach diese im Hochschulbereich auch an die Stelle der Ethikkommission der Landesärztekammer treten.
856 So nach § 9 Abs. 8 Hamburgisches Kammergesetz für die Heilberufe.
857 Deutsch/Spickhoff, Medizinrecht, Rdnr. 1417

missionen genügen nicht den Anforderungen, die § 15 Abs. 1 MBO-Ä an die zuständige Ethikkommission stellt. Ethikkommissionen, die nach AMG, MPG, TPG und TFG zuständig sind, können auch die Beratung nach § 15 Abs. 1 MBO-Ä vornehmen.[858]

Ethikkommissionen werden nur auf Antrag tätig und befinden in ihren Beratungen über die Durchführung des Forschungsvorhabens. Dabei können sie dem Antrag stattgeben, ihn ablehnen oder formale und rechtliche Bedenken oder Vorschläge äußern. Das Verfahren vor der Ethikkommission richtet sich nach deren jeweiliger Satzung oder Geschäftsordnung.[859] Die Beratungen sind vertraulich und Entscheidungen erfolgen in der Regel mit einfacher Mehrheit.[860] Die Mitglieder sind frei in ihren Entscheidungen und nicht an Weisungen gebunden.[861]

Nach § 15 Abs. 1 MBO-Ä erfolgt eine Beratung, die auf die mit der Durchführung des Forschungsvorhabens verbundenen berufsethischen und berufsrechtlichen Fragen zielt. Während die berufsrechtliche Fragen die rechtlichen Vorgaben umfassen, an die sich das Forschungsvorhaben zu halten hat, gehen die einzuhaltenden berufsethischen Aspekte auf Forderungen aus der Deklaration von Helsinki zurück.[862]

Teilweise wird in der rechtswissenschaftlichen Literatur vertreten, dass eine fachwissenschaftlich-medizinische Bewertung des Forschungsvorhabens durch die Ethikkommission in der Regel nicht erfolge, da dies angeblich gegen das Selbstverständnis der Ethikkommission verstieße, insbesondere aber die Freiheit der wissenschaftlichen Forschung (Art. 5 Abs. 3 GG) einschränken würde.[863] Die Gegenmeinung geht davon aus, dass im Rahmen der Risiko-Nutzen-Abwägung zwangsläufig auch eine inhaltliche Überprüfung stattfinden müsse.[864] So geht auch der Arbeitskreis Medizinischer Ethikkommissionen in der BRD davon aus, dass „die wissenschaftliche Qualität, die rechtliche Zulässigkeit und die ethische Vertretbarkeit des Vorhabens" geprüft werden.[865]

Die zuletzt genannte Meinung ist vorzugswürdig, zumindest wenn eine Übermittlung von Patientendaten auf eine einschlägige datenschutzrechtliche Forschungsklausel gestützt werden soll, welche ebenfalls eine Abwägung vorsieht. Denn diese Forschungsklauseln müssen dann auch das Offenbaren von Patientengeheimnissen im Sinne des Berufsrechts rechtfertigen und sind damit letztlich eindeutig Prüfungsmaßstab der Ethikkommission. Teils wird nicht zu Unrecht darauf hingewiesen, dass der Datenschutz allgemein durch diese Kommissionen geprüft werden soll.[866]

Dies schließt keineswegs aus, dass insoweit auch Datenschutzbeauftragte eingeschaltet werden und sich die Ethikkommission in eigener Verantwortung deren Votum anschließt. Aufgrund ihrer fachlichen Zusammensetzung unter maßgeblicher Beteiligung von Medizinern dürfte den Ethikkommissionen die Beurteilung der fach-

---

[858] Rehborn, in: Prütting, Fachanwaltskommentar Medizinrecht, § 15 MBO-Ä Rdnr. 3.
[859] Vgl. z.B. die Satzung und die Geschäftsordnung der Ethikkommission der Medizinischen Fakultät Heidelberg und der Ethikkommission der Medizinischen Fakultät Mannheim, abrufbar unter: http://www.umm.uni-heidelberg.de/inst/ethikkommission/info/index.html.
[860] Vgl. Deutsch/Spickhoff, Medizinrecht, Rdnr. 1424ff.
[861] Lippert, GesR 2012, 467, 469.
[862] Vogeler, Ethik-Kommissionen, S. 557.
[863] Lippert, in: Ratzel/Lippert, MBO-Ä Kommentar, § 15 Rdnr. 34.
[864] Listl, Die zivilrechtliche Haftung für Fehler von Ethikkommissionen, S. 51f.
[865] Siehe die Einführung unter http://www.ak-med-ethik-komm.de/organisation.html.
[866] Raspe/Hüppe/Strech/Taupitz, Empfehlungen zur Begutachtung klinischer Studien durch Ethik-Kommissionen, Prüfpunkt 27, S. 156ff.

wissenschaftlichen Bedeutung eines Forschungsvorhabens in der Regel einfacher fallen als fachfremden Datenschutzbeauftragten, welche meist aber wiederum die datenschutzrechtlichen Abwägungsvorgaben (z.B. keine entgegenstehenden Betroffeneninteressen, erhebliches Überwiegen) sowie die entsprechenden Rahmenbedingungen (u.a. Anonymisierungs-, Pseudonymisierungserfordernisse) besser kennen. Insoweit bietet sich eine enge Abstimmung an. Allerdings wird den Forschern bei der Einschätzung der Bedeutung des fachwissenschaftlichen Interesses ein nennenswerter Spielraum eingeräumt werden müssen.[867]

Wird ein Antrag abgelehnt, so ist dies zu begründen.[868] Zur Nachvollziehbarkeit und Haftungsvermeidung kann aber auch die Begründung eines zustimmenden Votums sinnvoll sein.[869]

11.1.4 Rechtliche Einordnung der Bewertung

Teilweise wird vertreten, die Bewertung der Ethikkommission sei als Verwaltungsakt einzuordnen.[870] Andere Stimmen in der Literatur sehen jedoch in der berufsrechtlichen Bewertung der Ethikkommission nach § 15 MBO-Ä zutreffenderweise keinen Verwaltungsakt (anders als etwa bei §§ 40ff. AMG), da die Bewertung letztlich eine reine Empfehlung darstellt.[871] Dennoch kann die Nichtdurchführung der Beratung durch die Ethikkommission oder die Nichtbefolgung der Empfehlung für den Durchführenden berufs- und haftungsrechtliche Folgen haben.[872] Ein negatives Votum führt somit zu einer rechtlich nicht unmittelbar verbindlichen, aber dennoch faktisch weitreichenden Forschungssperre.[873]

11.2 Zum Begriff des Personenbezugs in § 15 MBO-Ä

11.2.1 Vorüberlegungen

Fraglich ist, ob und inwieweit Ethikkommissionen auch bei der Sekundärnutzung von Behandlungsdaten einzubeziehen sind. Dies richtet sich danach, ob die Sekundärnutzung von Behandlungsdaten ein Forschungsvorhaben im Sinne des § 15 Abs. 1 MBO-Ä darstellt, was der Fall ist, wenn hierfür „Daten verwendet werden, die sich einem bestimmten Menschen zuordnen lassen".

Im Folgenden soll nun geprüft werden, ob diese Daten im Sinne der MBO-Ä mit den personenbezogenen Daten im Sinne des BDSG übereinstimmen. Der Begriff „personenbezogene Daten" ist ein Begriff, der nicht nur im BDSG, sondern auch in vielen anderen Gesetzen (z.B. § 203 Abs. 2 StGB, § 35 Abs. 1 SGB I, § 67 Abs. 1 SGB X) verwendet wird.[874] Die Definition des Begriffs personenbezogene Daten durch § 3 Abs. 1 BDSG gilt nicht nur für das BDSG sondern auch für spezialgesetzliche Regelungen wie bei-

---

867 Vgl. oben S. 104ff. (schon zur Erforderlichkeit, was sich aber bei der Angemessenheit fortsetzt).
868 Lippert, in: Ratzel/Lippert, MBO-Ä Kommentar, § 15 Rdnr. 35.
869 Deutsch/Spickhoff, Medizinrecht, Rdnr. 1407f.
870 Lippert, GesR 2012, 467, 470.
871 Rehborn, in: Prütting, Fachanwaltskommentar Medizinrecht, § 15 MBO-Ä Rdnr. 3b.
872 Lippert, in: Ratzel/Lippert, MBO-Ä Kommentar, § 15 Rdnr. 35.
873 Vogeler, Ethik-Kommissionen, S. 559, m.w.N.
874 Gola/Schomerus, BDSG, § 3 Rdnr. 2.

spielsweise das TMG, sofern keine explizit abweichenden Regelungen getroffen werden.[875] Bei der MBO-Ä handelt es sich zwar um ein Regelungswerk in Form einer Satzung der Bundesärztekammer, jedoch hat die MBO-Ä keinen Rechtsnormcharakter.[876] Fraglich ist somit, ob auch für die MBO-Ä der in § 3 Abs. 1 BDSG legaldefinierte Begriff des personenbezogenen Datums Anwendung findet.

11.2.2 Begriff des Personenbezugs in § 15 MBO-Ä

Es stellt sich also die Frage, wie der Begriff des Personenbezugs in § 15 Abs. 1 MBO-Ä zu verstehen ist und ob dieser dem Begriff des Personenbezugs nach § 3 Abs. 1 BDSG entspricht.

Wortlaut des § 15 Abs. 1 MBO-Ä:

> *Ärztinnen und Ärzte, die sich an einem Forschungsvorhaben beteiligen, bei dem in die psychische oder körperliche Integrität eines Menschen eingegriffen oder Körpermaterialien oder Daten verwendet werden, die sich einem bestimmten Menschen zuordnen lassen, müssen sicherstellen, dass vor der Durchführung des Forschungsvorhabens eine Beratung erfolgt, die auf die mit ihm verbundenen berufsethischen und berufsrechtlichen Fragen zielt und die von einer bei der zuständigen Ärztekammer gebildeten Ethik-Kommission oder von einer anderen, nach Landesrecht gebildeten unabhängigen und interdisziplinär besetzten Ethik-Kommission durchgeführt wird. Dasselbe gilt vor der Durchführung gesetzlich zugelassener Forschung mit vitalen menschlichen Gameten und lebendem embryonalen Gewebe.*[877]

11.2.2.1 Begriff des Personenbezugs in § 3 Abs. 1 BDSG und § 15 Abs. 1 MBO-Ä

§ 15 Abs. 1 MBO-Ä spricht von „Daten, die sich einem bestimmten Menschen zuordnen lassen." Die hierbei verwendete Terminologie entspricht in ihrem Wortlaut nicht der in § 3 Abs. 1 BDSG verwendeten Definition von personenbezogenen Daten als „Einzelangaben über persönliche oder sachliche Verhältnisse einer bestimmten oder bestimmbaren natürlichen Person". Einzelangaben über eine bestimmte Person sind solche Daten, denen man den Namen einer konkreten Person zuordnen kann oder aus denen sich der Name der Person mittelbar aus dem Kontext ergibt.[878]

Dies könnte auf den ersten Blick darauf hindeuten, dass von der MBO-Ä nur der Umgang mit unmittelbar personenbezogenen Daten, die also einer bestimmten Person zugeordnet sind, erfasst wird, während das BDSG weiter gefasst ist und auch den Umgang mit mittelbar personenbezogenen Daten genügen lässt, also solchen, die einer bestimmbaren Person zugeordnet sind. Zwingend ist dies vom Wortlaut her jedoch keineswegs, denn die MBO-Ä spricht nicht (nur) von Daten, die einer bestimmten Person bzw. gleichbedeutend „einem bestimmten Menschen" zugordnet sind, sondern von solchen Daten, die sich „einem bestimmten Menschen zuordnen lassen". Vieles spricht dafür, dass diese Zuordenbarkeit nach MBO-Ä nicht nur die unmittelbare Bestimmtheit des Personenbezugs, sondern auch dessen mittelbare

---

875 Plath/Schreiber, BDSG, § 3 Rdnr. 1.
876 Lippert, in: Ratzel/Lippert, MBO-Ä Kommentar, Einleitung vor § 1 Rdnr. 7.
877 Hervorhebung (Unterstreichung) durch Verfasser.
878 Gola/Schomerus, BDSG, § 3 Rdnr. 10.

Bestimmbarkeit im Sinne des BDSG umfasst, letztlich also der Begriff des Personenbezugs im BDSG und in der MBO-Ä identisch ist.

So enthielt § 15 Abs. 2 MBO-Ä in seiner alten Fassung (a.F.) die Anforderung, dass zum Zwecke der wissenschaftlichen Forschung der Schweigepflicht unterliegende Tatsachen und Befunde grundsätzlich nur soweit offenbart werden dürfen, als dabei die Anonymität des Patienten gesichert ist oder dieser ausdrücklich zustimmt. In der neuen Fassung des § 15 MBO-Ä ist der alte Abs. 2 ersatzlos gestrichen worden. Der Wegfall der Regelung bei der Novellierung der MBO-Ä wird laut Bundesärztekammer damit erklärt, dass die Regelung aufgrund der differenzierten bundes- und landesgesetzlichen Regelungen zum Datenschutz bei Forschungsvorhaben entbehrlich geworden ist.[879] Durch die Beziehung auf bundes- und landesrechtliche Datenschutzregelungen in Bezug auf § 15 Abs. 2 MBO-Ä a.F. liegt der Schluss nahe, „personenbezogene Daten" im Sinne des § 3 Abs. 1 BDSG und Daten, die sich nach § 15 Abs. 1 MBO-Ä „einem bestimmten Menschen zuordnen lassen", als Synonyme anzusehen.[880]

Diese Auffassung wird auch durch die Formulierung einiger die MBO-Ä umsetzenden Berufsordnungen der Landesärztekammern verstärkt. Manche der Berufsordnungen der Landesärztekammern enthalten in ihren jetzigen bzw. alten Fassungen des § 15 teilweise den Begriff „personenbezogene Daten" und „Anonymisierung". Dies ist ein Hinweis darauf, dass die Landesärztekammern sehr wohl den legaldefinierten Begriff der personenbezogenen Daten kennen und bei ihrer Satzungsgebung berücksichtigen. Insbesondere lässt die Tatsache, dass Berlin und Bremen ihren § 15 Abs. 1 BO-Ä, der von epidemiologischer Forschung mit personenbezogenen Daten spricht, vor dem Hintergrund der Novellierung des § 15 MBO-Ä unverändert gelassen haben, den Schluss zu, dass man aufgrund der offensichtlichen Gleichsetzung der Begriffe „personenbezogene Daten" und „Daten, die sich einem bestimmten Menschen zuordnen lassen", bislang keinen Bedarf für eine Neufassung der Norm gesehen hat. Dies spricht dafür, den Begriff des Personenbezugs in der MBO-Ä dem des BDSG gleichzusetzen.

Auch § 15 Abs. 1 der Berufsordnung der Landesärztekammer Baden-Württemberg stützt diese These. In Satz 1 wird § 15 Abs. 1 Satz 1 der MBO-Ä wortlautgetreu übernommen. In Satz 2 sieht § 15 der Berufsordnung der Landesärztekammer Baden-Württemberg jedoch ausdrücklich vor, dass die Beratungspflicht nach § 15 Abs. 1 entfällt, wenn ein Votum einer Ethikkommission nach dem AMG oder MPG vorliegt. Entsprechende Normen des AMG[881] sowie des MPG[882] sprechen explizit von personenbezogenen Daten. AMG und MPG beziehen sich für den Personenbezug von Daten somit klar auf § 3 Abs. 1 BDSG. Wenn nun eine Entscheidung einer Ethikkommission, die nach AMG oder MPG zuständig ist, eine Entscheidung einer Ethikkommission nach § 15 Abs. 1 Berufsordnung Baden-Württemberg ersetzen kann, so müssen deren Entscheidungen gleichwertig in Bezug auf den Schutz des Patienten und seiner Daten sein. Wäre mit „Daten, die sich einem bestimmten Menschen zuordnen lassen", etwas

---

879 http://www.bundesaerztekammer.de/downloads/Synopse_Stand_29.08.11.pdf, S. 10.
880 Überdies wird dadurch bestätigt, dass einrichtungsübergreifende ärztliche Forschung auch aus berufsrechtlicher Sicht keineswegs nur mit anonymen Daten oder nach einer Schweigepflichtentbindung seitens des Patienten erlaubt ist, sondern grundsätzlich auch auf Basis von bundes- und landesgesetzlichen Regelungen zum Datenschutz bei Forschungsvorhaben, soweit diese eine Offenbarungsbefugnis darstellen, also die Übermittlung von Daten aus dem Behandlungskontext heraus zulassen, was wie gesehen insbes. bei den LKHG der Fall ist (s.o. S. 123ff.), wenn auch nicht beim BDSG (s.o. S. 75).
881 §§ 40 Abs. 2a; 42 Abs. 2a Satz 2, Abs. 3 Nr. 5, 6 und 7; 42b Abs. 3 Satz 3 AMG.
882 §§ 22a Abs. 7 Satz 1; 29 Abs. 2; 37 Abs. 2a Nr. 5 MPG.

anderes gemeint als mit personenbezogenen Daten, wie sie in AMG oder MPG genannt werden, könnte eine Entscheidung einer Ethikkommission aus AMG oder MPG nicht gleichwertig zu einer Entscheidung einer Ethikkommission aus § 15 Abs. 1 Berufsordnung Baden-Württemberg sein.

Nicht zuletzt die Bundesärztekammer scheint von einer Entsprechung des Personenbezugs in MBO-Ä und BDSG auszugehen. So bestand nach § 15 MBO-Ä a.F. für alle Forschungsprojekte am Menschen eine Beratungspflicht. Nur epidemiologische Forschungsprojekte waren bisher durch § 15 Abs. 1 MBO-Ä a.F. von der Beratungspflicht ausgenommen. Es war bislang fraglich, ob auch Erkenntnisse, die aus personenbezogenen Daten gewonnen werden konnten, vom Begriff der epidemiologischen Forschung umfasst sein sollten.[883] Diese Unklarheit wurde durch die Änderung des § 15 Abs. 1 MBO-Ä nunmehr ausgeräumt. Der neugefasste § 15 Abs. 1 MBO-Ä soll klarstellen, dass nur Forschungszwecke, die invasiv sind oder andere individuelle Rechte berühren, der Einbeziehung einer Ethikkommission bedürfen.[884] Bei der reinen Sammlung und Auswertung nicht personenbezogener Daten besteht somit keine Pflicht zur Beratung mit einer Ethikkommission.[885]

Außerdem benutzt auch die Kommentarliteratur zu MBO-Ä[886] die Begriffe „anonymisierte Daten" und „pseudonymisierte Daten" im Sinne des BDSG für die MBO-Ä, was für eine identische Begriffsbenutzung in beiden Rechtstexten und somit auch für ein gleichlautendes Verständnis des Personenbezugs spricht.

Zur Frage des Personenbezugs sei im Einzelnen Folgendes ausgeführt:

Bestimmte Person

Soweit das BDSG von Daten einer bestimmten Person spricht, dürfte dies auch vom Wortlaut des § 15 Abs. 1 MBO-Ä umfasst sein, da Daten, die sich einem bestimmten Menschen zuordnen lassen, Daten einer bestimmten Person sind.

Bestimmbare Person

Bestimmbarkeit im Sinne des § 3 Abs. 1 BDSG ist dann gegeben, wenn die Möglichkeit besteht, die Identität einer Person zu ermitteln.[887] Die Frage, ob die Anforderungen an die Bestimmbarkeit relativ oder objektiv gestellt werden müssen, ist umstritten.[888]

Nach dem Verständnis des relativen Personenbezugs ist Bestimmbarkeit dann gegeben, wenn die speichernde Stelle die Daten ohne unverhältnismäßigen Aufwand und mit den ihr zur Verfügung stehenden Mitteln einer bestimmten Person zuordnen kann.[889] Damit eine Person bestimmbar ist, reicht es noch nicht aus, dass nur die rein hypothetische Möglichkeit besteht, die Person zu bestimmen.[890]

---

883 Lippert, in: Ratzel/Lippert, MBO-Ä Kommentar, § 15 Rdnr. 2.
884 http://www.bundesaerztekammer.de/downloads/Synopse_Stand_29.08.11.pdf, S. 9.
885 Ratzel/Lippert, GesR 2011, 536, 537.
886 Vgl. Lippert, in: Ratzel/Lippert, MBO-Ä Kommentar, §9 Rdnr. 58ff., 67, § 15 Rdnr. 41; Spickhoff, Medizinrecht MBO-Ä § 15 Rdnr. 3f.
887 Plath/Schreiber, BDSG, §3 Rdnr. 13.
888 Ausführlich oben in Kap. I.2, S. 11ff.
889 Gola/Schomerus, BDSG, § 3 Rdnr. 10; Plath/Schreiber, BDSG, §3 Rdnr.15.
890 Art. 29-Datenschutzgruppe, Personenbezogene Daten, WP 136, 01248/07/DE, S. 17, verfügbar unter: http://ec.europa.eu/justice/policies/privacy/docs/wpdocs/2007/wp136_de.pdf.

Die Gegenansicht vertritt die Auffassung, dass es für die Bestimmbarkeit schon ausreiche, dass es objektiv (irgend-)einer Stelle möglich ist die Daten einer bestimmten Person zuzuordnen.[891]

Eine vermittelnde Meinung spricht sich dafür aus, dass es zu weit gehe, darauf abzustellen, ob irgendjemand die Daten einer bestimmten Person zuordnen kann. Es dürfe jedoch auch nicht ausschließlich auf die Möglichkeiten der datenverarbeitenden Stelle abgestellt werden, sondern es müsse beachtet werden, auf welches Zusatzwissen diese Stelle bei einer Re-Identifizierung objektiv zurückgreifen kann.[892]

Relativer oder absoluter Personenbezug bei § 15 Abs. 1 MBO-Ä

Fraglich ist, ob der Wortlaut des § 15 Abs. 1 MBO-Ä sich eindeutig für den relativen oder den absoluten Personenbezug ausspricht. § 15 Abs. 1 MBO-Ä verwendet statt „bestimmbar" den Begriff „zuordnen lassen". Insofern könnte man annehmen, dass durch die bewusste Abweichung vom Wortlaut des § 3 Abs. 1 BDSG auch ein anderer Regelungsinhalt beschrieben werden soll, was aber nicht zwingend ist.[893]

Absoluter Personenbezug

So ist es denkbar, dass § 15 Abs. 1 MBO-Ä jede Zuordnungsmöglichkeit, unabhängig durch welche Stelle die Zuordnung vorgenommen werden kann, umfassen soll. Ein Indiz hierfür liefert zunächst der Wortlaut. Mit der Formulierung „zuordnen lassen" in § 15 Abs. 1 MBO-Ä könnte ein aktives Tun, also ein aktives Zuordnen, gemeint sein. Geht man somit davon aus, dass mit dem Wortlaut des § 15 Abs. 1 MBO-Ä jede Möglichkeit der Zuordnung der Daten zu einer bestimmten Person durch irgendeine Stelle mit irgend erdenklichen Mitteln gemeint ist, so entspräche dies dem absoluten Verständnis des Personenbezugs.

Relativer Personenbezug

Dieser Ansicht wird jedoch bei § 3 Abs. 1 BDSG entgegengehalten, dass ein solches absolutes Verständnis der Regelungsabsicht des BDSG widerspräche, da das Ziel des Datenschutzes durch eine solche weite Auslegung überschritten und die Wirtschaft in der Folge unverhältnismäßig belastet werden würde.[894] Zwar soll das informationelle Selbstbestimmungsrecht des Betroffenen durch die Vorschriften des BDSG geschützt werden. Jedoch soll lediglich vor einer konkreten Gefahr geschützt werden. Das absolute Verständnis des Personenbezugs würde jedoch jede Art der Datennutzung unter den strengen Schutz des BDSG stellen, auch solche von denen keine konkrete Gefahr einer Verletzung des Selbstbestimmungsrechts des Betroffenen ausgeht. Schon die Möglichkeit, unabhängig von den dafür erforderlichen Mitteln oder dem erforderlichen Aufwand, dass irgendeine Stelle einen Personenbezug herstellen kann, genügt nach der absoluten Ansicht, um ein personenbezogenes Datum vorliegen zu lassen. Würde man den Personenbezug in § 15 Abs. 1 MBO-Ä in dieser Weise interpretieren, würde dies praktisch dazu führen, dass eine Beratung durch die

---

891 Däubler/Klebe/Wedde/Weichert, BDSG, § 3 Rdnr. 3.
892 Taeger/Gabel/Buchner, BDSG, § 3 Rdnr. 13.
893 So zu Beginn des gegenwärtigen Kap. I.11.2.2.1, oben S. 299.
894 Plath/Schreiber, BDSG, § 3 Rdnr. 14.

Ethikkommission bei fast jedem Forschungsvorhaben, bei dem Patientendaten verwendet werden, erfolgen müsste. Dadurch wäre die Beschränkung auf Daten, die sich einem bestimmten Menschen zuordnen lassen, inhaltsleer und hätte weggelassen werden könne. Hätte man bei der Schaffung des § 15 Abs. 1 MBO-Ä das Verständnis eines absoluten Personenbezugs zugrunde gelegt, hätte man explizit alle Forschungsvorhaben, bei denen nicht ausschließlich vollständig anonymisierte Daten im Sinne des § 3 Abs. 6 Alternative 1 BDSG verwendet werden, von der Beratungspflicht umfasst.

Wenn man außerdem das absolute Verständnis des Personenbezugs in § 3 Abs. 1 BDSG ablehnt, wird man diese Argumentation auch auf § 15 Abs. 1 MBO-Ä übertragen können. Denn auch in § 15 Abs. 1 MBO-Ä findet letztlich ebenfalls eine Abwägung des personellen Selbstbestimmungsrechts des Betroffenen mit den widerstreitenden Interessen der Forschung statt.

Geht man somit vor dem teleologischen Hintergrund des § 15 MBO-Ä davon aus, dass der Regelung die Ansicht des relativen Personenbezugs zugrunde liegt, soll die Formulierung „zuordnen lassen" nur darauf abstellen, ob die speichernde Stelle die Daten mit verhältnismäßigem Aufwand einer konkreten Person zuordnen kann.

11.2.3 Ergebnis: Grundsätzlich gleiche Bedeutung des Personenbezugs in § 3 Abs. 1 BDSG und § 15 Abs. 1 MBO-Ä

Es ist somit von einer Entsprechung des Begriffs Personenbezug in § 3 Abs. 1 BDSG und § 15 Abs. 1 MBO-Ä auszugehen. Je nachdem, welcher Ansicht man sich bezüglich des absoluten oder relativen Verständnisses des Personenbezugs bei § 3 Abs. 1 BDSG anschließt, ist auch der Personenbezug in § 15 Abs. 1 MBO-Ä entweder absolut oder relativ zu verstehen.

Nach hier vertretenem relativem Verständnis kommt es also darauf an, ob die forschenden Ärzte mit verhältnismäßigem Aufwand den Personenbezug herstellen können. Ist dies der Fall, dann besteht (auch bei epidemiologischer Forschung) eine Pflicht zur Einschaltung der zuständigen Ethikkommission, andernfalls nicht.

Zu undifferenziert bzw. zu weitgehend sind allerdings – jedenfalls auf Basis der aktuellen MBO-Ä – Äußerungen in der medizinrechtlichen Literatur, die nicht nur für den Datenumgang mit anonymisierten, sondern auch für den mit pseudonymisierten Daten eine Beratungspflicht kategorisch ausschließen.[895] Dabei wird die sich aus der Relativität des Personenbezugs ergebende Doppelnatur pseudonymer Daten übersehen. Für diejenigen, welche Zugriff auf die Zuordnung des Pseudonyms zur Person haben, lassen sich auch pseudonyme Daten (mit eindeutig verhältnismäßigen Mitteln) einer bestimmten Person zuordnen bzw. sie sind einer bestimmbaren Person zugeordnet, also personenbezogen. Für Stellen ohne solchen Zugriff sind die Daten, bei effektiver Pseudonymisierung, jedoch anonym, also nicht mehr personenbezogen.

---

[895] So aber wohl Ratzel/Lippert, GesR 2011, 536, 537. Vgl. auch oben S. 301, Fn. 886. Lippert, GesR 2012, 467, nimmt einerseits auch bei pseudonymisierten Daten eine Ausnahme von der Beratungspflicht an (S. 467), nennt an anderer Stelle aber nur anonymisierte Daten in diesem Zusammenhang (S. 468).

11.3 Abgleich mit den Berufsordnungen der Landesärztekammern

Die Landesärztekammern geben sich im Rahmen ihres Selbstverwaltungsrechts durch Beschluss ihrer Vertreterversammlungen jeweils eine eigene Berufsordnung, die als Satzungsrecht nach dem jeweiligen Heilberufe-Kammergesetz (HBKG) gilt.[896] Die MBO-Ä dient ihnen insoweit nur als unverbindliche, wenn auch als in aller Regel vollständig übernommene Vorlage. Die Änderung der MBO-Ä zum 03.06.2011 hat deshalb bei vielen Landesärztekammern eine Änderung der jeweiligen Berufsordnungen nach sich gezogen. Die einzelnen Landesärztekammern haben größtenteils ihre Berufsordnungen der neuen Musterberufsordnung angeglichen.

11.3.1 Landesärztekammern ohne eine Neufassung des § 15 BO

Lediglich Nordrhein, Rheinland-Pfalz, Thüringen und Westfalen-Lippe haben weiterhin einen § 15 der Berufsordnung in Kraft, der identisch mit § 15 MBO-Ä a.F. ist. Dies ist wohl der Tatsache geschuldet, dass die Anpassung der Landesberufsordnungen an die MBO-Ä zeitlich oft mit einer gewissen Verzögerung erfolgt. Allerdings hat dies zur Folge, dass in diesen Landesärztekammerbezirken bis zu einer Änderung der jeweiligen Berufsordnung die bestehende Regelung weiterhin gilt.

11.3.1.1 Wortlaut § 15 Abs. 1 MBO-Ä a.F.

Ärztinnen und Ärzte müssen sich vor der Durchführung biomedizinischer Forschung am Menschen – ausgenommen bei ausschließlich epidemiologischen Forschungsvorhaben – durch eine bei der Ärztekammer oder bei einer Medizinischen Fakultät gebildeten Ethik-Kommission über die mit ihrem Vorhaben verbundenen berufsethischen und berufsrechtlichen Fragen beraten lassen. Dasselbe gilt vor der Durchführung gesetzlich zugelassener Forschung mit vitalen menschlichen Gameten und lebendem embryonalen Gewebe.[897]

11.3.1.2 Konsequenz für die Beratungspflicht durch die Ethikkommission

Für die Beratungspflicht durch Ethikkommissionen bedeutet dies, dass es darauf ankommt, ob das Forschungsvorhaben ausschließlich epidemiologischer Art ist. Die Epidemiologie untersucht Verbreitung, Ursachen und Folgen gesundheitsbezogener Zustände und Ereignisse in der gesamten Bevölkerung oder jedenfalls überindividuellen Populationen.

Das Forschungsziel ist hier also nicht nur, wie allgemein in den Wissenschaften, die Herleitung möglichst allgemeingültiger Aussagen, was auch auf die klinische Forschung zutrifft, dort eben bezogen auf ein typisches Individuum, sondern die Generierung populationsbezogener Erkenntnisse. Hierfür genügen in der Regel anonymisierte, meist sogar nur aggregierte Daten; in bestimmten Fällen können aber auch personenbezogene Daten hilfreich sein. Fraglich ist aber, ob allein das überindividuelle Forschungsziel ausreicht, damit ein Forschungsvorhaben ausschließlich epidemiologischer Art im Sinne der angesprochenen Berufsordnungen

---

896 Lippert, in: Ratzel/Lippert, MBO-Ä Kommentar, Einleitung vor §§ 1 Rdnr.6.
897 Hervorhebung (Unterstreichung) durch Verfasser.

vorliegt, selbst wenn (ausnahmsweise) doch auf personenbezogene Daten zugegriffen wird.

Unter Umständen wird man eine Beratungspflicht hier nur bei unmittelbarem Personenbezug annehmen können, der dann dazu führen würde, dass die überindividuelle, epidemiologische Zielsetzung nicht mehr ausschließlich im Vordergrund steht. Dies könnte dazu führen, dass möglicherweise nicht nur anonyme, sondern auch einfacher pseudonymisierte Daten ohne besondere hohe Anforderungen an die Abschottung der Personenzuordnung nicht mehr zu einer Beratungspflicht führen. Werden (jedenfalls unmittelbar) personenbezogene Daten für (konkrete) Forschungsvorhaben verwendet, soll sich der Forschende jedoch auch nach dieser Fassung der Berufsordnungen über die mit der Datengewinnung zusammenhängenden rechtlichen und ethischen Fragen durch die Ethikkommission beraten lassen.[898]

In der rechtswissenschaftlichen Literatur wird im Übrigen vertreten, dass sich ausschließlich epidemiologische Forschung durch reine Datensammlungen mit anonymisierten oder pseudonymisierten Daten vollzieht.[899] Eine Beratungspflicht für solche reinen Datensammlungen, also nicht-interventionelle Studien, würde einer Auffassung nach die Forschungsfreiheit unverhältnismäßig einschränken.[900]

Fasst man die Sekundärnutzung von Behandlungsdaten in diesem (epidemiologischen) Sinne auf, bestünde nach dieser alten Fassung der MBO bzw. den noch darauf beruhenden Berufsordnungen der Landesärztekammern keine Beratungspflicht durch die Ethikkommission, möglicherweise selbst bei bloßer Pseudonymisierung, also noch vorhandenem Personenbezug.

11.3.1.3 Berlin und Bremen

Berlin und Bremen haben ihren § 15 ebenso wenig geändert, hatten jedoch auch schon vorher epidemiologische Forschung mit personenbezogenen Daten unter die Beratungspflicht durch die Ethikkommission gefasst. Auch insoweit kann im Ergebnis auf die Ausführungen zur MBO-Ä verwiesen werden.

11.3.2 Landesärztekammern mit einer Neufassung des § 15 der Berufsordnung

Die übrigen Landesärztekammern haben den neuen § 15 MBO-Ä weitgehend übernommen. Bayern, Brandenburg, Hamburg, Hessen, Mecklenburg-Vorpommern, Niedersachsen, Saarland, Sachsen und Sachsen-Anhalt haben den § 15 MBO-Ä praktisch wortlautgetreu übernommen. In § 15 Abs. 1 von Schleswig-Holstein fehlt Satz 2 und Baden-Württemberg hat Satz 2 dadurch ersetzt, dass die berufsrechtliche Beratungspflicht entfällt, wenn ein Votum einer Ethikkommission nach dem AMG oder MPG vorliegt. Für die Berufsordnungen dieser Landesärztekammern gilt somit im Ergebnis das zu § 15 MBO-Ä Gesagte.

---

898 Lippert, in: Ratzel/Lippert, MBO-Ä Kommentar, § 15 Rdnr. 24.
899 Ratzel/Lippert, GesR 2011, 536, 537.
900 Scholz, in: Spickhoff, Medizinrecht MBO-Ä § 15 Rdnr. 4.

12 Für die Sekundärnutzung relevante Unterschiede hinsichtlich Forschungszweck und Art der Durchführung eines Forschungsvorhabens

> *Gibt es Unterschiede hinsichtlich des Forschungszwecks oder der Art der Durchführung eines Forschungsprojekts, die hinsichtlich gesetzlicher Privilegierungen oder Einschränkungen relevant sind (z.B. „zu Forschungszwecken im Krankenhaus oder im Forschungsinteresse des Krankenhauses" Art. 27 BayKrG)? Geben Sie Kriterien an, nach denen Forschungsprojekte oder Forschungszwecke hinsichtlich der gesetzlichen Einordnung unterschieden werden können.*

In Bezug auf die Unterschiede hinsichtlich Forschungszweck und Art der Durchführung des Forschungsprojektes sei auf die ausführliche Darstellung in obigem Kapitel I.6 „Anwendbares Datenschutzrecht für die Sekundärnutzung klinischer Daten unter Berücksichtigung des Landesrechts" verwiesen.[901]

Hinsichtlich des Forschungszwecks bzw. des Bestimmungsrechts über diesen Zweck kann zwischen Eigenforschung (Stelle, bei welcher die Daten vorhanden sind, bestimmt über die Zwecke) und Drittforschung (Dritter bestimmt über die Zwecke) unterschieden werden, wobei die Verbundforschung über eine Mitbestimmung mehrerer Stellen in einer Schnittmenge beider Arten von Forschung liegt.

Für die Durchführung ist es wesentlich, zwischen einer rein internen Datenverwendung innerhalb der erhebenden Behandlungseinrichtung und einer (personenbezo-

---

[901] S. oben S. 74ff. Zusammengefasst oben in Übersicht 2, S. 87ff., und unten in Übersicht 6, S. 311ff., dargestellt.

genen) Übermittlung an andere Stellen zu unterscheiden. Dabei wird die Übermittlung an besonders hohe Rechtfertigungshürden und begleitende Sicherungsmaßnahmen gekoppelt. Diese Unterscheidung deckt sich nicht vollständig mit der Unterscheidung in Eigen- und Drittforschung, denn Auftragsforschung als Sonderfall der Drittforschung kann auch im Auftrag des Dritten innerhalb der erhebenden Stelle erfolgen, ohne dass personenbezogene Daten übermittelt werden.

Des Weiteren kann zwischen vorhabenbezogener Forschung (konkrete Projekte mit bestimmtem Gegenstand und Erkenntnisziel) und der Datensammlung für allgemeine Forschungszwecke (Forschungsregister) unterschieden werden.

Im Allgemeinen ist interne Eigenforschung in datenschutzrechtlicher Hinsicht leichter zu legitimieren als externe Drittforschung. Auch wirkt sich ein Vorhabensbezug in der Tendenz positiv auf die gesetzliche Zulässigkeit aus. Die Übermittlung personenbezogener Daten an allgemeine Forschungsregister oder vorgelagerte Pseudonymisierungsstellen (Datentreuhänder) bedarf dagegen einer speziellen gesetzlichen Grundlage oder der Einwilligung des Patienten.

13 Landesspezifische und für die Sekundärnutzung relevante Unterschiede in den Forschungsklauseln

> Welche landesspezifischen Unterschiede gibt es hinsichtlich der Ermöglichung von Forschung in besonderen Fällen ohne Einwilligung im Vergleich mit § 28 Abs. 6 Nr. 4 BDSG?

13.1 Grundlegende Unterschiede

Bezüglich der landesspezifischen Unterschiede in den Forschungsklauseln im Vergleich zu § 28 Abs. 6 Nr. 4 BDSG sei zunächst auf die ausführliche Einzeldarstellung in obigem Kapitel I.6. „Anwendbares Datenschutzrecht für die Sekundärnutzung klinischer Daten unter Berücksichtigung des Landesrechts" und die Übersicht 2 verwiesen.[902] Eine Übersicht mit weiteren Details zu den Forschungsklauseln findet sich zudem auf den folgenden Seiten.

Wesentlich ist dabei, dass § 28 Abs. 6 Nr. 4 BDSG nach herrschender Meinung keine Befugnis zur Offenbarung von Patientengeheimnissen im Sinne der Schweigepflicht nach § 203 StGB darstellt, während die Forschungsklauseln der Landeskrankenhausgesetze, soweit vorhanden, eine solche Offenbarungsbefugnis enthalten und damit grundsätzlich nicht nur interne Forschung, sondern auch die Übermittlung von (personenbezogenen) Behandlungsdaten und damit Drittforschung oder Forschung im

---

902 S. oben S. 87ff.

engen Verbund mit externen Dritten gestatten können. Einen Sonderfall stellt insoweit Bayern dar, dessen LKHG lediglich Zugriffe von Dritten im Krankenhaus und allenfalls noch Fernzugriffe zulässt, aber keine dauerhafte Übermittlung von Daten an Dritte.

13.2 Übersicht 6: Unterschiede zwischen den Forschungsklauseln im Einzelnen (s. Tab. 8)

Tab. 8 Übersicht 6: Unterschiede zwischen den Forschungsklauseln im Einzelnen

Forschung aufgrund Anwendungsbereich des	Gesetzliche Erlaubnis Intern *Verwendung innerhalb Einrichtung (bzw. beschränkt auf Fachabteilung, wo erwähnt)*	Gesetzliche Erlaubnis Extern *Datenweitergabe, Übermittlung, Offenbaren*	Einwilligung
BDSG	§ 28 Abs. 6 Nr. 4 BDSG: ■ Eigenforschung ■ Wissenschaftliches Forschungsvorhaben ■ Erforderlichkeit ■ Angemessenheit (erhebliches Überwiegen des Forschungsinteresses) ■ Praktische Alternativlosigkeit	Letztlich nicht vorhanden, da § 28 Abs. 6 Nr. 4 BDSG zwar grds. die Übermittlung datenschutzrechtlich gestattet, aber das BDSG allgemein keine Offenbarungsbefugnisse gem. § 203 StGB enthält.	Allgemeine Anforderungen (§ 4a BDSG): ■ Freiwilligkeit ■ Informiertheit ■ Bestimmtheit, aber nicht zwingend vorhabenbezogen ■ Angemessenheit (bei Formularen) ■ Form: i.d.R. schriftlich; besondere Hervorhebung, wenn zusammen mit anderen Erklärungen
LKHG Baden-Württemberg	■ Für dem Land zugeordnete Kliniken ohne eigene Rechtspersönlichkeit (§ 15 Abs. 3 LDSG BW): Speicherung u. Nutzung zur Durchführung eigener wiss. Forschung der speichernden Stelle gilt nicht als Zweckänderung ■ Übrige Kliniken: § 28 Abs. 6 Nr. 4 BDSG (s.o.)	§ 46 Abs. 1 S. 1 Nr. 2a LKHG BW: ■ medizinisches Forschungsvorhaben des Krankenhauses ■ Erforderlichkeit ■ Zweck nicht mit anonymisierten Daten erreichbar ■ überwiegende schutzwürdige Interessen des Betroffenen stehen nicht entgegen	§ 50 LKHG BW: ■ im Einzelfall, aber nicht vorhabenbezogen ■ nicht in allg. Aufnahmebestimmungen ■ allg. Anforderungen vgl. BDSG
LKHG Bayern	Art. 27 Abs. 4 S. 1 LKHG BY: durch eig. Personal ■ für Forschungszwecke in der Klinik oder ■ im Forschungsinteresse der Klinik ■ Erforderlichkeit ■ i.d.R. keine Abwägung ■ kein Vorhabensbezug ■ keine Fachabteilungsschranken (außer nach Schweigeplicht, denen aber durch Pseudonymisierung begegnet werden kann)	Art. 27 Abs. 4 S. 2 Hs. 2 LKHG BY: ■ nur externes Personal vor Ort, allenfalls noch Fernzugriff ■ übrige Bedingungen wie intern	Art. 27 Abs. 2 S. 2, Abs. 5 LKHG BY ■ bestätigen Zulässigkeit Einwilligung für internen Datenumgang und Übermittlung ■ Art. 27 Abs. 2 S. 2 LKHG BY: Betroffener ist in geeigneter Weise über die Bedeutung der Einwilligung aufzuklären ■ allg. Anforderungen vgl. BDSG

13 Landesspezifische und für die Sekundärnutzung relevante Unterschiede in den Forschungsklauseln

Anwendungsbereich des	Forschung aufgrund Gesetzliche Erlaubnis Intern *Verwendung innerhalb Einrichtung (bzw. beschränkt auf Fachabteilung, wo erwähnt)*	Gesetzliche Erlaubnis Extern *Datenweitergabe, Übermittlung, Offenbaren*	Einwilligung
LKHG Berlin	§ 25 Abs. 1 LKHG BE: ■ Nutzung innerhalb Fachabteilung für eigene wissenschaftliche Forschungsvorhaben, soweit nicht gewerbliche und schutzwürdige Belange des Patienten entgegenstehen, ■ Unzumutbarkeit der Einholung der Einwilligung, schutzwürdige Belange des Patienten werden nicht beeinträchtigt ■ berechtigtes Interesse der Allgemeinheit an Forschungsvorhaben überwiegt ■ Geheimhaltungsinteresse Patient erheblich, oder ■ vor weiterer Verwendung anonymisiert	§ 25 Abs. 3 LKHG BE: ■ Übermittlung nur pseudonymisiert an einrichtungs-übergreifende Forschungsvorhaben, Forschungsregister oder Probensammlungen, ■ wenn nicht eine Rechtsvorschrift anderes vorsieht	§ 24 Abs. 3 LKHG BE: ■ Schriftform ■ Besondere Hervorhebung in allgemeinen Aufnahmebestimmungen ■ allg. Anforderungen vgl. BDSG § 25 Abs. 1 S. 1 LKHG BE: ■ Einwilligung in die Datenverarbeitung für krankenhausinterne Forschungsvorhaben
KHEG Brandenburg	§ 31 Abs. 1 KHEG BB: Eigenforschung der Fachabteilung § 33 KHEG BB: Klinische Krankheitsregister für bestimmte Krankheiten	§ 31 Abs. 2 KHEG BB: Drittforschung u. Hinzuspeicherung von Daten § 33 KHEG BB: Klinische Krankheitsregister für bestimmte Krankheiten	§ 32 KHEG BB: ■ S. 1: außer in den gesetzl. nach KHEG BB erlaubten Fällen ist Datenumgang mit Einwilligung zulässig ■ S. 2: mutmaßliche Einwilligung bei Übermittlung (§ 32 S. 2 KHEG BB) ■ allg. Anforderungen vgl. BDSG
KHDSG Bremen	■ § 7 Abs. 1, 2 KHDSG HB (vorhabenbezogen) ■ § 8 KHDSG HB (interne med. Forschungsdatei)	■ § 4 Abs. 1 Nr. 6 i.V.m. § 7 KHDSG HB (vorhabenbezogen) ■ gilt entspr. zwischen Fachabteilungen (§ 3 Abs. 2 S. 1 KHDSG HB)	§ 2 KHDSG HB ■ Abs. 1: im Einzelfall ■ Abs. 2: allg. Anforderungen ähnlich BDSG § 7 Abs. 1 KHDSG HB ■ für wissenschaftliche medizinische Forschungsvorhaben
LKHG Hamburg	■ § 12 Abs. 1 LKHG HH: vorhabenbezogen ■ § 12a Abs. 1 S. 3 LKHG HH: Sammlung auf Vorrat nur nach Anonymisierung (ansonsten mit Einwilligung, S. 1, 2)	■ § 12 Abs. 2 LKHG HH: vorhabenbezogen, gilt auch für Übermittlung zwischen Fachabteilungen. ■ § 12a Abs. 1 S. 3 LKHG HH: Sammlung auf Vorrat nur nach Anonymisierung (ansonsten mit Einwilligung, S. 1, 2).	§ 7 Abs. 2 LKHG HH ■ S. 1: Notwendigkeit u. Zulässigkeit der Einwilligung, wenn keine gesetzl. Erlaubnis ■ S. 3: Unterrichtung des Betroffenen ■ Allg. Anforderungen vgl. BDSG § 12 Abs. 2 Nr. 2 LKHG HH: Übermittlung für bestimmte Forschungsvorhaben, wenn Möglichkeit der Zuordnung erforderlich § 12a Abs. 1, 2 LKHG HH: Übernahme v. Daten in Sammlung zu allg. Forschungszwecken in pseudonymisierter Form

Forschung aufgrund / Anwendungsbereich des	Gesetzliche Erlaubnis Intern *Verwendung innerhalb Einrichtung (bzw. beschränkt auf Fachabteilung, wo erwähnt)*	Gesetzliche Erlaubnis Extern *Datenweitergabe, Übermittlung, Offenbaren*	Einwilligung
LKHG Hessen	§ 12 Abs. 1 LKHG HE i.V.m. § 33 Abs. 1 LDSG HE: vorhabenbezogen	§ 12 Abs. 1 LKHG HE i.V.m. § 33 Abs. 1 LDSG HE: vorhabenbezogen, gilt entspr. zwischen den Fachabteilungen (§ 12 Abs. 3 LKHG HE).	§ 7 Abs. 2 LDSG HE: allg. Anforderungen vgl. BDSG
LKHG Mecklenburg-Vorpommern	■ § 34 Abs. 1 S. 1 Nr. 4 i.V.m. § 38 Abs. 2 LKHG MV: vorhabenbezogen ■ § 38 Abs. 6 LKHG MV: nicht vorhabenbezogene med. Forschungsdatei	§ 35 Abs. 1 Nr. 6 i.V.m. § 38 Abs. 2 LKHG MV: vorhabenbezogen, gilt entspr. zwischen den Fachabteilungen (§ 34 Abs. 3).	§ 38 Abs. 1 LKHG MV: für Forschungszwecke zulässig § 33 Abs. 1 LKHG MV: im Einzelfall Abs. 2: allg. Anforderungen vgl. BDSG
LDSG Niedersachsen	Verweist insoweit auf das BDSG (s. oben)	Verweist insoweit auf das BDSG (s. oben)	Verweist insoweit auf das BDSG (s. oben)
GDSG Nordrhein-Westfalen	■ § 6 Abs. 2 S. 1 GDSG NW: interne Nutzung ohnehin verfügbarer Daten ohne Vorhabensbezug ■ § 6 Abs. 2 S. 2 GDSG NW: weitergehende Verarbeitung mit Vorhabensbezug	§ 6 Abs. 2 S. 2 GDSG NW: Datenübermittlung mit Vorhabensbezug, gilt entspr. zwischen den Fachabteilungen (§ 5 Abs. 1 S. 2 GDSG NW).	§ 4 GDSG NW: allg. Anforderungen vgl. BDSG § 6 Abs. 1 GDSG NW: Einwilligung ohne Vorhabensbezug „zu Zwecken der wissenschaftlichen Forschung"
LKHG Rheinland-Pfalz	■ § 37 Abs. 1 S. 2 Nr. 1–3 (im Krankenhaus): vorhabenbezogen ■ § 37 Abs. 2 LKHG RP (privilegiert in Fachabteilung, aber nur Nutzung i.e.S.): vorhabenbezogen	§ 37 Abs. 3 S. 2 i.V.m. Abs. 1 S. 2 Nr. 1, 2 LKHG RP: vorhabenbezogen	§ 36 Abs. 2 LKHG RP: Allg. Anforderungen vgl. BDSG § 37 Abs. 1 S. 1 Hs. 1: Einwilligung in interne Forschungsvorhaben Abs. 3 S. 1 Hs. 1: Einwilligung in Übermittlung zu Zwecken der wissenschaftlichen Forschung
LKHG Saarland	■ § 14 Abs. 1 LKHG SL: innerhalb Fachabteilung, bezogen auf Vorhaben ■ § 14 Abs. 3–6 LKHG SL: Klinische Krankheitsregister (zu bestimmter Krankheit)	■ § 14 Abs. 2 S. 2 LKHG SL: Weitergabe an andere Stellen, auch Fachabteilungen, bezogen auf bestimmte Vorhaben ■ § 14 Abs. 3–6 LKHG SL: Klinische Krankheitsregister (zu bestimmter Krankheit).	§ 13 Abs. 2 S. 2 LKHG SL: im Einzelfall § 14 Abs. 2 S. 1 LKHG SL: Weitergabe für bestimmte Forschungsvorhaben mit ausdrücklicher Einwilligung.
LKHG Sachsen	§ 34 Abs. 1 LKHG SN: Eigenforschung einer Fachabteilung (einschließlich Speicherung), vorhabenbezogen, aber ohne besondere Abwägung	§ 34 Abs. 3 LKHG SN: vorhabenbezogen	§ 34 Abs. 2 S. 1 Nr. 4, S. 2–4 LKHG SN: Allg. Anforderungen vgl. BDSG Abs. 3 S. 2: gilt auch für Übermittlung § 34 Abs. 2 LKHG SN: auch zu Zwecken der wissenschaftlichen Forschung Kein Vorhabensbezug bei Einwilligung

13 Landesspezifische und für die Sekundärnutzung relevante Unterschiede in den Forschungsklauseln

Forschung aufgrund An- wendungs- bereich des	Gesetzliche Erlaubnis Intern *Verwendung innerhalb Einrichtung (bzw. beschränkt auf Fachabteilung, wo erwähnt)*	Gesetzliche Erlaubnis Extern *Datenweitergabe, Übermittlung, Offenbaren*	Einwilligung
LDSG Sachsen-Anhalt	Verweist insoweit auf das BDSG (s. oben)	Verweist insoweit auf das BDSG (s. oben)	Verweist insoweit auf das BDSG (s. oben)
LDSG Schleswig-Holstein	Verweist insoweit auf das BDSG (s. oben)	Verweist insoweit auf das BDSG (s. oben)	Verweist insoweit auf das BDSG (s. oben)
LKHG Thüringen	§ 27 Abs. 4 S. 1 LKHG TH: durch eig. Personal ■ für Forschungszwecke in der Klinik oder ■ im Forschungsinteresse der Klinik ■ Erforderlichkeit ■ i.d.R. keine Abwägung ■ kein Vorhabensbezug ■ keine Fachabteilungsschranken (außer nach Schweigeplicht, denen aber durch Pseudonymisierung begegnet werden kann)	■ § 27 Abs. 4 S. 3 LKHG TH: nur externes Personal vor Ort, allenfalls noch Fernzugriff, übrige Bedingungen wie intern ■ § 27a Abs. 2 LKHG TH: Feststellung des überwiegenden öffentlichen Interesses durch die Aufsichtsbehörde notwendig	§ 27 Abs. 3 LKHG TH: ■ notwendig, soweit keine Rechtsvorschrift ■ Betroffener ist in geeigneter Weise über die Bedeutung der Einwilligung aufzuklären ■ allg. Anforderungen vgl. BDSG ■ Abs. 6 S. 2: zulässig auch für Übermittlung

14 Datenschutzbeauftragte und Aufsichtsstrukturen

> *Wie grenzen sich die Zuständigkeiten lokaler (behördlicher/betrieblicher) Datenschutzbeauftragter von denen der Aufsichtsbehörden auf Landesebene ab? Welche Kontroll- und Weisungsbefugnisse existieren zwischen diesen? Inwiefern hängen die Zuständigkeiten von den Eigenschaften eines Forschungsprojektes ab (z.B. Verbundforschung)?*

14.1 Zuständigkeiten der lokalen Datenschutzbeauftragten

Die lokalen (behördlichen/betrieblichen) Datenschutzbeauftragten wirken in ihrer jeweiligen Einrichtung auf die Einhaltung der Vorschriften über den Datenschutz hin.[903] Sie sind dabei in der Regel direkt der Leitung der Einrichtung in dem Sinne zu unterstellen, als dass sie organisatorisch ein direktes Vortragsrecht bei der Einrichtungsleitung haben. Auch trägt die Einrichtungsleitung die Verantwortung dafür, dass der lokale Datenschutzbeauftragte über alle wesentlichen Aktivitäten im Bereich des Umgangs mit personenbezogenen Daten unterrichtet wird,[904] wobei diese Ver-

---

[903] Die hier dargestellten elementaren Grundsätze gelten nicht nur für den lokalen Datenschutzbeauftragten nach §§ 4f, 4g BDSG, sondern auch für diejenigen nach Landesrecht, soweit diese bestellt werden (was nicht immer, aber in den meisten Bundesländern Pflicht ist, vgl. Simitis, in: Simitis (Hg.), BDSG, § 4f Rdnr. 202ff.).

[904] Nach § 4g Abs. 2 BDSG soll dies u.a. durch Überlassung der sogenannten Verarbeitungsübersicht durch die verantwortliche Stelle an den Datenschutzbeauftragten geschehen, welcher diese dann in etwas verkürzter Form als Verfahrensverzeichnis auf Antrag

antwortung auch im Rahmen einer betrieblichen Datenschutzorganisation delegiert werden kann.

Bei Ausübung ihrer Fachkunde auf dem Gebiet des Datenschutzes sind die Datenschutzbeauftragten weisungsfrei. Sie dürfen sich also von der Einrichtungsleitung keine bestimmte Meinung vorschreiben lassen. Allerdings haben ihre Bewertungen für die Einrichtungsleitung lediglich Empfehlungs- und keinen verbindlichen Charakter. Gleichwohl birgt ein Außerachtlassen der Einschätzung eines lokalen Datenschutzbeauftragten Risiken, beispielsweise könnte ein fahrlässiges Handeln bzw. ein vermeidbarer Verbotsirrtum der Einrichtungsleitung, möglicherweise mit haftungsrechtlichen Konsequenzen für diese, indiziert sein, wenn keine abweichende Zweitmeinung (von externen Rechtsberatern oder Aufsichtsbehörden) eingeholt wird.[905]

14.2 Zuständigkeiten der Beauftragten für den Datenschutz des Bundes und der Länder sowie der Aufsichtsbehörden auf Landesebene

Während der lokale Datenschutzbeauftragte der Selbstkontrolle der verantwortlichen Stellen oder Auftragsdatenverarbeiter dient, sollen die staatlichen Datenschutzbeauftragten und Datenschutzaufsichtsbehörden eine Fremdkontrolle von außen gewährleisten. Die Zuständigkeit dieser staatlichen Kontrollorgane erstreckt sich auf alle grundsätzlich ihrer Kontrolle unterworfenen Stellen mit Niederlassung in ihrem jeweiligen Territorium, so beispielsweise die des Bundesbeauftragten auf alle Kliniken des Bundes, die der Landesbeauftragten auf die unter ihrer Aufsicht stehenden Kliniken in ihrem jeweiligen Bundesland.

Was die Form der Ausübung der so begründeten Zuständigkeiten angeht, ist zwischen zwei im Grundsatz unterschiedlich angelegten Kontrollregimes zu unterscheiden: zum einen dem durch die Datenschutzbeauftragten des Bundes und der Länder, zum anderen dem durch die Aufsichtsbehörden der Länder nach § 38 BDSG. Welches Kontrollregime einschlägig ist, lässt sich dem Stichpunkt „Aufsicht" in Übersicht 1 entnehmen:[906] Steht dort „BfDI", so ist der Bundesbeauftragte für den Datenschutz und die Informationsfreiheit auf Basis des Abschnitts für nicht-öffentliche Stellen des BDSG zuständig (also nicht auf Basis von § 38 BDSG). Ein Verweis auf den „LfD (LDSG)" indiziert die Zuständigkeit des jeweiligen Landesbeauftragten für den Datenschutz als solchen auf Basis des jeweiligen LDSG (also auch nicht von § 38 BDSG). Lediglich der Hinweis auf „§ 38 BDSG" indiziert die Anwendung des entsprechenden Kontrollregimes, auch wenn es organisatorisch in die Dienststelle des jeweiligen LfD integriert ist. Das Kontrollregime der Datenschutzbeauftragten der evangelischen Landeskirchen sowie der katholischen Bistümer entspricht dagegen dem der staatlichen Datenschutzbeauftragten gegenüber den ihrer Aufsicht unterliegenden öffentlichen Stellen.

---

jedermann verfügbar macht.
905 Zu diesen haftungsrechtlichen Konstrukten s. unten Kap. I.16, S. 336 (Zivilrecht, Fahrlässigkeit), S. 339 (Strafrecht, Verbotsirrtum).
906 S. oben S. 81ff.

14.2.1 Datenschutzbeauftragte des Bundes und der Länder

Die Datenschutzbeauftragten des Bundes und der Länder haben im öffentlichen Bereich auf Basis des BDSG oder der jeweilige LDSG eine umfassende Kontrollbefugnis, die sich vielfach auch auf Krankenhäuser in Trägerschaft des Bundes bzw. der Länder erstreckt.

Neben der passiven Mitwirkung an der Kontrolle auf Anforderung des Bundes- oder eines Landesbeauftragten durch Auskunft oder Zutrittsgewährung sind die jeweils kontrollierten verantwortlichen Stellen teils auch verpflichtet, diese Beauftragten aktiv über besondere Arten der Datenverarbeitung zu unterrichten. So schreibt beispielsweise § 10 Abs. 3 BDSG die Unterrichtung des Bundesbeauftragten bei Errichtung automatisierter Abrufverfahren vor, also von Verfahren, in denen keine Prüfung der Abrufberechtigung in jedem Einzelfall durch die verantwortliche Stelle erfolgt. Der Landesbeauftragte in Nordrhein-Westfalen ist z.B. vor der Errichtung von ähnlich gelagerten automatisierten Verbunddateien, in denen mehrere Stellen personenbezogene Daten gemeinsam verarbeiten, zu unterrichten (§ 4a Abs. 1 S. 4 LDSG NW).[907]

Die Beauftragten für den Datenschutz von Bund und Ländern können auf der für sie jeweils geltenden Rechtsgrundlage (BDSG oder LDSG) auch aus ihrer Sicht vorliegende Datenschutzverstöße beanstanden.[908] Eine verbindliche Wirkung haben diese Beanstandungen im öffentlichen Bereich jedoch nicht. Eine zwangsweise Durchsetzung von Beanstandungen kommt nur durch die jeweilige Rechtsaufsichtsbehörde in Betracht, an welche sich die Datenschutzbeauftragten jedoch aktiv wenden können, deren Entscheidung aber nicht unbedingt der Einschätzung der Datenschutzbeauftragten folgen muss.[909]

Teilweise wird die Aufsicht der Landesbeauftragten für den Datenschutz nach Maßgabe des jeweiligen LDSG auch auf Krankenhäuser privater Träger erstreckt.[910] Üblicherweise besteht gegenüber privaten Rechtsträgern keine allgemeine Rechtsaufsicht, so dass es hier zu Lücken in der Durchsetzung des Datenschutzes im Wege des Verwaltungszwangs kommen könnte. Dies ist aber im Ergebnis dadurch ausgeschlossen, dass diejenigen Bundesländer, die die (eingeschränkte) Aufsichtsbefugnis der Landesbeauftragten auf Krankenhäuser in privater Trägerschaft erstrecken, in ihren LKHG eine allgemeine Rechtsaufsicht über Krankenhäuser auch privater Träger anordnen; diese ist üblicherweise im Landessozialministerium oder den Regierungspräsidien verortet.[911]

---

907 Zu ähnlichen Regelungen in anderen Bundesländern: Ehmann, in: Simitis (Hg.), BDSG, § 10 Rdnr. 136ff.
908 Vgl. § 25 BDSG.
909 Ob dies für „wirksame Einwirkungsbefugnisse" genügt, die Art. 28 Abs. 3 Spiegelstrich 2 der Datenschutzrichtlinie 95/46/EG für die Datenschutz-Kontrollstellen fordert, soll hier offen gelassen werden.
910 So beispielsweise in Mecklenburg-Vorpommern, s.o. S. 173f.
911 Vgl. Dengener-Hencke, in: Huster/Kaltenborn, Krankenhausrecht, § 5 Rdnr. 18ff. In Mecklenburg-Vorpommern zum Beispiel geregelt in § 8 Abs. 2 S. 2 Nr. 3 LKHG MV: hinsichtlich der Universitätsklinika das für Bildung, Wissenschaft und Kultur zuständige Ministerium, für die übrigen Krankenhäuser das für Gesundheitswesen zuständige Ministerium, derzeit also das Ministerium für Arbeit, Gleichstellung und Soziales.

14.2.2 Aufsichtsbehörden der Länder nach § 38 BDSG

Üblicherweise wird die Datenschutzaufsicht im nicht-öffentlichen Bereich jedoch durch die von den Bundesländern im Einzelnen bestimmten Aufsichtsbehörden nach § 38 BDSG ausgeübt. Diese Rechtsgrundlage ermöglicht der jeweiligen Datenschutzaufsichtsbehörde auch ein eigenes verbindliches und im Wege des Verwaltungszwangs durchsetzbares Vorgehen gegen die ihr unterworfenen Rechtssubjekte.

In Umsetzung eines Urteils des Gerichtshofs der Europäischen Union, welcher auch für die Aufsichtsbehörde nach § 38 BDSG eine weitgehende Unabhängigkeit gefordert hat,[912] wurden alle Aufsichtsbehörden nach § 38 BDSG – mit Ausnahme derjenigen in Bayern – in die Organisation der jeweiligen Landesbeauftragten für den Datenschutz integriert. Rechtsgrundlage für ihr Tätigwerden nach außen bleibt aber gleichwohl § 38 BDSG. In Bayern ist das (unabhängige) Bayerische Landesamt für Datenschutzaufsicht insoweit zuständig.

Die Aufsichtsbehörde kontrolliert die Ausführung des BDSG sowie anderer Vorschriften über den Datenschutz, soweit diese die automatisierte Verarbeitung personenbezogener Daten oder die Verwendung in oder aus nicht automatisierten Dateien regeln (§ 38 Abs. 1 S. 1 BDSG). Das zuletzt genannte Automatisierungs- bzw. Datei-Erfordernis ist bei den vorliegend untersuchten computerisierten Anwendungen (insbesondere dem Cloud-Computing) ohne Zweifel gegeben.[913] Die der Kontrolle unterliegenden Stellen oder die mit ihrer Leitung beauftragten Personen haben der Aufsichtsbehörde auf Verlangen die für die Erfüllung ihrer Aufgaben erforderlichen Auskünfte unverzüglich zu erteilen (§ 38 Abs. 3 S. 1 BDSG). Ist kein lokaler Beauftragter für den Datenschutz bestellt,[914] haben die verantwortlichen Stellen ihre Verfahren der automatisierten Verarbeitung personenbezogener Daten vor deren Inbetriebnahme an die Aufsichtsbehörde zu melden (§ 4d BDSG).[915] Die Aufsichtsbehörde kann Vor-Ort-Kontrollen durchführen und hier die Datenverarbeitung sowie zugehörige Unterlagen einsehen (§ 38 Abs. 4 BDSG).

Unmittelbare Weisungsrechte zwischen Aufsichtsbehörde – gleich ob Bundes- oder Landesbeauftragter für den Datenschutz im öffentlichen Bereich oder Aufsichtsbehörde nach § 38 BDSG – und dem lokalen Datenschutzbeauftragten bestehen jedoch nicht. Eventuelle Beanstandungen oder verbindliche Weisungen (§ 38 Abs. 5 BDSG) ergehen immer an die jeweilige Einrichtung und sind üblicherweise an deren Leitung adressiert.

Neben dieser hoheitlichen, ggf. mit Zwangsmitteln durchsetzbaren Kontrolle berät die Aufsichtsbehörde die lokalen Datenschutzbeauftragten und die verantwortlichen Stellen aber auch mit Rücksicht auf deren typische Bedürfnisse (§ 38 Abs. 1 S. 2 BDSG). Der lokale Datenschutzbeauftragte kann sich insbesondere in Zweifelsfällen an die zuständige Aufsichtsbehörde wenden und um Beratung nachsuchen (§ 4g Abs. 1 S. 2, 3 BDSG).

---

[912] EuGH, Urt. v. 09.03.2010 – C-518/07, NJW 2010, 1265, auf Grundlage von Art. 28 Abs. 1 Unterabs. 2 der Datenschutzrichtlinie 95/46/EG, welcher für die (alle) nach nationalem Recht zuständigen (staatlichen) Kontrollstellen „völlige Unabhängigkeit" fordert.
[913] Anders möglicherweise beim Umgang mit klassischen Papierakten, ablehnend insoweit VG Gelsenkirchen, Beschl. v. 14.10. 2013 – 17 L 304/13, juris Rdnr. 12ff., s.a. oben S. 184, Fn. 596.
[914] Zur Bestellpflicht vgl. § 4f Abs. 1 BDSG.
[915] Der Meldeumfang entspricht der sogenannten Verarbeitungsübersicht, welche dem lokalen Datenschutzbeauftragten zur Verfügung gestellt werden müsste (§ 4g Abs. 2 S. 1 BDSG), nur ohne die Nennung zugriffsberechtigter Personen.

14.3 Zuständigkeiten bei Verbundforschung

Lässt sich für ein Verfahren der Verarbeitung personenbezogener Daten, insbesondere bei Verbundforschung, die Verantwortlichkeit (d.h. das Bestimmungsrecht über Zweck und wesentliche Mittel) nicht nur einer Stelle zuweisen, besteht eine gemeinsame Verantwortung,[916] was dazu führt, dass die Zuständigkeit sämtlicher zur Kontrolle der beteiligten verantwortlichen Stellen berufenen (lokalen oder staatlichen) Datenschutzbeauftragten begründet ist.

Verbundforschung muss aber keineswegs immer nur aus einem einzigen Verarbeitungsverfahren bestehen. Denkbar ist eine Aufteilung der gesamten Datenverarbeitung in mehrere sinnvoll abgrenzbare Einzelverfahren, für welche dann möglicherweise eher eine individuelle Verantwortung zugewiesen werden kann.[917] Eine Abstimmung mit anderen Stellen schließt eine solche individuelle Verantwortung nicht aus, wenn das Letztentscheidungsrecht über die Ausgestaltung des Einzelverfahrens bei nur einer Stelle liegt.

---

[916] Die „joint responsibility" bzw. „joint controllership" ist in Art. 2 Buchst. d der Datenschutzrichtlinie 95/46/EG angelegt.
[917] Zur Abgrenzung von alleiniger und gemeinsamer Kontrolle s. Art. 29-Datenschutzgruppe, Stellungnahme 1/2010 zu den Begriffen „für die Verarbeitung Verantwortlicher" und „Auftragsverarbeiter", S. 21ff.

15 Beschäftigtendatenschutz bei der Sekundärnutzung von Behandlungsdaten

Unter welchen rechtlichen Bedingungen ist der Beschäftigtendatenschutz bei der Sekundärnutzung von Behandlungsdaten zu beachten? Auf welcher Ebene müsste in die Verarbeitung personenbezogener Mitarbeiterdaten ggf. eingewilligt werden (z.B. Einrichtungsleitung, Betriebsrat, Betroffene)?

Hintergrund dieser Frage ist, dass von den Behandlungsdaten nicht nur Patienten, sondern auch Beschäftigte betroffen sein können. Dies ist dann der Fall, wenn das behandelnde Personal in den für Zwecke der Qualitätssicherung oder Forschung herangezogenen Datensätzen genannt ist. Eine Nennung des behandelnden Personals in der (elektronischen) Patientenakte ist dabei sogar typisch, um Ansprechpartner und Verantwortlichkeiten klarzustellen. Eine Herausnahme dieser Personaldaten[918] bei der Zweckänderung hin zu Qualitätssicherung und Forschung wird bei zunächst unstrukturierten Daten (wie eingescannten Arztbriefen) schwierig und im Übrigen unter Umständen – gerade bei der Qualitätssicherung – nicht gewollt sein, um dem verantwortlichen Behandlungspersonal eine Rückmeldung geben zu können. Dann ist aber mangels Anonymisierung des Personalbezugs der Beschäftigtendatenschutz auch bei der Sekundärnutzung der Behandlungsdaten zu beachten.

---

918 Zu diesen Personaldaten gehören identifizierende (Stamm-)Daten wie der Name sowie die Tatsache der Mitwirkung an der Behandlung und ggf. weitere Details zu konkret verantworteten Maßnahmen.

Dabei wird jedoch zu berücksichtigen sein, dass der Beschäftigtendatenschutz zwar im geltenden Recht einen höheren Stellenwert als der allgemeine Datenschutz haben mag, allerdings keinen so hohen wie der Patientendatenschutz, der zudem durch die Schweigepflicht der Heilberufe flankiert wird. Diese Schweigepflicht ist jedoch für die vorliegende Fragestellung irrelevant. Allerdings ist eine datenschutzrechtliche Erlaubnis für die beschriebene Verwendung der Beschäftigtendaten erforderlich.[919]

Auf die Sonderproblematik, wenn ein Beschäftigter einer Behandlungseinrichtung gleichzeitig deren Patient ist, wird im Folgenden nicht eingegangen. Hier sind in jedem Fall auch die Maßgaben des Patientendatenschutzes und der Schweigepflicht zu beachten, gegebenenfalls aber angesichts der doppelten Abhängigkeit – als Patient und Beschäftigter – zusätzliche Schutzvorkehrungen zu treffen.[920]

Auf (private) Arztpraxen finden auch im Hinblick auf den Beschäftigtendatenschutz einheitlich die Vorschriften des BDSG für nicht-öffentliche Stellen Anwendung, vorrangig also § 32 BDSG.

In der nachfolgenden Übersicht wird zudem das auf Beschäftigungsverhältnisse in Kliniken vorrangig anwendbare Datenschutzrecht dargestellt. Dabei werden zunächst die vorrangig gültigen Paragrafen des jeweils anwendbaren Gesetzes genannt. Soweit diese Paragrafen, wie beispielsweise § 32 BDSG, keine abschließende Regelung treffen, kann jedoch auch auf andere Erlaubnistatbestände des entsprechenden Gesetzes oder anderer anwendbarer Gesetze[921] zurückgegriffen werden.

Auch kommen die Regelungen des kollektiven Arbeitsrechts mit normativer Wirkung, also insbesondere Betriebs- bzw. Dienstvereinbarungen nach dem Betriebsverfassungsgesetz (BetrVG) bzw. den Personalvertretungsgesetzen des Bundes und der Länder oder der Mitarbeitervertretungsgesetze der Kirchen, als datenschutzrechtliche Erlaubnisse in Betracht.[922] Zusammenfassend lässt sich festhalten, dass solche Betriebs- bzw. Dienstvereinbarungen die Rechtssicherheit von Maßnahmen der Qualitätssicherung und Forschungsvorhaben, soweit von diesen (personenbezogene) Beschäftigtendaten betroffen sind, merklich erhöhen und jedenfalls für die externe Qualitätssicherung sowie die Datenübermittlung zu Forschungszwecken zu empfehlen sind.

Überwiegend finden die Vorschriften des BDSG für nicht-öffentliche Stellen Anwendung, selbst in Kliniken, auf welche das jeweilige Bundesland bezüglich des Patientendatenschutzes sein LKHG erstreckt, da im Übrigen meist auf die jeweils geltenden Vorschriften verwiesen bzw. explizit die Geltung der Regelungen des BDSG für nicht-öffentliche Stellen angeordnet wird. Teils erstrecken Bundesländer aber im Hinblick auf den Beschäftigtendatenschutz ihr LDSG sogar auf Kliniken privater Träger.[923]

---

[919] Obgleich in Bezug auf die Beschäftigten, je nach Ausgestaltung des Beschäftigungsverhältnisses und des Datenumgangs, nicht zwingend eine Zweckänderung vorliegt.
[920] Besondere Schutzvorkehrungen nicht nur, aber gerade auch für einen solchen Fall (HIV-erkrankte Mitarbeiterin in einem Krankenhaus) fordert EGMR, Urt. v. 17.07.2008 – 20511/03 (I../. Finnland), aufgrund des durch Art. 8 EMRK geschützten Privatlebens.
[921] Teils wird ergänzend explizit auf die Landesbeamtengesetze verwiesen, so in § 20 Abs. 1 LDSG HB.
[922] Dies gilt auch für Arztpraxen soweit sie in den Anwendungsbereich des BetrVG fallen und einen Betriebsrat haben, was nicht ausgeschlossen, in der Praxis aber eher selten ist und wenn, dann eher bei größeren MVZ vorkommen dürfte.
[923] Was man aus Kompetenzgründen als verfassungsrechtlich bedenklich ansehen kann, vorliegend aber akzeptiert werden soll.

15 Beschäftigtendatenschutz bei der Sekundärnutzung von Behandlungsdaten

15.1 Übersicht 7: Auf Beschäftigungsverhältnisse in Kliniken vorrangig anwendbares Datenschutzrecht (s. Tab. 9)

Tab. 9 Übersicht 7: Auf Beschäftigungsverhältnisse in Kliniken vorrangig anwendbares Datenschutzrecht

Trägerschaft und Art der Klinik / Sitz der Klinik	Öffentliche Träger		Private Träger		Kirchliche Träger	
	Bund oder diesem zugeordnete Anstalten, Körperschaften, Stiftungen	Land oder diesem zugeordnete Anstalten, Körperschaften, Stiftungen	Plankrankenhaus (in den jeweiligen Krankenhausplan aufgenommen)	Reine Privatklinik (§ 5 Nr. 2 KHG: 40%-Grenze nach § 67 AO nicht erfüllt)	Evangelisch	Katholisch
Baden-Württemberg	§ 32 BDSG	Mit eigener Rechtspersönlichkeit: § 32 BDSG Ohne diese: § 36 LDSG	§ 32 BDSG	§ 32 BDSG	§ 24 DSG-EKD	§ 10a KDO
Bayern	§ 32 BDSG	§ 32 BDSG	§ 32 BDSG	§ 32 BDSG	§ 24 DSG-EKD	§ 10a KDO
Berlin	§ 32 BDSG	§ 32 BDSG	§ 32 BDSG	§ 32 BDSG	§ 24 DSG-EKD	§ 10a KDO
Brandenburg	§ 32 BDSG	§ 29 LDSG	§ 29 LDSG	§ 29 LDSG	§ 24 DSG-EKD	§ 10a KDO
Bremen	§ 32 BDSG	§ 20 LDSG	§ 20 LDSG	§ 20 LDSG	§ 24 DSG-EKD	§ 10a KDO
Hamburg	§ 32 BDSG	Private Rechtsform: § 32 BDSG Öffentl. Rechtsform: § 28 LDSG	§ 32 BDSG	§ 32 BDSG	§ 24 DSG-EKD	§ 10a KDO
Hessen	§ 32 BDSG	§ 34 LDSG	§ 34 LDSG	§ 34 LDSG	§ 24 DSG-EKD	§ 10a KDO
Mecklenburg-Vorpommern	§ 32 BDSG	§ 35 LDSG	§ 35 LDSG	§ 35 LDSG	§ 24 DSG-EKD	§ 10a KDO
Niedersachsen	§ 32 BDSG	§ 32 BDSG	§ 32 BDSG	§ 32 BDSG	§ 24 DSG-EKD	§ 10a KDO
Nordrhein-Westfalen	§ 32 BDSG	§ 29 LDSG	§ 29 LDSG	§ 32 BDSG	§ 24 DSG-EKD	§ 10a KDO
Rheinland-Pfalz	§ 32 BDSG	§ 31 LDSG	§ 32 BDSG	§ 32 BDSG	§ 24 DSG-EKD	§ 10a KDO
Saarland	§ 32 BDSG	§ 31 LDSG	§ 32 BDSG	§ 32 BDSG	§ 24 DSG-EKD	§ 10a KDO
Sachsen	§ 32 BDSG	Mit eigener Rechtspersönlichkeit: § 32 BDSG Ohne diese: § 37 LDSG	§ 32 BDSG	§ 32 BDSG	§ 24 DSG-EKD	§ 10a KDO
Sachsen-Anhalt	§ 32 BDSG	§ 28 LDSG	§ 32 BDSG	§ 32 BDSG	§ 24 DSG-EKD	§ 10a KDO
Schleswig-Holstein	§ 32 BDSG	Private Rechtsform: § 32 BDSG Öffentl. Rechtsform: § 23 LDSG	§ 32 BDSG	§ 32 BDSG	§ 24 DSG-EKD	§ 10a KDO
Thüringen	§ 32 BDSG	§ 32 BDSG	§ 32 BDSG	§ 32 BDSG	§ 24 DSG-EKD	§ 10a KDO

15.2 Anwendungsbereich des BDSG

Zunächst sollen die Vorschriften des BDSG für nicht-öffentliche Stellen, wie sie für Arztpraxen, Kliniken des Bundes sowie Kliniken vieler anderer Träger gelten, in dieser Hinsicht untersucht werden.

15.2.1 Datenschutzrechtliche Erlaubnis

15.2.1.1 Zweckbestimmung des Beschäftigungsverhältnisses (§ 32 BDSG)

Personenbezogene Daten eines Beschäftigten dürfen für Zwecke des Beschäftigungsverhältnisses nach § 32 Abs. 1 S. 1 BDSG erhoben, verarbeitet und genutzt werden, wenn dies für die Entscheidung über die Begründung eines Beschäftigungsverhältnisses oder nach Begründung für dessen Durchführung oder Beendigung erforderlich ist.

Es stellt sich also mit anderen Worten die Frage, ob die Verarbeitung von Arbeitnehmerdaten, die zwar nicht zur Durchführung des Arbeitsverhältnisses erforderlich sind, aber gleichwohl zur Erfüllung von sich aus der Arbeitgeberstellung ergebenden berechtigten Interessen benötigt werden, nach der gesetzlichen Neuregelung in § 32 Abs. 1 S. 1 BDSG untersagt sein soll.[924] Entgegen seinem Wortlaut ist § 32 Abs. 1 S. 1 BDSG nach den Gesetzesmaterialien auch dann einschlägig, wenn der Arbeitgeber seine im Zusammenhang mit der Durchführung des Arbeitsverhältnisses bestehenden Rechte wahrnimmt, z.B. durch Ausübung seines Weisungsrechts oder durch Kontrolle der Leistung oder des Verhaltens des Beschäftigten.[925] Der Arbeitgeber kann sich also auch für alle Maßnahmen, die im Zusammenhang mit dem Beschäftigungsverhältnis stehen und die der Erfüllung eigener Pflichten oder der Durchsetzung eigener Rechte dienen, auf die Rechtfertigung zur Datenverarbeitung aus § 32 Abs. 1 Satz 1 BDSG berufen.[926]

Fraglich ist zunächst, ob dies bei der Qualitätssicherung noch der Fall ist. Dies wird zunächst bei gesetzlich zwingend vorgeschriebenen oder explizit auch im Hinblick auf den Datenumgang (ohne Beschränkung auf Patientendaten, wie er allerdings für die LKHG üblich ist) erlaubten Maßnahmen zur Sicherung der Behandlungsqualität der Fall sein (z.B. nach § 299 SGB V).

Wenn die Qualitätssicherung beschäftigtenbezogen erfolgen soll, um eine individuelle Leistungskontrolle zu ermöglichen,[927] wird man einen entsprechenden Bezug zum Beschäftigungsverhältnis bejahen können. Zu beachten wäre dann aber die regelmäßig bestehende Mitbestimmungspflicht des Betriebs- oder Personalrats bzw. der Mitarbeitervertretung.[928] Andernfalls, also wenn eine beschäftigtenbezogene Leistungskontrolle zwar unter Umständen möglich, aber nicht beabsichtigt ist, greift zwar wohl ebenfalls die Mitbestimmungspflicht, nicht aber der Erlaubnistatbestand nach § 32 Abs. 1 S. 1 BDSG.

---

[924] Vgl. Gola/Jaspers, RDV 2009, 212.
[925] Vgl. Thüsing, NZA 2009, 865, 867; Schmidt, RDV 2009, 193, 197; Albrecht, jurisPR-ITR 20/2009 Anm. 2.
[926] Schmidt, RDV 2009, 193, 197f.
[927] Die Verhaltenskontrolle spielt in vorliegendem Kontext keine Rolle.
[928] S. dazu unten Kap. I.15.2.2, S. 329f.

Die beschäftigtenbezogene Verarbeitung von Behandlungsdaten zu Forschungszwecken wird hingegen im Allgemeinen kaum als Leistungskontrolle im genannten Sinn eingestuft werden können, weshalb insoweit in der Regel § 32 Abs. 1 S. 1 BDSG als Erlaubnistatbestand ausscheidet.

Soweit das Beschäftigungsverhältnis allerdings einen expliziten Bezug zur Forschung aufweist, dürfte von dessen Zweckbestimmung nach § 32 Abs. 1 S. 1 BDSG auch die Verwendung von beschäftigtenbezogenen Behandlungsdaten zu Forschungszwecken umfasst sein.[929] Dies dürfte beispielsweise in Universitätskliniken nicht selten sein, zu deren Auftrag neben der Versorgung ausdrücklich auch die wissenschaftliche Forschung gehört. Ob insoweit die vorsorgliche Aufnahme eines Forschungsbezugs in einen Arbeitsvertrag ausreicht, obgleich der Beschäftigte in aller Regel nicht mit Forschung in Berührung kommt, kann jedoch bezweifelt werden.

15.2.1.2 Zweckänderungen

Soweit die Zweckbestimmung des Beschäftigungsverhältnisses den Datenumgang zur Qualitätssicherung oder Forschung nicht umfasst, liegt eine besonders zu rechtfertigende Zweckänderung vor.

Verhältnis von § 32 BDSG zu anderen Erlaubnistatbeständen

Als Erlaubnisnorm für im Beschäftigungsverhältnis benötigte Daten tritt § 32 BDSG an die Stelle des allgemeiner gefassten Zulässigkeitstatbestandes des § 28 Abs. 1 S. 1 Nr. 1 BDSG (nach Maßgabe der Zweckbestimmung eines Vertragsverhältnisses), welcher nun durch § 32 BDSG konkretisiert wird.[930] § 32 BDSG enthält jedoch keine abschließende Regelung des Arbeitnehmerdatenschutzes.[931] Dies bedeutet, dass die übrigen, nicht verdrängten Erlaubnistatbestände aus § 28 BDSG auch auf Beschäftigtendaten Anwendung finden können,[932] was von Bedeutung ist, wenn man nicht bereits eine Rechtfertigung nach § 32 BDSG annimmt.

Qualitätssicherung

Die Qualitätssicherung dient der Wahrung berechtigter Interessen der verantwortlichen Stelle nach § 28 Abs. 1 S. 1 Nr. 2 BDSG, zu denen auch eine Zweckänderung nach § 28 Abs. 2 Nr. 1 BDSG herbeigeführt werden kann.[933] Daher dürfen auch Beschäftigtendaten, welche im Rahmen von Beschäftigungs- und Behandlungsverhältnissen angefallen sind, grundsätzlich für Zwecke der Qualitätssicherung verwendet werden, soweit dies erforderlich ist. Von einer Erforderlichkeit wird man ausgehen

---

[929] Vgl. die Argumentation bei Arbeitsverhältnissen, die sich auf einen Gesamtkonzern und nicht nur eine Konzerngesellschaft beziehen, also solche mit klarem Konzernbezug: Büllesbach, in: Roßnagel (Hrsg.), Handbuch Datenschutzrecht, Kap. 6 Rdnr. 67
[930] Gola/Schomerus, BDSG, § 32 Rdnr. 2. Dagegen hält Seifert, in: Simitis (Hg.), BDSG, § 32 Rdnr. 17, den Rückgriff, insbes. auf § 28 Abs. 1 S. 1 Nr. 2 BDSG, grundsätzlich für ausgeschlossen.
[931] Gesetzesbegründung, BT-Drucks. 16/13657, S. 34f.; Gola/Schomerus, BDSG, § 32 Rdnr. 2.
[932] So zur Verarbeitung von Beschäftigtendaten, die nicht dem Beschäftigungsverhältnis im engeren Sinne dienen: BAG, Urt. v. 07.02. 2012 – 1 ABR 46/10, RDV 2012, 192: Das Erheben von Daten über die krankheitsbedingten Fehlzeiten durch den Arbeitgeber und ihre Übermittlung an den Betriebsrat ist auch bei fehlender Zustimmung der betroffenen Arbeitnehmer nach § 28 Abs. 6 Nr. 3 BDSG zulässig, u.a. für Zwecke des betrieblichen Eingliederungsmanagements (Rdnr. 24). Allerdings ist die genaue Abgrenzung zwischen § 32 BDSG und der allgemeinen Vorschrift des § 28 BDSG mit seinen verschiedenen Erlaubnistatbeständen in der juristischen Literatur, vor allem kurz nach Verabschiedung des § 32 BDSG, kontrovers diskutiert worden, vgl. Schmidt, RDV 2009, 193, 195.
[933] Allgemein zu dieser Erlaubnisnorm: Gola/Schomerus, BDSG, § 28 Rdnr. 24ff.

können, wenn eine vorgängige Anonymisierung (Herausnahme der Personaldaten) mit unverhältnismäßigem Aufwand verbunden wäre (wovon man bei unstrukturierten Scans ausgehen kann) oder wenn (patienten-)individuelle Rückmeldungen gegeben werden sollen.[934] Weitere Voraussetzung nach § 28 Abs. 1 S. 1 Nr. 2 BDSG ist allerdings, dass kein Grund zur Annahme besteht, dass das schutzwürdige Interesse des Betroffenen am Ausschluss der Datenverwendung überwiegt. Hiervon ist jedoch beim Einsatz der oben genannten Beschäftigtendaten zur Qualitätssicherung nicht auszugehen, jedenfalls wenn folgende Bedingungen eingehalten werden:

- personenbezogene Verwendung nur intern oder durch Auftragsdatenverarbeiter,
- d.h. keine Übermittlung der personenbezogenen Beschäftigtendaten an (eigenständig verantwortliche) Dritte (darunter auch Studienportale und Datentreuhänder) und
- insbesondere keine Veröffentlichung;
- einrichtungsübergreifende Qualitätssicherung daher nur (nach außen) in anonymisierter Form (intern kann eine Zuordnungsmöglichkeit offen gehalten werden);
- Verwendung ausschließlich zur Qualitätssicherung, keine weiteren Zweckänderungen;
- insbesondere kein Einsatz zur individuellen Leistungs- oder Verhaltenskontrolle.

Das abstrakte Risiko der Verwendung entsprechender Daten im Arzthaftungs- bzw. allgemeiner einem Medizinschadensprozess oder bei einem entsprechenden Regress des Einrichtungsträgers gegen den Beschäftigten dürfte an der vorzunehmenden Interessenabwägung nichts ändern.[935] Denn der Patientenbezug muss nach den Antworten auf die vorstehenden Fragen ohnehin möglichst frühzeitig beseitigt werden, so dass sich dieses Risiko kaum konkretisieren wird, denn ohne Patientenbezug besteht keine nachweisbare Beteiligung an einem Medizinschaden. Außerdem zählen die (generalisierenden) Qualitätssicherungsdaten nicht zur Patientenakte, in welche in aller Regel ein umfassendes Einsichtsrecht seitens des Patienten besteht (§ 630g BGB). Datenschutzrechtliche Auskunftsansprüche (§ 34 BDSG) des Patienten würden dagegen greifen, solange noch Patientenbezug besteht, unterliegen aber eher Einschränkungen.

Forschung

Nach § 28 Abs. 2 Nr. 3 BDSG ist die Übermittlung und Nutzung von Daten zu einem anderen als dem Erhebungszweck zulässig, wenn dies „im Interesse einer Forschungseinrichtung zur Durchführung wissenschaftlicher Forschung erforderlich ist, das wissenschaftliche Interesse an der Durchführung des Forschungsvorhabens das Interesse des Betroffenen an dem Ausschluss der Zweckänderung erheblich überwiegt und der Zweck der Forschung auf andere Weise nicht oder nur mit unverhältnismäßigem Aufwand erreicht werden kann". Die hier genannten Voraussetzungen decken

---

934 Bei intendierten Beschäftigten-individuellen Rückmeldungen dürfte wie ausgeführt grundsätzlich § 32 BDSG greifen.
935 Vgl. insoweit aber die Diskussion um anonyme Meldesysteme für Fehler oder sonstige „critical incidents".

sich mit denen der bereits ausführlicher dargestellten Forschungsklausel für sensible Daten gemäß § 28 Abs. 6 Nr. 4 BDSG[936] mit zwei Ausnahmen:
- Zum einen werden vorliegend lediglich die Übermittlung und die Nutzung als erlaubte Datenverwendungsakte genannt,
- zum anderen muss dies „im Interesse einer Forschungseinrichtung" erforderlich sein.

Daraus wird vielfach gefolgert, es sei nur sogenannte Drittforschung erlaubt. Wenn aber nun die erhebende Behandlungseinrichtung selbst eine Forschungseinrichtung ist, dann ist nach hier vertretener Auffassung auch die Eigenforschung auf Basis von § 28 Abs. 2 Nr. 3 BDSG erlaubt,[937] wobei Übermittlung und Nutzung insoweit wohl nur als Regelbeispiele auszulegen sind und – vor allem in Anbetracht der erlaubten, einschneidenden Übermittlung erst recht – auch andere Verwendungsakte zulässig sein können. Letztlich ist damit im Rahmen der genannten Vorschrift auch Verbundforschung erlaubt.

Die übrigen Tatbestandsvoraussetzungen unterscheiden sich vom gesetzlichen Ansatz her nicht von denen bei der Forschung mit Patientendaten und lassen sich wie folgt zusammenfassen:
- (Bestimmtes) Vorhaben der wissenschaftlichen Forschung
- Erforderlichkeit des Umgangs mit den gewünschten personenbezogenen Daten
- Angemessenheit des Datenumgangs (erhebliches Überwiegen des wissenschaftlichen Interesses)
- Praktische Alternativlosigkeit für die Erreichung des Forschungszwecks

Allerdings ist bei der Anwendung der entsprechenden Rechtsbegriffe zu berücksichtigen, dass Beschäftigtendaten üblicherweise eine geringere Sensibilität als Patientendaten aufweisen und daher im Ergebnis gerade im Rahmen der Abwägung (vor allem also bei der Angemessenheit, aber z.B. auch bei der praktischen Alternativlosigkeit) eher zu Gunsten der Forschung entschieden werden kann, gerade wenn es lediglich um die Eigenforschung der erhebenden wissenschaftlichen Forschungseinrichtung geht und zudem nicht die Beschäftigten ausgeforscht, sondern der Behandlungsprozess erforscht werden soll, es sich bei der Mitverarbeitung der Beschäftigtendaten also um eine Art „Kollateralschaden" handelt und beiläufig über einen Beschäftigten gewonnene Erkenntnisse nicht oder jedenfalls nicht gegen diesen weiter verwendet werden.[938] So wird man keineswegs immer, aber doch öfter als in Bezug auf Patientendaten auch von einem erheblichen Überwiegen des Forschungsinteresses ausgehen können.

Ansonsten könnte auch ein Wertungswiderspruch zu § 28 Abs. 2 Nr. 1 BDSG bestehen, der auf die sehr allgemeinen berechtigten Interessen der verantwortlichen Stelle nach § 28 Abs. 1 S. 1 Nr. 2 BDSG verweist, wo sogar ein einfaches Überwiegen genügt, obwohl wissenschaftliche Forschung vor verfassungsrechtlichem Hintergrund doch privilegiert sein sollte.

Auch vor diesem Hintergrund ist sogar zu erwägen, für die Eigenforschung der gleichzeitig behandelnden (und damit Behandlungsdaten erhebenden) und forschenden

---

936 S. oben S. 93ff.
937 S. oben S. 96, 104.
938 Zu den vergleichbaren Bedingungen bei der Qualitätssicherung oben S. 325f.

(die Behandlungsdaten hierfür weiter verwendenden) Einrichtung direkt auf § 28 Abs. 2 Nr. 1 BDSG zurückzugreifen, da dieser Erlaubnistatbestand insoweit als vorrangig gegenüber der vom Wortlaut her eher auf die Übermittlung an eine (externe) Forschungseinrichtung gemünzten Nr. 3 angesehen werden kann.

Im Ergebnis erscheint es vertretbar, jedenfalls für die reine Eigenforschung unter den schon zur Qualitätssicherung genannten Bedingungen,[939] eine gesetzliche Erlaubnis zum Umgang mit Beschäftigtendaten anzunehmen.

Notwendigkeit und Möglichkeit einer individuellen Einwilligung

Soweit nach den vorigen Ausführungen gesetzliche Erlaubnisnormen vorliegen, nach hier vertretener Auffassung also für einen restringierten internen Datenumgang, ist eine Einwilligung entbehrlich, so dass es nicht auf die teils umstrittene Frage ankommt, ob und inwieweit diese im Beschäftigungsverhältnis überhaupt wirksam erteilt werden kann.[940] Zur weiteren Absicherung bei nicht ganz klarer Rechtslage könnte allerdings gleichwohl auf eine Einwilligung zurückgegriffen werden. Wenn die Einwilligung wirklich freiwillig und deren Verweigerung für den Beschäftigten nicht mit Nachteilen verbunden ist, sprechen nach hier vertretener Auffassung auch im Beschäftigungsverhältnis keine grundsätzlichen Bedenken gegen deren Zulässigkeit und Wirksamkeit.

Soweit keine gesetzliche Erlaubnisnorm vorliegt, was beispielsweise bei der personenbezogenen Übermittlung von Beschäftigtendaten für Zwecke der externen Qualitätssicherung oder der Drittforschung naheliegt, empfiehlt sich zur Absicherung eher eine kollektive Betriebs- bzw. Dienstvereinbarung denn eine individuelle Einwilligungslösung, wenn man sich nicht über die parallele Anwendung beider Handlungsinstrumentarien doppelt absichern möchte, da die kollektive Lösung wahrscheinlich praktikabler und überdies wohl auch rechtssicherer ist.[941]

Von einer datenschutzrechtlichen Einwilligung könnte man ohnehin nur bei einer zustimmenden Willensäußerung des Betroffenen selbst oder, soweit dieser nicht einwilligungsfähig ist, von dessen Vertreter sprechen. Von einer fehlenden Einwilligungsfähigkeit kann man beim behandelnden Personal allerdings kaum ausgehen, denn die Behandlung durch nicht-einwilligungsfähiges Personal muss ohnehin vermieden werden. Außerdem ist weder die Einrichtungsleitung noch der Betriebsrat ein Vertreter im eben genannten Sinn.

15.2.1.3 Betriebs- bzw. Dienstvereinbarung als kollektive Alternative

Eine Zustimmung von Einrichtungsleitung und Betriebsrat gilt damit nicht als Einwilligung für die Beschäftigten[942], wohl aber, soweit dies in Form einer Betriebs- bzw. Dienstvereinbarung erfolgt, als Rechtsgrundlage eigener Art für den Umgang mit Beschäftigtendaten.

---

939 Zu den vergleichbaren Bedingungen bei der Qualitätssicherung oben S. 325f.
940 Vgl. zu dieser Streitfrage: Trittin/Fischer, NZA 2009, 343, 344, nach denen in erster Linie die Betriebsvereinbarung die gewünschte Rechtssicherheit bietet. Am rechtssichersten wäre freilich eine Kombination von kollektiver Betriebsvereinbarung und individueller Einwilligung.
941 S. sogleich Kap. I.15.2.1.3, S. 328f.
942 In diese Richtung ließe sich die Fragestellung missverstehen.

Hintergrund hierfür ist, dass eine Betriebsvereinbarung (zwischen Betriebsrat und Unternehmensleitung) nach dem BetrVG – bzw. im öffentlichen Bereich (des Bundes) eine Dienstvereinbarung nach dem Personalvertretungsgesetz des Bundes (BPersVG) – ebenfalls als datenschutzrechtliche Erlaubnis bezüglich des Umgangs mit Beschäftigtendaten (nicht Patientendaten) gilt.[943] Eine solche Vereinbarung könnte hier zur Absicherung getroffen werden und hätte jedenfalls nach teils vertretener Auffassung eine höhere Rechtfertigungswirkung als die Einwilligung im Beschäftigungsverhältnis.[944]

15.2.2 Exkurs: Mitbestimmung bei möglicher Leistungs- oder Verhaltenskontrolle

Soweit der Umgang mit den Beschäftigtendaten zur Kontrolle von Leistung oder Verhalten der Beschäftigten genutzt werden kann, könnte eine Maßnahme vorliegen, die der Mitbestimmung des Betriebs- bzw. Personalrates unterliegt. Dies ist insbesondere denkbar, wenn die Ergebnisse der Qualitätssicherung noch auf den einzelnen Beschäftigten zu beziehen sind. Eine eventuelle Mitbestimmungspflicht ist unabhängig vom Vorliegen einer datenschutzrechtlichen Erlaubnis und damit keine Frage des Beschäftigtendatenschutzes, weshalb sie hier nur kurz als Exkurs dargestellt werden soll. Soweit eine Mitbestimmungspflicht vorliegt, müsste zusätzlich zur datenschutzrechtlichen Erlaubnis der Betriebsrat (bei privaten Stellen) bzw. der Personalrat (bei öffentlichen Stellen) oder die Mitarbeitervertretung (bei kirchlichen Stellen) zustimmen. Die Frage nach der Mitbestimmungspflicht soll vorliegend nur exemplarisch anhand des für Privatunternehmen, also auch Krankenhäuser in privater Trägerschaft, mit Betriebsrat einschlägigen Betriebsverfassungsgesetzes (BetrVG) untersucht werden.

Der Betriebsrat hat ein Mitbestimmungsrecht bei der Einführung und Anwendung von technischen Einrichtungen, die dazu bestimmt sind, das Verhalten oder die Leistung der Arbeitnehmer zu überwachen (§ 87 Abs. 1 Nr. 6 BetrVG). Damit steht dem Betriebsrat in der Regel ein Mitbestimmungsrecht bei der Einführung von Personalinformationssystemen zu. Entscheidend für die Erforderlichkeit einer Mitbestimmung ist im Ergebnis aber nicht die Zielsetzung, sondern die objektive Eignung des technischen Systems (dazu zählen auch auf Computern laufende Programme) zur Mitarbeiterüberwachung. Eine technische Einrichtung, die aufgrund des verwendeten Programms Verhaltens- und Leistungsdaten auswertet, ist nach der Rechtsprechung des Bundesarbeitsgerichts zur Überwachung geeignet und dazu objektiv bestimmt.[945] Unerheblich ist somit, ob das Verfahren der Datenverarbeitung auch tatsächlich zur Überwachung der Mitarbeiter eingesetzt wird, solange dies nur möglich und nicht ganz fernliegend ist.

Keine Voraussetzung für die Mitbestimmung ist es jedenfalls, dass der Arbeitgeber mit der Einführung oder Anwendung der technischen Einrichtung eine Überwachungsabsicht verfolgt. Das Gesetz verlangt lediglich, dass die Einrichtung zur Über-

---

943 Dix, in: Simitis (Hg.), BDSG, § 1 Rdnr. 166; Scholz/Sokol, in: Simitis (Hg.), BDSG, § 4 Rdnr. 11.
944 Zur Absicherung in erster Linie durch Betriebsvereinbarung: Trittin/Fischer, NZA 2009, 343, 344.
945 BAG, CR 1994, 111; Lembke in: Henssler/Willemsen/Kalb, Arbeitsrecht Kommentar, BDSG Einf., Rdnr. 81; kritisch Richardi in: Richardi (Hrsg.), BetrVG, 10. Aufl. 2006, § 87 Rdnr. 501.

wachung bestimmt ist, fordert also nicht zusätzlich, dass der Arbeitgeber die Aussagen über Verhalten oder Leistung einzelner Arbeitnehmer zu deren Überwachung verwendet. Keine Rolle spielt weiter, ob die Überwachung das Ziel der technischen Einrichtung oder nur ein Nebeneffekt ist und ob die Daten, die die technische Einrichtung liefert, zur Überwachung tatsächlich ausgewertet werden oder nicht. Es genügt, dass die Einrichtung Daten liefert, die (unmittelbar oder mittelbar) Rückschlüsse auf das Verhalten oder die Leistung der Arbeitnehmer ermöglichen.[946] Damit unterliegt die automatisierte Verarbeitung von Beschäftigtendaten regelmäßig der Mitbestimmungspflicht des Betriebsrates nach § 87 Abs. 1 Nr. 6 BetrVG.

Folglich unterliegt auch eine Sekundärnutzung von Behandlungsdaten, wenn deren Ergebnisse (zunächst gleich, ob im Rahmen von Forschungsvorhaben oder Qualitätssicherungsmaßnahmen) Rückschlüsse auf die Qualität der durch einen Beschäftigten erfolgten Behandlung (und damit dessen Leistung) zulassen, der Mitbestimmung des Betriebsrates.

Bei der Forschung könnte man dem entgegenhalten, dass diese der Fortentwicklung des Standes der (medizinischen) Wissenschaft dienen und es einem Beschäftigten nicht als Schlechtleistung oder gar unangebrachtes Verhalten angelastet werden kann, wenn er „nur" nach dem aktuellen Stand der medizinischen Wissenschaft behandelt. Zudem ist die Forschung über Art. 5 Abs. 3 GG grundrechtlich besonders geschützt. Daher könnte es nach summarischer Prüfung vertretbar sein, die Forschung, auch soweit sie einen – allerdings nur indirekten, nicht intendierten und nicht weiterverwerteten – Bezug zu Leistung oder Verhalten von (bestimmbaren) Beschäftigten hat, aus der Mitbestimmungspflicht auszunehmen.

Für die beschäftigtenbezogene Qualitätssicherung, also bei jedenfalls nicht fern liegender Möglichkeit der Feststellung, ob ein Beschäftigter nach den gültigen Qualitätsstandards behandelt hat, wird man aber wohl eine Mitbestimmungspflicht annehmen müssen.

Soweit der Betriebsrat also einerseits ohnehin mitzubestimmen hat und andererseits eine Betriebsvereinbarung eine datenschutzrechtliche Erlaubnisnorm darstellen kann, kann es sich empfehlen, offensiv den Abschluss einer solchen Vereinbarung anzustreben. Am rechtssichersten wäre freilich eine Kombination von kollektiver Betriebsvereinbarung und individueller Einwilligung, wobei zumindest letzteres nicht zwingend erforderlich erscheint.

Dieser Exkurs wird auf der Ebene der Personalvertretungsgesetze des Bundes und der Länder sowie der Mitarbeitervertretungsgesetze der Kirchen nicht fortgesetzt. Es ist jedoch nicht unwahrscheinlich, dass auch diese Gesetze, die grundsätzlich auch für die den entsprechenden Trägern zugeordneten Kliniken gelten, vergleichbare Regelungen treffen.

15.3 Anwendungsbereich der Landesdatenschutzgesetze

Die Rechtslage nach den Landesdatenschutzgesetzen (LDSG) stellt sich nach summarischer Prüfung dem BDSG im Ergebnis vergleichbar dar.

---

946 Lembke in: Henssler/Willemsen/Kalb, Arbeitsrecht Kommentar, 3. Aufl. 2008, BDSG Einf., Rdnr. 81; eher die Ermöglichung unmittelbarer Rückschlüsse fordernd: Richardi in: Richardi (Hrsg.), BetrVG, § 87 Rdnr. 504f.

Alle Bundesländer bis auf Bayern haben in ihre LDSG für die Beschäftigten im öffentlichen Dienst inzwischen auch einen speziellen Paragrafen zur Datenverarbeitung in Dienst- und Arbeitsverhältnissen eingefügt. Diese enthalten neben der Erlaubnis zum Datenumgang für die Begründung, Durchführung und Beendigung von Beschäftigungsverhältnissen entweder Öffnungsklauseln für andere Aufgaben[947] oder sind wie § 32 BDSG nicht abschließend, so dass auf andere Erlaubnistatbestände wie die Notwendigkeit zur Erfüllung anderer Aufgaben, die Wahrung berechtigter Interessen sowie die Durchführung von Forschungsvorhaben zurückgegriffen werden kann.[948] Teils wird sogar die Einwilligung explizit als Erlaubnis zugelassen.[949]

In Bayern ist für Beschäftigungsverhältnisse im öffentlichen Bereich mangels spezieller Norm ohnehin auf allgemeine Erlaubnistatbestände zurückzugreifen.

Auch Dienstvereinbarungen nach den Landespersonalvertretungsgesetzen gelten insoweit als Rechtsvorschriften für den Umgang mit Beschäftigtendaten oder werden explizit als Erlaubnis eigener Art[950] genannt. Soweit die einschlägigen Erlaubnistatbestände für den geplanten Datenumgang nicht ausreichen, insbesondere weil beschäftigtenbezogene Übermittlungen stattfinden sollen, bietet sich der Abschluss einer Dienstvereinbarung an, welche allgemein zur Absicherung zu empfehlen ist.

15.4 Anwendungsbereich der kirchlichen Datenschutzgesetze

15.4.1 Kliniken der evangelischen Kirche

Im Bereich der evangelischen Kirche (Evangelische Kirche in Deutschland – EKD) entspricht § 24 DSG-EKD grundsätzlich der Regelung in § 32 BDSG. § 24 DSG-EKD ist jedoch viel detaillierter und umfangreicher als § 32 BDSG. So werden in § 24 Abs. 1 DSG-EKD ausdrücklich die Durchführung organisatorischer, personeller und sozialer Maßnahmen, insbesondere auch zu Zwecken der Personalplanung und des Personaleinsatzes, genannt. Als solche personelle Maßnahmen sind dabei auch Maßnahmen der Qualitätssicherung mit Beschäftigtenbezug anzusehen. Außerdem werden in § 24 Abs. 1 DSG-EKD ausdrücklich Tarifverträge und Dienstvereinbarungen als Erlaubnistatbestände genannt.

Im Unterschied zu § 32 BDSG verwendet § 24 Abs. 1 DSG-EKD die Formulierung, dass kirchliche Stellen mit Daten ihrer Beschäftigen „nur" zu den genannten Zwecken umgehen dürfen, was den Eindruck erweckt, die Norm habe im Gegensatz zu § 32 BDSG Ausschließlichkeitscharakter. Da jedoch im Gegensatz zu § 32 BDSG die Datenverarbeitung ausdrücklich erlaubt ist, wenn „eine Rechtsvorschrift" diese vorsieht, besteht im Ergebnis kein Unterschied, d.h. neben § 24 DSG-EKD können auch andere Erlaubnistatbestände herangezogen werden. Hier kommt für Forschungszwecke vor allem § 5 Abs. 2 Nr. 9 DSG-EKD in Betracht.

---

[947] Vgl. z.B. § 36 Abs. 1 LDSG BW: „Durchführung innerdienstlicher planerischer, organisatorischer, personeller, sozialer oder haushalts- und kostenrechnerischer Maßnahmen". Dieser Passus findet sich in den LDSG der meisten Bundesländer und dürfte Maßnahmen der internen Qualitätssicherung umfassen.
[948] Teils wird ergänzend explizit auf die Landesbeamtengesetze verwiesen, so in § 20 Abs. 1 LDSG HB.
[949] So § 29 Abs. 1 S. 1 LDSG BB für die Datenübermittlung an Stellen außerhalb des öffentlichen Bereichs, woraus a majore ad minus auf eine grundsätzliche Zulässigkeit der Einwilligung in interne Datenverarbeitung geschlossen werden kann.
[950] So wiederum z.B. § 36 Abs. 1 LDSG BW.

§ 24 Abs. 2 DSG-EKD regelt die Übermittlung von Beschäftigtendaten an Stellen außerhalb des kirchlichen Bereichs, wobei auch hier die Einschränkung „nur" vorgenommen wird, so dass damit nicht auf andere Erlaubnistatbestände zurückgegriffen werden kann. Bei Forschungszwecken kommt vor allem § 24 Abs. 2 Nr. 1 DSG-EKD in Betracht, der die Darlegung eines überwiegenden rechtlichen Interesses durch die empfangende Stelle erfordert. Hier erscheint jedoch besonders zweifelhaft, ob ein Forschungsinteresse als ein „rechtliches" angesehen werden kann. Auch kommt § 24 Abs. 2 Nr. 2 DSG-EKD in Betracht, der die Übermittlung zulässt, wenn Art oder Zielsetzung der dem Beschäftigten übertragenen Aufgaben dies erfordert. Dies kann gegeben sein, wenn Mitarbeiter von vornherein im Forschungsbereich eingesetzt werden. § 24 Abs. 2 Nr. 3 DSG-EKD kommt vorliegend nicht in Betracht, weil weder die Forschung noch die Qualitätssicherung im Interesse des Beschäftigten, der mit der „betroffenen Person" gemeint ist, liegen, dies aber jedenfalls nicht „offensichtlich" ist.

15.4.2 Kliniken der katholischen Kirche

In Kliniken katholischer Träger ist für den Beschäftigtendatenschutz zunächst § 10a KDO[951] einschlägig. Dieser entspricht weitgehend wörtlich § 32 BDSG mit der Ausnahme, dass von den Daten eines Beschäftigten explizit „Daten über die Religionszugehörigkeit, die religiöse Überzeugung und die Erfüllung von Loyalitätsobliegenheiten" mit umfasst sind, was sich auf den vorliegenden Kontext aber nicht auswirkt. § 2 Abs. 12 KDO definiert lediglich den Begriff des Beschäftigten. § 10a Abs. 1 KDO stellt wie § 32 BDSG auf die Zweckbestimmung des Beschäftigungsverhältnisses ab, lässt aber den Rückgriff auf andere Erlaubnistatbestände der KDO unberührt.

Der Rückgriff auf diese ist somit immer dann zulässig und möglich, wenn § 10a KDO als Erlaubnistatbestand für die Weitergabe von Beschäftigtendaten nicht ausreichend ist. Dies ist in den gleichen Fällen gegeben, in denen auch § 32 BDSG keine ausreichende Grundlage darstellt, somit insbesondere bei Forschungszwecken und bei Maßnahmen der Qualitätssicherung, die eine beschäftigtenbezogene Leistungskontrolle ermöglichen, aber nicht beabsichtigen.

Dabei entspricht § 28 Abs. 1 BDSG, der die Datenverarbeitung zu eigenen Zwecken regelt, § 10 Abs. 1 KDO. Danach ist das Speichern, Verändern oder Nutzen personenbezogener Daten zulässig, wenn es zur Erfüllung der in der Zuständigkeit der verantwortlichen Stelle liegenden Aufgaben erforderlich ist und es für die Zwecke erfolgt, für die die Daten erhoben worden sind. Eine § 28 Abs. 1 Satz 1 Nr. 2 BDSG vergleichbare Norm, die auf die Wahrnehmung berechtigter Interessen der verantwortlichen Stelle und eine Interessenabwägung abstellt, besteht dabei in der KDO nicht ausdrücklich. Qualitätssichernde Maßnahmen können jedoch als Aufgaben der verantwortlichen Stellen nach § 10 Abs. 1 KDO angesehen werden. Eine § 28 Abs. 1 Satz 1 Nr. 2 BDSG entsprechende Interessenabwägung kann jedoch in der KDO nicht verortet werden. Insbesondere können qualitätssichernde Maßnahmen nicht als Orga-

---

951 Hier wird das Muster des neuen § 10a KDO zugrunde gelegt, wie ihn die Diözesanvollversammlung mit Beschluss vom 18.11.2013 beschlossen hat und wie er beispielsweise schon von den Bistümern Hamburg und Fulda umgesetzt wurde. Mit einer Umsetzung durch alle Bistümer ist zeitnah zu rechnen.

nisationsuntersuchungen nach § 10 Abs. 3 KDO angesehen werden. Diese Norm besagt jedoch nur, dass solche Untersuchungen keine Zweckänderung darstellen.

Dem die Datennutzung zu Forschungszwecken regelnden § 28 Abs. 2 Nr. 3 BDSG entspricht § 10 Abs. 2 Nr. 9 KDO, der bis auf die Formel „im Interesse einer Forschungseinrichtung" wortgleich ist. Dabei regelt § 10 Abs. 2 KDO die Datennutzung bei Zweckänderung, während § 10 Abs. 1 KDO von einer Nutzung im Rahmen der Zweckerhebung ausgeht. Die Sekundärnutzung von Beschäftigtendaten in Patientenakten zu Forschungszwecken ist somit auch unter der KDO unter Einhaltung einer Interessenabwägung grundsätzlich zulässig.

Während § 28 BDSG neben der Datenerhebung und -speicherung sogleich auch deren Übermittlung regelt, wird diese in § 10 KDO nicht genannt. Vielmehr wird diese in den §§ 11, 12 KDO geregelt, wobei § 11 KDO die Weitergabe an kirchliche und öffentliche Stellen und § 12 KDO an nicht-kirchliche und nicht-öffentliche Stellen regelt. Dabei verweisen beide Normen zunächst auf die Voraussetzungen des § 10 KDO und stellen weiter darauf ab, dass die Datenübermittlung zur Aufgabenerfüllung der übermittelnden Stelle (bei § 11 KDO alternativ der empfangenden Stelle) erforderlich ist. § 12 Abs. 1 Nr. 2 KDO kommt dabei vorliegend keine Bedeutung zu. Denn dort wird auf ein Interesse der empfangenden Stelle abgestellt. Die Qualitätssicherung liegt jedoch immer nur im Interesse der übermittelnden Stelle. Bei der Forschung wäre zwar ein Interesse des Empfängers zu bejahen, sie wird aber schon über den Verweis auf § 10 in § 12 Abs. 1 Nr. 1 KDO erfasst. Beides, Qualitätssicherung und Forschung, wird daher über den Verweis auf § 10 erfasst. Ein Rückgriff auf § 12 Abs. 1 Nr. 2 KDO wäre daher nur dann erforderlich, wenn die Voraussetzungen des § 10 KDO nicht vorliegen.

Nach § 10a Abs. 3 KDO bleiben die Beteiligungsrechte nach der jeweils geltenden Mitarbeitervertretungsordnung (der Interessenvertretungen der Beschäftigten der katholischen Kirche) unberührt, so dass auch hier entsprechende Dienstvereinbarungen zur Absicherung herangezogen werden können.

16 Zivil- und strafrechtliche Folgen fahrlässiger Datenschutzverstöße

> *Welche zivil- und strafrechtlichen Folgen sind im Falle eines fahrlässigen Datenschutzverstoßes vorgesehen? Geben Sie einen Überblick über die entsprechenden Regelungen des Datenschutzrechts und anderer relevanter Rechtsbereiche. Stellen Sie auch die aktuelle Rechtspraxis dar. Beispielhaft kann eine unerlaubte Re-Identifikation eines betroffenen Probanden mit ggf. sich daraus ergebender Schweigepflichtverletzung betrachtet werden.*

Hinsichtlich der zivil- und strafrechtlichen Folgen von fahrlässigen Datenschutzverstößen ist in Bezug auf nicht-öffentliche Stellen aufgrund des bundeseinheitlichen Zivil- und Strafrechts keine Unterscheidung nach Bundesländern erforderlich. Soweit besondere landesrechtliche Haftungsvorschriften für öffentliche Stellen bestehen,[952] werden diese in der folgenden Betrachtung ausgenommen, da diese nur graduelle Unterschiede zu den hier behandelten Vorgaben aufweisen.[953]

---

952 Vgl. § 25 LDSG BW, Art. 14 LDSG BY, § 20 LDSG BB, § 18 LDSG BE, § 23 LDSG HB, § 20 LDSG HH, § 20 LDSG HE, § 27 LDSG MV, § 18 LDSG NI, § 20 LDSG NW, § 21 LDSG RP, § 24 LDSG SL, § 23 LDSG SN, § 18 LDSG ST, § 30 LDSG SH, § 18 LDSG TH.
953 Vgl. insoweit die Darstellung bei Quaas, in: Wolff/Brink (Hrsg.), BeckOK BDSG, Stand 01.05.2013, Ed. 6, § 7 Rdnr. 3.

16.1 Zivilrechtliche Folgen
16.1.1 § 7 BDSG – Verschuldensabhängige Haftung
16.1.1.1 Überblick

Als Grundnorm für eine zivilrechtliche Haftung für (fahrlässige) Datenschutzverstöße sieht das BDSG § 7 S. 1 BDSG vor. Dieser gilt sowohl gegenüber öffentlichen als auch gegenüber nicht-öffentlichen Stellen und ist auf Schadenersatz und Unterlassen gerichtet. Die Vorschrift ist weder abschließend noch ausschließlich gegenüber anderen Haftungsnormen zu verstehen.[954] In der Praxis kommt ihr, wie den Haftungsnormen für Datenschutzverstöße insgesamt, lediglich eine eingeschränkte Bedeutung zu.[955] So existieren insbesondere keine auf Grundlage des § 7 BDSG ergangenen und veröffentlichten Gerichtsentscheidungen.[956]

Nach § 7 S. 1 BDSG ist der Träger einer verantwortlichen Stelle dem Betroffenen zum Ersatz des Schadens verpflichtet, der dem Betroffenen infolge eines unzulässigen oder unrichtigen Datenumgangs entsteht. Träger der verantwortlichen Stelle ist im nicht-öffentlichen Bereich grundsätzlich die verantwortliche Stelle selbst und in Konstellationen einer Datenverarbeitung durch öffentliche Stellen die übergeordnete Entität (Bund, Land).[957] Unzulässig, d.h. rechtswidrig ist die Verarbeitung, wenn sie gegen datenschutzrechtliche Bestimmungen verstößt, worunter nicht nur solche des BDSG zu verstehen sind. So könnte beispielsweise eine Re-Identifikation eines Probanden unter dieses Merkmal fallen, wenn hierfür kein Erlaubnistatbestand besteht. Ein unrichtiger Datenumgang liegt vor, wenn Daten falsch oder unvollständig verarbeitet werden, so dass falsche Aussagen über den Betroffenen getroffen werden.[958]

Anspruchsberechtigt ist ausschließlich der Betroffene als natürliche Person, der einen Schaden erlitten hat.[959] Die Vorschrift ist als Verschuldenshaftung konzipiert, sodass die unzulässige oder unrichtige Datenverarbeitung vorsätzlich oder fahrlässig erfolgen muss. Unter Fahrlässigkeit ist nach § 276 Abs. 2 BGB grundsätzlich das Außerachtlassen der im Verkehr erforderlichen Sorgfalt zu sehen. Diese Vorgabe wird von § 7 BDSG insoweit modifiziert, als die verantwortliche Stelle die nach den Umständen des Falls gebotene Sorgfalt beachten muss, wodurch ein noch weitergehender Sorgfaltsmaßstab begründet wird.[960]

Ein Rechtsirrtum (falsche Annahme, rechtmäßig zu handeln) lässt im Zivilrecht zwar den Vorsatz für die rechtswidrige Handlung entfallen, begründet dort nach allgemeinen Grundsätzen allerdings einen Fahrlässigkeitsvorwurf, der nur dann entfällt, wenn der Irrtum unvermeidbar war.[961] Dies wäre der Fall, wenn den Schädiger keine

---
954 Gabel, in: Taeger/Gabel (Hrsg.), BDSG, § 7 Rdnr. 5; Gola/Schomerus, BDSG, § 7 Rdnr. 16.
955 Becker, in: Plath (Hrsg.), BDSG, § 7 Rdnr. 1.
956 Däubler, in: Däubler/Klebe/Wedde/Weichert (Hrsg.), BDSG, § 7 Rdnr. 3; Quaas, in: Wolff/Brink (Hrsg.), BeckOK BDSG, Stand 01.05.2013, Ed. 6, § 7 Rdnr. 3.
957 Vgl. Gola/Schomerus, BDSG, § 7 Rdnr. 14.
958 Ambs, in: Erbs/Kohlhaas (Hrsg.), Strafrechtliche Nebengesetze, BDSG, § 7 BDSG Rdnr. 3f.; Gabel, in: Taeger/Gabel (Hrsg.), BDSG, § 7 Rdnr. 8.
959 Vgl. Gola/Schomerus, BDSG, § 7 Rdnr. 6; Simitis, in: Simitis (Hg.), BDSG, § 7 Rdnr. 9.
960 Däubler, in: Däubler/Klebe/Wedde/Weichert (Hrsg.), BDSG, § 7 Rdnr. 15; Gabel, in: Taeger/Gabel (Hrsg.), BDSG, § 7 Rdnr. 12.
961 Vgl. Lorenz, in: Bamberger/Roth (Hrsg.), BeckOK BGB, Stand: 01.03.2011, Edition: 30, § 276 Rdnr. 11ff. Anders im Strafrecht, wo ein Verbotsirrtum den (tatbestandlichen) Vorsatz unberührt lässt und sich die Frage nach der Vermeidbarkeit des Irrtums als eigener Prüfungspunkt stellt, s.u. S. 339f.

Schuld daran träfe, dass er dem Irrtum unterlegen ist. Folgt er beispielsweise bei zwei entgegenstehenden Rechtsmeinungen ohne weitere Beratung der einen oder lässt er sich bei Zweifeln überhaupt nicht beraten, war sein Irrtum vermeidbar.[962]

Von Bedeutung ist dabei, dass § 7 Abs. 2 BDSG eine Beweislastumkehr vorsieht, wonach bei einem rechtswidrigen Datenumgang vermutet wird, dass dieser schuldhaft erfolgte. Nach allgemeinen Beweislastregeln müsste der Anspruchsteller, also der Betroffene, der sich in seinen Datenschutzrechten verletzt sieht, alle Anspruchsvoraussetzungen, d.h. auch das Verschulden der verantwortlichen Stelle, beweisen, was ihm durch die angesprochene Umkehrvorschrift abgenommen wird. Allerdings kann sich die verantwortliche Stelle exkulpieren, wenn ihr ein Entlastungsbeweis gelingt, d.h. sie beweisen kann, dass sie die nach den Umständen des Falls gebotene Sorgfalt angewandt hat. Dahingegen ist die Exkulpationsmöglichkeit des § 831 BGB für das Fehlverhalten der Mitarbeiter der verantwortlichen Stelle ausgeschlossen, da § 7 die verantwortliche Stelle als geschlossene Haftungseinheit ansieht,[963] ohne dass eine eigene Haftung unmittelbar gegen Mitarbeiter der verantwortlichen Stelle, den betrieblichen Datenschutzbeauftragten oder sonstige „Controller" möglich wäre.[964]

Der aus der rechtswidrigen Datenverarbeitung ursächlich entstandene Schaden umfasst alle materiellen Beeinträchtigungen, worunter nur Vermögensschäden, nicht jedoch immaterielle Schäden fallen.[965]

16.1.1.2 Auftragsdatenverarbeitung

Diese Maßstäbe gelten auch für die Haftung bei Datenverarbeitungen im Auftrag. Die volle Verantwortung verbleibt hier bei dem Auftraggeber, der weiterhin als verantwortliche Stelle im Sinne von § 3 Abs. 7 BDSG anzusehen ist und sich das Verhalten des Auftragnehmers nicht – wie üblich – nach § 278 BGB, sondern unmittelbar nach § 11 BDSG zurechnen lassen muss. Ein Schadenersatzanspruch nach § 7 BDSG ist demnach in Konstellationen einer Auftragsdatenverarbeitung ausschließlich gegen den Auftraggeber zu richten.[966] Lediglich in Fällen, in denen sich der Auftragnehmer zum „Datenherr" aufschwingt, d.h. die Daten entgegen den Weisungen des Auftraggebers verarbeitet, kommt seine eigene Inanspruchnahme durch den Betroffenen in Betracht.[967]

16.1.2 § 8 BDSG – Gefährdungshaftung für öffentliche Stellen

Nach § 8 Abs. 1 BDSG, der neben § 7 BDSG Anwendung finden kann,[968] besteht für den Träger öffentlicher Stellen eine verschuldensunabhängige Haftung für eine unzuläs-

---

[962] Vgl. Unberath, in Bamberger/Roth (Hg.), BGB, § 276 Rdnr. 30, § 286 Rdnr. 56ff.
[963] Däubler, in: Däubler/Klebe/Wedde/Weichert (Hrsg.), BDSG, Kommentar, § 7 Rdnr. 15; Gabel, in: Taeger/Gabel (Hrsg.), BDSG, § 7 Rdnr. 13; a.A. Becker, in: Plath (Hrsg.), BDSG, § 7 Rdnr. 17.
[964] Däubler, in: Däubler/Klebe/Wedde/Weichert (Hrsg.), BDSG, § 7 Rdnr. 8f.; Quaas, in: Wolff/Brink (Hrsg.), BeckOK BDSG, Stand 01.05.2013, Ed. 6, § 7 Rdnr. 43.
[965] Gabel, in: Taeger/Gabel (Hrsg.), BDSG, § 7 Rdnr. 10; Gola/Schomerus, BDSG, § 7 Rdnr. 12.
[966] Vgl. Gabel, in: Taeger/Gabel (Hrsg.), BDSG, § 7 Rdnr. 15; Spoerr, in: Wolff/Brink (Hrsg.), BeckOK BDSG, Stand: 01.11.2013, Ed. 6, § 11 Rdnr. 83.
[967] Simitis, in: Simitis (Hg.), BDSG, § 7 Rdnr. 11; Quaas, in: Wolff/Brink (Hg.), BeckOK BDSG, Stand 01.05.2013, Ed. 6, § 7 Rdnr. 41.
[968] Gabel, in: Taeger/Gabel (Hrsg.), BDSG, § 8 Rdnr. 4.

sige oder unrichtige automatisierte Verarbeitung von personenbezogenen Daten. Da es sich bei § 8 BDSG um eine Gefährdungshaftung handelt, die kein Verschulden voraussetzt, und die Tatbestandsvoraussetzungen damit umso leichter zu bejahen sind, sieht § 8 Abs. 3 BDSG eine Begrenzung der Haftungssumme auf 130.000 Euro vor. Bei einer schweren Verletzung des Persönlichkeitsrechts hat der Betroffene nach § 8 Abs. 3 BDSG im Gegensatz zu § 7 BDSG einen Anspruch auf ein angemessenes Schmerzensgeld. In Fällen, in denen mehrere öffentliche Stellen gemeinsam Zugriff auf einen Datenpool haben, kann jede dieser Stellen der Haftung unterliegen, wenn sich die speichernde Stelle nicht feststellen lässt (§ 8 Abs. 4 BDSG).

16.1.3 § 823 Abs. 1 und 2 BGB – Verschuldensabhängige Haftung

Da das allgemeine Persönlichkeitsrecht des Betroffenen als „sonstiges Recht" grundsätzlich gegen jegliche deliktische Beeinträchtigungen geschützt ist, können sich Schadenersatzansprüche bei schuldhafter Verletzung auch aus § 823 Abs. 1 BGB ergeben. Dieser umfasst auch immaterielle Schäden,[969] greift in der Praxis der Gerichte aufgrund geringer Fallzahlen aber nur sehr selten durch.[970] Dabei sind Ansprüche aus § 823 BGB insbesondere nicht durch § 7 BDSG ausgeschlossen.[971] Hinsichtlich des Verschuldensmaßstabs gilt § 276 Abs. 2 BGB, wonach eine fahrlässige Persönlichkeitsverletzung in Betracht kommt, wenn der Handelnde die im Verkehr erforderliche Sorgfalt außer Acht lässt, ihn also z.B. auch ein Organisationsverschulden trifft.

Wird eine datenschutzrechtliche Vorschrift verletzt, die nicht nur allgemeinen Interessen, sondern vielmehr gerade dem individuellen Schutz des Betroffenen zu dienen bestimmt ist, also als Schutzgesetz im Sinne von § 823 Abs. 2 BGB anzusehen ist, so käme auch hieraus ein Anspruch in Betracht. Im Einzelnen ist allerdings umstritten, welchen Normen der Charakter eines Schutzgesetzes zukommen kann. Vertreten wird insbesondere, dass jede datenschutzrechtliche Norm ein Schutzgesetz darstellen soll.[972]

Der Anspruch kann auch gegen eine juristische Person geltend gemacht werden. Dann müsste sich diese das schuldhafte Handeln ihrer Organe nach den §§ 30, 31, 89 BGB zurechnen lassen können.

16.1.4 § 280 Abs. 1 in Verbindung mit § 241 Abs. 2 BGB – Vertragliche Haftung

Daneben kommt auch eine vertragliche Haftung auf Schadensersatz in Betracht,[973] denn eine rechtswidrige Datenverarbeitung bedeutet regelmäßig zugleich auch die Verletzung einer vertraglichen Nebenpflicht des (Behandlungs-)Vertrags.[974] Ein Verschulden der verantwortlichen Stelle würde hier – ähnlich wie bei § 7 Abs. 2 BDSG –

---

969 Gabel, in: Taeger/Gabel (Hrsg.), BDSG, § 7 Rdnr. 10.
970 Vgl. die Darstellung bei Gabel, in: Taeger/Gabel (Hrsg.), BDSG, § 7 Rdnr. 26.
971 Gola/Schomerus, BDSG, § 7 Rdnr. 18a.
972 Vgl. Däubler, in: Däubler/Klebe/Wedde/Weichert (Hrsg.), BDSG, § 7 Rdnr. 33; Gola/Schomerus, BDSG, § 7 Rdnr. 18b; differenzierend Gabel, in: Taeger/Gabel (Hrsg.), BDSG, § 7 Rdnr. 27.
973 Insoweit auch zugunsten juristischer Personen, was von Bedeutung sein kann, wenn die verantwortliche Stelle beispielsweise bei einem Auftragsdatenverarbeiter wegen eines Datenlecks Rückgriff nehmen möchte.
974 Gola/Schomerus, BDSG, § 7 Rdnr. 18.

nach § 280 Abs. 1 S. 2 BGB vermutet werden und könnte nur über einen Entlastungsbeweis abgewehrt werden. Das Verhalten von zur Erfüllung eingesetzten Personen müsste sich die verantwortliche Stelle nach § 278 BGB zurechnen lassen.[975]

16.1.5 Sonstige Haftungsnormen

Im Übrigen besteht parallel zu den obigen Vorschriften mit den Bestimmungen des Staatshaftungsrechts (§ 839 BGB, Art. 34 GG) ein weiteres Haftungsregime für öffentliche Stellen bzw. deren Bedienstete, für die § 823 BGB nicht gilt.[976] Für nicht öffentliche Stellen ist ferner auf § 831 BGB zu verweisen, wonach eine verantwortliche Stelle auch für das Fehlverhalten ihrer Mitarbeiter haften kann. Prinzipiell kann schließlich auch § 824 oder § 826 BGB einschlägig sein.[977]

16.2 Strafrechtliche Folgen

Strafrechtliche Sanktionen für Datenschutzverstöße sehen insbesondere § 44 BDSG und § 203 StGB vor. Die Vorschriften setzen aber zumindest eine (bedingt) vorsätzliche Begehungsweise voraus (§ 15 StGB), so dass fahrlässige Verstöße gegen datenschutzrechtliche Vorgaben strafrechtlich nicht sanktioniert werden. Dass nur fahrlässig gegen Datenschutzvorschriften verstoßen wird, strafrechtlich aber (bedingter) Vorsatz etwa in Bezug auf eine Verletzung der Verschwiegenheitspflicht aus § 203 StGB anzunehmen wäre, erscheint eher fernliegend.

16.2.1 Abgrenzung: Bedingter Vorsatz und bewusste Fahrlässigkeit

Unter bedingtem Vorsatz im strafrechtlichen Sinne ist zu verstehen, dass der Täter handelt, obwohl er die hinreichend wahrscheinliche Möglichkeit des Eintritts eines Straftatbestandes ernstlich erkennt, diesen aber billigend in Kauf nimmt.[978] Hiervon abzugrenzen ist die bloße bewusste Fahrlässigkeit, bei der der Täter die Möglichkeit gleichsam erkennt, auf den Nichteintritt des strafbaren „Erfolges" aber sicher vertraut.

16.2.2 Abgrenzung: Normativer Verbotsirrtum und faktische Fahrlässigkeit

Zu beachten ist allerdings, dass ein Irrtum bzw. die Nachlässigkeit auf normativer Ebene (unrichtige Annahme, rechtmäßig zu handeln) im Strafrecht nicht zu bloßer Fahrlässigkeit führt, sondern den Vorsatz für eine bestimmte Datenverarbeitung unberührt lässt.[979] Hier würde sich allerdings die Frage stellen, welche sonstigen, eine Sanktion ausschließenden oder abmildernden Folgen der dann vorliegende Verbotsirrtum hat.

---

975 Gabel, in: Taeger/Gabel (Hrsg.), BDSG, § 7 Rdnr. 24.
976 Gola/Schomerus, BDSG, § 7 Rdnr. 17.
977 Näher dazu Simitis, in: ders. (Hrsg.), BDSG, § 7 Rdnr. 68.
978 Hierzu und zur Abgrenzung von der bewussten Fahrlässigkeit: Fischer, StGB, § 15 Rdnr. 9ff.
979 Anders als im Zivilrecht, wo der Verbotsirrtum den Vorsatz ausschließt, aber zu einer möglichen Fahrlässigkeitshaftung führt, s.o. S. 336 und Vogel, in: Laufhütte/Rissing-van Saan/ Tiedemann (Hg.), Leipziger Kommentar zum StGB, § 17, Rdnr. 120.

Im Bereich des Strafrechts schließt ein unvermeidbarer Verbotsirrtum Schuld und damit auch Strafe aus: „Fehlt dem Täter bei Begehung der Tat die Einsicht, Unrecht zu tun, so handelt er ohne Schuld, wenn er diesen Irrtum nicht vermeiden konnte" (§ 17 S. 1 StGB). Hätte der Täter hingegen den Irrtum vermeiden können, insbesondere durch rechtliche Beratung, kann die Strafe lediglich gemildert werden (§ 17 S. 1, § 49 Abs. 1 StGB), sie muss es aber nicht – dies obliegt letztlich der Würdigung des zuständigen Gerichts.

Die Anforderungen, die an den Täter bei der Prüfung der Vermeidbarkeit gestellt werden, sind höher als bei der Beurteilung der Fahrlässigkeit. Der Täter muss „alle seine Erkenntniskräfte und sittlichen Wertvorstellungen" anstrengen.[980] Ein solcher vermeidbarer Verbotsirrtum besteht beispielsweise, wenn ein Arzt ohne genaue Prüfung eine nicht gegebene Offenbarungsbefugnis annimmt. Hier ist ähnlich wie im Zivilrecht eine Vermeidbarkeit des Irrtums anzunehmen, wenn beispielsweise bei zwei entgegenstehenden Rechtsmeinungen ohne weitere Beratung der einen gefolgt wird oder wenn der Täter sich bei Zweifeln überhaupt nicht beraten lässt.[981]

Hingegen ist der rein faktisch fahrlässig handelnde Täter straflos, da in § 203 StGB lediglich die vorsätzliche Begehung unter Strafe gestellt ist. Der „Arzt, der fahrlässig seine Kartei verliert", wird folglich nicht bestraft.[982] Ein vorsätzliches Unterlassen gebotener Sicherheitsvorkehrungen, die zum Verlust von Patientendaten führen, kann jedoch strafbar sein.[983]

16.3 Ergebnis

Bei fahrlässigen Datenschutzverstößen kann die verantwortliche Stelle bzw. deren Träger zivilrechtlichen Schadensersatzansprüchen ausgesetzt sein. Eine Verschuldenshaftung besteht insoweit für öffentliche und nicht-öffentliche Stellen nach § 7 BDSG. Für öffentliche Stellen kommt sogar eine Gefährdungshaftung aus § 8 BDSG in Betracht. Darüber hinaus gelten die allgemeinen vertragsrechtlichen (§ 280 Abs. 1 in Verbindung mit § 241 Abs. 2 BGB) und deliktischen (§ 823 Abs. 1, 2 BGB) Haftungsregime. Gegenüber öffentlichen Stellen können ferner die staatshaftungsrechtlichen Vorschriften greifen.

Die Bedeutung dieser Vorschriften ist in der Praxis aber eher gering, was daran liegen kann, dass Datenschutzverstöße für den einzelnen Betroffenen oft nicht feststellbar sind, i.d.R. keine bezifferbaren Schäden verursachen und diesen oft bereits durch die Betroffenenrechte (Berichtigung, Löschung etc.) wirksam begegnet werden

---

980 BGH, Urt. v. 23.12.1952 – 2 StR 612/50, BGHSt 4, 1, 5.
981 Vgl. oben S. 336.
982 Ulsenheimer, in Laufs/Kern (Hg.), Handbuch des Arztrechts, § 145 Rdnr. 4.
983 Fischer, StGB, § 203 Rdnr. 30b: „Wer aus Bequemlichkeit darauf verzichtet, seinen Schreibtisch aufzuräumen oder seinen PC vor Zugriffen zu schützen und die Kenntniserlangung Dritter in Kauf nimmt, offenbart durch Unterlassen". Auf den ersten Blick etwas widersprüchlich insoweit Ulsenheimer, in: Laufs/Kern (Hg.), Handbuch des Arztrechts, der in § 145 Rdnr. 4 ausführt, dass ein Arzt, der seine Kartei fahrlässig nicht gegen Diebstahl sichert, nicht strafbar ist, während in § 66 Rdnr. 9 angeführt wird, dass ein Offenbaren auch durch Unterlassen begangen werden kann, z.B. wenn der Arzt Patientenunterlagen unverschlossen liegen lässt. Maßgeblich wird insoweit die Abgrenzung zwischen (bewusster) Fahrlässigkeit und (bedingtem) Vorsatz sein. S. auch oben S. 48f.

kann.[984] Eine Verurteilung auf Schmerzensgeld (§ 254 Abs. 2 BGB) ist allerdings möglich.

Die strafrechtlichen Vorgaben insbesondere der § 44 BDSG und § 203 StGB setzen ein (bedingt) vorsätzliches Verhalten voraus und finden bei bloß fahrlässigen Datenschutzverstößen folglich keine Anwendung.

---

[984] Vgl. Becker, in: Plath (Hrsg.), BDSG, § 7 Rdnr. 1; Quaas, in: Wolff/Brink (Hrsg.), BeckOK BDSG, Stand 01.05.2013, Ed. 6, § 7 Rdnr. 3.

17 Rechtspolitisches Schlusswort

Im Anschluss an die Bewertung der Sekundärnutzung medizinischer Behandlungsdaten nach geltendem Recht seien dem Verfasser die folgenden rechtspolitischen Betrachtungen gestattet, die ausschließlich seine persönliche Auffassung widerspiegeln:

Das Datenschutzrecht soll die grundsätzlich berechtigten Interessen, welche durch die Sekundärnutzung medizinischer Behandlungsdaten berührt werden, zu einem angemessenen Ausgleich führen. Zu diesen Interessen gehört einerseits das informationelle Selbstbestimmungsrecht der von der Datenverarbeitung betroffenen Patienten und damit auch deren berechtigte Vertraulichkeitserwartungen. Auf der anderen Seite stellen auch Qualitätssicherung und Forschung, welche letztlich wieder der Gesamtheit der Patienten zugutekommen können, legitime Zwecke dar.

Die föderale Datenschutzordnung in Deutschland geht bei diesem Ausgleich viele unterschiedliche Wege, sowohl was die Wegstrecke über rechtstechnische Verästelungen als auch was das Ziel angeht. Teils werden die genannten Interessen dabei unterschiedlich gewichtet, mit dem Ergebnis, dass Qualitätssicherung und Forschung nicht nur formell, sondern auch materiell in den einzelnen Bundesländern sehr verschieden geregelt sind.

Dieser Föderalismus und die durch ihn ermöglichte Vielfalt von Regelungsansätzen kann durchaus Vorteile haben. Er schafft einen gewissen Wettbewerb der (Teil-)Rechtsordnungen, der als Erprobungsverfahren angesehen werden kann und in dem – im verfassungsrechtlichen Rahmen – juristische „Experimente" durchgeführt werden können. Bewährte Regelungen eines Landes können so als Vorbild für Verbesserungen in anderen Gliedern des Bundesstaates dienen. Außerdem kann Föderalismus die Wertvorstellungen der Bürger in der möglichen Vielfalt ihrer regionalen Verteilung besser zur Geltung bringen und damit auch die Akzeptanz des Rechts sichern.

Wenn aber im Wesentlichen gemeinsame Werte akzeptiert werden und dennoch auf Dauer eine extrem zerklüftete föderalistische Rechtslandschaft bestehen bleibt, kann das eine unnötige Belastung der hierdurch Verpflichteten darstellen, die zudem der praktischen Wirksamkeit der (unübersichtlichen) Rechtslage auch im Interesse der Betroffenen bzw. Berechtigten nicht unbedingt dienlich ist. Dies gilt vorliegend gerade im Fall der Verbundforschung über mehrere Bundesländer hinweg.

Insofern tut nach Auffassung des Autors mehr Einheit statt Vielfalt im hier untersuchten Bereich Not. Über die im Entwurf vorliegende EU-Datenschutz-Grundverordnung könnte sogar EU-weit eine solche Vereinheitlichung erreicht werden. Gerade in Bezug auf in der Regel sensible Gesundheitsdaten stellt sich allerdings die Frage, ob in einer solch großen Rechtsgemeinschaft nicht weiterhin eine Erhöhung des Schutzniveaus, sei es auch in gewissem, unionsrechtlich vorgegebenen Rahmen, nach mitgliedstaatlichen Präferenzen möglich bleiben sollte.

Anbieten würden sich aber in jedem Fall zwischen den Bundesländern, möglichst auch unter Einbeziehung des Bundes, intensiver abgestimmte Musterregelungen zum Datenschutz im Krankenhausbereich. Dies gilt insbesondere für die nicht selten länderübergreifend organisierte Forschung. Für die einzelnen Landesgesetzgeber wären solche Musterregelungen zwar nicht bindend, sie sollten von diesen aber nur aus triftigen Gründen abweichen.

Es ist zwar festzustellen, dass sich die Aufsichtsbehörden für den Datenschutz in Bund und Ländern gerade in Bezug auf die Verbundforschung um eine Abstimmung sowie eine möglichst einheitliche Auslegung und Anwendung der unterschiedlichen Gesetze bemühen. Einem solchen Bemühen sind jedoch aufgrund der Unterschiedlichkeit der verschiedenen Rechtsgrundlagen Grenzen gesetzt. Im Sinne der Rechtssicherheit bietet sich daher eine gesetzgeberische Angleichung oder Annäherung dieser Grundlagen an.

In inhaltlicher Hinsicht bieten manche Bundesländer nach hier vertretener Meinung schon heute angemessene Regelungen, in anderen sollte der Forschung dagegen mehr Freiraum gelassen werden.

Gerade die rein interne Datenverwendung durch ohnehin behandelndes Personal oder dessen unmittelbares Umfeld in der Fachabteilung der jeweiligen Behandlungseinrichtung sollte für Zwecke eigener Qualitätssicherung oder der Eigenforschung im Regelfall ohne besondere Einzelfallabwägung oder einen konkreten Vorhabensbezug gesetzlich zugelassen werden. Dies sollte für die Dauer der ohnehin aufgrund von Dokumentationspflichten angezeigten Aufbewahrung der Ausgangsdaten gelten.

Für eine Übermittlung von Patientendaten an Dritte ohne Einwilligung, also allein aufgrund einer gesetzlichen Forschungsklausel, erscheint dagegen eine vorhabensoder einzelfallbezogene Abwägung zwar angezeigt. Wie auch bei anderen Abwägungsklauseln und (teils sogar rein kommerziellen) berechtigten Interessen sollte hier aber in Erwägung gezogen werden, ein einfaches statt des für die Forschung oft geforderten erheblichen Überwiegens des wissenschaftlichen Interesses gegenüber dem Interesse des Betroffenen am Ausschluss der Datenverarbeitung genügen zu lassen.

Die einrichtungsübergreifende Pseudonymisierung durch einen Datentreuhänder sollte auch für Zwecke allgemeiner Forschungsregister mit Einwilligung des betroffenen Patienten zugelassen werden, denn die Einwilligung ist elementarer Ausdruck der informationellen Selbstbestimmung, wenn sie tatsächlich freiwillig erfolgt. Letzteres könnte durch entsprechende Rahmenbedingungen weiter abgesichert werden, beispielsweise über das Verbot, eine entsprechende Einwilligung zum Bestandteil allgemeiner Aufnahmebedingungen von Kliniken zu machen.

18 Anhang Teil 1

18.1 Pflichtenheft (Auszug)

18.1.1 Einleitung

Die Vergabe des zu erstellenden Gutachtens zur „Sekundärnutzung medizinischer Behandlungsdaten" erfolgt im Rahmen des vom BMWi geförderten Projekts cloud4health.[985] Das vorliegende Pflichtenheft stellt zunächst den Projekthintergrund dar und skizziert die im Projekt adressierten Anwendungsfälle, die beispielhaft für eine ganze Reihe relevanter Szenarien zur Sekundärnutzung klinischer Routinedaten sind. Diese einleitenden Abschnitte sind somit für die Einordnung und das Verständnis des anschließend aufgeführten Fragenkatalogs essentiell.

Ziel des hier beschriebenen Gutachtens ist eine möglichst konkrete und praxisnahe Unterstützung späterer Anwender der vom Projekt cloud4health erarbeiteten Technologien und Methoden zur Sekundärnutzung medizinischer Behandlungsdaten. Entsprechend adressiert der zentrale Abschnitt des eigentlichen Fragenkatalogs die konkreten rechtlichen Rahmenbedingungen eines Anwenders in Abhängigkeit von der Art der medizinischen Einrichtung und des betroffenen Bundeslandes. In Ergänzung zu dem Fragenkatalog sind zudem zu erstellende Mustertexte beschrieben, die ebenfalls die praktische Unterstützung späterer Anwender fokussieren.

[…]

---

985   www.cloud4health.de.

18.1.2 Sekundärnutzung medizinischer Daten im Projekt cloud4health

Die systematische Analyse von bereits vorliegenden medizinischen Behandlungsdaten stellt eine vielversprechende Methode zur Unterstützung der medizinischen Forschung und Qualitätssicherung im Gesundheitsbereich dar. Sowohl national als auch international werden aktuell in einer Vielzahl von Projekten Technologien sowie Organisations- und Verwertungsmodelle entwickelt, die auf den „Rohstoff" medizinische Behandlungsdaten abzielen und die Sekundärnutzung dieser medizinischen Daten im Sinne einer wissenschaftlichen oder ökonomischen Weiterverwertung außerhalb des Behandlungskontexts anstreben.

Die TMF ist in mehreren Forschungsprojekten beteiligt, die die Sekundärnutzung klinischer Routinedaten zum Gegenstand haben. Hier steht speziell das Projekt „cloud4health" im Fokus, in dem semantische Technologien zu Produktlösungen integriert werden, mit denen klinische Rohdaten für Sekundärzwecke verfügbar gemacht werden können. Die Rohdaten beinhalten sowohl strukturierte Primärdaten (z.B. Diagnosen, Prozeduren und Labordaten) als auch Daten, die in unstrukturierter oder semi-strukturierter Form vorliegen (z.B. Arztbriefe, Pathologie- und Radiologie-Berichte, Medikationen). Aus unstrukturierten Daten werden mit Hilfe von Textanalyse-Technologien und standardisierten Terminologien relevante Informationen extrahiert, in ein standardisiertes Datenformat überführt und strukturiert abgespeichert. Aus technischer Sicht werden Textanalyse-Technologien und Data-Warehouse-Ansätze miteinander verbunden, wobei der rechenintensive Teil der Datenverarbeitung innerhalb einer Cloud-Infrastruktur[986] stattfindet. Im Ergebnis können autorisierte Anwender/Forscher auf diese nunmehr strukturierten Daten zugreifen und mit selbst definierten Suchbegriffen recherchieren, um so Erkenntnisse über Ergebnisse verschiedener Behandlungen, Therapien oder neuer medizinischer Anwendungen zu gewinnen.

Die generelle Zielsetzung ist es, mit Hilfe dieser Technologie eine bessere Behandlungsqualität, mehr Sicherheit für die Patienten und eine Kostensenkung im Gesundheitswesen zu erreichen.

18.1.2.1 Beteiligte Akteure und ihre Aufgaben

Krankenhäuser und Arztpraxen: Sie stellen gemäß vorab definierten Einschlusskriterien die relevanten Dokumente (Arztbriefe, OP-Berichte, Laborwerte usw.) aus ihrem Krankenhausinformationssystem (KIS) oder elektronischen Patientenakten zusammen. Mitarbeiter dieser Einrichtungen verarbeiten mit Hilfe spezieller Software die Dokumente soweit vor, dass diese keine direkt personenbezogenen Merkmale mehr aufweisen. Die so anonymisierten oder pseudonymisierten Behandlungsdaten werden zur klinikinternen oder klinikexternen Weiterverarbeitung zur Verfügung gestellt.

Cloud-Provider: Er stellt die Cloud-Infrastruktur zur Verfügung und ist verantwortlich für Sicherheitsmaßnahmen innerhalb der Cloud. Zusammen mit den Kliniken ist er zuständig für die gesicherte Übertragung der Daten von den Kliniken in die Cloud und zurück.

---

986 eine beispielhafte allgemeine Definition findet sich unter: http://www.cloud.fraunhofer.de/de/faq/cloud.html.

Software-Hersteller: Er ist Hersteller der beim Cloud-Provider eingesetzten Software und für die Wartung der Software verantwortlich. Ein weiterer Akteur ist Hersteller der in den Kliniken eingesetzten Software. Neben den klinikinternen IT-Administratoren hat er ebenfalls die Aufgabe, diese Software zu warten und zu aktualisieren. Für den ordnungsgemäßen Einsatz der Software in der Klinik muss ggf. von dort auf Ressourcen zugegriffen werden, die im organisatorischen Bereich des Software-Herstellers liegen (z.B. auf Informationen in einer Datenbank).

Forscher/Anwender: Diese Benutzergruppe definiert mit ihren Fragestellungen die Anforderungen an die bereitzustellenden Daten und wertet diese anschließend nach allen Aufbereitungsschritten aus. Sie wird auf eine Nutzungsordnung verpflichtet, die eine zweckgebundene Verwendung vorschreibt und eine Weitergabe der Daten verbietet. Mögliche Nutzer und Anwender der künftigen Infrastruktur sind neben akademisch orientierten Forschern auch Pharmafirmen, Krankenkassen und andere Organe der Selbstverwaltung oder weitere Einrichtungen, die Versorgungsforschung oder Qualitätssicherung betreiben.

Datentreuhänder: Abhängig von der Organisationsstruktur kann es eine vertrauenswürdige Stelle geben, welche die Identifikationsdaten, Zuordnungslisten und Verschlüsselungsalgorithmen verwahrt. Diese vertrauenswürdige Stelle ist rechtlich, räumlich und personell selbstständig und unabhängig. Sie ist regelungsgebunden aber weisungsunabhängig.[987]

Zentrale Organisation: Ebenfalls von der Organisationsstruktur abhängig, kann eine zentrale Organisation die Koordinierung und Bereitstellung der gesamten Infrastruktur übernehmen. Sie ist zentraler Vertragspartner für alle beteiligten Stellen (s. Abb. 1). Die zentrale Organisation stellt in dieser Organisationsstruktur die verantwortliche Stelle dar und fungiert als Auftragnehmer gegenüber dem Kunden (Anwender/Forscher).

18.1.2.2 Datenfluss

Der Datenfluss kann schematisch dem Schaubild in Abbildung 2 entnommen werden.

Die Quelle des Datenflusses liegt in den jeweiligen Kliniken, Krankenhäusern oder Arztpraxen. Anonymisierte oder pseudonymisierte Behandlungsdaten werden in einer Cloud-Infrastruktur aufbereitet und der datenliefernden Stelle in strukturierter Form zurück gespielt. Das Ende des Datenflusses liegt in einem sogenannten Studienportal, in dem diese strukturierten Daten längerfristig abgelegt werden. Hierüber erfolgt auch der Zugriff der autorisierter Anwender und Forscher. Mit Hilfe der dort zur Verfügung stehenden Software kann diese Benutzergruppe den Datenbestand weiter verarbeiten, durchsuchen und analysieren.

---

[987] vergl.:
- Metschke, R., Wellbrock, R. Datenschutz in Wissenschaft und Forschung. 2002. Berliner Beauftragter für Datenschutz und Informationsfreiheit, http://www.datenschutz-berlin.de/attachments/47/Materialien28.pdf.
und
- Dierks, C. Rechtsgutachten zur elektronischen Datentreuhänderschaft. 2008. TMF, http://www.tmf-ev.de/produkte/P052011

I Sekundärnutzung medizinischer Behandlungsdaten

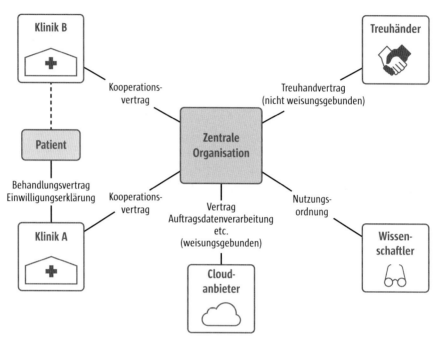

Abb. 1 Exemplarische Struktur der rechtlich-organisatorischen Beziehungen unter Modell 3.

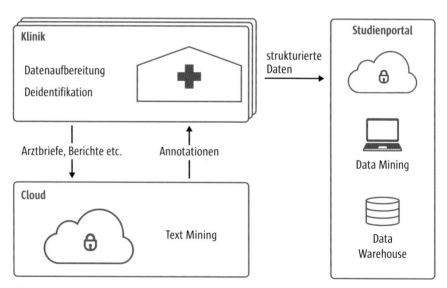

Abb. 2 Verarbeitungsschritte und Datenfluss der medizinischen Behandlungsdaten im Projekt cloud4health

18.1.2.3 Architekturmodelle

Zur Sekundärnutzung medizinischer Behandlungsdaten wurde in dem Projekt cloud4health eine Rahmenarchitektur mit drei unterschiedlichen Modellvarianten entwickelt, die verschiede Nutzungsszenarien ermöglichen und sich hinsichtlich ihrer Komplexität und Leistungsfähigkeit unterscheiden.

Nach **Modell 1** wird eine hinreichende Anonymisierung der Behandlungsdaten lokal, also innerhalb des Krankenhauses vorgeschaltet, bevor eine Strukturierung durch Text-Mining in einer Cloud-Infrastruktur erfolgt. Die Einholung einer Einwilligung der Patienten ist hier nicht vorgesehen. In diesem Modell ist aufgrund der Anonymisierung die Rückführung der in der Cloud verarbeiteten, strukturierten Behandlungsdaten zu einzelnen Patienten nur unter unverhältnismäßig hohem Aufwand möglich. Um die Anonymität der Daten dauerhaft zu gewährleisten, werden diese in der Cloud nur kurzzeitig gespeichert und verarbeitet und stehen in diesem Zeitfenster nur im Zugriff ausgewählten administrativen Personals des Cloud-Anbieters zu vorgegebenen administrativen Zwecken. Die von den behandelnden Einrichtungen für die weitere Auswertung in das Studienportal hochgeladenen strukturierten Daten werden bei Bedarf ggf. k-anonymisiert.

Im **Modell 2** ist eine klinikinterne Re-Identifizierung ausdrücklich vorgesehen. Im Unterschied zu Modell 1 werden die Behandlungsdaten nicht anonymisiert, sondern pseudonymisiert zur Weiterverarbeitung in die Cloud übermittelt. Nur innerhalb der Klinik existiert ein Schlüssel zur Zuordnung der verarbeiteten Daten zu den einzelnen Patienten, ggf. wird auch die Cloud-Infrastruktur als lokale Cloud innerhalb der behandelnden Einrichtung angesiedelt sein. Ebenso wie in Modell 1 ist die Einholung einer Einwilligung der Patienten nicht vorgesehen. Als Rechtsgrundlage für die pseudonyme Verarbeitung kommen ggf. Landeskrankenhausgesetze oder analoge Regelungen in Betracht. Die Aufarbeitung der hierfür in Frage kommenden gesetzlichen Rahmenbedingungen ist zentraler Bestandteil des hier ausgeschriebenen Gutachtens.

Für die Verarbeitung nach **Modell 3** wird eine Einwilligung der Patienten eingeholt. Im Unterschied zu Modell 2 kann die Pseudonymisierung hier klinikübergreifend, unter Einbeziehung einer vertrauensvollen Stelle (Trustee/Treuhänder), die das Pseudonym vergibt und verwaltet, organisiert werden. Dieses Modell gestattet die Rückführbarkeit von Patientendaten und die Nachverfolgung von Patienten im Falle eines Klinikwechsels sowie die Zusammenführung ihrer Daten. Die hierfür notwendige Koordinierung und Bereitstellung der klinikübergreifenden Infrastruktur verantwortet eine zentrale Organisation (siehe auch Kap. I.18.1.2.1 und Abb. 1). Sie steht als verantwortliche Stelle in besonderer Verpflichtung gegenüber den Patienten. Sie erzielt mit ihren Dienstleistungen einen organisatorisch-wirtschaftlichen Mehrwert unter Einhaltung eines klar definierten Aufgabenbereichs und unter Gewährleistung der Rechtskonformität gegenüber den beteiligten Kliniken. Die rechtlichen Voraussetzungen sind hierfür zu prüfen und in Form von Mustertexten zur Vertragsgestaltung zwischen den Beteiligten sicher zu stellen.

18.1.3 Ziele

Das Gutachten „Sekundärnutzung medizinischer Behandlungsdaten" soll sich in erster Linie an die betroffenen Personen und Institutionen richten, die die Verwendung und den Transfer von Patientendaten zur Sekundärnutzung gesetzeskonform gestalten müssen. Die verantwortlichen Stellen und beteiligten Wissenschaftler eines Forschungs- oder Qualitätssicherungsprojekts sollen mit dem Gutachten in die Lage versetzt werden, alle für ihr Bundesland geltenden gesetzlichen Rahmenbedingungen zu überschauen. Dazu sind alle oben aufgeführten Architekturmodelle mit in die Betrachtung einzubeziehen.

Neben einer Darstellung und Einschätzung des hierbei relevanten gesetzlichen Rahmens sollen daher auch Hinweise und Formulierungshilfen zur Vertragsgestaltung gegeben werden.

18.1.4 Anforderungen an das Gutachten

Die Verarbeitung und Übermittlung von Patientendaten in den Kliniken und Krankenhäusern ist in den einzelnen Bundesländern unterschiedlich geregelt. Die Behandlungsdaten von Patienten sollen über den eigentlichen Behandlungskontext hinaus der Forschung und Qualitätssicherung unter Zuhilfenahme von Cloud Computing zur Verfügung gestellt werden. Für das Gutachten ergeben sich daraus folgende Schwerpunkte:

- Die Vielzahl von Landesdatenschutzgesetzen, Landeskrankenhaus- oder Gesundheitsgesetzen und weiteren spezialgesetzlichen Regelungen erfordert eine Zusammenstellung und Wertung dieser gesetzlichen Grundlagen.
- Das Ziel der Sekundärnutzung erzwingt eine Auseinandersetzung mit den Begriffen „Forschung" und „Qualitätssicherung". Eine Abgrenzung der Begriffe untereinander sowie gegenüber dem Zweck der Behandlung erscheint notwendig.
- Die Inanspruchnahme einer Cloud-Infrastruktur und die damit technisch notwendige Datenübermittlung erfordert eine spezifische Berücksichtigung und rechtliche Einordnung dieser Datenverarbeitung, auch in Anbetracht der verschiedenen Möglichkeiten an Vertragsbeziehungen zwischen dem Cloud-Anbieter und der datenübermittelnden Stelle.

Es sind die im Hinblick auf die Nutzung von Behandlungsdaten gemäß den aufgeführten Architekturmodellen auftretenden Rechtsfragen umfassend zu begutachten. Bei der Begutachtung ist die aktuelle Gesetzeslage auf Bundesebene einschließlich internationaler und europarechtlicher Vorgaben sowie die auf Länderebene zu berücksichtigen, untergesetzliche Normen, etwa ärztliches Standesrecht, sind ebenfalls einzubeziehen. Neben den Regelungen zum Datenschutz und zum Umgang mit Gesundheits- und Sozialdaten sind auch weitere Rechtsgebiete zu berücksichtigen, wenn sie für die angesprochenen Anwendungsfälle relevante Bestimmungen enthalten (z.B. TKG, TMG). Die Literatur und Rechtsprechung einschließlich der Spruchpraxis ist umfassend auszuwerten. Bei ungeklärter Rechtslage sind die unterschiedlichen Lösungsansätze und -modelle so darzustellen, dass der Nutzer eine eigene begründete Entscheidung zu treffen vermag. Daneben wird eine Empfehlung des Gutachters erwartet.

Es ist nicht Gegenstand des Gutachtens, im Sozialgesetzbuch (SGB) explizit geregelte Prozesse der Sekundärnutzung durch Sozialleistungsträger oder andere Einrichtungen der Selbstverwaltung zu betrachten. Auch wenn solche im SGB dargestellten Anwendungsfälle von der Begutachtung ausgenommen werden sollen, sind selbstverständlich Bestimmungen des SGB zu berücksichtigen, insofern sie die hier im Fokus stehenden Anwendungsfälle betreffen, diese also ggf. einschränken oder erst ermöglichen.

18.1.4.1 Fragenkatalog

1. Können pseudonymisierte Daten aus Sicht eines Empfängers als anonym gelten, wenn der Sender den Schlüssel für die Pseudonymisierung verwahrt und dieser für den Empfänger nicht zugänglich ist? Geben Sie an, welche Gründe in Literatur und Rechtsprechung für oder gegen die Annahme des Konzepts des relativen Personenbezugs sprechen.
2. Nach welchen Kriterien kann bei der Verwendung von Behandlungsdaten zwischen den Zwecken der Qualitätssicherung und Behandlung getrennt werden? Ab wann und unter welchen Bedingungen wäre die Nutzung zur Qualitätssicherung nicht mehr von der sich aus dem Behandlungsverhältnis ergebenden ursprünglichen Zweckbestimmung umfasst?
3. Wie sieht die datenschutzrechtliche Bewertung eines Vorgangs aus, in dem personenbezogene Daten von einem automatisierten Prozess zu einem anderen Zweck als dem der Behandlung verarbeitet werden und im Ergebnis keine personenbezogenen Daten offenbart werden? Beispielsweise könnte ein solcher Prozess Behandlungsdaten nach passenden Patienten für neue Studien durchsuchen und eine anonyme Fallzahl zurückgeben, anhand derer die Machbarkeit einer Studie mit solchen Patienten abgeschätzt werden könnte. Wäre für eine solche Verarbeitung eine eigene datenschutzrechtliche Rechtsgrundlage erforderlich?
4. Gibt es spezielle Behandlungsdaten, die aufgrund spezialgesetzlicher Regelungen (z.B. GenDG) hinsichtlich ihrer Sekundärnutzung eingeschränkt oder für die besondere Rahmenbedingungen zu berücksichtigen sind? Welche Regelungen sind das und welches sind die zu berücksichtigenden Rahmenbedingungen?
5. Bitte beantworten Sie die folgenden Fragen unter Berücksichtigung vier verschiedener Einrichtungsarten (Krankenhäuser in öffentlicher, privater und kirchlicher Trägerschaft sowie Arztpraxen) und der in den 16 Bundesländern geltenden spezifischen gesetzlichen Rahmenbedingungen. Stellen Sie den jeweils anzuwendenden Rechtsrahmen dar. Nehmen Sie zu jeder der folgenden Fragen jeweils dazu Stellung, ob eine datenschutzrechtliche Einwilligung möglich, nötig oder entbehrlich und ob zusätzlich eine Entbindung von der ärztlichen Schweigepflicht erforderlich ist. Im Folgenden wird der Begriff der Qualitätssicherung so verwendet, dass von einer Zweckänderung gegenüber der Behandlung auszugehen ist (s. Frage 2).
    5.1. Unter welchen rechtlichen Bedingungen können die im Rahmen der Behandlung dokumentierten Daten in unveränderter Form für Zwecke der Forschung oder Qualitätssicherung durch den Behandler genutzt werden?
    5.2. Unter welchen rechtlichen Bedingungen können die im Rahmen der Behandlung dokumentierten Daten in pseudonymisierter Form für Zwecke

der Forschung oder Qualitätssicherung durch den Behandler genutzt werden? Zu beachten ist hierbei auch der Vorgang der Pseudonymisierung.

5.3. Unter welchen rechtlichen Bedingungen können die im Rahmen der Behandlung dokumentierten Daten in anonymisierter Form für Zwecke der Forschung oder Qualitätssicherung durch den Behandler genutzt werden? Zu beachten ist hierbei auch der Vorgang der Anonymisierung.

5.4. Unter welchen rechtlichen Bedingungen können die im Rahmen der Behandlung dokumentierten Daten in pseudonymisierter Form an nicht behandelndes Personal in der gleichen Fachabteilung für Zwecke der Forschung oder Qualitätssicherung übermittelt werden?

5.5. Unter welchen rechtlichen Bedingungen können die im Rahmen der Behandlung dokumentierten Daten in pseudonymisierter Form an Personal anderer Fachabteilungen desselben Krankenhauses für Zwecke der Forschung oder Qualitätssicherung übermittelt werden?

5.6. Unter welchen rechtlichen Bedingungen können die im Rahmen der Behandlung dokumentierten Daten in pseudonymisierter Form im Rahmen einer Datenverarbeitung im Auftrag für Zwecke der Forschung oder Qualitätssicherung übermittelt werden, wenn die behandelnde Einrichtung Auftraggeber ist und

    5.6.1. der Auftragnehmer seinen Sitz in Deutschland hat?
    5.6.2. der Auftragnehmer seinen Sitz im EU-Ausland hat?

5.7. Unter welchen rechtlichen Bedingungen können die zur Behandlung dokumentierten Daten in pseudonymisierter Form im Rahmen einer in einem Kooperationsvertrag geregelten Funktionsübertragung für Zwecke der Forschung oder Qualitätssicherung an externe Einrichtungen übermittelt werden, wenn Kooperationspartner die behandelnde Einrichtung und

    5.7.1. eine externe Einrichtung mit Sitz in Deutschland sind?
    5.7.2. eine externe Einrichtung mit Sitz im EU-Ausland sind?

5.8. Unter welchen Bedingungen können die Identitätsdaten der behandelten Patienten zwecks einrichtungsübergreifender Pseudonymisierung an eine zentrale Stelle im Forschungsverbund (z.B. Treuhänder) übermittelt werden.

5.9. Unter welchen Bedingungen sind Ethikkommissionen vor Beginn eines Forschungsprojekts aufgrund der Nutzung personenbezogener oder pseudonymer Daten einzubeziehen? Dabei sollen nur nicht-invasive Studien oder Forschungsprojekte ohne Bezug zum Arzneimittelgesetz oder Medizinproduktegesetz berücksichtigt werden.

5.10. Gibt es Unterschiede hinsichtlich des Forschungszwecks oder der Art der Durchführung eines Forschungsprojekts, die hinsichtlich gesetzlicher Privilegierungen oder Einschränkungen relevant sind (z.B. „zu Forschungszwecken im Krankenhaus oder im Forschungsinteresse des Krankenhauses" Art. 27 BayKrG)? Geben Sie Kriterien an, nach denen Forschungsprojekte oder Forschungszwecke hinsichtlich der gesetzlichen Einordnung unterschieden werden können.

5.11. Welche landesspezifischen Unterschiede gibt es hinsichtlich der Ermöglichung von Forschung in besonderen Fällen ohne Einwilligung im Vergleich mit § 28 (6) Nr. 4 BDSG?

5.12. Wie grenzen sich die Zuständigkeiten lokaler (behördlicher/betrieblicher) Datenschutzbeauftragter von denen der Aufsichtsbehörden auf Landesebene ab? Welche Kontroll- und Weisungsbefugnisse existieren zwischen diesen? Inwiefern hängen die Zuständigkeiten von den Eigenschaften eines Forschungsprojektes ab (z.B. Verbundforschung)?

5.13. Unter welchen rechtlichen Bedingungen ist der Beschäftigtendatenschutz bei der Sekundärnutzung von Behandlungsdaten zu beachten? Auf welcher Ebene müsste in die Verarbeitung personenbezogener Mitarbeiterdaten ggf. eingewilligt werden (z.B. Einrichtungsleitung, Betriebsrat, Betroffene)?

6. Welche zivil- und strafrechtlichen Folgen sind im Falle eines fahrlässigen Datenschutzverstoßes vorgesehen? Geben Sie einen Überblick über die entsprechenden Regelungen des Datenschutzrechts und anderer relevanter Rechtsbereiche. Stellen Sie auch die aktuelle Rechtspraxis dar. Beispielhaft kann eine unerlaubte Re-Identifikation eines betroffenen Probanden mit ggf. sich daraus ergebender Schweigepflichtsverletzung betrachtet werden.

18.2 Abkürzungsverzeichnis

a.A.	anderer Auffassung
ABl.	Amtsblatt
a.F.	alte Fassung
AG	Amtsgericht
AMG	Arzneimittelgesetz
AO	Abgabenordnung
Art.	Artikel
ärztl. geleit.	ärztlich geleitet
Aufl.	Auflage
BAG	Bundesarbeitsgericht
BayKrG	Bayrisches Krankenhausgesetz
BDSG	Bundesdatenschutzgesetz
Begr.	Begründer/Begründung
behördl.	behördlich
Beschl.	Beschluss
betriebl.	betrieblich
BetrVG	Betriebsverfassungsgesetz
BfArM	Bundesinstitut für Arzneimittel und Medizinprodukte
BfDI	Bundesbeauftragte für den Datenschutz und die Informationsfreiheit
BGB	Bürgerliches Gesetzbuch
BGH	Bundesgerichtshof
BGHSt	Entscheidung BGH in Strafsachen
BGHZ	Entscheidung des BGH in Zivilsachen
BKK	Betriebskrankenkasse(n)
BMWi	Bundesministerium für Wirtschaft und Energie
BPflV	Bundespflegesatzverordnung
BRAO	Bundesrechtsanwaltsordnung
BSG	Bundessozialgericht
BSGE	Entscheidung des Bundessozialgerichts
bspw.	beispielsweise
Buchst.	Buchstabe
BVerfG	Bundesverfassungsgericht
BVerfGE	Entscheidungen des Bundesverfassungsgerichts

18 Anhang Teil 1

BVerfGK	Kammerentscheidungen des Bundesverfassungsgerichts
bzw.	beziehungsweise
CR	Computer und Recht (Zeitschrift)
d.h.	das heißt
dies.	dieselbe/dieselben
Drucks.	Drucksache
DSG-EKD	Datenschutzgesetz der Evangelischen Kirche in Deutschland
DSVO	Datenschutzverordnung
DuD	Datenschutz und Datensicherheit (Zeitschrift)
EFTA	European Free Trade Association (Europäische Freihandelsassoziation)
entspr.	entsprechend
Erg.lfg.	Ergänzungslieferung
EU	Europäische Union
EuGH	Gerichtshof der Europäischen Union
EGMR	Europäischer Gerichtshof für Menschenrechte
EWR	Europäischer Wirtschaftsraum
FreihEntzG	Freiheitsentziehungsverfahrensgesetz
GDSG	Gesundheitsdatenschutzgesetz
gem.	gemäß
GenDG	Gendiagnostikgesetz
GesR	Gesundheitsrecht (Zeitschrift)
GewO	Gewerbeordnung
GG	Grundgesetz
ggf.	gegebenenfalls
GKV	Gesetzliche Krankenversicherung
grds.	Grundsätzlich
HBKG	Heilberufe-Kammergesetz
Hg.	Herausgeber
Hrsg.	Herausgeber
Hs.	Halbsatz
i.d.R.	in der Regel
i.e.S.	im engeren Sinne
i.S.d.	im Sinne des
i.S.v.	im Sinne von
i.V.m.	in Verbindung mit
juris	Rechtsportal der juris GmbH, u.a. mit Datenbank von Gerichtsentscheidungen

KBV	Kassenärztliche Bundevereinigung
KDO	Katholische Datenschutzverordnung
KG	Kammergericht (Oberlandesgericht in Berlin)
KHDSG	Krankenhausdatenschutzgesetz
KHEG	Krankenhausentwicklungsgesetz
KHEntgG	Krankenhausentgeltgesetzes
KHG	Krankenhausfinanzierungsgesetz
KHGG	Krankenhausgestaltungsgesetz
KLDSG	Krankenhaus-Landesdatenschutzgesetz
Krit.	kritisch
LDSG	Landesdatenschutzgesetz
LfD	Landesbeauftragter für den Datenschutz
LG	Landgericht
LKHG	Landeskrankenhausgesetz
LVwG	Landesverwaltungsgesetz
LVwVfG	Landesverwaltungsverfahrensgesetz
m.w.N.	mit weiteren Nachweisen
MBO-Ä	Musterberufsordnung für die in Deutschland tätigen Ärztinnen und Ärzte
Meldepfl.	Meldepflicht
MedR	Medizinrecht (Zeitschrift)
MMR	Multimedia und Recht (Zeitschrift)
MPG	Medizinproduktegesetz
MVZ	Medizinisches Versorgungszentrum
Nr.	Nummer
NJW	Neue Juristische Wochenschrift
NZA	Neue Zeitschrift für Arbeitsrecht
NZV	Neue Zeitschrift für Verkehrsrecht
o.V.	ohne Verfasser
ÖGDG	Gesetz über den öffentlichen Gesundheitsdienst
OLG	Oberlandesgericht
PatDSO	Patientendatenschutzordnung
PharmR	Pharma Recht (Zeitschrift)
PKV	Private Krankenversicherung
PsychKG	Psychisch-Kranken-Gesetz
Rdnr.	Randnummer
RDV	Recht der Datenverarbeitung (Zeitschrift)

s.	siehe
s.o.	siehe oben
s.u.	siehe unten
SGB V	Sozialgesetzbuch V
StGB	Strafgesetzbuch
StPO	Strafprozessordnung
TFG	Transfusionsgesetz
TMG	Telemediengesetz
TPG	Transplantationsgesetz
u.ä.	und ähnliches
UBG	Unterbringungsgesetz
ULD	Unabhängiges Landeszentrum für Datenschutz Schleswig-Holstein (Dienststelle des Landesbeauftragten für den Datenschutz)
UnterbrG	Unterbringungsgesetz
Urt.	Urteil
UWG	Gesetz gegen den unlauteren Wettbewerb
v.a.	vor allem
VerpflG	Verpflichtungsgesetz
VG	Verwaltungsgericht
vgl.	vergleiche
z.B.	zum Beispiel
ZD	Zeitschrift für Datenschutz

18.3 Verzeichnis der Abkürzungen der Bundesländer

BW	Baden-Württemberg
BY	Bayern
BE	Berlin
BB	Brandenburg
HB	Bremen
HH	Hamburg
HE	Hessen
MV	Mecklenburg-Vorpommern
NI	Niedersachsen
NW	Nordrhein-Westfalen
RP	Rheinland-Pfalz
SL	Saarland
SN	Sachsen
ST	Sachsen-Anhalt
SH	Schleswig-Holstein
TH	Thüringen

18.4 Literaturverzeichnis

Albrecht, Florian: Datenschutz im Arbeitsverhältnis: Die Neuregelung des § 32 BDSG; juris Praxisreport IT-Recht (jurisPR-ITR) 20/2009 Anm. 2.
Alkemade, Jan/Blobel, Bernd/Schwanke, Jens/Schütze, Bernd: Der Gehilfe des Arztes – Überlegungen zum Gehilfenbegriff im Sinne des § 203 StGB, Stellungnahme der Arbeitsgruppe „Datenschutz in Gesundheitsinformationssystemen" (DGI) der Deutschen Gesellschaft für Medizinische Informatik, Biometrie und Epidemiologie e.V. (GMDS); 2003.
Arning, Marian/Forgó, Nikolaus/Krügel, Tina: Datenschutzrechtliche Aspekte der Forschung mit genetischen Daten; DuD 2006, 700–705.
Artikel-29-Datenschutzgruppe: Stellungnahme 4/2007 zum Begriff „personenbezogene Daten"; http://ec.europa.eu/justice/policies/privacy/docs/wpdocs/2007/wp136_de.pdf.
Artikel-29-Datenschutzgruppe: Stellungnahme 1/2008 zu Datenschutzfragen im Zusammenhang mit Suchmaschinen; http://ec.europa.eu/justice/policies/privacy/docs/wpdocs/2008/wp148_de.pdf.
Bamberger, Heinz-Georg/Roth, Herbert (Hrsg.), BGB, Kommentar, 3. Auflage 2012.
Bär, Dietrich: Bayrisches Krankenhausgesetz mit Durchführungsverordnung, Kommentar zur Ergänzung, Praxis der Kommunalverwaltung, Band H 10 Bay.
Becker, Ulrich/Kingreen, Thorsten (Hrsg.): SGB V – Gesetzliche Krankenversicherung – Kommentar, 3. Auflage 2012.
Bender, Denise: Heilversuch oder klinische Prüfung? Annäherung an eine diffuse Grenze, MedR 2005, 511.
Berger, Kathrin: Keine Weitergabe von Patientendaten gesetzlich Krankenversicherter an private Dienstleistungsunternehmen zwecks Leistungsabrechnung, Anmerkung zu BSG 6. Senat, Urteil vom 10. Dezember 2008, B 6 KA 37/07 R; jurisPR-ITR 10/2009 Anm. 5.
Bergmann, Lutz/Möhrle, Roland/Herb, Armin (Hrsg.): Datenschutzrecht, Kommentar; Loseblattausgabe.
Beyerle, Beatrix: Rechtsfragen medizinischer Qualitätskontrolle, 2004.
Bizer, Johann: Forschungsfreiheit und informationelle Selbstbestimmung, 1992.
Bold, Clemens/Sieper, Marc: Landeskrankenhausgesetz Baden-Württemberg, Kommentar, 2012.
Brisch, Klaus M./Laue, Philip: Zur Weitergabe von Patientendaten an private Abrechnungsstellen als Verletzung der Verschwiegenheitspflicht; CR 2009, 465.
Caspar, Johannes: Geoinformation und Datenschutz am Beispiel des Internetdienstes Google Street View; DÖV 2009, 965.
Damm, Reinhard/König, Steffen: Rechtliche Regulierung prädiktiver Gesundheitsinformationen und genetischer „Exzeptionalismus", MedR 2008, 62.
Dammann, Ulrich/Simitis, Spiros: EG-Datenschutzrichtlinie, Kommentar, 1997.
Däubler, Wolfgang/Klebe, Thomas/Wedde, Peter/Weichert, Thilo: Bundesdatenschutzgesetz, Kompaktkommentar zum BDSG, 4. Auflage 2013.
Deutsch, Erwin/Spickhoff, Andreas: Medizinrecht, 7. Auflage, 2014.
Diener, Holger/Klümper, Mathias: Neufassung der gemeinsamen Empfehlungen von BfArM und PEI zu Anwendungsbeobachtungen veröffentlicht! Was müssen Pharmaunternehmen in der Praxis Neues beachten?, PharmR 2010, 433.
Eder, Johann/Ciglic, Marga/Koncilia, Christian: ANON: Ein Tool zur Anonymisierung medizinischer Daten. Vortrag auf dem TMF-Jahreskongress 2013, http://www.tmf-ev.de/DesktopModules/Bring2mind/DMX/Download.aspx?Method=attachment&Command=Core_Download&EntryId=21127&PortalId=0
Eder, Johann: „k-Anonymität und l-Diversität bieten sicheren Schutz vor dem Ausspionieren personenbezogener Daten", Interview mit Prof. Dr. Johann Eder über das neue „Anon"-Tool der TMF zur Anonymisierung medizinischer Daten, März 2013; http://www.tmf-ev.de/News/articleType/ArticleView/articleId/1270.aspx.
Ehmann, Eugen: Strafbare Fernwartung in der Arztpraxis, CR 1991, 293.
Epping, Volker/Hillgruber, Christian (Hrsg.): Grundgesetz, Kommentar, 2. Auflage 2013.
Erbs, Georg/Kohlhaas, Max: Strafrechtliche Nebengesetze, Beck'sche Kurz-Kommentare, Bd. 17 (BDSG), Loseblattausgabe.
Fischer, Thomas: Strafgesetzbuch, Kommentar, 61. Auflage 2014.

Forgó, Nikolaus/Krügel, Tina/Müllenbach, Kathrin: Zur datenschutz- und persönlichkeitsrechtlichen Zulässigkeit von Google Street View; CR 2010, 616.

Genger, Angie: Das neue Gendiagnostikgesetz; NJW 2010, 113.

Geppert, Martin/Schütz, Raimund (Hrsg.): Beck'scher TKG-Kommentar, 4. Auflage 2013.

Gerlach, Carsten: Personenbezug von IP-Adressen, Praktische Konsequenzen aus dem Urteil des LG Berlin vom 31.1.2013; CR 2013, 478.

Gola, Peter/Jaspers, Andreas: § 32 Abs. 1 BDSG – eine abschließende Regelung?; RDV 2009, 212.

Gola, Peter/Schomerus, Rudolf: BDSG – Bundesdatenschutzgesetz, Kommentar, 11. Auflage 2012.

Härting, Niko: Anonymität und Pseudonymität im Datenschutzrecht; NJW 2013, 2065.

Hauf, Dietmar: K-Anonymity, l-Diversity and T-Closeness; 2007; http://dbis.ipd.kit.edu/img/content/SS07Hauf_kAnonym.pdf.

Hauser, Andrea/Haag, Ina: Datenschutz im Krankenhaus, 4. Auflage 2008.

Heghmanns, Michael/Niehaus, Holger: Outsourcing im Versicherungswesen und der Gehilfenbegriff des § 203 III 2 StGB; NStZ 2008, 57.

Helle, Jürgen/Frölich, Jürgen/Haindl, Hans: Der Heilversuch in der klinischen Prüfung von Arzneimitteln und Medizinprodukten, NJW 2002, 857.

Henssler, Martin/Willemsen, Heinz J./Kalb, Heinz-Jürgen (Hrsg.): Arbeitsrecht Kommentar, 5. Auflage 2012.

Hermeler, Angelika-Elisabeth: Rechtliche Rahmenbedingungen der Telemedizin: dargestellt am Beispiel der Elektronischen Patientenakte sowie des Outsourcing von Patientendaten; 2000.

Hoeren, Thomas/Sieber, Ulrich/Holznagel, Bernd (Hrsg.): Handbuch Multimediarecht, Loseblatt-Ausgabe.

Hollmann, Angela: Formularmäßige Erklärung über die Entbindung von der Schweigepflicht gegenüber Versicherungsunternehmen; NJW 1978, 2332.

Honnefelder, Ludger/Propping, Peter (Hrsg.): Was wissen wir, wenn wir das menschliche Genom kennen?, 2001.

Hornung, Gerrit: Der Personenbezug biometrischer Daten, Zugleich eine Erwiderung auf Saeltzer, DuD 2004, 218ff.; DuD 2004, 429.

Huster, Stefan/Kaltenborn, Markus (Hrsg.): Krankenhausrecht, Praxishandbuch zum Recht des Krankenhauswesens, 1. Auflage 2010.

Hustinx, Peter J.: Protection of Personal Data On-Line: The Issue of IP Adresses, 2009; https://secure.edps.europa.eu/EDPSWEB/webdav/shared/Documents/EDPS/Publications/Speeches/2009/09-04-15_adresses_IP_EN.pdf.

Hustinx, Peter J.: EDPS comments on selected issues that arise from the IMCO report on the review of Directive 2002/22/EC (Universal Service) & Directive 2002/58/EC (ePrivacy), 2008; http://www.statewatch.org/news/2008/sep/ep-eprivacy-edps-opinion.pdf.

Joecks, Wolfgang/Miebach, Klaus (Hrsg.): Münchener Kommentar zum Strafgesetzbuch, Band 4, 2. Auflage 2012.

Kern, Bern-Rüdiger (Hrsg.): Gendiagnostikgesetz, Kommentar, 1. Auflage 2012.

Kilian, Wolfgang: Rechtsprobleme der Behandlung von Patientendaten im Krankenhaus, Vortrag am 29.04.1985 vor der Saarländischen Krankenhausgesellschaft in Saarbrücken; MedR 1986, 7.

Kilian, Wolfgang/Heussen, Benno: Computerrechts-Handbuch, Loseblatt-Ausgabe.

Klar, Manuel: Datenschutzrecht und die Visualisierung des öffentlichen Raums, 2012.

Klar, Manuel: Privatsphäre und Datenschutz in Zeiten technischen und legislativen Umbruchs; DÖV 2013, 103.

Köpke, Jan: Die Bedeutung des § 203 Abs. 1 Nr. 6 StGB für private Krankenversicherer, insbesondere bei der innerorganisatorischen Geheimnisweitergabe; 2003; http://hdl.handle.net/10900/43694.

Kroschwald, Steffen: Verschlüsseltes Cloud Computing, Auswirkungen der Kryptografie auf den Personenbezug in der Cloud; ZD 2014, 75.

Krüger, Stefan/Maucher, Svenja-Ariane: Ist die IP-Adresse wirklich ein personenbezogenes Datum? Ein falscher Trend mit großen Auswirkungen auf die Praxis; MMR 2011, 433.

Krauskopf, Dieter (Begr.): Soziale Krankenversicherung, Pflegeversicherung, Kommentar, Loseblattausgabe.

Kügel, J. Wilfried/Müller, Rolf-Georg/Hofmann, Hans-Peter (Hrsg.): Arzneimittelgesetz, Kommentar, 1. Auflage 2012.

Kühling, Jürgen/Klar, Manuel: Datenschutz bei E-Health – Zeit für grundlegende Reformen; DuD 2013, 791.

Kühling, Jürgen/Klar, Manuel: Unsicherheitsfaktor Datenschutzrecht – Das Beispiel des Personenbezugs und der Anonymität; NJW 2013, 3611.

Kühling, Jürgen/Seidel, Christian: Abrechnung von Gesundheitsleistungen durch Private nach dem ASNEF-Urteil des EuGH – „Novemberrevolution" im Datenschutz?!; GesR 2012, 402.

Lackner, Karl/Kühl, Kristian: StGB, Kommentar, 27. Auflage 2011.

Laufhütte, Heinrich-Wilhelm/Rissing-van Saan, Ruth/Tiedemann, Klaus (Hrsg.), Leipziger Kommentar zum StGB, 11. Auflage 2005.

Leitherer, Stephan (Hrsg.): Kasseler Kommentar zum Sozialversicherungsrecht, Loseblattausgabe.

Leupold, Andreas/Glossner, Silke: Münchener Anwaltshandbuch IT-Recht, 2. Auflage 2011.

LfD Bayern (Landesbeauftragter für den Datenschutz in Bayern): Orientierungshilfe: Pseudonymisierung in der medizinischen Forschung, Stand 29.11.2005; www.datenschutz-bayern.de.

LfD Baden-Württemberg (Landesbeauftragter für den Datenschutz in Baden-Württemberg): 2. Tätigkeitsbericht, 1981.

LfD Hessen (Der Hessische Datenschutzbeauftragte): 29. Tätigkeitsbericht, 2000; abrufbar unter http://www.datenschutz.hessen.de/taetigkeitsberichte.htm.

LfD Hessen (Der Hessische Datenschutzbeauftragte): 30. Tätigkeitsbericht, 2001; abrufbar unter http://www.datenschutz.hessen.de/taetigkeitsberichte.htm.

LfD Niedersachsen (Der Landesbeauftragte für den Datenschutz Niedersachsen), Das Niedersächsische Datenschutzgesetz, Gesetzestext und Kommentar, Stand: März 2014; http://www.lfd.niedersachsen.de/download/32433/NDSG_mit_Kommentar_Stand_07.03.2014_.pdf.

LfD Nordrhein-Westfalen (Landesbeauftragte für Datenschutz und Informationsfreiheit Nordrhein-Westfalen): 17. Datenschutz- und Informationsfreiheitsbericht, Berichtszeitraum: 01.01.2003 – 31.12.2004, vorgelegt 2005.

Lippert, Hans-Dieter: Änderungen im AMG und in der MBOÄ, Welche Auswirkungen ergeben sich daraus für die Arbeit der Ethikkommission?, GesR 2012, S. 467.

Listl, Susanne: Die zivilrechtliche Haftung von für Fehler von Ethikkommissionen, 2012.

Lorenz, Sylvia: Datenschutzrechtliche Einordnung der IP-Adresse („Speicherung dynamischer IP-Adressen"), Anmerkungen zu BGH 3. Zivilsenat, Urteil vom 13.01.2011 – III ZR 146/10, jurisPR-ITR 15/2011 Anm. 2

Masing, Johannes: Herausforderungen des Datenschutzes; NJW 2012, 2305.

Meier, Andre: Der rechtliche Schutz patientenbezogener Gesundheitsdaten, 2003.

Menzel, Hans-Joachim: Brennpunkt: Datenschutz – DNA-Analysedaten, Die rechtliche Sicht, in: Sokol, Bettina (Hg.): Der gläserne Mensch – DNA-Analysen, eine Herausforderung an den Datenschutz, 2003.

Metschke, Rainer/Wellbrock, Rita: Datenschutz in Wissenschaft und Forschung, 3. Auflage 2002; http://www.datenschutz.hessen.de/download.php?download_ID=61&download_now=1.

Meyerdierks, Per: Sind IP-Adressen personenbezogene Daten? MMR 2009, 9.

Meyerdierks, Per: Personenbeziehbarkeit statischer IP-Adressen, Datenschutzrechtliche Einordnung der Verarbeitung durch Betreiber von Webseiten; MMR 2013, 705.

Moos, Flemming: Die Entwicklung des Datenschutzrechts im Jahr 2007; K & R 2008, 137.

Mrozynski, Peter: Sozialgesetzbuch – Allgemeiner Teil (SGB I), Kommentar, 4. Auflage 2010.

Münchener Kommentar zum Strafgesetzbuch: StGB, hrsg. von Wolfgang Joecks, Band 4: §§ 185–262 StGB, 2. Auflage 2012.

Nell, Ernst Ludwig: Wahrscheinlichkeitsurteile in juristischen Entscheidungen, 1983.

Ohne Verfasser: BKK Gesundheit: Unbekannter fordert zum „Daten-Ankauf" auf; heise news, 11.02.2010; http://www.heise.de/newsticker/meldung/BKK-Gesundheit-Unbekannter-fordert-zum-Daten-Ankauf-auf-928649.html.

Ohne Verfasser: Brüssel unterstützt Merkels Vorstoß für „Schengen-Netz"; heise news, 17.02.2014; http://www.heise.de/newsticker/meldung/Bruessel-unterstuetzt-Merkels-Vorstoss-fuer-Schengen-Netz-2116663.html.

Pahlen-Brandt, Ingrid: Zur Personenbezogenheit von IP-Adressen, Zugleich eine Replik auf Eckhardt, K & R 2007, 602ff.; K & R 2008, 288.

Palandt, Otto (Begr.): Bürgerliches Gesetzbuch mit Nebengesetzen, Kommentar, 73. Auflage 2014.

Paul, Jörg-Alexander/Gendelev, Boris: Outsourcing von Krankenhausinformationssystemen, Praxishinweise zur rechtskonformen Umsetzung; ZD 2012, 315.
Plath, Kai-Uwe (Hrsg.): Kommentar zum BDSG sowie den Datenschutzbestimmungen von TMG und TKG, 2013.
Pöttgen, Nicole: Medizinische Forschung und Datenschutz, 2008.
Prütting, Dorothea (Hg.): Fachanwaltskommentar Medizinrecht, 3. Auflage, 2014.
Rammos, Thanos: Kontaktlose Zahlungen mittels mobiler Endgeräte, The future is near … field communication? – Datenschutzrechtliche Rahmenbedingungen; ZD 2013, 599.
Raspe, Heiner/Hüppe, Angelika/Strech, Daniel/Taupitz, Jochen: Empfehlungen zur Begutachtung klinischer Studien durch Ethik-Kommissionen, 2. Auflage 2012.
Ratzel, Rudolf/Lippert, Hans-Dieter: Kommentar zur Musterberufsordnung der deutschen Ärzte (MBO), 5. Auflage 2010.
Ratzel, Rudolf/Lippert, Hans-Dieter: Das Berufsrecht der Ärzte nach den Beschlüssen des 114. Deutschen Ärztetages in Kiel; GesR 2011, 536.
Redeker, Helmut: IT-Recht, NJW-Praxis Band 55, 5. Auflage 2012.
Rehmann, Wolfgang: Arzneimittelgesetz (AMG), Kommentar, 3. Auflage, 2008.
Richardi, Reinhard (Hrsg.): Betriebsverfassungsgesetz mit Wahlordnung, Kommentar, Beck'sche Kommentare zum Arbeitsrecht, 14. Auflage 2014.
Rolfs, Christian/Giesen, Richard Leo Ernst/Kreikebohm, Ralf/Udsching, Peter (Hrsg.): Beck'scher Online-Kommentar Sozialrecht.
Roßnagel, Alexander (Hrsg.): Handbuch Datenschutzrecht, 2003.
Roßnagel, Alexander: Datenschutz in der künftigen Verkehrstelematik; NZV 2006, 281.
Roßnagel, Alexander/Scholz, Philip: Datenschutz durch Anonymität und Pseudonymität, Rechtsfolgen der Verwendung anonymer und pseudonymer Daten; MMR 2000, 721.
Sander, Axel: Arzneimittelrecht, Kommentar für die juristische Praxis zum Arzneimittelgesetz, Loseblattausgabe.
Saeltzer, Gerhard: Sind diese Daten personenbezogen oder nicht?, Wie der Personenbezug von Daten, auch biometrischer, sich fundiert prüfen lässt …; DuD 2004, 218.
Schaar, Peter: Datenschutz im Internet, 2002.
Schaffland, Hans-Jürgen/Wiltfang, Noeme: Bundesdatenschutzgesetz (BDSG), Ergänzbarer Kommentar nebst einschlägigen Rechtsvorschriften.
Schillhorn, Kerrin/Heidemann, Simone: Gendiagnostikgesetz, Kommentar für die Praxis, 2011.
Schlegel, Thomas: KBV beansprucht Monopol – zu Recht? Abrechnung ärztlicher Leistungen; Der Kassenarzt 2009, 36.
Schmidt, Bernd: Arbeitnehmerdatenschutz gemäß § 32 BDSG – Eine Neuregelung (fast) ohne Veränderung der Rechtslage; RDV 2009, 193.
Schmidt, Georg/Seiler, Christoph/Maier, Petra/Vollmöller, Thomas: Thüringer Krankenhausgesetz, Kommentar zur Ergänzung, Praxis der Kommunalverwaltung, Band H 10 Th.
Schneider, Uwe K.: Abrechnungsstellen und Datenschutz in der GKV, Das Urteil des BSG vom 10.12.2008 und die Folgeänderungen im Rahmen der 15. AMG-Novelle; VSSR 2009, 381.
Schneider, Uwe K.: Datenschutz in der vernetzten Medizin; Grätzel von Grätz (Hg.), Vernetzte Medizin, 2004, S. 136.
Schönke, Adolf/Schröder, Horst: StGB, Kommentar, 28. Auflage 2010.
Schott, Gisela/Pachl, Henry/Limbach, Ulrich/Gundert-Remy, Ursula/Ludwig, Wolf-Dieter/Lieb, Klaus: Finanzierung von Arzneimittelstudien durch pharmazeutische Unternehmen und die Folgen; Teil 1: Qualitative systematische Literaturübersicht zum Einfluss auf Studienergebnisse, -protokoll und -qualität, DÄ Int. 2010, S. 279–285; Teil 2: Qualitative systematische Literaturübersicht zum Einfluss auf Autorschaft, Zugang zu Studiendaten sowie auf Studienregistrierung und Publikation, DÄ Int. 2010, S. 295–301.
Simitis, Spiros (Hrsg.): Bundesdatenschutzgesetz Kommentar, 8. Auflage 2014.
Sokol, Bettina (Hrsg.): Der gläserne Mensch – DNA-Analysen, eine Herausforderung an den Datenschutz, 2003.
Sosnitza, Olaf/Op den Camp, Albert: Auswirkungen des Gendiagnostikgesetzes auf klinische Prüfungen; MedR 2011, 401.
Specht, Louisa/Müller-Riemenschneider, Severin: Dynamische IP-Adressen: Personenbezogene Daten für den Webseitenbetreiber? Aktueller Stand der Diskussion um den Personenbezug; ZD 2014, 71.

Spickhoff, Andreas (Hrsg.): Medizinrecht, Kommentar, 1. Auflage 2011.

Spindler, Gerald/Schuster, Fabian: Recht der elektronischen Medien, 2. Auflage 2011.

Steinsbekk, Kristin Solum/Myskja, Bjørn Kåre/Solberg, Berge: Broad consent versus dynamic consent in biobank resarch, European Journal of Human Genetics 2013, 897.

Sweeney, Latanya: Simple Demographics Often Identify People Unique; Carnegie Mellon University, Data Privacy Working Paper 3, 2000; http://dataprivacylab.org/projects/identifiability/paper1.pdf.

Taeger, Jürgen/Gabel, Detlev (Hrsg.): Kommentar zum BDSG und zu den Datenschutzvorschriften des TKG und TMG, Kommentar, 2. Auflage 2013.

Technologie- und Methodenplattform für die vernetzte medizinische Forschung e.V. (TMF) (Hrsg.): Rechtsgutachten zum Datenschutz in der medizinischen Forschung; 2009; http://www.tmf-ev.de/DesktopModules/Bring2mind/DMX/Download.aspx?Method=attachment&Command=Core_Download&EntryId=1424&PortalId=0.

Technologie- und Methodenplattform für die vernetzte medizinische Forschung e.V. (TMF) (Hrsg.): Jahresbericht 2013; http://www.tmf-ev.de/DesktopModules/Bring2mind/DMX/Download.aspx?Method=attachment&Command=Core_Download&EntryId=24237&PortalId=0.

Taupitz, Jochen: Humangenetische Diagnostik zwischen Freiheit und Verantwortung: Gentests unter Arztvorbehalt; Honnefelder, Ludger/Propping, Peter (Hg.): Was wissen wir, wenn wir das menschliche Genom kennen? 2001.

Thüsing, Gregor: Datenschutz im Arbeitsverhältnis, Kritische Gedanken zum neuen § 32 BDSG; NZA 2009, 865.

Trittin, Wolfgang/Fischer, Esther: Datenschutz und Mitbestimmung, Konzernweite Personaldatenverarbeitung und die Zuständigkeit der Arbeitnehmervertretung; NZA 2009, 343.

ULD Schleswig-Holstein (Unabhängiges Landeszentrum für Datenschutz Schleswig-Holstein): Verbotsverfügung gegenüber dem Hausärzteverband Schleswig-Holstein, Anordnung vom 21.07.2010, https://www.datenschutzzentrum.de/medizin/gkv/20100721-verfuegung-hzv.html.

ULD Schleswig-Holstein (Unabhängiges Landeszentrum für Datenschutz Schleswig-Holstein): Patientendatenschutz im Krankenhaus; https://www.datenschutzzentrum.de/medizin/krankenh/patdskh.htm#11.

Voigt, Paul: Gesprächsaufzeichnung im Servicecallcenter – Opt-In oder Opt-Out? Eine datenschutzrechtliche Betrachtung; DuD 2008, 780.

Voigt, Paul: Datenschutz bei Google; MMR 2009, 377.

Vogeler, Marcus: Ethik-Kommissionen – Grundlagen, Haftung und Standards, 2011.

Vossenkuhl, Cosima: Der Schutz genetischer Daten unter besonderer Berücksichtigung des Gendiagnostikgesetzes, Schriftenreihe Medizinrecht, 2013.

Weichert, Thilo: Datenschutzrechtliche Probleme in der sektorenübergreifenden Qualitätssicherung, VSSR 2010, 227.

Weichert, Thilo: Aktuelle Herausforderungen des Datenschutzes im Bereich der medizinischen Forschung, Zusammenfassung des Vortrages auf dem 4. TMF-Jahreskongress am 28.03.2012 in Kiel; 2012; https://www.datenschutzzentrum.de/vortraege/20120328-weichert-medizinische-forschung.html.

Wolff, Heinrich Amadeus/Brink, Stefan: Beck Online Kommentar BDSG.

Wuermeling, Ulrich: Scoring von Kreditrisiken; NJW 2002, 3508.

Hinweis zu den zitierten Webseiten:

Sämtliche zitierten Webseiten wurden am 16.03.2015 überprüft und hatten zu diesem Zeitpunkt den zu belegenden Inhalt.

II

Die Nutzung der elektronischen Gesundheitskarte und der Krankenversichertennummer im Forschungskontext[1]

Gerrit Hornung und Alexander Roßnagel

---

1 Das folgende Kapitel ist ein aktualisierter Ausschnitt eines Rechtsgutachtens zu den datenschutzrechtlichen Fragen der medizinischen Forschung im Auftrag der TMF (Roßnagel/Hornung/Jandt 2009).

Inhalt Teil II

1 Einleitung — 371

2 Die Nutzung der auf oder mittels der elektronischen Gesundheitskarte gespeicherten medizinischen Daten — 373
  2.1 Vorbemerkungen — 373
  2.2 Die derzeitige Zulässigkeit der Verwendung der auf oder mittels der elektronischen Gesundheitskarte gespeicherten Daten zu Forschungszwecken — 375
    2.2.1 Zugriff von Forschern auf vorhandene Behandlungsdaten — 375
    2.2.2 Speicherung zusätzlicher Forschungsdaten auf der elektronischen Gesundheitskarte — 380
    2.2.3 Unterscheidung zwischen Ärzten und Nicht-Ärzten? — 385
    2.2.4 Gesamtergebnis de lege lata — 386
  2.3 Änderung von § 291a Abs. 8 SGB V? — 386
    2.3.1 Hintergrund — 386
    2.3.2 Rechtspolitische Ausgangslage — 387
    2.3.3 Grundsätzliche rechtspolitische Bewertung einer Änderung — 387
    2.3.4 Inhalt einer gesetzlichen Ergänzung von § 291a SGB V — 388
  2.4 Rechtslage nach einer hypothetischen Gesetzesänderung — 394
    2.4.1 Zugriff von Forschern auf Behandlungsdaten mit Einverständnis des Patienten — 394
    2.4.2 Speicherung zusätzlicher Daten — 394
    2.4.3 Unterscheidung zwischen Ärzten und Nicht-Ärzten — 394

3 Die Nutzung der Krankenversichertennummer im Forschungskontext — 395
  3.1 Vorbemerkungen — 395
  3.2 Grundsätzliche datenschutzrechtliche Problematik der Verwendung einheitlicher Personenkennzeichen (PKZ) — 396
    3.2.1 Risiken einheitlicher Personenkennzeichen — 396
    3.2.2 Verfahrenssicherungen für die Krankenversichertennummer — 397
  3.3 Die Krankenversichertennummer im Forschungskontext — 398
    3.3.1 Allgemeines — 398
    3.3.2 Nutzung der Krankenversichertennummer zur Identifizierung — 399
    3.3.3 Nutzung der Krankenversichertennummer zur Erzeugung von Pseudonymen — 401
    3.3.4 Direkte Nutzung der Krankenversichertennummer als PID — 403
  3.4 Ergebnis — 404

4 Anhang Teil 2 — 405
  4.1 Abkürzungsverzeichnis — 405
  4.2 Literaturverzeichnis — 408

1 Einleitung

Mit dem Gesetz zur Modernisierung der Gesetzlichen Krankenversicherung (GKV-Modernisierungsgesetz – GMG) aus dem Jahre 2003 wurde erstmals eine spezifische gesetzliche Grundlage für eine einrichtungs- und fallübergreifende, patientenbezogene Dokumentation aller gesundheitsrelevanten Informationen in einer elektronischen Patientenakte eingeführt. So soll die elektronische Gesundheitskarte gemäß § 291a Abs. 3 Satz 1 Nr. 4 SGB V „insbesondere das Erheben, Verarbeiten und Nutzen [...] von Daten über Befunde, Diagnosen, Therapiemaßnahmen, Behandlungsberichte sowie Impfungen für eine fall- und einrichtungsübergreifende Dokumentation über den Patienten (elektronische Patientenakte)" unterstützen. Auch wenn der Aufbau der hierfür notwendigen Telematik-Infrastruktur im Gesundheitswesen und die Einführung der elektronischen Gesundheitskarte sich stark verzögert haben, ist die Idee einer solchen Langzeitdokumentation als freiwillig nutzbares Zusatzangebot nach wie vor attraktiv. Dies gilt insbesondere aus der Sicht vieler Patienten, die sich heute mitunter in einem Dokumentationschaos wähnen, selbst einen besseren Überblick zu ihren Gesundheitsdaten gewinnen möchten und gegebenenfalls unter unnötigen Doppeluntersuchungen oder gar Therapiefehlern leiden, die bei besserer Dokumentationslage vermeidbar gewesen wären.

Auch für die Forschung könnte eine langfristige, einzelne Behandlungsepisoden übergreifende Dokumentation von großem Interesse sein. Über die direkten Behandlungsinformationen hinaus können gemäß § 291a Abs. 3 Satz 1 Nr. 5 SGB V zudem die Versicherten selbst Daten bereitstellen, die für die Forschung ebenfalls nutzbar sein könnten. Eine elektronische Patientenakte nach § 291a SGB V wäre hinsichtlich der zu speichernden Daten, der vorgesehenen Dauer der Speicherung und des Verwen-

II Die Nutzung der elektronischen Gesundheitskarte und der Krankenversichertennummer im Forschungskontext

dungszwecks zum Teil durchaus vergleichbar mit dem Modell der Bereitstellung von Behandlungs- und Forschungsdaten in klinisch fokussierten Forschungsnetzen, wie es in der ersten Version der generischen Lösungen zum Datenschutz der TMF beschrieben wurde.[2] Dieses Modell wurde in einer Reihe von Kompetenznetzen sowie in anderen Forschungsverbünden und -zentren als Basis für die konkrete Ausgestaltung der IT-Infrastruktur und eines zugehörigen Datenschutzkonzepts verwendet. In der Folge wurde es in überarbeiteter Form als „Klinisches Modul" in der Neuauflage der generischen Konzepte der TMF aufgegriffen.[3]

Angesichts der vielen Forschungsszenarien, die von einer Nutzung der auf oder mittels der elektronischen Gesundheitskarte gespeicherten Daten profitieren könnten oder gar erst dadurch ermöglicht würden, ist die Frage zu stellen, ob und in welcher Weise die derzeit im Aufbau befindliche Telematik-Infrastruktur im Gesundheitswesen – auf freiwilliger Basis und mit Einwilligung der Patienten – grundsätzlich rechtlich zu Zwecken der Forschung genutzt werden darf. Diese Frage ist auch deshalb von erheblicher Relevanz, da die Implementierung einer solchen organisatorischen und technischen Infrastruktur, die insbesondere auf die sichere Kommunikation und Speicherung sensibler Gesundheitsdaten ausgerichtet ist, mit erheblichen Aufwänden verbunden ist. Eine Dopplung dieser Infrastruktur für die Forschung wäre mit Aufwänden in ähnlicher Größenordnung verbunden, es sei denn, man nähme Einbußen hinsichtlich der Sicherheit der verwalteten Daten in Kauf. Soweit die geltende Rechtslage die Nutzung zu Forschungszwecken beschränkt, ist deshalb auch die rechtspolitische Frage einer etwaigen Gesetzesänderung zu stellen.

Ebenfalls durch das GKV-Modernisierungsgesetz eingeführt wurde die neue, einheitliche Krankenversichertennummer. Auch diese eröffnet neue Anwendungsfälle für die medizinische Forschung, weil sie – anders als die alte Variante – einen lebenslänglich unveränderlichen Teil enthält. Dies könnte zum Beispiel für einrichtungsübergreifende Pseudonymisierungsszenarien in Langzeitstudien von Interesse sein, die ohne eine zentrale Abgleichinstanz beziehungsweise einen zentralen Datentreuhänder umgesetzt werden müssen. Aufgrund der grundsätzlichen Problematik der Verwendung einheitlicher Personenkennzeichen ist zu untersuchen, welche aus Forschungssicht sinnvollen Szenarien datenschutzrechtlich zulässig umgesetzt werden können.

---

2 Reng/Debold/Specker/Pommerening 2006, 13ff.
3 Pommerening/Drepper/Helbing/Ganslandt 2014, 63ff.

2 Die Nutzung der auf oder mittels der elektronischen Gesundheitskarte gespeicherten medizinischen Daten

2.1 Vorbemerkungen

Gemäß § 291a Abs. 1 SGB V soll die elektronische Gesundheitskarte der „Verbesserung von Wirtschaftlichkeit, Qualität und Transparenz der Behandlung" dienen und erweitert damit die bestehende Krankenversicherungskarte.[4] Der Einsatz der Karte und der auf und mittels ihr gespeicherten Daten zur medizinischen Forschung ist folglich allenfalls mittelbar (in dem Sinne, dass derartige Forschung ebenfalls der Verbesserung der Behandlung dient) angesprochen. Die elektronische Verarbeitung von Behandlungsinformationen, die mit der elektronischen Gesundheitskarte in weitem Umfang angestrebt und möglich wird, bietet jedoch zugleich immense Chancen für eine Forschung, die im nahen Umfeld der Behandlung stattfindet.[5]

Die Daten werden in leicht zu verarbeitender und auswertbarer Form vorliegen. Außerdem werden sowohl die elektronische Gesundheitskarte (zumindest optional) als auch der elektronische Heilberufsausweis über die Basisfunktionalitäten der elektronischen Signatur, Verschlüsselung und Authentifizierung verfügen, die als Sicher-

---

[4] Zu den Erwartungen der Bürger s. Goetz, DuD 2010, 811ff.; allgemein zur elektronischen Gesundheitskarte s. z.B. Hornung 2005, v.a. 207ff., 246ff., 362ff.; ders. 2013, 51ff.; Bales/v. Schwanenflügel, NJW 2012, 2475; europäischer Überblick bei Reimer/Artmann/Stroetmann, DuD 2013, 154ff.

[5] Dementsprechend ist die Verbesserung der medizinischen Forschung (neben den Zielen der Verbesserung der Versorgung und der Kosteneinsparung durch Rationalisierungen) schon immer ein Ziel des Einsatzes von Informationstechnologie im Gesundheitswesen gewesen, so schon Schaefer 1979, 21; s.a. Lilie 1980, 26f.; Roßnagel/Wedde/Hammer/Pordesch 1990, 182. Die besonderen Chancen der elektronischen Patientendaten für die medizinische Forschung werden derzeit europaweit erkannt, s. Reimer/Artmann/Stroetmann, DuD 2013, 154.

II Die Nutzung der elektronischen Gesundheitskarte und der Krankenversichertennummer im Forschungskontext

heitsdienste die Daten schützen und so im Forschungsumfeld Verwendung finden können.

Ursprünglich sollte die Einführung der elektronischen Gesundheitskarte laut § 291a Abs. 1 SGB V „bis spätestens zum 1. Januar 2006" erfolgen. Durch längere Diskussionen innerhalb der Selbstverwaltung um die technische Gestaltung, die organisatorische Umsetzung und die Finanzierung des Großprojekts wurde dieses immer wieder verzögert. Der Gesetzgeber griff daraufhin zu der in § 4 Abs. 6 SGB V vorgesehenen Drohung, den Krankenkassen die Verwaltungsausgaben um zwei Prozent zu kürzen, sofern diese nicht bis zum 31. Dezember 2011 an mindestens zehn Prozent ihrer Versicherten elektronische Gesundheitskarten ausgegeben hatten, sowie die Verwaltungsausgaben für das Jahr 2013 nicht zu erhöhen, falls die Ausgabequote bis zum 31. Dezember 2012 nicht mindestens 70 Prozent betrüge.[6] Dies zeigte Wirkung: Seit 2014 besitzen 97 Prozent der 70 Millionen gesetzlich Versicherten eine elektronische Gesundheitskarte,[7] auch wenn diese in der Praxis bei weitem noch nicht zu den Funktionalitäten einsetzbar ist, die der Gesetzgeber vorgesehen hat. Mit der Nutzung von medizinischen Anwendungen ist erst ab dem Jahre 2018 zu rechnen.[8]

Das Fünfte Buch des Sozialgesetzbuches (SGB V) enthält seit nunmehr über zehn Jahren detaillierte Vorgaben für die Funktionen der elektronischen Gesundheitskarte, die auf und mittels ihr gespeicherten Daten, die zugelassenen Verwendungen und die Zugriffsberechtigungen der verschiedenen Beteiligten im Gesundheitswesen. Die Umsetzung dieser Vorgaben in technische Verfahren und Zugriffssicherungen vorausgesetzt, ermöglicht dies bereits vor der Einführung der entsprechenden Funktionalitäten die Analyse der rechtlichen Zulässigkeit und faktischen Umsetzbarkeit des Einsatzes der elektronischen Gesundheitskarte im Kontext der medizinischen Forschung.

Der Gesetzgeber hat bei der Regulierung der Telematik-Infrastruktur – deren Herzstück die elektronische Gesundheitskarte werden wird, sobald sie zu den ihr zugedachten Funktionen einsetzbar ist – den Fokus auf Versorgung der Patienten gelegt und die Frage der medizinischen Forschung nicht explizit geregelt. Außerdem wurden – zutreffender Weise – erhebliche datenschutzrechtliche Risiken identifiziert, die aus der zunehmenden elektronischen Datenerhebung, -verarbeitung und -nutzung, insbesondere der erleichterten Datenzusammenführung, resultieren.[9] Deshalb wurden starke Verwendungsbeschränkungen vorgesehen, die im Folgenden zu untersuchen sind. Dabei wird mit der vorliegenden Analyse Neuland beschritten, da soweit ersichtlich bislang keine Literatur zur Frage der Nutzung der elektronischen Gesundheitskarte im Bereich der medizinischen Forschung existiert.[10]

Zwar hat das Bundessozialgericht im Jahre 2008 die allgemeinen Regelungen des Datenschutzes, die die Datenübermittlung bei Vorliegen einer Einwilligungserklärung des Betroffenen erlauben, sehr pauschal „im Geltungsbereich des Sozialgesetz-

---

6 S. Hornung 2013, 52f.
7 S. Basil 2014.
8 S. Basil 2014.
9 In Tschechien wurde das parallele Projekt einer elektronischen Gesundheitskarte nach zehn Jahren unter anderem wegen Datenschutzbedenken sogar wieder gestoppt (RDG 2012, 165). Der im Jahre 2013 aufgeflogene Verkauf von Patientendaten durch ein Apothekenrechenzentrum an ein Marktforschungsinstitut zeigt das bestehende datenschutzrechtliche Risiko auch in Deutschland schon ohne die geplante Karte (ZD-Aktuell 2013, 03699 sowie Weichert, DuD 2013, 130).
10 Auszüge dieses Abschnitts flossen bereits ein in Roßnagel/Hornung, MedR 2008, 538ff.; s.a. Hornung 2013, 67f.

buches" für unanwendbar erklärt, weil der Gesetzgeber detaillierte bereichsspezifische Regelungen in das Sozialgesetzbuch aufgenommen habe.[11] Diese Schlussfolgerung ist jedoch nicht durch die Argumentation des Gerichts gedeckt, die stringent ausschließlich für die krankenversicherungsrechtlichen Vorschriften zum Sozialdatenschutz in den §§ 284ff. SGB V den abschließenden Charakter nachgewiesen hat.[12] Für andere Bereiche des Sozialgesetzbuchs wäre dieser Nachweis noch zu führen, denn die Leistungsdaten zur Abrechnung sind anders zu behandeln als die medizinischen Behandlungs- und Versorgungsdaten, die gerade nicht unter die §§ 284ff. SGB V fallen. Des Weiteren sind medizinische Forschungsdaten nicht zwingend Sozialdaten im Sinne des § 67 Abs. 1 Satz 1 SGB X. Für andere Daten kann jedoch nicht von einer umfassenden und abschließenden Regelung des Sozialgesetzbuches ausgegangen werden, sodass die subsidiäre Anwendbarkeit der Ermächtigungsvorschriften des Bundesdatenschutzgesetzes oder der Landesdatenschutzgesetze nicht von vornherein ausgeschlossen sind.[13] Daher ist im Folgenden die Anwendbarkeit von Einwilligungsregeln anhand der Normen des konkreten Regelungsbereiches – hier der Vorschriften über die Datenverarbeitung auf und mittels der elektronischen Gesundheitskarte – zu überprüfen.

2.2 Die derzeitige Zulässigkeit der Verwendung der auf oder mittels der elektronischen Gesundheitskarte gespeicherten Daten zu Forschungszwecken

Im geltenden Recht findet sich keine ausdrückliche Bestimmung zur Zulässigkeit der Verwendung der auf oder mittels der elektronischen Gesundheitskarte gespeicherten Daten zu Zwecken der medizinischen Forschung; forschende Tätigkeit wird lediglich im Zusammenhang mit den Forschungs- und Entwicklungstätigkeiten für die Telematik-Infrastruktur erwähnt.[14] Im Fünften Buch des Sozialgesetzbuches wurde allerdings für die elektronische Gesundheitskarte eine Vielzahl von detaillierten Verwendungsbestimmungen und -beschränkungen geregelt.[15] Diese Normen erfassen – und beschränken – auch die Verwendung der Daten zu Zwecken, die nicht im Gesetz geregelt sind.[16]

2.2.1 Zugriff von Forschern auf vorhandene Behandlungsdaten

Dürfen Forscher mit Einverständnis des Patienten Zugriff auf Behandlungsdaten bekommen?

---

11 BSGE 102, 134; s. z.B. Brisch/Laue, CR 2009, 265ff.; Kühling/Seidel, GesR 2010, 231ff.; Leisner, NZS 2010, 129ff.; Schneider, VSSR 2009, 381ff.
12 S. hierzu Roßnagel/Hornung/Jandt 2009, Teil I, Kap. 1.1.
13 S. zur Entscheidung des Bundessozialgerichts insoweit ausführlich Roßnagel/Hornung/Jandt 2009, Teil I, Kap. 1.1.
14 Vgl. § 291b Abs. 5 und 6 SGB V; näher Hornung, in: Hänlein/Kruse/Schuler, § 291b Rn. 5, § 291a Rn. 21 m.w.N.
15 S. ausführlich Hornung 2005, 207ff., 362ff. et passim; Bales/Dierks/Holland/Müller 2007, 39ff.; s.a. Borchers 2008, 93ff.
16 Zu den Regulierungsfragen der Telematik-Infrastruktur s. Pitschas, NZS 2009, 177ff.

2.2.1.1 Verwendungsregel in § 291 SGB V

§ 291 Abs. 1 Satz 3 SGB V enthält eine Verwendungsregel für die aktuelle Krankenversichertenkarte, die zur elektronischen Gesundheitskarte ausgebaut wird. Dort heißt es:

> „Sie [die Krankenversichertenkarte] darf vorbehaltlich § 291a nur für den Nachweis der Berechtigung zur Inanspruchnahme von Leistungen im Rahmen der vertragsärztlichen Versorgung sowie für die Abrechnung mit den Leistungserbringern verwendet werden."

Da § 291a SGB V nicht die aktuelle Krankenversichertenkarte, sondern die elektronische Gesundheitskarte betrifft, ergibt sich daraus unmissverständlich, dass erstere nicht zu Forschungszwecken eingesetzt werden darf. Aufgrund des ausdrücklichen Vorbehalts in § 291 Abs. 1 Satz 3 SGB V ist die Frage für die elektronische Gesundheitskarte jedoch im Rahmen der Auslegung von § 291a SGB V zu beantworten.

2.2.1.2 Auslegung von § 291a SGB V

Die gesetzlich vorgesehenen Funktionen der elektronischen Gesundheitskarte sind in § 291a Abs. 2 (Pflichtanwendungen) und Abs. 3 (freiwillige Anwendungen) SGB V geregelt.[17] Die drei verpflichtenden Teile (§ 291a Abs. 2 Satz 1 SGB V) sind die Speicherung der Versicherungsstammdaten, die Übermittlung des elektronischen Rezepts sowie die Ablage des Berechtigungsnachweises zur Inanspruchnahme von Leistungen in den Mitgliedstaaten der Europäischen Union. § 291a Abs. 3 Satz 1 SGB V enthält demgegenüber diejenigen Anwendungen, zu deren Ausführung die elektronische Gesundheitskarte zwar in der Lage sein muss, über deren Einsatz der Inhaber jedoch selbst entscheiden kann.[18] Im Einzelnen sind dies die medizinischen Notfalldaten,[19] der elektronische Arztbrief (Befunde, Diagnosen, Therapieempfehlungen und Behandlungsberichte für einen einrichtungsübergreifenden Behandlungsfall), die elektronische Patientenakte (ebendiese Angaben sowie Impfungen, jedoch fallübergreifend),[20] die Daten zur Prüfung der Arzneimitteltherapiesicherheit,[21] vom Patienten selbst oder für ihn zur Verfügung gestellte Daten,[22] Daten über in Anspruch genommene Leistungen und deren vorläufige Kosten für den Versicherten nach § 305 Abs. 2 SGB V („Patientenquittung"), Erklärungen des Patienten zur Organ- und Gewebespende (alternativ auch Hinweise auf das Vorhandensein und den Aufbewahrungsort

---

[17] S. zum Folgenden näher Hornung 2005, 60ff.; ders. 2004, 226ff.; Hornung/Goetz/Goldschmidt, WI 2005, 171ff.; Bales/Dierks/Holland/Müller 2007, 82ff.

[18] Die Einwilligung bedarf nach umstrittener, aber zutreffender Ansicht gemäß § 291a Abs. 3 Satz 4 SGB V i.V.m. § 4a Abs. 1 Satz 3 BDSG der Schriftform, s. Hornung, in: Hänlein/Kruse/Schuler, § 291a Rn. 9 auch zur anderen Ansicht.

[19] In Anlehnung an den international standardisierten Notfalldatensatz ISO 21549–3. Das Gesetz enthält keine Angaben darüber, welche Informationen im Einzelnen gemeint sind und ließe folglich auch patientenspezifische Notfalldaten zu. Hierfür kämen chronische Organleiden, Dialyseinformationen, Allergien und Arzneimittelunverträglichkeiten in Betracht, vgl. Weichert, DuD 2004, 391, 396.

[20] Zur Rechtslage bezüglich des elektronischen Arztbriefs und der elektronischen Patientenakte vor Inkrafttreten des GKV-Modernisierungsgesetztes s. Dierks/Nitz/Grau 2003, 109f., 113ff.; s.a. Grätzel v. Grätz 2004, 62ff.

[21] Dieser Terminus wurde durch das Gesetz zur Vereinfachung der Verwaltungsverfahren im Sozialrecht (BGBl. I 2005, 818) an die Stelle von „Arzneimitteldokumentation" gesetzt und soll neben den verordneten Arzneimitteln auch akute und chronische Erkrankungen umfassen, s. die Gesetzesbegründung, BT-Drs. 15/4228, 28.

[22] Die Gesetzesbegründung nennt beispielhaft Verlaufsprotokolle bei chronischen Krankheiten und Patientenverfügungen (BT-Drs. 15/1525, 145), die Begründung des ersten Entwurfs auch den Organspendeausweis (BT-Drs. 15/1170, 123).

derartiger Erklärungen) sowie Hinweise auf das Vorhandensein und den Aufbewahrungsort von Vorsorgevollmachten oder Patientenverfügungen nach § 1901a BGB.[23]

Weitere Funktionen und Verwendungen der elektronischen Gesundheitskarte sind nicht gesetzlich geregelt. Das bedeutet aber nicht, dass diese per se zulässig wären. Der Gesetzgeber hat sich vielmehr dafür entschieden, die Datenverwendung stark einzuschränken. Dies ist insbesondere durch § 291a Abs. 8 SGB V geschehen. Die Auslegung dieser Norm ist das Hauptproblem der Frage der Zulässigkeit des Einsatzes der elektronischen Gesundheitskarte zu Forschungszwecken nach geltendem Recht.[24] Die Vorschrift lautet wie folgt:

> „Vom Inhaber der Karte darf nicht verlangt werden, den Zugriff auf Daten nach Absatz 2 Satz 1 Nr. 1 oder Absatz 3 Satz 1 anderen als den in Absatz 4 Satz 1 und Absatz 5a Satz 1 genannten Personen oder zu anderen Zwecken als denen der Versorgung der Versicherten, einschließlich der Abrechnung der zum Zwecke der Versorgung erbrachten Leistungen, zu gestatten; mit ihnen darf nicht vereinbart werden, Derartiges zu gestatten. Sie dürfen nicht bevorzugt oder benachteiligt werden, weil sie einen Zugriff bewirkt oder verweigert haben."

Die Norm wird durch §§ 307 Abs. 1, 307b SGB V unterstützt. § 307 Abs. 1 SGB V bestimmt:

> „Ordnungswidrig handelt, wer entgegen § 291a Abs. 8 Satz 1 eine dort genannte Gestattung verlangt oder mit dem Inhaber der Karte eine solche Gestattung vereinbart."

Die Ordnungswidrigkeit kann gemäß § 307 Abs. 3 SGB V mit einer Geldbuße von bis zu 50.000 Euro geahndet werden. § 307b Abs. 1 SGB V lautet:

> „Mit Freiheitsstrafe bis zu einem Jahr oder mit Geldstrafe wird bestraft, wer entgegen § 291a Abs. 4 Satz 1 oder Absatz 5a Satz 1 erster Halbsatz oder Satz 2 auf dort genannte Daten zugreift."

Handelt der Täter gegen Entgelt oder in der Absicht, sich oder einen anderen zu bereichern oder einen anderen zu schädigen, so ist die Strafe gemäß § 307b Abs. 2 SGB V Freiheitsstrafe bis zu drei Jahren oder Geldstrafe.

Zu klären ist, ob § 291a Abs. 8 SGB V auch die Nutzung der auf oder mittels der elektronischen Gesundheitskarte gespeicherten Daten zu Forschungszwecken erfasst und verbietet. Diese Frage ist entsprechend den anerkannten Methoden der Auslegung[25] nach Wortlaut, Systematik, Gesetzgebungsgeschichte sowie Sinn und Zweck der Norm zu beantworten.

Der Wortlaut von § 291a Abs. 8 Satz 1, 1. Halbsatz SGB V ist nicht einschlägig, wenn und solange diejenigen Personen, die für die forschenden Institutionen die Einwilligung einholen, von den Patienten diese nicht „verlangen". Anwendbar ist aber § 291a Abs. 8 Satz 1, 2. Halbsatz SGB V. Dieser schließt grundsätzlich jede Vereinbarung über eine Gestattung des Zugriffs zu anderen Zwecken als denen der Versorgung aus. Man könnte höchstens vertreten, es liege keine Vereinbarung vor, wenn ein Arzt den Patienten über die Möglichkeit der Teilnahme an einer Studie informiert und dieser

---

23 Die Möglichkeiten der Speicherung von Informationen zu Organ- und Gewebespende sowie zu Vorsorgevollmachten und Patientenverfügungen wurden durch das Gesetz zur Regelung der Entscheidungslösung im Transplantationsgesetz vom 12.7.2012, BGBl. I, 1504, eingeführt.
24 S. zu diesem bereits Hornung 2005, 237ff.; ders. 2004, 233; im hiesigen Kontext Roßnagel/Hornung, MedR 2008, 539f.; s.a. Hornung 2013, 62f.
25 Dazu z.B. Larenz/Canaris 1995, 133ff.; Röhl/Röhl 2008, 628ff.; Rüthers/Fischer/Birk 2013, Rn. 696ff.

dann direkt einwilligt. Dies erscheint jedoch schon mit dem Wortlaut kaum vereinbar und wird auch Sinn und Zweck der Norm nicht gerecht (s.u.).

Die systematische Auslegung ergibt keine weiterführenden Ergebnisse.

Die Gesetzgebungsgeschichte birgt keine Erkenntnisse zur Frage der Verwendung der Daten für die medizinische Forschung. Sowohl im ersten Entwurf der Fraktionen SPD und BÜNDNIS 90/DIE GRÜNEN[26] als auch in der letztlichen Begründung des Gesetzes, die auch von der Fraktion CDU/CSU mitgetragen wurde,[27] heißt es zum heutigen § 291a Abs. 8 SGB V lapidar:

> „Die Regelung dient dem Schutz der Gesundheitskarte vor missbräuchlicher Verwendung."

Auch die Begründungen zu der Strafvorschrift in § 307b (bei Einführung § 307a) SGB V und den Ordnungswidrigkeiten in § 307 Abs. 1 SGB V erwähnen die Forschung nicht.[28] In der Begründung zu § 307 Abs. 1 SGB V heißt es:

> „Es werden bereits Handlungen erfasst, die im Vorfeld eines verbotenen Zugriffs auf die Daten anzusiedeln sind. Es soll insbesondere verhindert werden, dass in Situationen, in denen die Karteninhaber einem besonderen Druck ausgesetzt sind, die Einwilligung der Karteninhaber zum Zugriff auf ihre Daten verlangt oder eine entsprechende Vereinbarung mit ihnen getroffen wird."

Diese Formulierung führt für die Frage der Mitnutzung von Daten für Forschungszwecke letztlich nicht zu eindeutigen Ergebnissen. Einerseits wird sich der Patient meist bei seinem behandelnden Arzt befinden, dem er vertraut. Andererseits besteht durchaus eine Situation, in der das primäre Interesse an der Genesung so stark ist, dass die Gefahr einer Drucksituation besteht.

Ihrem Sinn und Zweck nach (teleologische Auslegung) sollen § 291a Abs. 8 und § 307 Abs. 1 SGB V vor Einflussnahmen auf den Versicherten schützen.[29] Das Projekt der elektronischen Gesundheitskarte basiert auf dem erweiterten, erleichterten und schnelleren Zugang zu Gesundheitsdaten. Dies ist nützlich und sinnvoll, solange diese Daten zum Zwecke der Gesundheitsvorsorge verwendet werden. Gleichzeitig steigt aber die Gefahr von Begehrlichkeiten durch Personen oder Institutionen, zu denen der Versicherte in sozialen Abhängigkeitsverhältnissen steht (Arbeitgeber, Versicherungen etc.).

Der Patient ist insoweit in einer zwiespältigen Position.[30] Je stärker seine Rolle im Gesamtgefüge des Informationsflusses ist, desto mehr wird seine Stellung als eigentliches Subjekt der Datenverarbeitung im Gesundheitswesen betont und seine informationelle Selbstbestimmung gestärkt. Eine weitgehende Entscheidungsbefugnis des Einzelnen hat jedoch zur Folge, dass seine Entscheidung über eine Datenfreigabe von seinem sozialen Umfeld beeinflusst werden kann. Dieses Risiko besteht zwar bereits heute, wird aber durch die leichtere Verfügbarkeit der Daten verschärft. So bietet die elektronische Gesundheitskarte, konsequent angewendet, den Zugang zu einer elektronischen Patientenakte mit allen oder allen wesentlichen Informationen über die gesamte Krankengeschichte des Versicherten, wenn er es wünscht. Im heu-

---

26 BT-Drs. 15/1170, 123.
27 BT-Drs. 15/1525, 145.
28 BT-Drs. 15/1170, 128; BT-Drs. 15/1525, 151.
29 S. zum Folgenden Hornung 2005, 238f.
30 S. Hornung 2005, 238f.

tigen System gibt es eine derartige Datensammlung nicht, und die Zusammenführung kann dem Versicherten auch unter sozialem Druck kaum abgenötigt werden. Besteht dagegen eine elektronische Patientenakte, so kann er bei einem beliebigen Arzt eine Art „Gesundheitsauszug" über seine Krankengeschichte und den aktuellen Gesundheitszustand erhalten. Diese Vereinfachung erhöht das Risiko, dass der Versicherte psychischem oder materiellem sozialen Druck ausgesetzt wird und diesem nachgibt. Dies könnte im Ergebnis das Vertrauensverhältnis zwischen Arzt und Patient beschädigen, dessen individuelle und gesellschaftliche Bedeutung sowohl das Bundesverfassungsgericht als auch der Europäische Gerichtshof für Menschenrechte betont haben.[31]

Die genannten Risiken sind bei der Einwilligung zu medizinischen Forschungszwecken nicht in gleichem Maße gegeben. Dies spräche dafür, eine solche bereits de lege lata zuzulassen. Der Gesetzgeber hat sich aber vor dem Hintergrund der genannten Risiken zu einer rigorosen Lösung, nämlich der absoluten Beschränkung der Verwendung der Behandlungsdaten auf Versorgungszwecke, entschieden. Auch wenn sich in den Gesetzesmaterialien keine Erwägungen zur medizinischen Forschung finden lassen, muss man doch davon ausgehen, dass dem Gesetzgeber bewusst war, dass ein derartiger rigider Ausschluss der Datenverwendung auch nach Einwilligung des Patienten in Einzelfällen sinnvolle Tätigkeiten und Verwendungszwecke ausschließen würde.

Denkbar wäre schlussendlich eine teleologische Reduktion der Norm, zu deren Begründung auch die Forschungsfreiheit (Art. 5 Abs. 3 GG) herangezogen werden könnte. Absolute Grenze einer solchen Reduktion – wie auch der juristischen Auslegung insgesamt – ist jedoch der noch mögliche Wortsinn einer Norm.[32] Der Wortlaut ist, wie oben dargelegt, eindeutig und schließt jede Verwendung der Behandlungsdaten zu anderen Zwecken als denen der Versorgung aus. Im Ergebnis sind folglich die Daten nach § 291a Abs. 2 Satz 1 Nr. 1 und Abs. 3 Satz 1 SGB V für die medizinische Forschung nicht nutzbar.

Auch im Kontext der elektronischen Gesundheitskarte bleibt dabei das Problem bestehen, dass im Einzelfall gegebenenfalls die Entscheidung schwierig sein kann, ob (noch) eine Versorgung des Patienten oder (schon) medizinische Forschung vorliegt. Dieses Abgrenzungsproblem kann für die Praxis misslich sein, ist aber aus Rechtsgründen unvermeidbar. Wenn sich in einem bestimmten Kontext Behandlungs- und Forschungszweck mischen, ließe sich eine Abgrenzung nach Haupt- und Nebenzweck vornehmen. Die auf oder mittels der elektronischen Gesundheitskarte gespeicherten Daten könnten dann eventuell zulässigerweise genutzt werden, wenn der Schwerpunkt der Tätigkeit eindeutig behandelnder Art ist und sich das Forschungsergebnis zusätzlich ergibt. Angesichts der Strafandrohung in § 307b SGB V und der erheblichen Bußgelddrohung von bis zu 50.000 Euro in § 307 SGB V kann aber für die Praxis nur davon abgeraten werden, sich in derartige Grenzbereiche zu begeben.

---

31 S. BVerfGE 32, 370 (380) und EGMR, Z ./. Finnland, Urteil v. 25.2.1997 (abrufbar unter: http://www.echr.coe.int/Eng/Judgments.htm), Abs. 95.
32 S. BVerfGE 71, 115; 87, 224; 90, 263 (275); Zippelius 2012, 39; Rüthers/Fischer/Birk 2013, Rn. 736.

2.2.1.3 Zwischenergebnis

Vor diesem Hintergrund ist die Frage zu Kapitel II.2.2.1 nach geltendem Recht wie folgt zu beantworten: § 291a Abs. 8 SGB V schließt eine rechtfertigende Einwilligung (um eine solche handelt es sich im Rechtssinn, da es um die vorherige Zustimmung geht) des Patienten in einen Zugriff auf die auf oder mittels der elektronischen Gesundheitskarte gespeicherten Daten jenseits der genannten Zwecke aus. Erfolgt der Zugriff ohne Einwilligung, liegt gemäß § 307b SGB V eine Straftat vor. Auch wenn eine Einwilligung vorliegt – und diese ordnungsgemäß ist, das heißt informiert und freiwillig gegeben sowie schriftlich erteilt wurde – bleibt der Zugriff durch Forscher gemäß § 307 Abs. 1 SGB V verboten und stellt eine Ordnungswidrigkeit dar. Dieses Ergebnis deckt sich inhaltlich mit der Feststellung des Bundessozialgerichtes, dass die abschließenden Regelungen des Sozialdatenschutzes im Fünften Buch des Sozialgesetzbuches den Rückgriff auf die allgemeinen Regeln einer datenschutzrechtlichen Einwilligung ausschließen.[33]

2.2.2 Speicherung zusätzlicher Forschungsdaten auf der elektronischen Gesundheitskarte

> *Dürfen zusätzliche Forschungsdaten für Zwecke der Forschung mit Einverständnis des Patienten auf der elektronischen Gesundheitskarte gespeichert und verwaltet werden?*

Eine zweite Einsatzmöglichkeit der elektronischen Gesundheitskarte zu Forschungszwecken könnte darin bestehen, nicht die zu Behandlungszwecken gespeicherten Daten zu nutzen, sondern zusätzliche Forschungsdaten auf oder mittels der Karte zu speichern. Diese Variante würde von der Entscheidung des Bundessozialgerichtes[34] zumindest bei einer engen Auslegung des Urteils nicht erfasst, weil es sich nicht um Patientendaten im Geltungsbereich des Fünften Buches des Sozialgesetzbuches handelt.

2.2.2.1 Zusätzliche Daten im Rahmen von § 291a SGB V

§ 291a SGB V lässt vom Wortlaut her grundsätzlich zwei Möglichkeiten zusätzlicher Datenspeicherungen auf der elektronischen Gesundheitskarte zu:

- Zum einen könnten diese „von Versicherten selbst oder für sie zur Verfügung gestellte Daten" im Sinne von § 291a Abs. 3 Satz 1 Nr. 5 SGB V sein. Die Norm sieht ausdrücklich die Möglichkeit vor, dass der Karteninhaber selbst weitere Daten zur Speicherung und Nutzung zur Verfügung stellt oder Dritte ermächtigt, derartige Daten zur Verfügung zu stellen. Nach der Gesetzesbegründung kommen hierfür etwa Verlaufsprotokolle bei chronischen Krankheiten oder

---

33 BSGE 102, 134; s.o. Kap. II.2.1.
34 BSGE 102, 134; s.o. Kap. II.2.1.

Patientenverfügungen in Betracht;[35] die Begründung des ersten Entwurfs nennt (zugriffstechnisch problematisch) auch den Organspendeausweis.[36] Organ- und Gewebespenden sowie Versorgungsvollmachten und Patientenverfügungen sind seit dem Jahre 2012 allerdings gesondert in § 291a Abs. 3 Satz 1 Nr. 7 bis Nr. 9 SGB V geregelt.

- Zum anderen könnte erwogen werden, die Infrastruktur der elektronischen Gesundheitskarte und der mit ihr interagierenden Telematik-Infrastruktur parallel zu den in § 291a Abs. 2 und Abs. 3 SGB V genannten Verarbeitungszwecken auch für andere Zwecke zu nutzen. Weder § 291a Abs. 2 noch Abs. 3 SGB V sind von ihrem Wortlaut her abschließend. Beide verpflichten dazu, die elektronische Gesundheitskarte mit bestimmten Funktionen auszustatten, schließen aber weitere Funktionen nicht aus. § 291a Abs. 3 SGB V bestimmt sogar ausdrücklich, die elektronische Gesundheitskarte müsse „insbesondere" das Erheben, Verarbeiten und Nutzen der dann folgend genannten Datenkategorien ermöglichen.[37]

Beide Optionen können allerdings nur unter den weiteren Einschränkungen von § 291a Abs. 4, 5 und 8 SGB V wahrgenommen werden. Das bedeutet zunächst, dass gemäß § 291a Abs. 5 Satz 1 SGB V die Einwilligung der Karteninhaber einzuholen ist. Außerdem dürfen auf die Daten des Patientenfachs (die erste oben genannte Option) gemäß § 291a Abs. 4 Satz 1 Nr. 2 SGB V nur

„*a) Ärzte,*

b) Zahnärzte,

c) Apotheker, Apothekerassistenten, Pharmazieingenieure, Apothekenassistenten,

d) Personen, die

　　aa) bei den unter Buchstabe a bis c Genannten oder

　　bb) in einem Krankenhaus

als berufsmäßige Gehilfen oder zur Vorbereitung auf den Beruf tätig sind, soweit dies im Rahmen der von ihnen zulässigerweise zu erledigenden Tätigkeiten erforderlich ist und der Zugriff unter Aufsicht der in Buchstabe a bis c Genannten erfolgt,

e) nach Absatz 3 Satz 1 Nr. 1 in Notfällen auch Angehörige eines anderen Heilberufs, der für die Berufsausübung oder die Führung der Berufsbezeichnung eine staatlich geregelte Ausbildung erfordert,

f) Psychotherapeuten"

zugreifen. Mit anderen Worten wäre etwa eine Forschung durch Ärzte unproblematisch, durch andere, in § 291 Abs. 4 Satz 1 Nr. 2 SGB V nicht genannte Personen jedoch nicht möglich.

35　BT-Drs. 15/1525, 145.
36　BT-Drs. 15/1170, 123; zur Problematik der ursprünglich missglückten Regelung der technischen Absicherung s. Hornung 2004, 232f.; ders. 2005, 226f.; dies ist nunmehr durch die detaillierten Vorgaben in § 291a Abs. 5a SGB V (eingeführt durch das Gesetz zur Regelung der Entscheidungslösung im Transplantationsgesetz vom 12.7.2012, BGBl. I, 1504) behoben.
37　S. Hornung 2005, 211f.; Bales/Dierks/Holland/Müller 2007, 86.

2.2.2.2 Verwendungsbeschränkung für die zusätzlichen Daten?

Das größte Problem der Speicherung zusätzlicher Daten – in beiden oben genannten Fällen – ist allerdings die Verwendungsbeschränkung in § 291a Abs. 8 SGB V. Wenn diese auch die „unbenannten" Beispiele der Datenspeicherung im Patientenfach und neben den Funktionen der elektronischen Gesundheitskarte betrifft, ist eine Nutzung zu Forschungszwecken nicht möglich.

Im Grundsatz erscheint es zwar denkbar zu argumentieren, dass § 291a Abs. 8 SGB V sich auf die benannten Beispiele in § 291a Abs. 2 und Abs. 3 SGB V beschränkt. Im Ergebnis ist eine solche Auslegung jedoch abzulehnen.

Für eine Nutzung der elektronischen Gesundheitskarte zu Forschungszwecken ohne die Beschränkung in § 291a Abs. 8 SGB V ließe sich zunächst die Widersprüchlichkeit der geltenden Regelung vorbringen: Die oben zitierte Gesetzesbegründung zu § 291a Abs. 3 Satz 1 Nr. 5 SGB V zeigt, dass der Gesetzgeber ursprünglich für das Patientenfach gerade Anwendungen angedacht hatte, die wie Patientenverfügung und Organspendeausweis nicht der medizinischen Versorgung dienen, sondern darüber hinausgehen. Es wäre widersinnig, wenn § 291a Abs. 8 SGB V absolut gelten und damit die Nutzung der so gespeicherten Daten verbieten würde. Hinsichtlich weiterer Funktionen neben dem Patientenfach ließe sich vertreten, dass § 291a Abs. 8 SGB V nur die bereits geregelten Anwendungen betrifft.

Auch aus einem zweiten Grund erscheint eine absolute Reichweite von § 291a Abs. 8 SGB V wenig sinnvoll: Patienten konnten schon immer in die Verwendung ihrer Behandlungsdaten zu Forschungszwecken einwilligen, wenn diese bei dem behandelnden Arzt gespeichert sind. Hieran hat sich durch die Regelungen zur elektronischen Gesundheitskarte nichts geändert. Dem Patienten wird durch § 291a Abs. 8 SGB V auch nicht verwehrt, in die Verwendung von Daten zu Forschungszwecken einzuwilligen, die zuvor mittels der elektronischen Gesundheitskarte – etwa als elektronischer Arztbrief nach § 291 Abs. 3 Satz 1 Nr. 2 SGB V – übermittelt wurden. Ein anderes Ergebnis würde die medizinische Forschung zumindest ab dem Zeitpunkt massiv beeinträchtigen, in dem die Übermittlung von Behandlungsinformationen standardmäßig oder überwiegend unter Verwendung der elektronischen Gesundheitskarte erfolgt. Letztlich dürfte es für den Patienten wenig Unterschied machen, ob der behandelnde Arzt die Daten zunächst zu Behandlungszwecken aus der elektronischen Gesundheitskarte ausliest und dann auf Basis einer gültigen Einwilligung in seinem System zu Forschungszwecken weiterverwendet, oder ob die Daten bereits auf Basis einer derartigen Einwilligung direkt zu Forschungszwecken ausgelesen werden. § 291a Abs. 8 SGB V würde allenfalls Umgehungen erfassen, etwa, wenn Daten nur zum Schein zu Behandlungszwecken ausgelesen werden, um im Anschluss daran in die Verwendung zu anderen Zwecken einwilligen zu können. Hier werden aber in der Praxis erhebliche Abgrenzungsprobleme entstehen.

Schlussendlich ließe sich mit der Forschungsfreiheit des Art. 5 Abs. 3 GG argumentieren. Wenn die geltende Regelung widersprüchlich und der Wortlaut von § 291a SGB V nicht vollständig eindeutig ist, besteht die Pflicht zu verfassungskonformer Auslegung.[38] Diese könnte unter Heranziehung von Art. 5 Abs. 3 GG zu dem Ergebnis

---

[38] S. dazu allgemein Zippelius 2012, 33, 44; Rüthers/Fischer/Birk 2013, Rn. 763ff.; Lüdemann, JuS 2004, 27ff. m.w.N. (s. zur dogmatischen Begründung ebd., 29).

führen, dass die Speicherung zusätzlicher Daten zu Forschungszwecken bereits de lege lata ohne die Begrenzung von § 291a Abs. 8 SGB V zulässig ist.[39]

Im Ergebnis ist die vorgenannte Argumentation zwar vertretbar, die weitaus besseren Argumente sprechen aber dafür, dass die Speicherung zusätzlicher Daten zu Forschungszwecken auf der elektronischen Gesundheitskarte nach geltendem Recht ausgeschlossen ist. Hierfür lässt sich bereits der Wortlaut anführen: Die enge Zweckbegrenzung in § 291 Abs. 1 Satz 3 SGB V verweist zwar auf § 291a SGB V, dient aber erkennbar nach wie vor dazu, eine Verwendung jenseits der Versorgung soweit wie möglich zu begrenzen. § 291a Abs. 3 Satz 1 SGB V lässt zwar die Einrichtung weiterer Funktionalitäten der elektronischen Gesundheitskarte zu, § 291a Abs. 8 SGB V bezieht sich aber ausdrücklich auf die „Daten nach Absatz 2 Satz 1 Nr. 1 oder Absatz 3 Satz 1" und schließt damit derartige Zusatzfunktionalitäten mit ein. Ihre Nutzung für andere Zwecke als die der Versorgung der Versicherten ist damit unzulässig. Dies mag im Widerspruch zu der ursprünglichen Absicht des Gesetzgebers stehen, im Rahmen von § 291a Abs. 3 Satz 1 Nr. 5 SGB V Daten aufzunehmen, die nicht (unmittelbar) der Versorgung dienen. Indes hat diese Absicht im Wortlaut des Gesetzes keinen Niederschlag gefunden. Im Rahmen der Auslegung der Norm kann sie deshalb angesichts des klaren Wortlauts von § 291a Abs. 8 SGB V nicht maßgeblich sein. Der – bestehende – Widerspruch kann nicht zugunsten der gesetzgeberischen Intention gelöst werden; vielmehr ist eine entsprechende Gesetzesänderung für die Nutzung zu Forschungszwecken zu erwägen.[40] Dass der Gesetzgeber das Problem zwischenzeitlich erkannt hat, zeigt die im Jahre 2012 eingeführte spezifische Regelung der zusätzlichen Speicherung von Informationen über Organ- und Gewebespenden sowie Vorsorgevollmachten und Patientenverfügungen (§ 291a Abs. 3 Satz 1 Nr. 7 bis Nr. 9 SGB V), für die in § 291a Abs. 5a SGB V detaillierte Bestimmungen zu den einzelnen Zugriffsberechtigungen getroffen wurden.

Auch das Argument der verfassungskonformen Auslegung greift letztlich nicht durch, weil auch gegen die Nutzung zu Forschungszwecken ein Verfassungsprinzip streitet. Die Verwendungsregeln in § 291a SGB V dienen dem Schutz des Grundrechts auf informationelle Selbstbestimmung der Karteninhaber. Die oben angeführte Auslegung würde letztlich die Beschränkung der Einwilligung durch den Karteninhaber in § 291a Abs. 8 SGB V aushebeln. Sie würde es nämlich zulassen, parallel zu den Funktionen in § 291a Abs. 2 und Abs. 3 SGB V weitere Funktionen zu installieren und mittels einer schlichten Einwilligung medizinische Daten, die an sich – auch – unter Abs. 2 und Abs. 3 fallen, nochmals parallel zu speichern, ohne an § 291a Abs. 8 SGB V gebunden zu sein. Das würde die strikte Zweckbindung letztlich ad absurdum führen. Die Norm ist erkennbar so beabsichtigt und konstruiert, dass sie die Verwendung der auf oder mittels der elektronischen Gesundheitskarte gespeicherten Daten zu anderen Zwecken als denen der Versorgung ausschließen soll, soweit nicht der Gesetzgeber wie bei der Organ- und Gewebespende selbst abweichende Regelungen trifft. Das gilt auch und gerade vor dem Hintergrund der in der öffentlichen Diskussion geäußerten Bedenken hinsichtlich der datenschutzrechtlichen Risiken der elektronischen Gesundheitskarte, denen durch die Norm Rechnung getragen werden sollte.

---

[39] Zur Bedeutung der Forschungsfreiheit s. insoweit BVerfGE 35, 79 (114); 47, 327 (379).
[40] S.u. Kap. II.2.3 und bereits Roßnagel/Hornung, MedR 2008, 541ff.

II Die Nutzung der elektronischen Gesundheitskarte und der Krankenversichertennummer im Forschungskontext

Überdies begrenzen der verfassungsrechtliche Gesetzesvorbehalt und der Bestimmtheitsgrundsatz den Einsatz beliebiger weiterer Funktionen. Die elektronische Gesundheitskarte dient der Verwendung einer Vielzahl sensibler Daten und hat insofern eine erhebliche Eingriffsintensität hinsichtlich des Eingriffs in das Grundrecht auf informationelle Selbstbestimmung. Nach der vom Bundesverfassungsgericht entwickelten Wesentlichkeitslehre muss der Gesetzgeber „in grundlegenden normativen Bereichen, zumal im Bereich der Grundrechtsausübung, soweit diese staatlicher Regelung zugänglich ist, alle wesentlichen Entscheidungen selbst [...] treffen".[41] Dies gilt zwar direkt nur bei Grundrechtseingriffen durch den Staat. Bei der elektronischen Gesundheitskarte und den mit ihr interagierenden Systemen handelt es sich jedoch um eine so grundsätzliche Infrastruktur, dass aufgrund der besonderen Gefahren für die informationelle Selbstbestimmung der Gesetzgeber seiner verfassungsrechtlichen Schutzpflicht nachkommen und wesentliche Verarbeitungsprozesse auch dann regeln muss, wenn sie durch Private vorgenommen werden.[42] Die Verwendung der Karte über § 291a Abs. 2 und 3 SGB V hinaus – insbesondere wenn diese medizinische Daten umfasst und insofern mit den dort genannten Funktionen zusammenhängt oder sogar interagiert – wird deshalb regelmäßig so wesentlich sein, dass sie gesetzlich geregelt werden muss.[43] Folglich könnte man höchstens solche Zusatzfunktionen der elektronischen Gesundheitskarte aus dem Anwendungsbereich von § 291a Abs. 8 SGB V ausnehmen, die keinerlei Gesundheitsdaten speichern. Dies ist bei den hier relevanten Verfahren zur medizinischen Forschung jedoch der Fall.

Hinsichtlich der oben genannten Abgrenzungsprobleme gilt, dass derartige Schwierigkeiten bei der Gesetzesanwendung immer auftreten können. Das hindert den Gesetzgeber aber nicht daran, die neuartigen Risiken der Verwendung von Gesundheitsdaten gerade mittels der elektronischen Gesundheitskarte als besonders gravierend zu werten und diese Wertung in eine – notwendig typisierende – Verwendungsbeschränkung umzusetzen.

Im Ergebnis ist damit eine Speicherung von Forschungsdaten auch als zusätzliche Funktion der elektronischen Gesundheitskarte nach geltendem Recht unzulässig. Die oben zuerst genannte Auslegung überzeugt bereits juristisch nicht. Angesichts der Straf- und Bußgeldandrohungen einer Verletzung von § 291a Abs. 8 SGB V und der zu erwartenden Akzeptanzschwierigkeiten, die die elektronische Gesundheitskarte auch ohne einen Einsatz in der Forschung zu erwarten hat, kann aber auch aus pragmatischen Gesichtspunkten nur davon abgeraten werden, ihr in der Praxis zu folgen.

---

41 BVerfGE 49, 89 (126); 61, 260 (275); 88, 103 (116); s. Schnapp, in: v. Münch/Kunig, Art. 20 Rn. 76f. m.w.N.; Sachs, in: Sachs, Art. 20 Rn. 116f. m.w.N.
42 Sehr ähnliche Erwägungen stehen letztlich hinter der Entscheidung des BSG, BSGE 102, 134, aus denen das Gericht den Ausschluss der Einwilligung für krankenversicherungsrechtliche Sozialdaten ableitet – s. hierzu oben Kap. II.2.1 sowie näher Roßnagel/Hornung/Jandt 2009, Teil I, Kap. 1.1.
43 S. Hornung 2005, 212f.

2.2.3 Unterscheidung zwischen Ärzten und Nicht-Ärzten?

> *Muss bei Forschern zwischen Ärzten und Nicht-Ärzten bezüglich des Zugriffs auf Behandlungs- oder Forschungsdaten zum Zwecke der Forschung unterschieden werden?*

Im Kontext der Nutzung der elektronischen Gesundheitskarte zu Forschungszwecken ist eine weitere relevante Frage, ob bezüglich des Zugriffs auf Behandlungs- oder Forschungsdaten zum Zwecke der Forschung zwischen Ärzten und Nicht-Ärzten unterschieden werden muss.

Diese Frage muss nach geltendem Recht verneint werden, da der Zugriff auf Behandlungsdaten zu Forschungszwecken sowie die Speicherung von und der Zugriff auf Forschungsdaten auf oder mittels der elektronischen Gesundheitskarte derzeit unzulässig sind (s.o. Kap. II.2.2.1 und II.2.2.2). Das gilt sowohl für Forscher, die zugleich Ärzte sind, als auch für sonstige Forscher.

Zum besseren Verständnis seien hier dennoch die derzeit geltenden Zugriffsbefugnisse genannt:

- Der Zugriff auf die Behandlungsinformationen nach § 291a Abs. 3 Satz 1 Nr. 1 bis Nr. 5 SGB V steht gemäß § 291a Abs. 4 Satz 1 Nr. 2 SGB V ausschließlich dem oben in Kapitel II.2.2.2.1 genannten Personenkreis – also nicht nur Ärzten, sondern auch einer Reihe sonstiger Personen aus dem medizinischen Umfeld – offen. Im Fall der Informationen über Organ- und Gewebespenden sowie Vorsorgevollmachten und Patientenverfügungen (§ 291a Abs. 3 Satz 1 Nr. 7 bis Nr. 9 SGB V) trifft § 291a Abs. 5a SGB V eine noch engere Regelung (Beschränkung auf Ärzte und deren berufsmäßige Gehilfen). Anderen Personen ist der Zugriff untersagt; ein Verstoß stellt gemäß § 307b SGB V eine Straftat dar.
- Hinsichtlich des Zugriffs auf Funktionen, die über § 291a Abs. 2 und 3 SGB V hinausgehen, stellt sich im Rahmen der Anwendung von § 291a Abs. 8 SGB V hinsichtlich der zugriffsberechtigten Personen das parallele Problem zur oben behandelten Frage der zugelassenen Zwecke des Zugriffs.[44] Die Frage muss hier identisch beantwortet werden: Es ließe sich zwar vertreten, § 291a Abs. 8 SGB V erfasse nur den Zugriff auf die Funktionen nach § 291a Abs. 2 und Abs. 3 SGB V. Dies würde jedoch für medizinische Daten eine Umgehung der Norm eröffnen, die der Gesetzgeber erkennbar nicht zulassen wollte. Auch der Zugriff auf zusätzliche Funktionen ist deshalb nach geltendem Recht – jedenfalls soweit Daten verwendet werden, die auch unter die Anwendungen nach § 291a Abs. 2 und 3 SGB V fallen könnten – nur dem in § 291a Abs. 4 Satz 1 Nr. 2 beziehungsweise Abs. 5a SGB V genannten Personenkreis offen.

---

44 S. Kap. II.2.2.2.2.

2.2.4 Gesamtergebnis de lege lata

Als Gesamtergebnis lässt sich festhalten, dass eine Verwendung der elektronischen Gesundheitskarte zu Forschungszwecken nach geltendem Recht unzulässig ist. Dies gilt auch im Falle einer Einwilligung des Karteninhabers

2.3 Änderung von § 291a Abs. 8 SGB V?

Der Gesetzgeber hat die Regelungen zur elektronischen Gesundheitskarte in hoher Frequenz geändert und dadurch zu erkennen gegeben, dass er bereit ist, auf Einführungsprobleme und sinnvolle Erweiterungen der Funktionalitäten durch eine entsprechende gesetzliche Ausgestaltung zu reagieren.[45] Dementsprechend stellt sich die Frage der rechtspolitischen Bewertung der Situation de lege lata.

2.3.1 Hintergrund

Das in Kapitel II.2.2 gefundene Ergebnis erscheint aus mehrfacher Sicht unbefriedigend. Zunächst verhindert es medizinische Forschung – die sowohl im Interesse der einzelnen aktuellen und künftigen Patienten, als auch im gesamtgesellschaftlichen Interesse eines funktionsfähigen Gesundheitswesens ist – auf der Basis der Telematik-Infrastruktur, die hierfür besonders geeignet wäre.

Darüber hinaus wiesen die Regelungen bis zum Jahre 2012 hinsichtlich der zu untersuchenden Frage Inkonsistenzen auf.[46] § 291a Abs. 8 SGB V beschränkt die Verwendung der auf oder mittels der elektronischen Gesundheitskarte gespeicherten Daten auf die Zwecke der Versorgung des Patienten (einschließlich der Abrechnung der zum Zwecke der Versorgung erbrachten Leistungen). Die Gesetzesbegründung nennt aber als Anwendungsfälle für § 291a Abs. 3 Satz 1 Nr. 5 SGB V Daten, deren Verwendung über die Versorgung hinausgeht (Patientenverfügungen und Organspendeausweis).[47] Der Gesetzgeber hat diese Inkonsistenz zum Anlass genommen, den Bereich in § 291a Abs. 3 Satz 1 Nr. 7 bis 9 und Abs. 5a SGB V nunmehr spezialgesetzlich zu regeln; dies könnte für gleichfalls sinnvolle andere Funktionalitäten ebenso erfolgen.

Schließlich können Versicherte immer noch in die Verwendung von Behandlungsdaten zu Forschungszwecken einwilligen, die zuvor zu Behandlungszwecken auf oder mittels der elektronischen Gesundheitskarte transportiert wurden, vorausgesetzt, die Daten wurden nicht im Rahmen eines Umgehungstatbestands und nur zum Zwecke der Weiterleitung von der elektronischen Gesundheitskarte in ein anderes, zulässiges System kopiert.[48] Auch die Unsicherheiten, die diese Abgrenzung mit sich bringt, sprechen für eine Veränderung der derzeitigen Rechtslage.

Die folgenden Überlegungen haben keinen abschließenden Charakter. In einem so sensiblen Bereich wie der Forschung mit Gesundheitsdaten von Patienten ist vor

---

45 § 291a SGB V gilt derzeit in der 14. (!) Fassung, obwohl die elektronische Gesundheitskarte in der Praxis der Versorgung bisher keinerlei Rolle spielt.
46 S.o. Kap. II.2.2.2.2.
47 S. Fn. 22.
48 S. Kap. II.2.2.2.2.

2 Die Nutzung der auf oder mittels der elektronischen Gesundheitskarte
   gespeicherten medizinischen Daten

einem Handeln des Gesetzgebers eine möglichst breite gesellschaftliche und politische Diskussion unabdingbar. Hinzu kommt, dass die elektronische Gesundheitskarte bereits ohne die Nutzung zu Forschungszwecken sowohl in der Ärzteschaft wie unter den Versicherten umstritten und der Einsatz in der Forschung bislang – soweit ersichtlich – nicht diskutiert worden ist.[49] Dementsprechend verstehen sich die folgenden Ausführungen als Anstoß zu einer rechtspolitischen Diskussion.

2.3.2 Rechtspolitische Ausgangslage

Die Regelungen zur elektronischen Gesundheitskarte in § 291a SGB V sollten den Beteiligten im Gesundheitswesen frühzeitig Planungssicherheit für die Einführung der Karte und den Aufbau der mit ihr interagierenden Infrastruktur geben. Dem Gesetzgeber war dabei aber bewusst, dass sich im Laufe der Erforschung und Implementierung die Notwendigkeit neuer, ergänzender und veränderter Regelungen ergeben würde. In der Begründung zu § 291a SGB V heißt es:

> „Zur umfassenden Nutzung der elektronischen Gesundheitskarte sind insbesondere unter Berücksichtigung von Erfahrungen aus der Testphase weitergehende rechtliche Regelungen zu treffen."[50]

Im Folgenden ist zu untersuchen, inwieweit eine Veränderung der strikten Regelung in § 291a Abs. 8 SGB V zum einen rechtspolitisch wünschenswert, zum anderen verfassungsrechtlich zulässig wäre.

2.3.3 Grundsätzliche rechtspolitische Bewertung einer Änderung

Medizinische Forschung ist zwar in weiten Teilen ohne personenbezogene Daten möglich.[51] In vielen Konstellationen bedarf es aber zumindest der Verwendung von Pseudonymen, um eine kontinuierliche Zusammenführung von Behandlungsinformationen einer Person zu gewährleisten.[52] Überdies wird in vielen Fällen ein Personenbezug entweder direkt bestehen (etwa bei der Forschung durch einen behandelnden Arzt) oder herstellbar sein (bei kleinen Patientengruppen oder ungewöhnlichen Krankheiten).

Bedeutung und Wert wissenschaftlicher Forschung kommen in der Grundrechtsgarantie des Art. 5 Abs. 3 GG und internationalen und europäischen Menschenrechtsgarantien zum Ausdruck.[53] Das Bundesverfassungsgericht hat in mehreren Entscheidungen den Wert von Wissenschaft und Forschung „sowohl für die Selbstverwirklichung des Einzelnen als auch für die gesamtgesellschaftliche Entwicklung"[54] hervorgehoben und betont, „dass gerade eine von gesellschaftlichen Nützlichkeits- und politischen Zweckmäßigkeitsvorstellungen befreite Wissenschaft dem Staat und der Gesellschaft im Ergebnis am besten dient".[55] Die gesellschaftliche Bedeutung von

---

49 S. für Auszüge aus dem Folgenden Roßnagel/Hornung, MedR 2008, 541ff.
50 BT-Drs. 15/1525, 144.
51 Bäumler, MedR 1998, 400, 405; s. bereits Beier 1979, 107; Lilie 1980, 103f.; s.a. Roßnagel/Hornung/Jandt 2009, Teil I, Kap. 2.
52 S. z.B. Gerling, in: Roßnagel, Handbuch Datenschutzrecht, Kap. 7.10, Rn. 26f.
53 S. zu letzteren Bethge, in: Sachs, Grundgesetz, Art. 5 Rn. 6ff.
54 BVerfGE 35, 79 (114).
55 BVerfGE 47, 327 (379).

Wissenschaft und Forschung wird gerade im medizinischen Bereich besonders deutlich.

Angesichts dieser Dimension und der oben in Kapitel II.2.3.1 dargelegten Inkonsistenzen und Lücken des geltenden Rechts, die für die auf oder mittels der elektronischen Gesundheitskarte zu Behandlungszwecken übermittelten Daten letztlich doch eine Nutzung zu Forschungszwecken zulassen, erscheint eine explizite gesetzliche Regelung rechtspolitisch wünschenswert.

Gleichzeitig ist deutlich, dass jede Erweiterung der nach § 291a SGB V derzeit zugelassen Verwendungszwecke der elektronischen Gesundheitskarte mit äußerster Vorsicht erfolgen sollte. Bei allen Vorteilen, die die elektronische Gesundheitskarte perspektivisch bietet,[56] bestehen vergleichbar große Risiken für die informationelle Selbstbestimmung der Karteninhaber. Auch diese hat eine gesellschaftliche Dimension: Das Bundesverfassungsgericht hat betont, dass das Vertrauensverhältnis zwischen Versichertem und Leistungserbringer „Grundvoraussetzung ärztlichen Wirkens [ist], das die Chancen der Heilung vergrößert und insgesamt der Aufrechterhaltung einer leistungsfähigen Gesundheitsfürsorge dient".[57] Ebenso hat der Europäische Gerichtshof für Menschenrechte darauf hingewiesen, dass ein beschädigtes Vertrauen in die Verschwiegenheit der Leistungserbringer Gefahren für die gesamte Bevölkerung hervorrufen kann.[58]

Vor diesem Hintergrund muss eine gesetzliche Ergänzung von § 291a SGB V Schutzmechanismen zur Wahrung von Patientenautonomie und informationeller Selbstbestimmung der Karteninhaber enthalten und darf die technischen Schutzvorkehrungen, die die Norm vorsieht, nicht aushebeln. Dass dem Gesetzgeber diese Voraussetzungen bewusst sind, zeigt die schon erwähnte Erweiterung der Funktionalitäten in § 291a Abs. 3 Satz 1 Nr. 7 bis 9 SGB V, für die in § 291a Abs. 5a SGB V spezifische Zugriffsregelungen normiert wurden.

2.3.4 Inhalt einer gesetzlichen Ergänzung von § 291a SGB V

2.3.4.1 Verhältnis zu § 291a Abs. 8 SGB V

Eine „Forschungsklausel" im Rahmen von § 291a SGB V müsste zunächst das Verhältnis zu § 291a Abs. 8 SGB V klären. Dies könnte dadurch erfolgen, dass in diesem im zweiten Halbsatz des ersten Satzes („mit ihnen darf nicht vereinbart werden, Derartiges zu gestatten") hinter „darf" die Formulierung „– vorbehaltlich Absatz 9 –" eingefügt würde. Eine Veränderung des ersten Halbsatzes ist nicht erforderlich, da eine Einwilligung vom Karteninhaber nicht „verlangt" wird. Das absolute Verbot in § 291a Abs. 8 Satz 1, 1. Halbsatz SGB V sollte deshalb beibehalten werden.

---

56 Etwa für eine verbesserte Versorgung durch eine höhere Verfügbarkeit von Daten für den behandelnden Arzt (etwa zum Erkennen von Kontraindikationen), eine verbesserte Arzneimittelsicherheit und eine geringere Eingriffsintensität, wenn zum Beispiel auf erneute Untersuchungen verzichtet werden kann oder erkannt wird, dass eine bestimmte Behandlung überflüssig ist; s. Hornung 2005, 44f. m.w.N.
57 BVerfGE 32, 373 (380); s.a. Ulsenheimer/Heinemann, MedR 1999, 197, 202; Lilie 1980, 78f.; Beier 1979, 55; Schirmer, in: Roßnagel, Handbuch Datenschutzrecht, Kap. 7.12, Rn. 23; zu diesem Gedanken bereits Schmidt, NJW 1962, 1745, 1747; Laufs, NJW 1975, 1433, 1434f.; s.a. Roßnagel, NJW 1989, 2303, 2306; Hornung 2005, 229.
58 Z./. Finnland, Urteil v. 25.2.1997 (abrufbar unter http://www.echr.coe.int/Eng/Judgments.htm), Abs. 95.

2 Die Nutzung der auf oder mittels der elektronischen Gesundheitskarte
gespeicherten medizinischen Daten

2.3.4.2 Zweckbestimmung für den Zugriff

Der Grundsatz der datenschutzrechtlichen Zweckbindung fußt im Verhältnismäßigkeitsprinzip. Er ist deshalb im Bereich hoheitlicher Datenverwendungen ein Verfassungsgebot; Zweckentfremdungen sind verfassungsrechtlich unzulässig.[59] Da eine Datenverwendung immer nur in Bezug auf einen konkreten Zweck hin geeignet sein kann, muss dieser zuvor eindeutig und ausdrücklich bestimmt werden.[60] In der Folge dürfen die Daten nur zu diesem Zweck verarbeitet und genutzt werden. Nachträgliche Zweckänderungen, die zu einer Datenverwendung außerhalb des ursprünglichen Zwecks führen, stellen einen selbständigen Grundrechtseingriff dar.[61] Dieser neue Eingriff unterliegt den üblichen Anforderungen. Es ist also eine gesetzliche Ermächtigungsgrundlage oder eine Einwilligung erforderlich. Damit wird verhindert, dass Daten zu einem eng begrenzten Zweck erhoben und danach zu anderen, unbestimmten Zwecken verwendet werden.[62]

Der hier relevante Zweck der medizinischen Forschung sollte als solcher bezeichnet und im Gesetz verankert werden. In Anlehnung an die Formulierung in § 40 BDSG („wissenschaftliche Forschung") – die verhindern soll, dass vorgeblich forschende, in Wahrheit aber kommerzielle Tätigkeiten vorliegen – könnte man den Zweck auf die „wissenschaftlich-medizinische Forschung" begrenzen.

2.3.4.3 Einwilligungserfordernis

Die Verwendung personenbezogener Daten bedarf gemäß § 4 Abs. 1 BDSG einer gesetzlichen Ermächtigung oder Einwilligung. Angesichts der Sensibilität der auf oder mittels der elektronischen Gesundheitskarte gespeicherten Daten wäre es verfassungsrechtlich kaum haltbar (und unter Akzeptanzgesichtspunkten[63] potentiell desaströs), ihre Verwendung ohne die ausdrückliche Einwilligung der Karteninhaber zuzulassen, denn die Einwilligung ist Ausdruck des Rechts auf informationelle Selbstbestimmung der betroffenen Person. Dementsprechend ist ein Einwilligungserfordernis ausdrücklich vorzusehen. Gemäß allgemeinen Regeln muss die Einwilligung informiert und freiwillig abgegeben werden; die Anforderungen entsprechen insoweit den allgemeinen Bedingungen für Einwilligungserklärungen zur Verwendung von Daten im Kontext medizinischer Forschung.[64] Dabei sind unter Umständen Sondervorschriften in einigen fachspezifischen Gesetzen zu beachten.[65]

Die Einwilligung ist schriftlich zu erteilen. Das gilt bereits nach geltendem Recht für alle freiwilligen Anwendungen der elektronischen Gesundheitskarte. Ein Schriftformerfordernis ergibt sich zwar nicht direkt aus § 291a SGB V, wohl aber aus § 4a Abs. 1 Satz 3 BDSG, der subsidiär anwendbar ist. Jede andere Form der Einwilligung wäre angesichts der Komplexität der Funktionsweise der elektronischen Gesundheits-

---

59 S. Di Fabio, in: Maunz/Dürig, Grundgesetz, Art. 2 Abs. 1 Rn. 186; Podlech, in: Denninger et al., Alternativkommentar Grundgesetz, Art. 2 Abs. 1 Rn. 82; Bizer 1992, 148; v. Zezschwitz, in: Roßnagel, Handbuch Datenschutzrecht, Kap. 3.1, Rn. 3; kritisch gegenüber der Effektivität des Zweckbindungsgrundsatzes Trute, in: Roßnagel, Handbuch Datenschutzrecht, Kap. 2.5, Rn. 37ff.
60 BVerfGE 65, 1, (46); Gola/Schomerus 2012, § 14 Rn. 9.
61 Roßnagel/Pfitzmann/Garstka 2001, 115; Scholz 2003, 139 m.w.N.
62 Denninger, KJ 1985, 215, 220.
63 S. zu den Akzeptanzfragen der elektronischen Gesundheitskarte Hornung 2005, 421ff.
64 S. dazu Roßnagel/Hornung/Jandt 2009, 3ff.
65 S. näher Roßnagel/Hornung/Jandt 2009, 17f.

karte nicht angemessen.[66] Das gilt erst recht für die Verwendung zu Forschungszwecken. Die Aufklärung der Karteninhaber wäre nach einer etwaigen Gesetzesänderung bereits nach § 291a Abs. 3 Satz 3 SGB V erforderlich, der eine Unterrichtung über (alle) Funktionalitäten der elektronischen Gesundheitskarte verlangt.

Analog zu der Einwilligung in die Verwendung der elektronischen Gesundheitskarte zu den freiwilligen Anwendungen (§ 291a Abs. 3 Satz 5, 1. Halbsatz SGB V) sollte die Einwilligung der Nutzung zu Forschungszwecken auf der elektronischen Gesundheitskarte selbst dokumentiert werden. Dies muss für jedes Forschungsvorhaben spezifisch erfolgen.

2.3.4.4 Zugriffsberechtigte

Nach geltendem Recht ist der Zugriff auf die Karte gemäß § 291a Abs. 4 SGB V Personen vorbehalten, die im Rahmen der medizinischen Versorgung tätig sind (vor allem Ärzte, Zahnärzte, Apotheker, Psychotherapeuten, sonstige Angehörige eines Heilberufs und eine Reihe von Hilfspersonen);[67] für die Erklärungen zur Organ- und Gewebespende sowie zu Vorsorgevollmachten und Patientenverfügungen ist der Kreis der Zugriffsberechtigten in § 291a Abs. 5a SGB V weiter eingeengt. Damit stellt sich die Frage, ob im Rahmen des Zugriffs zu Forschungszwecken eine identische Beschränkung gelten soll, ob weitere Personen berechtigt sein könnten oder ob der berechtigte Personenkreis sogar in das Belieben des Karteninhabers gestellt werden sollte.

Gegen eine Beschränkung auf Personen, die im Bereich der Versorgung tätig sind, spricht eine mögliche Behinderung der Forschungsarbeit. Außerdem könnte es zu Ungleichbehandlungen kommen, wenn bestimmte Forscher oder Forschungsinstitutionen zu dem genannten Personenkreis zählen, andere jedoch nicht. Auf der anderen Seite hat die Beschränkung auf den in § 291a Abs. 4 SGB V genannten Personenkreis den Vorteil der Eindeutigkeit. Angesichts der erheblichen Grundrechtsrelevanz der elektronischen Gesundheitskarte und der Sensibilität der gespeicherten Daten ist unbedingt zu verhindern, dass unberechtigte Dritte Zugriff auf die Daten erhalten. Darüber hinaus ist die sichere und effiziente Versorgung des Karteninhabers Hauptzweck der elektronischen Gesundheitskarte. Das abgestufte Zugriffssystem in § 291a Abs. 4 SGB V sollte nicht ohne Not aufgrund sekundärer Einsatzfelder der elektronischen Gesundheitskarte aufgegeben oder abgeschwächt werden.

Hierfür spricht letztlich auch entscheidend der technische Schutz der Karte. Gemäß § 291a Abs. 5 Satz 3 SGB V wird der Zugriff auf die Daten des elektronischen Rezepts und der freiwilligen Anwendungen nach § 291a Abs. 3 SGB V nur in Verbindung mit einem elektronischen Heilberufsausweis, im Falle des elektronischen Rezepts auch in Verbindung mit einem entsprechenden Berufsausweis erfolgen, die zur elektronischen Authentifizierung und zur Erstellung qualifizierter elektronischer Signaturen geeignet sind.[68] Dasselbe gilt nach § 291a Abs. 5a Satz 1 SGB V für Erklärungen zu

---

[66] S. für die bisherigen Anwendungen der elektronischen Gesundheitskarte Weichert, DuD 2004, 391, 399; Hornung 2005, 62; a.A. Schneider 2004, 153.
[67] S. näher Hornung 2005, 220ff.; Bales/Dierks/Holland/Müller 2007, 96ff.
[68] Für berufsmäßige Gehilfen gilt § 291a Abs. 5 Satz 4 BDSG. Danach ist ein Zugriff auch ohne elektronischen Berufsausweis zulässig, wenn eine Autorisierung durch einen Berufsausweisträger vorliegt und nachprüfbar elektronisch protokolliert wird, wer auf die Daten zugegriffen hat und von welcher Person die zugreifende Person autorisiert wurde.

Organ- und Gewebespende sowie zu Vorsorgevollmachten und Patientenverfügungen.[69] Nur auf die Daten des „Patientenfachs" nach § 291a Abs. 3 Satz 1 Nr. 5 SGB V können die Versicherten auch mittels einer eigenen qualifizierten Signaturkarte zugreifen; für die regelmäßig nicht-gesundheitsbezogenen Informationen zu Organ- und Gewebespende sowie zu Vorsorgevollmachten und Patientenverfügungen genügt gemäß § 291a Abs. 5a Satz 4 SGB V auch ein sonstiges geeignetes Authentifizierungsverfahren. Wenn nun auch Personen aus dem Forschungsumfeld auf die Daten zugreifen sollen, die nicht unter § 291a Abs. 4 oder Abs. 5a SGB V fallen, so müssten diese entweder mit entsprechenden Berufsausweisen oder sonstigen Chipkarten ausgestattet werden, mit denen sie sich gegenüber der elektronischen Gesundheitskarte authentisieren, oder die Sicherheitsmechanismen der Karte müssten abgesenkt werden.

Die zweite Lösung erscheint unter Datenschutz- und Datensicherheitsgesichtspunkten verfassungsrechtlich nicht akzeptabel. Der elektronische Umgang mit den Patientendaten mittels einer Telematik-Infrastruktur greift in erheblichem Umfang in die Grundrechte der Patienten ein und genügt nur unter den Bedingungen rechtlicher und technischer Sicherungsmittel verfassungsrechtlichen Anforderungen. Aber auch die Vergabe von Zugriffsbefugnissen über den in § 291a Abs. 4 und Abs. 5a SGB V genannten Personenkreis hinaus ist nicht ratsam. Sie würde die Vergabe der Chipkarten, die zum Zugriff berechtigen, erschweren und unübersichtlich machen. Diese Aufgabe wird gemäß § 291a Abs. 5c SGB V von den Ländern auf bestimmte Stellen – vor allem die Berufskammern[70] – übertragen, die hierfür besonders geeignet sind. Außerdem würde der Kreis der Personen, die faktisch auf elektronische Gesundheitskarten zugreifen können, erheblich erweitert und für die Karteninhaber intransparent gemacht. Die verbleibenden Einschränkungen für Forschungsinstitute, die nicht über Heilberufsausweisträger verfügen, müssen – auch angesichts des Hauptzwecks der elektronischen Gesundheitskarte als Instrument zur Verbesserung der Versorgung – hingenommen werden. Dies erscheint vor allem deshalb akzeptabel, weil diese Fälle in der Praxis selten sein dürften.

2.3.4.5 Technische Schutzmechanismen beim Zugriff

Wie bereits im vorherigen Abschnitt ausgeführt, sollten die technischen Schutzmechanismen der elektronischen Gesundheitskarte nicht wegen einer Verwendung zu Zwecken medizinischer Forschung abgeschwächt werden. Das gilt sowohl für die Person des Zugreifenden (der über einen gültigen Heilberufsausweis verfügen muss), als auch für die Person des Inhabers der elektronischen Gesundheitskarte. Dieser muss nach geltendem Recht beim Zugriff mitwirken. § 291a Abs. 5 Satz 2 SGB V bestimmt: „Durch technische Vorkehrungen ist zu gewährleisten, dass in den Fällen des Absatzes 3 Satz 1 Nr. 2 bis 6 der Zugriff nur durch Autorisierung der Versicherten möglich ist". Lediglich beim elektronischen Rezept nach § 291a Abs. 2 Satz 1 Nr. 1 SGB V und den Notfallinformationen nach § 291a Abs. 3 Satz 1 Nr. 1 SGB V besteht der Schutz nur im Besitz der elektronischen Gesundheitskarte; hinzu treten seit dem

---

[69] Für diese gilt nach § 291a Abs. 5a Satz 1, 2. Halbsatz SGB V ebenfalls die Ausnahme hinsichtlich der berufsmäßigen Gehilfen (s. Fn. 68).
[70] S. näher Bales/Dierks/Holland/Müller 2007, 114ff.; Scholz, in: Rolfs/Giesen/Kreikebohm/Udsching, BeckOK SGB V § 291a, Rn. 16; Hornung, in: Hänlein/Kruse/Schuler, § 291a Rn. 18.

Jahre 2012 die eng begrenzten Fälle der Organ- und Gewebespende (im Falle der Feststellung des Todes) sowie der Vorsorgevollmacht und Patientenverfügung, soweit keine Einwilligungsfähigkeit vorliegt.

Nach dem gegenwärtigen Stand der Technik wird die Autorisierung nach § 291a Abs. 5 Satz 2 SGB V mittels einer PIN erfolgen. Hieran sollte auch im Kontext medizinischer Forschung festgehalten werden.

2.3.4.6 Schutz der Zweckbindung

Ein besonderer Schutz der Zweckbindung durch Vorschriften des Straf- und Ordnungswidrigkeitenrechts erscheint nicht erforderlich. Durch die Anbindung einer Forschungsklausel an § 291a Abs. 8 SGB V (s. den Vorschlag oben unter Kap. II.2.3.4.1) würden bei einer Nutzung der Daten zu anderen Zwecken als denen der wissenschaftlich-medizinischen Forschung die Schutzvorschriften der §§ 291a Abs. 8, 307, 307b SGB V eingreifen.

2.3.4.7 Speicherung zusätzlicher Forschungsdaten

Die Frage der Speicherung zusätzlicher Forschungsdaten verliert in dem Moment an Brisanz, in dem die Nutzung der ohnehin gespeicherten Daten unter bestimmten Bedingungen zugelassen wird. Sie bleibt dort relevant, wo Daten für die Forschung verwendet werden, die keinen – oder keinen unmittelbar gesicherten – Zusammenhang mit der Behandlung haben. Wenn dieses Vorgehen zur Forschung unabdingbar ist, sollte es unter denselben Voraussetzungen wie die Nutzung der Behandlungsdaten zugelassen werden.

Dies kann allerdings nur unter einer wichtigen Bedingung gelten: Die Funktionen der elektronischen Gesundheitskarte, die zum Zwecke der Versorgung in § 291a SGB V durch Gesetz entweder vorgeschrieben oder ermöglicht werden, dürfen nicht beeinträchtigt werden. Das gilt sowohl hinsichtlich der Funktionen, die sich nicht gegenseitig behindern dürfen, als auch hinsichtlich etwaiger Probleme mit der Speicherkapazität. Um dies zu verhindern, ist eine Zulassung nach technischer Prüfung vorzusehen.

2.3.4.8 Beschlagnahmeschutz

Soweit auf der elektronischen Gesundheitskarte gespeicherte Behandlungsinformationen zu Zwecken der medizinischen Forschung genutzt werden, fallen sie weiterhin und im selben Umfang wie bisher unter den Beschlagnahmeschutz gemäß § 97 Abs. 1 Nr. 2, Abs. 2 Satz 1 StPO.[71] Ein Sonderproblem könnte dagegen auftreten, wenn – wie im letzten Abschnitt vorgeschlagen – zusätzliche Forschungsdaten gespeichert werden. § 97 Abs. 1 Nr. 2 StPO gilt nur für Umstände, „auf die sich das Zeugnisverweigerungsrecht erstreckt". Das verweist auf § 53 Abs. 1 Satz 1 Nr. 3 StPO und beschränkt sich auf das, was Berufsgeheimnisträgern (unter anderem Ärzten) „in dieser Eigenschaft anvertraut oder bekannt geworden ist".

---

71 S. dazu Hornung 2005, 233ff.; Bales/Dierks/Holland/Müller 2007, 168ff.

Folglich werden Daten, die ausschließlich zu Forschungszwecken erhoben werden – und insofern auch durch Nicht-Ärzte hätten erhoben werden können – zumindest nicht stets unter den Beschlagnahmeschutz fallen.[72] Das würde nach aktueller Rechtslage auch für die elektronische Gesundheitskarte gelten. Im Grenzbereich zwischen Konsiliarbehandlung und Forschung können überdies Unklarheiten über die Reichweite des Beschlagnahmeschutzes entstehen.

Es könnte deshalb erwogen werden, diesen Schutz ohne die oben genannte Einschränkung direkt an die elektronische Gesundheitskarte selbst zu knüpfen und sämtliche auf ihr gespeicherten Daten von der Beschlagnahme auszuschließen. Auf der anderen Seite erscheint eine solche Ausdehnung – auch unter Berücksichtigung der Vorgaben des Bundesverfassungsgerichts, wonach derartige Vorschriften zumindest tendenziell eng zu fassen sind[73] – nicht zwingend erforderlich. Zu Forschungszwecken erhobene Daten sind auch heute nicht vom Beschlagnahmeschutz erfasst. Es müsste allerdings sichergestellt werden, dass nicht im Zuge von Zugriffen auf diese Daten gleichzeitig Daten aus der elektronischen Gesundheitskarte ausgelesen werden, die einem Arzt in genau dieser Eigenschaft offenbart wurden und insofern unter § 97 Abs. 1 Nr. 2, Abs. 2 StPO fallen. Wenn dies nicht sichergestellt werden kann, hat der Zugriff insgesamt zu unterbleiben.

Die im vorstehenden Absatz genannten Einschränkungen können allerdings bereits im Wege der Auslegung dem geltenden Recht entnommen werden. Insofern erscheint auch eine Präzisierung der Rechtslage zumindest nicht zwingend erforderlich.

2.3.4.9 Vorgeschlagener Wortlaut

Entsprechend den vorstehenden Ausführungen könnte der Wortlaut für einen Absatz über die medizinische Forschung in § 291a SGB V wie folgt lauten:

> *„(9) Die Nutzung von Daten nach Absatz 2 Satz 1 Nr. 1 und Absatz 3 Satz 1 mittels der elektronischen Gesundheitskarte ist unter den technischen Voraussetzungen von Absatz 5 auch zu Zwecken der wissenschaftlich-medizinischen Forschung zulässig, wenn die Versicherten in diese Verwendung schriftlich einwilligen. Die Speicherung zusätzlicher Forschungsdaten kann unter denselben Voraussetzungen zugelassen werden, wenn sie die sonstigen Funktionen der elektronischen Gesundheitskarte nicht behindert. Die Einwilligung ist bei der jeweils ersten Verwendung der Karte zu Forschungszwecken auf der Karte zu dokumentieren und jederzeit widerruflich."*

Es wird nochmals betont, dass die vorstehenden Überlegungen und der vorgeschlagene Wortlaut angesichts der Sensibilität der verwendeten Daten und der Diskussionen, die die elektronische Gesundheitskarte bereits ohne den Einsatz zu Forschungszwecken ausgelöst hat, nicht Ergebnis, sondern Ausgangspunkt einer rechtspolitischen Debatte sein sollten.

---

72 Das Zeugnisverweigerungsrecht gilt nur für Tatsachen mit unmittelbarem Bezug zur Berufsausübung, s. näher Meyer-Goßner 2014, § 53 Rn. 7ff. m.w.N.
73 So muss etwa der Kreis der Zeugnisverweigerungsberechtigten wegen der Notwendigkeit, eine funktionsfähige Rechtspflege zu erhalten, auf das unbedingt erforderliche Maß begrenzt werden, s. BVerfGE 33, 367 (383); 38, 312 (321).

2.4 Rechtslage nach einer hypothetischen Gesetzesänderung

Im Folgenden soll kurz dargestellt werden, wie sich die vorgeschlagene Gesetzesänderung auf die Beantwortung der Fragen in den Kapiteln II.2.2.1 bis II.2.2.3 auswirken würde, die oben nach geltendem Recht behandelt wurden.

2.4.1 Zugriff von Forschern auf Behandlungsdaten mit Einverständnis des Patienten

Die Frage, ob Forscher mit Einverständnis des Patienten Zugriff auf vorhandene Behandlungsdaten bekommen dürfen (oben Kap. II.2.2.1), wäre de lege ferenda gemäß dem vorstehend vorgeschlagenen Wortlaut eines § 291a Abs. 9 SGB V n.F. wie folgt zu beantworten: Der Zugriff wäre nach einer ausdrücklich schriftlich erklärten und auf der elektronischen Gesundheitskarte dokumentierten Einwilligung des Patienten zulässig. Das würde allerdings nicht für alle Forscher gelten (s.u. Kap. II.2.4.3).

2.4.2 Speicherung zusätzlicher Daten

Zusätzliche Forschungsdaten dürften nach dem Vorschlag für Zwecke der Forschung mit Einverständnis des Patienten auf der elektronischen Gesundheitskarte gespeichert und verwaltet werden (s. Frage in Kap. II.2.2.2), wenn dies zugelassen wird und die sonstigen Anwendungen der elektronischen Gesundheitskarte weder funktional noch kapazitätsmäßig beeinträchtigt werden.

2.4.3 Unterscheidung zwischen Ärzten und Nicht-Ärzten

Nach dem vorgeschlagenen Wortlaut der Norm würde es bei der grundsätzlichen Differenzierung zwischen Personen aus dem Behandlungsumfeld (nicht nur Ärzte, sondern auch sonstige in § 291a Abs. 4 SGB V genannte Personen) und sonstigen Personen verbleiben. Dies würde auch bezüglich des Zugriffs auf Behandlungs- oder Forschungsdaten zum Zwecke der Forschung gelten (Frage in Kap. II.2.2.3) und ist aus den in Kapitel II.2.3.4.4 genannten Gründen geboten.

3 Die Nutzung der Krankenversichertennummer im Forschungskontext

3.1 Vorbemerkungen

Die gegenwärtige Regelung in § 290 SGB V zur neuen, einheitlichen Krankenversichertennummer geht auf das GKV-Modernisierungsgesetz vom 14. November 2003[74] zurück. Bis dahin wurde die Krankenversichertennummer von der jeweiligen Krankenkasse vergeben und änderte sich bei jedem Wechsel der Krankenkasse. Nunmehr enthält die Nummer einen – lebenslang stabilen – personenbezogenen Teil. Dies wurde erforderlich, um im System der Telematik-Infrastruktur ein dauerhaftes Identifizierungsmerkmal zu schaffen.[75] Hinsichtlich der Notwendigkeit der Einführung einer einheitlichen Krankenversichertennummer heißt es in der Begründung zu § 290 SGB V:

„Im Zusammenhang mit den Regelungen zur Aufbereitung von Abrechnungs- und Leistungsdaten für die arzt- und versichertenbezogenen Zufälligkeitsprüfungen und gezielten Prüfungen bei der Verordnung von Arzneimitteln auf Einhaltung der Richtlinien nach § 92 Abs. 1 Satz 2 Nr. 6, soweit deren Geltung auf § 35b beruht, der Anwendung von Pseudonymisierungsverfahren nach § 303c Abs. 2 sowie der geplanten Einführung der direkten Morbiditätsorientierung im Risikostrukturausgleich sind Vorgaben zur Ausgestaltung und zur Struktur der Versichertennummer erforderlich."[76]

---

[74] BGBl. 2003 I, 2190; zur Gesetzgebungsgeschichte Kranig, in: Hauck, Sozialgesetzbuch V, § 290 Rn. 1; s.a. Bales/Dierks/Holland/Müller 2007, 37ff.
[75] S. Lehmann, SdL 2005, 259, 260; Holland/Bales, GesR 2005, 299, 303; Kranig, in: Hauck, Sozialgesetzbuch V, § 290 Rn. 5.
[76] BT-Drs. 15/1525, 143.

Durch das Gesetz zur Organisationsstruktur der Telematik im Gesundheitswesen vom 28.6.2005[77] erhielt § 290 SGB V seine aktuelle Fassung.[78] Insbesondere wurde das Verhältnis zwischen Rentenversicherungsnummer und Krankenversichertennummer neu bestimmt.

Im Forschungskontext sind mehrere Einsatzszenarien für die Krankenversichertennummer denkbar. Sie beziehen sich allerdings alle nicht auf die Versichertennummer als Ganzes, weil diese gemäß § 290 Abs. 1 Satz 2 SGB V aus einem unveränderbaren Teil zur Identifikation des Versicherten und einem veränderbaren Teil, der bundeseinheitliche Angaben zur Kassenzugehörigkeit enthält, besteht. Für mittel- und langfristige klinische Studien ist hiervon nur der patientenspezifische – und deshalb auch beim Wechsel der Krankenkasse unveränderliche – Teil geeignet.

3.2 Grundsätzliche datenschutzrechtliche Problematik der Verwendung einheitlicher Personenkennzeichen (PKZ)

Das grundsätzliche Problem der Verwendung der Krankenversichertennummer zu anderen Zwecken als denen der Versorgung des Versicherten liegt in der Gefahr, dass die Nummer über unterschiedliche Verarbeitungszwecke, Zeiträume und verantwortliche Stellen hinweg zum Zusammenführen von Daten verwendet wird. Dies ist in einigen Fällen – wie im Forschungsumfeld – sinnvoll, führt aber zu besonderen Risiken für die informationelle Selbstbestimmung der Betroffenen.

3.2.1 Risiken einheitlicher Personenkennzeichen

Diese Risiken bestehen dann, wenn einheitliche Identifizierungsmerkmale – Personenkennzeichen – zum Erstellen von Persönlichkeitsprofilen verwendet werden. Ein solches Profil entsteht, wenn über das Zusammenführen von Einzeldaten hinaus zusätzliche, bisher nicht vorhandene Erkenntnisse über die Persönlichkeit der betroffenen Person gewonnen und zu einem (Teil-)Abbild der Persönlichkeit zusammengeführt werden.[79] Wegen des daraus resultierenden Informationsungleichgewichts ist nach Ansicht des Bundesverfassungsgerichts sowohl das totale Registrieren[80] als auch das Anfertigen von Teilprofilen[81] der Persönlichkeit gegen den Willen des Betroffenen verfassungswidrig. Auch in der Literatur wird dies so gesehen.[82] Insbesondere thematisiert die Diskussion in den letzten Jahren vielfach das Phänomen der „Verkettung" verschiedener identifizierender Merkmale und die dadurch ermöglichte Sammlung von Persönlichkeitsprofilen.[83] Das Verbot derartiger Profilbildung bildet

---

77 BGBl. 2005 I, 1720.
78 Das gilt mit Ausnahme der Anpassung der Ministeriumsbezeichnung (Neunte Zuständigkeitsanpassungsverordnung vom 31.10.2006, BGBl. I, 2407.
79 Wittig, RDV 2000, 59; s.a. Roßnagel/Pfitzmann/Garstka 2001, 118.
80 BVerfGE 27, 1 (6).
81 BVerfGE 65, 1 (53f.).
82 Podlech, in: Denninger et al., Alternativkommentar Grundgesetz, Art. 2 Abs. 1 Rn. 79, 83 (s. bereits ders., DVR 1972/73, 149, 157); Benda 1974, 23ff., insbes. 27f.; Kirchberg, ZRP 1977, 137, 138f.; Di Fabio, in: Maunz/Dürig, Grundgesetz, Art. 2 Abs. 1 Rn. 184; Zippelius, in Dolzer/Vogel/Graßhof, Bonner Kommentar, Art. 1 Abs. 1 u. 2 Rn. 99; Roßnagel/Wedde/Hammer/Pordesch 1990, 207; s. nunmehr ausführlich Schnabel 2009, 169ff., 329ff., 374ff.
83 S. v.a. Hansen/Meissner 2007, 81ff. et passim.

3 Die Nutzung der Krankenversichertennummer im Forschungskontext

einen Unterfall des Zweckbindungsgrundsatzes und wurzelt damit letztlich im Verhältnismäßigkeitsprinzip.

Ein Instrument der Profilbildung ist die Verwendung eines einheitlichen Personenkennzeichens. Werden Daten bei unterschiedlichen Stellen erhoben, verarbeitet und genutzt, so wird die Zusammenführung dieser verteilt gespeicherten Datenbestände erleichtert, wenn bei den jeweiligen Stellen bereits eine Verknüpfung mit demselben Personenkennzeichen erfolgte.[84] Daher wird in der deutschen[85] Diskussion ein solches Kennzeichen regelmäßig für unzulässig gehalten. Dieses schlage bewusst oder unbewusst die Brücke zur permanenten Kontrolle der Betroffenen, die bis hin zur Steuerung ihres Verhaltens gehen könne.[86] Ein einheitliches Personenkennzeichen wurde auch vom Bundesverfassungsgericht[87] und vom Rechtsausschuss des Bundestages[88] für verfassungswidrig erklärt. Ungeachtet der Frage, ob dieses Verbot unter den Bedingungen der modernen Datenverarbeitung tatsächlich noch eine rechtssichernde Wirkung hat,[89] zählt es damit zu den Kernbestandteilen des deutschen Datenschutzrechts.

Allerdings ist prinzipiell jedes bereichsspezifisch vergebene Ordnungskriterium bei einer Übertragung auf andere Verarbeitungsbereiche dazu geeignet, als allgemeines Personenkennzeichen zu dienen. Demzufolge ist Inhalt des Verbots nicht die Verwendung eines Datums, das als derartiges Kennzeichen eingesetzt werden kann, sondern die Verwendung gerade als allgemeines Kennzeichen. Dementsprechend hat beispielsweise der Bundesfinanzhof den Einsatz der Steuer-Identifikationsnummer (§ 139b Abs. 2 AO) innerhalb der Steuerverwaltung als verfassungsgemäß gebilligt,[90] auch wenn sich hier eine problematische Ausdehnung der Verwendung durch Banken, Versicherungen und Krankenkassen zeigt.[91] Im Kern geht es damit um die strikte Einhaltung der Regeln der Zweckbindung und der informationellen Gewaltenteilung.[92] Das gilt auch für die neue einheitliche Krankenversichertennummer nach § 290 SGB V.

3.2.2 Verfahrenssicherungen für die Krankenversichertennummer

Diese Problematik zeigt sich gerade daran, dass nach § 290 Abs. 1 Satz 4 SGB V die Rentenversicherungsnummer (ein weiteres bereichsspezifisches Ordnungskriterium, das grundsätzlich als allgemeines Personenkennzeichen verwendbar wäre) nicht als Krankenversichertennummer verwendet werden darf.[93] Aus Gründen der Kostenersparnis und der Verwaltungsvereinfachung lässt es die aktuelle Gesetzesfassung gemäß § 290 Abs. 1 Satz 5 SGB V allerdings zu, dass die Rentenversicherungsnummer

---

[84] S. bereits Kirchberg, ZRP 1977, 137ff.; zur informationstechnischen Verwendung Steinmüller, DVR 1983, 205, 215ff.
[85] Andere Länder – etwa in Skandinavien – verwenden demgegenüber schon sehr lange derartige Personenkennzeichen. Art. 8 Abs. 7 der Europäischen Datenschutzrichtlinie lässt dies ausdrücklich zu.
[86] Simitis, in: ders. 2014, Einl. Rn. 12.
[87] BVerfGE 27, 1 (6); 65, 1, 53 (57).
[88] Vgl. BT-Drs. 7/5277, 3.
[89] Zweifelnd etwa Roßnagel/Wedde/Hammer/Pordesch 1990, 141; Bizer, DuD 2004, 45; Podlech, in: Denninger et al., Alternativkommentar Grundgesetz, Art. 2 Abs. 1 Rn. 79. Hintergrund ist, dass in vielen Fällen z.B. die Kombination aus Name, Geburtsdatum und Geburtsort für eine exakte Identifizierung hinreichend sein wird und eine numerische Erfassung zur Profilbildung nicht benötigt wird.
[90] Mit Urteil vom 18.12.012, s. BFHE 235, 151 bzw. BStBl II 2012, 168.
[91] S. z.B. die Nachweise zur Kritik der Datenschutzbeauftragten bei Krempl 2011.
[92] S.a. Weichert, RDV 2002, 170, 173.
[93] Das Verbot gilt seit dem 1.1.1992 und bezieht sich nur auf diesen konkreten Einsatz der Rentenversicherungsnummer. Im Rahmen anderer Befugnisse dürfen die Krankenkassen diese Nummer verwenden; s. näher Hornung, in: Hänlein/Kruse/Schuler, § 290 Rn. 4f.

zur Bildung der Krankenversichertennummer entsprechend den Richtlinien nach § 290 Abs. 2 verwendet wird.[94] Dies gilt aber nur dann, wenn nach dem Stand von Wissenschaft und Technik sichergestellt ist, dass nach Vergabe der Krankenversichertennummer weder aus der Krankenversichertennummer auf die Rentenversicherungsnummer noch aus der Rentenversicherungsnummer auf die Krankenversichertennummer zurückgeschlossen werden kann. Dieses Erfordernis gilt sogar auch in Bezug auf die vergebende Stelle. In der Begründung heißt es hierzu:

> „Die Neuregelung ermöglicht im Rahmen der Richtlinie nach § 290 Abs. 2 SGB V, welche den Aufbau und das Verfahren zur Vergabe der einheitlichen und kontinuierlichen Krankenversichertennummer regelt, zur Bildung der Krankenversichertennummer als Grundlage die Rentenversicherungsnummer heranzuziehen. Eine Übernahme der Rentenversicherungsnummer bleibt weiterhin untersagt, um zu verhindern, dass ein über mehrere Zweige der Sozialversicherung gültiges Personenkennzeichen entsteht. Es wird jedoch ermöglicht, aus der Rentenversicherungsnummer durch ein geeignetes Verfahren (z.B. Pseudonymisierung) den unveränderbaren Teil der neuen Krankenversichertennummer zu bilden. Dadurch wird verhindert, dass zur Bildung der Krankenversichertennummer der bei der Vergabe der Rentenversicherungsnummer betriebene Aufwand zur Erzeugung einer eindeutigen Nummer (Vermeidung von Dubletten) noch einmal entsteht. Es ist zur Bildung der Krankenversichertennummer ein Verfahren zu wählen, welches sicherstellt, dass aus der Kenntnis der Krankenversichertennummer keine Rückschlüsse auf die Rentenversicherungsnummer und umgekehrt gezogen werden können."[95]

Hintergrund war also ausdrücklich die Vermeidung der Bildung eines einheitlichen Personenkennzeichens in mehreren Zweigen der Sozialversicherung. Hierzu wurde im Einvernehmen mit dem Bundesbeauftragten für den Datenschutz und die Informationsfreiheit ein Verfahren entwickelt, in welchem zunächst die Rentenversicherungsnummer pseudonymisiert und erst aus diesem Pseudonym die Krankenversichertennummer gebildet wird.[96] § 290 Abs. 2 Satz 2 SGB V bestimmt, dass die Krankenversichertennummer von einer von den Krankenkassen und ihren Verbänden räumlich, organisatorisch und personell getrennten Vertrauensstelle zu vergeben ist.[97]

3.3 Die Krankenversichertennummer im Forschungskontext

3.3.1 Allgemeines

Der stabile Teil der neuen Krankenversichertennummer lässt sich in unterschiedlichen Szenarien im Bereich der medizinischen Forschung einsetzen. Diesen ist gemeinsam, dass behandlungsfall- oder einrichtungsübergreifend Daten über einen bestimmten Versicherten zusammengeführt werden sollen. Da die neue Krankenversichertennummer im Unterschied zu anderen Identifizierungsmerkmalen eindeutig ist (keine Verwechslungsgefahr bei Namensdoppeln) und stabil bleibt (keine

---

94 Zum Hintergrund s. Der Bundesbeauftragte für den Datenschutz 2005, 165f.; Lehmann, SdL 2005, 259, 261f.; s.a. Kranig, in: Hauck, Sozialgesetzbuch V, § 290 Rn. 14f.; 19ff. und Anhang I.
95 BT-Drs. 15/4924, 8.
96 S. Holland/Bales, GesR 2005, 299, 303.
97 S. Hornung, in: Hänlein/Kruse/Schuler, § 290 Rn. 6f.

Gefahr der Annahme mehrerer Personen bei Wechsel von Name oder Wohnort), erscheint sie hierfür besonders geeignet.

Auf der anderen Seite können die beschriebenen datenschutzrechtlichen Gefahren für das Grundrecht auf informationelle Selbstbestimmung nicht zugunsten einer effizienten Forschung ignoriert werden. Ihnen ist in angemessenem Umfang Rechnung zu tragen.

3.3.2 Nutzung der Krankenversichertennummer zur Identifizierung

> *In wieweit ist die Krankenversichertennummer zur sicheren Identifizierung bei der Erzeugung von PIDs nutzbar?*

Die erste Möglichkeit der Verwendung der Krankenversichertennummer ist der Einsatz zur sicheren Identifizierung bei der Erzeugung von Patientenidentifikatoren (PIDs). Dem liegt folgendes Szenario zugrunde:[98] In einem Forschungsverbund existieren zwei vertrauenswürdige Stellen, von denen eine PIDs erzeugt und eine Patientenliste verwaltet, während die andere zur Übermittlung an forschende Institutionen aus den PIDs durch eine geheime (symmetrische, das heißt umkehrbare) Funktion Pseudonyme erzeugt, die im weiteren für die Datenspeicherung verwendet werden (Verfahren der doppelten Pseudonymisierung).

Werden neue Patienteninformationen erhoben (etwa bei einem späteren Arztbesuch), so kann die erhebende Stelle zu einem gegebenen Patientendatensatz anhand der identifizierenden Daten den PID erfragen. Die Gesundheitsinformationen können dann mit diesem verknüpft und ohne die identifizierenden Daten weiterverarbeitet werden. Gleichzeitig wird sichergestellt, dass die zu einem Patienten gehörenden Daten unter demselben PID gespeichert werden.

Für die weitere forschende Tätigkeit wird durch die zuständige Stelle mittels einer kryptographischen Transformation ein Pseudonym aus dem PID generiert. Der hierbei verwendete symmetrische kryptographische Schlüssel ist unauslesbar auf einer Smartcard oder in einer vergleichbar sicheren Umgebung wie z.B. einem Hardware Security Module (HSM) gespeichert.[99] Für unterschiedliche Forschungsvorhaben können unterschiedliche Pseudonyme generiert werden.

Bisher sind in diesem System auf der ersten Stufe, also bei der Datenspeicherung durch unterschiedliche behandelnde Institutionen, verhältnismäßig aufwändige Verfahren erforderlich, um Namensdoppel und andere Verwechslungen auszuschließen.[100] Bei der manuellen Eingabe kann es zu unterschiedlichen Schreibweisen kommen, die bisherige Krankenversichertennummer ist nicht lebenslang stabil und andere Identifizierungsmerkmale wie Name oder Adresse sind veränderlich. Der Ab-

---

[98] S. v.a. Pommerening/Drepper/Helbing/Ganslandt 2014, 106ff.; s.a. bereits die frühere Beschreibung: Reng/Debold/Specker/Pommerening 2006, 20ff., 44ff. sowie Metschke/Wellbrock 2002, 42ff.
[99] S. Pommerening/Drepper/Helbing/Ganslandt 2014, 110ff., 115.
[100] S. Pommerening/Drepper/Helbing/Ganslandt 2014, 109.

II Die Nutzung der elektronischen Gesundheitskarte und der Krankenversichertennummer im Forschungskontext

gleich könnte erheblich sicherer und einfacher erfolgen, wenn die neue Krankenversichertennummer zur Erzeugung der PIDs verwendet würde.

Da keine gesetzliche Regelung für ein solches Vorgehen existiert, kommt als Basis für die Datenverwendung nur die Einwilligung des Patienten in Betracht. Bereits bei dem hergebrachten Verfahren willigt dieser in die Verwendung seiner Daten im Forschungsnetz ein. Diese Einwilligung umfasst auch die Erzeugung seines individuellen PID aus den identifizierenden Daten. Denkbar ist, dass sich die Einwilligung bereits in der Vergangenheit auch auf die gegenwärtige Krankenversichertennummer erstreckte: Bereits das generische Datenschutzkonzept der TMF aus dem Jahre 2006 empfahl das Einlesen der identifizierenden Daten der alten Krankenversichertenkarte zur Identifizierung des Patienten innerhalb des Forschungsverbundes;[101] dabei wurde die Krankenversichertennummer zwar nicht ausdrücklich erwähnt, sie ist jedoch auf der Krankenversichertenkarte aufgedruckt und somit Bestandteil der Empfehlung. Im aktuellen TMF-Leitfaden zum Datenschutz in medizinischen Forschungsprojekten, der die generischen Lösungen von 2006 abgelöst hat, wird aber aus Rechtsgründen ausdrücklich von der Speicherung der Krankenversichertennummer abgeraten.[102]

Unabhängig von dieser konkreten Empfehlung ist für die Zulässigkeit einer etwaigen informierten und freiwilligen Einwilligung der Versicherten in die Nutzung der Krankenversichertennummer maßgeblich zu bedenken, dass das Bundessozialgericht in seiner Entscheidung zur Unzulässigkeit der Weitergabe von Patientendaten an private Dienstleister zur Abrechnung von Leistungen gegenüber der GKV festgestellt hat, dass die Regelungen der §§ 284ff. SGB V zur krankenversicherungsrechtlichen Verwendung von Patientendaten den Umgang mit diesen Daten abschließend regeln und ein Rückgriff auf die allgemeinen Regelungen der datenschutzrechtlichen Einwilligung nicht in Frage kommt.[103] Da die Krankenversichertennummer in diesem Abschnitt spezifisch geregelt und mit detaillierten Erzeugungs- und Verwendungsvorgaben versehen ist, kann der abschließende Charakter dieser Regelungen nicht geleugnet werden. Eine datenschutzrechtliche Einwilligung ist daher – folgt man der Entscheidung des Bundessozialgerichts, die die Frage zumindest für die Praxis abschließend beantwortet hat – nach geltendem Recht nicht zulässig.

Allerdings ist festzustellen, dass die materiellen Gründe für die Entscheidung des Bundessozialgerichts nicht für die hier zu beantwortende Frage gelten. Der vom Bundessozialgericht entschiedene Fall betraf eine sehr spezifische Situation, in der die Freiwilligkeit der Einwilligung nicht sichergestellt werden konnte und in der medizinische Daten in personenbezogener Form zu nachrangigen (rein abrechnungstechnischen) Zwecken weitergegeben wurden. Dagegen handelt es sich bei der hier zu beantwortenden Frage um eine Einwilligung im Forschungsumfeld, für die sich der Betroffene Zeit nehmen und deren Abgabe er sich reiflich überlegen kann. Auch werden die Daten nach dem in diesem Abschnitt beschriebenen Verfahren doppelt pseudonymisiert. Schließlich sind wichtige Forschungsinteressen betroffen. Daher sprechen gute Gründe für eine rechtspolitische Differenzierung zwischen beiden Fällen.

---

101 Reng/Debold/Specker/Pommerening 2006, 47.
102 Pommerening/Drepper/Helbing/Ganslandt 2014, 109.
103 BSGE 102, 134, s.o. Kap. II.2.1 sowie Roßnagel/Hornung/Jandt 2009, Teil I, Kap. 1.1.

3 Die Nutzung der Krankenversichertennummer im Forschungskontext

Eine künftige Regelung, die für die hier zu beantwortende Frage eine datenschutzrechtliche Einwilligung ermöglichen würde, erscheint datenschutzrechtlich akzeptabel, weil das Risiko für die informationelle Selbstbestimmung der Patienten der Sache nach verhältnismäßig gering ist. Der PID wird ohnehin direkt aus dem Namen und weiteren identifizierenden Merkmalen wie der Adresse abgeleitet. Bei seiner Erzeugung besteht also ein Personenbezug, und die erzeugende Stelle kennt den Namen und die weiteren Daten des Versicherten. Die datenschutzrechtliche Absicherung ist zum einen informationstechnischer, zum anderen organisatorischer Natur. Die informationstechnische Sicherung besteht darin, dass der PID und aus ihm abgeleitete Pseudonyme nicht mit der Identität verknüpft werden können. Organisatorisch ist die Stelle, die die PIDs erzeugt, unabhängig, verarbeitet die Identitätsdaten nicht selbst zu anderen Zwecken und stellt den Bezug zwischen PID und Identität nur in genau geregelten Fällen (etwa zur Erfüllung des datenschutzrechtlichen Auskunftsanspruchs) her. Für diese Absicherungen spielt es keine Rolle, ob zur Identifizierung des Versicherten bei der Erzeugung des PID neben Name und Adresse die Krankenversichertennummer verwendet wird.

Im Ergebnis ist deshalb die Nutzung der neuen Krankenversichertennummer – in dem beschriebenen Szenario der informationstechnischen und organisatorischen Absicherung – zur Identifizierung der Versicherten bei der Erzeugung von PIDs zwar gegenwärtig datenschutzrechtlich nicht zulässig. Eine entsprechende Regelung, die eine Einwilligung des Betroffenen ermöglichen würde, wäre jedoch verfassungsrechtlich zulässig und datenschutzpolitisch vertretbar. Inwieweit hierdurch andere Identifizierungsprobleme als beim bisherigen Verfahren auftreten (die Krankenversichertennummer wird zwar einheitlich vergeben; hierbei handelt es sich aber um ein für die forschenden Institutionen externes Verfahren, sodass die Gefahr besteht, etwaige Fehler zu übernehmen), ist keine rechtliche Frage, sondern muss in der Praxis beantwortet werden.

3.3.3 Nutzung der Krankenversichertennummer zur Erzeugung von Pseudonymen

> *In wieweit ist die Krankenversichertennummer zur Erzeugung von Pseudonymen durch Verschlüsselung nutzbar?*

Eine weitere Möglichkeit der Verwendung der Krankenversichertennummer bestünde darin, diese durch ein Verschlüsselungsverfahren in ein Pseudonym umzuwandeln und die medizinischen Daten zu Forschungszwecken mit diesem zu verknüpfen. Für diese Variante gilt datenschutzrechtlich dasselbe wie für die im vorigen Abschnitt behandelte Verwendung der Krankenversichertennummer zur sicheren Identifizierung bei der Erzeugung von Patientenidentifikatoren (PIDs). Eine Einwilligung des Betroffenen ist nach geltendem Datenschutzrecht nicht zulässig. Hinsichtlich der rechtspolitischen Einschätzung muss differenziert werden.

Hierbei lassen sich zwei Szenarien unterscheiden, die unterschiedlich zu bewerten sind. Zum einen könnte jede Daten erhebende Stelle das Pseudonym ermitteln und die neu erhobenen medizinischen Daten in Verbindung mit dem Pseudonym an eine

II Die Nutzung der elektronischen Gesundheitskarte und der Krankenversichertennummer im Forschungskontext

Stelle übermitteln, die die Daten zu Forschungszwecken sammelt oder direkt auswertet. Zum anderen kann – in Anlehnung an das oben beschriebene Szenario – auch eine zentrale Stelle anstelle des PID die Krankenversichertennummer zur Generierung von Pseudonymen verwenden.

Die erste Variante würde voraussetzen, dass der Algorithmus zum Berechnen des Pseudonyms allgemein – zumindest aber allen teilnehmenden Institutionen – bekannt ist. Wenn es sich um eine Einwegverschlüsselung (Hash-Verfahren) handelt, ist dies im Prinzip möglich, ohne dass aus dem Pseudonym auf die Krankenversichertennummer zurück geschlossen werden kann. Im hier vorliegenden Fall besteht aber die Besonderheit, dass die Krankenversichertennummer eine definierte Struktur hat: Sie besteht aus genau zehn Stellen. Damit ergibt sich folgende Angriffsmöglichkeit: Wenn einem Angreifer der Verschlüsselungsmechanismus bekannt oder zugänglich ist, verschlüsselt er mit ihm alle denkbaren Zahlenkombinationen der Versichertennummer und erhält so eine Zuordnungsliste, mit der er alle Pseudonyme aufdecken kann. Da jede Institution im Gesundheitswesen, zu der sich ein Patient begibt, die Krankenversichertennummer speichert, ist die Zuordnung zu der betroffenen Person möglich. Die Krankenversichertennummer ist zwar selbst ein Pseudonym, allerdings verfügt ein sehr großer Kreis verantwortlicher Stellen über die Zuordnungsregel, sodass nicht von einer „echten" Pseudonymisierung gesprochen werden kann.

Wenn der Verschlüsselungsschlüssel allgemein oder einem größeren Personenkreis bekannt ist, handelt es sich damit letztlich nicht um eine – echte – Pseudonymisierung. Da es unrealistisch erscheint, den Schlüssel bei einer größeren Verbreitung dauerhaft geheim zu halten, sollte die Versichertennummer auch bei Vorliegen einer (gegebenenfalls gesetzlich zu regelnden) Einwilligung nicht in der beschriebenen Weise verwendet werden.

In der zweiten Variante – die Verwendung durch eine zentrale Stelle – kann wiederum unterschieden werden. Entweder die Stelle, die die PIDs erzeugt, ermittelt auch die Pseudonyme, oder dies erfolgt durch eine weitere, von der ersten Stelle getrennte Stelle (so wie im in Kap. II.2.3.2 erläuterten Verfahren).

Der erste Unterfall ähnelt dem eingangs beschriebenen Verfahren der Nutzung der Krankenversichertennummer zur Erzeugung eines PID. Wenn eine einzige Stelle aus den Identifikationsdaten einen PID und ein Pseudonym berechnet, wäre die Verwendung der Krankenversichertennummer bei entsprechenden Sicherungsmaßnahmen zulässig. Allerdings ergibt sich dann auch kein Effizienzgewinn, weil zur Berechnung des Pseudonyms auch der PID verwendet werden kann.

Im zweiten Unterfall berechnet die erste Stelle einen PID, die zweite Stelle aus diesem PID ein Pseudonym für die weitere Forschung (so das oben beschriebene Verfahren entsprechend dem Leitfaden der TMF). Die zweite Stelle verfügt also nicht über Identifikationsdaten zur Berechnung des Pseudonyms, auch nicht über die Krankenversichertennummer. Wenn diese verwendet werden soll, müsste sie der zweiten Stelle folglich zusammen mit dem entsprechenden PID zur Verfügung gestellt werden. Hierdurch würde jedoch eine wesentliche organisatorische Sicherung des Leitfadens aufgehoben. Die Trennung zwischen Identifikationsdaten (IDAT), Patientenidentifikatoren (PID) und medizinischen Daten (MDAT) ist gerade wesentlicher Teil des mit den Datenschutzbeauftragten abgestimmten Leitfadens der TMF und unterscheidet diesen von anderen, weniger vorzugswürdigen Ansätzen.[104] Wenn nunmehr – aufgrund des oben beschriebenen Angriffs – aus dem Pseudonym auf die Krankenversichertennummer zurück geschlossen werden kann, würde eine wesentliche Aussage des TMF-Leitfadens, nämlich die Trennung in zwei Stellen, deren jeweiliges Wissen für eine De-Pseudonymisierung nicht ausreicht,[105] aufgehoben.

3.3.4 Direkte Nutzung der Krankenversichertennummer als PID

> *Inwieweit ist die Krankenversichertennummer direkt als PID nutzbar?*

Die letzte Möglichkeit der Nutzung der Krankenversichertennummer wäre eine direkte Verwendung als PID. Für diese Verwendung besteht kein ausdrückliches gesetzliches Verbot, sodass denkbar wäre, sie auf Basis einer ausdrücklichen Einwilligung der Versicherten zuzulassen. Allerdings widerspräche dies nicht nur der bereits erörterten Entscheidung des Bundessozialgerichts von 2008,[106] sondern auch den datenschutzrechtlichen Grundsätzen der Datenvermeidung und Datensparsamkeit sowie zentralen Punkten des Leitfadens der TMF.

Zunächst handelt es sich um den wesentlich tieferen Eingriff in die informationelle Selbstbestimmung der Patienten, weil die Krankenversichertennummer für eine Vielzahl von verantwortlichen Stellen und den bei diesen beschäftigten Personen eine Identifizierung ermöglicht. Alle Beteiligten an der Telematik-Infrastruktur, die mit dem Versicherten persönlichen Kontakt haben (Krankenversicherungen, behandelnde Ärzte, Apotheker und sonstige Leistungserbringer, etc.) speichern die Krankenversichertennummer im Zusammenhang mit den sonstigen Daten der Versicherten und können so sehr einfach eine Zuordnung zur betroffenen Person vornehmen. Wird die Krankenversichertennummer als PID gespeichert und den gesammelten Forschungsdaten zugeordnet, könnte im Grundsatz jede Stelle im Gesundheitswesen eine De-Pseudonymisierung vornehmen.

Wenn in der Folge zusätzlich aus der Krankenversichertennummer als PID die Pseudonyme berechnet werden sollen, die in der weiteren Forschung verwendet werden, so tritt das im letzten Abschnitt beschriebene Problem hinzu. Keinesfalls dürfte der Verschlüsselungsmechanismus zur Berechnung der Pseudonyme allgemein oder allen beteiligten Stellen bekannt sein. In diesem Fall wäre mit geringem Aufwand sogar eine direkte Identifizierung des Patienten aus dem Pseudonym möglich.

Im Ergebnis schwächt die Verwendung der Krankenversichertennummer als PID das Schutzniveau an einer entscheidenden Stelle ab, weil der PID im Leitfaden der TMF bislang nur systemintern verwendet wird und im Falle einer Kompromittierung der Datenbank oder bei missbräuchlichem Zugriff keinerlei Rückschluss auf die Person des Patienten zulässt. Ein wesentlicher Bestandteil ist gerade, dass aus dem PID nicht auf die identifizierenden Stammdaten (IDAT in der Terminologie des Leitfadens) zurückgeschlossen werden kann. Demzufolge wird zwischen Patientenliste und Be-

---

104 S. Pommerening/Drepper/Helbing/Ganslandt 2014, 116ff.
105 Reng/Debold/Specker/Pommerening 2006, 50. Pommerening/Drepper/Helbing/Ganslandt 2014, 109.
106 BSGE 102, 134, s.o. Kap. II.2.1 sowie Roßnagel/Hornung/Jandt 2009, Teil I, Kap. 1.1.

handlungsdatenbank durch einen geheimen, „nicht sprechenden" PID referenziert. Die Krankenversichertennummer wird dagegen bereits heute in einer Vielzahl von anderen Kontexten im Gesundheitssystem bekannt. Die hierbei beteiligten Institutionen könnten die Daten somit zurückführen. Dieses Problem wird außerdem durch die lebenslange Unveränderlichkeit der Krankenversichertennummer erheblich vergrößert.

Die Nutzung der Krankenversichertennummer als PID ist somit datenschutzrechtlich zu vermeiden.

3.4 Ergebnis

Als Ergebnis lässt sich festhalten, dass die Nutzung der Krankenversichertennummer auch bei Vorliegen einer Einwilligung des Patienten nach geltendem Datenschutzrecht nicht zulässig ist. Rechtspolitisch erscheint eine Regelung sinnvoll und zulässig, bei entsprechenden technischen und organisatorischen Sicherungen die Krankenversichertennummer zur Identifizierung von Versicherten bei der Vergabe von PIDs zu verwenden. Eine weitergehende Nutzung zur Berechnung von Pseudonymen oder PIDs ist zu vermeiden.

4 Anhang Teil 2

4.1 Abkürzungsverzeichnis

Abs.	Absatz
Art.	Artikel
BDSG	Bundesdatenschutzgesetz
Beck-OK	Beck'sche Online-Kommentar
BFH	Bundesfinanzhof
BFHE	Entscheidung des Bundesfinanzhofes
BGB	Bürgerliches Gesetzbuch
BGBl.	Bundesgesetzblatt
BSG	Bundessozialgericht
BSGE	Entscheidungen des Bundessozialgerichts
BStBl	Bundessteuerblatt
BT-Drs.	Bundestags-Drucksache
BVerfGE	Entscheidungen des Bundesverfassungsgerichtes
bzw.	beziehungsweise

CR	Computer und Recht (Zeitschrift)
ders.	derselbe
DuD	Datenschutz und Datensicherheit, bis 1995: Datenschutz und Datensicherung (Zeitschrift)
DVR	Datenverarbeitung im Recht (Zeitschrift)
f.	folgend(e)
ff.	fortfolgende
GesR	Gesundheitsrecht (Zeitschrift)
GG	Grundgesetz
GKV	Gesetzliche Krankenversicherung
Hrsg.	Herausgeber
IDAT	Identifikationsdaten
ISO	International Organization of Standardization
i.E.	im Erscheinen
i.V.m.	in Verbindung mit
JuS	Juristische Schulung (Zeitschrift)
Kap.	Kapitel
KJ	Kritische Justiz (Zeitschrift)
MDAT	medizinische Daten
MedR	Medizinrecht (Zeitschrift)
m.w.N.	mit weiteren Nachweisen
NJW	Neue Juristische Wochenschrift (Zeitschrift)
Nr.	Nummer
NZS	Neue Zeitschrift für Sozialrecht (Zeitschrift)
PID	Patientenidentifikator
RDG	Rechtsdepesche für das Gesundheitswesen
RDV	Recht der Datenverarbeitung (Zeitschrift)
Rn.	Randnummer(n)
s.	siehe
S.	Seite
SdL	Soziale Sicherheit in der Landwirtschaft (Zeitschrift)
SGB	Sozialgesetzbuch
StPO	Strafprozessordnung
TB	Tätigkeitsbericht
TMF	TMF – Technologie- und Methodenplattform für die vernetzte medizinische Forschung e.V. (vormals: Telematikplattform für Medizinische Forschungsnetze e.V.)
Verf.	Verfasser

4 Anhang Teil 2

vgl.	vergleiche
VSSR	Vierteljahresschrift für Sozialrecht (Zeitschrift)
WI	Wirtschaftsinformatik (Zeitschrift)
ZD-Aktuell	Zeitschrift für Datenschutz-Aktuell
ZRP	Zeitschrift für Rechtspolitik (Zeitschrift)
z.B.	zum Beispiel

4.2 Literaturverzeichnis

Bäumler, H., Medizinische Dokumentation und Datenschutzrecht, MedR 1998, 400.

Bales, S./Dierks, C./Holland, J./Müller, J., Die elektronische Gesundheitskarte. Rechtskommentar, Standpunkte und Erläuterungen für die Praxis, Heidelberg 2007.

Bales, S./von Schwanenflügel, M., Die elektronische Gesundheitskarte, Rechtliche Fragen und zukünftige Herausforderungen, NJW 2012, 2475.

Basil, W., Milliardenkosten: Der Zoff um die elektronische Gesundheitskarte, Spiegel-Online vom 18.6.2014, abrufbar unter http://www.spiegel.de/gesundheit/diagnose/elektronische-gesundheitskarte-verzoegerungen-kosten-milliarden-a-976014.html.

Beier, B., Datenschutz in der Medizin. Aspekte zu Überlegungen für eine bereichsspezifische Regelung im Gesundheitswesen, Frankfurt am Main 1979.

Benda, E., Privatsphäre und Persönlichkeitsprofil, in: Leibholz, G./Faller, H.J./Mikat, P./Reis, H. (Hrsg.), Menschenwürde und freiheitsrechtliche Rechtsordnung. Festschrift für Willi Geiger zum 65. Geburtstag, Tübingen 1974, 23.

Bizer, J., Forschungsfreiheit und Informationelle Selbstbestimmung. Gesetzliche Forschungsregelungen zwischen grundrechtlicher Förderungspflicht und grundrechtlichem Abwehrrecht, Baden-Baden 1992.

Bizer, J., Zweckbindung durch Willenserklärung, DuD 1998, 552.

Bizer, J., Personenkennzeichen, DuD 2004, 45.

Borchers, C., Die Einführung der elektronischen Gesundheitskarte in das deutsche Gesundheitswesen, Berlin 2008.

Brisch, K.M./Laue, P., Anmerkung zu BSG, Urt. v. 10.12.2008 – B 6 KA 37/07 R, CR 2009, 265.

Denninger, E., Das Recht auf informationelle Selbstbestimmung und Innere Sicherheit. Folgerungen aus dem Volkszählungsurteil des Bundesverfassungsgerichts, KJ 1985, 215.

Denninger, E./Hoffmann-Riem, W./Schneider, H.-P./Stein, E. (Hrsg.), Kommentar zum Grundgesetz für die Bundesrepublik Deutschland, 3. Auflage, Loseblatt, Neuwied.

Der Bundesbeauftragte für den Datenschutz, 20. Tätigkeitsbericht 2003–2004, abrufbar unter http://www.bfdi.bund.de/cln_030/nn_531940/DE/Oeffentlichkeitsarbeit/Taetigkeitsberichte/TaetigkeitsberichteDesBFD.html, 2005.

Dierks, C./Nitz, G./Grau, U., Gesundheitstelematik und Recht. Rechtliche Rahmenbedingungen und legislativer Anpassungsbedarf, Frankfurt am Main 2003.

Dolzer, R./Vogel, K./Graßhof, K. (Hrsg.), Bonner Kommentar zum Grundgesetz, Loseblatt, Heidelberg.

Gola, P./Schomerus R., Bundesdatenschutzgesetz, Kommentar, 11. Auflage München 2012.

Grätzel v. Grätz, P. (Hrsg.), Vernetzte Medizin. Patienten-Empowerment und Netzinfrastrukturen in der Medizin des 21. Jahrhunderts, Hannover 2004.

Hänlein, A./Kruse, J./Schuler, R. (Hrsg.), Sozialgesetzbuch V: Gesetzliche Krankenversicherung. Lehr- und Praxiskommentar, 4. Auflage, Baden-Baden 2012.

Hansen, M./Meissner, S. (Editors), Verkettung digitaler Identitäten, Version 1.0, Projektnummer: PLI1563, Kiel Oktober 2007.

Hauck, K. (Hrsg.), Sozialgesetzbuch V: Gesetzliche Krankenversicherung. Kommentar, Loseblatt, Berlin.

Holland, J./Bales, S., Das Verfahren zur Einführung der elektronischen Gesundheitskarte – grundlegende Änderungen durch das Gesetz zur Organisationstruktur der Telematik im Gesundheitswesen, GesR 2005, 299.

Hornung, G., Der zukünftige Einsatz von Chipkarten im deutschen Gesundheitswesen, in: Horster, P. (Hrsg.), D-A-CH Security 2004, Klagenfurt 2004, 226 (abrufbar unter http://www.jura.uni-passau.de/fileadmin/dateien/fakultaeten/jura/lehrstuehle/hornung/dach_2004_226-237_chipkarten_gesundheitswesen.pdf).

Hornung, G., Die digitale Identität. Rechtsprobleme von Chipkartenausweisen: digitaler Personalausweis, elektronische Gesundheitskarte, JobCard-Verfahren, Baden-Baden 2005 (auch abrufbar unter http://urn.fi/urn:nbn:de:hebis:34-2007113019808).

Hornung, G., Datenschutz durch oder gegen die elektronische Gesundheitskarte? Zu den Herausforderungen und Ambivalenzen eines Großprojekts, in: Anzinger, H./Hamacher, K./Katzenbeisser, S. (Hrsg.), Schutz genetischer, medizinischer und sozialer Daten als multidisziplinäre Aufgabe, Berlin 2013, 51.

Hornung, G./Goetz, C.F.-J./Goldschmidt, A.J.W., Die künftige Telematik-Rahmenarchitektur im Gesundheitswesen. Recht, Technologie, Infrastruktur und Ökonomie, WI 2005, 171.

Kirchberg, A.-T., Personenkennzeichen – Ende der Privatsphäre?, ZRP 1977, 137.

Krempl, S., Datenschützer bemängelt Ausweitung der Steuer-ID, 3.8.2011, abrufbar unter http://www.heise.de/newsticker/meldung/Datenschuetzer-bemaengelt-schleichende-Ausweitung-der-Steuer-ID-1317621.html.

Kühling, J./Seidel, C., Die Abrechnung von Gesundheitsleistungen im Spannungsfeld von Datenschutz und Berufsfreiheit – Handlungsbedarf für den Gesetzgeber?, GesR 2010, 231.

Larenz, K./Canaris, C.-W., Methodenlehre der Rechtswissenschaft. Studienausgabe, 3. Auflage, Berlin 1995.

Laufs, A., Krankenpapiere und Persönlichkeitsschutz, NJW 1975, 1433.

Lehmann, L., Einführung einer bundeseinheitlichen kassenartenübergreifenden Krankenversichertennummer gem. § 290 SGB V, SdL 2005, 259.

Leisner, W., Einschaltung Privater bei der Leistungsabrechnung in der Gesetzlichen Krankenversicherung. Verfassungsrechtliche Vorgaben für eine anstehende gesetzliche Neuregelung, NZS 2010, 129.

Lilie, B., Medizinische Datenverarbeitung, Schweigepflicht und Persönlichkeitsrecht im deutschen und amerikanischen Recht, Göttingen 1980.

Lüdemann, J., Die verfassungskonforme Auslegung von Gesetzen, JuS 2004, 27.

Maunz, T./Dürig, G./Herzog, R./Scholz, R./Lerche, P./Papier, H.-J./Randelzhofer, A./Badura, P./Herdegen, M./di Fabio, U./Klein, H.M./Schmidt-Aßmann, E., Grundgesetz. Kommentar, Loseblatt, München.

Metschke, R./Wellbrock R., Datenschutz in Wissenschaft und Forschung, 3. Auflage Berlin 2002.

Meyer-Goßner, L., Strafprozessordnung, 57. Auflage, München 2014.

Münch, I. v./Kunig, P., Grundgesetz-Kommentar, Band 1 (Präambel bis Art. 69), 6. Auflage, München 2012.

Pitschas, R., Regulierung des Gesundheitssektors durch Telematikinfrastruktur – die elektronische Gesundheitskarte, NZS 2001, 177.

Pommerening, K./Drepper J./Helbing, K./Ganslandt, T., Leitfaden zum Datenschutz in medizinischen Forschungsprojekten, Berlin 2014.

Reimer, S./Artmann, J./Stroetmann, K.A., Rechtliche Aspekte der Nutzung von elektronischen Gesundheitsdaten, Europäischer Rahmen und nationale Erfahrungen, DuD 2013, 154.

Reng, C.-M./Debold, P./Specker, C./Pommerening, K., Generische Lösungen zum Datenschutz für die Forschungsnetze in der Medizin, Berlin 2006.

Röhl, K.F./Röhl, H.C., Allgemeine Rechtslehre, 3. Auflage, Köln 2008.

Rolfs, C./Giesen, R./Kreikebohm, R./Udsching, P., Beck'scher Online Kommentar Sozialrecht, Stand 01.12.2014.

Roßnagel, A., Datenschutz bei Praxisübergabe, NJW 1989, 2303.

Roßnagel, A. (Hrsg.), Handbuch zum Datenschutzrecht. Die neuen Grundlagen für Wirtschaft und Verwaltung, München 2003.

Roßnagel, A./Hornung, G., Forschung à la Card? Grenzen und Vorschläge für eine Nutzung der elektronischen Gesundheitskarte zur medizinischen Forschung, MedR 2008, 538.

Roßnagel, A./Hornung, G./Jandt, S., Teil-Rechtsgutachten zu den datenschutzrechtlichen Fragen der medizinischen Forschung im Auftrag der TMF – Technologie- und Methodenplattform für die vernetzte medizinische Forschung e.V., Dezember 2009, abrufbar unter www.tmf-ev.de/DesktopModules/Bring2mind/DMX/Download.aspx?Method=attachment&Command=Core_Download&EntryId=1424&PortalId=0.

Roßnagel, A./Pfitzmann, A./Garstka, H., Modernisierung des Datenschutzrechts. Gutachten im Auftrag des Bundesministeriums des Innern, Berlin 2001.

Roßnagel, A./Wedde, P./Hammer, V./Pordesch, U., Digitalisierung der Grundrechte? Zur Verfassungsverträglichkeit der Informations- und Kommunikationstechnik, Opladen 1990.

Rüthers, B./Fischer, C./Birk, A., Rechtstheorie. Mit juristischer Methodenlehre, 7. Auflage, München 2013.

Sachs, M. (Hrsg.), Grundgesetz. Kommentar, 7. Auflage, München 2014.

Schaefer, O.P., Gefährdung von Patientendaten bei konventioneller und automatischer Verarbeitung im System der kassenärztlichen Versorgung, in: Kilian, W./Porth, A.J. (Hrsg.), Juristische Probleme der Datenverarbeitung in der Medizin. GMDS/GRVI Datenschutz-Workshop 1979, Berlin 1979, 13.

Schild, H.-H., Die EG-Datenschutzrichtlinie, EuZW 1996, 549.

Schmidt, E., Ärztliche Schweigepflicht und Zeugnisverweigerungsrecht im Bereich der Sozialgerichtsbarkeit, NJW 1962, 1745.

Schnabel, C., Datenschutz bei profilbasieren Location Based Services. Die datenschutzadäquate Gestaltung von Service-Plattformen für Mobilkommunikation, Kassel 2009.

Schneider, U.K., Datenschutz in der vernetzten Medizin, in: Grätzel v. Grätz, P. (Hrsg.), Vernetzte Medizin. Patienten-Empowerment und Netzinfrastrukturen in der Medizin des 21. Jahrhunderts, Hannover 2004, 136.

Schneider, U.K., Abrechnungsstellen und Datenschutz in der GKV. Das Urteil des BSG vom 10.12.2008 und die Folgeänderungen im Rahmen der 15. AMG-Novelle, VSSR 2009, 381.

Scholz, P., Datenschutz beim Internet-Einkauf. Gefährdungen – Anforderungen – Gestaltungen, Baden-Baden 2003.

Simitis, S. (Hrsg.), Bundesdatenschutzgesetz, 8. Auflage, Baden-Baden 2014.

Steinmüller, W., Personenkennzeichen, Versichertennummer und Personalausweis. Eine systemanalytische und verfassungsrechtliche Studie zu Datenverbund und Datenschutz im Sozial- und Sicherheitsbereich, DVR 1983, 205.

Ulsenheimer, K./Heinemann, N., Rechtliche Aspekte der Telemedizin – Grenzen der Telemedizin? MedR 1999, 197.

Weichert, T., Die Wiederbelebung des Personenkennzeichens – insbesondere am Beispiel der Einführung einer einheitlichen Wirtschaftsnummer, RDV 2002, 170.

Weichert, T., Die elektronische Gesundheitskarte, DuD 2004, 391.

Weichert, T., Das Geschäft mit den Verordnungsdaten, DuD 2013, 130.

Wittig, P., Die datenschutzrechtliche Problematik der Anfertigung von Persönlichkeitsprofilen zu Marketingzwecken, RDV 2000, 59.

Zippelius, R., Juristische Methodenlehre, 11. Auflage, München 2012.

**TMF – Forscher vernetzen
Lösungen bereitstellen
Doppelarbeit vermeiden**

Die TMF sorgt für Qualitäts- und Effizienzsteigerung in der medizinischen Forschung

Die moderne medizinische Forschung steht vor zunehmend komplexen Herausforderungen, für deren Lösung sich die Akteure aus Grundlagenforschung, klinischer Forschung, Versorgungseinrichtungen, Industrie und weiteren Partnern miteinander vernetzen und gemeinsame Strategien entwickeln müssen. Ein zentraler Ansatz ist die Effizienzsteigerung auf allen Ebenen der medizinischen Forschungs- und Entwicklungskette, um – bei gesicherter Qualität – Forschungsergebnisse auf schnellstem Wege in die Patientenversorgung zu übertragen und damit zu einem effizienten und leistungsfähigen Gesundheitswesen beizutragen. Die Bundesregierung unterstützt diesen Prozess unter anderem im Rahmen des Gesundheitsforschungsprogramms und fördert seit mehr als zehn Jahren konsequent die medizinische Verbundforschung. Erfolgreiche Beispiele sind die herausragenden Ergebnisse aus den Kompetenznetzen in der Medizin oder den Koordinierungszentren für Klinische Studien.

Die TMF – Technologie- und Methodenplattform für die vernetzte medizinische Forschung (kurz: TMF), die vom Bundesministerium für Bildung und Forschung (BMBF) gefördert wird, leistet hierzu einen entscheidenden Beitrag, indem sie Forscher Disziplin-übergreifend zusammenbringt und Lösungen für die vernetzte medizinische Forschung bereitstellt. Damit übernimmt sie eine wesentliche nationale Aufgabe zur Qualitäts- und Effizienzsteigerung für die Forschung.

Ziele und Aufgaben

Als Dachorganisation für die medizinische Verbundforschung verfolgt die TMF das Ziel, die organisatorischen, rechtlich-ethischen und technologischen Voraussetzungen für die klinische, epidemiologische und translationale Forschung zu verbessern. Sie hat die Aufgabe, die wissenschaftliche Arbeit der modernen medizinischen Forschung, die heutzutage überwiegend in kooperativen Projekten mit mehreren beteiligten Standorten stattfindet, zu unterstützen. Dazu stellt sie – öffentlich und gemeinfrei, also für jeden Forscher nutzbar – Gutachten, generische Konzepte, Leitfäden und IT-Anwendungen ebenso wie Schulungs- und Beratungsangebote bereit. Der überwiegende Teil der Produkte steht unter www.tmf-ev.de zum Download zur Verfügung. Ausgewählte Ergebnisse werden in der Schriftenreihe der TMF publiziert.

Die Produkte werden – von der Forschung für die Forschung – von den Fachexperten der Mitgliedsverbünde entwickelt, die in den interdisziplinären Arbeitsgruppen der TMF zusammenkommen. Als Grundmuster und Leitmotiv der gemeinsamen Arbeit in den Arbeitsgruppen gilt der Anspruch, gemeinsame Probleme gemeinsam zu lösen, von vorhandenen Erfahrungen gegenseitig zu profitieren, Doppelarbeit zu vermeiden sowie professionelle Lösungen zu erarbeiten, zu diesen einen Konsens in der Forschergemeinschaft herzustellen und ihre konsequente Nutzung und langfristige Verfügbarkeit zu gewährleisten.

Geschichte

Die TMF wurde 1999 unter dem Namen „Telematikplattform für Medizinische Forschungsnetze" als Förderprojekt des BMBF gegründet. Mit dem Ziel, die Struktur zu verstetigen und die gemeinsame Querschnittseinrichtung der medizinischen Verbundforschung noch stärker in die Hände der Forscher selbst zu legen, wurde 2003 der TMF e.V. gegründet. Seither ist die Zahl der Mitgliedsverbünde stark angewachsen. Damit zusammenhängend hat sich auch das thematische Spektrum der TMF verbreitert, die zunächst primär auf Fragen der IT-Infrastruktur ausgerichtet war. Die Themen reichen heute von rechtlichen und ethischen Rahmenbedingungen und Fragen der IT-Infrastruktur über Qualitätsmanagement und Standards für klinische Studien sowie den Themenkomplex Biobanken und molekulare Medizin bis hin zum Problem der Verzahnung von Forschung und Versorgung oder Fragen der Verbundkoordination und der Wissenschaftskommunikation.

2010 beschloss die Mitgliederversammlung eine Umbenennung der TMF, da der Begriff „Telematikplattform" diesem breiten Spektrum nicht mehr gerecht wurde. Der seither geführte Name „TMF – Technologie- und Methodenplattform für die vernetzte medizinische Forschung e.V." erfasst die Aufgaben und Themen der TMF auf spezifischere Weise.

Mitglieder

Mitglieder der TMF sind überregionale medizinische Forschungsverbünde, vernetzt arbeitende universitäre und außeruniversitäre Forschungsinstitute, Methodenzentren, regionale Verbundprojekte sowie kooperative Studiengruppen. Dazu gehören unter anderem

- die Deutschen Zentren der Gesundheitsforschung,
- die Nationale Kohorte,
- Kompetenznetze in der Medizin,
- Koordinierungszentren bzw. Zentren für Klinische Studien (KKS/ZKS),
- Integrierte Forschungs- und Behandlungszentren,
- Netzwerke für Seltene Erkrankungen,
- die Fraunhofer-Gesellschaft (mit dem Fraunhofer ITEM als direktem Mitglied),
- Zoonosen-Forschungsverbünde,
- zentralisierte Biomaterialbanken (Nationale Biobanken-Initiative)
- Universitätsinstitute,
- Patientenorganisationen
- und zahlreiche weitere.

Über Mitgliedsverbünde sind bundesweit alle Universitätsklinika und zahlreiche außeruniversitäre Forschungsstandorte in unterschiedlicher Weise in die TMF eingebunden. Mit Kooperationspartnerschaften sorgt die TMF auch darüber hinaus für eine Einbindung der relevanten Institutionen im Gesundheitswesen.

Themen und Arbeitsweise

Die durch die Forschungsverbünde und -einrichtungen gemeinsam zu bearbeitenden Querschnittsaufgaben gehen weit über Fragen von Informations- und Kommunikationstechnologie im technischen Sinne hinaus. Die Wissenschaftler in den

Forschungsprojekten brauchen Unterstützung und Erfahrungsaustausch in großer Breite:

- zu Fragen der konkreten Umsetzung von Datenschutz und ethischen Richtlinien,
- zum Aufbau von Forschungsinfrastrukturen wie Datenbanken für Forschungsregister und Biobanken,
- zur strategischen Nutzung von Informationstechnologie für die Prozessunterstützung wie für die wissenschaftliche Auswertung,
- zu Rechtsfragen in vielerlei Hinsicht, beispielsweise zum Vertragsrecht innerhalb von Netzwerken, zu Patienteneinwilligungen oder zu Verwertungsfragen,
- zu Fragen der Organisation und des Managements von Forschungsnetzen und ihren Projekten sowie
- zunehmend auch zu Fragen des Budgetmanagements, der Finanzierung und der Nachhaltigkeit von mit öffentlichen Geldern aufgebauten Netzwerkstrukturen.

Alle diese Fragen werden kontinuierlich in den Arbeitsgruppen der TMF bearbeitet, in denen sich die jeweiligen Fachleute aus den verschiedenen Projekten und Forschungsstandorten interdisziplinär zusammenfinden. Dabei entstehen strategische Anstöße und Impulse für die Forschungsinfrastruktur, vor allem aber konkrete Hilfen, Produkte und Services für den Forscher. Regelmäßig tagen einzelne Arbeitsgruppen auch gemeinsam, um auf diese Weise themenübergreifende Aspekte besser aufnehmen und Doppelaktivitäten der Arbeitsgruppen vermeiden zu können.

Arbeitsgruppen

Die Arbeitsgruppen initiieren Projekte und betreuen sie im Verlauf – bis hin zur Implementierung der Ergebnisse und zur Beratung von Forschungsprojekten auf dieser Basis. Neue Projektvorschläge durchlaufen ein mehrstufiges Auswahlverfahren – von der fachlichen Prüfung und Schärfung in den Arbeitsgruppen über Beratung in der Geschäftsstelle bis hin zur Begutachtung durch den Vorstand. Mit diesem Vorgehen wird sichergestellt, dass die in den Projekten adressierten Probleme für die Forschergemeinschaft relevant sind und dass die angestrebte Lösung einen breiten Konsens für die spätere Anwendung findet.

Arbeitsgruppen können in der TMF je nach aktuellem Bedarf neu eingerichtet, zusammengelegt oder auch aufgelöst werden, wenn ein Thema keine hohe Relevanz mehr hat. Derzeit sind neun Arbeitsgruppen aktiv:

- Arbeitsgruppe Datenschutz
- Arbeitsgruppe IT-Infrastruktur und Qualitätsmanagement
- Arbeitsgruppe Biomaterialbanken
- Arbeitsgruppe Molekulare Medizin
- Arbeitsgruppe Management Klinischer Studien
- Arbeitsgruppe Medizintechnik
- Arbeitsgruppe Zoonosen und Infektionsforschung
- Arbeitsgruppe Netzwerkkoordination
- Arbeitsgruppe Wissenschaftskommunikation

Der interdisziplinäre Austausch wird über die Arbeitsgruppen hinaus durch zahlreiche Symposien und Workshops, durch den TMF-Jahreskongress sowie durch Foren – aktuell insbesondere zum Thema Versorgungsforschung – ergänzt.

Lösungen stehen frei zur Verfügung

Die TMF stellt Gutachten, generische Konzepte, Leitfäden und IT-Anwendungen ebenso bereit wie sie Schulungs- und Beratungsservices der Arbeitsgruppen, auch in Form von Einzelberatungen, anbietet. Die Ergebnisse der Arbeit in der TMF stehen öffentlich und gemeinfrei zur Verfügung.

Mit diesem offenen Ansatz verfolgt die TMF das Ziel,

- methodisches Know-how und Infrastrukturen für die vernetzte medizinische Forschung breit verfügbar zu machen,
- die Harmonisierung, die Interoperabilität und das Qualitätsmanagement in der vernetzten medizinischen Forschung durch entsprechende Infrastruktur, Leitfäden und Services zu stärken,
- die Kollaboration in der deutschen medizinischen Forschung sowie deutsche Forscher in internationalen Kooperationen zu stärken,
- die Verstetigung und Nachhaltigkeit akademischer medizinischer Forschungsprojekte zu unterstützen und
- einen Beitrag zu sinnvollem Mitteleinsatz in der öffentlich geförderten medizinischen Forschung zu leisten, indem sie Doppelentwicklungen vermeiden hilft und die Wiederverwendung vorhandener Lösungen organisiert.

Mit ihren Lösungen adressiert die TMF vor allem die nicht-kommerzielle, akademische – universitäre wie außeruniversitäre – Forschung in Deutschland. Unabhängig davon ist aber auch ein steigendes Interesse an den Angeboten aus der Industrie zu verzeichnen. Viele Lösungen der TMF sind zudem auch für das Ausland, insbesondere die deutschsprachigen Länder, relevant und werden in dortigen Forschungseinrichtungen bereits genutzt.

Alle Download-geeigneten Produkte und Ergebnisse stehen auf der TMF-Website zur Verfügung. Einzelne Software-Werkzeuge sind sehr komplex und bedürfen einer individuellen Anpassung und Erläuterung, so dass sie nur über den direkten Kontakt zur TMF-Geschäftsstelle erhältlich sind, die dann auch für die Betreuung bei der Implementierung und Nutzung des Produktes sorgt. Darüber hinaus fließen die Ergebnisse kontinuierlich auch in die Diskussionen in den Arbeits- und Projektgruppen ein, und sie werden in konkreten Beratungsgesprächen sowie in Schulungs- und Informationsveranstaltungen vermittelt.

TMF-Schriftenreihe

Wichtige Konzepte, Leitfäden und Hilfstexte veröffentlicht die TMF in ihrer Schriftenreihe, die sie seit mehreren Jahren bei der Medizinisch Wissenschaftlichen Verlagsgesellschaft herausgibt. So erschienen 2006 als erster Band die generischen Lösungen zum Datenschutz für die Forschungsnetze in Buchform (Reng et al.: Generische Lösungen zum Datenschutz für die Forschungsnetze in der Medizin, Berlin 2006 – Bd. 1). In der Zwischenzeit sind diese Konzepte einer grundlegenden Revision unterzogen und erneut mit den Bundes- und Landesdatenschützern abgestimmt worden. Die überarbeiteten Konzepte sind als Band 11 der TMF-Schriftenreihe für einen breiten Nutzerkreis verfügbar gemacht worden (Pommerening et al.: Leitfaden zum Datenschutz in medizinischen Forschungsprojekten, Berlin 2014 – Bd. 11).

Es folgte das Rechtsgutachten zum Aufbau und Betrieb von Biomaterialbanken (Simon et al.: Biomaterialbanken – Rechtliche Rahmenbedingungen, Berlin 2006 – Bd. 2), das im Februar 2008 um einen weiteren Band zum Thema Qualitätssicherung von Biobanken ergänzt wurde (Kiehntopf/Böer: Biomaterialbanken – Checkliste zur Qualitätssicherung, Berlin 2008 – Bd. 5). Das Datenschutzkonzept, das ursprünglich als Bd. 6 der Schriftenreihe publiziert werden sollte, ist in die vorliegende Publikation der neuen Datenschutzkonzepte integriert worden.

Mit der Checkliste zur Patienteneinwilligung legte die TMF Ende 2006 ein Referenzwerk vor, das den Anwendern ermöglicht, auf der Basis von relevanten, dokumentierten und kommentierten Quellen Patienteninformationen und Einwilligungserklärungen für klinische Studien zu erstellen, die den regulatorischen Anforderungen entsprechen (Harnischmacher et al.: Checkliste und Leitfaden zur Patienteneinwilligung, Berlin 2006 – Bd. 3). Wie die meisten anderen Buchpublikationen auch, wird dieser Band durch weitere online verfügbare Materialien (z.B. Musterverträge) oder Services ergänzt.

2007 erschien die erste Auflage der Leitlinie zur Datenqualität in der medizinischen Forschung, die 2014 in einer aktualisierten und ergänzten Fassung neu aufgelegt worden ist. Die Leitlinie (Nonnemacher et al.: Datenqualität in der medizinischen Forschung, Berlin 2014 – Bd. 4) enthält Empfehlungen zum Management von Datenqualität in Registern, Kohortenstudien und Data Repositories.

Ein Rechtsgutachten zum Problemfeld der Verwertungsrechte in der medizinischen Forschung (Goebel/Scheller: Verwertungsrechte in der medizinischen Forschung, Berlin 2008 – Bd. 7) erschien 2008 als erste Veröffentlichung einer Reihe von Rechtsgutachten, die die TMF zu verschiedenen Fragen hat erstellen lassen, unter anderem zum Thema „elektronische Archivierung von Studienunterlagen". Die Publikation dieser weiteren Rechtsgutachten in der TMF-Schriftenreihe wird sukzessive folgen.

Mit Band 8 (Mildner (Hrsg): Regulatorische Anforderungen an Medizinprodukte, Berlin 2011 – Bd. 8) hat die TMF 2011 erneut die Aufarbeitung eines im Umbruch befindlichen Feldes vorgelegt. Das Buch bietet eine Einführung in den regulatorischen Prozess bei der Entwicklung von Medizinprodukten und stellt Handlungshilfen bereit. Dabei wird der gesamte Bereich von der klinischen Bewertung bis zum Health Technology Assessment abgedeckt.

Praktische Empfehlungen für die Verarbeitung und Analyse von Daten, die bei der Hochdurchsatz-Genotypisierung anfallen gibt Band 9 (Krawczak/Freudigmann (Hrsg.): Qualitätsmanagement von Hochdurchsatz-Genotypisierungsdaten, Berlin 2011 – Bd. 9) der ebenfalls 2011 publiziert werden konnte. Dabei reichen die behandelten Fragen von Problemen der Validität und Plausibilität über die Erkennung und Vermeidung von Fehlern bis hin zu Anforderungen an Datenhaltung und Datentransfer.

An die TMF-Ergebnisse im Bereich Datenschutz und Patienteneinwilligung knüpft der 2012 erschienene Band 10 an (Goebel/Scheller: Einwilligungserklärung und Forschungsinformation zur Gewinnung tierischer Proben, Berlin 2012 – Bd. 10). Die Ergebnisse sind im Auftrag der Nationalen Forschungsplattform für Zoonosen erarbeitet worden. Sie dienen dazu, Forschenden Rechtssicherheit bei der Entnahme und Bearbeitung von Tierproben zu geben und sie bei der Erstellung der relevanten Einwilligungsunterlagen zu unterstützen.

Das vorliegende Rechtsgutachten zur Sekundärdatennutzung ist der 12. Band der TMF-Schriftenreihe.

Weitere Informationen und Kontakt

TMF – Technologie- und Methodenplattform
für die vernetzte medizinische Forschung e.V.
Charlottenstraße 42/Ecke Dorotheenstraße
10117 Berlin
Tel.: 030 – 22 00 24 7-0
Fax: 030 – 22 00 24 7-99
E-Mail: info@tmf-ev.de
Internet: www.tmf-ev.de

Zur Schriftenreihe der TMF – Technologie- und Methodenplattform für die vernetzte medizinische Forschung e.V.

In der TMF – Technologie- und Methodenplattform für die vernetzte medizinische Forschung e.V. haben sich Netzwerke und vernetzt arbeitende Einrichtungen zusammengeschlossen, um gemeinsam die Fragestellungen und Herausforderungen von medizinischer Forschung an verteilten Standorten zu lösen und die Erfahrungen zu bündeln. Durch den Community-Ansatz erfahren die Ergebnisse der TMF eine breite inhaltliche Abstimmung in der medizinischen und medizininformatisch-biometrischen Fachwelt. Mit ihrer Schriftenreihe macht die TMF die Lösungen einer breiteren Leserschaft zugänglich.

Bisher in der Schriftenreihe erschienen:

Band 1:
Generische Lösungen zum Datenschutz
für die Forschungsnetze in der Medizin
von Carl-Michael Reng | Peter Debold
Christof Specker | Klaus Pommerening
MWV Medizinisch Wissenschaftliche Verlagsgesellschaft, 2006

Band 2:
Biomaterialbanken – Rechtliche Rahmenbedingungen
von Jürgen Simon | Rainer Paslack | Jürgen Robienski
Jürgen W. Goebel | Michael Krawczak
MWV Medizinisch Wissenschaftliche Verlagsgesellschaft, 2006

Band 3:
Checkliste und Leitfaden zur Patienteneinwilligung
Grundlagen und Anleitung für die klinische Forschung
von Urs Harnischmacher | Peter Ihle | Bettina Berger
Jürgen Goebel | Jürgen Scheller
MWV Medizinisch Wissenschaftliche Verlagsgesellschaft, 2006

Band 4:
Datenqualität in der medizinischen Forschung
von Michael Nonnemacher | Dorothea Weiland
Jürgen Stausberg
MWV Medizinisch Wissenschaftliche Verlagsgesellschaft, 2007

Band 4, 2. Auflage:
Datenqualität in der medizinischen Forschung
von Michael Nonnemacher | Daniel Nasseh
Jürgen Stausberg
MWV Medizinisch Wissenschaftliche Verlagsgesellschaft, 2014

Band 5:
Biomaterialbanken –
Checkliste zur Qualitätssicherung
von Michael Kiehntopf | Klas Böer
MWV Medizinisch Wissenschaftliche Verlagsgesellschaft, 2008

Band 7:
Verwertungsrechte in der vernetzten
medizinischen Forschung
von Jürgen W. Goebel | Jürgen Scheller
MWV Medizinisch Wissenschaftliche Verlagsgesellschaft, 2009

Band 8:
Regulatorische Anforderungen an Medizinprodukte
von Kurt Becker | Sandra Börger | Horst Frankenberger
Dagmar Lühmann | Thomas Norgall
Christian Ohmann | Annika Ranke | Reinhard Vonthein
Andreas Ziegler | Andreas Zimolong
MWV Medizinisch Wissenschaftliche Verlagsgesellschaft, 2011

Band 9:
Qualitätsmanagement von Hochdurchsatz-
Genotypisierungsdaten
von Michael Krawczak | Mathias Freudigmann (Hrsg.)
MWV Medizinisch Wissenschaftliche Verlagsgesellschaft, 2011

Band 10:
Einwilligungserklärung und Forschungsinformation
zur Gewinnung tierischer Proben
von Jürgen W. Goebel | Jürgen Scheller
MWV Medizinisch Wissenschaftliche Verlagsgesellschaft, 2012

Band 11:
Leitfaden zum Datenschutz in
medizinischen Forschungsprojekten
von Klaus Pommerening | Johannes Drepper
Krister Helbing | Thomas Ganslandt
MWV Medizinisch Wissenschaftliche Verlagsgesellschaft, 2014